TEORIA GERAL DO DIREITO

UMA INTRODUÇÃO AO ESTUDO
DO PENSAMENTO JURÍDICO CONTEMPORÂNEO

A Editora Fórum, consciente das questões sociais e ambientais, utiliza, na impressão deste material, papéis certificados FSC® (*Forest Stewardship Council*).

A certificação FSC é uma garantia de que a matéria-prima utilizada na fabricação do papel deste livro provém de florestas manejadas de maneira ambientalmente correta, socialmente justa e economicamente viável.

LUCAS FUCCI AMATO

Prefácio
Celso Fernandes Campilongo

TEORIA GERAL DO DIREITO
UMA INTRODUÇÃO AO ESTUDO
DO PENSAMENTO JURÍDICO CONTEMPORÂNEO

1ª reimpressão

Belo Horizonte
FÓRUM
CONHECIMENTO JURÍDICO
2024

© 2023 Editora Fórum Ltda.
2024 1ª reimpressão

É proibida a reprodução total ou parcial desta obra, por qualquer meio eletrônico, inclusive por processos xerográficos, sem autorização expressa do Editor.

Conselho Editorial

Adilson Abreu Dallari	Floriano de Azevedo Marques Neto
Alécia Paolucci Nogueira Bicalho	Gustavo Justino de Oliveira
Alexandre Coutinho Pagliarini	Inês Virgínia Prado Soares
André Ramos Tavares	Jorge Ulisses Jacoby Fernandes
Carlos Ayres Britto	Juarez Freitas
Carlos Mário da Silva Velloso	Luciano Ferraz
Cármen Lúcia Antunes Rocha	Lúcio Delfino
Cesar Augusto Guimarães Pereira	Marcia Carla Pereira Ribeiro
Clovis Beznos	Márcio Cammarosano
Cristiana Fortini	Marcos Ehrhardt Jr.
Dinorá Adelaide Musetti Grotti	Maria Sylvia Zanella Di Pietro
Diogo de Figueiredo Moreira Neto (*in memoriam*)	Ney José de Freitas
Egon Bockmann Moreira	Oswaldo Othon de Pontes Saraiva Filho
Emerson Gabardo	Paulo Modesto
Fabrício Motta	Romeu Felipe Bacellar Filho
Fernando Rossi	Sérgio Guerra
Flávio Henrique Unes Pereira	Walber de Moura Agra

Luís Cláudio Rodrigues Ferreira
Presidente e Editor

Coordenação editorial: Leonardo Eustáquio Siqueira Araújo
Aline Sobreira de Oliveira

Rua Paulo Ribeiro Bastos, 211 – Jardim Atlântico – CEP 31710-430
Belo Horizonte – Minas Gerais – Tel.: (31) 99412-0131
www.editoraforum.com.br – editoraforum@editoraforum.com.br

Técnica. Empenho. Zelo. Esses foram alguns dos cuidados aplicados na edição desta obra. No entanto, podem ocorrer erros de impressão, digitação ou mesmo restar alguma dúvida conceitual. Caso se constate algo assim, solicitamos a gentileza de nos comunicar através do *e-mail* editorial@editoraforum.com.br para que possamos esclarecer, no que couber. A sua contribuição é muito importante para mantermos a excelência editorial. A Editora Fórum agradece a sua contribuição.

Dados Internacionais de Catalogação na Publicação (CIP) de acordo com ISBD

A488t   Amato, Lucas Fucci

              Teoria Geral do Direito: uma introdução ao estudo do pensamento jurídico contemporâneo / Lucas Fucci Amato. 1. reimpressão. - Belo Horizonte : Fórum, 2023.
              452 p. ; 17cm x 24cm.

              Inclui bibliografia e índice.
              ISBN: 978-65-5518-456-3

              1. Filosofia do Direito. 2. Sociologia do Direito. 3. Metodologia. 4. Direito constitucional. 5. Direitos humanos. 6. Direito público. 7. Direito privado. I. Título.

                                                                            CDD 340
2022-2183   CDU 340.12

Elaborado por Odilio Hilario Moreira Junior - CRB-8/9949

Informação bibliográfica deste livro, conforme a NBR 6023:2018 da Associação Brasileira de Normas Técnicas (ABNT):

AMATO, Lucas Fucci. *Teoria Geral do Direito*: uma introdução ao estudo do pensamento jurídico contemporâneo. 1. reimpr. Belo Horizonte: Fórum, 2023. 452 p. ISBN 978-65-5518-456-3.

É na clareza da mente
Que explode a procura de um novo processo
E o que é meu direito eu exijo, não peço
Com a intensidade de quem quer viver
E optar ir ou não por ali
A nossa primeira antena é a palavra
Que amplia a verdade que assusta
A gente repete que quer, mas não busca
E de um modo abstrato se ilude que fez

(Oswaldo Montenegro, Quebra-cabeça sem luz, 1980)

Mas uma ideia geral é sempre um perigo para a ordem existente. Todo o feixe de suas encarnações específicas concebíveis em vários usos da sociedade constitui um programa de reformas. A qualquer momento o latente descontentamento da humanidade pode apoderar-se de algum desses programas e iniciar um período de rápidas mudanças guiadas pela luz de suas doutrinas. (...) O lento desenlace de ideias gerais em consequências práticas não é totalmente devido à ineficiência do caráter humano. É um problema a ser resolvido, e sua complexidade costuma ser ignorada por aventureiros impetuosos.

(WHITEHEAD, 1933, p. 17-24)

SUMÁRIO

PREFÁCIO 11

INTRODUÇÃO 13

CAPÍTULO 1
DIREITO NATURAL E DIREITO POSITIVO 23
1.1   Do direito natural antigo ao moderno 29
1.2   O racionalismo jurídico, do jusnaturalismo ao positivismo 35

CAPÍTULO 2
FORMALISMO E ANTIFORMALISMO 45
2.1   Estado de direito e teoria do Estado 51
2.2   Da "escola da exegese" ao direito social 54
2.3   Jurisprudência dos conceitos e jurisprudência dos interesses 63
2.4   Positivismo contra formalismo: Bentham e a ciência utilitarista da legislação ... 75
2.5   Austin: positivismo analítico imperativista 79
2.6   Realismo jurídico americano 87
2.6.1 O contexto filosófico e político 94
2.6.2 Certeza *versus* indeterminação interpretativa 100
2.6.3 Um balanço 105

CAPÍTULO 3
O POSITIVISMO ANALÍTICO NORMATIVISTA DE HANS KELSEN 109
3.1   Positivismo em que sentido? 110
3.2   Formalismo em que sentido? 112
3.3   Estática jurídica e dinâmica jurídica 118
3.3.1 Norma e proposição jurídica 120
3.3.2 Coação e sanção, normas autônomas e não autônomas 126
3.3.3 Direito e competência, dever e responsabilidade 129
3.3.4 Validade e eficácia 136
3.3.5 Ordem jurídica: unidade, consistência e completude 139
3.4   Ciência do direito: teoria do direito ou sociologia jurídica?
       O debate de Kelsen com Ehrlich 155
3.5   Normativismo contra decisionismo: Kelsen contra Schmitt 161
3.6   Democracia *versus* jusnaturalismo 166
3.7   Kelsen *versus* Luhmann 169

CAPÍTULO 4
O POSITIVISMO ANALÍTICO "HERMENÊUTICO" DE H. L. A. HART 173
- 4.1 O aspecto interno das regras 174
- 4.2 Regras primárias e secundárias 180
- 4.3 Textura aberta da linguagem e discricionariedade 184
- 4.4 Direito e moral 189
- 4.5 Hart *versus* Kelsen 190

CAPÍTULO 5
LON FULLER E A ESCOLA DO PROCESSO JURÍDICO 199
- 5.1 As críticas ao positivismo e ao jusnaturalismo 200
- 5.2 Os parâmetros da moralidade interna do direito 202
- 5.3 O debate entre Hart e Fuller sobre direito e moral 204
- 5.3.1 Diretrizes de eficácia ou moralidade interna? 205
- 5.3.2 Endosso moral da autoridade ou regra de reconhecimento? 209
- 5.3.3 A questão da interpretação e um balanço do debate 213
- 5.4 Formas de ordenação social 215
- 5.5 Henry Hart e Albert Sacks: a elaboração racional do direito 219

CAPÍTULO 6
RONALD DWORKIN E O INTERPRETATIVISMO 223
- 6.1 Regras, princípios e políticas 225
- 6.1.1 Uma nota sobre Alexy e a proporcionalidade 235
- 6.2 Dworkin *versus* Hart, segundo tempo: os desacordos teóricos 246
- 6.3 Positivismo inclusivo e positivismo exclusivo 253
- 6.4 Convencionalismo *versus* interpretativismo: Marmor *versus* Dworkin 262
- 6.4.1 A crítica de Marmor ao interpretativismo de Dworkin 263
- 6.4.2 O debate Marmor-Dworkin: duas críticas (e possíveis réplicas) 265
- 6.4.2.1 A controvérsia sobre a intenção do autor 266
- 6.4.2.2 A controvérsia sobre a "tese hermenêutica" 270
- 6.4.3 Um balanço do debate 272

CAPÍTULO 7
ANÁLISE ECONÔMICA DO DIREITO 275
- 7.1 Coase e os custos de transação 279
- 7.2 North e o ambiente institucional 281
- 7.3 Williamson e as estruturas de governança 283
- 7.4 Posner e a normatividade da eficiência 285
- 7.5 Komesar e a escolha institucional 289
- 7.6 Thaler e Sunstein: arquitetura institucional e incentivos comportamentais (*nudges*) 291

CAPÍTULO 8
CETICISMO, INDETERMINAÇÃO E IMAGINAÇÃO INSTITUCIONAL:
MANGABEIRA UNGER E OS ESTUDOS CRÍTICOS DO DIREITO 297
8.1 O "movimento" de Estudos Críticos do Direito 300
8.2 Duncan Kennedy e a indeterminação radical 302
8.3 Unger e a história do pensamento jurídico 305
8.3.1 A crítica ao formalismo e à análise jurídica racionalizadora 307
8.4 Unger e as duas tarefas do pensamento jurídico 326
8.4.1 Reforma do direito 326
8.4.1.1 Doutrina desviacionista e o exemplo do direito contratual 327
8.4.1.2 Imaginação institucional 331
8.4.2 Interpretação do direito posto 335
8.4.2.1 Uma comparação: Frederick Schauer, formalismo e positivismo presumidos 339

CAPÍTULO 9
RAZÃO PRÁTICA E ARGUMENTAÇÃO JURÍDICA 347
9.1 Lógica informal 349
9.2 Theodor Viehweg e a tópica 355
9.3 Chaïm Perelman e a nova retórica 357
9.4 Neil MacCormick: formalizando a razão prática 358
9.4.1 Sistematicidade, silogismo e dedução 363
9.4.2 Persuasão, consequências e derrotabilidade 370
9.5 Um renascimento do formalismo jurídico? 376

CAPÍTULO 10
DIREITO E JUSTIÇA: TEORIA DO DIREITO E FILOSOFIA POLÍTICA 397
10.1 Da teoria geral do direito às teorias da justiça política 398
10.2 Neorrepublicanismo 406
10.3 Liberalismo igualitário 407
10.4 Libertarismo 409
10.5 Comunitarismo 410
10.6 Teoria crítica 411
10.7 Experimentalismo democrático 414

REFERÊNCIAS 417

ÍNDICE ALFABÉTICO: TEMAS E CONCEITOS FUNDAMENTAIS 449

PREFÁCIO

O livro que Lucas Fucci Amato traz ao público possui diversos méritos. É atualíssimo, mesmo ao retomar e redescrever problemas clássicos da Teoria do Direito. É oportuno, por reconstruir de modo histórico e contextualizado o rico debate sobre o pensamento jurídico contemporâneo. É claro, ao sistematizar ideias abstratas e conceitos complexos com base na reorganização de diferenças, na apresentação dos debates marcantes e na contraposição didática de autores. Não há propaganda enganosa; Lucas Fucci Amato entrega ao leitor exatamente aquilo que o título do livro promete: uma verdadeira introdução ao estudo do pensamento jurídico contemporâneo.

É muito difícil comparar os passos percorridos e os avanços alcançados pelas fragmentadas e plurais "Teorias do Direito" (elaboradas nos últimos cem anos) com os mesmos movimentos em áreas próximas, como as Teorias Econômicas ou as Teorias Políticas. Eu me atreveria a dizer que o campo do Direito não ficou a dever. As razões são várias e decorrem de uma pluralidade de fatores históricos e teóricos.

Destaco, de início, que o próprio Direito ganhou fortíssima atenção de cientistas políticos e economistas nas últimas décadas. De outra parte, significativos corpos teóricos provenientes da Filosofia Analítica e da Sociologia, apenas para exemplificar, foram facilmente assimilados, expandidos e operacionalizados pela Teoria do Direito.

O exponencial crescimento da Teoria Jurídica no mundo anglo-saxão – a partir do realismo jurídico norte-americano e, depois, com ainda mais força, na segunda metade do século XX, com a Análise Econômica do Direito e a escola dos Estudos Jurídicos Críticos – também contribuiu bastante para o fortalecimento dos debates na área. Antes quase circunscrita ao mundo acadêmico europeu continental, a Teoria do Direito ganhou foros bem mais amplos a partir da década de 1950.

A globalização econômica e a mundialização das conexões sociais também reforçaram a necessidade de diálogo entre modelos de juridicidade e reflexão teórica. Basta que se pense no intercâmbio e na crescente interpenetração entre *common law* e *civil law*. Não menos relevante é o papel que o Direito e as instituições jurídicas – Constituições, novos sujeitos e campos de regulação jurídica, Cortes Constitucionais e Ministérios Públicos, por exemplo – assumiram nos últimos tempos.

Por fim, a tendência expansionista dos estudos interdisciplinares também abriu novas e largas perspectivas de reconhecimento para as teorias jurídicas. Tudo somado, são fatores que contribuíram e impulsionaram consistentes aquisições no campo da Teoria do Direito.

O livro de Lucas Fucci Amato é bastante ilustrativo desses avanços. Valendo-se, de forma inteligente, de polaridades que sintetizam tensões e conflitos que instigaram a Teoria Jurídica – validade e eficácia; direito e vingança; condição e consequente; institucionalização e desinstitucionalização; consenso e desconfirmação; sistematização e problematização; jurisprudência dos conceitos e jurisprudência dos interesses; certeza e indeterminação, entre muitas outras diferenças –, Amato tece explicações consistentes e originais sobre problemas nucleares da Teoria do Direito.

Chama a atenção, igualmente, a refinada e precisa técnica argumentativa do autor, que contextualiza, distingue e identifica polêmicas constitutivas da moderna teoria jurídica: o controvertido Kelsen, de um lado, e alguns de seus mais destacados contendores (Ehrlich, Schmitt, Hart, Luhmann), de outro; ou, ainda, os importantes debates entre Hart e Fuller ou Hart e Dworkin. São discussões bastante conhecidas pelos especialistas, mas pouco exploradas pelas obras didáticas de Teoria do Direito e, ainda mais raro, explicadas de forma simples, precisa e direta. Esse é outro ponto de destaque desta obra.

Lucas Fucci Amato possui destacada vocação acadêmica. Não passou despercebido pelos cursos de graduação e pós-graduação do Largo de São Francisco e, também, não foi por acaso que vivenciou longos e proveitosos períodos nas prestigiadas faculdades de Direito das Universidades de Harvard e Oxford. Com impressionante capacidade de trabalho e invejável dedicação à vida acadêmica, passou por produtivo pós-doutorado em sua *"alma mater"*, onde defendeu sua livre-docência e vem atuando como professor junto ao Departamento de Filosofia e Teoria Geral do Direito, lecionando com o mesmo brilhantismo com que se dedica à pesquisa.

O livro *Teoria Geral do Direito: introdução ao estudo do pensamento jurídico contemporâneo* refresca e rejuvenesce, qualitativamente, o panorama da literatura brasileira de Teoria Geral do Direito. É uma publicação a ser celebrada, lida e adotada pelas faculdades de Direito.

Celso Fernandes Campilongo
Diretor da Faculdade de Direito da USP, onde é Professor Titular
do Departamento de Filosofia e Teoria Geral do Direito.
Professor Associado e Chefe do Departamento de
Teoria do Direito da PUC-SP.

INTRODUÇÃO

> (...) *da necessidade à lei medeia um curtíssimo passo, e a mais expedita justiça, sabemo-lo desde Caim, é a que fazemos pelas nossas próprias mãos.*
>
> (SARAMAGO, 2005 [1991], p. 301)

Yos: segundo o etimólogo Deonísio da Silva (2020, p. 315), tal monossílabo da língua védica (praticada na região da Índia por volta de 1500 a.C.) é a base da palavra latina *jus* (ou *ius*), que designava o que depois passou a ser conhecido como *directum* ou *derectum*. Uma hipótese (CRUZ, 1984 [1969], p. 32) é que *ius* tenha passado a se referir às constituições ditadas pelos imperadores romanos; então os juristas teriam afirmado como *derectum* um padrão de correção mais profundo, em nome do qual se recusavam a aplicar os comandos emanados do poder que avaliassem como injustos. Fato é que, entre os séculos VI e IX d.C., a menção a *derectum* sobrepôs-se ao uso de *ius*, advindo dessa prevalência a designação dada pelas línguas românicas, como o português, ao que conhecemos como *direito* – campo, instituição ou sistema social voltado a explicitar, formalizar, universalizar e garantir adesão a certas *normas*, ou seja, a determinadas expectativas sobre o que deve acontecer, resistentes à desilusão mesmo quando os fatos e comportamentos alheios as contrariem. Descarregando-nos da necessidade de concordar no juízo moral (sobre o caráter vicioso ou virtuoso de uma conduta) e reforçando a pressão social difusa pela adesão a certo padrão de comportamento (ou nos imunizando contra tal constrangimento), o direito institui obrigações, permissões e proibições.

Já uma *"teoria do direito"* – como pensamento sistemático e abstração conceitual – é obra muito mais recente, que responde aos movimentos históricos de centralização, positivação e formalização do direito pelo Estado territorial moderno e, sobretudo, pelas revoluções liberais e independências nacionais ao redor do século XIX. Este livro visa fornecer um mapeamento não exaustivo, mas seguro e preciso, das principais vertentes da teoria jurídica contemporânea – sobretudo partindo do final do século XIX e focando nas correntes desenvolvidas no decorrer do século XX, cujos debates continuam a ecoar no século XXI.

A obra pode servir de leitura, obrigatória ou complementar, tanto para cursos de introdução ao estudo do direito quanto para discussões mais aprofundadas, na graduação e pós-graduação. Em vez de apresentar uma mistura eclética de métodos e técnicas – como usual nos cursos e manuais introdutórios –, este livro aposta que a visão mais abrangente, aprofundada e contextualizada das vertentes teórico-jurídicas é também mais didática do que as esquematizações superficiais pretensamente voltadas a esse propósito. Melhor conhecer o debate teórico em sua real complexidade do que pretender reconhecê-lo a partir de caricaturas.

Os conceitos operacionais da teoria geral do direito serão apresentados *pari passu* à evolução conceitual das várias escolas de pensamento. Aqui se abordarão a especificidade e a historicidade das próprias propostas teóricas positivistas de Hans Kelsen (1881-1973) e Herbert Hart (1907-1992), que dominaram a teoria geral do direito no século XX, mas também serão analisados seus antecessores e sucessores. Kelsen e Hart construíram uma teoria geral do direito focada na estrutura semântica da ordem jurídica: nas normas ou regras e em sua conexão sistemática ou ordenada; essa conexão asseguraria juízo formal sobre a *validade* das normas.

A validade diz respeito justamente à dimensão temporal, estrutural do direito: um evento, fato ou comportamento é fugaz, mas a norma jurídica precisa permanecer como padrão de orientação e avaliação das condutas capaz de conectar ações, omissões e decisões, que, desempenhadas por diferentes sujeitos, identifiquem-se como elementos de um único sistema ou ordenamento jurídico (KÖPCKE, 2019a, cap. 6). A validade de um ato jurídico ou de uma norma jurídica lhes confere a capacidade de definir implicações quanto às posições jurídicas de um sujeito diante de outros: a quem se atribuem determinados direitos, deveres, poderes e responsabilidades? Estando amparados por uma norma válida, temos a obrigação, permissão ou proibição de praticar este ou aquele ato, e o que fizermos terá consequência jurídica, ou seja, um dado significado dentro do conjunto ordenado de estruturas normativo-jurídicas (KÖPCKE, 2019b, cap. 2).

Segundo a concepção positivista, a validade permite uma delimitação técnica, mais ou menos incontroversa, de quais normas são jurídicas, independentemente de maiores considerações sobre a *justiça* de seu conteúdo ou sobre se de fato, empiricamente, essas normas orientam as condutas das pessoas ou as sanções que lhes são impostas se não seguirem o comportamento devido (*eficácia* das normas).

Qualquer *"teoria geral do direito"* fornece uma metodologia mais ou menos universal para a aplicação do direito, nas diversas ordens jurídicas (além do direito estatal-nacional, também o direito internacional, por exemplo), independentemente do país e do ramo material ou processual do direito. É verdade que a tradição positivista moderna acabou por firmar uma teoria geral do direito que tem alguns pressupostos históricos e toma por base a experiência do direito centralizado pelo Estado moderno. Entretanto, em tese, mesmo que se esteja a lidar com uma ordem jurídica privada, não estatal, podem ser úteis em grande medida os conceitos operacionais e apresentados e discutidos por esse tipo de teorização abrangente, que, em inglês, identifica-se como *"general jurisprudence"*, por oposição a teorias mais particulares ou específicas desta ou daquela ordem jurídica (brasileira ou argentina, por exemplo) e em contraste com a doutrina (ou dogmática) do direito civil ou do direito penal, digamos.

A *dogmática jurídica*, afinal, é um discurso que parte do direito positivo atualmente vigente como pressuposto incontornável da argumentação e da decisão; em outros termos, o valor de verdade das proposições que se faz nesse tipo de discurso – voltado à decisão dos conflitos, a partir da sistematização e da explicação das normas vigentes – depende da validade das normas em que se baseiam tais proposições (FERRAZ JR., 1998 [1980]; ZULETA PUCEIRO, 1981). Já a teoria geral do direito busca expor a estrutura formal – conceitos, definições, distinções, classificações – comum a tudo que se conheça como direito, independentemente de qual é o direito vigente em dado lugar em certo tempo.

Já outras teorias do direito sugerem uma aproximação entre o campo mais abstrato de reflexão sobre a unidade e o sentido do direito – este domínio estrito da "teoria do direito" – e outros setores do conhecimento, como a filosofia moral, política e linguística, a ciência econômica, a sociologia e a história. Propõem também uma aproximação entre todas essas áreas e a própria prática de interpretação, argumentação e aplicação do direito – portanto, uma aproximação entre a dogmática jurídica (o discurso a partir do direito posto) e justificações mais amplas de ordem social, política, filosófica ou econômica. Algumas correntes de teoria jurídica preocupam-se ainda com a reforma do direito posto – como mudá-lo politicamente, para além das mutações que ele sofre evolutivamente ao ser interpretado no dia a dia pelos juízes e tribunais.

De qualquer modo, diante das imperfeições e da provável discordância de cada qual com vários aspectos do direito atual, surge a questão: por que obedecê-lo? No filme argentino *A odisseia dos tontos* (2019, dirigido por Sebastián Borensztein), os cidadãos de um vilarejo pretendiam fundar uma cooperativa, mas viram-se frustrados em seu intento pelo golpe de um advogado que, mancomunado com o gerente do banco, tomou-lhes o dinheiro depositado. Descoberta a trama e o paradeiro do cofre, planejam eles recuperar com as próprias mãos o que lhes havia sido ilicitamente subtraído. Um dos personagens, anarquista, afirma que nem Mikhail Bakunin (1814-1876) – que proclamara "o indivíduo acima do Estado" – fora tão ousado. Entretanto, a ideia de "fazer justiça com as próprias mãos" logo conduz a dilemas práticos: não poderiam empregar violência e teriam que recuperar apenas o valor que lhes fora tomado; mas como ter tempo para contar exatamente as cédulas que estariam no cofre que pretendem invadir? O que fazer se houver mais dinheiro, que não lhes pertence? Doar o restante para a caridade?

O direito estatal aparece, em princípio, como imunizado contra esses dilemas. Na verdade, ele liberta as pessoas de questionamentos morais sobre a justiça ou injustiça, os quais teriam de ser deliberados e dosados no caso de uma vingança ou retribuição direta. Em troca de sua "mediação", que desobriga moralmente os jurisdicionados, o Estado pede um consenso pressuposto de que sua decisão será acatada como legítima, decidam o que decidirem seus funcionários, segundo seus procedimentos e critérios de justificação. Essa alienação da decisão de conflitos ao aparato político-jurídico ao mesmo tempo permite destacá-los de seus contextos sociais concretos e classificá-los dentro das abstrações genéricas de papéis sociais, relações jurídicas, personalidades jurídicas, direitos, deveres, poderes e responsabilidades associados àqueles papéis. O conflito real é então observado pelo direito e duplicado como controvérsia jurídica. A legitimidade das formas jurídicas é remetida à sua fundamentação última em decisões políticas contingentes, que instituem o direito a ser aplicado. Todavia, a legitimidade política do aparato burocrático e judicial do Estado é ela mesma remetida a seu caráter jurídico e aos devidos processamento e aplicação do direito posto. Como na litogravura *Drawing Hands*, de M. C. Escher (1898-1972), a mão política desenha a mão jurídica, que desenha a mão política...

Essa dinâmica, é certo, é contestada por correntes como o abolicionismo penal ou mesmo a justiça restaurativa; nessa literatura, denuncia-se o "roubo" do conflito pelo Estado, pelos juízes, advogados e outros profissionais, de modo que as vítimas se veem marginalizadas em sua participação e capacidade decisória sobre os deslindes da controvérsia (CHRISTIE, 1977). Observadores de formas de justiça popular e produção participativa do direito (*e.g.* SANTOS, 2014 [1973]; 2015; 2016), porém, não deixam de notar as dificuldades para transformar o protesto em procedimento, evitar que a milícia seja legitimada como força coativa, controlar as assimetrias de poder e garantir a devida consideração, pelos leigos, dos papéis, argumentos e ritos durante a solução de controvérsias; muitas vezes, o direito popular acaba mimetizando as formalidades e ameaças típicas da juridicidade estatal.

Na medida em que a vingança se vê terceirizada ao Estado (legislador, juiz e policial), a questão da racionalidade ou irracionalidade das decisões de controvérsias torna-se o tema central da teoria do direito; afinal, o direito positivo não pode aparecer como mero exercício da força (vingança alienada), mas precisa ser legitimado por seus discursos e rituais. Coerção e convencimento, violência e justificação parecem estar em uma relação de eterno balanceamento – ou, como as mãos de Escher, de mútua instituição. A interposição de autoridades e razões diferencia o direito da mera vingança.

Mas por que aceitar, então, o modo decisório de um juiz público que nos imponha uma decisão? Porque esse juiz fornece boas razões para suas decisões? Entretanto, como lembra Luhmann (1982, p. 16-17), a interposição do juiz como terceiro entre as partes apenas aumenta a incerteza da solução – equivalente funcional, poderíamos dizer, ao resultado incerto de um duelo, que substituiu o puro exercício da vingança.

Para uma teoria sociológica do direito (LUHMANN, 2014 [1972], p. 83-90), a força física é apenas um meio simbiótico cujos efeitos sensoriais e simbólicos reforçam a normatividade do direito: para estabilizar e generalizar as expectativas que o sistema jurídico reconhece como válidas e reforçar a resistência destas à desilusão, o direito combina normas a *sanções*, isto é, ameaças de coerção. A violência é não apenas politicamente centralizada (e assim suportada por um consenso geral pressuposto: o medo do soberano) como também juridicamente diferida, postergada e estocada como último recurso para a imposição do direito positivo, se não for verificado seu cumprimento espontâneo. Desse modo, submetida a controles, dosagens e verificações procedimentais (sobre *se* deve incidir e *como* deve ser aplicada, tudo segundo programações normativas), a violência deixa de estar no primeiro plano da definição da positividade do direito. O problema da contingência e possível arbitrariedade do sistema jurídico reaparece no momento da decisão: textos são produzidos sobre as normas textualizadas, interpretando-as; argumenta-se sobre as interpretações possíveis, observando-as e testando-as à luz de finalidades e consequências; entretanto, a decisão é obra da autoridade que dita o direito, e toda consistência lógica ou integridade moral pode ser desfeita pelo ato que positiva a norma e resolve o caso. Paradoxalmente, é esta autólise – a suspensão da justificação racional pela decisão – que viabiliza a continuidade das redes autopoiéticas de produção de sentido jurídico, ao cauterizar suas extremidades e encerrar o caso; a decisão irrecorrível se torna "coisa julgada". É como se se alertasse a quem se encontra diante da lei com as palavras que o poeta encontrou à porta do Inferno: "Deixai toda esperança, ó vós que entrais" (ALIGHIERI, 1998 [1321], p. 37, canto III). Há também quem semeie esperanças de justiça formal (isonomia, tratamento igual dos casos iguais) ou mesmo de justiça material (com juízos equitativos ou mesmo uma justificação moral abrangente da ordem jurídica).

Até o início da modernidade, predominava a opinião de que o direito criado por decisão do poder (*direito positivo*) só ganhava juridicidade e vinculatoriedade se fosse justo, isto é, se respeitasse o costume, a vontade divina ou a razão natural (critérios variadamente abraçados pelos *jusnaturalistas*). Foi a partir dos séculos XVIII e XIX que se estabilizou no Ocidente o sentido do *positivismo jurídico*, concepção para a qual a validade do direito é uma questão diferente e autônoma em relação a sua conformidade com a justiça (*direito natural*).[1] Há critérios técnicos que determinam se uma norma é ou não jurídica, se um órgão decide enquanto autoridade e se, assim, pode reclamar obediência a suas determinações, que se tornam normas válidas.

A partir de então, emerge uma série de controvérsias sobre os limites e possibilidades da interpretação do direito para sua aplicação à solução de controvérsias. Há um repertório de *fontes formais* (a constituição e a legislação, mas também a jurisprudência, sobretudo em sistemas que consideram vinculantes os precedentes judiciais) que constituem textos a partir dos quais são construídas, por interpretação, as normas jurídicas válidas; conforme se entenda que esses textos exercem maior ou menor limitação aos argumentos aceitos na justificação de decisões jurídicas, produz-se determinada divisão de trabalho entre doutrinadores, legisladores e juízes, entre o Poder constituinte e os Poderes constituídos, entre administração pública e cidadãos privados.[2] Eis o alvo principal da teoria do direito contemporânea: quais são os critérios de delimitação do que é jurídico e o que caracteriza uma decisão não apenas *sobre* o direito, mas *segundo* o direito posto e atualmente vigente? Como interpretar um corpo de direito, argumentar sobre interpretações concorrentes de fatos e normas e justificar uma decisão como aplicação do direito, como decorrência de decisões anteriores que já fixaram as premissas desta decisão atual?

---

[1] A noção de "positivismo" difundiu-se sobretudo no século XIX, referindo-se em geral a concepções que apelam para a objetividade de fatos, dados ou evidências, contra o subjetivismo de interpretações e juízos de valor. Para além desse sentido mais ou menos comum, há três noções diferentes: (1) na filosofia e teoria do direito (ver *e.g.* BOBBIO, 2006 [1961]), "positivismo" (jurídico) diz respeito a uma pretensão de descrever o direito como ele é (identificando as normas postas por autoridades) sem avaliar como ele deveria ser (segundo algum critério de justiça transcendente a essas mesmas normas positivadas – o que remeteria ao chamado "direito natural"); (2) na filosofia da ciência (ver *e.g.* ADORNO *et al.*, 1973 [1969]), a noção de ciências "positivas" faz referência a uma crença na objetividade pura de fatos empíricos; por exemplo, privilegiam-se a historiografia puramente baseada em documentos oficiais ou as técnicas de pesquisa empírica e o tratamento estatístico dos dados (essa foi a pretensão inclusive de se fundar uma "ciência da sociedade" – ou "sociologia", segundo o rótulo proposto por Auguste Comte; Durkheim também se afina a essa corrente, em contraponto à qual se desenvolveram a abordagem compreensiva ou interpretativa da sociologia de Weber, assim como as teorias críticas influenciadas pelo marxismo); (3) já na filosofia política (ver *e.g.* BOSI, 2004), o positivismo (associado à filosofia social de Comte e à sua religião civil "da humanidade") diz respeito ao ideal de uma "ditadura republicana" fundada em um Poder Executivo forte, que prevaleça sobre os interesses conservadores do Legislativo e seja comandado por uma elite ilustrada, laica e altruísta, capaz de promover reformas que protejam e incluam harmonicamente os trabalhadores na sociedade industrial. No Brasil, o positivismo político influenciou os movimentos abolicionistas e republicanos (a partir de 1870) e a Era Vargas (a partir da Revolução de 1930).

[2] O conceito de "fontes formais" do direito remete aos (atos ou decisões de) órgãos autorizados a produzirem normas válidas, enquanto "fontes materiais" são as circunstâncias sociais que levam à produção dessas normas com seus determinados conteúdos. São fontes formais sobretudo a legislação em sentido amplo (constituição, tratados, leis), as normas administrativas infralegais (regulamentos, portarias etc.) e os atos negociais privados (como os contratos). Jurisprudência e doutrina são tidas como fontes suplementares, interpretativas. Os costumes são subordinados àquelas fontes legais, administrativas e negociais; servem para colmatar as lacunas da lei, assim como a analogia, os princípios gerais do direito e a equidade. Ver *infra*, 3.3.5.

Correntes formalistas e antiformalistas, idealizadoras e céticas disputam a questão sobre o grau de constrangimento racional efetivo que as regras formalizadas por uma autoridade anterior impõem à autoridade que deva aplicá-las aqui e agora. *Regras jurídicas* são basicamente normas condicionais compostas por um termo antecedente e um consequente: a condição (antecedente, hipótese de incidência ou fato operativo) descreve uma classe de ações ou eventos, possivelmente restringida a uma classe de pessoas; o consequente (que imputa o que deve ocorrer caso se deem os fatos descritos no antecedente) indica que aquelas ações ou eventos são obrigatórios, permitidos ou proibidos (BLACK, 1962, cap. 6).

Para os *formalistas*, as regras já formuladas e formalizadas estreitam definitivamente o campo de soluções possíveis; portanto, constituindo um estoque completo e coerente, claro e circunscrito de justificativas, conduzem no limite a uma só decisão correta. Para os *antiformalistas* (também rotulados como céticos, pragmáticos ou realistas), o estoque de razões dado pelo direito positivo permite quase sempre justificar soluções diferentes e contraditórias; é preciso, portanto, que os intérpretes e julgadores explicitem seus juízos de valores e interesses, finalidades e consequências, funções e contextos que sustentam a aplicação deste ou daquele dispositivo ou que amparam uma interpretação da norma em detrimento de outra. No limite, toda aplicação do direito envolve uma escolha ética ou política. Já para os *idealistas* (ou interpretativistas), há algum método (econômico ou filosófico-moral, por exemplo) que permite restringir esse tipo de juízo sobre os ideais explicitados em princípios, subjacentes às regras ou imanentes à ordem jurídica como um todo, direcionando assim uma argumentação racional para definir a prevalência desta ou daquela interpretação (determinação de sentido), a solução de determinado conflito de normas (*antinomia*) ou a colmatação de uma *lacuna* no ordenamento. Além das teorias de princípios, a análise econômica do direito e as teorias da argumentação jurídica, cada qual a seu modo, dirigem-se a essa racionalização dos juízos de valor.

Na novela *Michael Kohlhaas*, do escritor prussiano Heinrich von Kleist (1777-1811), é narrada a história de um comerciante do século XVI que teve seus dois cavalos apreendidos por um nobre (KLEIST, 2014 [1810]). O comerciante Michael Kohlhaas o processa, mas seu caso é negado pela influência do tal nobre e de seus parentes. Sem sucesso mesmo com a tentativa de obter apoio político, ele busca a via não institucional: organiza um bando para lutar por justiça. Depois de ter prometida a intervenção de Martinho Lutero (1483-1546) a seu favor e depois de ter sua esposa assassinada, ao final os dois cavalos lhe são devolvidos. Ao mesmo tempo, porém, por ter organizado aquela resistência paramilitar aos poderes oficiais da aristocracia, ele é condenado e executado.

Essa história faz lembrar a questão posta por Kelsen (2006 [1960], p. 48-55) sobre a distinção entre o Estado e um bando de salteadores ou de assaltantes que se impusesse à força sobre uma comunidade. O critério de Santo Agostinho (354-430) era a justiça – o Estado deve ser obedecido, pois é uma ordem justa. Para Kelsen, o critério era a simples obediência, que levaria à pressuposição da validade pelo intérprete que quisesse entender tal ordem como jurídica. A validade independe da justiça. É no fato de as normas serem geralmente obedecidas em seu conjunto, de a ordem a que elas pertencem ser eficaz, que repousa a "validade" do direito, sua existência no plano ideal, construída pela mente do jurista. Vice-versa, para Max Weber (1864-1920), a centralização do aparato de violência no Estado é legitimada pelo direito, pela crença em uma ordem racional-legal (WEBER, 1978 [1922], p. 217-226). Mas haveria, afinal, diferença entre direito e vingança? O Estado é mero aparato para a vingança coletiva? A justiça não é mesmo pura retribuição? Kelsen (citado por LOSANO, 1998, p. xx; 2010 [2002], p. 121) dizia que quem procurar o que está por trás do direito positivo "encontrará – temo – não a verdade absoluta de uma metafísica nem a justiça absoluta de um direito natural. Quem levante esse véu sem fechar os olhos vê-se fixado pelo olhar esbugalhado da Górgona do poder". Então quem pode *de fato* é quem pode *por direito*?

Diria Tércio Sampaio Ferraz Júnior (n. 1941) que Michael Kohlhaas não apenas rejeitou o comando normativo, a ordem jurídica, mas a "desconfirmou", desconstituindo a autoridade (FERRAZ JR., 2008 [1988], p. 79-87). De fato, em análise específica sobre essa novela, Ferraz Jr. (2019) ressalta as diferentes expectativas que o protagonista dirige à ordem jurídica nos variados momentos: de início, frio e calculista, o personagem deposita confiança na autoridade instituída e esboça calmamente uma sentença judicial invocando a "força de seu poder inato"; ao final, desdenhado por aquela ordem, deixa de exigir a mera indenização, a compensação pecuniária pelos danos, e passa a sentir que só seria satisfeito por uma punição efetiva a seu ofensor – a vingança vem a ser o meio operativo dessa satisfação.

Ao analisar as peças de Kleist, um estudioso (ALLAN, 1996, p. 260-269) ressalta justamente que seus personagens são abordados dentro de um contexto social em que diferentes grupos (os mais velhos, guardiães das convenções; os mais jovens, doutrinados pelos primeiros; os marginalizados da ordem) sustentam diversos graus de crença nas convenções. Kohlhaas parece transitar por esse espectro. Semelhante desautorização da autoridade seria produzida por eleitores que, de repente, resolvessem votar maciçamente em branco, uma multidão que "não parecia inclinada a rebaixar-se nem a renunciar àquilo que havia considerado justo e que expressara no voto, o simples direito a não seguir nenhuma opinião consensualmente estabelecida" (SARAMAGO, 2014a [2004], p. 447). O descompasso entre a opinião pública e a esfera dos direitos, de um lado, e os centros de poder – governos, parlamentos e cortes –, de outro, teria que ser enfrentado por decisões que, por mais artificiais e encenadas que fossem, acabassem por produzir uma relegitimação das autoridades diante do espelho de sua comunidade, cegando os cidadãos para a fundamentação oculta e, afinal, ausente do poder. O Estado e seu direito observam a sociedade *como se* o que nela ocorre fosse por eles determinado.

Mas a legitimidade com que conta o sistema jurídico (particularmente o direito estatal), em sua função de imunizar a sociedade contra o vírus da incongruência de expectativas (LUHMANN, 2004 [1993], p. 343), também pode ser desestabilizada se a desconfiança se tornar contagiosa, "sistêmica", se a resposta dada pela institucionalidade vigente não aplacar e cauterizar as desilusões e os conflitos. A revolta que não puder ser contida e disciplinada pelo direito – mas venha até mesmo a ser disparada pela indignação com os procedimentos, rotinas e burocracias postos – torna-se estopim de uma reentrada do estado de natureza (de vingança e retaliação) na sociedade civil (que não consegue mais civilizar os impulsos de autotutela e linchamento). Expressões ilustrativas desse perigo de desinstitucionalização – não decodificável enquanto risco gerenciável pelas instituições – estão no filme *Relatos selvagens* (2014, dirigido por Damián Szifron). Alternativas para prevenir a vingança são as normas religiosas e morais, mas, na sociedade moderna pluralista, quando se esfacela uma comunidade ética, é ao direito que cabe delimitar quais normas valem para todos e são imponíveis contra todos, independentemente de crenças e preferências de valor.

Daí que Ferraz Jr. (2008 [1988], p. 76-90) busque sempre explicar sua análise "zetética", filosófica, do discurso dogmático-jurídico a partir do pressuposto da institucionalização como consenso presumido de terceiros (LUHMANN, 2014 [1972], p. 49-61). Esse consenso pode ter diversas justificativas teóricas – como as teorias contratualistas –, mas é "presumido"; depende, portanto, sobretudo de um requisito negativo: não ser objeto de uma desconfirmação ou, ao menos, de uma desconfirmação suficientemente recorrente ou intensa (como ocorre nos períodos de *revolução* – isto é, de rompimento total da ordem jurídica). É como se para o direito estatal valessem as seguintes palavras, que seriam negadas a um bando de justiceiros:

> Desde tempos imemoriais, os criminosos em nosso país são condenados por tribunais quando culpados e liberados quando inocentes (...). Vocês decidiram formar esse tribunal. Não vamos investigar aqui se vocês têm esse direito, vocês tomaram o direito para si. (DÜRRENMATT, 2019a [1958], p. 38)

A narrativa de Kleist (2014 [1810]) ganha ainda outros contornos se inserida em sua historicidade: descrente das utopias iluministas, o autor deixara o exército e não pudera assumir posto no serviço público prussiano; no século XIX, a Alemanha unificará seu Estado, construirá uma ampla burocracia profissional e sistematizará seu direito privado como uma ordem perfeita, autossuficiente e autointegrada de proposições, conceitos e classificações. Todos esses movimentos e pressupostos institucionais (uma burocracia executiva, um Legislativo funcionando continuamente, juízes profissionais) constituem o "panótico" pelo qual o Estado moderno se coloca como o terceiro observador e mediador por excelência dos conflitos – afastando para o lugar de exceção o exercício arbitrário das próprias razões (exceção esta subordinada aos requisitos da ordem jurídica estatal, como nas excludentes de ilicitude).[3]

Entretanto, sempre haverá um ponto de observação em que podemos vigiar como a auto-observação ou autodescrição do direito positivo atualmente vigente poderia ser diferente. Essa posição cabe hoje principalmente à filosofia do direito. Se o direito é, afinal, "história congelada" (FRIEDRICH, 1963 [1961], p. 233), cabe à dogmática partir desse estado cristalizado; a filosofia pode, porém, transformar o cristal em fumaça ou sublimar o gelo em vapor.

Entretanto, a teoria geral do direito fornecida pelo positivismo analítico buscou um ponto de apoio de onde pudesse descrever a estrutura permanente do direito (como uma ordem escalonada de normas ou uma união de regras primárias e secundárias) independentemente de seu conteúdo. Como o Deus onisciente cuja vontade se revela textualmente como dogma a ser interpretado (LEGENDRE, 2019 [1994]); o mesmo Deus transformado modernamente em metáfora especular do soberano terreno que comanda pela lei a que se sujeitam seus súditos e cidadãos, dignos sujeitos de direitos e deveres.

---

[3] As excludentes de ilicitude, definidas pelo Código Penal, são: estado de necessidade, legítima defesa, estrito cumprimento de dever legal ou exercício regular de direito.

Deus, o soberano, o ordenamento ou o *cameraman* da narrativa de Dürrenmatt (2008a [1986], cap. 20) são todos assépticos, puramente contemplativos, incorruptíveis por suas criações, sem ódio, amor ou desejo de vingança. Porém, o poder e a liberdade de Deus, da autoridade ou do *cameraman* (ou do teórico do direito) estão em não serem observados como observadores. Quando a filosofia observa os observadores, acaba por lhes desvelar os segredos do poder, os sentidos se tornam imprecisos, as convenções são postas em dúvida e o mundo parece voltar a sua origem.

Como notava Theodor Viehweg (1907-1988), o discurso dogmático, que na antiguidade se construía como "problemática", voltada a juízos concretos e equitativos, ganha na modernidade ares sistemáticos, passando a ser concebido dentro de uma unidade complexa de proposições que guardam entre si relações lógicas bem ordenadas (VIEHWEG, 1973 [1959]; ver também LOSANO, 2008 [1968]). A invenção da imprensa, especialmente, proporcionando os *media* jurídicos das declarações de independência e de direitos, dos códigos e das constituições, engendrou a noção abstrata do direito como sistema de signos linguísticos (VESTING, 2018, p. 3).

De uma sociedade estratificada em que a escrita e as fórmulas mnemônicas do direito eram dominadas por uma elite letrada, transita-se para esferas públicas das quais ninguém está a princípio excluído: o mercado, a opinião pública, a personalidade jurídica e seus direitos inatos. As revoluções liberais ocorrem sob pressão de novos meios de disseminação da comunicação viabilizados pela imprensa (jornais, panfletos, manifestos), dando origem a novas mídias jurídicas: leis, códigos, declarações de direitos, constituições. O direito positivo se manifestou primeiramente, com a centralização do Estado territorial moderno, a partir da imagem de uma hierarquia unitária de normas válidas emanadas de fontes autorizadas, refletindo o Estado absolutista e sua sociedade corporativa e estratificada, na qual os inferiores eram protegidos por superiores, a quem deviam obediência e lealdade (VESTING, 2018, p. 466). No entanto, a própria positivação do direito o livrou dos argumentos de autoridade e perenidade típicos do jusnaturalismo; positivar o direito significa colocá-lo à disposição da mudança intencional, politicamente guiada. Assim, a positivação jurídica apoia uma *democratização* política (THORNHILL, 2011): métodos que, sobretudo ao longo do século XX, vão ampliar a inclusão decisória daqueles que são afetados e coagidos pelo direito estatal. A hierarquia das normas positivas passa a repousar sobre um paradoxo: a *soberania* do Estado (no "topo") – seu poder supremo de ditar o direito em certo território – só é reconhecida como derivação da soberania do povo (na "base"), e o próprio Estado soberano e seus órgãos se autolimitam pelo direito que criam. De pirâmide estrutural de normas, o sistema jurídico passa a ser delimitado pela autorreferência de comunicações e decisões sobre o lícito e o ilícito, enredadas em uma teia de sentido sobre a validade ou invalidade das normas.

Ao ser observada como pertinente ao ordenamento jurídico, a norma ganha sua existência ideal, sua existência como norma jurídica válida; o ordenamento então funciona como o labirinto de espelhos da história de Dürrenmatt mencionada por De Giorgi (2007, p. 34), na qual um minotauro "se vê através das imagens que se projetam nos espelhos e crê ser todos minotauros ou crê ser tantos minotauros que se sente em companhia". Assim a norma jurídica – inclusive a norma individual e concreta que constitui o caso típico da sentença – reconhece-se como parte de um ordenamento, e não como decisão arbitrária.

Quando se abre mão da vingança, da autodefesa, em favor do Estado, abre-se mão também da justiça substantiva, da reciprocidade, da concordância com o conteúdo de cada decisão, pois no fundo poderia haver bases igualmente plausíveis para decisão diversa e mesmo oposta. Em que medida realmente pode a argumentação jurídica, ao observar as várias interpretações possíveis dos fatos e normas, garantir um juízo objetivo? Em que medida podem as razões convencer? Quanto pode o convencimento reduzir a violência da coação?

Diz Dürrenmatt (2008b [1950], p. 98) que "os homens têm medo uns dos outros, criam Estados independentes, cercam-se de guardas de toda espécie, de policiais, de soldados, de uma opinião pública; e de que lhes adianta?". Como nos mostra o enredo desse seu romance, também a burocracia estatal (no caso, policial) não está totalmente imune a ser habilmente manipulada para fins de retribuição e vingança privada. Em outra história de Dürrenmatt (2019b [1955]), um viajante acaba sendo recebido por convidados para um jantar; ao lhes contar sobre sua vida, o próprio viajante vai sendo convencido pelos anfitriões de que cometera um crime, algo que jamais cogitara ter feito. A celebração torna-se simulação de um julgamento, e as razões são tão convincentes que o jogo simulado chega a consequências reais: o protagonista impõe a si mesmo a pena, não uma vingança, mas seu equivalente autorreferente: o suicídio (com modificação no desfecho, tal novela transformou-se no filme *La più bella serata della mia vita*, dirigido em 1972 por Ettore Scola).

A discussão teórico-jurídica do século XX sobre o grau de constrangimento racional que o direito positivo impõe às decisões que o aplicam retoma a questão reprimida da medida em que o Estado não é apenas um aparato para a terceirização e publicização da vingança privada, e da medida, portanto, em que pode fornecer juízo efetivamente justificado – que amaine o lado coercitivo do direito ao ofertar uma demonstração de razões capaz de produzir consenso ou a presunção desse consenso.

Claramente navegamos em uma zona instável e cinzenta. Em que medida esse consenso depende do endosso substantivo das razões ou pode ser sustentado simplesmente pela crença na correção do procedimento decisório? Até onde deveria ir o exercício do poder judicial de dizer o direito no caso concreto? Em que medida os juízos abstratos de constitucionalidade não invadem a esfera propriamente política de criação do direito? Por que seria o tribunal a arena para resolver determinada controvérsia, e não o debate legislativo, a ordem administrativa, a mediação ou a autorregulação? No fim das contas, nesta era pós-metafísica em que tanto a racionalidade formal quanto a racionalidade material do direito tornam-se controversas e dubitáveis, falta-nos a posição onisciente e definitiva de observação. À teoria e filosofia do direito resta não fundamentar, mas desfundamentar as decisões, na posição de sempre observar como os observadores práticos do direito produzem interpretações, distinções e argumentos que poderiam ser diferentes, e como o discurso dogmático contém impurezas (premissas empíricas e normativas/políticas mais ou menos arbitrárias) que direcionam, para além do juízo estritamente jurídico-formal, a decisão a ser tomada. Assim a dogmática se direciona para conter aquela contingência do direito positivo, a fim de evitar – ou velar – a arbitrariedade decisória.

CAPÍTULO 1

DIREITO NATURAL E DIREITO POSITIVO

> *Felizmente, a já outras vezes invocada necessidade de equilíbrio que tem segurado o universo nos seus carris e os planetas nas suas trajetórias determina que sempre que sentir algo de um lado se ponha no outro algo que mais ou menos lhe corresponda, da mesma qualidade e na mesma proporção podendo ser, a fim de que não se acumulem as queixas por diferenças de tratamento. (...) o universo não só tem lá as suas leis, todas elas estranhas aos contraditórios sonhos e desejos da humanidade, e na formulação das quais não metemos mais prego e mais estopa que as palavras com que malamente as nomeamos, como também tudo nos vem convencendo de que as usa para objetivos que transcendem e sempre transcenderam a nossa capacidade de entendimento, e se, nesta particular conjuntura, [há] (...) escandalosa desproporção (...) [que] nos parece difícil aceitar à luz da mais elementar justiça distributiva, manda a prudência que por algum tempo suspendamos qualquer juízo definitivo e acompanhemos com atenção confiante o desenvolver de uns sucessos que ainda mal principiaram a delinear-se.*
>
> (SARAMAGO, 2014a [2004], p. 390-391)

Nas pequenas comunidades, em que o conhecimento e reconhecimento local das pessoas e *costumes* é capaz de estruturar o compartilhamento de expectativas, o direito surge como discurso entremeando as relações de troca e dominação. Desenvolve-se segundo uma dinâmica de *reciprocidade*, capaz tanto de organizar transações comerciais rotineiras quanto de tomar a forma mais extrema da *represália*. Essa ordem mais ou menos descentralizada de mutualismo sustenta obrigações de ajuda, agradecimento, favor e entrega de excedentes. Quando a violência se explicita, dispara uma autorização tácita para a represália: a violência contra o membro de um grupo familiar se paga com a violência ao autor ou a seus parentes. A vindita, porém, impõe graves custos à paz social, e o preço da estabilidade pode ser buscar um equivalente funcional: a sanção não violenta, mas humilhante ou desonrosa (LUHMANN, 2014 [1972], p. 114-129).

Nas sociedades em que se desenvolveu uma estratificação social vinculada a relativa centralização da produção do direito, esta foi monopolizada por uma alta cultura e uma aristocracia governante. A assembleia dos cidadãos atenienses ou o senado dos patrícios romanos não estavam livres para decidir; o poder de *positivar o direito* era uma intervenção excepcional e pontual em uma ordem herdada de costumes e submetia-se aos "guardiães" desta ordem: os jurisconsultos.

Na Antiguidade ocidental, Grécia e Roma representaram uma experiência jurídica com relativa laicização, mas ainda não profissionalizada em termos equivalentes aos atuais (BRETONE; TALAMANCA, 1994 [1981]; SCHULZ, 1946). A justiça que se praticava retirava seus critérios de sua inserção em sociedades de centros e periferias, dependências pessoais e geográficas, camadas superiores e camadas subordinadas. As leis eram vistas como *convenções* humanas e, por isso mesmo, podiam contradizer a vontade dos deuses e as tradições da cidade. Assim, distanciavam-se de uma dominação absoluta pelo sobrenatural. O direito era praticado de maneira laica e não especializada, mas já não bastavam os juízes de aldeia; surgiram instituições e cargos públicos para julgar crimes de maior monta, enquanto conflitos particulares podiam ser arbitrados por um consultor público ou privado, com apelo para autoridades e órgãos públicos.

A dicotomia *direito natural/direito positivo* é recorrente na história jurídica ocidental. Desde a Grécia clássica, pelo menos, registra-se o conflito entre a lei da cidade e a lei dos deuses. Como o direito se encontrava indiferenciado ao lado de outras esferas normativas, como a moral e a religião, não se poderia dispor de um critério claro de distinção entre a validade jurídica das normas e a justiça de seu conteúdo – tal confusão tendia a caracterizar, em tese, uma espécie de jusnaturalismo (a subordinação da lei à justiça), enquanto na prática poderia implicar a simples submissão ao que os sábios ou poderosos determinassem como justo, isto é, ao direito positivado.

A olhos modernos e liberais, a filosofia de Platão (1973 [c. 370 a.C.]; 2010 [c. 347 a.C.]), elaborada no século IV a.C., tende a parecer uma apologia acrítica do direito positivo e de uma sociedade totalitária (ver *e.g.* POPPER, 1966 [1962]). Em oposição ao realismo político da teoria das formas de governo de seu discípulo, Aristóteles, Platão teria se concentrado em elaborar um ideal utópico de governo aristocrático e autocrático de filósofos (KELSEN, 1934, p. 79) e, em contraste com o particularismo de seus antecessores, inclusive Sócrates, buscava um fundamento "sólido, estável e universal" para as leis, que permitisse avaliá-las a despeito da diversidade e variedade das normas em cada período e lugar; concluiu que tal padrão seria encontrado na busca do bem comum da cidade, acima dos interesses particulares de seus membros (FRAILE, 1997 [1956], p. 397). Como não deveriam ser rígidas e inflexíveis, as leis haveriam de ser corrigidas pelo governante, conforme as circunstâncias, tendo em vista tal alto objetivo.

Em obra publicada postumamente, Hans Kelsen (2008 [1985], p. 504-519) analisou vários diálogos platônicos, concluindo ceticamente que, para o idealismo platônico, haveria uma *justiça absoluta do direito natural*; a concretude dessa justiça dependeria de certo *consenso de valores* partilhado na comunidade (a partir de uma educação humanista) que tornaria desnecessário o próprio direito. A segunda melhor opção, e mais realista, passa a ser, para Platão, a *obediência incondicional* ao direito positivo: se bem que não seja a justiça absoluta, é sim uma justiça relativa – as opções de concretização do direito natural feitas por uma elite dirigente sábia que, conhecendo o bem e a verdade, impõe aos demais uma comunidade de valores e fins; os critérios morais iluminados aos "guardiães" da cidade acima da opinião das massas cristalizam-se como direito positivo, ao qual estas devem obediência irrefletida. O critério de justiça apresentado pelo direito natural é tão ideal – perfeito e inacessível – que paradoxalmente o torna supérfluo para avaliar o direito positivo. Não cabe ao cidadão avaliar se o direito posto é justo; justiça e legalidade não se distinguem. Se a justiça natural parte da máxima vazia de "dar a cada um o que é seu", só o direito positivo pode definir "o seu" de cada um, obrigando de fato cada qual a se abster de tomar ou a restituir o que é do outro.

Foi Aristóteles, entretanto, quem organizou o sistema filosófico mais imediatamente influente sobre a vida política e jurídica da antiguidade ocidental. Foi igualmente influente por haver sido retomado no Ocidente a partir da Baixa Idade Média.

A *ética dos deveres moderna* é ilustrada pelos filósofos contratualistas e circunscrita ao mínimo de preceitos de conduta exigidos no vínculo entre um Estado territorial centralizado e os sujeitos privados e nas relações que estes travam voluntariamente entre si, contando com a garantia da ameaça da coerção estatal. A passagem do estado de natureza à sociedade civil (com Estado) leva à cisão entre a esfera pública do Estado e a esfera privada da sociedade civil, tracionada pelo mercado, que acaba também por emancipar a atividade econômica do âmbito doméstico e familiar.

Na Antiguidade, pelo contrário, não há distinção entre sociedade e sua organização política – a vida em comum (na comunidade política) é protagonizada pelos patriarcas-cidadãos, que lideram a esfera doméstica de produção (com sua família e escravos) e têm tempo livre para a deliberação dos assuntos da cidade. Ao contrário da narrativa moderna – de construção revolucionária de um Estado centralizado a partir de um estado de natureza conflituoso –, a filosofia antiga apresenta a comunidade política como progressão natural desde os vínculos de sangue pelos quais se vão agregando e ligando os grupos familiares até a participação na esfera pública como um círculo de amizade ampliada entre os cidadãos da pólis; eis o grande fim da política (HÖFFE, 2006 [1987], cap. 9). A metafísica de Aristóteles (1988) compreende o homem (animal social/político) e os seres e coisas naturais como partes de um todo racional em que cada ente tende à realização de sua *finalidade*. Natureza e sociedade são coleções fechadas de tipos perenes (de seres e regimes políticos, por exemplo), que não mudam fundamentalmente, mas podem se corromper e se regenerar. A regularidade do mundo – e não seu progresso – é a base para a apreensão de sua ordem racional, da finalidade a que tendem as coisas e os seres, segundo leis naturais e morais, que se sobrepõem às meras convenções (como o direito positivo, que é apenas uma determinação falha da justiça natural).

A moralidade é cultivada pelo domínio da razão sobre as sensações e sentimentos, desejos e percepções. Trata do encaminhamento do ser humano para sua finalidade. O fim do homem é a felicidade. Daí que a ética aristotélica (ao contrário da ética moderna) volte-se a uma definição mais ampla do que fazer para alcançar a vida boa, a felicidade. Essa *ética das virtudes – ou "eudaimonia"* – implica o cultivo de virtudes morais (que disciplinem as escolhas e emoções da alma, moderando os excessos e faltas) e de virtudes intelectuais, seja aquelas teóricas (relacionadas ao conhecimento das realidades universais imutáveis), seja aquelas práticas, relacionadas à ação. Nesse campo, da ação refletida e deliberada, o ser humano é capaz de produzir coisas ao dominar sua técnica, engenho e arte, assim como é capaz de decidir, disciplinando paixões, apetites e desejos para chegar ao discernimento do que é devido.

Aristóteles observa o conflito entre a rigidez da justiça legal e sua correção pela equidade, uma espécie de justiça paralela avaliada pelo árbitro de um caso concreto (KELLY, 2010 [1992], p. 36-38). Entretanto, tampouco deixa de registrar que a jurisdição está sujeita a pressões sociais de amizade e hostilidade, às quais só pode fazer frente a aderência a parâmetros previamente formulados como diretriz dos julgamentos futuros (LUHMANN, 2004 [1993], p. 92).

A *prudência* (*phrónesis*) é a grande sabedoria prática, e a *justiça* é o resultado da aplicação da prudência: a decisão equânime, que dá a cada qual o que lhe cabe, seja repartindo os ônus e os bônus (tributos, cargos, honras) entre os cidadãos na comunidade (justiça distributiva), seja ordenando a reciprocidade e a retribuição nos contratos ou delitos (justiça comutativa) (ARISTÓTELES, 1991, livro 5). A justiça distributiva ou proporcional, vale notar, implica uma visão hierárquica da sociedade: as contribuições cobradas ou as recompensas dadas a cada qual dependem de seu mérito, de suas aptidões e realização, de sua virtude e contribuição para o bem comum – tudo isso definindo sua posição moral na ordem social (LUHMANN, 2004 [1993], p. 218).

Tal visão de ética e justiça afina-se àquela que foi a experiência jurídica paradigmática para o Ocidente, sobretudo para a Europa ocidental e as regiões por ela colonizadas: o *direito romano* (LOPES, 2012 [2000], p. 28-48). No período arcaico (séculos VIII a II a.C.), o direito era aplicado por sacerdotes-funcionários do estamento patrício. Apenas esses pontífices estavam autorizados a interpretar as leis como peritos, e se distinguia um direito aplicável àqueles cidadãos (direito quiritário, *ius civile*), diferente do direito comum dos povos (*ius gentium*). Um formalismo extrínseco, performativo, caracterizava os contratos solenes e as ações típicas, ações da lei.

Já no período clássico (II a.C. a III d.C.) se cristaliza o paradigma da excelência e do virtuosismo no exercício da *iuris prudentia*: a prática, da república tardia ao principado, será uma produção do direito comandada pelos pretores, cujos editos compõem o *ius honorarium*, que configura institutos para além do que era conhecido no *ius civile*. No caso de conflitos, há uma fase de organização da controvérsia pelo pretor público, no exercício da *iurisdictio*; a definição da controvérsia, porém, se passa diante de um juiz ou árbitro privado (*iudex*) e nela intervém uma classe de homens letrados, que dominam a alta cultura, as tradições da cidade e a arte retórica. Trata-se dos *jurisconsultos*, que com destreza realizam as distinções, disputam os significados, exercem a razão prática – uma espécie de moralidade aplicada – e daí elaboram o direito para o caso concreto. Esse raciocínio problemático e prudencial, analógico e equitativo, exercido sobre uma base de costumes e tradições de um povo, será tomado como o caso exemplar da *iuris prudentia*, do verdadeiro saber, ciência ou arte do direito (SCHIAVONE, 1976).

Finalmente, na fase imperial (entre os séculos III e IV d.C.), o direito romano torna-se uma produção centralizada no imperador e em sua burocracia, abolindo-se a diferença entre pretor e juiz do caso e colocando-se os juristas como delegados do imperador, o juiz supremo. Tal direito – mais textualizado, formalizado, positivado – já representaria um exercício menos virtuoso da arte jurídica, alinhado ao declínio de um grande império.

O que interessa perceber, acerca da influência de longa duração do direito romano antigo na formação do pensamento jurídico moderno, são diferentes ondas que o trazem até os últimos séculos. Um dos primeiros impulsos para a perenização do legado jurídico romano foi dado pelos visigodos romanizados, expulsos da Gália, que vieram a ocupar a península Ibérica, trazendo, portanto, em suas práticas uma influência do direito romano tardio, imperial. De outra parte, o direito romano sobreviverá no direito eclesiástico, já que ao final do império do Ocidente o catolicismo fora proclamado como religião oficial. O terceiro e mais organizado impulso à perenização do legado jurídico romano foi dado pelo Imperador Justiniano, de Constantinopla, que em 530 d.C. vê realizado o trabalho de compilação das fontes romanas realizado a seu mando: o *Corpus Juris Civilis*, destacando-se o livro do *Digesto* ou *Pandectas*, que compilava fragmentos de opiniões dos jurisconsultos da época clássica, trazendo, entretanto, "impurezas" – as interpolações bizantinas, isto é, complementações e comentários realizados pelos juristas da época da compilação.

Na Antiguidade clássica greco-romana, o direito estava inserido em uma ética relativamente secularizada de virtudes. O discurso jurídico não era uma técnica de especialistas, mas o exercício de uma sabedoria especialmente talhada para a solução de casos concretos, a harmonização de dissonâncias sociais pela retórica, pela destreza e excelência em lidar com as fórmulas herdadas para deslindar conflitos de hoje. Essa virtude – a prudência – distinguiria o exercício da razão prática em uma concepção de pessoa e de sociedade que hierarquizava as faculdades humanas e as classes sociais segundo o virtuosismo que presumivelmente alcançam: o domínio da razão sobre as paixões, o domínio dos cultos sobre os produtores. Era tal estrutura social, mais ou menos comum à Eurásia (ver DUMÉZIL, 2016 [1968]), que dava sustentação para o direito natural antigo (afinado à matriz filosófica aristotélico-tomista).

Já os governantes dos grandes impérios agrários burocráticos lograram maior centralização do poder e um corpo de funcionários patrimoniais encarregados de impor o direito. Contudo, a ordem jurídica, ainda assim, não parecia plenamente disponível à decisão política contingente; dependia da combinação variável de juízo de equidade e imposição pela força, e não raramente a doutrina jurídica estava combinada com a dominação teocrática (UNGER, 1979, p. 68-75 [1976]).

Durante o auge do feudalismo, o direito romano foi se perdendo ou se amalgamando, em concorrência com os costumes locais e influências dos novos povos ("bárbaros") que dominavam cada reino. Com o renascimento das cidades, o legado jurídico romano será recepcionado na Europa continental desde a "universidade" medieval, que a partir do ano 1000 d.C. submeterá a compilação justinianeia a estudo e sistematização, pelos glosadores e comentadores.

Em paralelo ao desenvolvimento continental do direito civil de origem romana, a Inglaterra organizará seu *common law* como um direito consuetudinário trabalhado pelos tribunais encarregados de interpretar as leis imemoriais da terra e produzir precedentes vinculantes (*stare decisis*), conferindo à jurisprudência (agora no sentido judicial) uma proeminência sobre a legislação (protagonista da tradição romano-franco-germânica do *civil law*). O sistema duplo de tribunais reais (*curia regis*) e tribunais de equidade (*equity*) resultou em um longo processo de remodelação dos costumes sob o escrutínio judicial, destilando um conjunto de liberdades individuais e garantias processuais (*writs*) contra abusos do Estado e gerando certa flexibilidade para desenvolver novos institutos e soluções jurídicas sem a rigidez do direito legislado e codificado (CASTRO, 2012, p. 45-66).

O *common law* representou assim, em certa medida, um sucedâneo ao direito produzido de maneira prudencial e caso a caso; os formalistas modernos, porém, não deixaram de buscar sua sistematização em conceitos, institutos e um conjunto de direitos subjetivos, tomando como referência exemplar a propriedade privada (BLACKSTONE, 2016 [1766]). Tornou-se célebre como metáfora da dinâmica consuetudinária/judicial a ideia de Lorde Mansfield (1705-1793) de que o *common law* "*purifica a si mesmo* por regras extraídas da fonte da justiça" e é "por essa razão superior a um ato do parlamento" (voto na decisão do caso *Omychund v. Barker*, 26 Eng. Rep. 15, 23, 1744, citado por SCHAUER, 2009, p. 105, destaques no original).

Os positivistas britânicos procurarão, no século XIX, justamente inverter os termos de tal relação, defendendo a primazia do direito legislado contra a confusão e o arbítrio do direito comum (ver *infra*, 2.4). Entretanto, a criação jurisprudencial do direito inglês foi historicamente limitada não por uma rejeição do tradicionalismo do *common law* e pela codificação do direito (como pretendiam os positivistas utilitaristas na linha de Bentham), mas sim por um formalismo literal estrito no plano judicial, com forte papel dos precedentes (vedada a remissão a trabalhos legislativos e às "intenções" do legislador), articulado com legislação criada sob uma doutrina de plena soberania parlamentar (pouco contrastada por controles judiciais e por um parâmetro constitucional rígido, isto é, por normas supralegais) (CAENEGEM, 1987, cap. 1).

Já a Europa continental conformou seu *civil law* a partir do *ius commune*: a princípio, o direito costumeiro medieval proveniente das práticas do Império Romano e misturado aos usos dos diversos povos que vieram a ocupar o continente europeu; depois, um direito romano crescentemente sistematizado e estruturado conceitualmente (diferente, assim, da *iuris prudentia* romana do período clássico). Essa racionalização do direito continental foi uma dinâmica que se apresentou desde a Baixa Idade Média e o início da Era Moderna. No contexto do pluralismo medieval, o direito canônico fornecia repertório sistemático de inspiração romana que se colocava como um direito comum às jurisdições diversas de cada reino europeu. Daí que o *ius commune* tenha resultado de uma combinação do direito civil neorromano (o *Corpus Juris Civilis* retomado e estudado nas "universidades" medievais desde 1100 d.C.) com o direito canônico (igualmente herdeiro de Roma, onde o catolicismo se tornara religião oficial do Império, em 380 d.C.), compondo assim o direito erudito comum a toda a Europa continental ocidental (CAENEGEM, 2000 [1988], p. 65-121). Até o século XIX, versões adaptadas do *Corpus Juris Civilis* ainda serão a base do direito aplicado nos tribunais – o que ocorreu no território germânico, onde houve uma recepção do direito romano na forma do "*usus modernus Pandectarum*".

Esse novo uso das *Pandectas* (ou seja, do livro *Digesto* compilado a mando de Justiniano) era proporcionado por um corpo mais sistematizado, legado pelo trabalho dos comentadores, que adotavam o chamado *mos gallicus*, mais elaborado e racionalizador, em contraposição ao *mos italicus*, baseado em glosas pontuais de cada dispositivo ou *loci* da compilação e na determinação ou especificação do direito a partir do comentário de casos concretos. A herança sistemática dos comentadores do norte da península

Itálica (em meados do século XIV), levada à Alemanha pela recepção do direito romano na forma do trabalho de juristas que produziram o *"usus modernus Pandectarum"* (em meados do século XVII), foi recuperada e refinada após o domínio do jusracionalismo (em meados do século XVIII), com sua tendência geometrizante, abstratizante e a-histórica. Em uma dinâmica de longa duração, o fio da história de crescente sistematização da herança jurídica romana (o *ius commune*) foi retomado no século XIX por obra dos juristas germânicos da "escola" histórica do direito, conhecidos como "pandectistas", e foi a elaboração conceitual destes que, mesmo contra a intenção de alguns deles, orientou a futura codificação do direito privado, representada pelo Código Civil alemão de 1900 (WIEACKER, 2004 [1952]).

Assim, em algumas regiões da Europa continental, até o advento das grandes codificações dos séculos XIX e XX o direito romano (justinianeu, e não o clássico) tinha certa eficácia costumeira ou mesmo alguma forma de validade formal, permanecendo como uma espécie de parâmetro de direito natural, de conformidade à reta razão; na prática, o *ius commune* funcionava como fonte suplementar de muitas legislações nacionais (COING, 1996a [1985], cap. 1-3; 1996b [1989], cap. 1). A polêmica entre o direito romano cultivado pelos eruditos e o direito costumeiro de cada povo (por exemplo, o germânico) – e, ainda, os usos e institutos criados espontânea e descentralizadamente pelos mercadores (*lex mercatoria*) – redundou na solução das codificações resultantes das revoluções liberais, unificações e independências nacionais (LOSANO, 2007 [1978], cap. 2).

1.1 Do direito natural antigo ao moderno

A desagregação da antiga unidade entre política e ética, direito e moral, Estado e sociedade redunda no positivismo jurídico, como reação às antigas teorias do direito natural, para as quais a justiça é identificada ao resultado da determinação do direito. Para os modernos, há não um direito natural perene, e sim *direitos naturais*, preexistentes à ordem social, embora por ela garantidos. A sociedade não é mais vista como resultado de uma progressão natural rumo à finalidade intrínseca do ser humano, e sim como produto da vontade e da imaginação de sujeitos racionais, emancipando-se parcialmente das regularidades e necessidades determinadas pelo aspecto físico do mundo natural.

A reflexão sobre o direito natural é constitutiva do próprio direito, na medida em que define o justo e o injusto por dedução de um conteúdo fixo, já presente desde o início. Pode haver variações interpretativas, mas o direito não muda por um ato arbitrário, por decisão "infundada". A certeza repousa justamente na perenidade da ordem social justa, da "vida boa" tal qual entendida pelo filósofo-jurista. É certeza substancial, aliada da verdade e da sabedoria da história. Com a positivação do direito – a centralização da decisão sobre o lícito e o ilícito em órgãos eles mesmos regulados por essa diferença –, a unidade entre direito e moral se esfacela.

Na prevalência da positivação centralizada no Estado, com a desintegração de uma comunidade moral e com a crítica ideológica dos valores – movimentos que atingem seu auge no século XIX –, o direito é desfundamentado ou autofundamentado, na medida em que só ele passa a fornecer os critérios para seu funcionamento. O positivismo jurídico surge como visão dominante, dando origem a novas controvérsias, como aquelas entre formalistas e antiformalistas. A *constituição*, como norma jurídica superior, mas positiva, internaliza a dimensão mais abstrata dos ideais jurídicos e substitui a remissão do direito positivo ao direito natural como direito superior.

O mesmo ocorre com os demais sistemas. Não se trata apenas da construção de espaços e ações excepcionados ao juízo moral: a razão de Estado, a cobrança de juros, o lucro. É a própria indiferença dos códigos lícito/ilícito, saber/não saber, ter/não ter ao código bom/mau que está em jogo. Na falta de uma moral abrangente a cimentar e unir a sociedade, com validade transcendente aos "autovalores" operativos dos sistemas (em grande medida indiferentes a uma moralidade substancial), o mau passa a ser então a sociedade negar o acesso ao lado positivo dos códigos funcionais (inclusão/exclusão), e a ética (a reflexão sobre a moral) passa a detectar como falha moral a corrupção dos códigos funcionais: dinheiro na política, medicamentos no esporte, parcialidade nas cortes (LUHMANN, 1994).

Pela esquematização do direito natural clássico, partia-se de um compartilhamento concreto de costumes que revelaria uma tácita ordem natural da criação e a natureza das coisas; então se podia contrapor a falha decisão dos homens à ontológica razão (da natureza, dos deuses ou de Deus). Já o direito natural moderno, racionalista-individualista, buscava inferir os princípios primeiros da razão inata para uma ordenação sistemática dos direitos e deveres capaz de informar a construção e crítica do direito positivo. Nessa passagem, o que se refere como direito natural passa a ser reduzido: de uma forma de vida densamente compartilhada (direito natural antigo, clássico) para truísmos morais e racionais que expressam apenas o que há de mais universal na "natureza humana" (direito natural moderno, racionalista-individualista). Desestruturadas as estratificações sociais determinadas pelo nascimento e as hierarquias fixas de *status* e valores, rompe-se a identidade (jusnaturalista) entre direito e justiça material, comutativa ou distributiva (WELZEL, 1965 [1951]).

Segundo as concepções positivistas, o direito positivo pode ser criticado por uma pluralidade de pontos de vista, mas essa crítica só é eficaz se encaminhada pelas vias procedimentais e orgânicas para a reforma política do direito posto. De outro lado, a justiça almejável pelo direito passa a ser uma *justiça formal*, a igualdade de tratamento entre casos e pessoas, a abstração das desigualdades materiais. Mesmo as correntes antiformalistas (*infra*, capítulo 2) só conduzirão a uma apreciação pontual e seletiva dessas desigualdades e da atribuição de compensações respectivas.

Quem observa esses movimentos históricos gerais (do direito natural antigo ao moderno, do jusnaturalismo ao positivismo jurídico, do positivismo formalista ao antiformalista) percebe que a definição do campo da "teoria do direito" ou "jurisprudência" (nesse sentido mais abrangente de saber jurídico) é autorreferencial e historicamente datada e localizada. As teorias do direito é que vieram a (auto)definir seu campo. Se considerarmos a realidade histórica do direito no Ocidente até por volta de 1000 d.C., observamos uma predominância do pensamento jurídico como razão prática, como exercício de prudência voltado à solução equitativa de casos concretos conforme a moralidade convencional. Pressupunha-se certa "ordem das coisas" e determinada "natureza jurídica" de um instituto, sua finalidade intrínseca, e assim se buscava a solução justa, a repartição igualitária das "coisas", isto é, dos ônus e dos bônus, das penas ou das honrarias, das prestações e das contraprestações. O direito natural antigo – como o direito romano do período clássico e, em certa medida, o *ius commune* e o *common law* medievais – afina-se, assim, à filosofia aristotélico-tomista (VIEHWEG, 1979 [1953]; VILLEY, 2003 [1968]; CASTRO, 2012).

O campo da *iuris prudentia* é uma especificação daquela ética das virtudes, cujo eixo é a busca da vida boa pelo domínio racional das paixões, visando alcançar a excelência e a sabedoria em direção à realização da grande finalidade, do bem supremo para o ser humano, que é a felicidade. Nas disputas envolvendo a determinação de questões sobre a justiça (comutativa ou distributiva) – portanto, no campo que identificamos como jurídico –, está em ação a *razão prática*, a deliberação guiada pelo exercício da virtude da prudência; esta é uma das formas do bem humano, ao lado do saber teórico, da experiência estética e da amizade, entre outros domínios que seriam universalmente comuns à natureza humana (FINNIS, 2011 [1980]; ver também CRUZ, 2021).

Esse é o paradigma do direito como uma "moralidade imanente" (UNGER, 2017a [2013]), como doutrina, e da "jurisprudência" como virtude cultivada por uma camada de sábios, excelentes na disciplina de seu bom senso e no cultivo das tradições da comunidade política, sacerdotes de uma justiça mais ou menos secularizada, mas não técnicos especializados. Não há aqui uma "teoria do direito" especializada em relação à filosofia ou à doutrina jurídica. Afinal, o próprio setor jurídico não se distingue marcadamente em relação à política ou à religião. A solução justa/jurídica resulta de uma ponderação equitativa, e não do reconhecimento dedutivo de direitos subjetivos preexistentes. Não se concebendo "direitos" (nem mesmo direitos naturais) predefinidos, o direito é determinado por um raciocínio equitativo e prudencial; é o exercício de uma virtude do saber capaz de indicar no caso concreto as distinções cabíveis e assim realizar a finalidade do direito, a justiça, a igualdade, o "dar a cada um o que é seu" (*suum cuique tribuere*).

A saída desse paradigma do direito natural antigo é parcialmente articulada nos grandes impérios da Antiguidade e do medievo (como o Império Romano, mas também o Chinês e outros), que já desenvolvem uma relativa centralização de um aparato burocrático e nos quais, portanto, o governante constrói um direito enquanto ordem de decisões a serem transmitidas e implementadas por seu corpo de funcionários patrimoniais espalhados em vastos territórios (UNGER, 1979 [1976]). No Ocidente, especialmente, é a partir de 1000 d.C. que as tendências de centralização territorial do poder são retomadas e desenvolvimentos paralelos da semântica jurídica culminam, na longa duração, no esmaecimento da importância dos costumes, da doutrina e do raciocínio prudencial, equitativo e problemático e na ascensão do direito como decisão mais ou menos arbitrária de um *soberano* – o príncipe absoluto ou a assembleia republicana, o povo ou seu governo representativo. Aproximadamente a partir de 1000 d.C., portanto, pelo menos cinco linhas começam a convergir no longo prazo para essa direção.

Em primeiro lugar, a Igreja Católica romana centraliza-se como ampla ordem de poder e direito, por cima das ordens seculares parciais, que são os direitos dos variados impérios, reinos e comunas. A Igreja então começa a profissionalizar um corpo de funcionários encarregados da sistematização do direito canônico e da solução jurídica das disputas, segundo um rito processual com provas, partes, advogado e juiz (BERMAN, 1983; PRODI, 2005 [2000], cap. 2; LOPES, 2012 [2000], cap. 4).

Embora a Igreja Católica, a partir do ano 1000 d.C., tenha sido modelar para o direito moderno em vários aspectos, é certo que a dinâmica inquisitorial de indistinção entre os papéis de acusador e julgador veio a ser desmontada na evolução jurídica ocidental. É na tradição anglófona que se localiza o desenvolvimento do *sistema adversarial*, que rejeita o trabalho investigativo do juiz e enfatiza o caráter duelístico das partes que se enfrentam perante um árbitro imparcial. É do *common law* que advêm princípios como os do *devido processo legal*, que prevaleceram historicamente sobre a dinâmica inquisitorial do direito canônico de linhagem romana, vigente na Europa continental em meados dos séculos XI a XIII (BERMAN, 1983, p. 180-197, 418-423; 2003, p. 284-294).

Em segundo lugar, lado a lado ao desenvolvimento do direito canônico (tendo sido a Igreja Católica a grande herdeira do Império Romano e de sua *iuris prudentia*), há as "universidades" medievais. Nelas, os glosadores (séculos XI e XII) ainda praticam um método problemático, de explicação seguindo a ordem e os temas das fontes do direito justinianeu, de questões e disputas envolvendo problemas concretos e de raciocínio analógico entre as soluções clássicas e os casos difíceis, não previstos nas fontes. Sobretudo com os comentadores e conciliadores (ao redor do século XIV), avança o trabalho de *sistematização* da compilação justinianeia do direito romano: procura-se agora abstrair princípios gerais a partir dos casos concretos, tipificando-se regras e condutas e ordenando-se institutos, doutrinas e conceitos. Em vez do direito romano do período clássico, o que se produziu foi a compilação justinianeia comentada e amalgamada com estatutos, usos e costumes do norte da península Itálica, onde atuavam os comentadores. Esse foi o corpo jurídico recebido na Alemanha; assim, em sua expressão mais elaborada, tal trabalho de sistematização culminou na ciência romanística da "escola histórica" e na "jurisprudência dos conceitos" dos civilistas alemães do século XIX (WIEACKER, 2004 [1952]; LOPES, 2012 [2000], cap. 5).

Em terceiro lugar, a filosofia política volta-se, de um lado, à preocupação em fundar as bases da autoridade do Estado não apenas na tradição, mas, sobretudo, na consonância entre o poder do governante e sua comunidade política (o *republicanismo* então avança desde a península Itálica, com Nicolau Maquiavel no século XVI, até o Reino Unido, com John Milton e James Harrington no século XVII, e os Estados Unidos, com Thomas Jefferson, James Madison e John Adams no século XVIII) (ARAUJO, 2013; BIGNOTTO, 2013).

Em quarto lugar, nascerão de dentro da escolástica medieval, mas em conflito com a visão aristotélico-tomista, concepções que darão abertura a uma identificação do direito menos como costume e moralidade de valor e racionalidade intrínsecos (como pregava Tomás de Aquino, 1225-1274) e mais como unidade entre o poder da autoridade pública e o poder do indivíduo privado. A última posição afina-se ao caso dos franciscanos nominalistas ingleses dos séculos XIII e XIV – Duns Scotus (1266-1308) e William (Guilherme) de Ockham (1290-1349) –, que pregavam a identificação do *direito como poder*: o poder de dizer o direito (*lex*, direito objetivo) e os direitos subjetivos (*iura*) como poderes individuais, faculdades exercíveis com a ameaça ou o uso da coerção[4]

---

[4] Daí a discussão sobre como conciliar a pobreza dos frades franciscanos com a propriedade de coisas por sua ordem religiosa: bastava distinguir a mera posse ou detenção da coisa (que não descaracterizaria a pobreza) do poder de cobrá-la coercitivamente, que caracterizaria a propriedade como um direito. Como se recomendava nas

(VILLEY, 2005 [1968], p. 198-298; ISRAËL; GRYN, 2009 [2006], cap. 3). Da mesma forma, a antiga unidade de costumes dos povos europeus é desintegrada com a expansão rumo ao Novo Mundo a partir do século XVI e progride na filosofia moral (por exemplo, na escolástica espanhola) a tendência a se identificar como direito natural não os usos, rotinas e práticas concretos de cada povo, mas a expressão abstrata de certos *princípios derivados da razão* universal e inata aos seres humanos (BASTIT, 2010 [1990]; GOYARD-FABRE, 2006 [2004]).

O que merece ser distinguido como quinta linhagem de ideias atuantes a longo prazo nessa emergência do direito moderno é a ruptura no século XVII – partir de Pufendorf e, sobretudo, de Hobbes – com os pressupostos aristotélicos sobre a natural sociabilidade do homem e sobre a unidade racional e finalista de toda a ordem natural e humana. Desmistificado um cosmos pré-ordenado pela natureza ou pela providência divina, o mundo deixa de ser concebido como "ordem das coisas" e passa a ser pressuposto como um caos a ser ordenado pela razão e pela vontade humanas. A física passa a ser o estudo empírico das regularidades naturais e todo o saber passa a ser ancorado em dados observáveis externamente. É o caso inclusive do direito, enquanto parte da "física" social e moral (como dito, mais tarde, nas *Lições de Sociologia* de DURKHEIM, 2013 [1890-1900]: *"physique des mœurs et du droit"*).

O direito torna-se então a unidade da diferença entre soberania e cidadania: um conjunto de comandos do soberano e direitos naturais positivados dos cidadãos. A ideia de uma razão imanente, imersa em costumes (por definição, referidos a uma comunidade), perde lugar para a concepção de uma razão instrumental, baseada no acordo e na vontade, entre o Estado e os indivíduos e estes entre si. A doutrina do direito de Immanuel Kant (1724-1804) ao mesmo tempo reconhece e limita (deontologicamente, isto é, como dever *a priori*) essa racionalidade; é especificação e sistematização, para o direito (a esfera "externa" das ações), de um campo moral de direitos e deveres, campo este que o direito compartilha com a ética (para a esfera "interna" das intenções) (KANT, 1991 [1797]). Para o cumprimento do dever jurídico, basta a conformidade exterior da conduta à norma – a desconformidade é ameaçada por uma sanção igualmente externa (física); o indivíduo é responsável perante os outros. Já a obrigação moral tem que ser ela mesma o motivo da conduta; afinal, seu descumprimento só é punido por uma sanção interna, da consciência. Em ambos os campos, o ideal são normas que limitem o autointeresse individual e a mera razão instrumental (que trata pessoas e coisas como meios para finalidades utilitárias), e que satisfaçam a uma forma universalizável – devem poder tornar-se não apenas preceitos éticos ou jurídicos *ad hoc*, mas regras universais, aplicáveis a seus próprios formuladores.

A desagregação do medievo europeu, com o advento da cultura urbana e a recentralização de poder (primeiro na Igreja, depois nos impérios modernos e Estados nacionais), colocou em grau inédito o problema da justificação do poder. Reiterava-se, na arena jurídica, o recorrente dilema de sua prostração diante do trono ou do altar

---

disputas escolásticas: onde encontrar contradição, faça uma distinção. Tal controvérsia é abordada como pano de fundo no livro *O nome da rosa*, romance de 1980 do teórico da semiótica Umberto Eco (1932-2016) filmado em 1986 sob direção de Jean-Jacques Annaud. Seguindo o francês Pierre Abélard (1079-1142), os nominalistas consideravam que os nomes universais eram meras abstrações, e só existiriam na realidade os particulares: não o nome "rosa", mas cada rosa em si mesma.

(WIETHÖLTER, 1991 [1968], p. 20), com a busca de autonomia do direito a servir como diretriz para que os juristas e doutrinadores ganhassem poder ao se apresentarem como sacerdotes da própria ordem jurídica, em distinção aos apelos transcendentes ou à pura razão de Estado.

Em um primeiro momento histórico da modernidade ocidental, na combinação entre força e convencimento, o primeiro elemento torna-se determinante, e a política ganha configuração absolutista. Para o exercício do poder, muitas vezes com ramificações coloniais, os governantes contavam com o direito como instrumento do Estado, mas não como limite a suas estratégias. Esses limites eram encontrados apenas na correlação de forças entre o rei e os estamentos do clero, nobreza, burguesia e povo. Alguns monarcas, contaminados pelas concepções iluministas de progresso e razão, tornam-se déspotas esclarecidos.

A modernidade torna insuficiente o discurso "paroquial" e concreto, analógico e equitativo ancorado nos usos e costumes de uma tradição e comunidade de vida mais ou menos localizadas. É o *direito natural moderno*, racionalista-individualista, que começará a elaborar uma semântica mais universalista e abstrata, capaz de lidar com a variabilidade de contextos, pessoas e situações que caracteriza o novo mundo. Ainda que repouse em um discurso moral, suas figuras genéricas, como o sujeito de direito, o dever e a responsabilidade, passam a se tornar um vocabulário especializado de duas esferas que vão se coinstituindo: a esfera interna da ética, sustentada pelas sanções da consciência, e a esfera externa das condutas passíveis de sanções organizadas impostas pelo aparato judicial e policial do Estado. A filosofia do direito de Kant (1991 [1797]) é expressão máxima dessa bifurcação do campo comum da *moralidade* entre ética e direito e da passagem do jusracionalismo ao positivismo jurídico. Ainda, é o auge da concepção sistemática do conhecimento (ver FERRAZ JR., 1976).

Para Kant, o direito visa permitir a coexistência dos arbítrios individuais; a legislação deve viabilizar a *liberdade* jurídica, como ausência de impedimentos externos ao exercício da própria razão (liberdade negativa), mas também como submissão às leis morais universalizáveis (liberdade positiva – assim como só se tem a liberdade que se conceda igualmente aos outros, só se obedece às restrições que se possa querer impor a todos; portanto, a heteronomia repousa na autonomia). A especificação de um sistema de direitos naturais, a ser transposto para o campo do direito positivo, volta-se a deliminar a esfera *deontológica, a priori*, em que os seres humanos não podem ser tomados como meros meios para as condutas alheias. Trata-se de regras que definem o certo a ser feito, independentemente de suas consequências. Porém, tal discurso moral apriorístico – formulado por Kant (1998 [1785]) à imagem do *imperativo categórico*: agir apenas segundo aquelas máximas que se possa querer como leis universais – tem a mesma função (direcionadora das escolhas individuais e políticas) do utilitarismo de Bentham (1823 [1780]), que, descrente de direitos naturais e princípios abstratos igualmente inatos à razão, propõe a avaliação *consequencialista* relativa dos prazeres e sofrimentos como critério para a definição do conteúdo das leis. Para Bentham, a legislação ser definida a partir desses testes empíricos haveria de seguir o princípio da maior *utilidade* geral (agregada, considerando igualmente os prazeres e as dores de cada um – ver *infra*, 2.4).

1.2 O racionalismo jurídico, do jusnaturalismo ao positivismo

O direito natural moderno, ou jusracionalismo, é, sobretudo, uma sistematização de filósofos morais, um produto da teorização iluminista, voltada a racionalizar fenômenos humanos (que seriam, tempos depois, considerados históricos e sociais) como se fossem passíveis da mesma metodologia (abstratizante, lógico-dedutiva, fundada em leis descritivas e na subsunção) voltada à matemática, à geometria e às demais ciências exatas.

O projeto jusnaturalista moderno de construção de uma ética racional, universalizável, ganhou força em um mundo que já começava a sentir a desintegração das esferas de valor e sentido, diante do qual as semânticas de fundamentação divina do poder, embora contemporâneas à via do direito natural racional, teriam menor possibilidade de enraizamento. Tal plausibilidade, porém, somente ganha tais contornos em uma análise retrospectiva. É certo que, analisado contextualmente e dispensado o anacronismo, o projeto universalista do direito natural moderno foi altamente inovador – e seu sucesso, bastante improvável – se considerado o cenário em que floresceu. Observe-se que Grócio, considerado por Pufendorf o fundador do direito natural, produziu sua obra quase meio século depois de Jean Bodin, que escrevera durante as guerras de religião na França (segunda metade do século XVI); pouco depois da morte de Grócio, Hobbes publicaria o *Leviatã* (1651), e a ele seguiriam, ao mesmo tempo, as obras do pai do liberalismo, John Locke, mas também de outro teórico do direito divino dos reis, Jacques Bossuet. É claro que viviam contextos nacionais diferentes – da França aos Países Baixos, da Grã-Bretanha à atual Alemanha –, mas a superposição de semânticas no tempo não deixa de ser significativa.

Assim, não só no mundo britânico, mas também no continente europeu – na península Ibérica e nos territórios prussianos – começam a se difundir concepções racionalistas do direito natural (ver WIEACKER, 2004 [1952], parte 4; LOPES, 2012 [2000], cap. 7; KELLY, 2010 [1992], cap. 5-6). Hugo Grócio (1583-1645) já identifica o direito natural menos com a ordem permanente de costumes e crenças e mais com os ditados da "reta razão". A escolástica espanhola da "escola de Salamanca", com o dominicano Francisco de Vitória (1480-1546) e o jesuíta Francisco Suárez (1548-1617), já começa a extrapolar a concepção tomista de apego ao costume como ordem moral imanente. Para além do costume, busca *princípios racionais* que permitem até mesmo criticar as práticas comuns (como a escravização dos índios americanos pelos colonizadores europeus). O direito natural como ordenação racional do mundo já se desintegra em faculdades individuais (direitos subjetivos) amparadas pelos mandatos ou imperativos do poder (direito objetivo). Gottfried Leibniz (1646-1716) buscará a certeza jurídica por um método "geométrico" de estudo do direito, no que será seguido por Christian Wolff (1679-1754). Christian Thomasius (1655-1728) afirmará a precedência dos princípios racionais derivados da natureza humana sobre os costumes dotados de autoridade.

Samuel Pufendorf (1632-1694) é o autor que explicitamente identifica o projeto de uma nova ciência do direito natural, fundada nas certezas matemáticas, na demonstração e na construção de sistemas de regras universais de conduta ditadas pela *reta razão*; tudo isso teria sido desconhecido de Aristóteles e dos comentadores do direito romano, que apenas teriam elaborado preceitos morais a partir da coletânea de costumes de um ou outro povo, conducente a uma lógica do provável, à argumentação tópica e à interpretação de textos progressivamente anacrônicos. Contra o argumento (empírico e histórico) do consenso dos povos, o jusracionalismo trazia também um potencial antiautoritário e encontrou na explicação da fundação da soberania pelo contrato social uma exigência racional (BOBBIO, 1991 [1979]). O contraste com Aristóteles (com sua ética das virtudes e da felicidade, voltada à comunidade valorativa, à determinação do bem viver e ao desenvolvimento de potenciais humanos, e com seu pressuposto da tendência natural do ser humano à sociabilidade) também se assenta na visão pessimista de natureza humana elaborada por Pufendorf e na consequente redução do direito a instrumento para garantir a coexistência pacífica entre os indivíduos basicamente egoístas, por meio da delimitação de seus deveres e direitos naturais.[5] A visão de Pufendorf em *Os deveres do homem e do cidadão de acordo com as leis do direito natural* (1673) é semelhante à que Hobbes apresentara no *Leviatã* (1651), duas décadas antes, para justificar a soberania absoluta, que veio a ser limitada na versão liberal do contratualismo, com Locke e seus *Dois tratados sobre o governo* (1689).

A ideia de *contrato social* é fundante não apenas da dicotomia hipotética[6] *estado natural/estado civil*, mas, sobretudo, de duas outras dicotomias, que se enraizaram historicamente na construção social e jurídica da modernidade. De um lado, a contraposição entre Estado e sociedade civil tem aí sua origem, embora tenha sofrido desde então sucessivas e concomitantes desconstruções e reconstruções. De outro, também nesse contexto intelectual é que passa a se afirmar a justaposição do *direito privado* ao *direito público*, até então desenvolvidos paralelamente (com o primado do direito privado na tradição romanística e com o nascimento do direito público ainda como parte de teorias políticas/do Estado) e sem uma solução que os filiasse em comum ao sistema jurídico unitariamente concebido; a ideia de *sistema*, que se enraíza no campo jurídico de forma especial com o jusracionalismo, funda a *unidade* do direito, enquanto sua bipartição entre público e privado já traz uma *diferença* central para o sistema (sua "grande dicotomia", como diz BOBBIO, 2007 [1976], p. 115-158), fomentando a própria diferenciação *interna* do direito.[7] Tal processo ficará ainda mais claro com a "redução

---

[5] "Não é suficiente dizer que o homem é atraído pela própria natureza para a sociedade civil, de modo que sem ela não pode viver e não viverá. Isso porque o homem é obviamente uma espécie de animal que ama a si mesmo e a suas próprias vantagens no grau mais elevado. Portanto, é sem dúvida necessário que, ao aspirar livremente à sociedade civil, ele tenha seus olhos postos no proveito que tirará disto. De fato, o homem provavelmente seria o mais miserável dos animais sem associação com seus pares, mas seus desejos e necessidades naturais poderiam ser abundantemente satisfeitos pelas sociedades anteriores e por deveres baseados na humanidade ou em acordos. Assim, não podemos inferir diretamente da sociabilidade do homem que sua natureza tenda precisamente à sociedade civil. (...) Ao se tornar um cidadão, o homem perde sua liberdade natural e se sujeita a uma autoridade cujos poderes incluem o direito sobre sua vida e morte. Sob comando desta, ele deve fazer o que de outro modo evitaria; e deve omitir o que, pelo contrário, desejaria ardentemente fazer. De fato, na maior parte de suas ações ele deve levar em conta o bem da sociedade, que frequentemente parece conflitar com o bem dos indivíduos. Mas ele tem uma tendência congênita a não querer se sujeitar a ninguém, a agir segundo sua própria discricionariedade e a definir seu curso de ação segundo o que lhe gere maior vantagem em tudo" (PUFENDORF, 1991 [1673], p. 132-133 [livro 2, cap. 5]).

[6] Embora em geral concebida como hipotética, a dicotomia teria tido alguns enraizamentos históricos: para Hobbes, existiria o estado de natureza, por exemplo, durante uma guerra civil ou nas "sociedades primitivas"; para Locke, existiria entre os soberanos de Estados independentes, ou entre dois homens em uma ilha deserta ou entre o de "um suíço e um indiano nas florestas da América"; para Rousseau, o estado de natureza se encontraria realmente nos primórdios da humanidade. Ver Bobbio (1991 [1979], p. 50-52).

[7] Antes da época jusracionalista, "(...) direito privado e direito público permaneceriam habitualmente separados. Enquanto o direito privado se fora desenvolvendo sem aparente solução de continuidade através da *interpretatio*

de toda possível forma de direito estatal a direito legislativo, do qual nascerá aquela (suposta) positivação do direito natural que é constituída pelas grandes codificações", cuja justificativa está em, "por meio da eliminação da pluralidade das fontes de direito, assegurar a certeza do direito contra o arbítrio, a igualdade (ainda que formal) contra o privilégio, ou, em suma, o Estado de direito contra toda forma de despotismo" (BOBBIO, 1991 [1979], p. 93). A contraposição entre lei e contrato, aliás, chegou a ser tomada em paralelo à passagem do estado de natureza para o estado civil, já que naquele as relações se regeriam contratualmente, enquanto neste a autoridade superior do Estado é que determinaria por lei as relações jurídicas (entre súdito e Estado) ou seus limites (a validade dos contratos entre privados) (BOBBIO, 2010 [1976], p. 17-19; KELSEN, 2006 [1960], p. 309-311). Assim, se todo o direito passa a ser produção do Estado (pois os atos privados só são direito na medida em que reconhecidos pelo Estado e conforme as leis por este emanadas), mas se mantém a diferença entre direito público e direito privado, ocorre uma "reentrada" da sociedade no Estado: o direito (estatal) é dividido entre público e privado; é o que Kelsen (2006 [1960], p. 312) denomina como uma "distinção intrassistemática".

A própria contingência do direito e das instituições políticas ganhou impulso com o jusracionalismo, em comparação com o determinismo teológico. Um teórico como Hobbes marca uma ruptura com a autoridade no campo de seu discurso – ao preferir a reconstrução de uma hipótese racional sobre a fundação do Estado ao argumento de autoridade (típico de Bodin) das referências a Aristóteles ou aos romanistas. Também internamente à teoria hobbesiana, a autoridade é subordinada à razão: o Estado como produto da vontade racional; o ditame da razão, embora superior, já é menos distante do homem que a fundação divina da autoridade. Deve-se destacar que a transição ao estado civil foi vista com diferentes graus de determinismo pelos autores da tradição jusracionalista: "é preciso sair do estado de natureza porque é útil (Hobbes e Locke) ou necessário (Spinoza) ou algo imposto pelo dever (Kant) instituir o estado civil (...)" (BOBBIO, 1991 [1979], p. 53).

Todavia, a teoria do contrato social também representa uma ruptura paradigmática não apenas no plano das ideias (enquanto teoria), mas ainda em seu próprio conteúdo: se na tradição aristotélica "a sociedade humana passa das sociedades privadas para as sociedades públicas *certis gradibus ac progressionibus*" (BOBBIO, 1991 [1979], p. 42), agora a fundação da sociedade civil e do Estado são concebidas como uma transição consensual de um estado de paixões e instintos, determinismo natural e liberdade na medida da força (com o direito sobre todas as coisas que estão em seu poder, como elaborou Spinoza) para um estado artificial, humanamente fundado, de vida reta (conforme a razão) e *liberdades reguladas* para o convívio civilizado – a ambiguidade de "civil" como

---

dos juristas – chamados a resolver controvérsias que, mesmo nascendo de uma sociedade diversa da sociedade romana, continuavam a envolver de qualquer modo institutos típicos de direito privado, como propriedade, contratos, testamentos –, o direito público moderno nascera de conflitos de poder desconhecidos na sociedade antiga: antes de mais nada, o conflito entre poder espiritual e poder temporal, que constituiu por alguns séculos o principal argumento da tratadística política, e, por conseguinte, o conflito entre *regna* e *imperium*, ou aquele entre *regna* e *civitates*. (...) Mas, a uma sistemática geral do direito, que compreendesse ao mesmo tempo e com igual dignidade tanto o direito privado quanto o direito público, jamais se chegara antes da tratadística do direito natural" (BOBBIO, 1991 [1979], p. 35).

civitas e *civilitas*, o cidadão, o citadino, o civilizado (COSTA, 1999; 2005). Essa ruptura revolucionária, de fundação da sociedade (civil e política – o Estado), ganha tons ainda mais fortes com Locke, que elabora não apenas a possibilidade de construção do Estado pelo consenso, mas também de sua desconstrução e reconstrução, a partir do direito de resistência. Enquanto, para Hobbes, pelo contrato social só se abre mão do direito à vida e, para Spinoza, da liberdade de pensamento, Locke tem uma posição minimalista: tal contrato só implicaria a cessão do direito de autotutela (com a constituição do monopólio da força pelo Estado), mas preservaria os demais direitos – aliás, é o fim da instituição da comunidade política a melhor preservação da propriedade individual, amplamente concebida.[8]

Kant apresentou a unidade sistemática do direito, articulada em suas doutrinas e instituições, como uma ideia da razão; tal racionalização sistemática abriu espaço para o positivismo jurídico (WEINRIB, 1987, p. 478-508; WALDRON, 1996). Pela razão, a pessoa orienta sua vontade para transcender as determinações naturais e realizar sua liberdade. O contrato social, ideia da razão, e não fato histórico, toma, porém, uma importância prática, ao obrigar o legislador a produzir o direito segundo a vontade unitária da nação, *como se* cada cidadão tivesse nela depositado seu consentimento.

Para Rousseau, porém, não seria suficiente a transição do estado de natureza ao estado civil. Se para Kant bastava a ideia reguladora do contrato social a obrigar o legislador para que editasse leis *como se* todo súdito tivesse consentido, para Rousseau o homem natural não é livre (pois se submete ao "impulso físico" e ao "apetite"), mas tampouco o homem civil, em uma sociedade fundada na desigualdade, em que cada um ganha "a liberdade civil e a propriedade de tudo que possui" (ROUSSEAU, 1999 [1762], p. 77 [cap. VIII]). Nessa sociedade, a legislação é imposta pelos que mais têm, e não pela *vontade geral*, única capaz de gerar a autonomia da comunidade política, isto é, a república.

Apesar das retomadas do ideal republicano na modernidade (ver *infra*, 10.2), a filosofia política moderna afirma uma ruptura em relação à tradição ao se centrar em torno do conceito de "soberania" (ver MAGALHÃES, 2016 [2000]; SOLON, 1997 [1991]; ARAUJO, 2013).

---

[8] Hobbes (1996 [1651], cap. 15, 21, 29) alude aos "direitos essenciais (que são as leis naturais e fundamentais) da soberania" e aos "direitos da natureza" dos quais se abriu mão (não se tendo mais "liberdade para fazer tudo o que previam"), ao lado dos quais estão aqueles que os homens retiveram pelo pacto social (como o "direito de governar seus próprios corpos"). Ilustrando a argumentação que marcava a transição do absolutismo ao Estado burguês de Direito e do jusnaturalismo ao positivismo, Locke (1999 [1689]: 162) considerou: "O grande objetivo dos homens quando entram em sociedade é desfrutar de sua propriedade pacificamente e sem riscos, e o principal instrumento e os meios de que se servem são as leis estabelecidas na sociedade; a primeira lei positiva fundamental de todas as comunidades políticas é o estabelecimento do poder legislativo; como a primeira lei natural fundamental, que deve reger até mesmo o próprio legislativo, é a preservação da sociedade (...). O legislativo não é o único poder supremo da comunidade social, mas ele permanece sagrado e inalterável nas mãos em que a comunidade um dia o colocou (...)". Na concepção de Rousseau (1999 [1762], p. 77-78): "O que o homem perde pelo contrato social é a liberdade natural e um direito ilimitado a tudo quanto aventura e pode alcançar. O que com ele ganha é a liberdade civil e a propriedade de tudo que possui. A fim de não fazer um julgamento errado dessas compensações, impõe-se distinguir entre a liberdade natural, que só conhece limites nas forças do indivíduo, e a liberdade civil, que se limita pela vontade geral, e, mais, distinguir a posse, que não é senão o efeito da força ou o direito do primeiro ocupante, da propriedade, que só pode fundar-se num título positivo". Finalmente, Paine (2006 [1792]: 237) considerava que "[o] homem não ingressou na sociedade para tornar-se pior do que era antes, tampouco para ter menos direitos do que tinha antes, mas para ter esses direitos mais bem garantidos. Seus direitos naturais são a base de todos os seus direitos civis".

O contraste da nova doutrina da soberania – popular e contratualista – não poderia ser maior em relação a seus antecedentes. A unificação dos Estados nacionais na Europa, sob a forma absolutista, rompera com a pluralidade de ordens jurídicas (feudais, corporativas, eclesiásticas) típica do medievo, quando também haviam surgido as primeiras reflexões sobre a representação política. Contudo, em muitos casos, o direito e o poder no início da modernidade ocidental permaneciam envoltos em uma legitimação transcendente – como na doutrina da soberania e do *direito divino dos reis* de Jean Bodin (1530-1596) e Jacques Bossuet (1627-1704). Assim, antes de lastrear as pretensões liberais (ao redor do século XIX) por um Estado de Direito centrado em torno de uma assembleia representativa (ver *infra*, 2.1), o jusracionalismo foi uma filosofia a serviço do despotismo esclarecido, transmutando o sentido do poder político – do poder jurisdicional e equitativo dos reis medievais à soberania legislativa dos príncipes modernos, idealizados enquanto sujeitos superiores às paixões vulgares, inatingíveis pelas disputas entre os nobres ou pelo imediatismo burguês; a esses soberanos cabia a tarefa de ler a natureza das coisas e traduzi-la em regras jurídicas e direitos naturais diferenciados conforme o estamento social (GROSSI, 2012, p. 22-24; COSTA, 2012). A tradição do direito natural no Ocidente manteve perenemente uma ambiguidade platônica – entre a crítica e rejeição revolucionária da convenção e a apologia da vontade das autoridades instituídas (GOYARD-FABRE, 2002 [1992], cap. 1; FASSÒ, 1999, cap. 7).

Sucesso entre os iluministas franceses e americanos, o aristocrata milanês Cesare Beccaria (1738-1794) avaliou sua época como presa a preconceitos irracionais, arraigados em costumes retrógrados, amparados em uma série de leis de povos diversos e em outras fontes de proveniência heterogênea. Dentro desse acervo, era hora de se criticar e abolir a tortura e a pena de morte (exceto para quem atuasse para mudar o regime político ou para prevenir que outras pessoas tentassem repetir um ato especialmente grave, que não se pudesse prevenir de outro modo). Adepto de uma concepção contratualista – em que as leis são vistas como pactos entre pessoas livres e as punições são tidas como instrumentos para manter tais vínculos –, Beccaria adianta o sentido do utilitarismo, que será sistematizado teoricamente por Bentham tempos depois (ver JOAS [2011], 2012, p. 63-73).

Beccaria já avança o princípio da *proporcionalidade entre o crime e a punição*, defendendo que a intimidação ocorre pela gravidade relativa ostentada pela punição imputada a uma conduta, em comparação com as sanções dadas a condutas mais ou menos graves; evoca como critério da sanção a gravidade das consequências sociais da conduta, e não a má intenção do autor; levanta a tese de que a previsibilidade (a certeza da execução) da pena tem uma função dissuasória maior que sua crueldade; e não deixa ainda de cravar a finalidade das leis: "a arte de conduzir os homens à sua maior felicidade ou, ao menos, à menor infelicidade possível, considerando todas as bênçãos e males da vida" (BECCARIA, 1995 [1764], p. 103 [cap. 41]).

Entretanto, todo esse discurso humanista não deixa de coexistir em Beccaria com a defesa da exemplaridade das penas – inclusive da pena de morte (como último recurso possivelmente necessário), da escravidão perpétua (como forma de morrer um pouco a cada dia) e da prisão perpétua (cuja crueldade reside, sobretudo, na negação de qualquer esperança de redenção). O direito (penal, sobretudo) é visto como expressão e veículo da força da maioria, meio do qual a coletividade pode valer-se inclusive para eliminar alguns de seus integrantes, em nome da utilidade social e do bem comum (MEREU, 2005 [1982], p. 100-114).

Há ainda, em Beccaria, traços que vieram a caracterizar o futuro positivismo formalista, justamente como herdeiro das pretensões racionalistas do jusnaturalismo moderno (PITOMBA, 2020). É nesse sentido, por exemplo, que se harmonizariam, às concepções de interpretação jurídica de Beccaria, as figuras metodológicas clássicas do positivismo jurídico oitocentista, como a do *legislador universal* (capaz de normativar condutas em qualquer tempo e espaço) e a do *legislador racional* (a ficção de uma mente única e permanente, precisa e econômica, consciente, onisciente e onipotente, que, portanto, engendra uma legislação completa e coerente).[9] O juiz "boca da lei" de Montesquieu (1689-1755) e, já com a codificação napoleônica, a pretensa "escola da exegese" francesa terão igual afinidade a tais premissas racionalistas que o formalismo jurídico tomará do jusnaturalismo iluminista. Tais figuras, como a do legislador racional e universal, terão larga carreira como *ficções jurídicas*. O papel dessas ficções é prover uma orientação, ainda que metafórica, para a solução técnica de problemas práticos do direito (ver FULLER, 1967 [1930]; DEL MAR; TWINING, 2015) – por exemplo, diante da evidência de que toda ordem jurídica comporta lacunas e contradições, a ficção da coerência e completude do ordenamento, ou da universalidade e racionalidade do legislador, orienta as operações interpretativas pelas quais se busca defender esta ou aquela atribuição de sentido, como se fossem soluções claramente ditadas pelo direito, como se sua incompletude e incoerência fosse apenas aparente. O mesmo se diga, por exemplo, da metáfora do contrato social (uma explicação sobre os fundamentos da legitimidade política), da menção ao homem ou à pessoa "média" (uma construção estilizada das expectativas usuais sobre o comportamento social em determinados contextos), dos parâmetros da argumentação perante um "auditório universal" (ver *infra*, 9.3) ou do ideal regulador da capacidade interpretativa de um juiz-filósofo "Hércules" (*infra*, 6.1).

Sobretudo na tradição continental europeia, o movimento de positivação do direito tomou como base a sistematização da filosofia moral iluminista e da herança jurídica romana. Dessa forma, promoveu uma interseção entre o *positivismo* – concepção do direito como vontade de um soberano, e não como discurso moral fundado no costume – e o *formalismo*, em sua versão clássica uma concepção da interpretação jurídica como processo intelectivo de dedução mecânica, orientado pela lógica formal, sem grandes dificuldades de escolha das premissas normativas e fatuais de um silogismo (ver *infra*, 9.4.1) e, portanto, com certeza sobre as consequências determinadas pela aplicação da norma geral e abstrata ao caso individual e concreto.

---

[9] Na ficção interpretativa/dogmática do *legislador racional* (SANTIAGO NINO, 2010 [1973], p. 386-387), ele seria (i) único (é como se todas as normas de uma ordem jurídica tivessem sido postas pelo mesmo indivíduo); (ii) imperecível (a validade das normas por ele positivadas mantém-se a despeito da morte dos indivíduos concretos que decidiram por elas, das mudanças de legislaturas e mesmo da passagem das gerações); (iii) consciente (sabe exatamente o que aprovou); (iv) onisciente (acerca das circunstâncias fáticas infinitas às quais a norma poderá ser aplicada); (v) operante (não estabelece normas inúteis); (vi) justo (fazendo a ponderação correta de valores e interesses ao formalizar a norma); (vii) coerente (não contradiz a si mesmo em suas proclamações normativas); (viii) onicompreensivo (não permite lacunas, regrando toda e qualquer situação); (ix) preciso (tem uma vontade unívoca, que se expressa na linguagem ordinária dos dispositivos normativos).

A *positivação dos direitos naturais* pelas declarações de direitos e constituições (como nos Estados Unidos e na França em fins do século XVIII) e, sobretudo, pelas codificações (como o Código Civil francês, de 1804, e o alemão, de 1900) transportou o pensamento sistemático do discurso filosófico ao dogmático-jurídico. Não apenas a abstração geometrizante e a lógica dedutiva silogística transportaram-se ao *métier* do jurista – também os pressupostos político-morais por detrás dos conceitos-chave (como propriedade privada, liberdade contratual, sujeito de direito, responsabilidade) congelaram-se. Partindo do dogma da norma posta e tendo de resolver dificuldades interpretativas dentro da ordem dada, sem problematizá-la, o jurista torna-se um técnico. É a reentrada da filosofia iluminista na ordem jurídica positivada pelo Estado liberal que, no limite, dará a certeza das implicações imputadas àqueles conceitos abstratos; apenas esse consenso de fundo (consenso político, mas incorporado ao papel técnico do jurista) viabilizará a visão "fetichista", "mecanicista", "dedutivista" da interpretação – enfim, o estereótipo do formalismo jurídico. Em outras palavras, com o movimento de positivação entre fins dos séculos XVIII e XIX, o racionalismo jurídico – a pretensão de certeza na aplicação do direito, de constrangimento e do controle racional absoluto do processo interpretativo e decisório – passou do direito natural racional ao formalismo jurídico fundado no direito positivo.

Tal transição deu-se exemplarmente com a "jurisprudência dos conceitos" alemã, resultado da sistematização e da abstração progressiva que o próprio estudo histórico do *Digesto* ou *Pandectas* produzira. E também se deu, antes, na França, cujos civilistas, estudiosos do direito privado romano, submeteram a substância das instituições romanas ao método jusracionalista, abrindo caminho para a futura codificação. Nos dois casos, da "escola da exegese" e da jurisprudência dos conceitos, houve um casamento pleno entre a concepção positivista – a redução do direito às suas fontes formais, isto é, à autoridade estatal – e a visão formalista: o método sistemático e racionalista de interpretação, herdeiro do direito natural racional, agora positivado em códigos e constituições.

O contraste moderno entre uma visão racionalista do direito (a influenciar o positivismo formalista) e uma visão historicista (influente sobre as teorias jurídicas sociologizantes e antiformalistas) pode ser bem aludido pelo contraponto entre Kant e Hegel (1770-1831). Kant é a expressão máxima do racionalismo moderno.

O racionalismo antigo teve duas vertentes principais. Platão procurava um método de afastamento das opiniões compartilhadas (*doxa*) e ascensão a formas ideais puras, que se sobrepõem aos costumes, opiniões e dogmas, mas ao custo de uma tendência autoritária: poucos dispõem do acesso ao mundo das ideias. Aristóteles, pelo contrário, pretendia chegar à estrutura racional do mundo (a natureza essencial das coisas, daí *"ontologia"*) implícita e latente na formação do juízo moral. No discernimento das causas fundamentais, das condições racionais necessárias para a existência das coisas (*"metafísica"*), apontava como essencial tanto para o domínio natural quanto para o domínio humano a presença de causas finais: para além das meras causas eficientes (causalidade mecânica), tudo se encaminharia para realização de seu fim ou bem, daí a indicação de um sentido de realização das virtudes.

Já o racionalismo moderno, exponenciado por Kant, busca a *imparcialidade* de perspectiva, parte do plano das opiniões e costumes compartilhados para submetê-los à crítica do ponto de vista de um sujeito racional. Se não podemos acessar diretamente as coisas ("noúmeno"), precisamos construí-las racionalmente como "fenômenos" a partir de sua aparição, do apelo que exercem sobre nossos sentidos. O problema é pressupor que os princípios racionais extraídos pela crítica como precondições epistemológicas (*"transcendentais"*) para o conhecimento empírico providenciem determinações exatas sobre sua forma de realização institucional. Para determinar instituições, o juízo perderia sua neutralidade, tendo de aceitar desejos, crenças, intuições e "preconceitos" parciais, contestáveis, não filtrados pelo exercício crítico. Ou se pode compensar a perda de neutralidade pela indeterminação, reconhecendo as formas existentes de economia, política e direito como aproximações imperfeitas, mas confiáveis a rótulos abstratos como "liberdade" e "igualdade" (ver UNGER, 2004 [1996], p. 208-209).

Ao racionalismo, Hegel opõe o *historicismo*. À visão do direito dentro de um sistema abstrato de direitos e deveres morais, compartilhado lado a lado com a ética, Hegel contrapõe uma filosofia do progresso do espírito em sua concretização histórica. Em vez de dar instruções abstratas sobre como o mundo deve ser, diz Hegel (1997 [1820], p. xxxviii), a filosofia deveria aguardar o desenrolar da história, reconhecendo "a razão como rosa na cruz do sofrimento presente" e avaliando retrospectiva e contextualmente a evolução moral: a razão se realiza na história – preceito que pode levar a uma consideração apologética da ordem atual (como fim da história: "o real é racional") ou a uma radicalização autoritária em busca de sua superação ou suprassunção apocalíptica (pressupondo que o agente histórico dispõe da certeza sobre aquele fim: "o racional é real").

Na narrativa hegeliana, os mandamentos abstratos da moralidade subjetiva ancoram-se em formas de consciência e organização social: na família (comunidade ética independente do acordo voluntário); na sociedade civil (a esfera das necessidades e do mercado, juridicamente organizada por contratos); e no Estado (a realização mais alta do espírito absoluto, a fase final do progresso da razão rumo a uma eticidade concreta). Em sua dialética histórica idealista, Hegel caracteriza a Antiguidade como uma ordem natural de senhores e escravos. Ao tomarem consciência de sua desigualdade, os dominados desenvolvem uma luta por reconhecimento. Ascende-se, dessa forma, à igualdade formal moderna, a igualdade de mercado, que subordina a autonomia e a identidade pessoal ao valor definido, heteronomamente, pelas trocas. A luta por reconhecimento prevalece, assim, na sociedade civil. Na disputa por transcendê-la e por institucionalizar juridicamente uma vida ética plena, chegaríamos ao Estado constitucional, capaz tanto de manter os direitos privados quanto de expandir a liberdade na forma de uma totalidade em que interagem indivíduos reflexivos que integram suas vontades particulares à moralidade universal, imanente aos costumes compartilhados.

Mantendo algo da teleologia histórica, a sociologia se constituirá no século XIX como estudo "científico", "positivo" ou "materialista" da evolução estrutural das sociedades, observando-as como especificações concretas e diferenciadas das formas de vida coletiva. Estas não seriam nem a ordem única racional e imutável derivada de uma natureza humana, como pensavam os antigos, nem a variedade infinita de quadros institucionais criados dentro de uma dinâmica contingente e de futuro sempre em aberto, como pensarão os contemporâneos (ou "pós-modernos").

Para o hegeliano Karl Marx (1818-1883), por exemplo, a sociedade emerge como algo distinto do indivíduo e do Estado e passa por certas fases típicas e universais (os "modos de produção"). A economia – o trabalho – realiza a passagem da natureza à sociedade, criando um mundo à parte dos indivíduos, uma realidade "reificada" da qual os sujeitos estão "alienados". Diagnosticada essa diferença, esse "estranhamento", pela ciência (a economia política, depois a sociologia), coloca-se como tarefa política (do socialismo) superá-la. Essa superação, porém, não é apenas vontade política contingente, mas é vista como necessidade histórica. Na reflexão jurídica, a tradição contemporânea a Marx, influente sobre sua visão do direito e por ele criticada, é a da "escola" histórica, liderada por Savigny. Ela representa a transição entre uma visão naturalista do direito (justiça ancorada em uma racionalidade imanente ao costume) e o pleno reconhecimento (positivista) da contingência – se não arbitrariedade – do direito positivo (com conteúdo variável, processado por decisões estatais).

Com alguma precisão, as figuras de Kant e Hegel podem ser associadas como referências filosóficas exemplares afinadas a duas tendências em disputa no pensamento jurídico desde o século XIX: respectivamente, o formalismo jurídico clássico e as várias vertentes que podemos chamar de "antiformalistas" (historicistas, sociológicas, realistas).

CAPÍTULO 2

FORMALISMO E ANTIFORMALISMO

(...) as meias palavras existem para dizer o que as inteiras não podem (...). (...) a melhor atitude ainda será a de não pedir explicações e logo duvidar delas no improvável caso de que as tenham dado, quase sempre são mentirosas.

(SARAMAGO, 2014a [2004], p. 678, 686)

O capítulo anterior apresentou algumas matrizes que modelaram o pensamento jurídico e explorou as raízes históricas e filosóficas contingentes e heterogêneas, mas que acabaram se determinando mutuamente e se amalgamando como condições para a emergência do positivismo jurídico. É importante observar como as estruturas semânticas do direito – as teorias, os métodos e os corpos normativos – guardam um sentido contextual, tendo seus usos, variações e inovações praticados, selecionados e rotinizados segundo o contexto institucional em que se inserem: as relações de poder e as camadas sociais, as instituições e as práticas usuais.

A "jurisprudência" romana do período clássico, por exemplo, valia-se de uma ainda relativa descentralização do poder – inclusive do poder de ditar ou determinar o direito. Os jurisconsultos podiam então praticar "o exercício da crítica e reforma do costume por meios discursivos típicos da argumentação dialética ou analógica, orientada para reagir ao 'problema do poder'" (CASTRO, 2012, p. 220). Isto é, o direito não é a mera adesão ao costume, mas um exercício de destrinchamento do costume justo, capaz de limitar até mesmo o arbítrio dos poderes políticos com seus editos, decretos e leis. Essa é a experiência paradigmática para o jusnaturalismo, em sua defesa do poder reformador dos doutrinadores e da prevalência da justiça do caso concreto sobre o corpo de regras objetivas, formalizadas e ditadas por um poder central e amparadas pela ameaça da coerção. Contrastada pelas tendências centralizadoras do Império Romano (e de outros impérios burocráticos da Antiguidade e do medievo), é uma experiência que terá paralelo familiar na Europa territorialmente fragmentada do período medieval – seja no *ius commune* continental (de origem romana), seja no *common law* inglês.

O medievo redimensionou o conflito entre costume e decisão política. O *direito consuetudinário* pressupõe certa indiferenciação e continuidade entre expectativas disseminadas ancoradas em papéis e hierarquias sociais, crenças e padrões de comportamento rotineiros, definição e aplicação do direito. A ordem social é vista como natural; afinal, não há alavancas e cunhas para de fato submetê-la a reforma – é a prevalência do direito positivo e do positivismo jurídico, como sua semântica, que posicionará o direito como posto e reformável por decisões contingentes, fundadas em deliberações políticas que resultam da competição entre diversos partidos e ideologias, e não do apelo a uma única cosmovisão moral coerente.

A transição da prevalência do direito natural à prevalência do direito positivo está relacionada, como dizia, a eventos e desenvolvimentos do período medieval – caracterizado por uma *pluralidade de centros de poder e direito* em concorrência e sobreposição –, ordens feudais, reais e imperiais, eclesiásticas, corporativas e citadinas (GROSSI, 2014 [1995]). Surge então, por exemplo (UNGER, 2004 [1996], p. 135), o conflito entre o poder jurisprudencial clássico de determinar e reafirmar o costume, o direito comum (*jurisdictio*) e o poder excepcional do príncipe de administrar crises e criar um direito que modifica pontualmente a ordem herdada de usos e práticas (*gubernaculum*).

Assim como a filosofia tomista apresentava o direito como hierarquia de determinações sucessivas (a lei humana, ou direito positivo, como certa determinação da lei natural, orientada, por sua vez, pelos testemunhos divinos, dos textos sagrados, sobre a lei eterna, a razão imperscrutável de Deus), o poder político também aparecia escalonado e entrecortado, definido por uma série de pactos de defesa e sujeição, por vínculos de vassalagem e servidão e por costumes dos mais diversos. Nesse contexto, a "*jurisdição*" é vista como conceito-chave para a juridificação do poder e a determinação política do direito; diz respeito tanto à definição do direito em controvérsias concretas quanto, sucessivamente, ao poder de ditar soluções mais gerais. A busca de centralização do poder pelos imperadores – em conflito, acima, com a Igreja, e abaixo, com os reis e senhores – culmina em uma luta pela tomada do grau mais alto da jurisdição: a função legislativa, vista assim como expressão maior da *soberania*. O movimento de retomada do *Corpus Juris Civilis* pelos juristas os coloca a serviço da racionalização do poder; aquela série de textos autoritativos providencia signos que podem agora ser sistematizados como unidade – e o símbolo da *validade* unificada desse direito pode se diferenciar e se opor à eficácia dos costumes e ordens variados. A sistematização, a dedução e a unificação direcionam o estudo desse direito romano formalizado, em oposição ao caráter prudencial, analógico e problemático reproduzido no direito comum. O *Corpus Juris* compilara, afinal, o direito romano tardio, da época imperial, e fornecia assim justificações do poder centralizado; de texto respeitável (como foram declaradas as obras de Aristóteles), os juristas medievais a serviço dos poderosos terão de transformá-lo em leis vigentes, manipulando anacronismos para justificar a instauração do poder centralizado (que passa a ser identificado sob o conceito de *Estado*). De uma legitimação carismática e tradicional, estes passam a ser lidos também e sobretudo como expressões de um poder racional-legal – ancorado em uma ordem de direito objetivo. De vértice de uma hierarquia de poderes – detentor da "jurisdição plena" –, o imperador passa a ser isolado como único detentor da "plena potestade", único soberano. O poder eclesiástico é despolitizado e deve se circunscrever ao domínio espiritual (os nominalistas definem o direito objetivo a partir da coação e negam tal poder à Igreja); os demais poderes, terrenos, devem se curvar ao soberano (sobre essa evolução semântica, ver COSTA, 2002 [1969]; 2010, p. 99-124).

Deste lado, portanto, se rumará em direção ao Estado absolutista, centrado no poder legislativo absoluto do governante (antes visto como "juiz supremo", agora como supremo legislador). De outro lado, o *pluralismo jurídico* e político medieval – por exemplo, pelo conceito da Igreja Católica como "corpo místico" e pela experiência das corporações de ofício – lega as primeiras doutrinas e práticas da representação, da decisão por maioria em colegiados, embora fosse natural e pressuposto que os "órgãos" desse "corpo" tivessem funções diferentes e, portanto, que as partes do todo estivessem em distintas posições hierárquicas, diferenciando-se não só em quantidade, mas também em "qualidade"; isto é, não se pressupunha a igualdade de voz e voto nas deliberações (COSTA, 2010, p. 158-162). Lembremos que as precursoras mais diretas do Legislativo moderno – as reuniões entre imperadores e nobres – eram crivadas pela estratificação estamental, seja para definir os membros do colegiado e excluir os demais, seja para diferenciar suas posições internas à luz de suas riquezas, poderes e méritos gerais (cada estamento com seus privilégios inatos, depois das revoluções liberais generalizados como direitos fundamentais dos cidadãos).

O pensador calvinista germânico Johannes Althusius (1557-1638), que elaborou uma das concepções precursoras de federalismo, também teorizou sobre a "suprema magistratura", distinguindo-a em dois tipos: monarquia ou poliarquia (ALTHUSIUS, 2003 [1603], cap. 39). A monarquia concentra a autoridade suprema em um só homem, podendo ser democrática ou aristocrática, conforme a composição de sua assembleia. Uma suprema magistratura *poliárquica* poderia ser igualmente aristocrática (quando uns poucos nobres ou ricos detêm os direitos de soberania e o supremo império sobre os demais) ou democrática (quando pessoas são eleitas por todos os governados, iguais em liberdade e honras, para mandatos alternativos e sucessivos).

É sob o pano de fundo da institucionalização de um Legislativo nacional e permanentemente reunido (instituição só disseminada mundialmente ao longo do século XIX), e em disputa com os poderes dos chefes de Estado, dos doutrinadores e dos juízes (ver CAENEGEM, 1987), que se construirão as primeiras manifestações do positivismo moderno – um positivismo formalista, herdeiro do jusracionalismo, mas adaptado à soberania territorial estatal. Pensadores liberais e republicanos dos séculos XVII e XVIII, como Locke e Madison, reconheciam a natural *supremacia parlamentar* e buscaram mecanismos de conter a prevalência da maioria: por exemplo, fragmentando os Poderes, construindo vetos recíprocos (os "freios e contrapesos"), cindindo o Legislativo em duas câmaras. Ao mesmo tempo, a lei aparece como instrumento de contenção do arbítrio governamental.

As posições antiformalistas, por sua vez, movimentam-se em meados do final do século XIX e início do século XX, em um cenário de publicização do direito (de crescimento e autonomização do direito administrativo e constitucional, até então subordinados a categorias privatistas) e de expansão do Poder Executivo, dos serviços públicos e das políticas públicas. Aí se apresentará o conflito entre o *ativismo judicial* – manifestado primeiramente em nome de concepções formalistas – e a deferência às soluções democraticamente processadas pelos Poderes políticos.

Contra o jusracionalismo e também contra o formalismo doutrinário (como representado pela jurisprudência dos conceitos alemã e pela pretensa "escola da exegese" francesa), as correntes antiformalistas incluíram: na Alemanha, a jurisprudência dos interesses e a escola do "direito livre"; no Reino Unido, o positivismo jurídico analítico; na França, o direito social e o pluralismo institucionalista; nos Estados Unidos, o realismo jurídico. Todas apreenderam em algum grau uma aproximação entre o juízo judicial (que não é mera aplicação mecânica de regras) e o juízo legislativo (de sopesamento e arbitragem de interesses e ideais conflitantes). Essa constatação alertou para o problema do poder judicial. Com isso, os realistas americanos, por exemplo, passaram a pregar a *autocontenção judicial*, a *deferência* aos Poderes políticos.

Entretanto, o antiformalismo também evidenciou a abertura da justificação das sentenças a juízos morais, econômicos e políticos. Para controlar essa abertura, desde a década de 1960 foram propostas teorias jurídicas idealizadoras, que buscaram fornecer uma visão política, moral ou econômica unificada, a qual serviria para arbitrar mais objetivamente os interesses e ideais conflitantes: é o caso das teorias de princípios e da análise econômica do direito (quando mobiliza normativamente o ideal da eficiência; ver *infra*, 7.4). Ao mesmo tempo, disseminou-se mundialmente o controle judicial abstrato de constitucionalidade, fenômeno típico da segunda metade do século XX. Com a justificativa de que o juízo judicial, ainda que orientado por finalidades, interesses e ideais, seria guiado por uma argumentação objetiva, este foi legitimado a impor "contramajoritariamente" uma "moralidade" ancorada na constituição, policiando as escolhas dos Poderes políticos. Na mesma época em que se exponenciará o protagonismo judicial diante das decisões legislativas e administrativas, estará em expansão o sufrágio universal (pela supressão sucessiva de critérios discriminatórios censitários/econômicos, raciais, sexuais e educacionais), democratizando os próprios Poderes políticos – o que colocará em xeque os limites de legitimidade da jurisdição, sobretudo do *controle judicial de constitucionalidade* das leis e atos normativos.

A partir dessa contextualização, pode-se entender por que o século XIX foi o auge das concepções formalistas e positivistas do direito, fundadas na autoridade do legislador e na certeza racional das regras a serem interpretadas pelo aplicador do direito posto. Ao mesmo tempo, já o fim daquele século e o início do século XX serão marcados por correntes que, contestando ou não o dogma da monopolização do direito pelo Estado, colocarão de todo modo dúvidas sobre a certeza e a racionalidade da justificação das decisões tomadas com base no direito posto. Esse é o conflito que, em termos gerais, podemos colocar entre o formalismo e o antiformalismo, isto é, entre, de um lado, as visões positivistas herdeiras do jusracionalismo em seu método sistemático e abstratizante e, de outro, uma série de concepções sociológicas, políticas, econômicas e psicológicas – em suma, antiformalistas, teleológicas ou "realistas" – que apresentaram ceticismo quanto à determinabilidade racional da aplicação das regras gerais e abstratas aos casos individuais e concretos. Por vezes, mesmo o estudo puramente lógico e linguístico – privilegiado pelo realismo jurídico escandinavo – foi capaz de apresentar a indeterminação das soluções jurídicas e o caráter mais tópico e argumentativo do que estritamente dedutivo e formal do processo de interpretação do direito.

Ainda para os que não contestavam a racionalidade formal advinda do positivismo monista, chegou-se à constatação de que esta precisava ser combinada com juízos particularistas de finalidades e propósitos a fim de explicitar mais claramente as razões determinantes das decisões. Mesmo os juízes que apresentavam justificativas meramente com base nas regras formalizadas e nas fontes oficiais só poderiam ter chegado às suas decisões se tivessem realizado tais considerações substantivas. Era melhor, portanto, que as explicitassem na motivação de seus atos e sentenças. A interpretação do direito não era, portanto, mera aplicação de decisões já tomadas, mas também implicava um componente criativo – ainda que o juiz não dispusesse da ampla liberdade que tem o legislador para a modificação da ordem jurídica.

Como visto, a disputa entre concepções jusnaturalistas e positivistas não era apenas uma querela metafísica; dizia respeito, também e sobretudo, ao grau de poder atribuído aos doutrinadores e professores de direito, aos legisladores e governantes e aos juízes e advogados. Daí a distinção positivista entre o argumento propriamente jurídico (que interpreta o direito posto, como é) e o argumento político ou moral sobre tal direito (a avaliação do que o direito deveria ser). Com a distinção (*e.g.* GÉNY, 1919a [1899], parte 3; 1919b [1899]) entre fontes materiais do direito (origem social, histórica, psicológica do seu conteúdo) e *fontes formais* do direito (instrumentos normativos que constituem os textos autorizados dos quais se extraem, por interpretação, as normas jurídicas), o positivismo oitocentista valorizava a supremacia da lei (referente máximo do arquétipo contratualista), à qual estariam subordinados, de um lado, as normas regulamentares (infralegais) da administração pública e, de outro, os atos e negócios jurídicos resultantes da *autonomia privada*.

Há, reitere-se, um fato histórico importante por detrás de tal teoria: é só depois das independências nacionais e revoluções liberais (inglesa, americana, francesa e tantas outras) – portanto, ao redor do século XIX – que o Legislativo se dissemina como Poder de Estado em funcionamento permanente e com pretensões de representar todo um povo ou nação. Antes disso, os órgãos representativos eram dominados por um estamento (a nobreza) e as sessões eram temporárias e descontínuas. Portanto, independentemente da forma de governo, o Legislativo passou a simbolizar a instância mais legítima de representação política. Eis a base institucional que justifica a *supremacia da lei* no pensamento jurídico, primeiro liberal e depois democrático. A expansão dos outros Poderes do Estado – isto é, do aparato burocrático do Executivo e, depois, das competências e instrumentos processuais do Judiciário – será sentida ao longo do século XX, caminhando em paralelo com as tendências hermenêuticas e teorias do direito que vão se desenvolvendo. O Judiciário deixa de ser visto como mais um ramo técnico e burocrático (que se resumiria a subsumir casos concretos às regras gerais predefinidas pelo legislador) e passa a afirmar e praticar um poder de revisão das escolhas políticas (legislativas e executivas), inclusive em seu mérito.

Já a *constituição* só passará a servir não apenas como declaração política, mas como texto jurídico vinculante, na medida em que se desenvolve o controle judicial de constitucionalidade das leis, institucionalizado e disseminado no Ocidente apenas desde fins do século XIX e, sobretudo, na segunda metade do século XX, quando se desenvolve o controle abstrato de constitucionalidade, capaz de afastar com eficácia geral (para além de um caso concreto) a validade das leis (GINSBURG, 2008; BOMHOFF, 2013). Antes disso, os direitos ("naturais", depois "fundamentais") foram uma retórica jusnaturalista dentro de revoluções liberais e nacionalistas, alimentando correntes políticas tanto mais radicais quanto mais moderadas (sobre o caso francês, ver GAUTHIER, 1992). No momento pós-revolucionário, tais direitos naturais ou do homem teriam a forma dada pelo direito positivo, inclusive os desdobramentos dados pelo legislador infraconstitucional; os "direitos civis" (como a propriedade) previstos nas declarações de direito e constituições funcionavam sobretudo ao serem desdobrados nas normas de direito privado. Os direitos, portanto, estariam já garantidos pelo Estado liberal e independente, e não havia a rotina de um controle jurídico/jurisdicional sobre a substância decisões políticas/legislativas (sobre o caso americano, ver *infra*, 2.6.2). Isso seria considerado anacronismo jusnaturalista, e assim foi basicamente entre 1789 e 1945: só após a Segunda Guerra Mundial, os direitos humanos e os direitos fundamentais ganham novo sentido e protagonismo enquanto meios de controle judicial dos Poderes políticos (MOYN, 2010, cap. 1; KENNEDY, 2006; WALDRON, 2012). Hart (1977), por exemplo, inserido na tradição britânica do *common law* e da supremacia parlamentar, comentava ainda com espanto o grau de intervenção judicial que se desenvolveu nos Estados Unidos, onde à Suprema Corte se atribuíram poderes de controlar os atos de governo não apenas do ponto de vista de critérios de regularidade formal, mas também por padrões de razoabilidade e de um *devido processo legal* substantivo, a partir de cláusulas abertas como a liberdade, a propriedade ou o tratamento igual (igualdade).

Segundo a visão positivista clássica, do século XIX, à doutrina e à jurisprudência, caberia o papel de *fontes suplementares* ou subsidiárias aos textos normativos emanados do Estado (sendo também, no limite desses textos normativos estatais, fontes subsidiárias aos pactos privados). Doutrina e jurisprudência seriam meros comentários, aplicações e sistematizações das fontes formais (exceto nos sistemas de *common law*, em que os *precedentes* judiciais são considerados vinculantes).[10] Entretanto, como nota Villey (2008 [1975], p. 222-224), a jurisprudência ignora, escolhe, interpreta e corrige leis, de modo que o direito imposto e, se preciso, coercitivamente executado a partir de decisões judiciais tem seu sentido não imediatamente dado pelos textos legislativos que o juiz interpreta. De outra parte, como observou Ferraz Jr. (1998 [1980], cap. 4), também a doutrina não é mero espelho das fontes formais do direito, mas é, ela mesma, dotada de uma "criptonormatividade": também produz e organiza a apresentação do que é o direito posto e orienta, com premissas prescritivas nem sempre declaradas, as decisões sobre como interpretá-lo.

A pergunta sobre os limites em que o direito é apenas posto pela decisão de órgãos políticos oficiais, portanto, encontra a discussão sobre o alcance da interpretação-aplicação estritamente jurídica do direito, atribuição de órgãos judiciais e de outras instâncias de solução de controvérsias. Ao mesmo tempo, as disputas "jusnaturalismo *versus* positivismo" e "formalismo *versus* antiformalismo" encaminham-se em paralelo

---

[10] Ao contrário daquele entendimento clássico (de doutrina e jurisprudência como meras fontes suplementares às fontes formais do direito), há crescente presença de legislação nos países de *common law* (como Inglaterra e Estados Unidos), ao lado do respeito aos precedentes judiciais (*stare decisis*), assim como crescente esforço, nos países de direito amplamente legislado e codificado (*civil law*, como o Brasil), em direção à consistência jurisprudencial e à obediência a um corpo de decisões judiciais reiteradas, anteriores ou superiores. O respeito à jurisprudência é reforçado não apenas pela hierarquia judicial e pelos meios recursais, mas também por institutos como as "súmulas vinculantes", o "incidente de resolução de demandas repetitivas" e o requisito de "repercussão geral" (para admissibilidade de recurso extraordinário perante o Supremo Tribunal Federal).

com a controvérsia política sobre o quanto pode o Estado ser limitado por seu próprio meio de poder, isto é, pelo direito positivo. O ideal do "império do direito" ou "Estado de direito" entra então em jogo, a disputar o campo com o absolutismo e o autoritarismo.

2.1 Estado de direito e teoria do Estado

A ideia de um "governo das leis, e não dos homens" – como na frase de John Addams (1735-1826, um dos "pais fundadores" e segundo Presidente da República dos Estados Unidos) – implica que, embora o Estado e os governantes criem o direito, eles mesmos encontram-se limitados por seus pré-compromissos com regras previamente estabelecidas e direitos universais indisponíveis à mudança política deliberada. Associam-se nesse ideal certo formalismo na interpretação-aplicação do direito (a certeza dada pela remissão a fontes formais e normas previamente positivadas e formuladas enquanto regras bem definidas) e um amplo rol de garantias e princípios afirmados nas tradições jurídicas ocidentais (sobretudo desde as revoluções liberais, entre os séculos XVII e XIX), como a garantia do *habeas corpus* e os princípios da *legalidade* (ninguém será obrigado a fazer ou deixar de fazer algo senão em virtude de lei) e do *devido processo legal* (com seus corolários, como o contraditório e a ampla defesa).

No mesmo âmbito se inserem "*princípios*" que se projetam nos diversos ramos do direito, como aqueles relativos à proteção dos contribuintes (*e.g.* os princípios da capacidade contributiva, legalidade, isonomia, anterioridade e não retroatividade da norma tributária) ou dos acusados (no direito processual); por exemplo, os brocardos associados ao "*garantismo*" penal (isto é, à restrição ao poder punitivo do Estado), como "não haverá crime sem lei anterior que o defina nem pena sem prévia cominação legal".[11]

Mais precisamente, o conceito de "Estado de direito" guarda uma historicidade bem delimitada, que afirma a distinção essencial entre os Poderes políticos (organizados nos distintos sistemas e formas de governo), a administração pública e o Poder Judiciário. A legislação trata de estatuir normas gerais e abstratas; a administração deve aplicá-las com uniformidade na execução de políticas públicas; os juízes devem aplicá-las na solução de casos individuais e concretos (ou na invalidação das leis e atos normativos

---

[11] "Denomino *garantista, cognitivo* ou *de legalidade estrita* o sistema penal (...) que inclui todos os termos de nossa série. Trata-se de um modelo-limite, apenas tendencialmente e jamais perfeitamente satisfazível. Sua axiomatização resulta da adoção de dez axiomas ou princípios axiológicos fundamentais, não deriváveis entre si, que expressarei, seguindo uma tradição escolástica, com outras tantas máximas latinas: A1 *Nulla poena sine crimine*; A2 *Nullum crimen sine lege*; A 3 *Nulla lex (poenalis) sine necessitate*; A4 *Nulla necessitas sine injuria*; A5 *Nulla injuria sine actione*; A6 *Nulla actio sine culpa*; A7 *Nulla culpa sine judicio*; A 8 *Nullum judicium sine accusatione*; A9 *Nulla accusatio sine probatione*; A10 *Nulla probatio sine defensione*. Denomino estes princípios, ademais das garantias penais e processuais por eles expressas, respectivamente: 1) princípio da *retributividade* ou da consequencialidade da pena em relação ao delito; 2) princípio da *legalidade*, no sentido lato ou no sentido estrito; 3) princípio da *necessidade* ou da economia do direito penal; 4) princípio da *lesividade* ou da ofensividade do evento; 5) princípio da *materialidade* ou da exterioridade da ação; 6) princípio da *culpabilidade* ou da responsabilidade pessoal; 7) princípio da *jurisdicionariedade*, também no sentido lato ou no sentido estrito; 8) princípio *acusatório* ou da separação entre juiz e acusação; 9) princípio do *ônus da prova* ou da verificação; 10) princípio do *contraditório* ou da defesa, ou da falseabilidade". (FERRAJOLI, 2002 [1990], p. 74-75, destaques no original). A doutrina tradicional elenca essas diretrizes como "*princípios*", no sentido de que são *orientações normativas gerais* de um sistema jurídico (ou de algum de seus ramos); no entanto, no sentido preciso da teoria de princípios de Alexy (*infra*, 6.1.1), a legalidade (não há crime sem lei anterior que o defina, nem pena sem prévia cominação legal) ou a irretroatividade (a lei penal não retroagirá, salvo para beneficiar o réu) são, em termos estruturais, *regras*, e não princípios; constituem, pois, *direitos e obrigações definitivos* (ver SILVA, 2003, p. 613-614).

por dissonância com a constituição), tratando igualmente os casos iguais e fazendo as distinções juridicamente relevantes (ver UNGER, 1979 [1976], p. 64).

A fórmula "Estado de Direito" associa-se à tradição jurídica e política eurocontinental, tendo origem no liberalismo alemão da segunda metade do século XIX (*Rechtsstaat*) e influenciando as fórmulas italiana (*Stato di diritto*) e francesa (*État de droit*). O *Rechtsstaat* previa a soberania parlamentar e o primado da lei (ordinária) em um contexto histórico de ausência de constituição rígida supraordenada. O *État de droit*, localizado nas primeiras décadas do século XX, opõe-se à tradição revolucionária da força do Legislativo, submetendo-o a limites constitucionais. Já o *rule of law* associa-se à tradição anglo-saxônica: na Inglaterra, sob um direito costumeiro não codificado (*common law*), significava a hegemonia do Legislativo (ordinário) e do Judiciário na tutela dos direitos individuais; nos Estados Unidos, organizou-se sob uma estrutura restritiva à democracia parlamentar e fortemente assentada no controle judicial de constitucionalidade das leis (COSTA; ZOLO, 2006 [2002]).

O crescimento do direito produzido pelo Estado, inclusive com pretensões de monopólio (monismo), conduziu, entre fins do século XIX e início do século XX, à elaboração de teorias preocupadas em construir fundamentos e instituições específicos para o *direito público*, em contraste com a dominância até então do direito privado. Aí se observa o nascimento da doutrina do "Estado de direito" (*Rechtsstaat*) na Alemanha unificada, com grande influência sobre os direitos eurocontinentais, e da concepção homóloga de "império do direito" (*rule of law*) na Inglaterra (PALOMBELLA, 2005 [1996], cap. 8).

Nesse sentido, para conter abusos do Estado alemão autoritário e burocratizado, autores como Jellinek (1901 [1895]; 1912 [1892]) desenvolveram uma teoria dos direitos públicos subjetivos, visando elaborar elementos de controle do aparato administrativo do Estado pelos cidadãos. Construir uma *"teoria geral do Estado"* tornou-se tarefa intelectual premente para os juristas na transição entre os séculos XIX e XX (*e.g.* JELLINEK, 2000 [1899]; HELLER, 1998 [1934]; ver também JACOBSON; SCHLINK, 2000), e essa semântica surge justamente como forma de construir juridicamente o objeto "Estado", isto é, refletir e constituir teoricamente o "Estado de direito". As experiências autoritárias do século XX, como o próprio nazismo alemão, viriam a provocar uma revalorização das virtudes liberais do Estado de direito, como a generalidade da lei, as quais eram vistas como precondições indispensáveis até mesmo para a busca da igualdade material pretendida para além do direito e do Estado liberais (NEUMANN, 2013 [1936]; 2009 [1942]).

Nos Estados Unidos, foi apenas ao longo do século XIX que se desenvolveu a rotina do controle judicial de constitucionalidade das leis, tomando-se a constituição e suas emendas como eixos para a proteção dos direitos civis – o que se afirmou em uma prática jurisdicional que considerava absolutos os direitos privados (propriedade e liberdade contratual) diante de quaisquer medidas "intervencionistas" do Estado, incluindo a proteção dos escravos ou, depois, dos trabalhadores assalariados. Tal cenário só começou a se alterar em meados do século XX, após amplos embates entre o Executivo e a Suprema Corte (ver *infra*, 2.6.2).

Já na Inglaterra, o crescimento do aparato da administração pública haveria de ser controlado pelo predomínio do direito legislado sobre o Poder Executivo (com a subordinação do governo ao parlamento) e pelo reforço dos instrumentos judiciários de controle do governo e de proteção das liberdades individuais. O papel desempenhado pela declaração de direitos anexada à Constituição americana haveria de ser feito no Reino Unido, na ausência de uma constituição escrita, pelo reforço dos instrumentos parlamentares e judiciais.

Essa era a posição de Dicey (1959 [1885], cap. 4), para quem a supremacia do direito significava a proteção dos direitos individuais, com seus respectivos instrumentos e garantias processuais. Mesmo os governantes que criam o direito estão submetidos a esses constrangimentos básicos e universais. Essa grande conquista do liberalismo inglês, generalizada para os demais países europeus e civilizados em geral, se assentaria no tripé de que qualquer mal ao corpo ou aos bens de alguém somente poderia ser infligido após um juízo imparcial; de que todas as pessoas estão sujeitas não apenas à mesmas leis, mas também a uma jurisdição comum; e de que os direitos e princípios fundamentais resultam de decisões judiciais em casos individuais julgados pelos tribunais. O último pilar é uma peculiaridade da tradição jurídica britânica, em que não há um documento constitucional escrito.

Ao longo do século XX, ampliaram-se tanto a administração pública quanto o Judiciário. A primeira estendeu-se e diferenciou-se por uma série de órgãos, agências e pessoas jurídicas especializadas nos mais diversos setores das políticas públicas – economia, assistência social, educação, ciência, saúde, cultura, esportes etc. Já o Judiciário ampliou seus meios de exercício do *controle de constitucionalidade*, seja na via difusa (em que a Suprema Corte é cúpula do Judiciário, como na tradição americana afirmada desde o século XIX), seja por meio do controle concentrado em cortes constitucionais (distintas do Poder Judiciário, caso do Tribunal Constitucional Federal da Alemanha, estabelecido em 1951). Nesse sentido, o poder de declarar a invalidade de leis e atos normativos transformou a jurisdição para além da função clássica de aplicação da lei e jurisprudência para a solução de casos individuais e concretos. Se, por um lado, o poder de declarar, com efeitos gerais, a invalidação de normas aproxima a jurisdição (no caso do controle abstrato) da legislação, por outro, ela deixa de ser função de aplicação meramente técnica e burocrática da lei, ampliando seus poderes interpretativos e argumentativos e até mesmo seu direcionamento do governo quanto às políticas públicas admissíveis.

Todo esse cenário institucional coloca desafios para a preservação do "império do direito" nos moldes clássicos do liberalismo político e do formalismo jurídico. A própria emergência de visões finalísticas e instrumentais sobre a interpretação do direito – as quais reivindicam a necessidade de articular e explicitar juízos de valor, finalidade, interesses ou contextos na aplicação das regras – conduziu, a um só tempo, à constatação das margens de discricionariedade judicial e à preocupação em afirmar uma deferência dos juízes às opções articuladas sobretudo pelos Poderes e representantes políticos e pela administração pública.

Na visão de alguns (*e.g.* NONET, 1977; NONET; SELZNICK, 2010 [1978]), essa explicitação da indeterminação interpretativa do direito e das escolhas de valor ínsitas à aplicação das regras constitui aperfeiçoamento do ideal do "Estado de direito", na medida em que aumenta a exigência de justificação pública e clara das decisões tomadas pelas autoridades (os juízes não podem mais alegar que suas decisões decorrem apenas mecânica e logicamente da letra da lei). Outros (*e.g.* TAMANAHA, 2006; 2004; UNGER, 1979 [1976]) observam que uma *visão instrumental do direito* favorecida pela expansão do aparato burocrático nos Estados socialistas, social-democráticos e desenvolvimentistas implica observar as normas como instrumentos de governo, ampliando-se os meios e setores de intervenção do Estado (com regulamentações detalhadas e maiores zonas de discricionariedade) e esvaziando-se os controles e limites dados por direitos civis e garantias fundamentais. Usar o direito como instrumento de alteração da ordem social (revolução, reforma ou política pública) e justificar qualquer decisão por referência a suas consequências (para o bem-estar geral, por exemplo), e não à sua legalidade e constitucionalidade, degradaria o sentido dos direitos e das regras como elementos que legitimam *a priori* as decisões das autoridades e asseguram incondicionalmente as liberdades dos cidadãos, por mais que estas imponham limites e custos ao que se poderia fazer com o poder estatal.

Outros ainda consideraram que o positivismo jurídico (formalista ou realista) não apresentava visão clara sobre os pressupostos morais inerentes à legalidade e procuraram discernir (em uma versão contemporânea de direito natural) certos parâmetros que todo sistema jurídico aspira realizar, como a anterioridade, a clareza e a publicidade de suas normas (ver, *infra*, 5.2, a discussão sobre o conceito de "moralidade inerente ao direito", em Lon Fuller). Finalmente, há quem ressalte que o "Estado de direito" favorece certos compromissos de uma ordem jurídica (por exemplo, com a preservação de certos direitos básicos e com a previsibilidade das decisões, a partir das normas que as constrangem) e afasta outras configurações possíveis (como de uma justiça puramente material, talhada para o caso concreto, sem maior generalização de seus fundamentos). Dessa forma, a opção pelo "império do direito" – assim como por um sistema jurídico cuja prática esteja em linha com o positivismo e o formalismo – demanda sua própria justificação (ver, *infra*, 9.5, a discussão sobre um renascimento do formalismo jurídico). Afinal, a mera definição normativa de "é devido juridicamente" pode gerar uma obediência em virtude do conteúdo normatizado (que se aceita) ou pelo mero fato de ser devido juridicamente (independentemente de se concordar ou não com o conteúdo desse dever). Constatando que nem todo direito será justo (e que é difícil universalizar um padrão objetivo de justiça, como se pretendia na Antiguidade clássica), boa parte da filosofia política moderna se orienta no sentido de fundamentar esse dever de obedecer ao direito. Sua justiça formal e procedimental (sem a garantia de resultados materialmente justos) seria uma razão central para essa obediência ao direito pelo mero fato de ser direito – nessa linha caminham muitos usos que se faz do conceito de "Estado de direito"; e, seguindo o raciocínio, a negação dos compromissos básicos implícitos nesse conceito ideal, por um "*Estado de exceção*" despótico ou tirânico, desobrigaria moralmente a obediência ao direito e justificaria a desobediência civil. Claro que o ideal de legalidade pode ser estendido para ordens jurídicas não vinculadas ao Estado nacional – e, portanto, poderíamos falar de um *estado de direito* no sentido de condição estável de legalidade, e não apenas por referência ao Estado.

2.2 Da "escola da exegese" ao direito social

Nos séculos XVII e XVIII, estudiosos do direito privado romano, na versão legada pela compilação de Justiniano e trabalhada pelos glosadores e comentadores da Baixa Idade Média, passaram a tentar cristalizar as instituições jurídicas romanas na forma individualista, racionalista e lógico-dedutiva típica do jusracionalismo. O resultado foi uma série de tratados de direito civil escritos por autores como Jean Domat (1625-1696) e Robert Pothier (1699-1772). Esses tratados buscavam colocar na ordem natural, lógica e racional o material mais ou menos heterogêneo legado pelas fontes romanas. Embora pouco inovassem na literalidade das soluções dadas pelos juristas clássicos, os tratadistas modernos promoveram certa transformação pelo anacronismo: ao repetirem os mesmos institutos da Antiguidade para uma sociedade diferente, acabaram por criar um direito diverso, em seu manejo técnico e em suas implicações sociais, daquele efetivamente praticado na velha Roma (WATSON, 2007, p. 18-22). Sobre a herança romanista edificaram a sistematização conceitual – direito das coisas e direito das pessoas, obrigações e sucessões – que caracterizará o estudo do direito civil a partir de então. E tal sistematização teórica será também uma preparação para a própria codificação do direito civil francês após a revolução de 1789.

A razão natural e universal a todo e qualquer indivíduo seria o norte para um direito simples e unitário, completo e coerente, produto da vontade do legislador e limitador da discricionariedade dos juristas. Esse novo direito superaria a desordem anacrônica de costumes e privilégios. Nada mais alinhado ao espírito iluminista de superação do passado e construção do futuro. Entretanto, a inspiração puramente jusracionalista acabou cedendo lugar a um texto pretensamente mais romanista, isto é, afim ao direito romano comum. Explique-se: nas fases iniciais da revolução francesa, Cambacérès (1753-1824) apresentou projetos de codificação de inspiração nitidamente racionalista; entretanto, o Código Civil de 1804, elaborado por uma comissão liderada por Portalis (1746-1807) – crítico de Kant – e discutido no Conselho de Estado em sessões presididas pelo próprio Napoleão Bonaparte, voltava-se muito mais ao direito romano organizado por civilistas como Portalis (BOBBIO, 2006 [1961], cap. 3).

Em seu *discurso preliminar* ao primeiro projeto de Código Civil, pronunciado em 1801 para apresentar o trabalho feito pela comissão designada pelo governo, Portalis registrava que a França parecia uma "sociedade de sociedades", com uma diversidade de costumes regionais fundantes de laços tradicionais de autoridade e obediência – realidade do antigo regime à qual se opunha o ideal revolucionário de uma legislação uniforme. A revolução provara que tais costumes não estavam mais enraizados nos "hábitos" e na "opinião", mas eram meras instituições anacrônicas e esclerosadas. O espírito revolucionário teria focado em instituir um direito público e desestabilizar o direito privado, fundando uma nova ordem de cidadãos preparada por "uma nova ordem de proprietários". Estabelecido o espírito revolucionário pela Constituição vigente, caberia agora organizar o direito privado, sob a heroica liderança de Napoleão.[12]

---

[12] O Código Civil de 1804, estabelecido durante o consulado de Napoleão, ainda está vigente no século XXI, com alterações (para uma análise dessa codificação, ver GORDLEY, 1994). A estabilidade desse direito privado contrasta com a história do direito público francês: a França teve 16 constituições a partir da revolução de 1789. A constituição monárquica de 1791 (1) durou menos de um ano; deu ênfase ao papel da Assembleia Legislativa nacional e incorporou a Declaração de Direitos de 1989, que considerara a propriedade um direito "sagrado e inviolável" e determinara o voto censitário. A constituição republicana de 1793 (2) foi desenhada pelos jacobinos (como Robespierre) e garantia sufrágio universal masculino, ensino público e assistência social; mas foi suspendida, com poderes de exceção concedidos durante o período do Terror. A constituição de 1795 (3) estabeleceu o governo de um diretório executivo, desfeito com o golpe de Estado de Napoleão em 1799, quando ele se tornou cônsul, uma espécie de ditador republicano, segundo a constituição de 1799 (4). Ainda houve

Elogiando o projeto anterior de codificação de Cambacérès por sua "precisão e método", Portalis aceita a meta de simplificar o direito, mas rejeita a de tudo prever. A multiplicidade de casos e situações haveria de estar abarcada pelas novas regras gerais e abstratas instituídas, mas seria perigoso querer tudo regular e não deixar nada para a decisão do juiz no caso individual e concreto: as "leis positivas" jamais tornam inútil o uso da "razão natural", e homens e sociedade mudam, por mais rígidos que permaneçam os textos normativos positivados. "É preciso que o legislador vele pela jurisprudência; pode ser esclarecido por ela e pode, por sua vez, corrigi-la; mas é necessário que haja jurisprudência" (PORTALIS [1801]).

A lei previne o despotismo judicial; entretanto, menos que um ato de vontade que cria do nada um novo direito, os códigos consolidam experiências de um povo e purificam seus princípios normativos como declarações da vontade estatal positivada. "O propósito da lei é fixar, em grandes linhas, as máximas gerais do direito: estabelecer princípios férteis em consequências, e não descer ao detalhe das questões que podem surgir em cada matéria"; assim, "[c]abe ao magistrado e ao jurisconsulto, embebidos do espírito geral das leis, dirigir sua aplicação" (PORTALIS [1801]).

O artigo 4º do Código Civil napoleônico estabeleceu em formulação clássica que "[o] juiz que se recusar a julgar a pretexto de silêncio, obscuridade ou insuficiência da lei poderá ser processado como culpável por denegação de justiça". Esse princípio institucional – a *vedação da denegação de justiça ou do* non liquet – é atributo central da definição do papel do Poder Judiciário, em relação ao qual a exigência de motivação das decisões com base na lei distingue e identifica sua posição diante dos Poderes políticos do Estado (RAMOS, 2017).

O que se tinha em vista era colocar fim à prática anterior, quando, justamente nos casos de silêncio, obscuridade ou insuficiência da lei, os tribunais deveriam remeter as questões interpretativas ao rei, para que este desse a solução para o caso concreto dificultoso. Afinal, a interpretação era já concebida como exercício normativo que envolvia expandir ou restringir o sentido das regras. O direito justinianeu previa essa obrigação de remissão das questões ao imperador em caso de dúvidas interpretativas; assim também o direito canônico do século XVI e o direito francês do século XVII. Nada melhor que a interpretação autêntica para esclarecer a intenção e vontade do rei.

A ideia de remeter ao legislador o esclarecimento de interpretações ou a colmatação de lacunas (tal era o instituto do referendo legislativo, *référé législatif*) foi reprisada durante a Revolução Francesa (constituições de 1791 e 1795), em conformidade com o ideal iluminista de supremacia do legislador, representante da nação (FRATE, 2008). Em 1800, tal instituto foi abolido e, em 1804, entrou em vigor o Código Civil. Com a desconfiança

---

a constituição de 1802 (5), que tornou Napoleão cônsul vitalício; e a constituição de 1804 (6), que o tornou imperador. Depois houve a (7) constituição de 1814 (restauração Bourbon); (8) a constituição de 1815 (ato adicional preparado por Benjamin Constant a pedido de Napoleão, com curta duração no período de seus cem dias de governo, sendo no mesmo ano de 1815 restabelecida a carta original de 1814); (9) a de 1830 (monarquia constitucional); (10) a de 1848 (segunda república francesa); (11) a republicana de 1852, depois modificada (12), dando origem ao segundo império francês, comandado por Luis Napoleão, tornado imperador até 1870; (13) a de 1875 (terceira república francesa); (14) a de 1940 (com o Marechal Pétain como chefe de Estado, com a ocupação alemã, durante o chamado regime de Vichy); (15) a de 1946 (quarta república); e (16) a de 1958 (quinta república, semipresidencialista, inaugurada pelo General De Gaulle).

da revolução em relação aos doutrinadores e aos juízes (vistos como alinhados ao antigo regime), era preciso preservar o poder do legislador. Entretanto, o *référé législatif* ainda foi restabelecido em 1807 e abolido apenas em 1837; nesse período, estava definido que, após duas cassações da lei, cabia ao Conselho de Estado estabelecer por regulamento, aprovado pelo imperador, a interpretação devida dos dispositivos legais. A partir de então, reforçou-se de todo modo o papel da Corte de Cassação.[13]

A desconfiança com relação às autoridades aplicadoras do direito explica essas precauções institucionalizadas na peculiar organização dos Poderes na França, ainda caracterizada pela proeminência da Corte de Cassação e por uma aversão ao controle judicial de constitucionalidade.[14] Com a codificação oitocentista, todavia, o próprio ordenamento jurídico passava a ser visto como um sistema completo e coerente, de modo que as lacunas teriam de ser consideradas aparentes, e o papel de integração do sistema passaria a ser alocado a seu intérprete-aplicador. Para sustentar o dogma da *completude do ordenamento*, era preciso prever meios de integração das *lacunas*. Primeiro, seu preenchimento pelo recurso à *analogia* (na falta de regras aplicáveis ao caso, aplicar ao problema concreto a consequência normativa prevista em abstrato para hipótese semelhante). Segundo, pela referência aos *princípios gerais do direito* – máximas e "brocardos" da tradição jurídica e doutrinária, como a obrigatoriedade dos pactos (*pacta sunt servanda*), pilar do direito obrigacional, ou o princípio de que "a ninguém se deve lesar" (*neminem laedere*), fundamento da responsabilidade civil. Finalmente, e de modo mais polêmico, pelo juízo de *equidade*, fundado na prudência e no costume, o que trazia a problemática de retomar o direito natural. Daí que este tenha sido circunscrito – só vale o *costume* praeter legem, na falta de lei incidente sobre o caso, jamais o costume *contra legem*.

---

[13] "Para combater a magistratura, que se recusava a aplicar a lei – como já o fizera durante o Antigo Regime – os franceses criaram um Conselho de Estado que resolveria contenciosamente, fora do Judiciário, as controvérsias entre cidadãos e o Poder Executivo, ou entre distintos órgãos do Executivo [criado em 1799, durante o consulado de Napoleão, o Conselho de Estado também tinha o papel consultivo de auxiliar o governo na preparação de decretos e projetos de lei]. Para impedir que a interpretação judicial anulasse as decisões do Parlamento (representante do "povo soberano") criou-se o Tribunal de Cassação, como auxiliar do Legislativo, para cassar decisões judiciais contrárias à lei. Cassada a decisão, a controvérsia era devolvida ao Judiciário, para reapreciá-la de acordo com a interpretação legal dada pelos representantes do povo. Daí surgiu a tradição do contencioso administrativo e a não existência do controle constitucional das leis pelo Judiciário em toda a Europa". (LOPES, 2012 [2000], p. 304). No Brasil, um Conselho de Estado funcionou especialmente entre 1823 e 1834 e entre 1842 e 1889, com funções consultivas e contenciosas, auxiliando o imperador no exercício do Poder Moderador previsto pela Constituição de 1824 sob inspiração do francês Benjamin Constant (1767-1830).

[14] A constituição francesa de 1958 estabeleceu um regime semipresidencialista e criou um Conselho Constitucional, que não é nem uma corte constitucional (com poderes de controle concentrado, como na Alemanha) nem um órgão supremo do Poder Judiciário (como nos sistemas de controle difuso, da tradição americana); tal Conselho funciona mais como uma terceira casa legislativa, tomando decisões rápidas e não altamente motivadas (SILVA, 2009, p. 208). É um controle preventivo de constitucionalidade, integrado assim ao processo legislativo. Apenas em 2010 entrou em vigor a revisão constitucional que criou o instituto da "questão prioritária de constitucionalidade", que permite o controle *a posteriori* de constitucionalidade (de leis que já entraram em vigor), pela via de exceção no contencioso administrativo ou judicial. "O mecanismo consagrado no artigo 61-1 da Constituição pela reforma de 2008 é simples: por meio do envio pelo Conselho de Estado ou pelo Tribunal de Cassação, o Conselho Constitucional controla se uma disposição legislativa que já entrou em vigor e que, portanto, é aplicável, viola as liberdades e os direitos constitucionalmente protegidos. Neste caso, um recorrente encontra-se na origem do controle de constitucionalidade exercido, porquanto se formula a questão de constitucionalidade por ocasião de uma instância em curso perante uma jurisdição. Especificamente, o réu pode postular a QPC durante qualquer procedimento perante um tribunal de contencioso administrativo (liderado pelo Conselho de Estado) ou perante a jurisdição (encabeçada pelo Tribunal de Cassação). Além disso, o réu pode levantar a questão em primeira instância, em apelação ou em sede de cassação" (BOURGET, 2020, p. 99).

Da mesma forma, desconfiava-se do recurso às fontes meramente materiais do direito – como a jurisprudência e a doutrina –, subordinando-as à *fonte formal* primeira: a lei (a qual, ademais, delimitava o espaço da *autonomia privada*, isto é, da livre criação contratual). Evidentemente, também o foco do que caberia ao juiz estava na *interpretação especificadora* (literal, ancorada letra da lei em fidelidade com seu "espírito"), menos na *interpretação restritiva* (em que fins ou valores limitam as possibilidades literais) e jamais na *interpretação extensiva* (que busca aumentar a *vagueza* denotativa ou *ambiguidade* conotativa[15] para além da letra da lei, com base em propósito atribuído; para aprofundamento dessa diferenciação, ver *infra*, 3.3.5).

O formalismo e o conceitualismo colocados como herdeiros da visão racionalista do direito natural ficam evidentes no regramento de instituições como a propriedade. O Código Civil napoleônico, de 1804, considerava a propriedade, na redação dada por Portalis, "o direito de fruir e dispor dos bens da maneira mais absoluta", desde que obedecendo-se aos limites legais e regulamentares, estabelecidos para a utilidade comum (artigo 544). Firma-se assim a distinção entre direito absoluto e restrições potenciais, as mais limitadas possíveis, ao seu exercício. A fórmula pretendia ser a ressurreição da "propriedade romana clássica" – o "*dominium*" como "*jus utendi fruendo et abutendi re sua*" –, embora fosse mais a extrapolação das sucessivas deformações que aquela concepção sofrera ao longo das muitas recepções e transfigurações do direito romano. A "faculdade" "plena", "perfeita", "livre", "arbitrária" transformara-se em potestade absoluta.

Tratava-se mais de um legado de Jean Domat no século XVII, retomado no século seguinte por Robert Pothier: a propriedade como expressão mais completa do direito natural como *direito subjetivo*, conceito inexistente na Roma antiga. O triunfo do individualismo jacobino contra o *ancien régime* trouxe assim, para a esfera privada, o absolutismo que ansiava por extirpar do Estado. Napoleão interveio pessoalmente para garantir essa proteção o mais ampla possível, visando aos pequenos proprietários fundiários como base da segurança e tranquilidade da nação (ARNAUD, 1969, p. 179-195). O Código Rural revolucionário, de 1791, e as medidas tomadas em seu rescaldo haviam preparado o terreno para o novo direito civil ao abolir todos os ônus feudais sobre a terra, como servidões pessoais e rendas reais e eclesiásticas (CAMPESI; PANNARALE; PUPOLIZIO, 2017, p. 40). A Constituição do mesmo ano incorporou a Declaração dos Direitos do Homem e do Cidadão, que definira a propriedade privada como "inviolável e sagrada", e consagrou o critério censitário para votar e ser votado.

A nova ordem jurídica do Estado francês bem refletia a idealização sistemática que o iluminismo exponenciou – a ideia de grandes blocos unos, impartíveis, perfeitamente coerentes de ideias e instituições. Descrevendo a codificação do direito na França, um observador notava: "[a] tarefa do legislador civil era desenvolver quadros suficientemente rígidos para que não fosse possível sair deles, caso contrário todo o sistema estaria em perigo" (ARNAUD, 1973, p. 152).

A rigor, na intenção dos redatores do Código, como Portalis, ao proibir a *denegação de justiça*, o artigo 4º promovia justamente uma abertura à livre criação do direito pelo

---

[15] Ou seja: vagueza diz respeito à extensão dos referentes concretos – qual a classe de coisas ou condutas a que se refere a palavra (sentido denotativo); ambiguidade diz respeito à intensão, aos atributos abstratos atribuídos a algo – quais os predicados ou qualidades estão indicados (sentido conotativo).

juiz, na falta de lei clara e aplicável. Para criar a norma aplicável, valia ancorar-se nos *princípios gerais* (proposições abstratas e universais extraídas da razão, isto é, do direito natural), em usos constantes e estabelecidos como obrigatórios em virtude de sua reiteração histórica (*costume*), em uma série de decisões similares (*jurisprudência*) ou mesmo na opinião dos mais afamados juristas (*doutrina*). Para evitar a devolução ao legislador, o juiz estaria assim autorizado a criar o direito aplicável ao caso – isso no caso do direito civil. Para o direito penal, porém, continuaria a valer a máxima que proíbe punição sem lei anterior que defina o ilícito e lhe comine a pena respectiva.

Entretanto, a versão mais estrita de *supremacia do legislador* foi a acolhida por diversos comentadores e doutrinadores, identificados polemicamente como certa "*escola da exegese*" – caso de Charles Aubry e Frédéric Rau, além de Alexandre Duranton, Jean Demolombe e Raymond-Théodore Troplong (BONNECASE, 1933, parte 2, cap. 1, parte 3, cap. 1-2; ver BOBBIO, 2006 [1961], cap. 3). Essa linha corresponderia à versão mais formalista da interpretação jurídica no contexto francês, que se justificava ao mesmo tempo em nome da separação dos Poderes (na esteira de Montesquieu) e da certeza da determinação racional do direito (herdeira do jusracionalismo ou direito natural moderno, agora positivado). Seu foco na lógica formal dedutiva e na supremacia do legislador caracterizou também a concepção mais rígida do positivismo – de redução do direito à lei estatal. Essa "escola" firmou as características típicas do estudo do direito civil: leitura e comentário do Código, dispositivo por dispositivo, na ordem dada pelo legislador, com função meramente explicativa, e jamais criativa. Não importava mais conhecer o direito civil, sua genealogia histórica e fundamentação filosófica – bastava decorar o texto de lei. O máximo que o método analítico e sistemático abarcava era alguma menção a casos concretos que ilustrassem a aplicação da lei.

O direito natural voltava a ser um saber externo. Seus princípios, muito indeterminados, só ganhavam configuração concreta com a decisão política do legislador e, portanto, ao jurista bastava conhecer toda a lei, e tão somente ela. O que restava de direito natural – os princípios gerais do direito – era, como visto, mero meio suplementar de integração das lacunas aparentes do sistema. Ao juiz não cabia exercitar sua própria razão, avaliando a medida na qual o direito positivo estava consonante com o direito natural. Pelo contrário, o julgador haveria de presumir a correção e perfeição do legislador; o bom juiz seria aquele que submetia sua razão incondicionalmente às opções legislativas expressas em um meio público e controlável: o texto da lei. Os meios de integração de lacunas não seriam mais do que formas de se tentar definir a *vontade* presumida do *legislador*, quando não fosse possível definir sua vontade real, seja pela letra clara da lei, seja pela investigação empírica do histórico do processo legislativo. A própria ideia de uma "*vontade da lei*", objetiva, fundada em interpretação sistemática e finalística, só viria a se firmar mais à frente, no século XIX.

Hoje, porém, tem sido contestada a homogeneidade que teria identificado uma "escola da exegese" como rótulo capaz de abarcar os vários comentadores e tratadistas do Código Civil francês ao longo do século XIX (HALPÉRIN, 2017 [2003]). Afirma-se que esses doutrinadores não eram exclusivamente adeptos de uma contestável combinação metodológica de apego ao texto literal dos dispositivos legais (interpretação gramatical) e pesquisa empírica da vontade do legislador (revelada sobretudo pelos trabalhos preparatórios da codificação). Teriam eles desenvolvido também outros métodos, como de comentário casuístico dos dispositivos do Código, aplicando-o a situações problemáticas, com isso construindo "indutivamente" a concepção de um sistema civilista. É certo, todavia, que o corpo material identificado à "escola da exegese" – os livros didáticos de direito civil francês ao longo do século XIX – estavam determinados por um decreto que estipulava o ensino da matéria na ordem estabelecida pelo Código, segundo o método de ditado dos textos normativos e comentários do professor. Este seria, como pregava Portalis, o papel circunscrito da doutrina, em contraste com a *interpretação autêntica* pelas autoridades criadoras do direito. Aí teríamos um núcleo de sentido mais ou menos comum às obras e aos autores identificados com essa tendência jurídica. Entretanto, houve livros e professores que ultrapassavam tais limites, ordenando a matéria a seu modo, criticando as opções legislativas, identificando lacunas e completando-as segundo seus próprios juízos de finalidade e valor (sendo que os autores clássicos professavam ideologias bastante diversas). Também a adoção de um positivismo estrito (com seu postulado de separação entre direito e moral) ou de referências jusracionalistas variou entre os "exegetas".

Desse modo, na avaliação de Hespanha (2012), unificá-los serviria apenas aos propósitos de um ataque geral ao legalismo jacobino, cultor da lei e do Estado, universalista e abstratizante, contrário ao papel conservador e contramajoritário dos juristas e juízes, defensor da soberania popular (embora a revolução francesa tenha culminado na autocracia bonapartista, sob a qual se fez a codificação). Daí o estereótipo de um legalismo rígido e anacrônico, cristalizador de significados e regras obsoletas e inflexíveis. Na verdade, porém, a "positivação do direito natural" pretendida por Portalis continuava a abrir espaço, na visão de muitos doutrinadores, para juízos de equidade e direito natural por parte dos intérpretes da lei. Portanto, o estigma da "exegese" foi, sobretudo, uma reação à subordinação dos juristas aos políticos pretendida nos termos do voluntarismo (proto)democrático revolucionário.

Por mais polêmica que seja a caracterização retrospectiva e uniformizante de uma "escola da exegese", heterogênea como toda tendência intelectual e jurídica, tornou-se canônico o contraste entre essa linhagem formalista e a posterior "escola" da *livre investigação científica do direito* (BONNECASE, 1933, partes 2 e 3). A nova "escola", liderada por François Gény (1861-1959), reconhecia a *discricionariedade* judicial e recomendava então que o juiz considerasse fatores sociais e econômicos ao tomar suas decisões; ao lado da autonomia da vontade – base do formalismo liberal –, era preciso considerar os diversos interesses em jogo e o superior interesse da comunidade. Evidentemente, essa tendência acompanhava mudanças na própria ordem jurídica sobre a qual o discurso doutrinário refletia, caso do crescente uso no direito positivo de cláusulas abertas e indeterminadas, como a "boa-fé" ou a "ordem pública". Isso não equivale a dar peso de lei ou costume ao senso comum e à opinião pública, mas implica, sim, hierarquizar ou ao menos esquematizar as operações e realidades sociais tal como estabelecidas e fixadas pelo direito. O juiz passa a ser visto como cocriador da ordem jurídica: naquilo que não possa simplesmente desenvolver o sentido já formulado pelo legislador e consagrado no direito escrito ou costumeiro, a autoridade tem discricionariedade para criar o direito para o caso concreto, quando provocada. O legislador (ou o costume) provê os meios; o intérprete-aplicador harmoniza os meios aos *fins* do direito (GÉNY, 1917 [1899]).

A livre pesquisa científica do direito pelo intérprete haveria de começar com os *princípios* intuitivamente revelados à razão humana, noção inata de justiça como apoio às construções do direito positivo. Por mais que os historicistas tenham criticado tais noções universais, substituindo-as pela busca do "espírito" de certo povo, e por mais que os positivistas tenham buscado livrar-se do direito natural, um niilismo doutrinário conduz meramente a esquecer que as regras, em sua formalização variável, têm por base certa ideia de justiça, que não pode ser reduzida a dados fáticos. A razão prática deve complementar a razão pura, assim como os princípios do direito natural (estudados pela filosofia do direito) devem servir para resolver as contradições e lacunas do direito positivo (objeto da técnica doutrinária) e para compreender seu sentido e natureza. A utilidade e o bem em si orientam o estudo do que deve ser protegido juridicamente e de quais sanções concretizam tal proteção. Para colmatar as lacunas e suprir as fontes formais do direito, a *analogia*, por exemplo, só se torna possível se se apreende o princípio que justifica aquele tratamento jurídico conferido por uma regra a dada situação e, por conseguinte, a extensão do mesmo tratamento a situação semelhante (GÉNY, 1919b [1899], p. 113-144). Assim se determinam o escopo e a fecundidade dos princípios e conceitos abstratos; sua função mais importante é servir não à sistematização teórica do direito, mas à orientação prática dos intérpretes (GÉNY, 1917 [1899], p. 10).

O direito natural, como pesquisa das crenças sobre as quais se assenta a ordem social, é útil para definir certos objetivos da regulamentação e direção da conduta humana. Entretanto, seu conteúdo é muito vago e geral para determinar os termos de estudo do direito positivo, que demanda análise científica mais apurada (GÉNY, 1915, p. 421). Os *conflitos de interesse* são identificados, assimilados ou subsumidos a regras jurídicas reconhecidas por atos formais de autoridade; os conceitos, as palavras, as definições e classificações, as presunções e ficções permitem elaborar construções jurídicas que sistematizam e unificam o domínio do direito positivo (GÉNY, 1921; 1922 [1914], p. 157-160). Eis o fundamental da técnica jurídica. Contudo, é importante remarcar que nem toda regra se explica como decorrência lógica de certo conceito abstrato e nem todos os elementos da realidade que um julgador deva considerar se restringem ao que for indicado pelas construções idealizadas dos textos normativos (GÉNY, 1917 [1899], p. 11).

Gény dedicou-se sobretudo ao estudo da técnica jurídica aplicada ao direito privado. Porém, entrado o século XX, também o *direito público* ganharia um novo peso. Léon Duguit (1859-1928) passará a sistematizar o direito administrativo e constitucional ao redor do conceito de *"serviço público"*, substituindo a dominância privatista, que insistia em ver o direito como ordem de místicos "direitos subjetivos". Em lugar desses direitos naturais, Duguit constrói uma teoria jurídica sob a dupla influência de Comte e Durkheim. Tal teoria tem como premissa a regra de direito positivada pelo Estado; assim, em vez de garantir direitos naturais preexistentes, o Estado molda pelo direito positivo as obrigações do indivíduo devidas em virtude de sua participação na sociedade: as situações jurídicas são definidas não em função dos direitos, mas da obrigação geral que todos têm "de cooperarem de acordo com sua posição na manutenção da solidariedade social (…) e de não fazerem nada que constitua uma interferência nela" (DUGUIT, 1917, p. 182-183). É a inversão da visão liberal de direitos privados como esferas nas quais é vedada a interferência dos outros e do Estado.¹⁶ Em uma concepção *solidarista*, o direito é composto por normas sociais que não determinam a vontade dos indivíduos, mas impõem obrigações sociais; seu escopo é proibir "qualquer ação ou abstenção que possa produzir uma desordem social, de modo que, quando tal agitação seja produzida, haja uma tendência na sociedade a restabelecer a ordem" (DUGUIT, 1920, p. 828).

Finalmente, inspirado pelo mesmo solidarismo e organicismo com raízes medievais (tomistas) e representação na sociologia de Durkheim, Maurice Hauriou (1856-1929) lançará uma alternativa à visão estatalista de direito – isto é, ao monismo jurídico. O direito aparece então como constitutivo da vida associativa que se desenvolve também à margem do Estado; ele é imanente a qualquer grupo ou coletividade organizada (ver *infra*, 3.5).

Essas três tendências – a livre investigação científica do direito, o direito social e o institucionalismo pluralista – não se harmonizavam plenamente entre si, mas tinham em comum o combate ao conjunto de concepções formalistas anteriores, paradigmaticamente representadas pelos civilistas da dita "escola da exegese". O rótulo de "*direito social*" (GURVITCH, 1932) pode servir para reuni-las, dada a influência do pensamento historicista e sociológico sobre essas diversas escolas e sobre sua denúncia do pensamento jurídico liberal abstrato e geometrizante, centrado em um sujeito racional e na racionalidade formal das regras sistematizadas. Fórmulas correntes dessa denúncia incluíam a "socialização do direito", a "publicização do direito", "a revolta dos fatos contra os códigos" e a superação do individualismo privatista pela nova vida econômica (MORIN, 2018 [1917]), a "dissolução do princípio da autonomia individual", o "conflito entre lei e realidade" ou a "decadência do voluntarismo jurídico", encarnado nas fontes formais da lei e do contrato. O direito social implicava uma visão anti-individualista, organicista, comunitarista e corporativista de sociedade: tudo, mesmo os direitos subjetivos e as relações jurídicas, deveria ser visto não como decorrência da individualidade metafísica, mas como construção coletiva, criação histórica do direito objetivo estatal ou das associações em que as pessoas se integram e fixam seus vínculos de confiança, colaboração e dependência mútua. Na tradição liberal clássica europeia, esses "corpos intermediários" eram vistos como opressores do indivíduo; desde o século XIX, porém, uma variedade de ideologias (conservadoras e progressistas) passou a valorizá-los como contrapeso à opressão estatal e privada (ver BOBBIO, 2000 [1975]).

Um clima de ideias semelhante terá lugar fora da França; por exemplo, com outras tendências jurídicas pluralistas, enfrentarem-na a um só tempo o positivismo e o formalismo de matriz privatista-romanista. É o caso do italiano Santi Romano (1875-1947), que partia da ideia de que o direito é produto de instituições – como o Estado, mas também a Igreja e outras associações e organizações – e conceituava *instituição* como "um ordenamento jurídico, uma esfera em si mesma, mais ou menos completa, de direito objetivo" (ROMANO, 2008 [1917], p. 89). Em sentido semelhante, o austro-húngaro Eugen Ehrlich (1862-1922) fundará uma sociologia jurídica de bases empíricas,

---

[16] Definir o direito com base em deveres de solidariedade certamente tirou como ponto de partida os direitos subjetivos, mas talvez não os tenha eliminado inteiramente do sistema. Varia tanto o que cada indivíduo vê como contribuição efetiva para as necessidades sociais que seria necessário remontar a ordens dadas pelas autoridades, e então voltar ao problema da validade dessas ordens. Essa era ao menos a avaliação de Laski (1917, p. 190).

contestando que o direito se resuma às proposições jurídicas formalizadas nas fontes oficiais e discutidas pela doutrina (EHRLICH, 1917 [1903]); haveria todo um "direito vivo", costumeiro e difuso, fugidio ao próprio monopólio estatal (ver *infra*, 3.4). Ehrlich influenciará, inclusive, a "escola" do *direito livre*, liderada por juristas como o polonês Hermann Kantorowicz (1877-1940), que enfatizava como a decisão judicial de casos concretos extravasa as proposições jurídicas contidas nos textos legais e dogmáticos (ver KANTOROWICZ, 2011 [1906]). E mesmo o alemão Carl Schmitt (1888-1985) buscará fundir seu decisionismo à concepção do direito como ordem concreta, e não como norma abstrata (ver *infra*, 3.5). Essas concepções em geral passaram à história das ideias jurídicas como visões de sociologia jurídica mais do que como "teorias do direito" no sentido estritamente analítico (neste campo, são acusadas de "sociologismo").

2.3 Jurisprudência dos conceitos e jurisprudência dos interesses

A contraposição *estado de natureza/estado civil*, com todas as suas variações, consagrou certa unidade no pensamento jusracionalista, capaz de configurar um modelo teórico (BOBBIO, 1991 [1979]); contraposto a este, porém, surgirá outro modelo, capaz de conferir uma interpretação totalmente inovadora à dicotomia análoga – assim será com Hegel, Marx e Gramsci (BOVERO, 1991 [1979]). No jusracionalismo, o estado de natureza fora identificado como reino da necessidade e da busca (violenta) pela sobrevivência; do campo da escassez e, portanto, da economia, enquanto do estado ou sociedade civil, ao formalizar a liberdade em direito, emergia o reino da liberdade, da cultura, do ser humano emancipado das necessidades e com sua liberdade preservada pelo direito.

Já Hegel é o ponto de sublimação dessa teoria: representa tanto o ápice da ideia de Estado-razão quanto a superação da ideia de contrato social – o Estado é, antes, o resultado final do desenvolvimento do espírito objetivo, uma totalidade concreta, substancial, orgânica e ética do povo, superior à sociedade civil, esta representando um estádio de transição a partir da desagregação da unidade familiar. A crítica de Hegel à tese do contrato social é imputada ao individualismo metodológico dos jusnaturalistas, que os teria levado a conceber o Estado como produto de um acordo individual, quando na verdade é dentro da totalidade estatal que se distinguem os cidadãos (pressupostos pelo raciocínio ficcional dos contratualistas). Hegel identifica o direito privado com a esfera da sociedade civil burguesa, com o mercado, isto é, com a concepção atomizante do homem; daí que o direito público represente a concretude do povo enquanto construção do Estado.

Todavia, à época de Hegel já surge uma filosofia da história que inverte a trajetória (r)evolucionária clássica e passa a propugnar como libertação definitiva do homem o fim do Estado (tido não como um todo imparcial, mas como uma estrutura cujo Executivo é "um comitê para gerenciar os assuntos comuns de toda a burguesia", como definirão Marx e Engels no *Manifesto Comunista* de 1848. Só no século XIX, de fato, "sociedade civil" deixou de indicar a comunidade antes de tudo política dos cidadãos que legislavam para si mesmos para se definir como a esfera da busca pela sobrevivência, o âmbito mesmo da criação e reprodução de desigualdades econômicas; a sociedade civil naquele século representou a transição do autoritarismo e da estratificação social para a restrita "democracia" de classes (KOSELLECK, 2002 [1991], p. 211-212, 215).

Essa passagem da filosofia racionalista à "sociologia" – consagrada pela crítica de Hegel ao jusracionalismo abstrato de Kant e pela crítica de Marx ao idealismo histórico de Hegel, com a consequente proposição do materialismo histórico-dialético – é bem vista no contexto do historicismo alemão. O *historicismo* (ver *e.g.* WHITE, H. V., 1959; ANTONI, 1959 [1940]) constituiu-se por influxo do romantismo, do idealismo pós-kantiano e do evolucionismo darwinista. Essa corrente de ideias – no nascedouro da sociologia e do *institucionalismo econômico e jurídico* – cultivou a descrença no progresso irrefreável guiado pela razão, valorizando o passado e a tradição como realizações da razão na história. A história (inclusive natural, com Darwin) passou a ser vista como racional e a razão formal abstrata, inerente a cada sujeito individual, foi desprezada em favor da razão revelada na história, em cada contexto e comunidade.

A "escola histórica" da economia valorizará essa abordagem em detrimento da visão matematizante e dedutivista produzida pelos teóricos marginalistas (neoclássicos). A visão institucional da economia – primeiro histórica, depois sociológica – terá diversos nomes: Friedrich List, Wilhelm Roscher, Karl Knies, Bruno Hildebrand, Gustav von Schmoller, Werner Sombart e, finalmente, Max Weber – este último, porém, contrapondo-se à conceituação organicista e fiando-se em um individualismo metodológico centrado na ação social.

Similarmente, filha do romantismo e antiliberal, a "escola" histórica do direito rejeitava o método "geométrico" e sistemático dos jusracionalistas, bem como seus conceitos de "razão natural", "contrato social" e outras ficções assemelhadas. Gustav Hugo (1764-1844) apontava a utilidade do direito natural racional como mera especulação filosófica sobre o direito positivo – o direito posto pelo Estado. Essa filosofia só serviria na medida em que tratasse dos conceitos mais gerais inerentes a toda e qualquer ordem jurídica – uma espécie de *teoria geral do direito positivo*, portanto. Entretanto, é o direito romano, ao lado dos costumes germânicos, que fornecia o conteúdo exemplar para o direito público e privado; nessa medida, estudar a história do direito romano e da cultura jurídica latina significava ao mesmo tempo ampliar a visão para além do estudo do direito atualmente vigente e buscar inspiração para compreendê-lo e reformá-lo (HUGO, 1850 [1789]).

Outros historicistas, como Friedrich Carl von Savigny (1779-1861), enfatizaram o caráter mais autêntico dos *costumes* – o direito espontâneo, construído cumulativamente a partir de práticas rotinizadas e enraizado na consciência comum de um povo – em oposição à artificialidade da legislação. Se os iluministas rejeitavam os costumes diante da unidade racional e universal da legislação, os românticos, conservadores e historicistas viam, pelo contrário, no costume o meio pelo qual cada nação cristalizaria seu caráter em suas *instituições*, e estas dariam a anatomia concreta dos sentimentos de justiça que distinguem e identificam cada povo e cada nação, assim como sua língua ou sua raça. Aliás, é esse direito que estratifica a ordem social nas suas várias camadas, atribuindo-lhes privilégios diferenciados.

Marx chegou em 1836 à Universidade de Berlim, onde anos antes ensinava Hegel e onde o mais eminente dos professores de direito era Savigny, de quem Marx foi aluno, entusiasmando-se com a teoria da posse apresentada por seu mestre (ver KELLEY, 1978; LEVINE, 1987; GUERRA FILHO, 1994-5; ENDERLE, 2005; FURNER, 2018, p. 218-223). Como relatou o próprio Marx, no prefácio à *Contribuição à Crítica da Economia Política*:

Minha especialidade era a Jurisprudência, a qual exercia, contudo, como disciplina secundária ao lado de Filosofia e História. Nos anos de 1842-43, como redator da *Gazeta Renana* (*Rheinische Zeitung*), vi-me pela primeira vez em apuros por ter que tomar parte na discussão sobre os chamados interesses materiais. As deliberações do Parlamento renano sobre o roubo de madeira e o parcelamento da propriedade fundiária, a polêmica oficial que o sr. Von Schaper, então governador da província renana, abriu com a Gazeta Renana sobre a situação dos camponeses do vale do Mosela, e finalmente os debates sobre o livre-comércio e proteção aduaneira, deram-me os primeiros motivos para ocupar-me de questões econômicas. (...)

O primeiro trabalho que empreendi para resolver a dúvida que me assediava foi uma revisão crítica da filosofia do direito de Hegel (...). Minha investigação desembocou no seguinte resultado: relações jurídicas, tais como formas de Estado, não podem ser compreendidas nem a partir de si mesmas, nem a partir do assim chamado desenvolvimento geral do espírito humano, mas, pelo contrário, elas se enraízam nas relações materiais de vida, cuja totalidade foi resumida por Hegel sob o nome de "sociedade civil" (*bürgerliche Gesellschaft*), seguindo os ingleses e franceses do século XVIII; (...) a anatomia da sociedade burguesa (*bürgerliche Gesellschaft*) deve ser procurada na Economia Política. (MARX, 1999 [1859], p. 50-51)

Não encontrando caminho aberto para uma carreira acadêmica no direito, Marx começa sua atividade profissional como jornalista político. Savigny é nomeado em 1842 como Ministro para a Reforma da Legislação Prussiana. Por ocasião do evento, o jovem Karl publica na *Gazeta Renana* um artigo sobre *O Manifesto Filosófico da Escola Histórica do Direito*, crítica indireta ao novo ministro e explícita a Gustav Hugo, identificado como fundador daquela "escola". Hugo, autoproclamado discípulo de Kant, seria na verdade um conservador, mais próximo do absolutismo que do iluminismo, e seu ceticismo reduziria todas as *instituições jurídicas* a dados acidentais vinculados à condição animal do ser humano e indiferentes à razão. "De todas as partes ele se arrasta, com sua fábrica de razões autocomplacentes, para levantar evidências de que nenhuma necessidade racional anima as instituições positivas, como a propriedade, a constituição e o casamento" (MARX, 2007 [1842], p. 266).

De modo geral, descrentes do racionalismo iluminista, os historicistas confiavam mais no testemunho histórico concreto da herança jurídica romana (não o direito romano do período clássico, mas o *usus modernus pandectarum*) e dos costumes germânicos. É nesse sentido que, percebendo que o espírito do tempo – ilustrado pela experiência dos franceses – rumava em favor da prevalência do direito legislado,[17] Savigny (1831 [1814]) procurava valorizar, entretanto, o fenômeno jurídico como imanente ao espírito de cada povo; daí que tenha se oposto à petrificação abstratizante do direito privado na forma da codificação. Igualmente, décadas depois, enquanto os legisladores e doutrinadores trabalhavam no Código Civil alemão (o *Bürgerliches Gesetzbuch*, *BGB*, concluído apenas

---

[17] A ponto de Hegel (1997 [1820], p. 187, §211) dizer: "Quando os direitos consuetudinários chegam a ser reunidos e codificados – o que um povo que atinge qualquer grau de cultura não pode demorar a fazer –, a coleção assim constituída é o código. Terá este, porque não é mais do que uma coleção, um caráter informe, vago e incompleto. O que sobretudo o distingue daquilo a que verdadeiramente se chama um código é que os verdadeiros códigos concebem pelo pensamento e exprimem os princípios do direito na sua universalidade, e, portanto, em toda a sua precisão". Sobre o contraponto entre Hegel e Savigny no debate acerca da prevalência da legislação ou do costume como fontes do direito, ver Solon (2016).

em 1900), o historiador das assembleias e corporações medievais Otto von Gierke (1841-1921) protestava contra tal empreendimento evocando a "função social do direito privado" (GIERKE, 2018 [1889]). Via a empresa da codificação como tentativa de impor modelos unitários liberais de contrato e propriedade, universalismo individualista que desmantelaria as relações costumeiras de confiança fundadas em uma ordem moral tradicional de grupos, comunidades e estratos sociais.

No *direito positivo atual*, seu objeto, Savigny observava não só a transformabilidade, mas, sobretudo, a permanência de um passado exemplar: as instituições (ou institutos) do direito romano. Como história e dogmática do direito, cabia à ciência desvelar a necessidade perene que se realizava no direito presente e sistematizá-lo. O sistema é um todo coordenado em partes – os conceitos. Constrói-se por lógica e abstração a partir as instituições – os pilares do sistema abstrato e da vida social concreta.

Diz Savigny (1867 [1840], p. 8-9) que decisões sobre direitos individuais dependem da referência a regras gerais do direito objetivo, da legislação estatal. A "raiz viva e a força convincente" dessa decisão sobre direitos encontram-se na relação jurídica, assim como o fundamento mais profundo do direito está nas instituições, cuja conexão orgânica constitui gradualmente o *sistema*. Para além da superfície de decisões governadas por regras, encontramos as relações jurídicas, governadas pelas instituições. Aí está "a verdade e a vida" do direito. O método tipológico e sistemático as exibe em sua complexidade e concretude. Teoria e prática do direito não são apartadas, pois a intuição da instituição que domina uma específica relação jurídica é operação mental da mesma natureza que a construção do sistema jurídico pela ciência.

No fim das contas, entretanto, o livro do *Digesto* ou *Pandectas* e o direito comum romano vigente na Alemanha antes da codificação eram o material estudado e sistematizado pelos historiadores, e esse trabalho dos "pandectistas" (como Anton Thibaut [1772-1840] e Bernhard Windscheid [1817-1892]) erigiu as bases para a ulterior codificação, ao final do século XIX. Assim, o direito que brota das forças culturais do "espírito do povo" ganhava forma jurídica quando mediado pelo Estado.

Thibaut (1970 [1814]), nesses termos, defendia a codificação; o argumento era de que unificar o direito vigente seria uma das forças cimentadoras do tardio processo de unificação política dos estados germânicos. Estava em jogo superar o labirinto de costumes romanos e germânicos e de fontes romanas e canônicas por uma legislação comum a toda a Alemanha. Com base em um mesmo direito, os cidadãos resolveriam mais facilmente seus problemas, teriam um tratamento mais igualitário pelas leis (em contraste com a diversidade de usos e costumes locais) e os servidores públicos poderiam ser meritocraticamente selecionados em todo o país, prevenindo-se os particularismos nepotistas e aristocráticos.

A resposta de Savigny (1831 [1814]) era de que a codificação, imaginada como ideal de perfeição (para todos os povos e todos os tempos) pelo espírito iluminista e jusracionalista, congelaria na verdade um direito decadente, enquanto a solução correta seria posicionar os juristas enquanto guardiões e conservadores do autêntico sentimento e costume popular. O magistrado jamais haveria de ser o administrador mecânico da justiça e o mero aplicador da literalidade da lei. A ciência do direito não haveria de se resumir a comentar um conteúdo acidental e variável: as normas postas pelo Estado, a decisão do legislador. Pelo contrário, as leis devem ser modificações parcimoniosas, já que consistem em uma intervenção política capaz tanto de definir e precisar quanto de corromper o estabelecido pelo direito costumeiro. Apenas uma era que conhecesse e compilasse o que tradicionalmente funcionava em termos jurídicos poderia alçar-se à tarefa de construir um código capaz de reger todas as situações e cuja perfeição técnica aumentaria de fato a certeza, a segurança e a aplicação uniforme das regras. Não era o caso da Alemanha de seu tempo, onde vigia um direito civil de raiz romanista, comum aos vários estados alemães. Era o direito romano, ao lado dos costumes germânicos e de modificações legais, que deveria ser estudado pelo método histórico e que forneceria um porto mais seguro do que a empreitada codificadora.

Entretanto, Savigny mesmo transformou a casuística do direito romano em uma teoria sistemática das fontes e da interpretação jurídica (VESTING, 2015 [2007], p. 50), com isso fundando uma teoria do direito posicionada como auxiliar da dogmática jurídica. A verdade é que o próprio Savigny, com seu trabalho de sistematização do direito romano, forneceu um dos cânones para a interpretação das leis e códigos modernos: ele não apenas influenciou a "escola" da exegese francesa (ver XIFARAS, 2001) como sistematizou também a metodologia de interpretação do direito escrito, ou seja, os elementos do processo interpretativo (SAVIGNY, 1867 [1840], cap. 4), em lição que veio a se tornar dominante. A arte da *interpretação do direito escrito*, comum aos doutrinadores e aos práticos do direito, seria composta pelos elementos:

1) *gramatical* (focado nas palavras do texto normativo – a palavra "é o meio de transição do pensamento do legislador para nós", diz SAVIGNY, 1867 [1840], p. 172);
2) *histórico* (dirigido à compreensão da transformação provocada pela lei, isto é, da novidade que a lei trouxe em termos de relação jurídica);
3) *lógico* (voltado a relacionar as diferentes partes da lei);
4) *sistemático* (talhado para inserir os dispositivos na unidade geral das regras, relações e instituições corporificadas por aquela ordem jurídica – aí se resolvem as lacunas e antinomias por alusão à "conexão inata na qual todas as instituições e regras de direito estão vinculadas em uma grande unidade" – SAVIGNY, 1867 [1840], p. 172).

A finalidade de toda lei e direito escrito seria determinar com precisão a natureza da *relação jurídica* em jogo; para prevenir erros e arbitrariedades, seria necessário um pensamento com "pureza e completude": faz-se isso colocando-se da "perspectiva do legislador" e repetindo-se "artificialmente", como se se estivesse na atividade legislativa. Deve-se reconstruir no pensamento a posição do órgão legiferante e assim interpretar o direito positivo. Savigny não distingue um elemento finalístico ou teleológico da interpretação; refere-se aos fundamentos do direito, utilizados na distinção entre leis (mais) gerais e leis (mais) específicas. *Hierarquia, especificidade* e *cronologia* são, lembremos, os critérios de solução de *antinomias – lex superior derogat legi inferiori, lex specialis derogat legi generali, lex posterior derogat legi propri*. Mais definidamente, Savigny (1867 [1840], p. 50-51) diz que a lei "anômala" aparece diante da lei "normal" em relação lógica de regra e exceção, ou a lei "anômala" se distingue da "normal" por aplicar-se (como exceção, portanto) "a determinadas classes de pessoas, coisas ou atos jurídicos".

Se a tarefa da interpretação é trazer à consciência os conteúdos do direito escrito, o que não é parte desse conteúdo, por mais proximamente relacionado a ele que seja, está, falando estritamente, para além dos limites da tarefa. Mesmo o exame dos fundamentos do direito escrito (*ratio juris*) é assim excluído. A ideia desse fundamento foi frequentemente concebida de maneira bastante diferente, sendo algumas vezes posicionada no passado, e outras vezes no futuro. Segundo a primeira perspectiva, as regras mais gerais já existentes, cuja realização lógica levou ao presente direito escrito, devem ser consideradas como fundamentos. De acordo com a segunda visão, o efeito prático que há de ser produzido pelo direito escrito deve ser assim considerado, de modo a que deste ponto de vista o fundamento seja também designado como objetivo ou intenção da lei. Seria errado conceber estes dois pontos de vista em oposição absoluta. Cabe antes reconhecer que as duas relações de pensamento têm estado constantemente presentes ao legislador. Uma diferença relativa, todavia, em verdade reside no fato de que às vezes uma, às vezes outra das relações podem ser preponderantes em leis particulares. (...) Na lei normal (*jus commune*), a referência às regras de direito já existentes, que aí estão para serem mais plenamente desenvolvidas, predominará na sua maior parte; o objetivo é apenas aquele geral de que a lei possa ser mais definitivamente conhecida e mais certamente aplicada. Na lei anômala (*jus singulare*), pelo contrário, predomina a referência ao que deve ser alcançado no futuro; assim, por exemplo, a opressão dos devedores pobres deve ser protegida pelas leis da usura, e a causa motivadora é simplesmente a máxima geral de interposição com uma espécie de consideração tutelar, quando por certas transações o bem-estar de classes inteiras é posto em perigo (SAVIGNY, 1867 [1840], p. 174-175).

Finalmente, o direito escrito pode ser defeituoso (SAVIGNY, 1867 [1840], p. 179-181): ou quando há expressão errônea, que denota algo diferente do realmente pretendido pelo direito, ou quando a expressão é indefinida, não conduzindo a um raciocínio que complete o significado. Para remediar tais defeitos, há três meios:

- buscar a conexão inata da legislação, resolvendo o defeito ou indefinição por referência a outra parte da lei (o mais seguro dos expedientes) ou a outras leis correlatas (que na verdade podem ser posteriores ou anteriores à lei defeituosa, o que requer cuidado para determinar a medida na qual o legislador quis preservar ou modificar o que existia antes);
- considerar o fundamento da lei, o que depende do grau de certeza com que se possa determiná-lo;
- apreciar o valor intrínseco do resultado (diríamos, em linguagem atual, um argumento consequencialista): este é o mais questionável dos remédios, pois aqui a vontade do intérprete pode facilmente extrapolar a determinação da intenção do legislador.

Se Savigny se opunha ao universalismo abstrato dos jusracionalistas e ao intento codificador – em um momento que via como de decadência do pensamento jurídico –, não deixava de ter assim uma concepção *sistemática* do direito, diversa do caráter problemático e prudencial do direito romano clássico. É nessa condição que Savigny será um dos fundadores da teoria do direito moderna, com a influência perene dos elementos ou "métodos" de interpretação que a difusão de sua obra fez se transmitirem da tradição romanista à hermenêutica das leis, códigos e constituições dos Estados contemporâneos.[18]

---

[18] Ver *infra*, 9.4.2, a discussão sobre argumentos interpretativos em Neil MacCormick. Sobre a permanência e relevância dos métodos clássicos de interpretação na hermenêutica jurídica atual, ver Krell (2014); Silva (2005). Comparar com a discussão dos "cânones" para a interpretação constitucional, em Black, H. C. (1896, cap. 1).

Partindo-se do estudo histórico romanista ou germanista, progressivamente o elemento histórico cede lugar à razão sistemática e à ordenação conceitual. Fazendo da ciência do direito uma *jurisprudência dos conceitos*, Georg Friedrich Puchta (1798-1846) elabora uma tensão entre liberdade (direito) e necessidade (razão) (PUCHTA, 1854a [1841]; 1854b [1847]; ver DE GIORGI, 2017 [1979], p. 55-67). O sujeito de direito é o indivíduo livre, capaz de querer e decidir, independentemente de seu valor moral. O direito, como liberdade, estrutura-se pela igualdade, pela indiferença diante da diversidade. A forma jurídica abstrai as desigualdades reais, mas estas lhe são imanentes: reentram seu conteúdo. A construção sistemática e racional do direito, a pirâmide conceitual, faz reentrar a necessidade na liberdade, a desigualdade das relações na igualdade dos sujeitos. O direito estruturado em sua complexidade, disponível para seleções de sentido, é abstração e desigualdade, uma conexão gradual de igualdades diferentes. Uma vez positivado, pouco importa a fonte material do conteúdo do direito (a cultura, o povo, a história); sua validade é formal (autorregulada). Paradoxalmente, a liberdade jurídica e a necessidade racional convertem-se, pela ciência do direito, em liberdade formal e necessidade material. Aqui há também uma visão da economia como continuação da natureza, como foi típico dos fisiocratas, do liberalismo econômico e do marxismo.

Max Weber (1864-1920) estudou direito em Heidelberg, trabalhou como advogado, escreveu sua tese de doutorado sobre as parcerias comerciais na Idade Média e sua tese de livre-docência sobre a distinção entre o direito público e privado a partir da história agrária romana. Em sua percepção, a racionalização do direito legada pelos pandectistas – com sua ciência dogmática e formalista do direito – ocorreu em várias dimensões (WEBER, 1978 [1922], p. 654-658). Primeiro, pela análise ou abstração das generalizações jurídicas: as razões relevantes para a decisão de um caso concreto são reduzidas a alguns "princípios" ou proposições jurídicas. Segundo: sintetizam-se as doutrinas jurídicas substantivas. Finalmente, sistematizam-se as proposições e doutrinas. O caráter altamente abstrato do direito é o escudo de sua autonomia. Isso permite a derivação analítica das soluções jurídicas a partir de um *sistema fechado de proposições*. A racionalização mais perfeita nesses termos formais é exemplificada pelos postulados que guiavam os sistematizadores e codificadores germânicos (os pandectistas): 1) cada decisão jurídica concreta resulta da subsunção de uma situação de fato a uma proposição normativa; 2) essa dedução realiza-se de modo suficiente com os instrumentos conceituais da lógica jurídica; 3) o direito é ou deve ser considerado como se fosse um sistema completo de proposições jurídicas; 4) o conteúdo que não puder advir desse raciocínio é juridicamente irrelevante; 5) o direito regula toda conduta, e toda conduta é juridicamente relevante: ou como cumprimento da norma, ou como infração, ou como imposição de sanção.

A ficção de um sistema coerente e completo de regras e doutrinas (a ordem do direito vislumbrada pelos pandectistas, pelos codificadores, pela jurisprudência dos conceitos) está justificada pela ordem social: como na visão tipológica da sociologia, há tipos de sociedade, entre os quais o tipo de uma sociedade livre tem um conteúdo jurídico inerente; a função da criação e interpretação do direito é desdobrá-lo. Ele tem uma unidade e obedece a leis históricas. A criação do direito ordena essa fórmula institucional da sociedade livre em códigos e constituições. Há uma única forma, uma vez subscrito um dos dogmas ideológicos disponíveis. A interpretação e aplicação do direito pela subsunção, por um método quase dedutivo, garante a integridade da ordem jurídica e serve para diferenciar claramente criação política e interpretação judicial, apolítica. Não é, portanto, mera questão de um preconceito sobre a determinabilidade da linguagem: o fechamento autorreferencial das regras e conceitos permite uma invariabilidade diante de contextos e situações os mais diversos, filtra do direito preferências ideológicas, permite que o juízo jurídico seja autônomo em relação à política, na medida em que a formulação política do direito é vista, ela mesma, como desdobramento de um tipo bem definido de sociedade. A pressuposição dessa moldura de instituições e valores dá ao intérprete o pano de fundo inconteste que garante a certeza na interpretação normativa (ver a crítica de Unger, *infra*, 8.3.1).

A prática desse modelo racionalista, segundo o qual as formas jurídicas deveriam levar a uma determinação unívoca das decisões, foi minando-o internamente pela revelação, por exemplo, da indeterminação institucional da ordem do mercado: variadas formas de contrato e propriedade poderiam gerar uma ordem econômica competitiva, aumentando ou reduzindo o acesso dos agentes econômicos a essa ordem. De outro lado, quando esmaece a visão de um esquema único de organização de uma sociedade livre, é difícil conter a heterorreferência do direito – a relação de direitos com interesses e valores – para determinar a decisão jurídica. Afinal, várias parecem as decisões possíveis.

Quando se mudam as tradições de pensamento jurídico, alguns elementos de interpretação perdem primazia e outros ganham protagonismo. O compromisso entre o idealismo histórico e culturalista e a codificação do direito levara a jurisprudência dos conceitos a uma exponenciação do método histórico: não se tratava apenas de pesquisar empiricamente os debates legislativos que contextualizam o sentido do texto normativo ao final positivado, mas de buscar uma intencionalidade coletiva mais ontológica: "começando com o sentido factualmente mentado e querido" pelo legislador, o intérprete a seguir esclarece "as conexões históricas mais próximas, descobre os 'motivos', interroga os pontos de vista de seus autores e, finalmente, investiga todo o subsolo das raízes históricas e a atmosfera espiritual em que a lei se desenvolveu e formou" (ENGISCH, 2008 [1956], p. 169).

Ora, como chegar ao sentido de fato pensado pelo legislador? Como descobrir o sentido unívoco da lei, se os debates legislativos tendem a revelar uma pluralidade de interesses e ideais? Perguntas como essas conduziram à visão teleológica do direito abraçada pelos antiformalistas. Assim, o elemento histórico da interpretação foi deflacionado em relação à concepção original de Savigny: não se trata mais de buscar o "espírito do povo" e as mudanças que a legislação nele promoveu ou visava promover, mas simplesmente se trata agora de pesquisar o processo legislativo, os debates parlamentares que ocorreram na tramitação de uma lei – com isso, complementando a vontade da lei (texto) com a vontade do legislador (contexto político). Mais que tudo, a atribuição de finalidades alternativas como teste para estabelecer o sentido de um dispositivo legal passa ao primeiro plano do processo interpretativo.

Na Alemanha, a jurisprudência dos conceitos veio a ser enfrentada pela jurisprudência dos interesses, tendência que agrupou Rudolf von Jhering (1818-1892), anteriormente um formalista, e outros autores que propugnavam pela necessidade da consideração de *valores*, *finalidades* e *interesses* na tomada de decisão judicial.

Em *O espírito do direito romano*, obra mais representativa de sua fase conceitualista, Jhering parte da herança jurídica romana como paradigma universalista, exemplar para conferir unidade institucional acima das particularidades nacionais da Europa, enfatizadas (segundo Jhering) por Savigny e sua escola histórica – papel universalizante análogo coubera, no âmbito religioso, ao cristianismo. Para Jhering, assim como a modernidade se moldou a partir da herança da Antiguidade clássica, leis e instituições estrangeiras são tão bem-vindas quanto qualquer outro produto que uma nação possa importar por necessidade, oportunidade ou maior perfeição. Mas é sobretudo o método adotado por Jhering para o estudo do direito romano que exemplificará uma ciência do direito sistematizante e conceitualista. Afinal, entender as engrenagens do direito romano exige visão ampla e elevada abstração.

Ao contrário da dimensão visível do direito, consolidada nas regras (desenvolvidas costumeiramente pelo povo, sancionadas pelo legislador e explicitadas pela doutrina), dizia Jhering (1855 [1852], p. 11), a parte mais "nobre e delicada" da tessitura do organismo jurídico encontra-se submersa. A atividade cognitiva voltada ao âmbito jurídico consiste em "formular o direito" e se desenvolve em parte na prática espontânea do povo (o costume), em parte na legislação (que sanciona costumes existentes ou introduz novas normas) e em parte na doutrina voltada a conhecer o direito vigente. Esse entendimento de Jhering culminava na distinção entre uma tarefa básica do jurista e uma tarefa mais elevada (ver HECK, 1948a [1932], p. 38). A operação básica seria a interpretação do direito posto: a delimitação do corpo jurídico a ser interpretado, sua classificação elementar, a limpeza de suas ambiguidades e contradições. A alta teoria jurídica, porém, estaria centrada justamente em torno dos conceitos classificatórios, como entidades abstratas autossuficientes, e deles procuraria extrair a estrutura inata do direito. Reunidas as normas em institutos centrais do sistema e abstraído um conceito genérico como "direitos reais" e uma espécie como a "propriedade", procurar-se-ia deduzir desses conceitos abstratos as novas regras, capazes de decidir casos ainda indefinidos. O "espírito sistemático" proporcionaria a definição doutrinária de princípios gerais, de conceitos (como os fatos constitutivos dos atos jurídicos ou a qualidade das pessoas e das coisas) e de classificações e dicotomias diversas. A doutrina não apenas reflete sobre seu objeto, o direito posto, mas o completa.

Assim, como sistema conceitual, o direito seria inexaurível. Como nota Losano (2008 [1968], p. 360-365), o sistema externo da ciência do direito (com suas definições e classificações) comunica-se com o sistema interno (das normas positivas agrupadas em institutos). Os *conceitos*, em que se destilariam e precipitariam as normas, serviriam de interface a essa operação que Jhering não se constrangia de descrever por alusão à ciência da química. Os práticos só veriam as séries de regras; os teóricos seriam capazes de analisá-las e destilá-las em um sistema autointegrado de instituições e definições. Por mais que as instituições sejam comparáveis ao longo do tempo (por exemplo, o instituto da herança), cada contexto é um complexo de instituições, umas mais alargadas, outras limitadas, de modo que cada organismo jurídico ganha sua unidade e individualidade dessa combinação, por cada povo e em cada época. O direito romano, embora em sua especificidade, teria um valor universal, ligado ao expansionismo egoístico daquele povo.

Toda essa conceitualidade foi relativizada e ironizada pelo próprio Jhering (1974 [1896]), na parábola fantástica do sonho do jurista:[19] ele sonhou que morrera e fora então conduzido ao paraíso reservado aos teóricos do direito. Lá não era mais preciso buscar "o espírito" deste ou daquele instituto, pois tudo já era espiritual. Era o céu dos conceitos. Ali se deparou com os conceitos puros, despidos de seus emaranhados com as perturbações da experiência humana. Lá estavam os espíritos desencarnados da boa-fé e da má-fé, da propriedade, da posse, da conduta protelatória e dos direitos reais. Lá, pensar era igual a querer. Mas não só: lá também estavam todos os instrumentos lógicos para manipular e transformar esses conceitos jurídicos e assim criar e resolver os mais belos problemas. Destaque para a impressora dialética-hidráulica de interpretação, que podia imprimir infinito número de significados a partir de qualquer norma. Mas não era só isso: você ainda podia usar um belo aparelho para construir ficções e, ainda, uma exclusiva máquina de dividir fios de cabelo, capaz de dividir cada fio em 999.999 partes iguais e subdividir cada fração novamente pelo mesmo número. Problemas como a herança jacente ou a "natureza" da posse, que tanto atormentam os civilistas telúricos, estavam definitivamente resolvidos.

Tudo isso era, afinal, uma grande narrativa fantasiosa para ironizar a jurisprudência dos conceitos e seu formalismo doutrinário, com pretensões de forjar uma ciência do direito sistemática capaz de orientar e dar certeza à justificação das decisões de aplicação-interpretação do direito. Com Jhering, atinge-se a unidade da diferença entre a "jurisprudência dos conceitos" e a "jurisprudência dos interesses". Sua obra faz a travessia de um lado a outro da distinção. A utopia dos conceitualistas era de que a abstração conceitual do direito produz uma igualdade formal em que se reproduzem as desigualdades materiais, mas seria historicamente possível que a construção formal e abstrata do direito deixasse de ser condicionada pela heterorreferência, pelas desigualdades (utopia similar, se bem que oposta à de Marx, para quem a aparência das igualdades abstratas deveria ser rompida pela mudança objetiva das relações materiais). O sistema poderia fechar-se em si mesmo logicamente. A agregação das proposições, conceitos e institutos destilaria a matéria extrajurídica (social e histórica) em pura e abstrata coesão de um material plenamente jurídico. Rejeitando esse seu vislumbre primeiro, Jhering (1913 [1877]) inaugura a jurisprudência dos interesses com a obra paradigmática *A finalidade no direito*.

Aí Jhering (1913 [1877]) apresenta a *finalidade* ou o propósito como grande elemento ordenador da vontade humana e de sua direção do egoísmo ao altruísmo por recompensas e punições (veja-se a afinidade de tal teoria com o positivismo utilitarista de Bentham, também antiformalista; *infra*, 2.4). Os vários institutos e ramos do direito – contratos, sociedades, família, Estado – são explicados histórica e *funcionalmente* em virtude da "mecânica social" que promovem. Além da coerção física (violência), os meios econômicos de indenização ou recompensa aparecem como "alavancas do movimento social". Jhering (1913 [1877], p. liii-lix) admite que toda essa construção teórica marca uma virada em relação a seu trabalho anterior: ele concluíra *O espírito do direito romano* definindo os direitos subjetivos como interesses juridicamente protegidos, assim

---

[19] O realista americano Felix Cohen (1935, p. 809) reproduziu tal história sarcástica de Jhering.

superando as teorias anteriores (de conceitualistas como Windscheid), que identificavam direito subjetivo a uma vontade reconhecida pelo direito objetivo.[20] Todavia, identificar *direito subjetivo* a interesse passou a pressupor uma visão geral da finalidade do direito objetivo; toda norma jurídica passou então a ser vista como tendo origem em um propósito ou motivo prático, e isso pressupôs o desenvolvimento de uma visão finalística de toda ação humana. *A finalidade no direito* dedica-se a isto: expor a finalidade como princípio universal de explicação das condutas conscientes e das normas jurídicas e de sua evolução histórica, assim como a causalidade universal e a seleção natural explicariam a esfera dos fatos não tocados pela vontade humana. Como expressão por excelência da vontade do Estado, o direito é justificado e limitado por referência aos propósitos coletivos que se possa controlar racionalmente e aceitar como legítimos.

Sob influência de Jhering, outro dos mais representativos autores da jurisprudência dos interesses foi Phillip Heck (1858-1943). Heck (1948a [1932], p. 31) defendia que essa vertente tivesse caráter mais prático e instrumental do que de elaboração filosófica; sua tarefa seria assistir os juízes em sua tomada de decisão, esclarecendo os valores e interesses em jogo: "Não é papel do juiz criar livremente uma nova ordem jurídica; sua função é, em vez disso, colaborar, dentro de dada ordem jurídica, na realização dos ideais reconhecidos". Em vez da ênfase nos conceitos como elementos estruturantes das regras jurídicas e da análise jurídica, o foco da teoria do direito deveria ser a *eficácia social* do direito; mas isso não implicaria chegar ao extremo da livre interpretação e decisão judicial, que pregava um exercício da jurisdição fora dos constrangimentos do direito positivo. Haveria de ser rejeitada também a tentativa de Kelsen (*infra*, capítulo 3) de recuperar metodologicamente o espírito do velho conceitualismo.

Três pontos principais são ressaltados por Heck (1948a [1932]) na comparação entre o velho conceitualismo e a *jurisprudência dos interesses*. O primeiro diz respeito aos elementos do direito. Para a jurisprudência dos conceitos, a ciência do direito pertence ao mundo das ideias e, portanto, constrói o direito como sistema de ideias e conceitos que explicam as normas, cujo conteúdo são comandos. Para a jurisprudência dos interesses, o elemento básico do direito são ideais concorrentes que se apresentam na vida individual e social – interesses materiais e morais. A ciência do direito transforma e classifica os comandos normativos e os interesses normatizados em termos de conceitos jurídicos gerais, como "direito subjetivo" ou "obrigação", e seus subtipos. Para os conceitualistas, o conceito seria gerador das regras jurídicas, e, portanto, de seus efeitos. A filosofia idealista por trás da escola histórica justificava essa visão evolucionista, partindo do subconsciente "espírito do povo" até os conceitos elaborados e sistematizados pelo jurista. Jhering inverteu tal explicação ao entender o direito como sendo criado a partir de interesses, em busca da realização de sua finalidade, e não como derivação de conceitos. Jhering, porém, não teria esclarecido suficientemente como analisar as consequências e os efeitos do direito e qual seria o papel dessa análise na justificação judicial. "A verdade fundamental da qual devemos proceder é que cada comando do direito determina um conflito de interesses; ele se origina de uma luta entre interesses em

---

[20] Ver *infra*, 3.3.3, a discussão a respeito das definições de direitos subjetivos, com a posterior solução de Kelsen de definir direitos subjetivos como possíveis reflexos de deveres, por sua vez conceituados enquanto condutas que evitam a sanção imputada por determinada norma válida dentro de uma ordem coativa.

oposição (...)"; ademais, o direito "opera em um mundo cheio de interesses concorrentes e, assim, sempre funciona em detrimento de alguns interesses" (HECK, 1948a [1932], p. 35). Proteger a propriedade intelectual do autor ou inventor, por exemplo, é restringir os interesses de competidores. A consideração teleológica propugnada por Jhering não seria suficiente; seria preciso arbitrar os interesses em conflito, o que só pode ser feito com o auxílio das regras.

O segundo ponto, decorrente deste, diz respeito à decisão judicial. Na visão formalista-conceitualista, o juiz desempenha a função abstrata de um autômato: conhece as regras de direito e a elas subsume os fatos pertinentes, por uma operação estritamente lógica, análoga ao cálculo matemático, cognição pura livre de juízos de valor e fatores emocionais. Se faltam regras explícitas para resolver um caso, o juiz preenche as lacunas por abstração e construção conceitual. Destila o conceito (ou "princípio") explicativo daquele setor do direito e retorna então com uma regra construída para o caso, exatamente como descrevia Jhering em sua fase conceitualista e sistematizante (HECK, 1948a [1932], p. 38). Na visão da jurisprudência dos interesses, tal sistematização conduziria apenas a uma ilusão de objetividade. O juiz, na prática, extravasaria uma função meramente cognitiva e supletiva da lei. "A conformidade dos resultados a necessidades práticas da vida é a ideia diretriz hoje" (HECK, 1948a [1932], p. 40). Por homologia ao legislador, também o juiz é chamado a ajustar e arbitrar interesses conflitantes, com a diferença de que a avaliação dos interesses feita pelo legislador tem precedência e vinculatoriedade com relação à avaliação feita no caso pelo juiz. Todavia, sendo as leis inadequadas, incompletas e contraditórias, o próprio legislador espera que o juiz não as obedeça literalmente, mas as aplique corretivamente, e que produza novos comandos quando a lei é silente. O juiz deve avaliar o conflito subjacente ao caso e, com base nessa avaliação do "espírito" da lei, corrigir ou completar o direito disponível. O juiz exerce assim uma atividade criativa, e não meramente cognitiva. É certo, porém, que não estabelece leis gerais nem vinculantes aos demais julgadores.

O terceiro e último ponto da comparação de Heck (1948a [1932], p. 46-48) diz respeito à estrutura da ciência jurídica. Sendo esta uma ciência prática, como a medicina, e servindo para assistir os juízes em sua tomada de decisão, cumpre duas funções: sugerir regras para a resolução de conflitos de interesses e classificar e organizar as regras estabelecidas. Como vimos, a jurisprudência dos conceitos funde as duas funções, pela ideia de classificação conceitual e construção sistemática a partir dos conceitos. Já a jurisprudência dos interesses, na versão de Heck (1948b [1932], cap. 5), em conflito com outros teóricos da mesma tendência (ver STOLL, 1948 [1931]), deveria separar a função mais sistematizante do teórico (doutrinador) da função mais prática de apreensão das necessidades e interesses concorrentes em dada situação a ser arbitrada pelo direito.

A função de apresentação sistemática do direito é realizada pela ciência do direito sob uma lógica indutiva, de construção dos conceitos abstratos a partir de uma consolidação das experiências de regras determinadas e disputas concretas. Não é, portanto, o sistema dedutivo pretendido pela jurisprudência dos conceitos. Já a função de estabelecer regras para a solução dessas disputas não depende da generalização e abstração sistematizantes, da construção de um "sistema externo" que organize o sistema jurídico positivo. Ao contrário dos pandectistas, os novos teóricos compreendem que não é necessário alcançar alta abstração conceitual para daí derivar soluções para casos concretos; pelo contrário, são considerações mais situadas (a analogia combinada com a avaliação contextual do conflito) que direcionam a solução de disputas. E o desenvolvimento do direito pode ganhar força na medida em que essas considerações extravasem uma interpretação do direito posto (*de lege lata*) e se valham do direito comparado e de sugestões *de lege ferenda*, isto é, de reforma do direito atual.

Como nota Betti (2007 [1949], p. 91-96), para se sustentar a *analogia* como meio de autointegração do ordenamento, tornava-se inócua a polêmica entre vontade da lei e vontade do legislador. Isso porque, se se quisesse atribuir ao legislador uma vontade presumida, a presunção mais verossímil (ainda que relativa) seria a de que ele deixou de regular determinada situação porque não quis lhe dar a mesma solução da situação semelhante, mas regulada (aquela que é o termo de comparação para o juízo analógico); do contrário, ele a teria simplesmente regrado. Já uma visão mais objetiva, da "vontade da lei", não daria conta do problema, pois a lacuna é justamente a ausência de solução explícita a um caso segundo a letra da lei. Apenas a razão da norma existente pode servir para se construir o mesmo consequente normativo para uma situação semelhante à descrita na hipótese de incidência da norma existente. Eis o fundamento axiológico e finalístico da analogia, diferente de uma operação puramente lógico-dedutiva.

Observado sob as lentes da teoria dos sistemas sociais autopoiéticos, o contraste entre jurisprudência dos conceitos e jurisprudência dos interesses pode ser redescrito segundo o par *fechamento operativo/abertura cognitiva* do sistema jurídico (LUHMANN, 2004 [1993], p. 68-9, 343-6; 2013 [1997], p. 94-5; ver também CAMPILONGO, 2012 [2011], p. 143-57; GONÇALVES, 2013, esp. cap. 4). Para essa visão sociológica atual, o direito é um sistema social que se reproduz por suas operações: não uma unidade filosófica, ideal, coerente e completa, nem uma estrutura singular e unitária (como no conceito clássico de "sistema jurídico"). Do ponto de vista sistêmico-teórico, o direito abre-se ao seu ambiente e aprende com ele (reconstruindo internamente a política, a economia, a moral) apenas por seu próprio fechamento em seus critérios e programas. Paradoxalmente, conceitos servem a interesses, valores ganham concretude por sua referência a interesses e estes precisam ser selecionados por procedimentos (regrados) para ganharem *status* de direitos. A pura referência a interesses para colmatar lacunas, decidir entre regras em conflito e entre interpretações contrastantes de uma mesma regra dissolve o direito em seu ambiente, com considerações (econômicas, políticas, morais) que ele não tem base – critérios, repertório, legitimidade – para resolver. A institucionalização (pressuposição de apoio consensual) dos interesses depende da diferenciação de procedimentos políticos, de tomada de decisão coletivamente vinculante, e os procedimentos jurídicos dependem de reforço e cauterização de expectativas contrafáticas frustradas. A separação de Poderes promove a circulação e a contracirculação permanente entre esses tipos de decisões e suas respectivas formas de argumentação.

2.4 Positivismo contra formalismo: Bentham e a ciência utilitarista da legislação

Desenvolvimentos históricos paralelos ocorreram no mundo do direito comum, que nem foi herdeiro do direito romano nem produtor de codificações modernas. Em contraste com as teorias divinas do poder real, no *Leviatã* (1651), escrito durante a guerra civil inglesa, Thomas Hobbes (1588-1679) sistematiza a concepção de um *soberano* terrestre absoluto, cuja autoridade proviria de um fato hipotético, mas não transcendente: o *contrato social*, o consenso de seus súditos. Na obra, Hobbes traça a busca da superação do caos humano pela ordenação racional e linguística de um mundo visto mecânica e fisicamente e o intento de superação dos costumes díspares e pluralistas, anacrônicos e particularistas (o direito natural como costume) por um direito universalista – primeiro concebido como filosofia (direito natural racional), depois realizado historicamente (direito positivo) – como ordem estatal de consenso e coação, promessas e ameaças, deveres e sanções, delitos e penas. Contra o perigo das facções, Hobbes desenha a arquitetura de um soberano absoluto, que corporifica a vontade de seus súditos e a positiva como direito, delimitando as esferas dos deveres e direitos dos cidadãos.

O direito não poderia se resumir aos costumes indeterminados dos povos (como na antiga tradição escolástica do direito natural) nem ao exercício individual da reta razão sobre o que é justo ou injusto (na esteira do racionalismo moderno). Se cada um pudesse tomar tal decisão segundo suas próprias concepções, exercendo seu juízo, recairíamos em uma situação de anarquia. O Estado define então o direito – o conjunto de regras válidas – e as impõe. Pode-se ainda julgar a justiça substantiva de tal direito, mas se trata de uma avaliação moral (sobre o que o direito deveria ser), e não de um juízo sobre o que o direito é.

No *Diálogo entre um filósofo e um estudante das leis comuns da Inglaterra*, Hobbes (1971 [1681], p. 16) lapida a frase: "É a autoridade, não a verdade que faz o direito" (*auctoritas non veritas facit legem*). Em sua narrativa fundante do *contratualismo político* e precursora do *positivismo jurídico*, o direito se liberta de fundamentações transcendentes, assim como o soberano é o equivalente terrestre e temporal ao Deus onipotente. A obra de Hobbes abre caminho para uma série de teses que virão a definir o positivismo jurídico: que o direito possa ser estudado como questão de fato, que as normas sejam entendidas como decisões postas politicamente e que possam ser avaliadas como jurídicas (válidas) independentemente de seu mérito ou demérito moral.

John Locke (1634-1704) também contribuiu para observar o ponto cego do jusnaturalismo, seu paradoxo: na esfera da consciência, no foro interno, o magistrado não pode obrigar (LOCKE, 1997 [1667]). Se o magistrado prescrever algo contrário à consciência, o cidadão deve descumprir a lei, mas também se submeter ao castigo, porque sua consciência não pode julgar lei geral nem afasta o princípio do dever de obediência. O particular não revoga lei pública. Nesse sentido, toda a problemática que se impõe ao positivismo jurídico e ao contratualismo político sobre o direito de resistência e a desobediência civil precisa evitar o retorno ao mítico estado de natureza em que todos seriam reis e atuariam segundo seu próprio arbítrio e império (LOCKE, 1999 [1689], p. 494-495, §123). Os panfletos e declarações de direitos impressos na época iluminista magnificavam tal risco, e então seria preciso cindir uma esfera pública (de cidadãos), capaz de reivindicar, e uma esfera organizada (de juízes), competente para decidir.

Hobbes estava na verdade enfrentando a concepção do direito natural inglês, da prevalência dos costumes da terra, defendida por Edward Coke (1552- 1634); dito de outro modo, Hobbes argumentava em favor da superioridade do *direito estatutário*, posto pelo rei, diante do *direito consuetudinário* (*common law*) interpretado pelos juízes. Ou seja, trata-se de mais uma colocação do conflito entre direito positivo e direito natural, no quadro da disputa de poderes (entre juízes e doutrinadores, legisladores e monarcas) que marca a formação dos Estados modernos. Hobbes, como os primeiros positivistas, não deixava de considerar que o direito posto pelo soberano haveria de obedecer a certos princípios da razão natural; entretanto, tais princípios não se imporiam por si sós à sociedade civil, dependendo do reconhecimento e do amparo coercitivo pelo poder estatal. Trata-se, assim, de um autor da transição do jusracionalismo ao positivismo.

Historicamente, a guerra civil inglesa (1642-1651) culminou na institucionalização de um parlamento permanente, que passou a limitar o poder real; em decorrência dos novos conflitos que produziram a Revolução Gloriosa no fim daquele século, foi escrita a Declaração de Direitos de 1689, que consagrou a supremacia parlamentar, os direitos civis e, assim, o caráter "constitucional" e limitado da monarquia britânica. Será apenas ao longo dos séculos XVIII e XIX que se consolidará propriamente o sistema parlamentarista, com a figura do primeiro-ministro como chefe de governo (isto é, do gabinete escolhido pela maioria parlamentar), em contraponto ao chefe de Estado monárquico.

No âmbito do direito inglês, o conflito entre direito positivo e direito costumeiro não parou por aí. Com seus *Comentários sobre as leis da Inglaterra* (publicados entre 1765 e 1769), William Blackstone (1723-1780) sistematiza – quase um século após a Revolução Gloriosa – as tradições imemoriais da terra, e é essa continuidade que haveria de dar o sentido, quase transistórico, dos institutos e das formas jurídicas de uma sociedade livre, dos quais os juristas seriam antes guardiões que reformadores. É verdade que Blackstone rejeita o emaranhado de obrigações militares da sociedade feudal e apenas pretende apropriar-se das configurações jurídicas úteis à prosperidade da nova sociedade comercial (WHELAN, 1980). Entretanto, sua obra torna-se o paradigma do *formalismo* no ambiente britânico: uma visão dos direitos como ordem de liberdades naturais, pré-políticas, com uma formatação jurídica inerente – o grande exemplo era o molde da propriedade absoluta. É dentro dessa ordem autoevidente e natural que faz sentido conceder pouco espaço a controvérsias ou obscuridades na aplicação do direito. O formalismo era, assim, um herdeiro da concepção sistematizadora, abstratizante e individualista do jusracionalismo.

Não só Hobbes e os teóricos contratualistas em geral foram representantes paradigmáticos da transição do racionalismo jusnaturalista ao positivismo e ao formalismo jurídico. Expressão de reformas da sua época e impulsionador de outras tantas, Beccaria lançara as bases para um tratamento racional da legislação, particularmente da legislação penal, com críticas e critérios que depois Bentham aprofundará, já em uma concepção positivista radical, buscando livrar o estudo do direito de qualquer resíduo jusnaturalista (como na teoria dos direitos naturais de seu professor, Blackstone, pai do formalismo jurídico).

A ideia de uma teoria do direito como conservatório de tradições e como sistematização de conceitos abstratos (como o de propriedade) provocou a revolta de um dos alunos de Blackstone: Jeremy Bentham (1748-1832). Contra o formalismo de seu mestre e o jusracionalismo explícito dos direitos naturais proclamados na Declaração de Independência americana, de 1776, e na Declaração francesa dos Direitos do Homem e do Cidadão de 1789, Bentham levantou a crítica de que direitos naturais são uma noção "sem sentido sobre pernas de pau" (BENTHAM, 1987 [1796], p. 53) e construiu sua proposta de uma ciência da legislação fundada não no absolutismo individual, mas na maximização da *utilidade* no interesse de toda a comunidade (BENTHAM, 1823 [1780]; ver HART, H. L. A., 1973 [1972]; POSTEMA, 2019 [1986]).

Hobbes explicitamente, mas também Beccaria (ver SCHOFIELD, 2019), fornecerão o fio condutor do *positivismo utilitarista* teorizado por Jeremy Bentham, com seu projeto de uma "ciência da legislação" que orientasse os cálculos de *consequências* das normas, isto é, de prazeres e sofrimentos, visando à maior felicidade geral (ou, como preferirão os economistas que os seguiram, cálculos de custos e benefícios, visando à *maximização da utilidade* ou riqueza). Na interpretação de Bentham, o próprio raciocínio contratualista – que justifica o Estado como instrumento para a autopreservação individual – pautava-se por um argumento utilitarista.

Bentham propunha estudar o dado positivo do direito – as leis emanadas do soberano político tendo por objeto atos praticados em situações nas quais se envolvem os sujeitos de direito. "Uma lei pode ser definida como um conjunto de signos declarativo de uma volição concebida ou adotada pelo *soberano* em um Estado", sendo que a vontade do legislador pode expressar-se por comandos, proibições ou permissões, cujo objeto é a "conduta a ser observada em certo *caso* por certa pessoa ou classe de pessoas, que, no caso em questão, está submetida, ou se suponha que esteja, ao poder daquele (...)" (BENTHAM, 1970 [1945], p. 1, destaques no original, publicação póstuma). Diversos aspectos surgem como importantes para o estudo analítico das leis; sua fonte, sua generalidade ou especificidade, sua expressão verbal, sua força e seus meios de execução.

Buscando um saber objetivo também para o campo ético (em linha com o empirismo e o conhecimento experimental típicos da tradição intelectual britânica moderna), Bentham era cético quanto ao rigor dado pelas meras abstrações a partir das quais os jusracionalistas procuravam fundar seus sistemas e princípios. Assim, além de estudar o dado positivo – o direito tal como posto pelo Estado –, Bentham (1879 [1780]) também cultivava uma *ciência da legislação*: uma teoria para avaliar e instruir o legislador em suas decisões. No caso, o grande critério pensado por Bentham foi a utilidade: calcular e comparar o grau de prazer que aquelas decisões seriam capazes de promover ou o tanto de sofrimento que cada solução poderia poupar ou produzir (daí a sanção negativa como ameaça de um mal).

Procurando um método científico para a definição do conteúdo das leis e para assim fundar sua "ciência da legislação", Bentham encontrou a pedra de toque no *princípio da utilidade*: todos nós buscamos maximizar o prazer (ou a felicidade, ou a utilidade, ou o bem-estar) e minimizar a dor (ou a privação). Aí estariam não apenas as bases de um preceito moral, mas também os dados psicológicos e comportamentais empíricos e calculáveis que o reformador moral da sociedade haveria de ponderar cientificamente. Ao dosar estímulos por promessas ou ameaças, o legislador estaria, ademais, respeitando o senso comum: afinal, se é verdade que nem sempre agimos ou nos omitimos ponderando as consequências e calculando os custos e benefícios de nossa conduta, é também verdade que somos todos capazes de fazê-lo e, de fato, o fazemos em certas ocasiões. Como disse Bentham (1879 [1780], cap. 14, sessão 28, p. 188) em *Uma introdução aos princípios da moral e da legislação*, "os homens calculam, alguns com menos exatidão, é verdade, outros com mais: mas todos os homens calculam. Eu não diria nem mesmo que um louco não calcule".

Entre os elementos que as pessoas calculam para decidir como agir, o direito (estatal) conta com um atributo especialmente relevante para a direção das condutas: o direito é distinguido por reforçar a obrigatoriedade de seus mandatos ou comandos pela ameaça de sanções desagradáveis, como multas, prisão ou morte. Trata-se de impulsos motivacionais bastante fortes, capazes de suprir ou superar paixões espontâneas de simpatia, benevolência ou altruísmo (SCHAUER, 2022 [2015], cap. 2).

Para dirigir pessoas egoístas em direção à realização do interesse público, nada melhor do que contar com a possibilidade da execução forçada de suas obrigações. Daí que Bentham buscasse um critério publicamente controlável para definir as sanções (e tal critério era o *cálculo felicífico*) e daí que entendesse o positivismo jurídico como a possibilidade de crítica racional do direito posto, e não como sua apologia. É melhor distinguir o que o direito é em relação ao que deveria ser (contra a tradição jusnaturalista de identificar direito e justiça), justamente para se poder ver as falhas do direito atual e reformá-lo pela via da política – auxiliada pela ciência da legislação. Já seu discípulo Austin tomará as sanções menos como elemento normativo a ser legislativamente calibrado e mais como atributo necessário para a definição conceitual (formal) do direito.

2.5 Austin: positivismo analítico imperativista

Pela crítica de Bentham ao formalismo jurídico, já podemos depreender que as teorias jurídicas formalistas não constituem o repertório estrito do positivismo jurídico, delimitado pela tradição analítica. Os formalistas expressaram o fenômeno histórico da positivação do direito no continente europeu ou a sistematização abstratizante do direito consuetudinário judicial, na Inglaterra, e assim constituíram uma espécie de "protopositivismo" – semântica que afirmava a prevalência do direito positivo (decisões políticas) sobre o direito natural (princípios racionais), ao mesmo tempo que pretendia ver no direito agora positivado por legisladores ou sistematizado por doutrinadores aquele sistema axiomático perfeito que, antes daquele momento histórico, era o parâmetro que os filósofos morais haviam elaborado para criticar o direito absolutista, pré-liberal. O que era um sistema externo, moral, teria se tornado o próprio sistema jurídico, dada a internalização (por meio de codificação, constitucionalização ou vinculação aos precedentes) dos sistemas de direitos e deveres naturais.

John Austin (1790-1859), pioneiro do ensino de Direito na Universidade de Londres, preparou suas aulas, sumarizadas em *O campo da teoria do direito determinado* (1832), sob a influência do contato com o utilitarismo benthamiano, mas centrou suas preocupações no estudo do direito posto, marginalizando as ambições reformadoras de Bentham e de sua "ciência da legislação". Discípulo de Bentham e admirador de Savigny, John Austin transformou o estudo positivista em uma *teoria do direito* (*jurisprudence*) "*analítica*", de decomposição dos atributos necessários do conceito de direito, como norma e sanção; a tarefa da teoria do direito seria a definição de atributos-chave, de modo que essas definições pudessem clarificar o discurso jurídico e purificá-lo de controvérsias morais ou políticas – importava a precisão técnica de termos como "validade", "direito subjetivo", "dever" (jurídico) e "responsabilidade" (igualmente jurídica) (BIX, 2019). Tais conceitos, que compunham um vocabulário de início compartilhado com a moral, haveriam de ser agora definidos em termos puramente jurídico-positivos e desligados de seus pressupostos éticos.

Na senda analítica aberta por Austin, a concepção positivista do direito passou a ser caracterizada por uma série de termos opostos ou complementares, as dicotomias e os pares conceituais que explicam o direito como estrutura (sistema, ordem, ordenamento) com suas partes constituintes (normas): direito e dever, dever e responsabilidade, validade e eficácia, consistência e completude, antinomias e lacunas, texto e norma. Trata-se de uma ciência formal, que busca conferir racionalidade à análise do direito sem avaliá-lo em seu conteúdo (o que caberia à doutrina, à filosofia e à sociologia). O *positivismo jurídico analítico* é um projeto contrastante, portanto, com aquele do formalismo jurídico clássico, que forjara ferramentas conceituais para a determinação plena do conteúdo do direito no processo de interpretação-aplicação das normas postas.

Teorias positivistas dedicaram-se a sistematizar as ferramentas conceituais e os raciocínios operacionais elementares para a identificação e a aplicação do direito. É nesse sentido que a concepção de uma "teoria geral" do direito desenvolveu-se como arsenal introdutório o mais geral possível (sobretudo no que se refere às ordens jurídicas estatais modernas) às técnicas profissionais associadas aos diversos papéis sociais no sistema jurídico (sobretudo advogado e juiz) e a seus materiais básicos (constituição e legislação, regulamentos e jurisprudência, doutrina e costumes).

Esses conceitos e técnicas foram cristalizados ao redor do século XIX no Ocidente, quando o direito deixou de ser associado a costumes e a debates morais e passou a ser identificado com o próprio Estado nacional, suas autoridades, seus funcionários, seus órgãos e procedimentos. Só do Estado derivaria o direito positivo, o direito enquanto conjunto específico de diretrizes de conduta amparadas pela ameaça de sua imposição obrigatória. Permissões, proibições ou obrigações dadas pelo direito positivo podem ser reconhecidas pelos juízes e impostas *coercitivamente*, com exercício da força policial, se algum dos sujeitos se recusa a atuar em conformidade com a vontade estatal.

O positivismo jurídico diferenciou um campo de análise técnica e neutra sobre o direito – diferente das indagações sobre sua prática efetiva e sobre sua justiça ou qualidade moral. É naquele campo delimitado que se construiu uma *"teoria geral do direito"*, concebida como auxiliar dos diversos ramos dogmáticos do direito. Tanto o direito civil e comercial quanto o direito constitucional e administrativo e, ainda, o direito processual civil e penal teriam por base certas distinções e definições – tratar delas, em seu plano mais abstrato, seria tarefa da teoria geral do direito, e esta afirmava sua generalidade ainda em outro sentido: o de valer para os diversos ordenamentos jurídicos nacionais, do Brasil ou dos Estados Unidos, do Reino Unido ou da Alemanha.

Entretanto, com sua redução analítica do positivismo, apartando-o das ambições reformadoras de Bentham, Austin mutilou o estudo do direito positivo: reduziu-o à interpretação/aplicação fundada em certos conceitos básicos e gerais, marginalizando a preocupação de Bentham com o estudo de critérios para avaliar a criação política do direito. Bentham produziu uma teoria para avaliar e orientar a criação jurídica: a "ciência da legislação". Austin (1875 [1863], p. 148) apresentará a distinção entre o direito como é e como deveria ser; para tanto, define a teoria do direito como uma "filosofia do direito positivo", inspirando-se no paradoxal rótulo de Gustav Hugo: "direito natural como filosofia do direito positivo". Quer dizer: mutações semânticas revelam que até aquela época termos como "jurisprudência", "filosofia do direito" e "direito natural" eram praticamente sinônimos; o positivismo jurídico precisará redefini-los.

Como nota Bobbio (2006 [1961], p. 101-118), entretanto, o positivismo inglês era muito mais "antimetafísico", fisicalista" e empirista do que a escola histórica alemã, apegada a uma idealização da unidade cultural concreta dada por costumes singulares de um povo. Identificando o direito natural ao direito divino ou à moralidade convencional ("positiva"), Austin centrará a supremacia do direito positivo na figura do soberano, que, em regra, é o legislador; há, assim, nítida precedência da *legislação* sobre o direito judicialmente criado, que tende a ser menos claro, completo e coerente, menos legitimado politicamente e menos certificável quanto à sua validade. Austin mantém, portanto, a preferência pela codificação, contra a confusa tradição do *common law* de extração jurisprudencial e consuetudinária.

A partir de Austin, o positivismo jurídico se comprometerá com o "formalismo" em um sentido um tanto diferente: não se trata do formalismo necessariamente como concepção de certeza na interpretação (herdeira do universalismo abstrato do jusracionalismo). O próprio Austin (1873 [1863], p. 548) apontava como os juízes por vezes são obrigados a criar regras para os casos concretos, mas apenas evocam ostensivamente as regras já canonizadas pelos precedentes; e a própria regra criada poderá passar a ser lida, assim, como um precedente, de certo modo disfarçando a atividade criativa do intérprete. Tal constatação, afinal, reforça sua crítica ao direito jurisprudencial e sua defesa da codificação e da legislação como fonte que traria mais certeza e segurança jurídica.

O que Austin ajuda a entronizar é uma concepção formal de "ciência" ou teoria do direito: a *"jurisprudence"* deve abstrair a substância de seu objeto (o conteúdo das regras, objeto da ciência da legislação) e passar a perguntar apenas sobre as relações formais que o constituem (o problema da *validade* como relação entre normas, seu modo de existência enquanto direito positivo, com *pedigree* dado por sua proveniência: fontes formais que remetem à "vontade do soberano").

A partir de seu método analítico, o positivismo de Austin redunda em uma teoria *imperativista*. Para livrar o estudo do direito de qualquer avaliação moral, Austin (1995 [1832], lição 1) conceitua o direito posto por referência a um fato empírico: comandos de um soberano habitualmente obedecidos por seus súditos e garantidos por sanção organizada, que impõe a obediência forçada. *Soberano* é o superior político que não é inferior a nenhum outro poder; portanto, é capaz de impor seus comandos a todos (sendo todos seus subordinados).

O *dever* passa a ser simplesmente o correlativo de um *comando* garantido por *sanção*. Austin (1995 [1832], p. 23-24) apenas admite tratar como "sanção" as sanções negativas: só punições amparam deveres; a promessa condicional de recompensa certamente é uma motivação para a conduta, mas se trata então da atribuição de um direito, e não da imposição de um dever. Em uma visão inspirada pelo direito criminal, *comando*, *dever* e *sanção* passam a ser a tríade definidora do *direito positivo*. A violência não é, porém, atributo necessário da sanção, embora seja conveniente.

A verdade é que a magnitude do eventual mal e a magnitude da chance de nele incorrer são estranhas ao assunto em questão. Quanto maior o mal eventual e maior a probabilidade de nele incorrer, maior é a eficácia do comando, maior é a força da obrigação: ou (substituindo expressões exatamente equivalentes), tanto maior é a *chance* de que o comando será obedecido, e de que o dever não será quebrado. Mas onde há a menor chance de incorrer no menor mal, a expressão de um desejo [já] equivale a um comando e impõe, portanto, um dever. A sanção, se você quiser, é débil ou insuficiente; mas ainda assim *há* uma sanção, e, portanto, um dever e um comando. (AUSTIN, 1995 [1832], p. 23; destaques no original)

As críticas a Austin caminharam no sentido da distinção entre duas questões: poder e direito. É verdade que somente o Estado pode impor o direito coercitivamente, pois detém o monopólio do poder aceito pela ordem jurídica (legalidade) e pela comunidade política (legitimidade). Isso não significa, porém, que o Estado tenha o monopólio da produção do direito. Em outros termos, pode-se reconhecer como jurídica uma norma desprovida de sanção (como argumentou Hart) ou mesmo outras ordens jurídicas (como argumentam os pluralistas jurídicos). Em uma concepção pluralista radical, podem existir poderes não legítimos (isto é, que não contem com aceitação geral pressuposta), mas que concentrem meios coercitivos e violentos e, com isso, consigam impor suas próprias normas e sanções paralegais em dado território (pensemos nas milícias, por exemplo). Na medida em que haja um entendimento disseminado dos deveres, sanções e comandos desse poder (por mais ilícito que seja diante do direito estatal), poderíamos chamar tal "ordem" de "jurídica"? Finalmente, o poder soberano do Estado para criar o direito pode ser colocado em xeque por outras fontes normativas (supraestatais ou, para os jusnaturalistas, suprapositivas) (FLEINER-GERSTER, 2006 [1980], p. 257-258). Nesse sentido, sobretudo a globalização econômica desde fins do século XX desnuda o provincianismo nacionalista das teorias analíticas do direito (e da dogmática jurídica por elas orientada) – até hoje –, em sua operação de universar conceitos, explicações e classificações sobre o direito apenas observando um caso particular de ordem jurídica: o direito estatal (FARIA, 1999; TWINING, 2000; 2009).

Em defesa de Austin (ver MORRISON, 2012 [1997], cap. 9; CARVALHO NETO, 2017), pode-se dizer que críticas como essas partem de uma leitura unilateral de sua obra (alimentada, sobretudo, no século XX); todavia, tal obra nunca assumiu uma forma plenamente sistemática, configurando-se apenas na forma de lições. Nessas lições, Austin não deixou de se preocupar com o conteúdo do direito (isto é, com uma avaliação moral sobre como o direito deveria ser) – para tanto, assumiu o utilitarismo como teoria e método capaz de definir o bem comum e, portanto, como ciência-diretriz para a legislação, na linha de Bentham. Tampouco Austin deixou de especificar os conceitos e pressupostos histórico-políticos que embasam seu entendimento do direito como instrumento de governo – portanto, é verossímil ler suas definições como teoria do direito estatal, e não de toda e qualquer ordem jurídica. É certo, porém, que – em um movimento aprofundado pelos positivistas analíticos que lhe seguiram, sobretudo Kelsen e Hart – a separação das questões analíticas e descritivas de uma ordem jurídica (o direito positivo atual) das indagações filosóficas e políticas a seu respeito contribuiu para a formulação de teorias que mantiveram tal cisão, favorecendo a definição de conceitos (acontextual, a-histórica, normativamente neutra e empiricamente invulnerável) como o escopo próprio da teoria (geral) do direito (ou, ao menos, de todo direito estatal, dados seus pressupostos histórico-políticos, como a soberania territorial).

A ideia de identificar a sanção como elemento essencial, indispensável da constituição de uma norma jurídica, é o que caracterizou a tradição imperativista do positivismo jurídico analítico, típica do século XIX e exposta não apenas por Austin na Inglaterra, mas também por August Thon (1839-1912) na Alemanha. No século XX, o positivismo jurídico analítico prescindiu dessa definição dos atributos essenciais que caracterizariam a juridicidade de uma norma, pois passou a definir tal juridicidade pelo conceito formal de validade – jurídica é a norma que pertence ao ordenamento jurídico, e tal pertinência é definida por convenções e decisões das autoridades sobre as fontes formais do direito. Se é verdade que, considerada de modo global, uma ordem, sistema ou ordenamento jurídico precisa contar com a possibilidade de sanções (pois sua eficácia não pode depender apenas da obediência espontânea dos sujeitos regulados – e uma eficácia mínima global do ordenamento é condição para considerá-lo como uma ordem válida de direito), é também verdade que a validade de uma norma (definida como sua pertinência ao um ordenamento jurídico) não depende de ela ter uma determinada estrutura ou conteúdo (em que se contemplem elementos necessários como a sanção) (ver BOBBIO, 2010 [1960], parte 1, cap. 3-5, parte 2, cap. 1).

Se é verdade que a concepção imperativista do direito (segundo a qual só são jurídicas as normas imperativas – que determinem obrigações ou proibições, garantindo-as pela ameaça de punições) afina-se à visão coativista (que identifica as normas jurídicas à possibilidade necessária de serem executadas forçadamente) e à visão estatalista (que identifica o direito exclusivamente ao Estado), o próprio Thon (1939 [1878], cap. 1) admite que uma norma jurídica, embora necessariamente tenha que ser imperativa (instituidora de obrigação ou proibição), não necessariamente precisa contar com o uso da força (coação) nem precisa ser uma norma estatal. Já no século XX, um autor como o austríaco Hans Kelsen (1881-1973), como veremos (*infra*, capítulo 3), conceituará o direito como uma "ordem social coativa" que visa à organização social para a manutenção da paz e, do ponto de vista da norma jurídica, defenderá que esta necessariamente institui uma sanção (ainda que a sanção seja a invalidade de um ato normativo – uma lei ou um contrato, por exemplo). Todavia, ao definir a norma como "juízo hipotético" (que imputa uma sanção a um ato ou fato possível), Kelsen afirma-se como anti-imperativista (ver BOITEUX, 2017). As permissões podem ser normas jurídicas incompletas, exceções a normas que instituam deveres amparados por sanções ou mesmo permissões implícitas, como a outra face da proibição de se invadir a esfera de liberdade alheia (ver *infra*, 3.3.5).

Ainda, como veremos (*infra*, capítulo 4), coube a H. L. A. Hart (1907-1992) formular, dentro da tradição positivista analítica inglesa, a mais influente crítica à visão do imperativismo jurídico de Austin (tida como puramente "fisicalista" e centrada nos "fatos brutos" da sanção, do comando e da obediência) e fornecer uma versão mais "hermenêutica" do positivismo, centrada ao redor da ideia de uma regra social compartilhada entre as autoridades jurídicas para a identificação do direito válido. Uma nova filosofia da linguagem esteve por trás dessa empreitada teórica.

Na tradição positivista-analítica ainda mais recente, Frederick Schauer (n. 1946) procurou retomar o problema da *coerção* enquanto definidora da juridicidade. Como ressalta (SCHAUER, 2022 [2015]), a teoria do direito analítica nutriu muitas vezes a ambição de definir os atributos necessários e suficientes à delimitação do que é o direito – distinguindo-o, assim, de outros campos normativos, como o das regras morais e sociais em geral. O autor pretende sustentar a coerção, se não como característica universalmente distintiva do fenômeno jurídico, ao menos como propriedade importante do conceito de direito, como predicado que em geral faz parte de nossos entendimentos compartilhados sobre o que é o direito, como ele funciona e o que ele pode demandar. É interessante notar como, ao sustentar esse intento, Schauer mobiliza a base filosófico-linguística hartiana contra a teoria do direito de H. L. A. Hart – justamente aquele que dirigiu a crítica mais famosa à visão imperativista de Austin.

Curiosamente, Schauer (2022 [2015]) nota que, para as pessoas comuns, e mesmo para os praticantes do direito, a coerção o distingue das meras recomendações trazidas por regras de moralidade ou etiqueta – as quais são apenas reforçadas por sanções difusas de reprovação, enquanto o direito se sustentaria pela *aplicação sistemática e organizada de sanções*. Entretanto, para a teoria do direito analítica predominante atualmente, nota Schauer, a coerção é marginalizada enquanto atributo definidor da juridicidade. Hart (ver *infra*, capítulo 4) seria um dos responsáveis por isso, ao enfatizar o caráter interpretativo do fenômeno jurídico, em detrimento do lado da força – trazendo para a teoria do direito a "virada linguística" ocorrida na filosofia geral. Portanto, atentando-se à compreensão ordinária do direito (método semelhante ao de Hart), Schauer (2022 [2015]) contesta os resultados de seu contendor e afirma que também a teoria do direito deve retomar o foco na coerção se ela quer mesmo entender como o direito funciona. Ainda que não seja um elemento universalmente presente ao longo de todo um sistema jurídico, essencial a todo e qualquer direito imaginável em tese, ela é sim um dado importante, *típico* e onipresente do que chamamos hoje de direito. Isso porque os cidadãos e os agentes públicos precisam ser motivados – e aí entra a força ou a ameaça (verossímil) de seu emprego – inclusive para condutas e decisões que contrariem seus interesses individuais e mesmo o juízo autônomo de cada um sobre qual a melhor linha de ação a adotar. Como distingue Schauer (2022 [2015], cap. 4-5), empiricamente pode-se atuar em *conformidade com o direito*:

- pelo mero comportamento automático de seguir regras, conformando-se à pressão social: habituação, rotinização ou internalização da regra jurídica;
- por se concordar moralmente com o conteúdo desta ou daquela norma jurídica (de modo que o motivo da conformidade é um fator independente do direito) – neste caso, o direito é causalmente inócuo, apenas incorporando ou reiterando uma normatividade (ou "força normativa") que lhe é exterior;
- pela crença na legitimidade política daquele sistema jurídico (em sua justiça formal e procedimental, legalidade ou respeito ao Estado de direito, digamos – independentemente do conteúdo das normas jurídicas);
- pelo medo da sanção e segundo o cálculo de custo-benefício e probabilidade em evitá-la (independentemente de se aceitar o conteúdo da norma ou mesmo o dever *a priori* e geral de obedecer ao direito) – como enfatizava o positivismo imperativista; ou
- pelo mero fato de ser direito (a definição formal da conduta como lícita ou ilícita enseja aderência de seus usuários, sob a crença de que se deve obedecer ao direito, qualquer que seja seu conteúdo) – situação focalizada pela teoria de Hart.

O direito (ainda que não em todas as suas diretivas e normas) vale-se da ameaça da força como meio coercitivo para influenciar decisões e induzir condutas; com isso, pode corroborar ou derrotar as preferências (egoístas ou altruístas) do indivíduo ou as regras sociais (morais, religiosas) de seu meio. Quando os juízos pessoais independentes do direito conflitam com o que é estabelecido pelo direito, a mera indicação do que é devido juridicamente pode contar para que se obedeça ao direito. A legitimidade do sistema pode pesar também nesse sentido, mas é o medo da punição (posta de maneira normativa e provavelmente imposta com efetividade) que provoca constrangimento comportamental mais definitivo em favor do comportamento conforme o direito, contra todas as outras razões (religiosas, morais, econômicas ou políticas, individualistas ou cooperativistas etc.) a sugerir, eventualmente, uma decisão ou conduta diferentes daquelas demandadas pelo direito.

Assim, conclui Schauer (2022 [2015], cap. 11), juízes, advogados e policiais, suas formas de argumentação, suas organizações, procedimentos, métodos e fontes – aquilo que mais ou menos identificamos como direito – tendem a ser socialmente especializados e úteis no controle e imposição da *coerção*, ainda que nem todo o direito seja imposto à força, ainda que nem toda norma jurídica disponha de uma sanção e ainda que elementos não punitivos em um sentido estrito – sanções políticas e reputacionais, recompensas e incentivos – façam parte de uma ordem jurídica qualquer (inclusive fora do Estado) ou mesmo das políticas públicas em geral (em uma faceta do Estado para a qual o direito, com sua nota coercitiva típica, talvez não seja determinante, em comparação com outras técnicas administrativas).

Em comentário crítico, Green (2016) defende que é conceitualmente possível que um sistema jurídico jamais empregue coerção, mas que todo sistema jurídico tem de contar, por definição, com a possibilidade de empregá-la, se necessário (se esse emprego realmente ocorre ou não, é uma questão empírica). Mais precisamente, a força do direito não se reduziria à coerção, e esta não deveria ser entendida de modo a cobrir qualquer incentivo comportamental (penas e punições, recompensas e incentivos, perda de reputação etc.). Em geral, os sistemas jurídicos combinariam três elementos: (i) a definição e imposição normativa de *deveres* (a formulação e formalização de normas, poderíamos dizer); (ii) o uso do *poder* como fator causal de influência sobre interesses e comportamentos (provavelmente poderíamos pensar aqui inclusive nas regras constitutivas pelas quais o Estado determina requisitos para reconhecer a validade e executoriedade de contratos, testamentos e negócios jurídicos em geral); e (iii) a *coerção*, entendida restritivamente por referência a meios que influam sobre seus alvos de modo a não lhes permitir qualquer escolha entre alternativas razoáveis (a multa ou a prisão são, evidentemente, os casos centrais desses meios de direção determinantes das escolhas).

É claro que, do ponto de vista sociológico, a coercitividade da ordem jurídica (estatal) se sustenta sobre a legitimidade do monopólio da violência pelo Estado – a identificação entre direito e Estado é, assim, um pressuposto histórico e sociológico das construções analíticas do positivismo monista, particularmente do imperativismo austiniano. Modernamente, tal legitimidade estatal vem a ser caracterizada como distintivamente jurídica, isto é, justificada ao mesmo tempo pelo constrangimento que o próprio direito estatal impõe sobre os fins e meios envolvendo o uso da força. Weber (1978 [1922], p. 311-319) notava que há *meios não violentos de coerção*, porventura mais eficazes em alguns contextos, como boicotes, expulsões ou perdas de *status* determinadas por autoridades de alguma organização. Pode até ser que alguma organização tenha à sua disposição meios coercitivos superiores ao do Estado; há, então, direito fora do Estado (ainda que não reconhecido por este), assim como não deixa de haver uma comunidade política estatalmente organizada, isto é, o próprio Estado. Portanto, para Weber, a coerção garantida pela autoridade política *não* era atributo essencial de uma ordem jurídica; característica indispensável (para distinguir o direito de meras convenções sociais) seria ter algum tipo de meio coercitivo (seja físico, seja psicológico) à disposição, o que nem sempre está sob domínio da autoridade estatal.

Entretanto, embora não resumisse o direito ao Estado, Max Weber considerava a vantagem que existe para o direito estatal diante de outras ordens e instituições: o Estado se distingue por dispor do meio da *coação física* (WEBER, 1946 [1918], p. 77-83); no Estado moderno, a legalidade legitima e organiza (burocraticamente) o emprego da força, e o emprego da força reitera a normatividade – ou mesmo a legitimação para adotar meios coercitivos acaba por significar um consenso ampliado, de modo que esses próprios meios são economizados e transformados em alternativa subsidiária à *obediência espontânea*: a orientação da ação social pelas regras.

Claro que o próprio Estado pode, em vez de ameaçar punições, prometer vantagens e prêmios, substituir sanções negativas por *sanções positivas* e colocar em ação a função "promocional" do direito (BOBBIO, 2007 [1976]; ver AMATO, 2017a). E, quando se trata de ordens jurídicas não estatais, vislumbradas por concepções de pluralismo jurídico? Aquelas menos institucionalizadas podem buscar resolver os conflitos amistosamente e apenas ameaçar retoricamente o apelo à polícia (ver *e.g.* SANTOS, 2014 [1973]); outras podem se armar de um aparato repressivo próprio, paralegal, miliciano (ver *e.g.* JUNQUEIRA; RODRIGUES, 1992); então, o motivo da obediência poderá não ser uma crença na legitimidade do sistema, mas o puro e simples terror. As ordens mais institucionalizadas, como aquelas do comércio transnacional, podem dispensar a violência evocada pela imagem da sanção penal, preferindo desenvolver suas próprias normatizações, doutrinas e órgãos de julgamento, assim como impor *sanções reputacionais*, como a exclusão de membros ou sua estigmatização em "listas negras" (TEUBNER, 2003 [1996]). Meios econômicos de pressão substituem nesses casos, ainda que parcialmente, o recurso à força.

Cabe finalmente pontuar que as figuras de Bentham e Austin mostram a especificidade da revolta contra o formalismo jurídico no contexto britânico. Em vez de apontarem a indeterminação do direito pela insuficiência das regras enquanto parâmetros para orientação e justificação das decisões das autoridades, evocando então juízos mais flexíveis de interesses e valores, esses positivistas ingleses cravaram justamente uma crítica ao *common law* por seu resquício racionalista fundado em abstrações metafísicas (como a figura dos direitos naturais traduzidos em direitos subjetivos) e, sobretudo, pela confusão e inconsistência enquanto direito baseado no costume jurisprudencial. Em lugar disso, os positivistas buscavam a certeza formal atribuída às codificações que vinham se processando na Europa continental. Na prática, atuando sobre um direito que consideravam arbitrário – apesar de este se apresentar retoricamente como acervo de tradições e costumes formalizados e purificados pela prudência judicial –, os positivistas ingleses buscaram fundar uma ciência do direito que providenciasse certeza para os juízos, clareza e determinação para os conceitos. É disso que trata a especificação, por Bentham, de um método empiricamente calculável para orientação dos legisladores (o utilitarismo). E é em sentido semelhante que ruma o projeto de positivismo analítico de Austin, com sua redução da teoria do direito – "*jurisprudence*" – à identificação da validade das normas (ancorada em fatos observáveis do mundo: comandos do soberano e obediência habitual dos súditos) e à decomposição analítica de conceitos como dever, norma e sanção (privando-os de suas referências morais).

Nos Estados Unidos, os adeptos do formalismo jurídico não deixaram de criticar o positivismo analítico, com sua redução do direito às proclamações do legislador soberano, e defenderam a racionalidade do *common law* de base jurisdicional. Se o direito não haveria de ser reduzido às proclamações expressas do Legislativo (um "conjunto de comandos"), mas se compunha também e sobretudo de um direito tácito ("um corpo de princípios gerais"), os dados essenciais da legalidade – generalidade, isonomia, universalidade, continuidade, regularidade, previsibilidade – estariam especialmente garantidos pela vinculação aos precedentes. Dessa continuidade jurisprudencial resultaria um direito com a tendência "a formar um único sistema filosófico homogêneo"; parte essencial de seu estudo, portanto, era considerá-lo como "um corpo homogêneo, científico e abrangente de princípios" (BEALE, 1935, p. 22-24).

2.6 Realismo jurídico americano

O formalismo reinante no século XIX não pareceria fornecer um porto seguro para a teoria do direito, segundo julgavam seus sucessores. O juiz Oliver Wendell Holmes Jr., da Suprema Corte dos Estados Unidos, definiu o direito como as "profecias sobre o que as cortes farão de fato" (HOLMES JR., 1897, p. 459).

Para muitos, essa assertiva significava que, com o intuito de saber o que é o direito, um psicólogo behaviorista e um estatístico ou econometrista poderiam então estudar os padrões comportamentais dos juízes que lhes permitiriam predizer o conteúdo de suas sentenças – e, portanto, definir o que o direito é. O mesmo poderia fazer um neurocientista, estudando a atividade mental dos tomadores de decisões jurídicas. O direito então ficaria reduzido a comportamentos observáveis a olho nu ou a impulsos elétricos do cérebro. Seria assim objeto de uma ciência séria, exata.

Já um sociólogo poderia estudar a classe e a ideologia dos juízes, seu capital cultural e sua origem regional, determinando influências desses fatores em sua posição política, na sua visão econômica e, logo, no conteúdo de suas sentenças. O sociólogo poderia também estudar as práticas sociais efetivas na sociedade, seus costumes fortemente enraizados, por oposição às proposições prescritivas da lei e para além do comentário das fontes formais feito pela doutrina.

No realismo jurídico americano, alguns desvelariam a incerteza da interpretação, argumentação e justificação decisória no direito pela via de estudos empíricos e experimentais – seja por meio da psicologia comportamental (na linha de FRANK, 2017 [1930]; ver também PAUL, 1959), seja por meio das ciências sociais (como sugeriu POUND, 1907), sobretudo se entendidas como ciências positivas (sobre dados observáveis e comportamentos verificáveis), menos que como empreitadas interpretativas.

Tal vertente do realismo – à qual não aderem todos, sequer a maioria dos autores – veio a ser tachada de *"naturalista"* por seu foco no comportamento das autoridades decisórias e pela interpretação mais estreita da redução do direito a previsões sobre as decisões dos juízes. Do ponto de vista dessa crítica, o realismo perderia a perspectiva interna do direito – da qual se observa o papel das regras e outros argumentos normativos na justificação jurídica das decisões – e estreitaria a visão científica das práticas jurídicas, identificando-as a uma descrição externa, empiricista, fisicalista ou mesmo psicológica, sobre o comportamento dos juízes e as tendências probabilísticas do conteúdo das decisões. Daí que Leiter (1997; 2007, cap. 1-2) tenha adjetivado o realismo jurídico americano como "naturalista", observando nele a continuidade de uma visão de mundo fisicalista inaugurada pelo positivismo. No caso do realismo, tentar-se-ia a redução do discurso judicial a fatos mentais, comportamentos ou ideologias dos juízes, que, afinal, seriam mais responsivos a fatos do caso sob juízo e às consequências pretendidas de suas decisões do que às normas que as autoridades devem aplicar – e às quais fazem referência na justificação decisória *como se* fossem determinantes para as soluções sentenciadas, embora *de fato* despenhem pouco papel causal na limitação das opções interpretativas disponíveis ao julgador.

O realismo seria, assim, a tendência mais radical do próprio positivismo: seja por reduzir o direito às fontes formais, com validade determinada por algum fato social/político (tese básica do positivismo jurídico), seja por (uma vez constatado, contra o formalismo, que as regras validadas por aquelas fontes não ditam causalmente como são tomadas as decisões judiciais) procurar reduzir o direito a *fatos mentais ou comportamentais* empiricamente observáveis (na linha do positivismo sociológico e psicológico). Em vez de reconhecer o caráter institucional do direito, com suas regras regulativas e como criação da vontade e da razão, da linguagem e da deliberação – portanto, do exercício da liberdade –, o realismo abordaria a juridicidade como um dado do mundo, com o propósito de verificar suas causalidades e regularidades necessárias, análogas àquelas da natureza.

Criticamente a tal análise, Dagan (2018) aponta que o realismo jurídico americano, em sua multiplicidade e em suas tendências prevalentes, não pode ser reduzido a uma teoria puramente descritiva do julgamento judicial. Os realistas, pelo contrário, abriram a atenção da teoria do direito aos vários canais de institucionalização da juridicidade: à multiplicidade de arenas e autoridades decisórias que criam, interpretam e desenvolvem o direito. A respeito da aplicação do direito em juízo, é verdade, o realismo conseguiu demonstrar não a indeterminação total, mas a *subdeterminação do direito por suas fontes formais*: um dado conjunto de textos normativos (dispositivos legais ou precedentes) aplicáveis a um caso é interpretável por diferentes técnicas, de modo que dele podem ser extraídas diferentes regras; ou seja, justificativas igualmente plausíveis para soluções alternativas, concorrentes e até mesmo diametralmente opostas. Não se trata apenas da ambiguidade ou vagueza de um texto normativo, mas da variedade de fontes formais e materiais, técnicas interpretativas e padrões normativos aplicáveis (desde regras e exceções até normas sociais não formalizadas e *standards* como "boa-fé" ou "razoabilidade"). É certo, reconheceram muitos realistas (como Pound), que a própria prática social do direito acaba por informar a seus operadores entendimentos compartilhados e padrões implícitos que orientam e restringem o campo das escolhas abertas pelos materiais autoritativos expressos. E o saber convencional pode mudar sem que se alterem as fontes formais cuja aplicação ele orienta.

Nem todo o realismo, portanto, resume-se a desconhecer que os significados jurídicos são constituídos pelo uso da linguagem e pelas práticas sociais; pelo contrário, os realistas americanos foram alguns dos responsáveis por construir esse tipo de concepção, em oposição à crença formalista em significados fixos das palavras e à tendência conceitualista de pretender formular relações puramente dedutivas entre conceitos ou princípios altamente gerais e abstratos e suas sucessivas concretizações normativas, dentro de uma concepção sistemática do direito.

Assim, houve realistas que preferiram continuar a estudar o direito como um discurso sobre regras, mas agora também sobre padrões normativos abertos e por vezes tácitos – *standards* empíricos, propósitos, princípios e políticas públicas. Na medida em que lança luz sobre tais razões (subjacentes às regras validadas pelas fontes formais ou nelas explicitadas na forma de normas mais indeterminadas), o realismo contrasta com um positivismo exclusivo, que resumisse o direito a diretrizes da autoridade política sem permitir que fossem avaliadas as razões subjacentes a tais diretrizes (ver a discussão sobre positivismo exclusivo *infra*, 6.3). Todavia, mantém a separação entre direito e moralidade, permitindo o reconhecimento da *falibilidade moral do direito* – e, portanto, habilitando a crítica moral do direito posto e as propostas políticas de sua reforma.

Se é assim, como nota Dagan (2018, p. 133), a abertura realista aos padrões normativos indeterminados não conduziria à manipulabilidade do direito, a uma visão puramente instrumental das normas, colocando em perigo o *rule of law* – a previsibilidade e a segurança jurídica dadas pela redução positivista do direito às diretrizes válidas, isto é, emanadas dos órgãos encarregados de sua criação? Não, se a indeterminação das normas com *pedigree* constatada pelos realistas for contrabalançada pelas expectativas e entendimentos compartilhados que estabilizam o sentido jurídico. Contra essas convenções se voltarão apenas os céticos radicais (como alguns autores dos *critical legal studies*; ver *infra*, 8.2), que, na verdade, pretendem realizar uma crítica das práticas sociais das quais o direito retira a determinação de seu sentido.

Nesse sentido, a tese realista básica era de que esse material valorativo ou ideal não estaria esgotado no momento da criação política do direito; pelo contrário, a concorrência entre interesses e ideais e a disputa sobre a forma de sua institucionalização transbordariam inclusive para o estágio interpretativo, de aplicação do direito. Desse modo, os realistas atacaram os formalistas, que resumiam o direito aos conceitos e regras formulados na legislação ou na jurisprudência, com claras hipóteses de incidência e consequências devidas. Revelaram que o juízo jurídico era muito mais complexo e indeterminado.

Portanto, o principal alvo das várias teorias apresentadas neste capítulo não foi propriamente o positivismo jurídico, e sim o formalismo jurídico reinante no século XIX. Essa distinção entre formalismo e positivismo não era tão clara, porém, e foi mais um produto das discussões geradas pelas correntes antiformalistas: muitas delas acabaram por apresentar um positivismo jurídico não comprometido com as premissas formalistas.

O positivismo jurídico diz respeito à consideração do direito como aquilo que é produto de decisões – em regra, decisões postas pela principal organização da sociedade, que é o Estado. As decisões do Estado delimitam o que é jurídico – o direito tal como ele é, independentemente de como o intérprete acha que ele deveria ser. Daí a proposta de identificar direito e Estado, eliminando, portanto, discussões filosófico-morais do discurso de interpretação do direito. Essas considerações já teriam sido filtradas pelos legisladores e se encontrariam cristalizadas no direito que o jurista deveria aplicar, e não criar ou reformar. Do ponto de vista do jurista, como profissional técnico apolítico, o discurso do direito natural passaria a ser objeto de indagações externas à sua atividade reprodutiva – e não criativa – do que já estaria preestabelecido nas fontes formais do direito, todas elas emanadas do Estado (legislação, jurisprudência) ou a ele subordinadas (a autonomia privada nos limites da lei, a doutrina como fonte suplementar, assim como os meios de integração de lacunas no direito).

Podemos comparar as preocupações de Bentham e Austin com o esforço de elaboração conceitual e lógica dos "realistas" – algo que os realistas americanos compartilharam com os *realistas escandinavos*, a despeito de diferenças entre essas "escolas" de teoria jurídica. Podemos subsidiar essa assertiva pelo exemplo do conceito de direito subjetivo, que os formalistas associavam a filosofias de direitos naturais. Esvaziando o conceito de direito subjetivo de qualquer referência transcendente e apresentando-o como mera ferramenta analítica de exposição de uma *situação jurídica* segundo o direito positivo, Alf Ross (1957 [1951], p. 818) considerou o *direito subjetivo* como "uma forma de circunlóquio na qual, entre o fato jurídico e a consequência jurídica, são colocados direitos imaginários". Ou seja, o direito subjetivo poderia ser definido como nada mais que um esquema retórico de apresentação da ligação entre os fatores condicionantes (hipóteses) da aplicação de uma norma e as consequências jurídicas advindas de tal aplicação. O titular da pretensão sustentada por essa norma seria mera figura de linguagem. O raciocínio baseado em direitos e deveres seria um uso de palavras vazias desprovidas de referência semântica. Ora, também Holmes Jr. (1920 [1918], p. 313), precursor e paradigma dos realistas americanos, apresenta uma concepção de direitos bem ao gosto do positivismo:

> (...) para propósitos jurídicos, um direito é apenas a hipóstase de uma profecia – a imaginação de uma substância suportando o fato de que a força pública será exercida sobre aqueles que façam coisas que se considere que a contravieram – exatamente como falamos da força da gravidade respondendo pela conduta dos corpos no espaço.[21]

Dentro de escopo similar de *clarificação conceitual e redução analítica* na linhagem *positivista* (ver SINGER, 1982), encontramos outra das mais paradigmáticas elaborações teóricas precursoras do realismo: a proposta de Hohfeld (1913; 1917) de decompor as relações jurídicas em termos de *posições jurídicas* típicas: os "opostos jurídicos" e os "correlativos jurídicos".

Em termos de *"opostos jurídicos"*, basicamente, um direito é o contrário de um não direito (*right – no right*): a liberdade se opõe ao dever (*privilege – duty*), o poder,

---

[21] Ainda que não reduzamos o direito à previsão do que as cortes decidirão, e mantenhamos o caráter normativo (contrafático) do discurso jurídico, é possível dizer que as posições jurídicas emergem simplesmente a partir da incidência de uma norma jurídica permissiva ou obrigatória de uma ação ou omissão (isto é, neste último caso, proibitiva da ação respectiva). Por exemplo, ter um direito a fazer algo tem como condição que haja uma norma permissiva desta conduta, ou que não haja uma norma que proíba praticá-la (ver MACCORMICK, 2007, p. 126).

à impotência (*power – disability*) e a imunidade, à sujeição (*immunity – liability*). São posições opostas e inconciliáveis com referência a um mesmo objeto de determinada relação. Ninguém pode ter ao mesmo tempo, na mesma relação, uma liberdade e um dever de dar, fazer ou não fazer *x*.

Todavia, há os "*correlativos jurídicos*", as posições correspondentes em determinadas relação: o direito de um corresponde ao dever de outro sujeito (*right – duty*); a liberdade de um implica o não direito de outro (*privilege – no right*); o poder de um requer a sujeição do outro (*power – liability*); e a imunidade de um sujeito implica a impotência do outro diante dele (*immunity – disability*).

Em outros termos, considerando a posição relativa de um sujeito A: o Estado "auxiliará A contra B (direito) ou não (não direito); ele auxiliará B contra A (dever) ou não (liberdade)"; da mesma forma, há os correlativos de segunda ordem, que dizem respeito a posições nas quais o agente pode, ele mesmo, alterar a relação jurídica: "A pode provocar a ação do Estado com relação a ele mesmo e B (poder) ou não pode (impotência); B pode provocar da mesma forma a ação do Estado (sujeição) ou não pode (imunidade)" (RODRIGUEZ, C. F., 1998, p. 10-11, baseado em CORBIN, 1921, p. 228, que falava de "gigante", em vez de Estado).

Alf Ross (2000 [1953], cap. 5) endossou a clarificação terminológica proposta por Hohfeld. Ao dever de A corresponde uma faculdade ou direito de B; ou seja, B pode acionar judicialmente A para exigir coercitivamente a execução de sua obrigação. A liberdade de A, todavia, implica uma ausência de direito subjetivo de B, que não pode cobrar a conduta de A. Ferraz Jr. (2008 [1988], p. 137-139) sugere que tais posições são típicas de relações de coordenação, características do *direito privado*[22] e configuradas pela incidência de normas de conduta; é o caso da relação de dívida entre um credor e um devedor. O objeto da relação é uma prestação, e o objeto da prestação é uma coisa (obrigação de dar) ou conduta (fazer ou não fazer).

Entretanto, A pode ter um poder ou potestade diante de B, que se encontra assim em posição de sujeição à obrigação imposta por B. Todavia, B poderia ter uma imunidade diante de A, que estaria assim em posição de impotência diante de B, não podendo lhe impor obrigações. Essas posições são típicas de relações de subordinação, características

---

[22] Três são os critérios aproximativos (não conclusivos) que permitem classificar as relações jurídicas entre o direito público e o direito privado. Primeiro há o critério do sujeito (destinatário das normas): o Estado ou os particulares; o problema é que o Estado também atua em relações de direito privado (e.g. locação de prédio). Em segundo lugar, temos o critério do interesse: público (coletivo, representado pelo Estado) ou particular (individual); o problema é que há interesses coletivos particulares (*e.g.* direitos trabalhistas e outros direitos "transindividuais" – coletivos, difusos ou individuais homogêneos, como definidos na Lei nº 8.078/1990 – Código de Defesa do Consumidor, artigo 81). Em terceiro lugar, podemos adotar o critério da relação propriamente dita: de coordenação/horizontalidade (autonomia privada: relações negociais) ou de subordinação/hierarquia (*jus imperii*, prerrogativa da soberania estatal, restringida pela estrita legalidade e pelo interesse público). Mais precisamente, Kelsen (2006 [1960], p. 309-315), enfatizando que direito público e privado compõem ambos o direito estatal, distingue a autonomia característica do direito privado (a autovinculação dos particulares, autorizados a criar normas individuais e concretas a partir do Código Civil, por exemplo – atos e negócios jurídicos) da heteronomia do direito público (a vinculação unilateral dos cidadãos às normas ditadas por órgãos do Estado, inclusive normas individuais e concretas postas pela administração pública). Aos regimes de direito público aplicam-se os princípios da soberania (*jus imperii*) e da legalidade estrita (discricionariedade administrativa só pode ser exercida se houver permissão explícita, e não mera ausência de proibição). Aos regimes de direito privado aplicam-se os princípios da autonomia privada e da legalidade ampla (o que não é proibido é permitido, permissão fraca: liberdade para fazer o que não foi expressamente proibido).

do *direito público* e envolvem normas de competência. É o caso da relação tributária entre contribuinte e fisco. A princípio, o contribuinte está em sujeição diante do fisco, que se encontra investido de um poder. Descumprida a obrigação, há uma sanção contra o contribuinte, mas, se o tributo for lançado por autoridade incompetente, a norma que o fez incidir é inválida – isso corresponde a uma impotência da autoridade. Há, ainda, as imunidades tributárias garantidas pela legislação.

Já no direito privado, a regra é que as pessoas só possam fazer declarações dispositivas vinculando a si mesmas; só podem exercer um poder sobre as outras se estas previamente aceitaram tal disposição. Portanto, a regra no âmbito privado é a imunidade e a impotência; a posição de sujeição depende de uma autovinculação, de uma limitação da própria vontade, habilitando então a posição alheia de poder.

MacCormick (2007, cap. 7) critica a explicação de Hohfeld (por ele enquadrada enquanto teoria baseada na escolha, vontade ou controle) sobre os direitos como "poderes sobre os deveres": direitos seriam definidos como a "faculdade ou poder conferido a pessoas pelo direito para exercerem escolha sobre os deveres dos outros", de modo inteiramente discricionário (MACCORMICK, 2007, p. 121); ou seja, o direito seria uma autorização para alguém, se quiser, processar o outro, exigindo-lhe o cumprimento do dever correlato. Na falta da possibilidade de se responsabilizar a contraparte pelo descumprimento do dever correlato a um direito, tal direito seria inócuo. Entretanto, para MacCormick (2007, p. 122-123), a execução judicial da sanção, uma vez reconhecida a responsabilidade pelo descumprimento do dever, seria mero meio auxiliar do direito subjetivo, e não atributo constitutivo dele. Direitos não garantidos por responsabilidade relativa ao descumprimento do dever correlato seriam direitos imperfeitos, mas ainda assim direitos.

> Direitos são posições jurídicas de tipo normalmente vantajoso, cobertas por poderes e direitos processuais de obter sua execução. No caso de pessoas com plena capacidade ativa, os direitos e poderes são atribuídos à mesma pessoa, mas em outros casos os poderes processuais podem ser atribuídos, em benefício do titular do direito, a outra pessoa privada ou autoridade pública que exerça um papel de tutela. Tal papel de tutela, na medida em que envolve discricionariedade, envolve discricionariedade, que tem que ser dirigida pelo melhor interesse do titular do direito subjetivo, e não uma livre discricionariedade simples daquele que detém o papel de tutela. (MACCORMICK, 2007, p. 123)[23]

De qualquer modo, o esforço hohfeldiano de esclarecimento do raciocínio jurídico – reduzindo-o analiticamente a categorias estruturantes mais explicativas que a obscura retórica jurídica tradicional – foi tomado como exemplo de teorização precursora do realismo jurídico – tanto o americano quanto o escandinavo, como ilustra a recepção do pensamento de Hohfeld por Alf Ross. Em que consiste, então, a posição "realista"? Não em um ataque ao positivismo, mas sim à sua variante formalista, vista como resquício "metafísico" de jusnaturalismo que marcava os discursos sobre direitos, ainda que esses discursos se pautassem pelo direito positivo.

---

[23] Ver a discussão (*infra*, 3.3.3) sobre situações típicas e atípicas na titularidade de direitos, deveres e responsabilidade. A distinção entre direito subjetivo e a ação judicial para sua defesa – da qual decorre a ideia de autonomia do direito processual – foi objeto de famosa discussão entre os pandectistas: a polêmica sobre a *actio*, entre Bernhard Windscheid (1817-1892) e Theodor Muther (1826-1878). Ver *e.g.* Khaled Jr. (2010).

Por um lado, o formalismo comungava com o direito natural moderno do pressuposto racionalista de uma ordem de direitos, deveres e obrigações, ou responsabilidades e poderes, vocabulário compartilhado entre o direito e a moral. Ao procurar definir em termos estritamente jurídicos os direitos, deveres e demais conceitos e posições correlatos, os realistas davam seguimento à crítica do positivismo analítico de Bentham e Austin contra o formalismo.

Por outro lado, o formalismo jurídico clássico implicava o pressuposto de que emanariam das fontes autoritativas do direito normas formalizadas como regras com clara hipótese de incidência e bem definidas consequências devidas. Assim, afinal, estaria purificada de maiores controvérsias políticas ou morais a justificação decisória do discurso dogmático-jurídico – no ensino e nos manuais de direito, assim como na interpretação expressa em sentenças e pareceres.

As concepções formalistas do direito basicamente pregam o caráter racional da justificação das decisões jurídicas – isto é, a suficiência das regras ou padrões normativos positivados enquanto fundamentos suficientes para se chegar à única decisão correta na aplicação do direito ao caso (ou melhor, para justificá-la). O formalismo proveria uma técnica apolítica de tomada de decisões. O que está em jogo é o quanto a linguagem (no caso, o texto normativo) é capaz de delimitar as opções interpretativas disponíveis ao aplicador da norma. Em termos estereotípicos, para os formalistas o direito se apresenta como um sistema coerente e completo, tecnicamente aplicado por meio de uma lógica dedutiva ou assemelhada à dedução a partir de axiomas: normas e conceitos. Os direitos e deveres individuais, sobretudo, eram vistos como esferas bem delimitadas, distinguindo seus titulares respectivos e aqueles que deveriam respeitá-los. O esquema de Hohfeld mostra a complexidade e assimetria das várias posições combinadas em determinada situação jurídica. Essa complexidade, dirão os realistas, exigirá um exercício cuidadoso de juízos valorativos e especificações contextuais. Clássica nesse sentido é a discussão de Warren e Brandeis (1890) sobre o "direito à privacidade": agora que se deixa de pensar o direito subjetivo apenas nos moldes da propriedade corpórea, direitos incorpóreos evidenciam o quanto é difícil determinar o que está juridicamente garantido a um sujeito, demandando o respeito de terceiros. Como delimitar o que está protegido sob o rótulo genérico de "privacidade", por exemplo?

Assim como seus contemporâneos europeus, os realistas americanos legaram uma visão abrangente do direito, vinculada a empreendimentos de reorganização da administração pública, como a construção dos serviços públicos e de esquemas de regulação e proteção do Estado social; mas também descreveram a específica tarefa de interpretação judicial, concluindo que regras formais precisam ser referidas a valores materiais; que regras jurídicas são expressões de políticas públicas e, portanto, de escolhas "éticas" (COHEN, 1931, p. 215-216). Os realistas apontaram para a *indeterminação interpretativa do direito* e a necessidade de escolhas políticas e éticas – polêmicas, portanto – entre interpretações colidentes de normas, à luz dos seus fins proclamados.[24]

---

[24] Poderia então ser aprofundada uma tendência preocupada com as consequências reais das diferentes escolhas jurídicas, abrindo espaço para o desenvolvimento posterior da "análise econômica do direito". Ver *infra*, capítulo 7.

Vale observar que, ao contrário de alguns de seus contemporâneos europeus (que contrastaram a visão monista do positivismo por conceitos pluralistas-institucionalistas do direito), os autores que vieram a ser identificados como os "realistas" americanos não tiveram como foco principal o questionamento do monopólio estatal da produção do direito. De fato, a redução (empírica ou metodológica) do sistema jurídico ao direito estatal é um preconceito quase nunca contestado nas ciências sociais americanas. Na antropologia jurídica anglófona, autores clássicos podiam pedir emprestada uma definição realista (de Roscoe Pound) do direito como forma de "controle social" diferenciada pela "aplicação sistemática da força de uma sociedade politicamente organizada" (RADCLIFFE-BROWN, 1952 [1933], p. 212). Uma década antes desse enfoque sobre *sanções institucionalizadas*, Malinowski (1926, parte I) havia proposto compreender o direito com ênfase na *reciprocidade* e *interação*, e não na coerção; o direito seria revelado, sobretudo, por processos e instituições, e os conflitos seriam vistos como oportunidades de negociação – abordagem que abria margem a concepções pluralistas da juridicidade. Apenas um autor pós-realista como Fuller (1969a; 1975) recepcionará devidamente as contribuições de antropólogos como Malinowski (1926) e Gluckman (1964; 1969), conferindo então importância a uma visão do direito como "facilitador da interação humana", em contraste com a concepção positivista (inclusive realista) do direito como "instrumento de controle social" (ver *infra*, capítulo 5).

Considerado o impacto do realismo jurídico americano nas ulteriores discussões de teoria do direito no mundo anglófono do século XX, que por sua vez se tornaram dominantes em todo o Ocidente, serão a seguir aprofundados os diagnósticos e as propostas dessa vertente que tão bem ilustra o ataque ao formalismo jurídico clássico. O realismo jurídico floresceu nos Estados Unidos principalmente nas décadas de 1920 e 1930. Seus principais expoentes, alguns atuantes antes desse período, foram juristas como Oliver Wendell Holmes, Jr. (1809-1894), Wesley Newcomb Hohfeld (1879-1918), Roscoe Pound (1870-1964), Benjamin Cardozo (1870-1938), Robert Lee Hale (1884-1969), Jerome Frank (1889-1957), Karl Llewellyn (1893-1962), Felix Solomon Cohen (1907-1953), Walter Wheeler Cook (1873-1943) e Arthur Cobin (1874-1967), entre outros. Ainda que alguns preferissem outras denominações e houvesse divergências entre suas propostas teóricas, afinidades intelectuais e contextuais permitiram identificá-los, por vezes retrospectivamente, a uma mesma corrente "realista", com suas variações.

2.6.1 O contexto filosófico e político

O realismo jurídico americano – assim como a *"velha" economia institucional*, de John Commons (1862–1945), Thorstein Veblen (1857-1929) e outros – floresceu em um contexto marcado pelo avanço das ideias *pragmatistas* na filosofia e do *modernismo* nas artes. O "social" e o "político" passam a ser tomados então como referentes cruciais para as artes e para a linguagem. Direito e economia passam a ser igualmente abordados como *ciências sociais e históricas*. Vinculadas ideologicamente a um *liberalismo progressista* e reformista, preocupado com os conflitos sociais e a institucionalização da democracia, tais correntes de ideia e ação tiveram como denominador comum uma "revolta contra o formalismo" (WHITE, M. G., 1947; 1976 [1949]) na filosofia e nas diversas ciências sociais e humanas: no lugar do pensamento analítico, abstrato e a-histórico, empirista ou lógico-formal (dedutivo), os novos pensadores buscavam imergir as análises no contexto social e histórico dos respectivos fenômenos, explorar-lhes as raízes econômicas e mudanças estruturais passadas e futuras, perscrutar as possibilidades de reforma e melhoramento. "Processo" e "função", "experiência" e "progresso", "evolução" e "contexto" são *slogans* que invadiram o campo semântico das novas teorias.

É evidente a influência nos Estados Unidos do desenvolvimento paralelo na Alemanha do historicismo e da discussão sobre a especificidade das ciências do espírito e da cultura (EMERSON, 2019). De um lado, os pensadores progressistas americanos buscavam reconectar valores políticos substantivos ao aparato burocrático de um *Rechtsstaat* legitimado por leis e regulamentos, regras e técnicos especializados, como aquele que Weber (1978 [1922], p. 215-226) teorizou na tipificação de uma "dominação racional-legal". De outro, os progressistas americanos visavam à construção do *Estado como máquina produtora de liberdade*, como em Hegel (embora sem sua teleologia histórica). Com isso, o *público* e a *democracia* deixavam de aparecer, ao modo do imaginário naturalista fisiocrático e liberal-clássico, como concorrentes dos indivíduos privados, competindo com estes pelo mesmo espaço invariável e lhes retirando mais e mais liberdade quanto mais o Estado se expandisse.

A construção filosófica mais característica dos Estados Unidos foi a corrente *pragmatista*, que se desenvolveu a partir dos anos 1870. Nessa vertente, autores como William James, Charles Sanders Peirce e John Dewey construíram novas concepções sobre a linguagem, a lógica, a determinação dos significados e a aprendizagem. Essa nova filosofia foi contemporânea ao realismo jurídico e também à economia institucional desenvolvida por autores como Thorstein Veblen e John Commons. O pragmatismo influenciou decisivamente esses projetos de renovação do pensamento jurídico e econômico como ciências sociais.

William James (1842-1910) considerava que o termo "pragmatismo" era menos referência a uma nova escola filosófica e mais a simples designação de um método de evadir-se de disputas metafísicas por referência às *consequências práticas* de cada conceito ou teoria concorrente. "Que diferença faria na prática para qualquer pessoa se esta noção, e não a outra, fosse verdadeira? Se nenhuma diferença prática puder ser traçada de algum modo, então as alternativas significam praticamente a mesma coisa, e toda disputa é ociosa" (JAMES, 1916 [1907], p. 45).

Charles Sanders Peirce (1839-1914), considerado o fundador da *semiótica* (estudo dos signos linguísticos e não linguísticos), identificou, ao lado da *indução* (raciocínio que infere do particular/empírico o universal/teórico) e da *dedução* (inferência do particular a partir de premissas gerais), uma terceira forma de raciocínio: a *abdução*. Embora seja uma falácia do ponto de vista da lógica formal aristotélica – determinar a causa a partir das consequências (sendo que estas poderiam ter igualmente outras causas) –,

> [a] abdução é o processo de formar uma hipótese explicativa. É a única operação lógica que introduz uma nova ideia, já que a indução não faz nada além de determinar um valor, e a dedução meramente desenvolve as consequências necessárias de uma hipótese pura.
>
> A dedução prova que algo *precisa ser*; a indução mostra que algo *de fato é* operativo; a abdução meramente sugere que algo *pode ser*.

Sua única justificação é que por sua sugestão a dedução pode fazer uma previsão que pode ser testada por indução, e que, para podermos de algum modo aprender algo ou entender os fenômenos, é apenas por abdução que isso pode ocorrer. (PEIRCE, 1934 [1903], p. 106, destaques no original)

Na dedução, a verdade das premissas (universais) garante a verdade da conclusão (particular); para o formalismo jurídico clássico, essa seria a forma por excelência de raciocínio jurídico, dentro da concepção sistemática de um ordenamento unitário, completo e coerente, a partir do qual as normas gerais e abstratas ditadas pelo legislador (ou pela consolidação da jurisprudência) seriam concretizadas como normas individuais e concretas para o caso.

Na indução, a verdade das premissas (particulares) permite uma generalização probabilística da conclusão (universal). Esse é justamente o trabalho que caberia ao legislador: observando uma série de condutas e suas consequências, decidir qual a regra geral serviria para proibir, permitir ou tornar obrigatória determinada ação ou omissão típica. É o trabalho de tipificação normativa. Também na jurisprudência, a formulação e a identificação da *ratio decidendi* dependem de tal inferência generalizadora (a *ratio decidendi* é a regra, o fundamento determinante da decisão sobre a questão controvertida no processo; difere, assim, dos argumentos meramente debatidos de passagem, os *obiter dicta*).

Mas como funciona a inferência abdutiva? A verdade das premissas de que se parte não garante a veracidade nem a probabilidade da conclusão, apenas sua possibilidade. Esse raciocínio tem grande familiaridade com o *modus operandi* da ciência: uma premissa é um conjunto de fatos ou eventos (particulares) a serem explicados; a outra é meramente uma hipótese, uma possibilidade explicativa daquele fenômeno, uma proposição condicional. A conclusão é que uma explicação possível dos fatos é aquela dada por determinada hipótese. Em termos da lógica formal aristotélica, a abdução não é válida, mas as incertezas práticas a tornam um método útil.

No direito, a abdução pode funcionar como o primeiro passo da *analogia* (BREWER, 1996): em um contexto de dúvida, formulam-se hipóteses explicativas. O que se quer explicar aqui é a relevante similaridade entre determinadas hipóteses regradas e certos fatos ou eventos não regrados. A hipótese de que são similares leva a uma conclusão possível (de que se lhes deve aplicar as mesmas consequências normativas). Entretanto, para reforçar a plausibilidade dessa conclusão, para além de sua possibilidade, um segundo passo seria considerar outros casos e também as explicações doutrinárias e jurisprudenciais: talvez, por exemplo, a situação se afaste de uma regra que se pretendia aplicar por analogia e se aproxime ao propósito de outra regra. A hipótese da similitude será assim comprovada ou desconfirmada. No terceiro passo, poder-se-á concluir o raciocínio analógico, aplicando-se as consequências da norma prevista para uma situação específica a outra situação específica – ou seja, criando-se a regra aplicável por analogia.

Assim, a analogia quebra a visão sistemática do direito pregada pelos formalistas clássicos e que Christopher Columbus Langdell (1826-1906) procurava reproduzir por meio de seu *"método do caso"* aplicado junto aos alunos de Harvard. Para Langdell (1871, p. vi), "[o] direito, considerado como ciência, consiste de certos princípios e doutrinas", de modo que o verdadeiro jurista não é aquele que conhece todos os casos, e sim quem domina aquele conjunto estreito de explicações basilares a que a evolução lenta e gradual da prática jurídica teria chegado. As doutrinas fundamentais seriam em número reduzido, podendo ser esquematizadas didaticamente em manuais e compilações de legislação e jurisprudência. A pedagogia do caso baseava-se, assim, no pressuposto de que, ao se estudar alguns casos judiciais exemplares, seria possível inferir alguns poucos princípios gerais (isto é, conceitos primeiros) que os explicariam, revelando a uniformidade e coerência do *common law*. Ou seja, indutivamente se retornaria à construção sistemática do direito judicial. E, pela formação jurídica, se ensinariam os princípios gerais (do direito e de cada um de seus ramos) que os futuros juristas aplicariam dedutivamente para resolver os casos concretos. Por meio do ensino e da reprodução de certos "cânones" do direito e de cada um de seus ramos (BALKIN; LEVINSON, 2000) – problemas-chave, casos paradigmáticos, explicações-padrão, princípios gerais, textos clássicos etc. –, a circularidade do sistema jurídico estaria reforçada (WEINREB, 2005, p. 103-107, 139-146). Não por acaso, tal concepção foi enfrentada pelos realistas jurídicos americanos, para quem o estudo dos casos judiciais revelava, na verdade, a escolha arbitrária (política, ética, não justificável em termos estritamente jurídico-formais) de uma entre várias interpretações possíveis das regras aplicáveis.

Vejamos ainda outra contribuição da filosofia pragmatista para a elucidação do raciocínio jurídico. John Dewey (1859-1952), que identificou sua filosofia como "instrumentalismo", definiu que a racionalidade, o *juízo sobre meios e fins*, substitui a remissão a algum valor absoluto ou a dogmas morais gerais dos quais poderiam ser "deduzidas" aplicações particulares. De fato, meios e fins são interdependentes; os meios só são justificáveis em vista dos fins e os fins necessitam de sua própria justificação. Mas então, no *raciocínio instrumental*, é preciso distinguir, de um lado, o fim declarado (a finalidade em vista da qual se justifica o emprego de tais ou quais meios, a ideia das consequências); de outro, a análise empírica, independentemente das crenças subjetivas, dos resultados realmente produzidos ou produzíveis por aqueles meios, a função verificada ou verificável (DEWEY, 1964 [1938]). Havendo um *continuum* entre meios e fins, meios até então inexistentes para a realização de um fim precisam ser imaginados; essa antecipação imaginária transforma o próprio sentido do fim, posicionado os meios e fins anteriormente disponíveis como meras "aproximações imperfeitas"; daí que o meio só satisfaça ao fim alterando-o (RODRIGUEZ, 2016, p. 132).

Assim, por exemplo, o raciocínio jurídico prático trata não tanto de como chegar a conclusões, mas, sobretudo, de como justificá-las. A lógica intervém como ferramenta experimental e flexível para encontrar normas gerais e descrever fatos particulares que sirvam como premissas para uma conclusão que pode haver sido vagamente antecipada (às vezes ao lado de soluções rivais possíveis) (DEWEY, 1924, p. 22-24).

> (...) a ação segue-se a uma decisão, e a decisão é o resultado de pesquisa, comparação de alternativas, sopesamento de fatos; deliberação ou pensamento intervieram. Considerações que têm peso no atingimento da conclusão sobre o que deve ser feito, ou que são empregadas para justificá-lo quando houver questionamento, são chamadas "razões". Se são formuladas em termos suficientemente gerais, são "princípios". Quando a operação é formulada de maneira compacta, a decisão é chamada de conclusão, e as considerações que levaram a ela são chamadas de premissas. (DEWEY, 1924, p. 17)

Ao contrário da certeza pretendida pelo formalismo, ao representar a tomada de decisão jurídica como um procedimento perfeito de subsunção do fato à norma e dedução da decisão, a questão agora se torna como "preencher" o *silogismo*, como construir, formular, formalizar as premissas normativas (a regra aplicável ao caso) e cognitivas (os fatos relevantes) a informarem uma conclusão justificada – tipicamente, uma norma individual e concreta. A premissa maior no direito não é uma lei científica, mas justamente a regra para o caso.

> O "universal" afirmado na premissa maior não está fora de casos particulares nem lhes é antecedente; tampouco é a seleção de algo encontrado em uma variedade de casos. É a indicação do modo único de tratar casos para certos propósitos ou consequências, a despeito de sua diversidade. Portanto, seu sentido e valor estão sujeitos a pesquisa e revisão à luz do que acontece, de quais são as consequências (...).
>
> Como questão empírica, as pessoas não começam pensando a partir de premissas. Começam com algum caso complicado e confuso, que aparentemente admite modos alternativos de tratamento e solução. As premissas apenas emergem gradualmente da análise da situação total. O problema não é tirar uma conclusão a partir de dadas premissas (...). O problema é *encontrar* formulações, de princípio geral e de fatos particulares, que sejam dignas de servirem como premissas. (...) Em lógica estrita, a conclusão não segue das premissas; conclusões e premissas são duas formas de formular a mesma coisa. (DEWEY, 1924, p. 22-23, destaque no original)

Se é "importante que as regras de direito devam formar sistemas lógicos generalizados tanto quanto possível", com cada ramo do direito tendo sua multiplicidade de regras, doutrinas e decisões judiciais reduzida a alguns princípios gerais, tudo isso é instrumental ao propósito de aplicação do direito, de decidir casos específicos; também a lógica é um instrumento para formalizar materiais normativos e probatórios coletados e a série de dados pesquisados para resolver um caso (DEWEY, 1924, p. 19).

Assim, assumindo uma posição realista, torna-se impossível separar o que o direito é de como ele funciona. Não há sentido em dizer "a norma é boa, o problema é a eficácia" ou "a aplicação". O desenho e a criação das normas, assim como sua interpretação e aplicação, integram o modo de operação do direito. "Dado arranjo jurídico *é* o que ele *faz* (...)" (DEWEY, 1988 [1941], p. 118, destaques no original). A filosofia do direito de Dewey centra-se na conexão entre, de um lado, a relação instrumental entre meios e fins que marca a racionalidade da ação humana e, de outro, o valor e o método da democracia na construção das instituições sociais (ver FARALLI, 1990 [1988]).

Afinado a tal entendimento pragmatista, um dos focos de esforço teórico dos realistas foi a crítica à atribuição fixa de conteúdos a conceitos tradicionalmente manejados como continentes de "naturezas jurídicas" invariáveis, substâncias ou essências. Nessa linha, Felix Cohen (1935) foi pioneiro na proposição e sistematização de um método que chamou de *abordagem funcional do direito*. Cohen apresentou uma espécie de crítica funcional e pragmática ao formalismo logicista dos práticos do direito. Coisificando palavras como "propriedade" e "devido processo legal", a prática judicial sofreria de uma espécie de alienação, negando-se a reconhecer-se como produtora, ela mesma, do sentido dos conceitos jurídicos e deixando de admitir que tais conceitos são apenas ferramentas de linguagem, memória e raciocínio, meros instrumentos para a consideração de argumentos de fundo ético e para a avaliação de evidências empíricas.

A crítica diz respeito aqui ao caráter circular e tautológico dos raciocínios judiciais, que pretendiam considerar apenas uma relação lógico-dedutiva entre conceitos doutrinários e máximas de tradição, excluindo de seu horizonte os fatos e razões sociais, as justificativas morais, econômicas ou políticas envolvidas na matéria sob julgamento, bem como os efeitos sociais, políticos, econômicos que a decisão judicial neste ou naquele sentido poderia produzir.

Uma abordagem funcional do direito, ao contrário, volta-se a erradicar conceitos que não podem ser traduzidos em termos de experiência verificável (mas por meio dos quais se costuma decidir, com consequências concretas) e a dispensar controvérsias sem sentido; em termos positivos, a visão funcional procura redefinir conceitos contextualmente, iluminando os fatos mal traduzidos em ficções conceituais e redefinindo-os em termos de suas implicações e consequências.

Além de enfatizar a incerteza e indeterminação da interpretação jurídica, os realistas puseram em xeque a univocidade dos conceitos e instituições estruturantes do direito contemporâneo. Havia no formalismo jurídico, ainda, uma visão dos direitos e da interpretação jurídica lastreada em pressupostos sobre a ordem social. Direitos eram analisados sob o prisma das relações jurídicas. Elas eram concebidas como o campo das relações de coordenação pura entre sujeitos livres e iguais, cujo complemento e garantidor seria a ordem constitucional pela qual o Estado balizasse as regras mínimas para a garantia da confiança nessas relações. O pressuposto é que haveria uma ordem natural do mercado e da política, uma moralidade imanente encarnada no corpo do direito: nos materiais das leis, jurisprudência, costume. Ao direito caberia regular tal ordem moral em detalhe e policiar a fronteira entre a liberdade privada e sua moldura politicamente definida.[25]

Na linha do formalismo clássico, o *direito privado* do contrato e da propriedade era tido como distributivamente neutro e o verdadeiro protagonista; pelas relações jurídicas interindividuais, os homens exercitariam sua liberdade com o mínimo de coação – utilizando discretamente a ameaça da violência estatal. Os direitos constitucionais serviriam para abrir esse espaço para o exercício da liberdade. Todo o *direito público* seria suspeito, resultado de grupos que mobilizam o poder do Estado para consagrar seus interesses. O controle judicial de constitucionalidade serviria para invalidar o direito público que distorcesse essa ordem privada de coordenação. A doutrina americana da "ação estatal", que distingue entre instituições politicamente criadas e aquelas previamente dadas, serve para policiar a redistribuição de recursos e vantagens pelo Estado, cuja atividade então é vista como intervenção no curso natural da economia.

Esses pressupostos foram não só contestados teoricamente pelos realistas jurídicos (e economistas institucionais), mas também desmontados praticamente pelas crises e transformações da época. Importante agora é a referência ao contexto político: o realismo jurídico floresceu nos Estados Unidos no período entreguerras do século XX, sobretudo nas décadas de 1920 e 1930. A crise econômica foi oportunidade

---

[25] Unger (2004 [1996], p. 59-65; 2017b [1982], cap. 4), um destacado crítico do formalismo (ver *infra*, capítulo 8 e 9.5), faz tal caracterização, aceita por um notável formalista contemporâneo, Weinrib (2012 [1995], p. 23-25; 1988). Weinrib (2012 [1995]) constrói seu formalismo como uma teoria do direito privado sob a dupla influência do racionalismo antigo (aristotélico, com sua teoria da justiça corretiva) e moderno (kantiano, com sua visão de autonomia e direitos individuais).

para o avanço das correntes políticas liberais progressistas e para uma reconstrução institucional de inspiração social-democrata, consolidada ao redor do *New Deal*, a série de reformas e políticas públicas posta em ação sob liderança do presidente Franklin Delano Roosevelt, que governou os Estados Unidos de 1933 a 1945. Essas reformas abrangeram, por exemplo, a institucionalização da previdência social, da organização sindical e de garantias trabalhistas (*National Labor Relations Act and Comission*), da autoridade reguladora do mercado de capitais (*Securities and Exchange Commission*, SEC), de empresas e entes públicos voltados ao desenvolvimento regional e à infraestrutura (como a *Tennessee Valley Authority*, TVA) e de políticas de crédito para o financiamento de moradia (o mercado secundário de hipotecas foi organizado por empresas garantidas pelo governo: a *Federal National Mortgage Association*, ou *Fannie Mae*, e a *Federal Home Loan Mortgage Corporation*, ou *Freddie Mac*).

Assim, a crítica à concepção formalista, que divide a produção do direito entre as regras vinculantes emanadas do Estado, a discricionariedade da administração pública e um âmbito de ordenação privada garantido pela autonomia da vontade, resultou concretamente na solução de um *Estado regulador*, centrado em torno de *agências administrativas* com corpo de técnicos especializados, blindados da disputa político-partidária e com capacidades autoexecutórias na elaboração e implementação de políticas públicas (STEWART; SUNSTEIN, 1982).

Embora houvesse um descompasso entre o corpo teórico dos realistas – então dedicado massivamente a problemas de direito privado – e as necessidades do novo governo reformista – demandante de uma reconstrução das instituições de direito público –, muitos dos teóricos realistas e de seus discípulos assumiram cargos na administração pública federal ou a assessoraram (CURTIS, 2015). William Douglas, Thurman Arnold, Jerome Frank, James Landis, Felix Cohen e Herman Oliphant, entre outros juristas associados ao realismo, assumiram cargos governamentais durante o *New Deal*. Outros, como Roscoe Pound, passaram a criticar a emergência do "*Estado administrativo*", com a erosão do direito guardado pelas cortes. Os conflitos entre as inovações postas em ação pelo Congresso e pelo Executivo e as reações do Judiciário, tachado então de formalista, marcaram a posição dos realistas em favor da *deferência e autocontenção judicial* como parâmetros democráticos do controle de constitucionalidade. A intepretação do direito deveria seguir as políticas públicas definidas pelo governo. Este, por sua vez, deveria experimentar na execução de seus programas.

2.6.2 Certeza *versus* indeterminação interpretativa

Como vimos, o século XIX foi marcado por amplos movimentos de codificação do direito privado nos países de *civil law* e por uma busca de certeza no raciocínio judicial visando à uniformização de precedentes, sobretudo nos países de *common law*. As teorias do direito que refletiam tal prática e a influenciavam concebiam o direito como sistema unitário, coerente e completo de proposições normativas. Identificavam-no à ordem jurídica nacional. Resumiam-no às normas positivadas pelo Legislativo ou jurisprudencialmente elucidadas pelas cortes. Procuravam diferenciar estritamente a criação política do direito de sua interpretação jurídica. Para isso, à separação orgânica de Poderes deveria corresponder uma distância marcada entre, de um lado, os conflitos ideológicos dos quais decorriam as opções legislativas e, de outro, a aplicação técnica das normas jurídicas pela burocracia, sobretudo judiciária. Do postulado de que cada norma ganha sua juridicidade por pertencer a um sistema coerente e completo decorrem técnicas para resolver eventuais conflitos e antinomias aparentes, bastando para a solução de casos concretos a subsunção dos fatos relevantes às normas gerais. Por um raciocínio dedutivo, estritamente lógico-formal, seria possível inferir proposições logicamente inferiores (a solução judicial) de proposições logicamente superiores (a regra legislativa ou a prévia razão de decidir jurisprudencial, o *dispositivo da sentença: holding*). As regras seriam programas decisórios suficientes para constranger racionalmente a tomada de decisões, explicitando claramente suas hipóteses de incidência e consequências normativas. Ainda, cada conceito jurídico – como propriedade, contrato ou separação de Poderes – seria determinado por um conjunto inerente de regras e doutrinas que explicitariam seus contextos de aplicação, natureza e efeitos jurídicos.

Tal visão do direito foi identificada como *formalismo doutrinário*. Nos Estados Unidos, o formalismo também se desenvolveu, em autores como Joseph Story e Christopher Columbus Langdell (ver o balanço crítico de HORWITZ, 1977, cap. 8). Ganhou vida, sobretudo, na forma de uma visão normativa sobre o papel das cortes – e, portanto, de uma prática jurisprudencial. Aqui, a deferência às regras, a noção de conteúdos inerentes a institutos como a liberdade de contrato, o devido processo ou a proteção da propriedade e a visão do raciocínio jurídico como dedução lógica aliaram-se a uma ideologia judicial que atribuía às cortes o papel de preservar os direitos privados contra intervenções redistributivas do Estado. O exemplo jurisprudencial paradigmático do formalismo é o caso *Lochner v. New York* (1905), no qual a Suprema Corte dos Estados Unidos considerou inconstitucional uma lei que limitava a jornada de trabalho diária e semanal dos padeiros. A inconstitucionalidade foi justificada como decorrência necessária, natural e inerente da liberdade de contrato implícita na cláusula constitucional do "devido processo".

Um precursor do realismo, antes de essa tendência teórica se constituir, veio justamente da Suprema Corte: era o juiz Oliver Wendell Holmes Jr., crítico do formalismo jurídico e do liberalismo conservador de seus pares. Em voto dissidente no caso *Lochner*, Holmes cravou que a décima quarta emenda à constituição americana (ratificada após a guerra de secessão, em 1868, e garantidora do "devido processo" e da "igual proteção de todos pela lei") não significava simplesmente a ratificação da *Estática Social* de Herbert Spencer (1820-1903) – ou seja, a opção por uma visão de interferência mínima do Estado e de desprezo pelos mais fracos (implicações do "darwinismo social" libertário associado a Spencer). Isso não poderia ser defendido, como pretendiam os formalistas, como decorrência inevitável do texto constitucional. A opção de invalidar as leis de proteção laboral era uma escolha política arbitrária, manifestação de uma postura ativista da Suprema Corte.

Relativizando o papel das regras postas na determinação das sentenças, Holmes afirmara que, para conhecer o direito, e apenas ele, "você deve observá-lo como um homem mau, que se importa apenas com as consequências materiais que tal conhecimento lhe possibilita predizer, e não como um homem bom, que encontra suas razões de conduta dentro ou fora do direito, nas sanções ainda mais vagas da consciência" (HOLMES JR., 1897, p. 459). Assim, como já mencionado, o direito consistiria em "profecias sobre o que as cortes farão de fato" (HOLMES JR., 1897, p. 461). Nas palavras de outro realista, Felix Cohen (1935, p. 840), "[l]avado em ácido cínico, cada problema jurídico pode então ser interpretado como uma questão concernente ao comportamento positivo de juízes".

Em sua obra magna sobre *O common law*, Holmes fixou de início o espírito geral do antiformalismo jurídico de seu tempo e as linhas mestras da futura crítica realista no século XX.

> A vida do direito não tem sido lógica: tem sido experiência. As necessidades sentidas na época, as teorias morais e políticas prevalecentes, as intuições de políticas públicas, declaradas ou inconscientes, mesmo os preconceitos que os juízes compartilham com seus semelhantes, determinaram muito mais do que o silogismo as regras pelas quais os homens devem ser governados. O direito corporifica a história do desenvolvimento de uma nação ao longo de muitos séculos e não pode ser tratado como se contivesse apenas os axiomas e corolários de um livro de matemática. Para saber o que é, devemos saber o que foi e o que tende a se tornar. Devemos consultar alternadamente a história e as teorias legislativas existentes. Mas o trabalho mais difícil será entender a combinação dos dois em novos produtos em cada estágio. A substância do direito em qualquer dado momento corresponde aproximadamente, até onde vai, ao que é então entendido como conveniente; mas sua forma e mecanismo, e o grau em que é capaz de produzir os resultados desejados, dependem muito de seu passado. (HOLMES JR., 2009 [1881], p. 3-4)

Na visão de Dewey (1924, p. 21), ao contrapor lógica e experiência, Holmes atacou o silogismo como referência a uma "lógica de rígida demonstração, e não de busca e descoberta"; o direito de fato não é produto de "uma lógica de formas fixas", e sim de "métodos de atingir decisões inteligentes em situações concretas ou de métodos empregados para resolver questões disputadas em nome do interesse público e duradouro". O silogismo, porém, apenas apresenta os resultados do raciocínio, e não a operação do pensamento; na lógica experimental (e não meramente demonstrativa) que marca o direito, a premissa maior do silogismo é formada por princípios gerais (isto é, generalizações) que funcionam como "formulações sobre modos genéricos pelos quais se achou útil tratar casos concretos" – isto é, como regras (DEWEY, 1924, p. 22).

Os diversos atributos do formalismo jurídico foram atacados por autores que vieram a ser identificados sob o rótulo de "realistas" (exceto a noção de monismo jurídico, pois o direito continuou a ser identificado pelos realistas basicamente como uma ordem estatal). Essa concepção de "realismo" pouco tem a ver com o conceito filosófico, metafísico de realismo, que assevera a existência em si das coisas no mundo independentemente das percepções, das linguagens e dos esquemas interpretativos. "*Realismo*", no sentido do movimento jurídico, diz respeito mais estritamente a uma concepção cética sobre a determinabilidade do raciocínio jurídico a partir de regras; positivamente, diz respeito a considerações éticas, políticas, psicológicas, sociológicas e econômicas trazidas para a análise jurídica como relevantes e mesmo determinantes para a produção e o entendimento do direito.

Nesse sentido, o realismo jurídico americano também não se identifica plenamente a outros realismos jurídicos, como o escandinavo. Aqui, o foco mais nítido foi sobre a formalização lógica dos conceitos jurídicos. Os realistas americanos em parte desenvolveram preocupações análogas sobre a linguagem jurídica (como em Hohfeld), mas, sobretudo, se notabilizaram por trazer para o raciocínio prático, doutrinário ou dogmático, considerações de *finalidade, função, consequências* e *contextos*, reconstruindo juridicamente problemas econômicos, políticos e sociais e evidenciando as soluções jurídicas alternativas decorrentes da opção por determinada política, valor ou interesse acerca dessas questões.

A imagem formalista do direito foi criticada pelos realistas sob diversos rótulos. Pound estereotipou-a como uma visão de teorização jurídica "mecânica". Remetia ao exemplo da prática do direito romano em sua decadência, quando "[n]ão se recorria mais a princípios para ajustar as regras aos casos. As regras estavam à mão em forma fixa e definitiva, e os casos deveriam ajustar-se às regras" (POUND, 1908, p. 607). Pound (1910, p. 34), ao enfatizar a distância entre o *"direito nos livros"* e o *"direito em ação"*, afirmava que "[a] história do pensamento jurídico não nos diz nada, a menos que conheçamos as forças sociais que permanecem por detrás dele".

Jerome Frank, que se notabilizou por advogar uma abordagem psicológica do estudo das decisões judiciais, considerava que a mera leitura dessas decisões com seus fundamentos explícitos mostrava "muito pouco sobre como os juízes chegam a suas conclusões", já que se tratava de "exposições censuradas". Palpites, pressentimentos, intuições sobre o que é justo ou adequado formam-se sob diversos estímulos e baseiam-se em estereótipos e preconcepções. A certeza sobre o processo judicial não pode ser buscada no direito formal, que permanece "silente" e "inacurado" sobre os reais fatores determinantes das decisões (FRANK, 1931, p. 545-556).

Já Karl Llewellyn (1931, p. 1252-1253) enfatizava que o direito não consistia nas normas textualizadas, mas nas próprias disputas sobre seus significados, sobre fatos e efeitos. Sumarizava três possibilidades. Primeira: a "dedução não resolve casos, apenas mostra o efeito de dada premissa". Assim, havendo "uma premissa", isto é, uma norma válida "concorrente, mas igualmente autoritativa que leva a uma conclusão diferente – então há uma escolha no caso (...)". Segunda possibilidade: se há várias induções possíveis a partir de um caso ou série de casos e se as técnicas para interpretar precedentes podem tanto restringir quanto estender seu significado, há enorme margem para interpretar os precedentes. Terceiro fator: se a classificação dos fatos, para a subsunção a normas, é "um processo amplamente arbitrário", não havendo uma classificação correta e fechada, mesmo o pensamento dedutivo não é capaz de levar a uma conclusão unívoca.

Já para Cohen, "a lógica elementar nos ensina que cada decisão jurídica e cada conjunto finito de decisões podem ser subsumidos a um número infinito de diferentes regras gerais"; e completava: "da mesma forma como um número infinito de curvas diferentes pode ser traçado a partir de qualquer ponto ou coleção finita de pontos" (COHEN, 1931, p. 216). Assim também, se seguirmos estritamente a lógica, pode haver decisões fundadas em diferentes regras, igualmente coerentes com as decisões passadas. Os realistas afirmaram, portanto, que a decidibilidade jurídica está constrangida a optar entre interpretações alternativas igualmente justificadas pelo corpo de direito aplicável. Regras formais precisam ser referidas a valores materiais e as próprias regras jurídicas já formalizadas são também expressões de políticas públicas; portanto, de escolhas éticas. Na aplicação judicial ou administrativa do direito, portanto, seria melhor que as autoridades explicitassem e argumentassem publicamente sobre essas escolhas, em vez de simplesmente imporem sua posição arbitrária, como se fosse decorrência lógica inevitável dos textos de lei ou dos precedentes.

Finalmente, Benjamin Cardozo admitia que, em casos difíceis, os juízes do *common law* de fato cumprem uma função criativa, legislando "apenas nas lacunas" e, como qualquer legislador, informando-se a partir de "experiência, estudo e reflexão" (CARDOZO, 1921, p. 113). Cardozo distinguia ao menos quatro *métodos de análise jurídica*: o método analógico, que trabalha para a indução de princípios e sua extensão a casos similares, preservando a consistência lógica; o método histórico, que se informa da origem e evolução de certa regra ou conceito; o método do costume, que ajusta as decisões às expectativas sociais generalizadas; e o método sociológico, que inclui considerações de equidade, utilidade e bem-estar social. Este último valor aparece como predominante: "Quero dizer que quando são chamados a dizer o quanto as regras existentes devem ser estendidas ou restringidas, devem deixar o bem-estar da sociedade fixar a trajetória, sua direção e sua distância" (CARDOZO, 1921, p. 67).

Por um lado, tem-se no problema da *indeterminação interpretativa do direito* uma questão de linguagem. Mas, por outro lado, o formalismo depende da pressuposição de uma moldura institucional não problematizada (desde os papéis, a competência e a responsabilidade do julgador até o modelo econômico, político e social mais amplo, em que se insere a questão sob seu julgamento). Por isso, os céticos representam a decisão jurídica como determinada, no fundo, por razões tácitas indizíveis – e não por aquelas explicitadas na motivação das sentenças – ou aludem a razões alternativas, que poderiam também ser encontradas no mesmo corpo de direito positivo e igualmente expressas nas sentenças, para justificar decisão em sentido diverso. Os céticos – realistas ou críticos – entendem que a certeza do significado das normas jurídicas só pode ser dada pelos pressupostos institucionais e ideológicos que gravitam em seu entorno, incluindo considerações de propósitos, procedimentos e, mais amplamente, hipóteses ou dogmas avaliativos e empíricos, sobretudo tácitos.

Por exemplo (POUND, 1923, p. 653-654), a prevalência da "liberdade de contrato" sobre a "legislação social" pode ser vista como uma exigência da "natureza do governo livre", como uma idealização de dada tradição institucional nacional. E então juízes podem assumir que "o Estado que governa melhor é o que governa menos". Mas esse pressuposto ideológico de fundo pode ser descrito como uma semântica que toma seu significado da estrutura de uma sociedade agrícola, "que precisa de pouco controle social". Conforme a economia política muda para uma sociedade urbana e industrial, a estrutura subjacente mina a semântica da sociedade livre e o que é tomado como seus "requisitos" normativos. Como observou Pound (1923, p. 654), "[q]uando tais figuras ideais adquiriram certa firmeza na tradição judicial e profissional, elas são parte do 'direito' tanto quanto os preceitos jurídicos". Era precisamente esse tipo de pressuposto político que os proponentes da visão da indeterminação queriam criticar. Menos uma questão de incomunicabilidade e indeterminação da linguagem e mais uma crítica da própria moldura institucional e ideológica sob a qual ocorre a interpretação jurídica.

Assim, o realismo jurídico foi capaz de "desmistificar" a univocidade dos conceitos e os pressupostos sistemáticos da interpretação jurídica. A revelação da indeterminação – a dependência das decisões jurídicas em relação a juízos de valor não regrados – recomendou aos realistas (como Roscoe Pound e Jerome Frank) e a seus antecessores (como os juízes da Suprema Corte Holmes, Brandeis e Frankfurter) velar pela autocontenção judicial e deferência à política e à legislação, em combate ao *ativismo judicial* que, à luz do formalismo dos direitos privados entrincheirados na constituição, havia julgado como inconstitucionais as medidas estruturantes do Estado social – como paradigmaticamente expresso no caso *Lochner v. New York* (1905) (SOLAR CAYÓN, 2002, p. 135-153).[26] Thayer (1893, p. 135) já enfatizava que o escopo do Poder Judiciário era determinar, para fins da específica questão controversa sob seu juízo, se dado exercício de poder era proibido pela constituição. "Ao fazê-lo, a corte deveria cumprir sua tarefa sem privar outro departamento de seu poder próprio ou limitá-lo dentro do alcance próprio de sua discricionariedade." Assim, quando apresentadas na arena judicial, essas questões constitucionais não demandam um juízo amplo, mas apenas a consideração de se a opção tomada politicamente recai dentro "daquela ampla margem de consideração que (...) cabe apenas no juízo prático de um corpo legislativo". Dentro daquela margem, a legislação ou a reforma constitucional "devem ser autorizadas a ter livre curso". Sobre as opções tomadas pelo legislador, o juiz não deve interferir.

Entretanto, após os embates entre o governo e o Judiciário ao tempo do *New Deal*, as próprias cortes passaram a adotar uma postura ativista progressista, particularmente entre as décadas de 1950 e 1970 (sobretudo quando a Suprema Corte esteve sob a presidência do juiz Warren; ver HORWITZ, 1999). Com o movimento dos direitos civis, o aumento exponencial de ações coletivas (*class actions*), o desenho de novos remédios jurisdicionais e a estruturação de uma litigância de interesse público, juízes passaram a redesenhar distritos eleitorais, a intervir em hospitais e instituições de tratamento de doenças mentais, a desmontar as práticas de segregação racial nas escolas e a desmembrar monopólios. Um dos preços dessa prática foi inflacionar o papel do Judiciário, canalizando juridicamente demandas mais amplas de reforma social que não encontravam encaminhamento no sistema político. O ativismo passou então a se basear justamente no antiformalismo, ao contrário do que se dava no contexto do século XIX e início do século XX. Desde então, conforme os ciclos eleitorais, a Suprema Corte também veio a ser dominada por maiorias mais progressistas ou mais conservadoras, mais ativistas ou mais deferentes aos Poderes políticos.

2.6.3 Um balanço

O realismo jurídico americano procurou refinar o raciocínio jurídico, substituindo a crença no significado fixo de conceitos pelo cuidado, no processo interpretativo, com os contextos, usos e finalidades atribuíveis às normas em questão. Entretanto, a formulação

---

[26] O controle judicial de constitucionalidade nos Estados Unidos só veio a se rotinizar muito depois do paradigmático caso *Marbury v. Madison*, de 1803. Durante cinco décadas a Suprema Corte se absteve de aplicar a "lógica" do juiz Marshall para invalidar a legislação federal, o que só veio a fazer no desastroso caso *Dred Scott v. Sandford* (1857), em que o tribunal negou a competência do Congresso para proibir a escravidão nos territórios federais e firmou o entendimento de que descendentes dos escravos africanos importados ao país, mesmo que já fossem libertos, não poderiam gozar da proteção da cidadania, da constituição e do Judiciário dos Estados Unidos. A guerra civil americana teve como controvérsia central o problema da escravidão, e culminou com a décima quarta emenda à Constituição em 1868, que previu a cláusula da "proteção igual". Entretanto, em 1896, no caso *Plessy v. Ferguson*, a Suprema Corte interpretou que tal cláusula era compatível com a segregação racial, segundo o mote "separados, mas iguais". Só na década de 1950 essa interpretação foi superada. Antes, nos anos 1930, a oposição da Suprema Corte às medidas do *New Deal* de Roosevelt haviam levado o presidente a declarar que era preciso "salvar a Constituição da Corte, e a Corte dela mesma". Naquele tempo, houve intenso embate político e tentativas de mudar as regras de composição do tribunal.

do juízo em ambientes judiciais ou análogos foi apenas uma das preocupações dos realistas. Outra abertura fundamental desdobrou-se na *reforma do direito* e na formulação e avaliação de arranjos institucionais, a partir da decomposição de conceitos como o de propriedade, coerção, mercado e contrato. Por exemplo, um dos trabalhos fundamentais tanto do realismo jurídico americano quanto da ("velha") economia institucional – e, ainda, do *New Deal* – foi o livro de Berle e Means (1932) sobre a transformação na noção de propriedade privada a partir do advento da grande sociedade anônima (ver AMATO, 2022, cap. 2).

Os legados mais persistentes do realismo jurídico, no contexto da formação e do pensamento jurídico estadunidense, foram a abertura metodológica *interdisciplinar* do campo jurídico e a correlação entre formas jurídicas e *políticas públicas*. Mais que um método ou uma teoria, os realistas propuseram transformar o próprio direito, criando instituições mais responsivas às demandas coletivas e à solução de problemas políticos, econômicos e sociais (KAGAN, 2001, p. xvi-xxii). Na prática, ao posicionar o direito sempre como realização de políticas públicas, o realismo inspirou uma ampliação do escopo dos procedimentos jurídicos. Se os formalistas do século XIX e início do século XX eram ativistas – no sentido de bloquear as medidas do Estado social em nome do privatismo liberal e da certeza das regras –, os realistas propugnavam a deferência judicial aos Poderes políticos. Afinal, se os textos normativos são polissêmicos e a determinação de seu sentido implica juízos de valor e interesse, melhor conferir ampla margem aos Poderes políticos, democraticamente legitimados, para que façam tais juízos.

No ensino (ver FERREIRA, 2012; TWINING, 2012 [1973]), os realistas criticaram o foco exclusivo no "*método do caso*" (instaurado por Langdell, formalista jurídico clássico) e o treinamento centrado no manejo retórico dos princípios, regras, preceitos e conceitos de curso comum no discurso de certa tradição jurídica (no caso, a estadunidense). Para Langdell, a partir de uma série de casos exemplares, seria possível aos alunos entrar em contato com as doutrinas e conceitos principais de cada ramo do direito, construindo uma visão sistemática e abrangente a partir de disputas concretas paradigmáticas. A ciência do direito teria por objeto a leitura de livros impressos, textos normativos e decisões judiciais.

Já os realistas pretenderam incluir nos currículos novos temas e abordagens: direito comparado, os grandes sistemas jurídicos, a crítica do direito posto, a atividade legislativa, as profissões jurídicas e os fatos políticos, econômicos e sociais. Propuseram combinar a formação prática à pesquisa jurídica em termos rigorosamente científicos, identificados à época com os métodos empíricos e experimentais. Defendiam a necessidade de se formar profissionais aptos a praticar o direito em suas diversas arenas (não só tribunais, juízes e advogados forenses) e com seus respectivos métodos e competências de solução de problemas.

Esse movimento intelectual trouxe também contribuições específicas que permanecem de grande relevância para a pesquisa jurídica. Destacamos, nesse sentido, concepções que desenvolveram uma visão do direito para além da tarefa de aplicação de normas (esta focalizada pela crítica da indeterminação interpretativa e pela proposta de raciocínios finalísticos com base em valores, princípios ou políticas).

Uma manifestação ampliativa sobre o escopo jurídico dentro do cânone realista é a ideia de Pound (1942, p. 64) do direito como uma "*engenharia social*" voltada a harmonizar interesses conflitantes e demandas por recursos escassos. Seu ponto de partida é que "a tarefa da ordem jurídica" não é mais apenas "ajustar o exercício de vontades livres", e sim "satisfazer desejos, dos quais o livre exercício da vontade não é mais que um" (POUND, 1943, p. 1). Em outros termos, o jurista, como engenheiro social, organiza interesses colidentes – interesses individuais, públicos e sociais. Em vista disso, o jurista pode ter de analisar se cabe ou não limitar um interesse diante de outros, em certas situações e diante do atual cenário social.

A concepção de uma *teoria do direito sociológica* (*sociological jurisprudence*) de Pound expressa esse intento de uma perspectiva não meramente descritiva (sociológica ou psicológica positiva, empírica), mas que integrasse a pesquisa e a reflexão sociológicas aos problemas doutrinários e práticos do direito. De fato, ele convocava os professores a ensinar o direito "no espírito e do ponto de vista da atual aprendizagem política, econômica e sociológica" (POUND, 1907, p. 615).

Está aí uma das bases do desenvolvimento da sociologia jurídica empírica, cujo marco institucional é a fundação da *Law and Society Association* em 1964. Por vezes, esses estudos sociológicos empíricos tiveram pretensões de guiar reformas jurídicas, inclusive nos países do então chamado "Terceiro Mundo" – aí se inserirão os projetos de "direito e desenvolvimento" financiados pelo governo e por fundações privadas americanas (FRIEDMAN, 1986; TRUBEK, 1990).

Todavia, o legado realista foi retomado por autores preocupados em realizar uma crítica política dentro do discurso jurídico doutrinário, em seus diversos ramos e institutos. A partir dos anos 1970, o movimento de Estudos Críticos do Direito (*critical legal studies*) acabou por aprofundar a tese realista cética sobre a determinabilidade das regras como constrangimento textual à interpretação jurídica – ou seja, a tese da *indeterminação interpretativa do direito*. Os realistas haviam se voltado contra o formalismo ao apontarem as aberturas que o raciocínio de aplicação de regras dava a juízos de valores e interesses, a escolhas éticas ou políticas, necessárias para se decidir entre soluções divergentes justificáveis por um mesmo corpo de direito (regras e princípios, doutrinas e jurisprudência). Já os alvos dos críticos foram aqueles que, assumindo a necessidade de escolhas morais para a definição das soluções jurídicas, procuravam fornecer parâmetros, de algum modo ancorados no direito posto e de outra parte elaborados por teorias normativas (filosóficas), para estreitar o campo das decisões justificáveis. Os críticos, em sua versão mais popular, formularam a concepção de que a indeterminação na aplicação do direito se reproduz nos diversos níveis – conflitos entre regras, colisões de princípios, mas também oposição entre diferentes critérios ou teorias substantivas –, sendo sempre operante uma escolha ideológica.

A indeterminação radical sugerida por parte da crítica jurídica (que herda e radicaliza filosoficamente a tradição realista; ver *infra*, capítulo 8) observa o direito como matéria amorfa de contradições e desvios que poderiam ser mobilizados instrumentalmente ou cuja escolha é de algum modo sobredeterminada pela condição de classe, gênero e etnia do intérprete (antecipando a tese da determinação classista e de que não há, portanto, princípios neutros de justiça, ver BURDICK, 1912). Não se trata, porém, de uma explicação meramente sociológica/empirista do comportamento decisório dos juízes. A questão é que os conflitos sociais reentram o direito, tornando-o intrinsecamente contraditório e politicamente disputável. Portanto, de um lado, para um crítico cético, a indeterminação é reproduzida quando se passa de regras em conflito para níveis mais abstratos – propósitos e doutrinas colidentes, até debates políticos gerais e ideologias. Aí não há uma diferença qualitativa entre raciocínio jurídico e outros tipos de argumentação (KENNEDY, 1979, p. 360).

De outro lado, para racionalistas idealistas como Dworkin (ver *infra*, capítulo 6), a indeterminação é também reproduzida no nível ideal dos princípios, propósitos e políticas, mas o argumento jurídico não atinge o livre debate político de preferências valorativas subjetivas, porque é possível chegar a um equilíbrio racional coerente dentro dos ideais jurídicos – a moralidade institucionalizada do próprio direito. Esse véu de integridade permitiria se chegar a um sentido objetivo de unidade de valor e evitaria a desintegração da argumentação jurídica na volatilidade das preferências subjetivas. Para os céticos, porém, continua a tratar-se de uma escolha, se não arbitrária, ao menos polêmica e contingente.

Os realistas lideraram um sério ataque à concepção de objetividade no direito – já que escolhas valorativas, finalísticas e políticas são mais controversas que a mera aplicação de regras estritamente delimitadas em seus antecedentes e consequentes normativos; e, ademais, mesmo que se consiga delimitar a finalidade ou o valor privilegiado por determinado dispositivo legal, regulamento ou precedente, é difícil que a concretização daquela escolha moral implique apenas uma solução em determinado caso (TUSHNET, 1981). Assim, a tentativa de idealizar o direito por referência a um corpo moral fechado tampouco elimina o problema da indeterminação apresentado pelos realistas em seu ataque ao formalismo jurídico.

CAPÍTULO 3

O POSITIVISMO ANALÍTICO NORMATIVISTA DE HANS KELSEN

> *(...) há que se ter o máximo cuidado com aquilo que se julga saber, porque por detrás se encontra escondida uma cadeia interminável de incógnitas, a última das quais, provavelmente, não terá solução. (...)*
>
> *Desenhe um quadrado no chão (...) e coloque-se lá dentro, no espaço delimitado pelos lados do quadrado confio em si, mas fora dele não tenho mais confiança que em mim mesmo, a sua investigação é o quadrado, contente-se com ele e com ela (...).*
>
> (SARAMAGO, 2014a [2004], p. 721, 658)

Embora ganhe sua formulação última na década de 1960, o espírito do "positivismo analítico" encontra-se nas décadas anteriores, seja em suas influências intelectuais, seja na pretensão de garantir a especificidade do direito em meio ao denso conflito ideológico daqueles tempos: primeiro, o período entre as duas guerras mundiais do século XX (nesse contexto é publicada a primeira edição da *Teoria pura do direito* do austríaco Hans Kelsen, em 1934); depois, a restabilização da ordem liberal-democrática e do Estado social nas décadas subsequentes à Segunda Guerra Mundial. É nesse cenário, como semântica jurídica correspondente a tal estrutura social, que surge em 1960 a segunda edição da obra magna de Kelsen e, em 1961, *O conceito de direito*, do inglês H. L. A. Hart. Ainda, entre 1957 e 1960, o italiano Norberto Bobbio (2010 [1960]) produziu um material didático que sintetizou e popularizou a concepção kelseniana de direito, explicando-a a partir de uma *Teoria da norma jurídica* e de uma *Teoria do ordenamento jurídico*. Encontramos nessas obras, datadas ao redor dos anos 1960, o edifício principal do que ainda se ensina como teoria geral do direito.[27]

---

[27] Nos anos 1970, Bobbio (2007 [1976]) passou a defender a complementaridade entre uma abordagem "estrutural" do direito – consagrada na teoria da norma e do ordenamento jurídico – e uma abordagem "funcional", que aproxima a teoria da sociologia do direito e se expressa, por exemplo, em sua visão sobre sanções negativas (punitivas) e positivas (premiais), as últimas ligadas a uma "função promocional" que o direito teria adquirido no Estado social. Para uma apreciação crítica da proposta de Bobbio, ver Amato (2017a).

Tanto Kelsen quanto Hart retomaram o projeto *positivista analítico* do século XIX (liderado por Austin): a proposta de uma teoria (geral) do direito focada em conceitos-chave e purificada de controvérsias normativas (morais, políticas) e de pesquisas empíricas (sobre a causalidade e eficácia). Kelsen mobiliza a filosofia do conhecimento kantiana para construir uma versão do positivismo pautada sobretudo pela experiência do *civil law*, isto é, do direito predominantemente legislado e codificado da tradição franco-romano-germânica. Mas Hans Kelsen (1881-1973), inicialmente professor na Universidade de Viena, era de família judaica e tinha uma visão política liberal de esquerda, professando a social-democracia (ver PIRES, 2015); perseguido pelo nazismo, acabou se transferindo para os Estados Unidos, onde terminou a carreira como professor na Universidade da Califórnia em Berkeley, período em que redigiu sua *Teoria geral do direito e do Estado* (1945) e a já mencionada segunda edição da *Teoria pura do direito*.

Em sua abordagem analítica, ao lado da filosofia kantiana e neokantiana, Kelsen foi parcialmente influenciado pela filosofia da linguagem do *"positivismo lógico"* do Círculo de Viena;[28] esses filósofos da linguagem e da ciência do início do século XX acreditavam que poderiam melhor compreender e deslindar as controvérsias especulativas representando em uma linguagem de segunda ordem, ou metalinguagem – mais formalizada simbolicamente em termos lógicos (e, eventualmente, mesmo matemáticos) – a linguagem ordinária dos usuários dos signos, eliminando assim as ambiguidades da linguagem natural.[29] Pretendiam, ainda, esvaziar o estudo científico de quaisquer referências "metafísicas" ou "ontológicas", atendo-se a definições verificáveis lógica ou empiricamente. Em linha seletivamente similar, pense-se na preocupação de Kelsen com as proposições jurídicas como construções da ciência do direito a partir dos textos normativos, e na conceituação das normas como esquemas de interpretação que dão sentido objetivo a atos de vontade subjetivos; essas normas jurídicas descritas por proposições científico-jurídicas são o elemento formal/analítico em que se decompõe o direito, definido como uma "ordem coativa" (KELSEN, 2006 [1960], cap. 1).

Além de apresentar alguns dos conceitos-chave do positivismo kelseniano, este capítulo pretende elucidar, sobretudo, as distinções precisas que conferem a identidade metodológica específica ao projeto de teoria do direito advogado por Kelsen. É nesse sentido que se alude também a contrapontos de Kelsen com outros pensadores jurídicos, contemporâneos com quem ele debateu e contra quem defendeu sua proposta teórica.

3.1 Positivismo em que sentido?

Herdeiro das preocupações com objetividade e cientificidade que marcaram a história intelectual do século XIX – ilustrada, por exemplo, pelo marxismo e pelo

---

[28] Sobre a relação de Kelsen com o "Círculo de Viena", ver Silva, Matheus P. (2019a) e Jabloner (1998). Sobre a relação entre Kelsen e Kant, ver: Kelsen; Treves (1992); Kelsen (1998 [1960]); Goyard-Fabre (1993); Paulson, S. L. (1992); Wilson (1986); Steiner (1986); Paulson, S. L.; Paulson, B. L. (1998, parte 3); Martins (2016). Sobre a influência de Kant na teoria do direito de modo geral, ver ainda Amato (2017b, cap. 2).

[29] Hart (2007a [1961], p. 45), que procurará construir uma teoria do direito com base na linguagem ordinária praticada no direito (ainda que esclarecendo e diferenciando os variados usos comuns dos termos jurídicos), diz da teoria de Kelsen, com certa ironia: "Estamos perante uma interessante e formidável teoria, que se propõe a desvendar a verdadeira e uniforme natureza do direito, latente sob uma variedade de formas e expressões comuns que a obscurecem". Para maiores paralelos entre Kelsen e Hart, ver *infra*, 4.5.

positivismo de Auguste Comte (1798-1857), que pretendia uma ciência da sociedade (sociologia) baseada em fatos observáveis e em leis históricas que os explicassem –, o positivismo jurídico nasceu sob o signo da busca pela publicidade e pelo controle racional das decisões, defendendo a sujeição à crítica da interpretação e argumentação que constituem a motivação das decisões tomadas por juízes, legisladores e outros atores, e comentadas pela doutrina.

Ao contrário dos sociólogos, porém, os teóricos positivistas do direito consideraram que o dado "positivo" ou "empírico" relevante para sua "ciência" seriam as normas postas por decisão, ou melhor: a *validade* dessas normas. Não caberia a tal estudo avaliar o conteúdo dessas normas (objeto da filosofia e das preocupações com a justiça) ou verificar seus efeitos e origem no comportamento e nas crenças (objeto da sociologia e história). Essas considerações poderiam até penetrar a doutrina ou dogmática jurídica, mas não o discurso da teoria geral do direito.

Com tal divisão disciplinar do saber e apresentando a *norma jurídica* como seu objeto por excelência e as proposições descritivas das normas como produto da ciência do direito, os positivistas adotaram uma postura *normativista* – uma "ironia epistemológica", como diz Wanda Capeller (2015), que levou a uma grande cisão entre teorias analíticas e teorias sociológicas do direito (com algumas tentativas de aproximação). Afinal, se os filósofos analíticos buscavam identificar as propriedades empíricas reais para produzir a definição dos conceitos, os teóricos do direito tiveram de se equilibrar entre uma transmutação do empírico ao normativo (o direito posto) e uma identificação sensorial de fatos sustentadores da normatividade (como o fato do poder estatal).

Há reivindicações comuns às "variedades" de positivismo jurídico (SCHAUER, 2012a), sobretudo, o argumento de que é melhor descrever o direito tal como ele é do que idealizá-lo por juízos morais; com isso, até mesmo se viabilizam a visão dos defeitos da ordem jurídica, a resistência a decisões injustas e os projetos de reforma jurídica. Mesmo apontar quando as normas positivadas esgotam seu constrangimento linguístico à justificação decisória é melhor do que pretender que juízes-filósofos estejam obrigados a fazer escolhas morais em nome de sua comunidade de jurisdicionados. Bentham e Austin, por exemplo, pregavam contra o *common law*, acreditando que a codificação do direito restringiria a arbitrariedade dos julgadores (ver LIEBERMAN, 1989, cap. 11). Como se estava lidando com uma ordem coercitiva, o controle institucional da punição e a crítica racional de sua imposição pelas autoridades eram fatores indispensáveis para a legitimação do direito e do governo perante cidadãos bem-informados de seus direitos, deveres e reponsabilidades.

Atualizando preocupações e métodos do século XIX, o positivismo jurídico consolidou-se teoricamente no século XX a partir das obras de Kelsen e Hart. Com suas variantes, são concepções de *positivismo analítico*:

(1) explicações do direito a partir da *norma posta* pelo Estado (e não de indagações metafísicas sobre a justiça ou a moralidade; daí o "positivismo"); tal estudo deveria centrar-se em descrever *como o direito é*, distinguindo tal juízo de conhecimento (pura descrição das normas válidas) da avaliação moral-política de como o direito *deveria ser*; de Austin a Kelsen e Hart, o positivismo é uma teoria *geral* do direito (para todos seus ramos e para todos os Estados), mas focaliza um caso *especial* de ordem jurídica: a ordem estatal (nacional, sendo

que os autores do século XX passam a se preocupar também com o direito internacional, concebido como ordem interestatal);

(2) explicações estas preocupadas com a lógica e a definição dos conceitos e termos da *linguagem* jurídica (daí "analítico"), e não com a explicação histórica, econômica, política ou sociológica das origens, usos ou práticas do direito.

Para Hart (2007a [1961], p. 287-288), a referência a "positivismo jurídico" é usada para indicar um conjunto de teses. Kelsen aceitaria as seguintes: (i) "que não existe uma conexão necessária entre o direito e a moral, ou entre o direito como é e o direito como devia ser"; (ii) "que a análise ou o estudo dos significados dos conceitos jurídicos" é distinta (embora não hostil) "das pesquisas históricas, das pesquisas sociológicas e da apreciação crítica do direito em termos de moral, finalidades sociais, funções etc."; (iii) "que os juízos morais não podem determinar-se, como podem as afirmações de fato, por meio de argumento racional, demonstração ou prova ('não cognitivismo na ética')". Bentham e Austin não concordariam com o último ponto. E nenhum jurista analítico – nem Bentham nem Austin, nem Kelsen nem Hart – concordaria com a tese, que lhes é frequente, mas erroneamente atribuída, "de que um sistema jurídico é um 'sistema lógico fechado' em que as decisões corretas só podem deduzir-se das regras jurídicas predeterminadas por meio de meios lógicos". Como discutimos (sobretudo no capítulo anterior), essa tese é formalista, e não positivista – embora o formalismo jurídico clássico possa ser visto como uma primeira manifestação teórica do fenômeno histórico da positivação do direito e, nessa medida, como um "protopositivismo", anterior à delimitação da tradição do positivismo analítico.

A julgar pela sua presença nas diretrizes curriculares e nos cursos efetivamente ministrados nas faculdades de direito, a teoria geral do direito de matriz positivista continua a ter uma função prática importante. Entretanto, é certo que se trata de apenas uma das concepções sobre o que é o direito – uma das vertentes de teoria do direito, portanto. Correntes teóricas anteriores e posteriores a esse "positivismo analítico" dos anos 1960 ofereceram críticas radicais e entendimentos alternativos sobre o que é o direito, como ele funciona, como estudá-lo e ensiná-lo. Por vezes se tenta incorporar algumas dessas alternativas por meio de reparos e complementos à teoria geral positivista. Entretanto, o que cada uma das diferentes escolas teóricas construiu e sugeriu foram alternativas a tal teoria – a suas definições conceituais, às técnicas de interpretação, a seu entendimento do direito, da "ciência do direito" e do próprio escopo do ensino jurídico.

3.2 Formalismo em que sentido?

Provavelmente o positivista mais radical e preciso em suas formulações, Kelsen não pode, porém, ser considerado um formalista jurídico no sentido clássico – isto é, um adepto da visão da interpretação jurídica como empreitada plenamente delimitada, em seus resultados substantivos (tipicamente, a definição da norma para o caso concreto), por um conjunto coerente e completo de regras totalmente definidas em sua linguagem. Sendo *positivista pós-realista*, Kelsen apenas consegue retomar o formalismo jurídico clássico ao reformular suas pretensões. A chave dessa reformulação está na separação entre doutrina (o discurso dos manuais, mas também dos profissionais do direito em sua prática) e teoria do direito (o discurso externo à prática, a descrição "científica" do direito).

Como analisa Rafaelle De Giorgi (2017 [1979], p. 80-93) em seu balanço crítico da evolução da teoria do direito alemã, Kelsen conclui o projeto oitocentista da "jurisprudência dos conceitos", dando agora uma base epistemológica consistente (a filosofia transcendental kantiana da *razão pura teórica*) para o entendimento do direito como um sistema abstrato autônomo, um conjunto integrado e estruturado de normas, cuja construção teórica é possível a partir da identificação ideal da *existência* (da ordem normativa e das normas que a compõem) com a *validade* (justamente a relação entre normas superiores e inferiores dessa hierarquia que é a ordem jurídica). Por meio desse postulado, a "ciência" pura do direito poderia apresentar as relações puramente *formais* de validade (uma norma é jurídica se formalmente compatível com a norma superior – isto é, se emanada conforme o método, o procedimento e a autoridade definidos na norma superior). Claro que a norma superior pode também procurar circunscrever de alguma forma o conteúdo da norma inferior (e isso pode se tornar efetivo, por exemplo, pela instituição do controle judicial de constitucionalidade das leis), mas esse é um elemento acidental, e não necessário, de toda e qualquer norma ou ordem jurídica.

A correspondência material entre norma inferior e superior é *acidental* por duas razões (KELSEN, 2006 [1960], cap. 5 e 8). Primeiro, porque pode haver normas (superiores) que simplesmente confiram um poder discricionário para determinada autoridade tomar uma decisão, criando uma norma inferior. Aliás, sempre há algum grau de discricionariedade ao se concretizar e individualizar o sentido de uma norma mais geral e abstrata. Jamais há uma única resposta correta. Até mesmo juízos morais adentram a justificação de uma decisão jurídica – e tais juízos, por extrapolarem o direito positivo, não são controláveis pela "ciência do direito", sendo uma questão de "política do direito".

Em segundo lugar, mesmo que a norma superior, em relação a sua inferior, não apenas defina a autoridade competente e o procedimento devido para validamente criá-la, mas também busque circunscrever seu conteúdo (*e.g.* como funcionam os direitos fundamentais em relação à legislação infraconstitucional ou as cláusulas pétreas em geral em relação às emendas constitucionais), não se pode subordinar a validade de uma norma inferior à correspondência ao conteúdo de uma norma superior, porque decisões são atos de vontade (tomados por autoridades) passíveis de decidirem até mesmo por uma opção interpretativa que extrapole o quadro ou a moldura das interpretações razoáveis (corretas), que poderia ser delimitado por um ato de conhecimento inclusive do cientista do direito. A correção da interpretação autêntica – da concretização da norma superior pela norma inferior que a aplica –, portanto, não se confunde com a determinação da validade da norma inferior posta. É a competência do órgão jurídico aplicador – e a aderência ao procedimento decisório definido (com seu quórum, ritos e fases) – o único critério *necessário* da validade de todo e qualquer direito positivo. A norma que proceda a tais definições formais é superior à norma posta por meio de tal autoridade e procedimento.[30]

---

[30] Similarmente, ao defender sua teoria sobre a regra de reconhecimento (ver *infra*, 4.2 e 6.3) diz Hart (2007b [1994], p. 320) que se trata de uma convenção das autoridades sobre os critérios de identificação das regras válidas,

Assim, o formalismo "analítico" de Kelsen é definido por um critério contrafático, por um postulado epistemológico da teoria, e não um atributo de seu objeto, do direito em si mesmo. A teoria constrói o direito como objeto de conhecimento; e esse direito "construído" é analiticamente reduzido a uma estrutura unitária de normas superiores e inferiores; o direito, instrumento de pacificação social pela coação, é reduzido analiticamente a uma ordem escalonada de normas válidas. Interpretações são guiadas por fatores extrajurídicos, e decisões tomadas por autoridades competentes podem inclusive adotar interpretações ruins, mas passíveis de serem reconhecidas e validadas como direito; por exemplo (KELSEN, 2006 [1960], p. 297-298), por meio de uma decisão judicial irrecorrível.

Fixa-se assim um hiato entre dois polos bem marcados: de um lado, o direito analiticamente construído pela teoria, teoria esta cujo interesse prático está apenas na metodologia para a identificação da validade jurídica; de outro lado, a prática jurídica efetiva de aplicação do direito, o discurso dogmático, dos doutrinadores ou das autoridades, com seus critérios prescritivos voltados para orientar, criticar e justificar a correta interpretação do direito. Essa cisão marca a ruptura de Kelsen com o formalismo jurídico clássico, o qual ele reiteradamente critica, em seus diversos conceitos e explicações, sob o rótulo de "teoria tradicional". A teoria geral do direito apresentada por Kelsen acaba por propor uma *ciência do direito pura e descritiva* – isto é, purificada de controvérsias normativas e empíricas –, que se afasta, assim, da dogmática jurídica impura e prescritiva – tanto do discurso doutrinário em geral quanto da motivação das decisões jurídicas (legislativas, judiciais, administrativas) específicas.

Do formalismo clássico, Kelsen retém a forma de "uma estrutura de inferência *silogística*, cuja premissa maior é dada pela referência explícita a uma norma que confere poder ou autoriza alguém (o sistema intencional cujo 'ato de vontade' é tratado como fator de produção normativo) a criar novo direito (...)" (SCHUARTZ, 2005, p. 54, destaque no original). Entretanto, não se trata de formalismo como definição da compatibilidade conteudística entre regras formais. Como a validade não implica a compatibilidade do conteúdo da norma inferior com o conteúdo da norma superior (como se aquela fosse dedução desta) – o que para Kelsen levaria a uma concepção jusnaturalista, e não positivista do direito –, Kelsen rechaça o formalismo jurídico clássico: aquela certeza no processo interpretativo, como se a concretização do sentido de uma norma fosse plenamente determinável por um processo puramente cognitivo e técnico, por um raciocínio distintamente jurídico sobre textos de normas, como postulavam os formalistas. Definir o conteúdo das normas seria, sobretudo, função de seus criadores, os legisladores; e este âmbito caberia à *"política jurídica"*, e não à ciência do direito positivo como genuína "ciência do espírito". O jurista, como "simples técnico da sociedade", não haveria de pretender, com isso, dominar a resposta sobre como resolver os conflitos sociais, isto é, qual solução jurídica dar a cada questão; no fundo, essa solução é política e, assim, haveria de ser programada pelo criador do direito. O jurista seria um intérprete

---

critérios esses "que Dworkin chama questões de *pedigree* e que se referem não ao conteúdo do direito, mas ao modo e à forma por que são criadas ou adoptadas leis"; entretanto, esses critérios também *podem* (mas não necessariamente o fazem) "fornecer testes relacionados não com o conteúdo factual das leis e sim com a sua conformidade com valores ou com princípios morais essenciais".

do que está pré-decidido no direito positivo. Esse é o credo já declarado por Kelsen no prefácio à primeira edição de sua *Teoria pura*, em 1934, mostrando seguir a limitação do âmbito da teoria do direito nos termos propostos por Austin, contra a "ciência da legislação" de Bentham. De outra parte, Kelsen afastava o jusnaturalismo ao retirar do âmbito da teoria do direito a discussão moral sobre o conteúdo e a justiça de cada norma jurídica, questão deixada a querelas filosóficas. À *ciência normativa* – de descrição das normas postas – "já não lhe importa a questão de saber como deve ser o direito, ou como deve ele ser feito. É ciência jurídica, e não política do direito" (KELSEN, 2006 [1960], p. 1).

Em suma, o método de Kelsen é formalista, mas esse mesmo método revela que seu objeto, o direito, não é plenamente determinado pelas próprias relações (formais) de validade (ver KELSEN, 2000a [1929]). No processo de tomada de decisões pela autoridade reconhecida pela norma, o intérprete não faz apenas um juízo de conhecimento (definido pela teoria do direito), mas pratica escolhas mais ou menos arbitrárias, juízos de valor, assumindo pressupostos ideológicos e empíricos informados, sobretudo, pela dogmática jurídica. Entretanto, à ciência (teoria) do direito só caberia determinar a validade da decisão, independentemente de seu conteúdo.

Em sua visão de interpretação jurídica, Kelsen aproxima-se então do sentido de indeterminação apresentado pelos realistas. O foco de sua teoria, porém, é outro: explicar o direito *como se* fosse uma estrutura (ordem jurídica) puramente determinada por seus próprios elementos (normas postas por decisão de autoridades reconhecidas pela própria ordem jurídica) – e não explicar como, de fato, empiricamente, juízes e outros juristas interpretam e aplicam o direito. O caráter *formal* do conhecimento – daí a *pureza* da teoria e de seu objeto construído (as condições de validade do direito positivo), mas não de seu objeto empírico (o direito tal qual efetivamente praticado) – apresenta aí uma explícita inspiração kantiana, de modo que se poderia dizer que Kelsen constrói seu objeto como um "tipo ideal", para usar a terminologia também neokantiana de Max Weber.

A *cisão entre descrição e prescrição* marcou não só Weber e Kelsen como também vários de seus contemporâneos, entre eles grandes teóricos da linguagem (Wittgenstein em sua primeira fase), do Estado (Heller, Jellinek) e da economia (Schumpeter).[31] Como Kelsen, Weber (1949a [1917]; 1949b [1904]) reafirmava ainda a *neutralidade científica*, pelo hiato entre descrição axiologicamente neutra e ação moralmente demandada, prática. Em seu estudo do direito natural, Leo Strauss (1953 [1949], p. 63-65) sintetiza a posição weberiana nos seguintes termos:

> Os objetos das ciências sociais são constituídos por referência a valores. Referência a valores pressupõe apreciação de valores. Tal apreciação habilita e força o cientista social a avaliar fenômenos sociais, isto é, a distinguir entre o genuíno e o espúrio e entre o elevado e o baixo: entre a religião genuína e a espúria, entre os líderes genuínos e os charlatães, entre o conhecimento e o mero folclore ou sofisma, entre virtude e vício, entre sensibilidade e obtusidade moral, entre arte e lixo, entre vitalidade e degeneração etc. A referência a valores é incompatível com a neutralidade; jamais pode ser "puramente teórica". Mas a não neutralidade não necessariamente significa aprovação; pode também significar rejeição. De fato, como os vários valores são incompatíveis uns com os outros, a aprovação de

---

[31] Para análises comparativas entre Kelsen e Weber, ver Bobbio (2008 [1992], cap. 8); Shivakumar (1996); H. Ross (2006); Bryan; Langford; McGarry (2016).

qualquer deles implica a rejeição de algum outro ou alguns outros valores. Apenas a partir dessa aceitação ou rejeição de valores, de "valores últimos", os objetos das ciências sociais tornam-se visíveis. Para o trabalho subsequente, para a análise causal desses objetos, deve ser indiferente se o estudante aceitou ou rejeitou o valor em questão.

De qualquer modo, toda a noção de Weber sobre o escopo e a função das ciências sociais repousa sobre uma premissa alegadamente demonstrável de que o conflito entre valores últimos não pode ser resolvido pela razão humana. A questão é se essa premissa foi realmente demonstrada, ou se é meramente postulada sob o impulso de uma preferência moral específica. (...) A tese de Weber de que não há solução para o conflito entre valores era então uma parte, ou consequência, da visão abrangente segundo a qual a vida humana é essencialmente um conflito inescapável. Por essa razão, "paz e felicidade universais" pareciam a ele um objetivo fantasioso ou ilegítimo. Mesmo se esse objetivo pudesse ser atingido, pensava ele, isso não seria desejável; seria a condição do "último homem que inventou a felicidade", contra quem Nietzsche dirigira sua "crítica devastadora".

Claramente, um entendimento semelhante tem implicações para uma teoria positivista que rejeite consequentemente o jusnaturalismo e sua hierarquia das virtudes (ver *supra*, 1.1). Há uma noção de comensurabilidade imperfeita, ou incomensurabilidade dos valores, que justifica o ceticismo, relativismo ou pluralismo axiológico tanto da sociologia interpretativa quanto do positivismo jurídico.

Voltando ao projeto kelseniano de reformulação do positivismo jurídico analítico: não era mais possível abordar o positivismo em seu sentido original – de comando do soberano e obediência dos súditos, sem uma fundamentação que não a própria ordem de poder (como em Austin); não era mais possível fundir teoria e doutrina, como no formalismo original, nem defender suas premissas tão estritas sobre a interpretação jurídica como construção lógica, autorreferente e autointegrada, de regras formais. A teoria do direito analítica desengatou-se da doutrina e concebeu-se como observadora científica neutra quanto a controvérsias de fato e valor. Era uma forma de garantir, ao menos, a autonomia metodológica do direito, esteio do Estado democrático de direito em meio ao pluralismo de valores de uma socialdemocracia liberal.

Quanto à interpretação, os positivistas analíticos apresentaram um formalismo mitigado, pós-realista. Em Kelsen (2006 [1960], cap. 8), não é possível à teoria delimitar a única decisão correta, pois a lógica e as regras formais conduzem o intérprete, mas o abandonam a um passo da decisão: depois de construída racionalmente (como *ato de conhecimento*) a moldura dos sentidos possíveis da norma a ser aplicada, é puro *ato de vontade* a escolha de um entre estes – ou mesmo de um sentido fora da moldura de possibilidades linguísticas dadas pelo texto normativo. Em Hart (2007a [1961], cap. 7), a inevitável "textura aberta" da linguagem em que se formulam as regras produz núcleos de certeza (casos claros de aplicabilidade ou inaplicabilidade da regra), mas também zonas de penumbra – logo, interstícios de discricionariedade, casos em que a autoridade decide com base em juízos que extrapolam os padrões normativos autoritativos (as "fontes formais") de que ela dispõe (ver *infra*, 4.3). Em Kelsen (2006 [1960], cap. 4), o direito apresenta-se como hierarquia puramente formal de normas, das quais os direitos e deveres, poderes e responsabilidades são um reflexo; em Hart (2007a [1961], cap. 5), os direitos são também reflexo da estrutura concreta do direito: a união de regras primárias e secundárias (ver também MACCORMICK, 2008a [1981], cap. 8).

Kant (1998 [1785]) afirmara que o ser humano não está submetido apenas à esfera da necessidade (das determinações genéticas ou sociais, por exemplo), mas também à esfera da liberdade, pois pelo exercício de sua própria razão é capaz de eleger cursos de ação alternativos. Nessa esfera da moralidade (abrangente tanto do direito quanto da ética), vale por isso o *imperativo categórico*, forma exemplar de universalização do juízo prático: agir apenas segundo máximas que se possa querer como leis universais (ver RAWLS, 2005 [2000], p. 165-248). Para o direito, isso implica uma orientação ao legislador: as regras que ele cria devem ser aceitáveis universalmente pelos sujeitos afetados. Por isso, o direito, assim como a ética, não se resume àqueles dados empíricos do mundo. O discurso jurídico desenvolve-se no plano do dever-ser, da normatividade, e não da empiria. Sob influência da distinção kantiana entre o reino da necessidade e o reino da liberdade, entre o ser (*Sein*) e o *dever-ser* (*Sollen*), entre a razão pura teórica e a razão prática, bem como à luz das discussões sobre a especificidade das "*ciências do espírito*" (em relação às ciências da natureza), Kelsen acabaria, portanto, por buscar a construção de uma teoria pura para o âmbito jurídico.

Entretanto, Kant colocava o direito na esfera da *razão prática*, relativa àquilo que fazemos existir por nossa própria ação, vontade e liberdade; portanto, sua filosofia do direito era a reflexão crítica de um campo normativo/moral, repartido entre o direito e a ética. Já Kelsen procurou construir uma visão do direito segundo a *razão pura teórica*, âmbito em que Kant colocava a física e seus pressupostos lógicos e matemáticos, portanto, o conhecimento exato (sobre coisas já dadas, que existem no mundo físico) e a indagação sobre suas condições de possibilidade, seus pressupostos racionais *a priori*, independentes da experiência (*transcendentais*). Para Kant, vale acrescentar, a lógica, enfim, não se dirigia ao mundo moral (da liberdade) nem ao mundo físico (da necessidade), mas às próprias leis da razão; e a metafísica voltava-se a conhecer os princípios racionais que são condições de possibilidade (transcendentais, logicamente anteriores) de qualquer experiência racional, de qualquer conhecimento objetivo do mundo.

Kelsen não quer, portanto, entender o direito como prática de avaliação, justificação e crítica de condutas e decisões (razão prática). Sua teoria do direito visa descrevê-lo como um fenômeno definido objetivamente (isto é, construído pela teoria) como uma *estrutura escalonada de normas válidas* e visa, sobretudo, discernir os pressupostos formais (racionais, logicamente anteriores à empiria) desse conceito de direito.

A descrição formal da ordem jurídica como *estrutura escalonada* (*Stufenbau*) de validação das normas inferiores por normas superiores – como sugerido a Kelsen por Merkl (ver PAULSON, S. L., 2013; SILVA, Matheus P., 2019b; CADORE, 2022) – acaba, porém, com a certeza substantiva que os racionalistas (primeiro os jusnaturalistas, depois os formalistas) pretendiam encontrar.[32] Desdenhando dessa certeza como conducente

---

[32] Como observa Delmas-Marty (2004 [1994]), enquanto do ponto de vista formal a validade da norma inferior se funda na norma superior, no processo interpretativo o conteúdo da norma superior é que depende de sua concretização de sentido pela norma inferior, dando origem a uma "hierarquia invertida": o conteúdo de uma norma superior não é absolutamente determinado, mas sim preenchido pela norma inferior (que elegeu uma das alternativas de desdobramento possíveis a partir da norma superior) – assim, a norma inferior seria, ao menos em termos materiais, tão determinante à norma supraordenada quando esta em relação à infraordenada. Tal processo de inversão da hierarquia aconteceria mesmo na decisão judicial típica, na qual "uma indeterminação da norma" geral e abstrata "remete ao nível inferior o poder de determinar esta" por meio da sentença, cujo dispositivo é uma norma individual e concreta (DELMAS-MARTY, 2004 [1994], p. 105).

a um "sistema estático" (cujo conteúdo das normas inferiores teria que ser a dedução exata da substância das normas superiores), Kelsen acabou por reconhecer a distância entre a descrição científica do direito (pela "teoria pura") e a prática argumentativa e dogmática, entre o ato de conhecimento e o ato de vontade; enfim, concedeu que a decisão autorizada pelo direito pode de fato transbordar a moldura de interpretações da norma produzidas pela descrição teórica. O racionalismo e formalismo *da teoria* positivista se descompromete, em Kelsen, da racionalidade da decisão e de sua justificação (descasando-se, assim, do formalismo jurídico). Trata-se de uma concepção formalista no sentido filosófico da crítica kantiana, mas não no estrito sentido da tradição jurídica.

3.3 Estática jurídica e dinâmica jurídica

O ponto fundamental da teoria de Kelsen é aquilo que denominou de "estática jurídica" e de "dinâmica jurídica" (KELSEN, 2006 [1960], cap. 4-5) e que Bobbio (2010 [1960]) chamou, respectivamente, de teoria da norma jurídica e do ordenamento jurídico.

Como evento natural, que ocorre no mundo físico e guarda sentido psicológico para seu agente, uma conduta não interessa ao direito; é simples "ato que se realiza no espaço e no tempo, sensorialmente perceptível, ou uma série de tais atos (...)". Tal fenômeno só passa a interessar ao direito na medida em que seja conteúdo de uma *norma jurídica*, que confere a um evento natural *sentido objetivo* de ato jurídico. O próprio "indivíduo que, atuando racionalmente, põe o ato, liga a este um determinado sentido que se exprime de qualquer modo e é entendido pelos outros"; o agente pode mesmo declarar o que seu ato quer dizer. Entretanto, juridicamente só interessa a "significação que o ato tem do ponto de vista do direito" (KELSEN, 2006 [1960], p. 2-3). Condutas só se tornam jurídicas se forem objeto de uma norma jurídica e nos termos colocados por tal norma; quanto a "fatos ou situações que não constituem conduta humana", estes só podem ser objeto de norma jurídica se forem "condições ou efeitos" dessa conduta. Relações sociais só interessam ao direito enquanto relações entre normas jurídicas. O direito há de ser focalizado, portanto, como ordem coativa que se estrutura pelo escalonamento de normas válidas. Seu conteúdo pode ser *qualquer conduta possível*, ativa ou omissiva; "uma qualquer conduta humana é preceituada, ordenada, prescrita, exigida, proibida; ou então consentida, permitida ou facultada" (KELSEN, 2006 [1960], p. 11). A conduta regulada é contingente, abrangendo todo o espectro das ações e omissões possíveis, apenas não podendo ser um comportamento impossível ou necessário. As normas podem "ordenar", "conferir poder ou competência" ou "permitir" (KELSEN, 2006 [1960], p. 16-18).

Kelsen, portanto, utiliza da filosofia da consciência kantiana para distinguir o sentido que está na mente do agente (mero sentido subjetivo) do sentido objetivo, jurídico, que é construído pelo jurista, ao interpretar aquela conduta como conteúdo de uma norma. A norma jurídica é o *"esquema de interpretação"* (KELSEN, 2006 [1960], p. 4-5) que confere sentido objetivo, jurídico, a seus conteúdos regulados. A partir do sentido interpretado de um texto normativo, constrói-se a norma; a partir da norma, faz-se uma comparação entre a conduta de fato praticada e a conduta prescrita, sendo a conduta devida a que evita a sanção prevista na norma. Independentemente do sentido subjetivo de alguém que emita um comando com determinada intenção e independentemente da probabilidade de tal ordem ser acatada, o jurista pode conhecer se tal imperativo condicional é válido e se a obediência a ele é juridicamente devida – isto é, se há um dever (no plano do *dever-ser*), seja ele cumprido ou não (no plano fático, do ser). O ato de vontade, subjetivo, só se torna objetivo nos termos de uma norma jurídica válida – isto é, se a pessoa que expressou tal vontade era alguém com competência ou poder para tal ato e o fez nos limites e segundo os meios autorizados por uma norma superior, da qual retira validade à norma inferior, que contém o referido ato de vontade.

Por analogia à teoria do conhecimento de Kant, que busca os pressupostos racionais mínimos para um conhecimento empírico e suas condições de possibilidade transcendentais, Kelsen (2006 [1960], p. 225) pergunta: "como é possível uma interpretação, não reconduzível a autoridades metajurídicas, como Deus ou a natureza, do sentido subjetivo de certos fatos como um sistema de normas jurídicas objetivamente válidas descritíveis em proposições jurídicas"? Daí que Kelsen (2006 [1960], p. 9) chegue ao "pressuposto, fundante da validade objetiva", que é uma *norma não positiva nem válida*, mas meramente especulativa e hipotética: a ficção da "*norma fundamental*" (*Grundnorm*), cujo conteúdo hipotético é tão somente o início de uma cadeia de normas positivas, a inferior sendo válida se emitida pela autoridade e conforme o método estabelecido na norma respectivamente superior. O ato de vontade da autoridade que põe a norma (decide) pressupõe uma norma (de competência) que reconheça tal autoridade, dando sentido objetivo (normativo) à sua vontade. Portanto, a norma posta tem como fundamento não o ato de vontade (ser), mas a norma superior que qualifica este ato de vontade (dever-ser). Se cada norma tem como fundamento de validade uma norma válida superior, ascendemos na estrutura escalonada do ordenamento normativo infinitamente. Para interromper essa recursividade infinita, precisamos considerar a hipótese de uma norma não posta, mas *pressuposta*. Se quisermos conhecer o direito como ordem normativa (o ponto de partida é paradoxal: um ato de vontade de conhecimento!), precisamos pressupor uma norma que constitui a unidade da pluralidade de normas e representa o *fundamento de validade* de todas as outras normas daquele ordenamento: a "norma fundamental" (KELSEN, 2006 [1960], p. 215-228).

Como todas as normas são válidas na medida em que criadas conforme a norma fundamental, segundo o modo de produção do direito nela formalmente definido, "todo e qualquer conteúdo pode ser direito" (KELSEN, 2006 [1960], p. 221). A norma fundamental funciona como "constituição no sentido lógico-jurídico", isto é, o ponto de partida do processo de criação do direito. É pressuposta quando o ato constituinte (que dá início à ordem jurídica, decide, põe a Constituição como norma positiva) é interpretado como fato produtor de normas. Enfim, ao pressupormos a norma fundamental, pressupomos também que ela prescreva que "devemos conduzir-nos como a Constituição prescreve, quer dizer, de harmonia com o sentido subjetivo do ato de vontade constituinte, de harmonia com as prescrições do autor da Constituição" (KELSEN, 2006 [1960], p. 225).

Absolutamente crucial para o positivismo kelseniano e para afastá-lo de qualquer jusnaturalismo (ou mesmo do formalismo jurídico clássico) é a distinção entre o princípio estático e o princípio dinâmico (KELSEN, 2006 [1960], p. 217-221). Em um *sistema estático*, da pressuposição de uma norma ("fundamental") com um conteúdo, poderíamos deduzir logicamente uma série de normas que serão válidas na medida em que se adéquem àquele conteúdo (*e.g.* a norma mais geral "amar ao próximo" implica a mais específica "não matar"). Como norma fundamental, hipótese da razão, esta teria de ter um conteúdo evidente e não definido por uma vontade. Entretanto, isso não é possível, pois todo conteúdo é um querer, enquanto a norma fundamental é pressuposta por um ato de conhecimento, e não de vontade.

Contra essa dedução substantiva do conteúdo da norma inferior a partir do conteúdo da norma superior, Kelsen afirma a mera *relação formal de validação*, dentro de um *sistema dinâmico*. Aqui, a norma pressuposta é meramente formal (sem conteúdo); não é um ato de vontade, mas apenas de *conhecimento*. A norma fundamental não tem "por conteúdo senão a instituição de um fato produtor de normas, a atribuição de poder a uma autoridade legisladora ou – o que significa o mesmo – uma regra que determina como devem ser criadas as normas gerais e individuais do ordenamento fundado sobre esta norma fundamental" (KELSEN, 2006 [1960], p. 219). O fundamento das normas válidas não é a correspondência ao conteúdo da norma fundamental, mas sua criação segundo a "forma determinada por meio dessa norma fundamental".

Qual seria então a *função*, ou melhor, a finalidade geral dessa estrutura semântica (isto é, uma estrutura ideal, que integra e ordena enunciados normativos)? Kelsen (1941, p. 81; 2005 [1945], p. 21-41) apresenta o direito como "técnica social específica" que visa à garantia de uma *paz relativa*. A função de toda ordem social, diz, é ordenar a reciprocidade, motivando a conduta humana para a prática ou abstenção de certos atos, respectivamente úteis ou prejudiciais à sociedade. Em vez de dispor de sanções transcendentais (como as morais e religiosas, que atuam apenas no plano da consciência), o direito ameaça desvantagens práticas ou promete recompensas igualmente mundanas. A *sanção jurídica* é organizada socialmente, o que não implica que seja sempre imposta por força física; afinal, o direito constitui e limita normativamente a autoridade competente e o método devido para a imposição de uma sanção, caso não haja adesão voluntária à norma (até então, motivada no máximo por uma coerção psicológica dada pela expectativa da possibilidade subsidiária da violência, da coação externa). Portanto, o direito é uma *ordem coercitiva* que tem como fim a promoção da paz, na medida em que proíbe o uso da força pelos membros da comunidade, substituindo a autonomia e a autodefesa pela heteronomia e pelo monopólio estatal da força. O direito organiza e disciplina o uso da força, permitindo-o a certas autoridades, em certas circunstâncias, contra pessoas que tenham praticado determinadas condutas. Assim, a paz jurídica não é a ausência total de força e poder, a anarquia, mas a monopolização do emprego da força de uma sociedade pelo seu Estado.

3.3.1 Norma e proposição jurídica

Introduzamos o tema da estática jurídica, ou teoria da norma jurídica. Bobbio (2010 [1960], p. 171-182) elenca alguns critérios e classificações possíveis das normas jurídicas, sendo que todas elas são *normas hipotéticas ou condicionais*, podendo ser formalizadas como regras (toda ação possível pode ser hipótese de uma regra e toda regra deve prescrever uma consequência jurídica devida). Pelo critério do destinatário da norma, este poderia ser o cidadão ou a autoridade a quem cabe interpretar e impor a norma. Independentemente do "sentimento de obrigatoriedade" do cidadão, quem decide é aquele a quem o ordenamento atribui competência. Pelo critério do sujeito que põe a norma, são jurídicas as normas postas pelo poder soberano, que tem o monopólio da coação legítima. Mas é o próprio ordenamento que define qual é o poder soberano. Há, ainda, critérios formais, como a distinção entre normas positivas (imperativas ou permissivas) ou negativas (proibitivas ou permissivas negativas, *i.e.* permitem não fazer algo). A distinção mais interessante é aquela entre normas *gerais* e *individuais* e entre normas *abstratas* e *concretas*.

> (...) consideramos oportuno chamar de 'gerais' as normas que são universais em relação ao destinatário, e de 'abstratas' aquelas que são universais em relação à ação. Sendo assim, aconselhamos a falar de *normas gerais* quando estivermos diante de normas que se destinam a uma classe de pessoas; e de *normas abstratas* quando estivermos diante de normas que regulam uma ação-tipo (ou uma classe de ações). Às normas gerais se contrapõem aquelas que têm por destinatário um único indivíduo, e sugerimos que sejam chamadas de *normas individuais*; às normas abstratas se contrapõe aquelas que regulam uma ação singular, e sugerimos que sejam chamadas de *normas concretas*. (...)
>
> Na realidade, combinando-se os quatro requisitos da generalidade, da abstração, da individualidade e da concretude, as normas jurídicas podem ser de quatro tipos: *normas gerais e abstratas* (a maior parte das leis é desse tipo, por exemplo, as leis penais); *normas gerais e concretas* (uma lei que declare a mobilização geral destina-se a uma classe de cidadãos e, ao mesmo tempo, prescreve uma ação individual que, uma vez realizada, exaure a eficácia da norma); *normas individuais e abstratas* (uma lei que atribui a uma determinada pessoa uma função, por exemplo, a de juiz da Corte constitucional, destina-se a um único indivíduo e prescreve-lhe não uma ação singular, mas todas aquelas ações que são inerentes ao exercício do cargo); *normas individuais e concretas* (o exemplo mais característico é fornecido pelas sentenças do juiz). (BOBBIO, 2010 [1960], p. 174-177, destaques no original)

Tal distinção é útil por dois motivos. Primeiramente, quanto à dinâmica jurídica, porque ajuda a compreender, em termos típico-ideais, a produção do direito como processo de *concretização* que percorre a hierarquia das "fontes" formais: por exemplo, partindo da *lei em sentido formal* (norma emanada do Poder Legislativo) e também em *sentido material* (norma geral e abstrata), cujo sentido é concretizado por normas infralegais expedidas por autoridades da administração pública (por exemplo, decretos regulamentares que especifiquem a aplicação da norma legal sem criar novos direitos ou obrigações) e, finalmente, concretizado ainda mais no âmbito da solução de controvérsias, quando o juiz deve produzir hermeneuticamente uma norma individual e concreta (o dispositivo da sentença).

Kelsen (2006 [1960], p. 258-259) repudia a expressão "fonte do direito" como equívoca; prefere simplesmente falar na "estrutura escalonada da ordem jurídica". Entretanto, percebe-se como a aplicação das normas depende desse movimento de delimitação sucessiva do sentido das normas, identificando sempre a validade formal das normas por referência a alguma norma superior que atribua competência a determinada autoridade para emiti-la, mas também, por interpretação, construindo a norma de decisão (legislativa, administrativa, jurisprudencial) como uma opção entre os sentidos delimitados pelas normas aplicáveis e incidentes no caso.

> O direito, no caminho que percorre desde a Constituição até os atos de execução material, não para de se concretizar. Enquanto a Constituição, a lei e o decreto são normas jurídicas gerais, a sentença e o ato administrativo constituem normas jurídicas individuais.

A liberdade do legislador, que só está subordinado à Constituição, submete-se a limitações relativamente fracas; seu poder de criação permanece relativamente grande. A cada grau que se desce, a relação entre liberdade e limitação se modifica em favor do segundo termo: a parte da aplicação aumenta, a da livre criação diminui.

Cada grau da ordem jurídica constitui, pois, ao mesmo tempo, uma produção de direito com respeito ao grau inferior e uma reprodução do direito com respeito ao grau superior. (KELSEN, 2013a [1928], p. 126)

Em geral (KELSEN, 2006 [1960], p. 260-263), toda criação do direito (norma inferior: mais individual e concreta) é aplicação do direito (especificação da norma superior: mais geral e abstrata); as únicas exceções são a criação constitucional originária, ou melhor, a produção da primeira constituição histórica (que não é aplicação de nenhuma norma positiva superior – acima dela apenas está a norma fundamental pressuposta) e a execução de atos coercitivos, a imposição efetiva da sanção (pela polícia, por exemplo). Temos aqui pura aplicação de uma norma individual e concreta, sem constituir nova norma; aliás, ressalta Kelsen (2006 [1960], p. 292), trata-se de ato administrativo, não judicial. Já vimos (*supra*, 3.2), também, como a validade da decisão que concretiza e individualiza o sentido de uma norma superior – mais abstrata e geral – não depende estritamente da correção interpretativa da nova norma posta, por mais que a norma superior, além de definir a autoridade competente e o procedimento devido para sua aplicação (isto é, para a criação da norma inferior), procure também circunscrever e vincular o conteúdo dessa decisão – por exemplo, os limites legais à liberdade negocial e à regulamentação administrativa, os limites constitucionais à legislação ou os limites constitucionais originários ao emendamento constitucional costumam impor não apenas restrições formais (forma contratual, quórum de votação), mas também materiais (*e.g.* "cláusulas pétreas", insuscetíveis de reforma constitucional; negócio jurídico sobre objeto lícito, possível, determinado ou determinável).

Em segundo lugar, a distinção entre normas individuais e gerais, concretas e abstratas ajuda a delinear o *sentido formal de justiça ou igualdade*, a justiça como *isonomia, tratamento igual*. Independentemente da desigualdade material (do *quantum* atribuído ao final a cada sujeito, e mais amplamente das assimetrias sociais entre as pessoas), o direito positivo funciona filtrando considerações alheias ao problema específico que se está analisando e aos critérios a ele vinculados. Essa justiça formal se dá por processos de criação e aplicação das normas que tratem igualmente casos iguais e desigualmente os casos desiguais, na forma e medida de sua desigualdade.

Seguindo uma linha positivista, o administrativista Celso Antônio Bandeira de Mello (1993 [1978], p. 27) aponta que toda norma abstrata será geral, pois cobrir uma classe de fatos – situações reproduzíveis – implica abertura quanto aos sujeitos normados: todos que praticarem o fato incidirão na norma, ainda que no presente apenas um sujeito satisfaça aos requisitos para a ativação da norma (aqui há discordância com relação à possibilidade de uma norma abstrata e individual, apontada por Bobbio). Todavia, as normas gerais (que normatizam uma classe de sujeitos) podem ser concretas ou abstratas, dependendo de se sua hipótese de incidência é ou não (faticamente) reprisável.

Assim, no *plano legislativo* (lei formal), a norma abstrata (sempre geral) e a norma geral e concreta não ferem a isonomia; a questão se coloca, pois, quanto às normas individuais e às normas concretas: a norma individual será compatível com o princípio da igualdade "se estiver reportada a sujeito futuro, portanto atualmente indeterminado e indeterminável" (BANDEIRA DE MELLO, 1993 [1978], p. 29); a norma concreta (se de fonte legislativa, frise-se) não poderá ser também individual, mas apenas será isonômica se concreta e geral (a sentença, com eficácia jurídica *inter partes*, é tipicamente norma individual e concreta, sem ferir tal isonomia).

Bandeira de Mello (1993 [1978], p. 15-16) realça, entretanto, o que considera um erro recorrente, inclusive de Kelsen, de supor que o ferimento ao princípio da igualdade estaria no elemento eleito como matriz de discrímen, havendo elementos inelegíveis para a diferenciação (como raça, credo, sexo); pelo contrário:

> *qualquer elemento residente nas coisas, pessoas ou situações* pode ser escolhido pela lei como fator discriminatório (...), *quando existe um vínculo de correlação lógica* entre a peculiaridade diferencial acolhida por residente no objeto, e a desigualdade de tratamento em função dela conferida, *desde que tal correlação não seja incompatível com interesses prestigiados na Constituição*. (BANDEIRA DE MELLO, 1993 [1978], p. 17, destaques no original)

Tal correlação lógica, ressalta o autor, depende de uma argumentação, e a coerência (jurídica/constitucional) e adequação (social) dos argumentos (da aceitabilidade da diferenciação, portanto) é historicamente contingente. Então, "é o vínculo de conexão lógica entre os elementos diferenciais colecionados e a disparidade das disciplinas estabelecidas em vista deles o *quid* determinante da validade ou invalidade de uma regra perante a isonomia" (BANDEIRA DE MELLO, 1993 [1978], p. 37). Nesse sentido:

> Para que um discrímen legal seja convivente com a isonomia (...) impende que concorram quatro elementos: a) que a desequiparação não atinja de modo atual e absolutamente um só indivíduo; b) que as situações ou pessoas desequiparadas pela regra de direito sejam efetivamente distintas entre si, vale dizer, possuam características, traços, *nelas residentes*, diferenciados; c) que exista, em abstrato, uma correlação lógica entre os fatores diferenciais existentes e a distinção de regime jurídico em função deles estabelecida pela norma jurídica; d) que, *in concreto*, o vínculo de correlação suprarreferido seja pertinente em função dos interesses constitucionalmente protegidos, isto é, resulte em diferenciação de tratamento jurídico fundada em razão valiosa – ao lume do texto constitucional – para o bem público. (BANDEIRA DE MELLO, 1993 [1978], p. 41, destaques no original)

A argumentação de Bandeira de Mello (1993 [1978], p. 45-46) vincula-se rigorosamente ao *"princípio" da legalidade* como garantia fundamental do Estado de direito, cuja razão é evitar o arbítrio (perseguições ou favoritismos). Seja no plano da legislação (princípio da legalidade), seja no plano da administração (princípio da impessoalidade), é invocável então um direito público subjetivo à igualdade (de tratamento).

Vale lembrar o comentário de Konrad Hesse (1998 [1972], p. 330), ao considerar a bipartição da igualdade jurídica em *igualdade formal* ("pede a realização, sem exceção, do direito existente, sem consideração da pessoa") e *igualdade material* ("[o] direito existente obriga e autoriza, portanto, seus destinatários não só em consideração da pessoa, sem que se trate de seu conteúdo", mas considerando que "esse conteúdo mesmo deve corresponder ao princípio da igualdade"). Tal bipartição é descritível como obrigação de igualdade de tratamento (meios) *versus* obrigação de igualdade de resultados (fim): de um lado, a isonomia, como dever de só consideração dos estritos discrímenes vinculados diretamente ao âmbito de vida em questão (as diferenças de qualificação profissional na seleção de cargos, as diferenças patrimoniais no imposto sobre a renda, etc.); de outro, a desigualação por fatores aparentemente logicamente desvinculados do âmbito em questão, mas privilegiados por escolhas de política pública ou por outras formas de discriminação positiva socialmente aceitas (considerada a justificação histórica, sanitária, econômica etc., implícita ou explícita).

Voltando a Kelsen (2006 [1960], cap. 3): para o autor, a tarefa da *ciência do direito* é *descrever as normas jurídicas*, avaliando sua validade/invalidade e transformando-as em proposições (suscetíveis ao código verdadeiro/falso);[33] ao descrever as normas enquanto juízos hipotéticos formulados deonticamente, as proposições do teórico/cientista descrevem também as relações constituídas por meio de normas jurídicas e os fatos por elas determinados, dando interpretação jurídico-normativa aos fatos.

Como observa Dias (2010, p. 330-340), a explicação kelseniana das *proposições descritivas das normas jurídicas* varia conforme a fase da obra de Kelsen. Primeiramente (nas obras iniciais de Kelsen) recebeu a forma: "se for constatado determinado comportamento, o órgão estatal deve infligir determinada pena". Depois (na *Teoria pura do direito*), passou pela combinação entre duas proposições: a primária ("se for constatado determinado comportamento, o órgão estatal está autorizado a infligir determinada pena") e a secundária ("o sujeito tem o dever de não realizar o respectivo comportamento"). Finalmente (na *Teoria geral das normas*), a descrição de uma norma teria sido concebida em uma formulação não deôntica, mas meramente indicativa: "determinada norma vale".

Tomando por base a segunda edição da *Teoria pura do direito*, o quadro a seguir esquematiza a diferença entre normas e proposições jurídicas no entendimento kelseniano.

---

[33] Se a possibilidade de comprovar a falsidade de uma hipótese é condição fundamental da pesquisa científica pela verdade (ver POPPER, 1974 [1934], cap. 4), nesta operação de transformação de normas prescritivas em proposições descritivas está uma das chaves da cientificidade do projeto de uma teoria pura do direito.

Quadro 3.1 Norma jurídica e proposição jurídica em Kelsen

Norma jurídica	Proposição jurídica
Autoridade	*Conhecimento "de fora"*
Normas produzidas pelos órgãos jurídicos a fim de serem por eles aplicadas e observadas pelos destinatários (conhecimento "de dentro" como pressuposto da produção do direito)	Proposições da ciência jurídica (interpretação) Construtivismo kantiano: a ciência jurídica constitui, "'produz' seu objeto na medida em que o apresenta como um todo com sentido" ("sistema unitário isento de contradições" = ordem jurídica)
Mandamentos, comandos, imperativos, permissões ou atribuições de competência. Não dizem o que normalmente acontece, mas o que *deve* acontecer (não probabilidade, mas contrafatualidade).	Juízos hipotéticos que enunciam ou traduzem que, conforme o sentido de uma norma dada ao conhecimento jurídico, sob certas condições fixadas por esse ordenamento, devem intervir certas consequências pelo mesmo ordenamento determinadas.
Função prescritiva, volitiva, política: prescrição (dever-ser). "Dever-ser é o correlato de querer."	Função cognoscitiva: descrição da prescrição (ser do dever-ser).
Válida/inválida.	Verdadeira/falsa. Aqui cabe o silogismo e se aplicam princípios lógicos, *e.g.* não contradição.
Dever-ser: norma (válida) vincula vontade individual subjetiva a um poder emissor de comandos, produtor de normas jurídicas	Descrição (ato de conhecimento) das normas jurídicas produzidas por atos de vontade e que hão de ser aplicadas e observadas por atos de vontade

Fonte: elaborado pelo autor, com base em Kelsen (2006 [1960], p. 80-84).

Por exemplo, uma simples norma penal que tipificasse um ato delituoso e lhe cominasse uma sanção haveria de ser (re)formulada em uma proposição que mostrasse a estrutura de "suprainfraordenação" da ordem jurídica em que se insere tal norma – isto é, que explicitasse a hierarquia formal (de competências e procedimentos) que ampara a concretização material das normas (a delimitação de normas mais gerais e abstratas por decisões que positivam normas mais individuais e concretas):

> se um órgão, cuja constituição e função se encontram reguladas por uma norma geral, verificou, por um processo determinado também através de uma norma geral, que existe um fato a que uma outra norma geral liga uma determinada sanção, esse órgão deve aplicar, pelo processo prescrito por uma norma geral, a sanção determinada pela norma geral já mencionada. (KELSEN, 2006 [1960], p. 257)

Se na natureza e na sociedade, do ponto de vista das ciências empíricas (as ciências naturais, inclusive as ciências sociais "naturais"),[34] há relações de *causalidade* – em que

---

[34] Para Kelsen (2006 [1960], p. 95-96), "A psicologia, a etnologia, a história, a sociologia são ciências que têm por objeto a conduta humana na medida em que ela é determinada através de leis causais, isto é, na medida em que

"se x é, y é" –, para uma ciência normativa (descritiva de normas) o que interessa são relações de *imputação* (KELSEN, 1973 [1960]; 1991 [1979], cap. 7); daí que as normas jurídicas sejam descritíveis segundo a fórmula condicional "se x é, y deve ser". X é a conduta que deve levar (ainda que não leve empiricamente) à sanção y. A conduta devida é, portanto, o contrário de x.

Seguindo Kant, Kelsen reconhece que a relação normativa de imputação não exclui as determinações empíricas de causalidade: o direito não exclui a causalidade, antes a pressupõe; apenas porque o direito influi em uma cadeia causal, influenciando comportamentos, é possível existir como ordem normativa. "Não se imputa algo ao homem porque ele é livre, mas, ao contrário, o homem é livre porque se lhe imputa algo" (KELSEN, 2006 [1960], p. 109). A imputação só é possível pela determinabilidade causal da vontade.

A relação de imputação é o sentido objetivo do vínculo entre uma conduta descrita na hipótese da norma e um dever-ser prescrito no consequente da norma. A imputação não é a ligação entre uma conduta e uma pessoa, mas a conexão entre o ilícito e a consequência (devida) do ilícito. Pelo nexo de imputação, pode-se ligar a conduta de um à conduta de outro (*e.g.* mérito – recompensa; crime – pena; responsabilidade pelo ilícito de outrem); a conduta de um a outra conduta da mesma pessoa (pecado – penitência); fatos exteriores com a conduta de uma pessoa (a conduta humana é sempre necessária no consequente, e não no antecedente; por exemplo, nos casos de responsabilidade objetiva, sem culpa).

Quanto a normas jurídicas, deve sempre existir a possibilidade de sua ineficácia. A lei natural descreve uma relação de causalidade, um conhecimento da ordem do ser, no mínimo uma probabilidade. A proposição e a norma jurídicas tratam de uma relação de imputação, um conhecimento da ordem do dever-ser; não dizem respeito a probabilidades nem certezas fatuais. Se a experiência contrariar a lei natural, é a lei natural que está errada. Se a experiência contrariar a lei jurídica, é a experiência que está errada. A lei natural deve se conformar à realidade, mas a lei jurídica não: é a realidade (as condutas humanas) que deve se conformar a ela. "Os juízos jurídicos, que traduzem a ideia de que nos devemos conduzir de certa maneira, não podem ser reduzidos a afirmações sobre fatos presentes ou futuros da ordem do ser" (KELSEN, 2006 [1960], p. 116).

3.3.2 Coação e sanção, normas autônomas e não autônomas

A autonomia estrutural do direito consiste no fato de a própria ordem jurídica regular sua produção e aplicação. Como parte da ordem social, o direito somente regula a conduta de um indivíduo em relação a outros (determinados ou indeterminados, diante

---

se processa no domínio da natureza ou da realidade natural. Quando uma ciência é designada como ciência social por se dirigir à conduta recíproca dos homens, como ciência social, na medida em que procura explicar causalmente a conduta humana, não se distingue essencialmente das ciências naturais como a física, a biologia e a psicologia. (...) Se o domínio considerado por estas ciências é contraposto, como esfera de valores, à esfera da realidade natural, deve ter-se em conta que se trata de valores que são constituídos por normas positivas, isto é, normas que são postas no espaço e no tempo através de atos humanos (...). Ciências sociais deste tipo são a ética, isto é, a ciência da moral, e a jurisprudência, ciência do direito".

da comunidade jurídica). Assim, o direito pode ser definido como uma ordem social coativa; "[u]ma 'ordem' [jurídica] é um sistema de normas cuja unidade é constituída pelo fato de todas elas terem o mesmo fundamento de validade" (KELSEN, 2006 [1960], p. 33). Por que, além de ser uma ordem (portanto, uma unidade estruturada de elementos; no caso, normas), o direito é uma ordem "coativa"? Porque se trata de um meio de reação a situações indesejáveis – o direito imputa a certas condutas indesejáveis um ato de *coerção* ou *coação*, isto é, um mal, como a privação da vida, da liberdade, de bens econômicos; este mal é aplicado ao destinatário mesmo contra sua vontade, se necessário empregando a força física. A coerção – como constrangimento que se impõe à ação, independentemente do concurso voluntário de alguém e mesmo contra sua vontade – pode valer-se ou não da coação física.

A conduta proibida, ilícita, é conduta à qual se liga uma *sanção* – independentemente do valor moral, extrajurídico, de tal ação ou omissão. Mesmo normas que atribuam recompensas, títulos, honrarias são coativas na medida em que são exceções à proibição geral de ostentar títulos ou receber recompensas, a não ser pelos modos previstos, que são excepcionais (KELSEN, 2006 [1960], p. 35-37). A sanção em sentido estrito (sanção negativa, pena) refere-se ao mal imputado como consequência de conduta indesejada; em sentido amplo, porém, tal sanção pode preceder o ilícito ou sua verificação (caso da prisão processual).

A *coatividade* da ordem jurídica consiste na *possibilidade* de aplicar a força física para executar sanções, o que não necessariamente ocorre, pressupondo-se que geralmente os sujeitos obedecem voluntariamente ao direito. O medo, que leva ao evitamento da sanção, não é o único motivo que empiricamente conduz à obediência à norma. O ordenamento estatal centraliza o uso legítimo da coação (procedimentos, tribunais, autoridades executoras), proibindo em regra a *autodefesa*, o uso da força física de um cidadão em face de outro (exceção é a legítima defesa, mas com as limitações jurídicas de se tratar de uma resposta proporcional a agressão atual ou iminente). O uso autorizado da força é atribuível à comunidade jurídica representada pelo aparato estatal. Quando exerce coação, a autoridade estatal atua como órgão de Estado, obrigando uma ação ou omissão, ou as punindo.

> Poder coativo é um termo geral que serve para indicar principalmente quatro formas de uso da força: a) o poder de constranger (com a força) aqueles que não fazem aquilo que deveriam fazer; b) o poder de impedir (com a força) aqueles que fazem aquilo que não deveriam fazer; c) o poder de substituir (com a força) aqueles que não fizeram aquilo que deveriam fazer (execução forçada); d) o poder de punir (com a força) aqueles que fizeram aquilo que não deveriam fazer (pena, contravenção). (BOBBIO, 2015 [1955], p. 127)

Para Kelsen (2006 [1960], p. 56-65) – seguindo aqui ortodoxamente o entendimento positivista de Austin –, o direito só pode ser diferenciado da moral e da ordem social difusa como uma ordem cujas normas impõem sanção – e, como a imposição coercitiva destas é centralizada pelo Estado, direito positivo e Estado tornam-se, para os fins da teoria, coextensivos. Entretanto, contra Austin, Kelsen (2006 [1960], p. 64) reconhece que, "se bem que nem todas as suas normas estatuam atos de coação", o direito pode ser caracterizado como ordem coativa; isso porque as normas que não sejam elas mesmas imperativas, que não estatuam elas mesmas um ato coercitivo, mas apenas confiram competência para a produção de normas ou contenham permissões positivas, são *normas não autônomas* e têm de estar ligadas a alguma outra norma que estatua um ato de coerção.

Quando uma norma prescreve uma conduta e a outra estatui uma sanção para a não observância da primeira norma, são normas interligadas ou a primeira norma é supérflua: "quem matar será punido" prevê uma hipótese de incidência e uma sanção – é inútil a norma "não matarás". Normas que não estatuem qualquer ato de coação ou têm conteúdo juridicamente irrelevante (não são normas) ou são normas não autônomas estão ligadas a outra(s) norma(s) que imputa(m) uma sanção – ainda que a sanção não seja prescrita como obrigatória, mas apenas autorizada (facultada) ou permitida (ou seja, ainda que a norma não impute consequências negativas no caso de não execução da sanção pela autoridade).

A *invalidade* da norma posta (ou seja, sua inexistência enquanto norma jurídica) equivale a uma sanção pela desobediência de uma norma de competência: se o legislador desobedece à competência, ao quórum e ao procedimento prescritos para a produção de uma norma legal, esta será simplesmente nula ou anulável (KELSEN, 2006 [1960], p. 57). Normas atributivas de poderes na esfera privada também são garantidas pela sanção da invalidade: se um contrato ou testamento não for feito segundo os requisitos legais, será inválido (ver a discussão *infra*, 4.5, sobre a discordância de Hart, para quem a invalidade é um tipo de consequente normativo não subsumível ao conceito de "sanção").

Normas contratuais individuais e concretas que não estatuam sanções diretamente apenas são normas jurídicas se vinculadas a normas gerais e abstratas que determinem sanções (KELSEN, 2006 [1960], p. 285). Ou, ainda, normas constitucionais que, por exemplo, simplesmente regulem a criação de leis são normas dependentes, não autônomas – isto é, operam em combinação com normas inferiores que estatuem atos de coerção, imputando a uma hipótese determinada sanção (KELSEN, 2006 [1960], p. 265).

Normas que permitem uma conduta apenas limitam uma norma de proibição geral – excepcionam a aplicação de sanção no caso. Por exemplo, se a norma diz que é "proibido o uso da força", implica a exceção de ser "permitido o uso da força (só) para autodefesa". Normas derrogatórias são dependentes da norma que derrogam – e esta estabelecia uma sanção. Normas "secundárias" de competência e procedimento são normas não autônomas – apenas especificam requisitos para aplicação da sanção e estão vinculadas a uma norma "principal", que liga uma conduta a uma sanção.

Nota importante sobre sanções: em geral, pensamos no direito como uma estrutura de normas que impõem determinadas condutas, reforçando essa imposição pela ameaça de consequências desagradáveis, como a perda de dinheiro (multas, indenizações, restituições) ou a restrição da liberdade (prisão). Mas, além dessas sanções negativas, que funcionam como instrumento de controle social, o direito pode valer-se de sanções positivas: a conduta estimulada é, então, hipótese de incidência à qual se imputam vantagens. A norma promete promessas de prêmios ou recompensas pelo cumprimento do dever (comissivo ou omissivo) ou pela realização de uma conduta facultativa, de modo que o direito funciona, aqui, como meio de direção social (BOBBIO, 2007 [1976]). Assim, várias são as possibilidades de regrar ou regular uma conduta:

- uma conduta permitida pode ser hipótese de incidência de uma sanção premial: embora não obrigatória, pode ser estimulada pela promessa de uma vantagem;
- uma obrigação, instituída por norma imperativa em sentido estrito, pode ser reforçada seja pela ameaçada de um mal, seja pela promessa de um bem (ou por combinações de ambos);
- uma proibição, igualmente, pode ser reforçada pela promessa de vantagens, se se evitar a conduta proibida, e/ou pela ameaça de punições, se se fizer o que se deveria omitir.

3.3.3 Direito e competência, dever e responsabilidade

Ainda no plano da estática jurídica, ou teoria da norma, encontramos as categorias relacionadas à subjetividade jurídica: pessoa, direito e competência, dever e responsabilidade. Afinal, todas essas categorias subjetivas são apresentadas por Kelsen como determinações, criações e construções da norma jurídica.

Com tal redução normativista, Kelsen conseguirá resolver problemas das explicações sobre direito e dever, responsabilidade e sanção que se manifestavam nas teorias clássicas, como a pandectística alemã (que tendeu a subordinar o conceito de dever à identificação de uma vontade, interesse ou legitimação para ação judicial) e o realismo jurídico (que, para afastar a concepção racionalista de deveres e direitos subjetivos como abstrações metafísicas, procurava enfatizar sua dependência em relação a fatos sociais ou psicológicos, como a coerção ou a execução judicial – ver *supra*, 2.6).

Para Kelsen, não há ordem jurídica que não possa ser executada coercitivamente, se preciso; *não há dever sem sanção*, pois a conduta devida é evitar a sanção; e não há norma que, por si mesma ou por relação com outra norma, seja desprovida de sanção. Em linha estritamente normativista, Kelsen (2006 [1960], p. 140-162) define o direito subjetivo como a atribuição de um direito ou de um poder ou competência (direito de produzir normas válidas) – obviamente, essa atribuição é feita por uma norma jurídica. Quando se diz que "alguém tem direito a algo", o sentido negativo básico é de que sua conduta não é proibida; ou seja, é permitida, podendo a pessoa praticá-la ou não. A afirmação implica que outro(s) indivíduo(s) determinado(s) (no caso do direito obrigacional, por exemplo em contratos) ou todos os outros indivíduos, indeterminados (no caso de direitos reais), estão juridicamente obrigados a conduzirem-se de determinada maneira em relação ao indivíduo que é titular do direito. Portanto, o direito subjetivo implica um dever respectivo, seja um dever de prestação (de bem ou serviço), seja um dever de tolerância (omissão de impedir ou por qualquer forma prejudicar a conduta do outro indivíduo, titular do direito). A conduta de *A* correlativa à conduta devida por parte do indivíduo obrigado a um dever (*B*) consiste no direito de *A*. *B* é sujeito de um dever, do qual *A* é o objeto; portanto, *A* é sujeito de um direito que pode ser exercido contra *B*, objeto do direito subjetivo. Assim, o *direito subjetivo é um reflexo do dever* (direito subjetivo e dever se identificam); o dever é dado pela norma que prescreve uma conduta e/ou liga à conduta oposta uma sanção. E a "'pretensão' a ser sustentada em um ato jurídico apenas existe quando o não cumprimento do dever se possa fazer valer por meio de uma ação judicial" (KELSEN, 2006 [1960], p. 144).

Os pensadores sistemáticos racionalistas, jusnaturalistas ou positivistas-formalistas tomavam o direito subjetivo como princípio e fim do sistema jurídico; a ordem jurídica estatal teria apenas positivado direitos naturais preexistentes e, para tutelá-los, criou deveres, garantindo-os pela ameaça da punição. Para Kelsen (2006 [1960], p. 143), pelo contrário, o conceito de direito subjetivo é simplesmente supérfluo, no máximo um conceito auxiliar, que facilita a representação de uma situação jurídica, mas está subordinado ao conceito de dever. Isso porque a todo direito subjetivo corresponde um dever. Todavia, *nem sempre a todo dever corresponde um direito subjetivo reflexo*. Há deveres (como o dever militar) que não implicam direito da outra parte, a não ser em um sentido metafórico (no caso, seria um "direito da comunidade" ou "do Estado"). Da mesma forma, pode haver deveres diante de animais, plantas e outros objetos (como o patrimônio histórico); tais seres e coisas são objeto de um dever, mas não sujeitos de direito. Mediatamente, é também a comunidade ou o Estado que são objeto de tais deveres.

É na mesma linha, como já referido, que Kelsen (2006 [1960], p. 145-148) diferencia os direitos sobre coisas *(jus in rem)* dos direitos em face de uma pessoa *(jus in personam)*; na verdade, também o direito sobre coisa é um direito em face de pessoas: o direito de uma pessoa de dispor de qualquer forma de determinada coisa é igual à obrigação jurídica de todos os outros não impedirem ou de qualquer forma dificultarem a disposição dessa coisa por parte do outro. Caso-padrão é o direito de propriedade. Referi-lo como direito subjetivo – ainda por cima sagrado, natural e inviolável, como pregavam os revolucionários liberais setecentistas – cumpre apenas uma função ideológica; tecnicamente, interessa o dever jurídico dos outros de não impedir ou dificultar o uso exclusivo dessa propriedade pelo proprietário (titular do direito de propriedade). Todo direito subjetivo corresponde – imediata ou mediatamente – a direitos de um indivíduo em face de outros indivíduos.

Kelsen (2006 [1960], p. 148-150) refuta ainda a jurisprudência dos interesses, na linha de Jhering, que definia o direito subjetivo como interesse juridicamente protegido; isto é, reconhecido e amparado pelo direito objetivo. Para Kelsen, o *direito subjetivo é meramente um possível reflexo de um dever (conduta que evita a sanção devida segundo uma norma válida)*. Assim, não é preciso pressupor que, da mesma forma como um credor tem um interesse/direito diante de um devedor, o Estado tenha "interesse" (e, assim, "direito") em promover o mal de algum cidadão (submetendo-o, por exemplo, à privação da liberdade ou de outros direitos).

Ainda, a teoria do direito subjetivo como mero reflexo do dever resolve problemas encontrados em outras concepções oitocentistas (ver KELSEN, 2006 [1960], p. 150-154). Como Coing (1996b [1989], p. 337-343) observa, Savigny sistematizara o conceito de direito subjetivo como eixo de um sistema de direito objetivo; o direito subjetivo seria a zona ao redor da pessoa e inata a ela, em que o indivíduo manifestaria o domínio do mundo por sua vontade. Esse domínio seria expresso de modo absoluto com relação a coisas (direitos reais), mas seria relativo com relação a outras pessoas: os vínculos obrigacionais lidam com transações e atividades específicas; de outro modo, confundir-se-iam com a escravidão. Esse entendimento básico é mantido por Puchta e Windescheid na jurisprudência dos conceitos que assiste a codificação privada alemã.

Entre os problemas surgidos daí, por exemplo (FERRAZ JR., 2008 [1988], p. 118-120), a teoria da *vontade* pregada pela jurisprudência dos conceitos (Bernhard Windscheid) não consegue explicar que os incapazes (mentalmente enfermos, loucos, crianças) não tenham vontade autônoma, mas sejam sujeitos de direito. Décadas depois da codificação, o direito subjetivo passa a ser observado não como uma esfera inata da vontade individual, mas como objeto variavelmente configurado pela ordem imperativa do direito objetivo; entretanto, mesmo essa teoria da *garantia judiciária* das relações jurídicas, de August Thon (1839-1912), tem inconsistências: tende a identificar o direito subjetivo com sua proteção por meio de ação judicial (ver THON, 1939 [1878], cap. 5).

Jhering atacou a concepção imanentista do direito subjetivo, definindo-o simplesmente como um *interesse* legalmente protegido, portanto, a ser considerado ao lado de outros interesses e finalidades concorrentes. Já segundo a solução positivista-normativista, melhor é reconhecer, de uma vez por todas, que o direito subjetivo não tem realidade independente da norma – é mero reflexo do direito objetivo.

A concepção kelseniana tem similitude com a daqueles juristas que procuraram seguir o projeto de uma teoria analítica sugerido por Austin. É o caso de precursores dos realistas americanos, como Holmes e Hohfeld, e também do jurista dinamarquês Alf Ross (1899-1979), expoente do realismo jurídico escandinavo (para uma comparação, ver CHIASSONI, 2013). Buscando construir uma ciência jurídica seja como ciência do espírito, seja como ciência empírica ou simplesmente como estudo lógico-analítico, esses autores procuraram reduzir a termos lógicos e conceitualmente precisos de usos linguísticos do direito aquilo que os racionalistas (jusnaturalistas e formalistas) procuravam fundamentar em uma realidade física ou metafísica exterior às práticas linguísticas.

Claro, há também diferenças marcadas dentro desse campo da teoria jurídica analítica do século XX: Alf Ross, por exemplo, rejeitava a visão, atribuída a Holmes – precursor do realismo americano – de que uma descrição científica do direito seria centrada em afirmações sobre probabilidades de a corte decidir em tal ou qual direção; todavia, A. Ross (2000 [1953], p. 63-76) admitia que produzir descrições do direito válido atualmente é também referir-se a futuras decisões hipotéticas. Para Kelsen (2013 [1959], p. 195-199), tratava-se de uma inconsistência, resolvida por sua visão estrita do escopo da teoria do direito como sendo a descrição de normas válidas; não se tratava de uma ciência empírica de observação de fatos do mundo, e sim de uma descrição de fenômenos "existentes" (idealmente) no plano do dever-ser, construídos segundo um método que permite conhecer tal normatividade.

De qualquer forma, vale comparar a teorização kelseniana sobre o direito subjetivo com a visão apresentada por seu contemporâneo. Alf Ross (2000 [1953], cap. 6) apresentou o direito subjetivo como ferramenta tópica, um esquema de apresentação de uma *situação jurídica*: fatores condicionantes provocam a incidência de alguma norma entre uma série de alternativas; incidindo determinada norma, há uma série de consequências jurídicas condicionadas por sua aplicação. O direito subjetivo é essa figura de linguagem que vincula determinada norma (que se diz que "cria" tal direito) às consequências que ela prescreve com relação àquele que a norma define como sujeito de direito.

Assim, Alf Ross (2000 [1953], p. 213) critica a "concepção metafísica do direito como uma força espiritual", a qual pressuporia "a) que um direito subjetivo é sempre uma entidade simples e indivisa que tem de existir em um sujeito específico; e b) que este sujeito tem de ser um ser humano ou uma organização de seres humanos". O segundo pressuposto é desnecessário: só seres humanos podem atuar em processos, mas podem ser reconhecidos juridicamente interesses não humanos (aqui a terminologia contrasta com Kelsen, como se vê). Já o primeiro pressuposto só vale para *situações típicas*, em que o titular do direito é aquele em cujo benefício se restringe o direito alheio (aquele que pode fazer valer seu direito por processos jurídicos e aquele que pode alienar/transferir seu direito). Há casos, porém, em que as situações favoráveis como contrapartidas de um dever não são consideradas direitos subjetivos. "Se *B*, por exemplo, prometeu a *A* pagar uma quantia a *C*, sob tais condições que somente *A* poderá exigir-lhe pagamento, como correlato do dever de *B* surge uma vantagem para *C* e, no entanto, não se diria que um direito foi criado em favor de *C*" (ROSS, A., 2000 [1953], p. 210). Há, assim, *situações atípicas*, como contratos a favor de terceiros ou trustes e fundos em que há alguém que detém a titularidade da propriedade e outro é seu "beneficiário efetivo" (*beneficial owner*). Portanto, em casos como esses, *o beneficiário de um dever pode não ser o titular do direito subjetivo*. Ainda, para Alf Ross (2000 [1953], p. 211-212), direitos subjetivos não deveriam contemplar liberdades e poderes para a proteção de interesses sociais; tais liberdades e poderes deveriam ser concebidos como função social, e não como autonomia do titular do direito.

Voltando a Kelsen: assim como o autor considera o conceito de direito subjetivo supérfluo e meramente reflexo de normas, procede do mesmo modo com os outros conceitos estruturantes da subjetividade jurídica: isto é, dever, responsabilidade e poder, situação jurídica, capacidade e competência.

Para Kelsen (2006 [1960], p. 133), "[u]m indivíduo é juridicamente obrigado a uma determinada conduta quando uma oposta conduta sua é tornada pressuposta de um ato coercitivo (como sanção)". Em situações típicas, o sujeito de uma obrigação (*e.g.* de pagar) é o sujeito da responsabilidade, isto é, da sanção imposta pelo não cumprimento da obrigação (*e.g.* multa e juros). Entretanto, nas *situações atípicas*, há uma *disjunção entre o sujeito do dever e o sujeito da responsabilidade*: a sanção como consequência do ilícito não deve recair sobre o mesmo indivíduo obrigado, aquele cuja conduta é pressuposto da coerção (o sujeito do dever), mas sobre um outro sujeito, que responde pelo ilícito alheio. O sujeito da responsabilidade, portanto, pode ser ou não idêntico ao sujeito do dever (objeto do direito subjetivo alheio). "O indivíduo contra quem é dirigida a consequência do ilícito *responde* pelo ilícito, é juridicamente *responsável* por ele" (KELSEN, 2006 [1960], p. 134, destaques no original), ainda que não seja o mesmo indivíduo cuja conduta deve evitar (conduta devida) ou provocar (conduta ilícita) a incidência da sanção prescrita na norma. O sujeito do dever é quem pode provocar ou evitar a sanção; o sujeito da responsabilidade é o objeto da sanção, aquele sobre quem ela deve recair. Eles, portanto, podem não coincidir.

Pressuposto dos conceitos de direito subjetivo, dever e responsabilidade é o conceito de *capacidade*; em sentido amplo, trata-se da autorização dada pela ordem jurídica para se realizar determinada conduta; já a "capacidade de exercício" é definida como "a capacidade de um indivíduo para produzir efeitos jurídicos por meio da sua conduta" (KELSEN, 2006 [1960], p. 164) – por exemplo, criando direitos e deveres contratualmente. O contrato é validado por uma norma geral da ordem jurídica que autoriza os indivíduos a concluírem tais pactos, cumprindo certos requisitos, e os deveres contratuais existem se "a ordem jurídica liga à conduta anticontratual, quer dizer, à conduta contrária à norma contratualmente produzida, uma sanção"; isto é, o não cumprimento dos deveres contratuais deve ser sancionado segundo uma norma que atribui às partes "o poder jurídico de intervir na produção da decisão judicial que representa uma norma jurídica individual" (KELSEN, 2006 [1960], p. 165).

Já o *poder jurídico*, para Kelsen (2006 [1960], p. 162-163), é um direito subjetivo atribuído pela ordem jurídica na forma de uma autorização ou competência; é "a capacidade de produzir normas jurídicas". Bobbio (2010 [1960], p. 214) conceitua "poder" como "a capacidade que o ordenamento jurídico atribui a esta ou àquela pessoa de gerar obrigações em relação a outras pessoas; chama-se obrigação o comportamento que deve ter aquele que está sujeito ao poder". A delimitação do poder é referida como *competência* em relação à "função de certos órgãos da comunidade", como tribunais e autoridades administrativas.

Ainda, em vez de tratar da "relação jurídica" como vínculo entre sujeitos de direito, Kelsen (2006 [1960], p. 182-188) resume o conceito de *relação jurídica* à relação entre normas; afinal, são juridicamente relevantes não as pessoas, e sim determinadas condutas suas que sejam enquadradas como conteúdo de normas; interessa, portanto, não a relação entre o sujeito de um dever e o sujeito do direito subjetivo reflexo, e sim a relação entre o dever jurídico e o direito reflexo respectivo

Finalmente, o pressuposto de todos esses conceitos da subjetividade jurídica – direito subjetivo, dever e responsabilidade, poder, capacidade e competência – é, evidentemente, o conceito jurídico de *pessoa*. Como os demais, trata-se de uma construção da norma; ou seja, a referência é ao "sujeito jurídico". Seguindo a redução do direito subjetivo a um reflexo (possível) do dever, por sua vez definido como a conduta que evita a sanção, Kelsen (2006 [1960], p. 188-191) considera o *sujeito jurídico* como o titular de um dever jurídico, distinguindo-o do *órgão*, sujeito titular de um poder jurídico; e não deixa de reiterar a superfluidade desses conceitos.

Fugindo às estritas definições kelsenianas, a *teoria tradicional* e corrente (ver *e.g.* FERRAZ JR., 2008 [1988], p. 125-139) traz outras definições. Para começar, considera que um direito subjetivo é configurado a partir de alguns elementos:
- *sujeito de direito*: pessoa física, grupo de pessoas (direitos coletivos e individuais homogêneos) ou pessoa jurídica (Estado e pessoas jurídicas de direito privado: fundações, associações, partidos políticos, sociedades);
- *conteúdo do direito*: faculdades oponíveis *erga omnes* (direitos reais) ou contra pessoas determinadas (direitos pessoais);
- *objeto do direito*: prestação (dar coisa, fazer ou não fazer);
- *ação processual*: direito potestativo, diferente do direito protegido pela ação, que é direito dispositivo.

Tal teoria define a *personalidade jurídica* em sentido amplo como sinônimo de sujeito de direito, considerando-a alvo da atribuição de direitos, deveres, responsabilidade (pelo descumprimento de dever/obrigação) e poderes (de emanar normas). Tais sujeitos se dividem entre pessoas naturais (indivíduos) e pessoas jurídicas em sentido estrito (organizações).[35]

---

[35] Pessoa natural é o ser humano; pessoas jurídicas são organizações (ver Lei nº 10.406/2002 – Código Civil, artigo 40 e seguintes). Há *pessoas jurídicas de direito público externo* (os Estados nacionais e demais entes reconhecidos pelo

Às pessoas naturais se refere o conceito de *capacidade*: trata-se da possibilidade de autovinculação, de exercício de um "poder" discricionário, não qualificado (qualquer pessoa tem), autônomo (auto-obrigação) e transferível (a outrem). A *capacidade "jurídica"* é a aptidão de ser sujeito de direitos e obrigações e vem reconhecida pela ordem jurídica a toda pessoa viva (sendo, ademais, protegidos os direitos do nascituro desde a concepção). Portanto, essa capacidade é inata e coextensiva à personalidade. Já a *capacidade "de fato"* ou *"de ação"* diz respeito ao grau em que a ordem jurídica reconhece a possibilidade de imputar direitos, deveres, poderes e responsabilidades a uma pessoa. Essa capacidade é a medida da personalidade, graduando as pessoas em absolutamente capaz, relativamente incapaz (necessitando de assistente para praticar certos atos da vida civil) e absolutamente incapaz (atuando por meio de representante). Trata-se da delimitação do conjunto de direitos, deveres, responsabilidade que a pessoa tem ou pode ter, dependendo da idade, saúde mental ou outros fatores. Pode ser especificada em capacidade contratual, delitual, política etc.

Já *competência* é uma delimitação do conceito de poder, sendo referida aos órgãos de pessoas jurídicas. Trata-se do equivalente à "capacidade de ação" no âmbito da pessoa jurídica. Indivíduos agem como órgãos durante um mandato, e órgãos têm competência definida em estatuto, contrato social, constituição ou regimento. Ao contrário da capacidade, a competência diz respeito a um "poder" qualificado (conferido apenas a certos sujeitos), heterônomo (gera obrigações e direitos para os outros), condicional ("poder" exercido sob certas condições e limites) e intransferível (apenas pode ser delegado – quem delega não perde o poder, diferentemente de quem transfere). Atos praticados fora dos limites da competência são inválidos.

Se considerarmos a teoria kelseniana de que toda norma prescreve uma conduta amparada direta ou indiretamente (normas autônomas/completas ou incompletas/não autônomas) pela ameaça de uma sanção (inclusive a nulidade do ato), podemos considerar também que o fundamento de validade desta norma (dita "secundária") está em uma norma (dita "primária") que autoriza determinado órgão a, seguindo um devido procedimento, impor a sanção na forma e medida estipuladas, na linha do que Kelsen (1992 [1934], p. 29-30) conceituava na primeira edição da *Teoria pura do direito* (comparar com BOBBIO, 2010 [1960], p. 113-114, 166, 229). Se dever é a conduta que evita a sanção (referindo-se à norma "secundária"), responsabilidade é a resposta ao descumprimento (espontâneo) do dever, diz respeito à imposição forçada da sanção – ou seja, refere-se ao dever da autoridade (estipulado em norma "primária") de responsabilizar (determinar a imposição da sanção) a quem descumpriu o dever. Temos aqui, basicamente, uma decisão da autoridade (geralmente o juiz) que interpreta e produz o direito (interpreta a norma mais geral e abstrata e produz a norma individual e concreta, determinando a imposição da sanção no caso) e um ato meramente executivo da autoridade que deve impor a pena (por exemplo, a autoridade policial).

---

direito internacional público) e de *direito público interno* (as unidades da federação – União, estados e municípios –, com seus órgãos de administração direta e suas pessoas jurídicas da administração indireta, como autarquias, associações e fundações públicas). Já *pessoas jurídicas de direito privado* são empresas estatais (empresas públicas e sociedades de economia mista), associações (união de pessoas para fim não econômico), sociedades (civis ou comerciais/empresárias), fundações (universalidade de bens dirigida a fins não econômicos), organizações religiosas e partidos políticos.

Assim, quanto à *responsabilidade*, considera-se que as fontes do direito impõem obrigações, cujo descumprimento reconhecido por sentença implica imposição de sanção – isto é, o reconhecimento da responsabilidade pelo descumprimento da obrigação. O descumprimento do dever implica responsabilidade, em alguns casos se constatada culpa do descumpridor (responsabilidade subjetiva), em outros casos independentemente de culpa, desde que constatado meramente o nexo causal entre a conduta do sujeito do dever e o resultado que deve implicar a incidência da sanção (responsabilidade objetiva).

A teoria tradicional considera, ainda, que há uma hipótese de *dever sem responsabilidade*, chamada de "*obrigação natural*"; é o caso da dívida de jogo: se paga, não pode ser retomada, "repetida" (não cabe a repetição do indébito, pois, afinal, a quantia era devida, havia dever de pagá-la); mas, não sendo paga, não pode gerar ação judicial contra o devedor (afinal, não há responsabilidade).

Note-se o que preceitua o Código Civil brasileiro (Lei nº 10.406/2002), em seu artigo 814: "As dívidas de jogo ou de aposta não obrigam a pagamento; mas não se pode recobrar a quantia, que voluntariamente se pagou, salvo se foi ganha por dolo, ou se o perdente é menor ou interdito". No § 2º, esclarece-se: "O preceito contido neste artigo tem aplicação, ainda que se trate de jogo não proibido, só se excetuando os jogos e apostas legalmente permitidos". Como interpretar tal dispositivo? Ora, em regra (excetuando-se o caso em que a vitória no jogo ocorreu por conta de conduta ilícita voluntária e consciente do ganhador ou se o perdedor é menor ou incapaz interdito), se o perdedor paga a quantia ao vencedor, não pode retomá-la com amparo da lei. Entretanto, a lei não obriga o perdedor a pagar a dívida – *apenas* em se tratando de jogos tolerados, não expressamente proibidos (como o carteado) ou mesmo de jogos proibidos (caso do "jogo do bicho", ilícito segundo o art. 58 da Lei das Contravenções Penais – Decreto-Lei nº 3.688/1941). No caso de jogos e apostas regulados pelo direito estatal (como a loteria esportiva, as rifas e o turfe), tem-se um contrato jurídico que constitui obrigações e direitos plenamente exigíveis: o ganho é devido e pode ser cobrado judicialmente (há responsabilidade pelo inadimplemento contratual).

No caso da "dívida de jogo" não regulado pelo Estado – por ele proibido ou meramente tolerado – é que temos uma ilustração da "obrigação natural". Entretanto, mesmo para este, o caso clássico da obrigação natural, que a doutrina tradicional descreve como caso de dever sem responsabilidade, Kelsen (2006 [1960], p. 57-58) fornece uma explicação normativista: trata-se não de "um dever de prestação cujo cumprimento não pode ser exigido" judicialmente e que, portanto, estaria desvinculado de responsabilidade. Consiste, isso sim, em uma situação na qual quem realiza a prestação não estava a ela vinculado juridicamente. Não há dever, daí não haver responsabilidade. O fundamento é uma norma que excepciona a regra que exige a restituição daquilo que configura enriquecimento sem causa. A prestação pode ser realizada, mas com relação a ela não havia um dever jurídico. Portanto, não se trata de um dever sem responsabilidade e de uma norma sem sanção, e sim de uma exceção que limita a validade da norma que cria o dever geral de restituir o indevidamente recebido (sob pena de sanção, isto é, de responsabilização judicial em uma execução civil). Assim, na explicação kelseniana, o perdedor não precisa pagar a dívida (não há dever), mas, se pagá-la ao ganhador, não pode exigir ressarcimento: não propriamente pelo jogo ser uma causa lícita para o ganho, mas por haver aqui uma exceção à regra que proíbe o enriquecimento sem causa.

Ao lado da "teoria tradicional" e da "teoria pura" de Kelsen, temos uma terceira explicação sobre a questão das "obrigações naturais", apresentada por Bobbio (2010 [1960], p. 324-325). O direito estatal pode recusar um ordenamento jurídico "menor" – não apenas deixar de reconhecê-lo, mas vetá-lo, ou proibir condutas autorizadas ou mesmo demandadas por esse outro ordenamento. É o caso do ordenamento da máfia ou do crime organizado, ou da proibição do duelo (que pode ser uma conduta exigida segundo os códigos cavalheirescos). Mas também a ordem jurídica estatal pode ter uma relação de indiferença diante de outras ordens jurídicas, como a ordem dos jogos não regulados pelo direito estatal. Portanto, nesse caso, o que é obrigatório dentro das regras (costumeiras, autorreguladas, aceitas pelas partes) de determinado jogo (por exemplo, o perdedor pagar ao vencedor determinada quantia) pode ser apenas lícito, facultativo, não obrigatório, do ponto de vista da regra jurídica estatal. Daí a ausência de responsabilidade (ou mesmo de dever) perante a ordem estatal; o não amparo do Estado a uma ação de ressarcimento do que tenha sido pago a título de dívida de jogo.

3.3.4 Validade e eficácia

Introduziremos, neste tópico, alguns conceitos-chave da dinâmica jurídica ou teoria do ordenamento jurídico. O direito, definido como ordem social coativa, é reduzido analiticamente a uma hierarquia de normas. A *"existência"* especificamente jurídica da norma depende, portanto, de uma mera conformidade *formal* com a norma superior – não como se fosse uma dedução de seu conteúdo, mas simplesmente desde que preencha os requisitos de haver sido emitida pelo *órgão autorizado* e segundo o *método definido* na norma superior. A referência é ao processo de positivação da norma (autoridades competentes; procedimentos constituintes, legislativos, administrativos, negociais, jurisdicionais, arbitrais etc., com seus papéis e regras decisórias, fases e ritos).

Essa "existência" da norma é sua *validade*; constatar se a norma é válida ou inválida é o único juízo para o qual a *Teoria pura* fornece critérios. A norma válida pode ter vigência em domínios mais ou menos abrangentes (KELSEN, 2006 [1960], p. 11-16): pode valer/viger para todas ou para determinadas pessoas, para quem a norma cria direito ou deveres ou confere poderes (*domínio pessoal*); pode vigorar durante um período determinado (*domínio temporal*), em certa região (*domínio espacial*) e dentro de determinadas competências do ente que a positivou (*domínio material*); isto é, pode ser que o órgão normativo apenas tenha competência normativa (legislativa, regulamentar ou jurisdicional) em certas matérias, mas o "domínio material de validade de uma ordem jurídica global (...) é sempre ilimitado (...)" (KELSEN, 2006 [1960], p. 16).

A questão empírica – o fato de a norma ser observada espontaneamente ou aplicada coercitivamente – diz respeito à eficácia, questão *relativamente* autônoma. *Validade* diz respeito ao plano do *dever-ser*, à existência ideal da norma enquanto parte de uma ordem jurídica. *Eficácia* diz respeito ao plano do *ser*, ao "fato real de ela [a norma] ser efetivamente aplicada e observada, de a circunstância de uma conduta humana conforme à norma se verificar na ordem dos fatos" (KELSEN, 2006 [1960], p. 11). Entretanto, "[u]ma norma que nunca e em parte alguma é aplicada e respeitada, isto é, uma norma que – como costuma dizer-se – não é eficaz em certa medida, não será considerada como norma válida (vigente)"; daí que um *"mínimo de eficácia"* é condição de vigência/validade da norma e "uma norma jurídica deixará de ser considerada válida quando permanece duradouramente ineficaz" (KELSEN, 2006 [1960], p. 12).

Como dito, qualquer conduta humana (ou fatos que são condições ou efeitos dessas condutas) pode ser conteúdo de uma norma jurídica – essa conduta passa a ser devida na medida em que ao seu contrário a norma impute uma sanção; isto é, a conduta devida é a que evita a sanção. Portanto, a eficácia de uma norma pode ser observada tanto quando é constatada a prática da conduta devida quanto se é imposta a sanção.

Note-se que Kelsen não distingue vigência de validade (ambas iguais à existência da norma, à sua pertinência ao ordenamento) nem eficácia "social" de eficácia "técnica". Para Kelsen, eficácia diz respeito ao fato de uma norma ser empiricamente obedecida pelo cidadão, de maneira voluntária (ou melhor, se, consciente ou não acerca da norma, o cidadão se comportar de modo a evitar a sanção normatizada) ou ao fato de a norma ser aplicada por tribunais quando determinam a execução da sanção respectiva.

Há três situações típicas em que a *ineficácia social* continuada de uma norma redunda em sua perda de validade (FERRAZ JR., 2008 [1988], p. 171-174). A primeira situação é a *caducidade*: a norma já contém suas condições de aplicação; deixa de valer quando advém a condição resolutiva ou o termo final da validade (normas temporárias), ou o fim da situação que a norma visava regular (normas excepcionais). A segunda situação típica é o *desuso*: os destinatários não cumprem mais a norma, não há mais sentimento de obrigatoriedade da conduta prescrita, não se tem mais expectativa institucionalizada, com apoio geral presumido. Por fim, excepcionalmente, um *costume negativo, contra legem*, pode ser reconhecido como causa de invalidação da norma positivada.

Há, porém, quem distinga uma eficácia "técnica" ou "jurídica", que mais consiste em uma qualificação da validade ou vigência, isto é, a consideração de que a norma produz seus efeitos na ordem jurídica (devendo revogar norma anterior ou inferior em contrário e mesmo criar direitos, deveres e poderes).[36] Usualmente, trata-se em termos de *eficácia "jurídica", "técnica"* (categoria estranha à conceitualidade kelseniana) o *domínio temporal de vigência* da norma: o período em que a conduta normatizada como devida é exigível juridicamente. Depois de sancionada, promulgada e publicada e de um período de *vacatio legis* (em que a norma é pública, mas não vigente),[37] a norma entra

---

[36] É no plano da eficácia técnica que se encontra a discussão sobre a aplicabilidade das normas constitucionais, nos termos da tripartição de José Afonso da Silva (2007 [1967]). *Normas autoexecutáveis* teriam *eficácia (jurídica) plena*: não dependem de regulamentação por lei posterior para produzir seus efeitos principais, criam desde já direitos e obrigações exigíveis. *Normas de eficácia contida ou contível* produzem desde já seus efeitos principais, mas estes podem vir a ser restringidos por norma posterior. Finalmente, haveria normas não autoexecutáveis, de *eficácia jurídica limitada*: dependem de regulamentação por norma posterior ou da criação de determinado órgão para que produzam seus efeitos principais; mas desde já produzem efeitos colaterais, como função de bloqueio e de programa (invalidar normas com conteúdo em contrário ou que afetem finalidade predisposta pela norma; direcionar a criação e interpretação de outras normas). Aqui encontramos as chamadas *"normas programáticas"*. Em sentido semelhante de eficácia técnica é que se tem a doutrina privatista sobre os planos do *negócio jurídico* (AZEVEDO, 2008 [1974]), que na verdade gradua a invalidade na forma de *elementos de "existência"* (como forma, objeto e partes), sem o que o contrato sequer "existe"; *requisitos de validade* (como capacidade do agente, licitude do objeto e forma prevista em lei – Código Civil, art. 104), cujo descumprimento leva à nulidade ou anulabilidade do negócio; e *fatores de "eficácia"* (como condição e termo), que dosam o período de incidência das normas pactuadas.

[37] Lei de Introdução às Normas do Direito Brasileiro (LINDB, Decreto-Lei nº 4.657/1942), artigo 1º, *caput*: "Salvo disposição contrária, a lei começa a vigorar em todo o país quarenta e cinco dias depois de oficialmente publicada".

em vigor e vigerá – incidindo e criando situações jurídicas – até ser revogada expressa ou tacitamente. Excepcionalmente, poderá cobrir (ser juridicamente eficaz quanto a) condutas anteriores a seu período normal de vigência (*retroatividade*, eficácia anterior à vigência) ou ser aplicada posteriormente a tal período (*ultratividade*, eficácia posterior à vigência normal).

Uma vez que a norma tenha *incidido, produzindo efeitos e criando uma situação jurídica* configurada por direitos, deveres, poderes e/ou responsabilidades, a essa situação (protegida como "direito adquirido" sob lei anterior; "ato jurídico perfeito", isto é, consumado segundo a lei vigente ao tempo em que se efetuou; ou "coisa julgada", decisão judicial irrecorrível, irreformável) será aplicada a norma vigente na ocasião, e não norma posterior que a revogue – ou seja, há *irretroatividade* da norma posterior e *ultratividade* da norma anterior. A norma penal ou tributária mais benéfica ao réu ou contribuinte retroage (diz, por exemplo, o artigo 2º do Código Penal, Decreto-Lei nº 2.848/1940, com redação dada pela Lei nº 7.209/1984). Todavia, há ultratividade da lei penal anterior mais benéfica – se o crime ocorreu durante a vigência de norma menos gravosa que a atual, a norma mais antiga será ultrativa, aplicada em detrimento da norma atual. O artigo 3º do mesmo Código traz outra hipótese de ultratividade: "A lei excepcional ou temporária, embora decorrido o período de sua duração ou cessadas as circunstâncias que a determinaram, aplica-se ao fato praticado durante sua vigência".

A dinâmica jurídica (no plano do que Hart chama de regras de alteração; *infra*, capítulo 4) ainda comporta o fenômeno da *revogação*. Revogar é retirar a validade de uma norma por meio de outra norma. É proibida a *repristinação*: revogada uma norma, não volta a valer aquela anterior a esta – só se for reeditada. A revogação pode ser expressa (por texto legal) ou tácita (por meio da constatação, pelo intérprete, da incompatibilidade de uma norma com outra que lhe seja superior ou posterior);[38] ainda, pode a revogação ser global (se há nova lei sobre a matéria, há revogação tácita, sendo desnecessária revogação expressa ou incompatibilidade ponto por ponto entre as normas), pode ser total ("abrogação": a norma perde completamente vigência/validade) ou pode ser parcial ("derrogação", ou seja, a lei vigora apenas para certos casos em que não seja incompatível com a outra norma que a tenha sucedido).

Ainda em termos do domínio temporal, ou do que se chama de eficácia "técnica", é tratada a questão da eficácia do *juízo de invalidade* declarado pela autoridade judicial. O grau mais alto de vícios que invalidariam uma norma leva ao reconhecimento de sua *"inexistência"* (frisemos, em sentido impróprio à luz da terminologia kelseniana): segundo esse grau mais alto de invalidade, a norma nunca chegou a valer, pois não cumpriu requisitos mínimos (por exemplo, a sentença foi dada por alguém que não era juiz, ou extravasando a competência de um órgão, que sequer poderia emitir aquela norma).

Pode-se ainda reconhecer a invalidade na forma de *nulidade absoluta*: a norma reconhecida como nula tem seus efeitos desconsiderados desde o início de sua vigência. A ineficácia jurídica é *ex tunc*, retroativa. Tal caso se aplica a sentença de juiz absolutamente incompetente (em termos de hierarquia ou matéria – Código de Processo Civil, Lei nº 13.105/2015, art. 62).

---

[38] É considerada tácita a revogação quando uma nova lei simplesmente declara "revogam-se as disposições em contrário", sem indicar quais são os dispositivos revogados em leis anteriores.

Por fim, há a invalidade de grau menos gravoso: a *nulidade relativa ou anulabilidade*. Nesse caso, a norma declarada nula perde seus efeitos desde tal declaração judicial (ou momento anterior, como a entrada com processo com pedido de anulação), ressalvados os efeitos anteriormente produzidos. Em outros termos, há ineficácia jurídica *ex nunc* (não retroativa). Se não é declarada a anulação, a norma se *convalida*. É o caso da sentença de juiz relativamente incompetente (*e.g.* pelo critério territorial – Código de Processo Civil, art. 63).[39] É também o caso do negócio jurídico anulável (Código Civil, Lei nº 10.406/2002, art. 171 e seguintes): por exemplo, um contrato celebrado por menor de 18 anos, mas maior de 16 ou um contrato eivado de vício de consentimento podem ter sua validade confirmada, ou por ato de confirmação expresso das partes, ou, tacitamente, pelo cumprimento do negócio da parte do devedor ciente daqueles vícios. Ainda, decorrido certo prazo, há decadência: perde-se a possibilidade de pleitear o reconhecimento judicial da invalidade da norma (contratual ou judicial).

3.3.5 Ordem jurídica: unidade, consistência e completude

Podemos encontrar a passagem da estática jurídica (teoria da norma) para a dinâmica jurídica (teoria da ordem ou do ordenamento) por meio da pergunta já adiantada na introdução: afinal, o que diferencia a norma emanada do Estado, garantida por sanção e com a ameaça de sua imposição coercitiva, do comando ou ordem dado por um grupo de assaltantes? Diferentemente da ordem de um gângster ou assaltante, o comando emanado de uma autoridade estatal tem de ser interpretado não apenas como ato de vontade subjetivo, mas de maneira objetiva, isto é, como conteúdo de uma norma, cuja emissão é autorizada por norma superior que reconheça tal poder e competência à autoridade. Não é, portanto, a justiça da ordem, mas sua validade que diferencia o direito (amparado sempre por uma ameaça coercitiva, ainda que indireta) da pressão ilegal. É preciso pressupor, portanto, que o comando da autoridade não apenas seja emoldurado por uma norma e validado por norma superior, mas que, no final das contas, todas essas normas integrem uma *ordem jurídica* em uma "cadeia de validade" (RAZ, 1980 [1970], cap. 5): a ordem de uma autoridade estatal está fundada em uma norma de competência, cuja validade é fundada em uma norma superior, que ao final é validada pela hipótese da norma fundamental pressuposta. Portanto, isoladamente, as ordens de um bandido e de um funcionário do Estado são atos de vontade no plano do ser. A diferença do ato da autoridade estatal está em que este se funda em uma norma integrada a um ordenamento por meio de um procedimento regulado pelo próprio ordenamento, posta por uma autoridade com competência definida no próprio ordenamento,[40] respeitando os limites definidos em normas superiores – e a norma,

---

[39] O Código de Processo Civil, por exemplo, diz que (art. 64, §1º) "[a] incompetência absoluta pode ser alegada em qualquer tempo e grau de jurisdição e deve ser declarada de ofício", enquanto que (art. 65, *caput*) "[p]rorrogar-se-á a competência relativa se o réu não alegar a incompetência em preliminar de contestação".

[40] "As normas do direito positivo são 'válidas', ou seja, devem ser obedecidas, não porque, como as leis do direito natural, derivam da natureza, de Deus ou da razão, de um princípio absolutamente bom, reto ou justo, de um valor ou norma fundamental absolutamente supremo ou de uma norma fundamental, a qual se acha, ela própria, investida da pretensão de validade absoluta, mas, simplesmente, porque foram criadas de certo modo ou feitas por certa pessoa" (KELSEN, 2005 [1945], p. 562).

como *esquema de interpretação*, confere *sentido objetivo* ao ato de vontade da autoridade competente, o que permite interpretar seu querer fático e subjetivo como um *dever-ser* objetivo. Todavia, só é um dever-ser objetivo se: 1) a norma obedecer às condições de validade determinadas na ordem jurídica da qual faz parte; 2) a ordem que determina suas próprias condições de validade tiver um *mínimo de eficácia*. Isso porque "[u]ma ordem coercitiva que se apresenta como direito só será considerada válida quando for globalmente eficaz" (KELSEN, 2006 [1960], p. 51-52).

Em outros termos, para pressupor uma norma fundamental – que é a condição formal transcendental de uma *estrutura escalonada de validação* das normas positivas – e, assim, enquadrar um comando como norma jurídica, o intérprete deve constatar uma eficácia duradoura do conjunto de normas que constitui tal ordem coercitiva. Isso só é possível depois que as pessoas passam a aceitar uma ordem jurídica, obedecê-la voluntária ou forçadamente (pela imposição de sanções), e essa ordem se coloca como aquela que é dominante em dado domínio (territorial, temporal, material e pessoal) de validade/vigência. Claro, há aqui mais uma delimitação arbitrária por parte do intérprete: ele deve *pressupor* que normas ainda que parcialmente coextensivas e contemporâneas ao direito estatal (como os costumes de uma comunidade autóctone ou de uma periferia urbana) são subordinadas ao direito estatal, apenas valem no âmbito de autonomia privada circunscrito por tal direito e, portanto, não constituem uma ordem jurídica autônoma. Esse é o postulado básico do *monismo jurídico*.

Observamos que a teoria de Kelsen pressupõe uma identificação entre direito e Estado, de modo que a soberania política se traduz no monismo jurídico, refletido na pressuposição metodológica da *unidade do ordenamento jurídico*. O problema clássico no raio de observação de Hart e Kelsen era sobre a juridicidade do direito internacional (revitalizado no pós-Segunda Guerra Mundial) e, portanto, sobre a relação entre o direito nacional e o direito internacional. Representando a posição monista, Kelsen (2005 [1945], p. 515-551; 2006 [1960], cap. 7) trata da relação entre direito nacional e direito internacional – basicamente, dois subtipos de ordens estatais (sendo o direito internacional, sobretudo, produto do consenso entre Estados nacionais); apresenta duas alternativas: ou um *monismo nacionalista* (que subordina a validade do direito internacional à sua internalização pelas ordens jurídicas estatais-nacionais) ou um *monismo internacionalista* (que delimita a validade das ordens jurídicas nacionais, portanto subordinadas à ordem jurídica internacional). Como jurista envolvido no contexto de construção da Organização das Nações Unidas (ver KELSEN, 1950), vista como ferramenta para estabelecimento de uma "paz pelo direito" em âmbito mundial, Kelsen (1944) apreciava o internacionalismo.

Entretanto, conclui Kelsen (2006 [1960], p. 364-386), uma vez identificado o direito ao Estado, ao se tratar de ordens estatais (os direitos nacionais ou o direito internacional), a preferência pela prevalência de uma sobre a outra (a posição nacionalista ou a posição internacionalista) passa a ser uma questão política, que não pode ser definida cientificamente, analiticamente. O primado de uma ordem jurídica sobre outra é *pressuposto* pelo aplicador do direito, e não provável objetivamente (ou a norma fundamental pressuposta é aquela que institui o costume internacional como fato gerador de normas, ou é aquela que institui a primeira constituição nacional histórica). Não há sequer qualquer implicação lógica derivável de uma ou outra posição:

(i) tanto se pode conceber que o direito internacional, subordinado ao direito nacional, é internalizado, de modo que o *Estado soberano possa autoimpor restrições* (materialmente de origem internacional, mas formalmente internalizadas) à sua soberania (só assim será válido e vinculante o direito internacional, reconhecendo-se ou não a superioridade das normas internacionais sobre as normas constitucionais ou legais nacionais) (ii) quanto igualmente se pode entender que o *direito internacional é a ordem suprema*, que reconhece e limita determinados direitos estatais em seus respectivos âmbitos de validade (direitos nacionais estes que podem inclusive especificar como o direito internacional é internalizado como direito nacional e segundo qual hierarquia será aplicado). Trata-se apenas de pontos de partida e posições de observação diferentes, sem qualquer implicação lógica. Há apenas um truque ideológico, ilusório, sofístico: de um lado, a valorização do pacifismo internacionalista; de outro, do imperialismo nacionalista.

O que se deve frisar é que, abraçando-se ou não uma posição teórica monista, é possível se identificar uma pluralidade de ordens jurídicas. Em termos kelsenianos, haveria uma coexistência de ordens escalonadas, cada qual remetendo a uma norma fundamental pressuposta. A metodologia de Kelsen, porém, implica *pressupor* que apenas uma ordem é *globalmente* eficaz, e assim deve ser considerada válida em um determinado domínio de validade (isto é, o território estatal), determinando a validade das demais ordens que lhe estão subordinadas.[41] Ao conceituar o direito como ordem coativa e pressupor que toda norma exige uma sanção, resta-lhe identificar, por definição (KELSEN, 2006 [1960], p. 352-353), o direito ao Estado.

Mais precisamente, Kelsen (2006 [1960], p. 316-318) reconhece que há ordens jurídicas diferentes daquela do Estado nacional moderno – como o direito internacional (que é interestatal ou supraestatal) ou o direito primitivo –, mas apenas o Estado seria uma ordem jurídica relativamente *centralizada*, instituindo tribunais para concretizarem as normas gerais legisladas e órgãos administrativos para executarem coercitivamente as sanções. O direito primitivo ou o direito internacional delegariam a seus próprios sujeitos a imposição de sanções, na forma de represálias. Isto, porém, não parece ser mais plena verdade, dado o desenvolvimento das organizações internacionais desde a segunda metade do século XX – muitas das quais mimetizam a estrutura de Poderes estatal, com seus próprios órgãos legislativos e jurisdicionais (ainda que continue discutível a eficácia da executoriedade de sanções internacionais). Kelsen (2006 [1960], cap. 7) – assim como Hart (2007a [1961], cap. 10) –, por mais universalistas e a-históricas que fossem suas pretensões analíticas, não deixa de refletir um momento histórico específico, em que a ordem internacional ainda estava precariamente institucionalizada, ou seja, organizada e procedimentalizada de modo a se impor mesmo quando seus sujeitos (sobretudo os Estados nacionais) fossem renitentes com relação às obrigações costumeiras ou positivas de direito internacional público.

A questão é: em tese, pode-se até mesmo identificar empiricamente a eficácia concomitante de várias ordens jurídicas com *domínios de validade parcial ou totalmente coincidentes* – e pode-se constatar que as várias ordens eficazes dão comandos conflitantes

---

[41] Assim, "a eficácia geral do sistema não é um critério de validade", mas "é pressuposta", de modo que "a menos que o sistema seja eficaz em geral não pode fazer-se qualquer afirmação significativa de validade", diz Hart (2007a [1961], p. 277), explicando Kelsen.

(obrigatório, proibido ou permitido) ou sanções diversas para as mesmas pessoas e temas, no mesmo espaço e ao mesmo tempo. Pode ser este o caso de ordens de corporações, associações, clubes, bairros ou povos autóctones, sendo seguidas lado a lado ao direito estatal (comparar SANTOS, 2014 [1973]; NEVES, 1995 [1993]). Pode ser também o caso de ordens autóctones em conflito com o direito colonial, ou mesmo da superposição entre uma ordem jurídica pré-revolucionária e a ordem revolucionária. E, ainda, podem ser observadas ordens normativas que não estão limitadas ao território de Estados nacionais (como estariam ordens "subnacionais" de povos autóctones dentro de determinado país), nem são geradas por consenso entre esses Estados (como são o direito internacional público ou mesmo, em certa medida, o direito supranacional europeu):[42] há ordens normativas transnacionais, forjadas por empresas, organizações não governamentais, câmaras arbitrais e entidades privadas de certificação – seu âmbito de validade territorial ultrapassa os territórios nacionais; seu domínio é setorial, isto é, definido sobretudo por referência a temas especializados e vínculos negociais.[43] Deve-se notar que, ao lado de ser internalizada como fonte formal do direito, essa normatividade produzida fora do âmbito do Estado nacional influencia o direito estatal como fonte material para suas reformas constitucionais, legislativas e regulatórias.[44]

Até aí, em todo caso, temos a constatação empírica da pluralidade de ordens normativas (jurídicas?) eficazes; há um policentrismo de fontes formais de direito, ou seja, normas emanadas de várias autoridades que não estão simplesmente em uma unidade organizacional hierárquica. O que caracteriza o *pluralismo jurídico* é a premissa de que não há um critério – a não ser a eficácia, isto é, quais normas são de fato seguidas, espontânea ou coercitivamente – para se definir qual ordem prevalece. Uma posição pluralista não reconhece critérios definitivos para arbitrar a colisão entre ordens jurídicas, sobretudo entre aquelas não homeomóficas; isto é, de perfil diferente, caso do conflito entre o direito estatal e ordens autóctones ou privadas (ver KELSEN, 2006 [1960], p. 364-366, rejeitando tal posição). Muitas vezes, cada ordem jurídica observará a outra segundo seus próprios

---

[42] O que distingue o *direito supranacional (europeu)* em relação ao *direito internacional* (positivado em tratados e declarações produzidos por organizações internacionais e internalizados pelos Estados membros) é que as normas supranacionais da União Europeia, uma vez aprovadas pela UE, são válidas para seus Estados membros e vinculam diretamente seus cidadãos; já os tratados internacionais só ganham validade e aplicabilidade interna se internalizados pelo processo legislativo nacional.

[43] Exemplos de *ordens transnacionais* são as assim chamadas: "nova *lex mercatoria*" (uma série de padrões contratuais produzidos e disseminados a partir da Câmara de Comércio Internacional, sediada em Paris; destaque para os INCOTERMS – *International Commercial Terms* –, que trazem terminologia e cláusulas uniformes para compra e venda internacional); *lex sportiva* (as normas produzidas pelo Comitê Olímpico Internacional e impostas pelo Tribunal Arbitral do Esporte em Lausane, Suíça); e *lex digitalis* (produzida pela ICANN, Corporação da Internet para Atribuição de Nomes e Números, uma parceria público-privada sediada na Califórnia). Essas ordens jurídicas têm eficácia, são seguidas, impostas em juízos arbitrais e preveem suas próprias sanções. Não há na prática um critério institucionalizado que as subordine ao direito estatal, ou vice-versa. Ver Teubner (2003 [1996]; 1993 [1989]); Neves (2009); Amato (2014).

[44] Organizações internacionais de direito público (como a Organização das Nações Unidas, a Organização Mundial do Comércio, o Fundo Monetário Internacional, o Banco Mundial e a Organização dos Estados Americanos) ou mesmo organizações privadas transnacionais (como *think tanks*, entidades de certificação técnica, associações empresariais e organizações não governamentais) influenciam os Estados nacionais, pressionando-os, sobretudo desde a década de 1980 (por exemplo, por meio de condicionalidades nos apoios e financiamentos e em tratados multilaterais de comércio), pela uniformização legislativa (caso do *International Institute for the Unification of Private Law* – UNIDROIT –, uma organização intergovernamental independente sediada em Roma) e pela desconstitucionalização, desjudicialização, desregulação, desestatização, deslegalização e despublicização do direito. Ver Faria (1999), Pereira (2009), Dezalay e Garth (2002).

critérios, e assim definirá a validade ou a interpretação das normas da outra ordem. Por exemplo, o Supremo Tribunal Federal interpreta a Convenção Americana de Direitos Humanos segundo a Constituição Federal, exercendo um juízo de constitucionalidade; já a Corte Interamericana dos Direitos Humanos interpreta a Constituição brasileira à luz da Convenção Americana, exercendo um juízo de convencionalidade. Na prática, não está institucionalizado ou convencionado um critério para definir qual juízo, de qual órgão prevalece, o que pode gerar decisões discrepantes sobre a mesma norma constitucional ou legal.

O que caracteriza, em contrapartida, o *monismo jurídico* é a posição teórica de que há algum critério para se definir a prevalência de uma ordem sobre outra: assim é que se pode dizer que, mesmo que os moradores de dada região sigam efetivamente seus costumes e normas sociais, e não o direito oficial nacional, há uma ordem jurídica estatal globalmente eficaz (ainda que parcialmente ineficaz, naquele território) e a ela se subordina tal ordem local – sendo suas normas só válidas enquanto não contradisserem o direito estatal. O monismo jurídico mais radical nega a juridicidade dessas outras ordens normativas, pois simplesmente identifica o direito ao Estado (já que o Estado é que centraliza legitimamente – com pretensões globais de obter obediência ou, ao menos, não ser contestado em sua autoridade – os meios de violência física cujo uso constitui a ameaça por trás da sanção que reforça as normas jurídicas). Kelsen (2006 [1960], p. 316-321) conceitua o Estado como um ordenamento jurídico relativamente centralizado, com domínio de validade material global (pode regular quaisquer matérias) e com domínios de validade espacial, temporal e pessoal autodelimitados – ou delimitados pelo direito internacional (a alternativa é bem expressão de um momento inicial de institucionalização do direito internacional que Kelsen vivenciava). Assim, território, criação e extinção de um Estado e seus sujeitos são autodefinidos pela ordem jurídica. O poder estatal é jurídico e soberano – ou subordinado apenas ao direito internacional. A ordem jurídica estatal é, globalmente ou geralmente, eficaz – daí poder ser *postulada, pressuposta* como prevalente sobre as ordens jurídicas parciais que coexistam dentro de um Estado nacional. Como pessoa jurídica, o Estado evidentemente pode normatizar seus próprios funcionários e seus súditos ou cidadãos em geral, impondo-lhes deveres e responsabilidades e conferindo-lhes direitos e poderes.

Influenciado pelo pluralismo institucionalista de Romano e pelo positivismo monista de Kelsen, Bobbio (2010 [1960], p. 313-333) procurou tipificar as relações identificáveis entre diferentes *ordenamentos jurídicos*:

- *coordenação*: haveria entre diferentes direitos nacionais-estatais (Estados soberanos);
- *subordinação*: haveria entre o direito estatal e os ordenamentos parciais (de grupos intermediários: associações, sindicatos, partidos, igrejas); ou entre direito nacional e internacional;
- *exclusão total*: entre ordenamentos de Estados nacionais diferentes;
- *inclusão total*: por exemplo, entre a ordem jurídica estadual e a ordem jurídica nacional;
- *recepção (absorção)*: casos em que um ordenamento passa a englobar o outro (por exemplo, o direito costumeiro de certa comunidade passa a ser reconhecido pelo direito estatal); também é o que ocorre na sucessão de ordenamentos

jurídicos, quando uma revolução se afirma como puro fato de poder que extingue o ordenamento anterior e constitui um novo ordenamento, o qual recepciona as normas da ordem anterior que não revogar expressamente e que sejam com ele compatíveis, sobretudo à luz da nova constituição (sobre revolução, ver também *infra*, 4.5 e 5.3.2);

- *reenvio*: casos em que um ordenamento remete certos conflitos (de determinado domínio de validade pessoal, temporal, espacial e/ou material) para outro ordenamento – além de uma solução possível em casos envolvendo ordenamentos internacionais e nacionais ou nacionais e subnacionais (*e.g.* ordens costumeiras de povos autóctones), este é o objeto principal do direito privado internacional, ramo voltado à solução de conflitos de leis no espaço, que ocorrem nas relações jurídicas envolvendo bens e/ou sujeitos regulados por diferentes ordens estatais (trata-se, portanto, de ordens jurídicas com âmbito espacial diferente, mas com coincidência, ainda que parcial, nos domínios de validade temporal, material e pessoal).

Vimos também que, diferentemente do direito natural, de validade não contingente (mas necessária), a norma jurídica positiva é "arbitrária" em seu conteúdo, segundo Kelsen: poderia ser diferente, e pode vir a ser modificada por decisão posterior. Para o intérprete-aplicador de (1) normas incidentes sobre a mesma situação-problema, (2) válidas, (3) pertencentes à mesma ordem jurídica e (4) com domínios (pessoal, material, temporal e espacial) de validade coincidentes (ainda que parcialmente), surge a questão do conflito de normas e de sua conciliação.

Analisemos essas quatro condições para a emergência de uma antinomia. Evidentemente só faz sentido analisar um conflito de normas quando (1) ambas se aplicam a um mesmo caso – isto é, são formuláveis como regras cuja hipótese de incidência é um termo universal em relação ao qual a situação concreta sob julgamento (os fatos comprovados) pode ser vista como exemplo, como instância particular. Só faz sentido, ainda, aplicar (2) normas que sejam válidas – isto é, que existam juridicamente, no plano do dever ser (excluem-se, portanto, as normas inexistentes, nulas e anuláveis, se não convalidadas; ver *supra*, 3.3.4).

A validade, ademais, só pode ser aferida em relação a determinada ordem jurídica. Todo órgão decisório aplicador do direito atua dentro de uma hierarquia e interpreta o direito segundo as regras postas ou reconhecidas dentro dessa mesma hierarquia decisória – daí que as normas conflitantes devam pertencer à mesma ordem jurídica (3). Se uma ordem jurídica é uma cadeia de validação formal ou uma estrutura escalonada em que uma norma inferior tem como fundamento de validade o fato de ter sido posta pela autoridade competente e segundo o procedimento devido, conforme definidos em norma respectivamente superior, as normas em conflito têm de ter sido positivadas por autoridades equivalentes, superiores ou inferiores, dentro de uma mesma hierarquia de poder, isto é, de criação e execução do direito. A norma inferior criada executa a norma respectivamente superior, todas remontando ao mesmo fundamento último de validade que unifica aquele conjunto de "fontes" formais do direito (em termos de direito positivo, tal fundamento último é a constituição; como pressuposto lógico, é a norma fundamental).

Só há conflito de normas se estas (4) coincidem, total ou parcialmente, em seus domínios de validade (ver *supra*, 3.3.4). Assim como só há pluralismo jurídico se duas ou mais ordens jurídicas coincidirem, ainda que parcialmente, em seus domínios de validade (sem que se possa subordinar uma ordem à outra, resolvendo o conflito de ordens jurídicas em uma solução monista), só há conflito de normas jurídicas se elas coincidem, ainda que parcialmente e ainda que apenas em uma situação bem específica (como a que está sendo julgada), quanto à matéria, às pessoas, ao espaço e ao tempo regulado. Se uma norma permite que se converse durante as aulas e outra proíbe conversas durante os intervalos, não há conflito algum, pois elas têm domínios temporais de validade diferentes. Se uma norma proíbe fumar nas dependências da faculdade e outra permite fumar em frente ao prédio da faculdade, trata-se de domínios espaciais de validade diferentes. Só haveria conflito, por exemplo, se a frente do prédio da faculdade for considerada dependência da instituição. Não há conflito se uma norma permite beber água durante as aulas, outra obriga o uso de máscaras e uma terceira proíbe fumar na mesma situação – os domínios materiais de validade (isto é, os temas) são diferentes. Finalmente, não há conflito, pois as normas têm domínios pessoais de validade ("destinatários", sujeitos regrados) diferentes, entre a norma que proíbe o voto aos menores de 16 anos, aquela que permite o voto aos maiores de 16 e menores de 18 anos, aquela que obriga o voto dos 18 aos 70 anos e aquela que faculta o voto aos maiores de 70 anos.

A quinta condição para a existência de uma contradição entre duas normas jurídicas é que (5) pelo menos uma delas seja imperativa (positiva: determina uma obrigação de determinada conduta; ou negativa: determina uma obrigação de omitir determinada conduta, ou seja, a proíbe). Não existe antinomia entre normas apenas permissivas (por exemplo, não há problema se uma norma permitir que se pise na grama e outra permitir que não se pise na grama); para haver antinomia, deve estar em jogo pelo menos uma norma imperativa (que positiva e explicitamente institua uma obrigação) e/ou uma norma proibitiva (que determine a obrigação de não fazer). Há contradição necessariamente, portanto, (i) quando uma norma obriga e outra proíbe a mesma conduta, (ii) quando uma a obriga e outra permite ou (iii) quando uma a proíbe e outra a permite. Se quisermos simplificar: há antinomia sempre e apenas entre obrigações (positivas e negativas, *i.e.* proibições) ou entre permissões (positivas ou negativas), de um lado, e obrigações (positivas ou negativas), de outro – a respeito da mesma conduta.[45]

---

[45] Algumas observações são importantes. Primeiro, a de que há três operadores ou funtores deônticos básicos para as normas jurídicas – "proibido", "obrigatório" e "permitido" –, sendo na verdade redutíveis a dois (a proibição de x nada mais é do que a obrigação de não fazer x). Em segundo lugar, são unanimemente reconhecidas as antinomias entre obrigação e proibição (com relação à mesma conduta), entre obrigação e permissão negativa; e entre proibição e permissão positiva. Há clara contradição lógica nesses três casos: se descrevermos ambas as normas em conflito por meio de proposições jurídicas, ambas as proposições *não* podem ser verdadeiras – se uma for verdadeira, a outra é falsa (ver BOBBIO, 2010 [1960], p. 240-245). Parece mais obscura, porém, a relação entre normas que obrigam e que permitem positivamente, e entre aquelas que proíbem e que permitem negativamente. Entretanto, ilustremos: se estou obrigado a me vacinar, obviamente isso é permitido; se estou proibido de matar alguém, obviamente é permitido não matar – uma norma implica a outra, há redundância ou superimplicação; mas se é permitido que me vacine, não necessariamente isso é obrigatório, pois também é permitido não me vacinar; se é permitido não matar alguém, não necessariamente é proibido, pois também é permitido fazê-lo – há subimplicação. Enfim, podemos supor que uma permissão positiva (expressa) implique sempre uma permissão negativa (tácita), e vice-versa. Se é permitido ir à faculdade aos sábados, não necessariamente é obrigatório, pois também é permitido não ir – há contradição entre a permissão positiva e a obrigação. Se é permitido não entregar

Quanto à *extensão da contradição*, as antinomias ou inconsistências podem ser de três tipos (ROSS, 2000 [1953], p. 158-162):
- *"total-total"* (inconsistência total ou incompatibilidade absoluta): em que as duas normas sempre incidem conjuntamente; ou seja, sempre entram em contradição, em quaisquer situações. Exemplo: uma norma proíbe a greve, outra norma permite a greve, ou uma norma obriga o pagamento de impostos e outra isenta tal pagamento;
- *"total-parcial"* (inconsistência entre a regra geral e a especial): em que a incidência de uma das normas (de escopo maior) nem sempre implica a incidência da outra (que cobre um subconjunto de situações da primeira), mas a incidência da última sempre provoca contradição com a primeira. Exemplo: uma norma permite a greve, outra proíbe a greve em serviços públicos essenciais – para os serviços públicos essenciais, há antinomia; para os demais serviços (não essenciais ou privados), não há antinomia;
- *"parcial-parcial"* (inconsistência parcial ou sobreposição de regras): em que há casos diferentes, em que ambas as normas incidem sem provocarem a incidência da outra e, portanto, sem gerarem contradição; mas há uma interseção de algumas situações que provocam a coincidência das normas e, assim, sua contradição. Exemplo: uma norma reconhece total liberdade de reunião, outra permite restringir a liberdade de reunião durante o estado de defesa; há antinomia (aparente) apenas na situação do estado de defesa.

Não existe antinomia entre normas apenas permissivas (por exemplo, não há problema se uma norma permitir que se pise na grama e outra permitir que não se pise na grama); para haver antinomia, deve estar em jogo pelo menos uma norma imperativa (que positiva e explicitamente institua uma obrigação) e/ou uma norma proibitiva (que determine a obrigação de não fazer). Há contradição necessariamente, portanto, (1) quando uma norma obriga e outra proíbe a mesma conduta, (2) quando uma a obriga e outra permite, ou (3) quando uma a proíbe e outra a permite. Se quisermos simplificar: há antinomia sempre e apenas entre obrigações (positivas e negativas, *i.e.* proibições); ou entre permissões (positivas ou negativas), de um lado, e obrigações (positivas ou negativas), de outro – a respeito da mesma conduta.[46]

---

um trabalho extra, não necessariamente é proibido, pois também é permitido entregá-lo. Portanto, em ambos os casos (de permissão positiva ou negativa), há contradição com a obrigação ou com a proibição. O sujeito normado fica em uma situação pragmaticamente insustentável. Em entendimento diverso, Ferraz Jr. (2008 [1988], p. 178) afirma que "não se contradizem duas normas em que uma permite um ato e a outra obriga o mesmo ato (é permitido pisar a grama/ é obrigatório pisar a grama)", para em seguida dizer que são "antinomias próprias aquelas que ocorrem por motivos formais (por exemplo, uma norma *permite* o que a outra *obriga*) (...)" (FERRAZ JR., 2008 [1988], p. 180, destaques no original).

[46] Algumas observações são importantes. Primeiro, a de que há três *operadores ou functores deônticos* básicos para as normas jurídicas – "proibido", "obrigatório" e "permitido" –, sendo na verdade redutíveis a dois (a proibição de *x* nada mais é do que a obrigação de não fazer *x*). Em segundo lugar, são unanimemente reconhecidas as antinomias entre obrigação e proibição (com relação à mesma conduta), entre obrigação e permissão negativa; e entre proibição e permissão positiva. Há clara contradição lógica nesses três casos: se descrevermos ambas as normas em conflito por meio de proposições jurídicas, ambas as proposições *não* podem ser verdadeiras – se uma for verdadeira, a outra é falsa (ver BOBBIO, 2010 [1960], p. 240-245). Parece mais obscura, porém, a relação entre normas que obrigam e que permitem positivamente, e entre aquelas que proíbem e que permitem negativamente. Entretanto, ilustremos: se estou obrigado a me vacinar, obviamente isso é permitido; se estou proibido de matar alguém, obviamente é permitido não matar – uma norma implica a outra, há redundância ou superimplicação; mas se é permitido que me vacine, não necessariamente isso é obrigatório, pois também é permitido não me

A solução metodológica para o conflito de regras – ou seja, para sua *conciliação* – é dada pela *ficção da consistência (ou coerência) da ordem jurídica* – a qual implica critérios para resolver as antinomias normativas, segundo identifica a teoria geral do direito de inspiração positivista-analítica (BOBBIO, 2010 [1960], p. 231-270; FERRAZ JR., 2008 [1988], p. 174-182). Três são os critérios básicos para resolver *antinomias aparentes*:
- pelo *critério hierárquico*, a norma de fonte superior prevalece sobre a de fonte inferior (a constitucional sobre a legal, a legal sobre a regulamentar) – *lex superior derogat inferiori*: essa é uma implicação direta da hierarquia unitária das fontes formais do direito (atos ou decisões jurígenos, isto é, de órgãos autorizados a produzir normas jurídicas válidas), fontes estas organizadas e estratificadas dentro de um movimento da racionalização do Estado moderno e controle do próprio poder – poder, em sentido técnico, é a posição jurídica que autoriza um sujeito a emitir direito objetivo (sendo correlativa à sujeição da parte dos outros sujeitos na relação; ver *supra*, 2.6, a discussão sobre as posições jurídicas fundamentais; e *supra*, 3.3.3, a discussão sobre competência);[47]
- pelo *critério da especialidade*, a norma mais específica prevalece sobre a mais geral, naquilo que for específico – *lex specialis derogat generalis*: a norma mais específica

---

vacinar; se é permitido não matar alguém, não necessariamente é proibido, pois também é permitido fazê-lo – há subimplicação. Enfim, podemos supor que uma permissão positiva (expressa) implique sempre uma permissão negativa (tácita), e vice-versa. Se é permitido ir à faculdade aos sábados, não necessariamente é obrigatório, pois também é permitido não ir – há contradição entre a permissão positiva e a obrigação. Se é permitido não entregar um trabalho extra, não necessariamente é proibido, pois também é permitido entregá-lo. Portanto, em ambos os casos (de permissão positiva ou negativa), há contradição com a obrigação ou com a proibição. O sujeito normado fica em uma situação pragmaticamente insustentável. Em entendimento diverso, Ferraz Jr. (2008 [1988], p. 178) afirma que "não se contradizem duas normas em que uma permite um ato e a outra obriga o mesmo ato (é permitido pisar a grama/é obrigatório pisar a grama)", para em seguida dizer que são "antinomias próprias aquelas que ocorrem por motivos formais (por exemplo, uma norma *permite* o que a outra *obriga*) (...)" (FERRAZ JR., 2008 [1988], p. 180, destaques no original).

[47] No direito brasileiro em geral (ressalvadas as variações em ramos específicos), podemos considerar sete camadas básicas de fontes do direito (sendo as cinco primeiras fontes formais em sentido estrito, *i.e.* instituidoras de normas jurídicas válidas): 1) constituição (normas emanadas do Poder Constituinte originário, entre as quais não há hierarquia interna); 2) emendas constitucionais e tratados internacionais de direitos humanos (cujas normas podem ser declaradas inconstitucionais, submetendo-se, portanto, ao controle judicial de constitucionalidade); 3) demais tratados internacionais (aprovados por decreto legislativo e promulgados por decreto presidencial) e leis em sentido formal (atos normativos infraconstitucionais do Poder Legislativo, como leis ordinárias e complementares, leis delegadas, medidas provisórias, decretos legislativos e resoluções, havendo entre tais atos mera repartição de competências, sem hierarquia entre eles – todos eles podem ser invalidados por conflito com normas constitucionais originárias ou emendas); 4) atos normativos infralegais da Administração Pública, no exercício de seu poder regulamentar (decretos do chefe do Executivo, portarias ministeriais, instruções internas a órgãos públicos), os quais em tese não poderiam inovar a ordem jurídica, criando direitos e obrigações, mas apenas deveriam especificar conteúdo definido em lei (o exercício do poder regulamentar de entes como agências reguladoras ou o Banco Central costuma extrapolar essa restrição clássica aos regulamentos de execução, sendo que as hipóteses previstas na Constituição Federal – art. 84, VI – de regulamentos autônomos são muito específicas e restritas); 5) fontes negociais, decorrentes da autonomia privada (o poder de criar normas contratuais, estatutárias, testamentárias etc., de escopo mais individual e concreto e vinculativas apenas dos próprios contratantes – eficácia *inter partes*, e não *erga omnes*); 6) a "razão jurídica", que comporta os meios de integração do ordenamento e colmatação de lacunas (discutidos a seguir), com soluções interpretativas circunscritas ao caso sob julgamento (isto é, a lacuna persiste para outros casos); 7) já também como fontes não formais, mas "atípicas", "suplementares" ou "interpretativas", a jurisprudência e a doutrina – embora essas fontes gerem normas válidas (no caso das decisões judiciais) ou prescrevam e orientem (no caso da doutrina) a interpretação e aplicação das demais fontes (direcionando, indiretamente, a produção de normas válidas por legisladores, administradores, juízes, contratantes etc.). Se se considerar a não vinculatoriedade dos precedentes no Brasil, os itens (6) e (7) talvez pudessem ser categorizados igualmente como "boas razões" ou fontes jurídicas "permissivas" (HART, 2007a [1961], p. 276-277), diferentes das fontes formais, vinculantes (*i.e.* que fornecem razões obrigatórias) e das fontes meramente materiais (causais: históricas, sociais).

é aquela que regula um subconjunto da matéria da norma mais geral; trata-se da antinomia total parcial, de modo que, no que a norma específica for aplicável, ela afasta a aplicação da norma geral, mas esta continua regulando as outras situações, nas quais não incida a norma especial (*e.g.* a norma mais geral trata de todo tipo de propriedade imóvel e a mais específica trata especificamente da propriedade imóvel urbana; a norma mais geral trata da liberdade de reunião, a mais específica permite restringi-la em uma situação excepcional: durante o estado de defesa);
- pelo *critério cronológico*, a norma posterior prevalece sobre a anterior – *lex posterior derogar priori*: afinal, é o que permite que o direito seja reformado, que os legisladores, administradores, juízes e particulares revoguem e criem novos direitos e deveres, poderes e responsabilidades (entretanto, ver a discussão *supra*, 3.3.4 sobre retroatividade).

Se houver conflito entre os critérios, é preciso apelar a metacritérios:
- conflito entre critérios hierárquico e cronológico: prevalece o *critério hierárquico* (*lex posteriori inferiori non derogat priori superiori*);
- conflito entre os critérios de especialidade e cronológico: prevalece o critério de *especialidade* (*lex posteriori generalis non derogat priori speciali*);
- conflito entre os critérios hierárquico e de especialidade: são dois critérios "fortes", não havendo solução geral para o conflito entre ambos; deveria prevalecer o critério hierárquico, mas a norma especial pode ser vista como uma exceção.

A partir desses critérios e metacritérios para a solução de conflitos aparentes de normas, o intérprete pode chegar à norma prevalente e elaborar um esquema de regra e exceção. Diante da norma que prevalece como solução para o caso, a outra norma não é invalidada, retirada do ordenamento (isto é, revogada; ver discussão *supra*, 3.3.4), mas apenas tem sua aplicação afastada no caso – há não propriamente uma derrogação, mas apenas uma interpretação derrogadora. Na falta de critérios ou metacritérios de solução de antinomias – até aí, "aparentes", pois solucionáveis por técnicas convencionais – aparecem as antinomias "reais", casos em que é preciso revogar uma das normas em conflito ou buscar uma solução interpretativa, por apelo a princípios gerais do direito, costume ou equidade. Cada ramo do direito dispõe de um repertório de máximas que também orientam a interpretação – por exemplo, um princípio geral, especificado para cada ramo, é de que prevalece a *interpretação favorável à parte hipossuficiente da relação* (o réu em relação ao Estado penal, na relação punitiva; o consumidor em relação ao fornecedor, na relação de consumo; o empregado em relação ao empregador, na relação de trabalho; a vítima da violação de direitos humanos ou fundamentais em relação ao Estado ou ao violador privado etc.).

Voltando à estrita e sempre rigorosa teorização kelseniana: já vimos (*supra*, 3.3.1) que Kelsen (2006 [1960], p. 246-308) repudia o termo "fontes do direito" e prefere falar de uma "estrutura escalonada", que (após a pressuposição inicial de uma norma fundamental – "constituição em sentido lógico jurídico") começaria, no direito positivo, com as normas constitucionais em sentido material (aquelas que regulam a criação de normas gerais pela legislação, ainda que não estejam na constituição formal), seguindo com as normas legais e decretais (que, em sentido material, são sempre gerais e abstratas), as quais determinam as decisões administrativas, judiciais e negociais, cujo conteúdo típico são normas individuais e concretas. Na medida em que uma decisão assuma caráter geral e abstrato, vincula-se à função legislativa em sentido material. Vejamos, por exemplo, a jurisdição: se as sentenças são assumidas como precedentes vinculantes, sua *ratio decidendi* funciona como regra geral a ser aplicada nos demais casos (para comparar os casos é preciso ter como termo uma hipótese de incidência geral da qual ambos possam ser vistos como especificações); assim também o controle judicial de constitucionalidade, que comporta decisões com eficácia não apenas inter partes, mas *erga omnes*, funciona como uma legislação negativa (ver *infra*, 3.5). Note-se aqui a diferença entre resolver uma antinomia ou colmatar uma lacuna em um caso concreto, inclusive invalidando uma norma no juízo concreto de constitucionalidade (o que não garante a completude e coerência do ordenamento daí em diante) e invalidar uma norma no juízo abstrato de constitucionalidade, desconstituindo seu valor jurídico para todos e em regra desde o início, desde a positivação daquela norma. Daí que, segundo o rigor kelseniano, apenas caberia falar de anulabilidade (não da nulidade nem da inexistência) de uma norma. Aliás, diz Kelsen (2006 [1960], p. 300-306, 366-368) de maneira um tanto quanto contraintuitiva, antinomias ou contradições em sentido próprio não existem em um ordenamento jurídico – trata-se apenas da anulabilidade da norma inferior ou da punibilidade do órgão que a positivou. Isto é, não existem duas normas válidas em contradição – uma delas sequer é válida, sequer é norma jurídica.

Ainda, em sua *Teoria Geral das Normas*, publicada postumamente, Kelsen explica o conflito de normas dentro de sua compreensão geral da dinâmica jurídica; para ele, os critérios de solução de antinomias não são imponíveis por serem lógicos, mas sim por serem princípios do direito positivo.

> A resolução de um conflito de normas por derrogação pode ocorrer, mas não necessariamente ocorre. A derrogação ocorre apenas quando é decretada pela autoridade positivadora da norma. Assim como um conflito de normas não é uma contradição lógica, também a derrogação que soluciona o conflito não é um princípio lógico – como se assume na teoria do direito tradicional – mas sim – assim como os casos em que a derrogação não é necessária – função de uma norma moral positiva e especialmente de uma norma jurídica positiva; essa norma *não é uma das duas normas em conflito mas uma terceira norma*, que especifique que uma das duas normas conflitantes perca sua validade, ou ambas percam sua validade. (KELSEN, 1991 [1979], p. 125)

Ao lado da unidade e da coerência, o último postulado a formar o tripé metodológico da dinâmica jurídica (Kelsen) ou teoria do ordenamento jurídico (Bobbio) é a ficção metodológica da *completude da ordem jurídica*; assim, a teoria deve prover meios para a *integração* do ordenamento, para o preenchimento de suas aparentes *lacunas* a fim de resolver o caso concreto sob julgamento. Frise-se: quando se preenche a lacuna no caso específico, ela não é eliminada do ordenamento em geral, podendo reaparecer em outros casos (a não ser que a solução adotada forme jurisprudência e, então, passe a servir de orientação para o futuro – ainda assim com força indicativa, não vinculante). Igualmente, com as antinomias, não há propriamente a revogação – total (ab-rogação) ou parcial (derrogação) –, não há perda de validade de uma das normas em conflito ou de parte delas, sua retirada do sistema jurídico; apenas, no caso concreto, o juiz define a prevalência de uma norma sobre outra, dentro de sua tarefa de aplicação-interpretação do direito.[48]

Os meios de integração do ordenamento, ou de colmatação das lacunas, estão prescritos na Lei de Introdução às Normas do Direito Brasileiro (Decreto-Lei nº 4.657/1942, com redação dada pela Lei nº 12.376/2010), em seu artigo 4º: "Quando a lei for omissa, o juiz decidirá o caso de acordo com a analogia, os costumes e os princípios gerais de direito". Assim como quanto às antinomias (aparentes ou reais), havendo solução por esses critérios a *lacuna é meramente aparente* – afinal, o próprio ordenamento prevê tais *meios de integração*.

A *analogia* é a ferramenta pela qual, não havendo norma disciplinadora de uma situação, aplica-se a consequência prevista em norma que disciplina hipótese de incidência semelhante. Uma norma que imputa determinada consequência a determinada hipótese de incidência é aplicada a uma conduta passível de ser descrita e subsumida a hipótese de incidência semelhante, para a qual não há norma disciplinadora. A analogia pode partir de uma só norma ou de um conjunto de normas para buscar solução a uma situação (aparentemente) não regulada pelo ordenamento (ver ainda a discussão sobre raciocínio abdutivo, *supra*, 2.6.1). A analogia – a não ser que beneficie o réu – é vedada em ramos como o direito penal, em que se busca a tipicidade fechada das hipóteses de incidência das regras, sua definição estrita, com o propósito de limitar o poder punitivo estatal, o qual seria expandido por normas indeterminadas ou "em branco"). Entendimentos semelhantes são adotados no direito tributário, a fim de proteger o contribuinte diante do poder do fisco.

Diz-se que diferente da analogia (vedada em certos âmbitos, como o direito penal, se prejudicar o réu) é a interpretação extensiva; por meio da interpretação extensiva, estende-se uma norma a casos aos quais esta norma não se aplica expressamente. Na analogia, busca-se como referência uma norma positivada no ordenamento (ou uma série de normas) para daí se extrair a solução que o legislador traria: afinal, se ele regulou situação semelhante de determinada forma, também regularia esta do mesmo modo. Por exemplo: se falta uma lei da greve para servidores públicos, pode-se aplicar por analogia a lei de greve dos trabalhadores privados. Há lacuna e avalia-se que há semelhante suficiência entre a situação regulada e a não regulada, daí se justificando aplicar a mesma disciplina a ambas (sobre analogia, ver ainda a discussão *infra*, 9.5).[49]

---

[48] Mesmo no caso do controle de constitucionalidade abstrato, de competência do Supremo Tribunal Federal, não são os juízes que propriamente devem retirar a validade de uma norma declarada inconstitucional (como solução de uma antinomia) nem criar novas normas, quando declarada a inconstitucionalidade por omissão (a fim de integrar uma lacuna). É o Poder Legislativo ou Executivo (conforme se trate de norma legal ou regulamentar) quem deve retirar ou inserir a norma no sistema jurídico. A Constituição Federal de 1988 prescreve, sobre a primeira situação (antinomia): "Art. 52. Compete privativamente ao Senado Federal: (...) X – suspender a execução, no todo ou em parte, de lei declarada inconstitucional por decisão definitiva do Supremo Tribunal Federal". Sobre a segunda situação (lacuna), a regra (art. 103, § 2º) é: "Declarada a inconstitucionalidade por omissão de medida para tornar efetiva norma constitucional, será dada ciência ao Poder competente para a adoção das providências necessárias e, em se tratando de órgão administrativo, para fazê-lo em trinta dias". Os efeitos técnicos da declaração de inconstitucionalidade (invalidade) pelo STF estão disciplinados pela Lei nº 9868/1999 (art. 28, parágrafo único): "A declaração de constitucionalidade ou de inconstitucionalidade, inclusive a interpretação conforme a Constituição e a declaração parcial de inconstitucionalidade sem redução de texto, têm eficácia contra todos e efeito vinculante em relação aos órgãos do Poder Judiciário e à Administração Pública federal, estadual e municipal".

[49] A Constituição Federal de 1988 garantiu o direito de greve, permitindo sua contenção por lei que defina "os serviços ou atividades essenciais" e disponha "sobre o atendimento das necessidades inadiáveis da comunidade"

Na *interpretação extensiva*, o "espírito" da lei (contexto, finalidade, valores, princípios de justiça subjacentes) é usado para estender a aplicação da norma a casos para os quais ela não se aplicaria se seguida na "letra fria da lei". Por exemplo: uma lei que proíba a venda de bebidas alcoólicas a menores de 18 anos tem por propósito evitar problemas de saúde e segurança decorrentes da ingestão dessas substâncias, protegendo, sobretudo, aqueles que se presume não terem total capacidade de discernimento. Permitir a venda a um adolescente de 16 ou 17 anos tido como bem informado e consciente seria excepcionar a regra, por meio de uma interpretação restritiva. Manter a proibição da venda a alguém com 18 anos completos, mas com especiais problemas de desenvolvimento mental ou psicológico, seria estender a regra para além de sua letra, mas com fundamento em seus propósitos subjacentes. Trata-se, claramente, de interpretação extensiva.

É, como dito, o oposto da *interpretação restritiva*, em que tal "espírito" é usado para restringir o sentido da norma, isto é, negar sua aplicação a casos que a princípio estariam abarcados por sua literalidade (ver *infra*, 8.4.2.1, a discussão sobre regras subinclusivas, que demandam interpretação extensiva, e regras sobreinclusivas, que demandam interpretação restritiva). Por exemplo, diante da regra que veda a entrada de cães em estabelecimentos médicos (presume-se que por razões de higiene e segurança), pode-se excepcionar a entrada de cães em estabelecimentos médicos no caso de pessoas com deficiência (cães-guia); a regra da proibição é derrotada/excepcionada por um propósito superior de atenção às necessidades especiais do paciente, o qual prepondera sobre a higiene e segurança do local (sobre derrotabilidade das regras, ver *infra*, 9.4.2). Mas a interpretação da exceção deve ser, ela mesma, restritiva, a fim de circunscrever a expansão de novas exceções – expansão essa que, se indiscriminada, transformaria a "regra geral" em "exceção excepcional" (com o perdão do pleonasmo na explicação!). Há um ônus argumentativo maior imposto para se reconhecer novas exceções, em detrimento da presunção a favor da manutenção da regra geral. Do mesmo modo, interpretam-se restritivamente as leis especiais ou mais específicas, em relação àquelas normais ou mais gerais.

Uma terceira categoria é a *interpretação especificadora*, em que o contexto ou o "espírito" simplesmente esclarece alguma ambiguidade conotativa (indefinição de predicados abstratos) ou vagueza denotativa (imprecisão dos referentes concretos) de termo literal da norma. Por exemplo, diante da proibição da entrada de veículos no parque, pode-se ter dúvidas se um patinete é, para esses propósitos, um veículo. Discernir os valores que justificam aquela proibição (tranquilidade do parque, combate

---

(art. 9º, §1º). Ao tratar do servidor público, especificamente, disse que seu "direito de greve será exercido nos termos e nos limites definidos em lei específica" (art. 37, VII). Ora, o que fazer enquanto tal lei não foi editada? Há uma garantia individual prevista no art. 5º, LXXI: "conceder-se-á mandado de injunção sempre que a falta de norma regulamentadora torne inviável o exercício dos direitos e liberdades constitucionais e das prerrogativas inerentes à nacionalidade, à soberania e à cidadania". Provocado por meio de tal instrumento processual, quase três décadas depois da promulgação da Constituição, o Supremo Tribunal Federal (Mandado de Injunção 670-9 Espírito Santo, relator para o acórdão Min. Gilmar Mendes, 25 out. 2007) reconheceu a omissão legislativa (ou seja, a lacuna) e determinou a aplicação provisória aos servidores públicos da lei (7.783/1989) que tratava da greve dos trabalhadores do setor privado. Portanto, houve uma extensão da hipótese de incidência das normas relativas do setor privado, para cobrirem também a administração pública. Tal sentença é considerada exemplo de decisão manipulativa de efeitos aditivos.

à poluição provocada por veículos motorizados, segurança dos pedestres) ajudará a definir se a proibição se aplica ou não a patinetes (sobre esse exemplo, ver a discussão *infra*, 4.3 e 5.3.3).

Voltando aos *meios de integração do ordenamento*, temos o *costume*. Protagonistas do direito natural, os costumes são subordinados pela positivação do direito e pelo positivismo jurídico à posição de meios suplementares, integrativos, da lei. Trata-se de usos reiterados e institucionalizados, isto é, práticas em relação às quais possa haver aprovação ou consenso amplo presumido dentro de uma comunidade, com convicção compartilhada de sua vinculatoriedade, distinguidas de meros hábitos idiossincráticos, não entendidos como obrigatórios. Costumes cujo conteúdo é idêntico ao das leis (*secundum legem*) são supérfluos; podem ter servido como fonte material do legislador, mas foram incorporados como decisão positiva. Dada a subordinação dos costumes à lei, aqueles que lhe sejam contrários (*contra legem*) são simplesmente inválidos à luz do direito positivo. Os costumes que exercem uma função integrativa, portanto, são aqueles *praeter legem*, que disciplinam situações não reguladas pelo legislador, sem conflitar com o que este regulou.

Para Kelsen (2006 [1960], p. 250-255, 282-283), o costume pode ser reconhecido ou pelo direito positivo (constituição, lei) ou – em se tratando de uma constituição consuetudinária – tem que ser pressuposto como fato produtor de direito pela norma fundamental que antecede logicamente a própria constituição costumeira. Uma vez reconhecido, o costume é aplicado assim como qualquer determinação legal – a única dificuldade maior é identificar e delimitar as normas costumeiras, que não são formuladas, formalizadas e publicadas por escrito em instrumentos oficiais.

Outro meio de integração do ordenamento são os *princípios gerais do direito*: máximas da tradição, brocardos, orientações doutrinárias e construções jurisprudenciais genéricas, como o princípio da boa-fé, da obrigatoriedade dos contratos (*pacta sunt servanda*), da responsabilidade civil ("a ninguém se deve lesar" – *neminem laedere*), do "dar a cada um o que lhe cabe" (*suum cuique tribuere*). Note-se que se trata de normas mais gerais e com orientações finalísticas ou valorativas, difíceis de serem formalizadas enquanto regras condicionais (com hipótese e consequente normativo), mas nem sempre são "princípios" no sentido estrito da estrutura normativa discutida pela teoria dos direitos fundamentais (ver *infra*, 6.1.1).

Um último meio de integração – ou de correção da dureza da lei – pode ser considerado implicitamente referido quando a Lei de Introdução às Normas do Direito Brasileiro prescreve, em seu artigo 5º, que "[n]a aplicação da lei, o juiz atenderá aos fins sociais a que ela se dirige e às exigências do bem comum". Esse meio corretivo ou integrativo é o *juízo de equidade* – a consideração das peculiaridades das pessoas e valores, contextos e finalidades determinados na específica situação de um caso concreto sob julgamento. Essa forma assistemática ou "problemática" era o eixo da prudência dos jurisconsultos romanos (ver *infra*, 9.2); em uma estrutura social em que predomina o direito positivo, a equidade torna-se subordinada à legislação. Assim, em sentido estrito, o julgamento puramente por equidade, em desconsideração à lei, é vedado em geral, sendo apenas admitido em situações expressas específicas.[50] Entretanto, as correções

---

[50] Por exemplo, a Lei da Arbitragem (Lei nº 9.307/1996) preceitua em seu artigo 2º: "A arbitragem poderá ser de direito ou de equidade, a critério das partes".

equitativas ao sentido da lei podem ser vistas como forma de interpretação finalística à luz das circunstâncias particulares do caso – assim, como correção pontual à dureza universalista da lei.

Não esqueçamos que esses critérios da teoria geral do direito são aplicados pela doutrina, em sua função de sistematizar as fontes do direito e orientar as decisões, e pela jurisprudência, em seu papel típico de aplicar a norma geral e abstrata da constituição, lei ou regulamento para construir a norma individual e concreta que constitui o dispositivo da sentença. Claro, a norma a ser aplicada também pode ser individual e concreta, uma norma contratual, por exemplo; assim também, a sentença pode consistir em norma geral e abstrata, como no juízo de constitucionalidade – que declara a validade ou invalidade de uma lei. Em todo caso, há um processo de concretização hermenêutica do direito. O mesmo ocorre nas decisões administrativas. O paradoxo aqui é que essas fontes meramente suplementares (doutrina e jurisprudência), coadjuvantes na narrativa positivista, são afinal aquelas que determinam o sentido das fontes formais por excelência (sobretudo a lei). Vale lembrar (VANDEVELDE, 2000 [1998], cap. 3) que, além de normas cumulativas e contraditórias entre si, as normas podem guardar uma relação de *especificação* (uma norma que delimite o sentido de outra, mais geral) ou mesmo de *limitação* (retirando algumas das possibilidades abertas por norma superior).

Registre-se que, ao lado de antinomias próprias – definidas por uma inconsistência entre os conteúdos explícitos de normas pertinentes a um mesmo ordenamento e coincidentes em uma situação determinada –, pode haver *antinomias em um sentido "impróprio"*: contradição entre o "espírito", a ideologia, a finalidade ou os valores subjacentes a diferentes normas aplicáveis à mesma situação-problema. Da mesma forma, fala-se em *lacunas ideológicas*, casos disciplinados pelo direito positivo, mas nos quais o juiz avalia que a solução dada não é satisfatória, não identificando assim uma norma *justa* predefinida para o caso. O positivismo busca circunscrever tais problemas e visualizá-los como excepcionais e atinentes à discricionariedade do julgador – discricionariedade esta que a teoria geral e a dogmática buscam reduzir.

Deve-se ainda mencionar que, no estrito entendimento de Kelsen (2006 [1960], p. 269-277), inclusive as lacunas próprias – aquelas que existiriam mesmo depois de tentados os diversos meios integradores: a analogia, os costumes, os princípios gerais de direito e a equidade – seriam meras ficções, pois todo ordenamento jurídico é por definição completo. Afinal, se não há norma legislada, o juiz está autorizado a criar a norma para o caso concreto – e, para tanto, haveria de construir ou pressupor (para isso servem os meios de integração) uma hipótese normativa geral e abstrata, com relação à qual o caso concreto atual e casos semelhantes futuros podem ser tratados isonomicamente. De outra parte, mesmo quando há norma geral e abstrata aplicável, é preciso individualizá-la e concretizá-la, de modo que a norma inferior elege uma das opções de sentido abertas pela norma superior; ainda, a autoridade competente poder decidir fora da "moldura" de sentido (mais ou menos estreita, dada pelo conhecimento dos textos normativos), desde que tenha competência para proferir tal decisão e o faça de maneira procedimentalmente correta (se tal decisão não for anulada por autoridade superior, será válida, terá criado direito – bom ou mau).

> A ordem jurídica não pode ter quaisquer lacunas. Se o juiz está autorizado a decidir uma disputa como legislador no caso de a ordem jurídica não conter nenhuma norma geral obrigando o réu à conduta reclamada pelo queixoso, ele não preenche uma lacuna do direito efetivamente válido, mas acrescenta ao direito efetivamente válido uma norma individual à qual não corresponde nenhuma norma geral. O direito efetivamente válido poderia ser aplicado ao caso concreto pela rejeição da lacuna. O juiz, contudo, está autorizado a modificar o direito para um caso concreto, ele tem o poder de obrigar juridicamente um indivíduo que antes estava juridicamente livre. (KELSEN, 2005 [1945], p. 213)

Finalmente, podemos notar um paralelo entre a permissão jurídica e o problema das lacunas. Em termos kelsenianos, a norma é um sentido objetivo (no plano do dever-ser) de um ato de vontade (um querer, no plano do ser). Esse dever-ser pode ser imperativo (a obrigação ou proibição de uma ação ou omissão) ou permissivo. Para o *direito privado*, entende-se haver uma *permissão fraca, implícita, geral* (o que não é expressamente proibido é tacitamente permitido); para o *direito público*, vige o princípio da *estrita legalidade*, o qual só admite permissões explícitas (se elas não existirem, presume-se a proibição).

Ora, a permissão implícita de uma conduta (por não haver uma proibição expressa) é "garantida pela ordem jurídica apenas na medida em que esta prescreve às outras pessoas o respeito desta liberdade e lhes proíbe a ingerência nesta esfera de liberdade (...)" (KELSEN, 2006 [1960], p. 46). Assim, a permissão geral é garantida implicitamente como outra face da proibição dos outros invadirem a esfera de liberdade, no âmbito das relações privadas; no âmbito do direito público, essa presunção a favor das liberdades é explicitada por meio de limites materiais à reforma constitucional, que constituem proibições de legislar em restrição a direitos fundamentais, sobretudo aos direitos (civis) e garantias individuais. Para Kelsen (2006 [1960], p. 48), há sempre um "mínimo de liberdade" na ordem jurídica por limitação técnica – não por direitos inatos (naturais), mas simplesmente pela impossibilidade de o direito positivo disciplinar todos os assuntos. Entretanto, isso não significa que haja fatos ou atos juridicamente irrelevantes. O que pode haver, diz Kelsen (2006 [1960], p. 273-277), são permissões implícitas – pois o que não está proibido é permitido –, de modo que jamais há lacuna no direito, ao menos se entendermos "lacuna" como um problema lógico de inaplicabilidade de qualquer norma para solução de um caso. Ora, o que pode ocorrer é que a solução jurídica decorrente de uma permissão tácita pareça, aos olhos do julgador, inconveniente, segundo um juízo de política jurídica.

Assim, surgem situações problemáticas em que uma conduta não proibida colide com outra conduta não proibida, gerando um conflito sobre o qual a ordem jurídica não dá parâmetros de decisão. Como fica a *proibição da denegação da justiça* (*non liquet*), ou seja, a obrigação jurisdicional de proferir uma decisão, se provocado o Judiciário? Como fica o dogma da completude do ordenamento e a questão da integração das lacunas?

Bobbio (2010 [1960], p. 282-293) identifica duas concepções alternativas para lidar com essa situação. A primeira concepção é a de um *"espaço jurídico vazio"*. A hipótese é de que, com exceção da esfera regulada pelo direito, as pessoas são livres para fazerem o que quiserem, constituindo vínculos jurídicos ou praticando condutas que são juridicamente irrelevantes. Nesse caso, não haveria lacunas. Há, porém, como vimos, dois tipos de "permitido": 1) o permitido expressamente e/ou garantido por outras normas que proíbem a conduta que afeta essa esfera de liberdade (atribuindo a tais condutas uma sanção); 2) o "permitido por não ser proibido" (permissão implícita) – que não é garantido por uma norma que proíbe o uso da força privada para adentrar nessa esfera da liberdade alheia. Seria este último permitido "juridicamente irrelevante"? Para Bobbio, não, pois o ordenamento estatal proíbe a *autodefesa* – logo, sempre a liberdade de escolha e ação de um está ligada à proibição da "liberdade" de uso da força por outro, para impedir o exercício da liberdade de seu concidadão privado; assim, toda liberdade é juridicamente garantida.

A outra concepção sobre o tema é a hipótese de uma *"norma geral exclusiva"*, o oposto da teoria do espaço jurídico vazio. Toda norma que regula um comportamento explicitamente, implicitamente regularia também os demais comportamentos – pelo argumento *a contrario sensu*. Por exemplo, uma norma que proíbe fumar implica a permissão de todos os outros comportamentos, exceto fumar (e exceto que haja outra norma proibindo tais outros comportamentos). Uma norma específica conteria sempre uma norma geral exclusiva: se permite algo, proíbe tudo menos esse algo; se proíbe x, permite tudo menos x. O problema é que há também uma *"norma geral inclusiva"*: a do recurso à *analogia*, de modo que se x é proibido e x é parecido com y, y também é proibido. Então a lacuna é a dúvida sobre se, quando uma conduta não é expressamente regulada (permitida, proibida, obrigatória), ela deve ser regulada como uma conduta semelhante já regulada ou ao contrário desta conduta já regulada.[51] A analogia e o argumento *a contrario sensu* conduzem a resultados diametralmente opostos, mas "não há qualquer critério que permita saber quando deva ser empregado um e quando deva ser utilizado o outro" (KELSEN, 2006 [1960], p. 392), o que mostra a imprecisão lógica do raciocínio jurídico prático, o qual se vale de imprecisas ferramentas tópicas e retóricas de argumentação informal (ver *infra*, 9.1).

3.4 Ciência do direito: teoria do direito ou sociologia jurídica? O debate de Kelsen com Ehrlich

Entre 1915 e 1917, Kelsen entrou em debate com Eugen Ehrlich (1862-1922), autor que procurara estabelecer os pilares da sociologia jurídica como uma disciplina autônoma. A polêmica começou justamente com uma resenha do livro de Ehrlich *Fundamentos da sociologia do direito* (publicado em 1913). Revisitar tal discussão, ainda que sumariamente (para uma análise mais estendida, ver AMATO, 2015), ajuda a aclarar o próprio contorno metodológico do positivismo kelseniano. O que está em jogo, basicamente, é a defesa, da parte de Kelsen, de uma *ciência do direito que produz proposições jurídicas descritivas de normas positivadas (pelo Estado)*; seus alvos são justamente concepções de teoria do direito que pretendam secundarizar o aspecto normativo-formal em favor de uma pesquisa mais ampla das normas (sociais) em jogo na sociedade e nas cortes, reconhecidas por

---

[51] Ao definir o ordenamento como um conjunto de normas, Bobbio (2010 [1960], p. 196-199) especula que só poderia ser o "conjunto" de uma norma só se esta norma fosse "tudo é permitido", ou "proibido" ou "obrigatório". É impossível um ordenamento que regule todas as ações com uma única norma, porém é possível um ordenamento que comande ou proíba uma única ação. Entretanto, toda norma proibitiva contém uma norma permissiva implícita. Portanto, não pode haver ordenamento de uma norma só em se tratando de normas de conduta. No caso de normas de competência, é possível: por exemplo, "todo o direito é decidido pelo soberano".

essas teorias sociológicas, não normativistas, como componentes do próprio direito e como aspectos centrais da explicação sobre tal objeto. Assim é que muitas das críticas dirigidas por Kelsen a Ehrlich têm paralelo com suas considerações lançadas contra o realismo jurídico americano, embora esta corrente não tivesse avançado no tema do pluralismo jurídico – entretanto, seu foco no "direito em ação", contraposto ao "direito nos livros" (Pound, ver *supra*, 2.6.2), já era o suficiente para provocar o ataque da parte de Kelsen (2005 [1945], p. 235-258).

Em seu debate com Ehrlich, Kelsen (2010a [1915], p. 3) já principiava comentando que houvera uma série de investidas, sob o rótulo da moda de "sociologia", contra a teoria do direito, esta apresentada por aquela como atrasada e não científica. Ehrlich (1936 [1913], cap. 1), de sua parte, definira a sociologia do direito como ciência puramente teórica, contrapondo-a à ciência jurídica prática, que confunde descrição e prescrição no seu modo de proceder por abstrações e deduções – confusão inadmissível para os cânones científicos modernos. Ambos contra a visão clássica de ciência do direito representada pelo formalismo doutrinário oitocentista, divergiam, portanto, em qual seria a verdadeira *ciência do direito*: uma *teoria pura normativista* (estatalista) ou uma *sociologia empirista* (centrada nas práticas, usos e costumes)?

Na visão positivista-normativista de Kelsen, à teoria do direito (com status de ciência autônoma) cabe descrever a forma, a estrutura do direito: ou seja, a norma jurídica e a ordem jurídica. Os conteúdos só contam enquanto matéria da norma:

> Enquanto a norma jurídica é direito de per se, sem que faça referência a um fato concreto, o *fato* não é nunca direito ou relação jurídica em si, porque, enquanto ser, é de per se indiferente aos valores e *privado de significado* se não vem referido a uma norma ou a um valor objetivo: mais precisamente, se não vem pensada uma *fattispecie* na forma de dever-ser em vez de na forma de ser. (KELSEN, 2010a [1915], p. 23)

Fora da norma, a matéria é expressão do mundo do ser, da natureza, do determinismo causal. Apenas como hipótese de fato da norma é que a matéria entra no plano do dever-ser, da sociedade, da liberdade – na medida em que a uma conduta é imputada uma sanção. O que cabe à ciência descrever é a *relação formal de validação* entre as normas de um ordenamento, com fundamento último em um ato de querer conhecer: a pressuposição da norma fundamental. Ao identificar direito a Estado, Kelsen (2010a [1915], p. 39) concebe: "O Estado é uma forma da unidade social, não seu conteúdo". Qual é o contraponto da sociologia do direito de Ehrlich? Trata-se da defesa de um direito imanente à sociedade, definido em termos de fato, de *eficácia* dos conteúdos normativos identificáveis nas *práticas sociais* difusas. Todavia, reafirma Kelsen (2010a [1915], p. 25, destaques no original), o único significado que se pode dar à relação entre fato e direito é que "a regra se refere a um fato como *objeto de regulação*".

Kelsen (2010a [1915], p. 6 e 15-17) defendia a necessidade de se pressupor a norma jurídica para poder determinar o conteúdo do dever-ser; daí que o conceito sociológico de direito dependesse do conceito normativo, como defenderia em sua *Teoria geral do direito e do Estado* (KELSEN, 2005 [1945], p. 257-258). Mas seria um problema para a cientificidade da sociologia do direito pressupor a norma na medida em que isto implicaria uma avaliação (ainda que segundo a norma). E uma ciência precisa ser *descritiva*, e não normativa, frisava Ehrlich (1936 [1913], p. 389): "é a função da ciência sociológica do direito, como de qualquer outra ciência, registrar fatos, não os avaliar (...)".

Ehrlich (1936 [1913], cap. 2) criticava quem entendesse ser impossível falar de relações jurídicas, negócios jurídicos, matrimônio, contrato, testamento sem pressupor uma norma ou proposição jurídica que os identificasse como tais; pelo contrário, seria possível identificar o jurídico apenas partindo do que é geralmente eficaz dentro de uma comunidade, de uma prática social, do "ordenamento interno" desta prática localizada e observada pelo sociólogo, de um *"direito vivo"*, concreto, anterior à própria formulação verbal abstrata de proposições jurídicas. Ehrlich (1936 [1913], p. 84) afirma que "o direito não é constituído pelas proposições jurídicas, mas sim pelas instituições jurídicas". As proposições jurídicas, para Ehrlich (1936 [1913], cap. 20), apenas podem ser analisadas cientificamente quanto a sua origem e eficácia, mas não quanto a sua interpretação e aplicação prática, como fazia a pseudociência do direito tradicional, com seu método que mistura normatividade e descritividade.

Diante dessa resposta, Kelsen (2010a [1915], p. 22, destaque no original) indagava sobre o que seriam as *instituições jurídicas*: "fatos físicos, ou fatos psíquicos, ou eventos do mundo externo (considerados do ponto de vista do observador) ou *significados*, que o observador atribui àqueles fatos ou eventos com base em certa norma pressuposta?" Para Kelsen, Ehrlich, ao fornecer uma explicação histórica da *nomogênese* (sustentando que a família precede o direito de família, que o Estado precede o direito estatal etc.), faria uma confusão entre a "pressuposição *lógica* da norma jurídica" (pressupondo-a, Estado, família etc. passam a ser criações do direito) e a "precedência *temporal* de um fato" (KELSEN, 2010a [1915], p. 27, destaques no original). Se "[c]onstituição estatal, *ordenamento* familiar, *propriedade*, *direito* contratual são exemplos de *proposições* jurídicas sucessivas a relações jurídicas concretas", para considerar tais instituições como jurídicas, seria preciso pressupor normas jurídicas (KELSEN, 2010b [1916], p. 62, destaques no original).

Afinal, onde está o direito? Ou, na formulação de Kelsen (2010a [1915], p. 6): "como, por uma consideração puramente causal, logo (relativamente) privada de pressupostos, um setor da realidade social pode ser delimitado como direito ou vida do direito, em relação a outro tipo de regra social, sem que se faça recurso a certa norma (regra deôntica) pressuposta pelo observador como válida"? Impossível! A sociologia do direito não daria conta de resolver tal dilema, que é sua pedra angular. Como formulará Kelsen (2006 [1960], p. 4-5) na *Teoria pura do direito*, a norma (válida) é um *"esquema de interpretação"* da realidade: ela dita o dever-ser, isto é, delimita o jurídico. Para Kelsen (2010a [1915], p. 48, destaques no original), o "direito vivo" de Ehrlich, enquanto "conteúdo regular das relações jurídicas, não é uma categoria jurídica, mas é certamente um objeto interessante para *descrever a economia* e explicar a sociedade", além de fornecer dados importantes para o legislador.

Para Ehrlich (1936 [1913], p. 84): "O direito e as relações jurídicas são uma questão de conceitos intelectuais que não existem na esfera da realidade tangível, mas nas mentes dos homens". Kelsen (2010a [1915], p. 22) rebate: o direito não pertence à realidade psíquica; a ciência do direito não é um ramo da psicologia. Tampouco uma proposição como "este fato é ilícito" pertence ao mundo físico. Ninguém é obrigado pelo que pensa, sente ou quer, mas porque há uma norma pressuposta como válida a impor como seu conteúdo, como vontade objetiva, uma obrigação. Eis o contraponto entre uma *ciência normativa* (i.e. descritiva de normas), dedutiva, formal, estrutural (Kelsen), e uma *ciência empírica*, material, indutiva (Ehrlich).

Para Kelsen, haveria dois modos (ambos possíveis e legítimos) de estudo do "fenômeno jurídico", os quais diferiam em objeto e método: o estudo das normas jurídicas (como formas de dever-ser, regras deônticas) faz da ciência jurídica uma ciência *"normativa e dedutiva de valores"*, próxima à ética e à lógica; o estudo do direito como processo ou fato da realidade social faz da ciência jurídica uma ciência explicativa, indutiva e causal "que procede segundo o modelo das ciências naturais" (KELSEN, 2010a [1915], p. 3-4, destaques no original). Ou seja, trata-se de uma sociologia empirista, não interpretativista.

Uma ciência – a sociologia – registra o que efetivamente ocorre nas relações sociais (no máximo, diz respeito a um direito consuetudinário); outra – a teoria normativista – trata do que deve ocorrer, normas, obrigações, direitos; "até o conceito de 'pessoa' é, bem visto, normativo" (KELSEN, 2010a [1915], p. 6). Inadmissível misturar os dois modos, promovendo um *"sincretismo metodológico* entre ciência jurídica (normativa) e sociologia do direito (explicativa)" (KELSEN, 2010a [1915], p. 5, destaques no original; ver também KELSEN, 2000b [1911], p. 59). Kelsen (2010a [1915], p. 4-5, nota 2) repudiava a tentativa conciliatória de Gustav Radbruch (ver *infra*, 3.6), um jusnaturalista moderno, de colocar o direito como um "domínio intermediário" entre ser e dever-ser e a ciência do direito como uma ciência cultural: se o direito era uma forma do ser, qualquer perspectiva avaliativa já o faria entrar no reino dos valores, do dever-ser; se era uma manifestação normativa, avaliativa, não poderia ser reduzido a fato empírico.[52] Aliás, para Kelsen, a sociologia em geral (Comte, Spencer, Durkheim, Marx, com a exceção de Weber) – e não só a sociologia do direito – recaía frequentemente nos mesmos erros do jusnaturalismo, ao postular uma ordem de valores ou de normatividade inerente à realidade observada, fazendo uma passagem ilegítima *da descrição à prescrição* (ver TREVES, 1992 [1981], p. 164-172).

Ehrlich (1936 [1913], p. 164-169), por exemplo, tentava delimitar as normas jurídicas a partir dos *sentimentos* provocados pela transgressão à norma. Em seu esquema classificatório das normas, havia lugar para emoções tão diversas quanto um

---

[52] A perspectiva normativista visa justamente a afastar controvérsias sobre fato e valor. A norma "existe" juridicamente a partir de sua validade, ainda que um mínimo de eficácia seja condição para a validade. Não importam, porém, práticas, usos e costumes que não respeitem os critérios de validação pelo sistema jurídico positivo. A norma esquematiza a imputação deôntica de uma consequência (devida) a uma hipótese de incidência (descrição normativa de um evento ou conduta). Dessa forma, a "teoria tridimensional do direito" sugerida por Miguel Reale (1910-2006) poderia recair em sincretismo metodológico. Diz Reale (2009 [1973], p. 65, destaques no original): "onde quer que haja um fenômeno jurídico, há, sempre e necessariamente, um *fato* subjacente (fato econômico, geográfico, demográfico, de ordem técnica etc.); um *valor*, que confere determinada significação a esse fato, inclinando ou determinando a ação dos homens no sentido de atingir ou preservar certa finalidade ou objetivo; e, finalmente, uma *regra* ou *norma*, que representa a relação ou medida que integra um daqueles elementos ao outro, o fato ao valor". Ora, para evitar o que Kelsen chamava de "sincretismo metodológico", a saída coerente seria retornar ao normativismo, mas assim os demais elementos (ou dimensões) estariam subordinados à norma: importam os valores e fatos tal como construídos pela norma, mas não outros fatos e valores. Entretanto, em Reale, as três dimensões apenas estão juntas na "experiência jurídica" em geral; no estudo acadêmico do direito, o sincretismo poderia ser evitado pela divisão disciplinar; por exemplo, Reale distingue a discussão (dogmática) dos valores positivados na ordem jurídica vigente e a discussão transcendental (filosófica) sobre os valores universais passíveis de incorporação em toda e qualquer ordem jurídica. Ver Reale (1956; 1993 [1992]).

sorriso de escárnio, um desdém crítico ou os sentimentos de revolta, de indignação, de ressentimento e de desaprovação. O que definia o jurídico, notadamente, seria o sentimento de necessidade, a *opinio necessitatis*. De fato, o objeto de Ehrlich vinha definido de modo paradoxal: sua sociologia jurídica tinha como missão identificar "fatos de direito". Mas como o direito, normativo como é, pode ser um fato, pode advir do ser? Esses fatos seriam aqueles "aos quais o espírito humano associa estas regras" (EHRLICH, 1936 [1913], p. 85); são a própria forma de organização interna dos grupos sociais, a definição do lugar dos indivíduos nesses grupos, seus *ordenamentos internos* (EHRLICH, 1936 [1913], cap. 2).

Ehrlich critica veementemente a ideia de que o direito consista em uma soma de proposições jurídicas (EHRLICH, 1936 [1913], p. 455), definindo *proposição jurídica* de duas formas: 1) como uma "regra jurídica estável, expressa verbalmente, emanada de um poder superior ao indivíduo e a este imposta de fora (...)" (EHRLICH, 1936 [1913], p. 28); 2) como "a formulação geralmente vinculante de um preceito jurídico contido em um texto de lei ou em um livro jurídico" (EHRLICH, 1936 [1913], p. 38). Mas "[a]s proposições jurídicas (...) em nenhuma época exauriram todo o direito vivo de uma comunidade" (EHRLICH, 2010 [1916], p. 54). Em contraste com o foco da ciência jurídica tradicional nas proposições jurídicas, Ehrlich (1936 [1913], p. 85) concebia como "a primeira questão da ciência jurídica" o problema de "[q]uais são as instituições reais que se tornam relações jurídicas no curso do desenvolvimento do direito, e quais são os processos sociais pelos quais isto acontece". A definição da norma jurídica lhe parecia uma operação secundária da teoria: "Embora possa ser difícil traçar com exatidão científica a fronteira entre a norma jurídica e outras espécies de norma, esta dificuldade na prática se apresenta só raramente. (...) O problema da diferença entre norma jurídica e norma não-jurídica não é um problema da ciência social, mas da psicologia social." (EHRLICH, 1936 [1913], p. 164-165). A sociologia do direito de Ehrlich apresenta, assim, na consideração de Kelsen (2010a [1915], p. 49), um "obstáculo gravíssimo" à sua constituição como disciplina autônoma, pois teria que estar ligada a uma sociologia da moral, dos costumes e de todas as normas sociais – sua definição de que norma é jurídica tende a ser arbitrária. Para Kelsen (2010a [1915], p. 12), a sociologia, limitando-se ao dado empírico, só pode descrever um "ordenamento jurídico" como regras no sentido de regularidades seguidas em uma lógica de reciprocidade dentro de um grupo social, e não como uma "soma de normas".

Pensemos em um clássico exemplo de "direito vivo" de Ehrlich (1936 [1913], p. 370). A Bucovina (hoje uma localidade entre Ucrânia e Romênia) era uma região periférica do Império Austro-Húngaro, mas lá também vigia o código civil austríaco. Entretanto, este código seria ineficaz para reger as relações de família na Bucovina. O código dispunha que o filho adulto que permanecia vivendo com a família mantinha o direito a formar e dispor de seu próprio patrimônio. Na prática da Bucovina, porém, o filho que trabalhava era obrigado a entregar todo mês o seu salário para o pai e a mãe. Esse era o "direito vivo" da Bucovina. Embora lá, como em Viena, o centro do Império, estivesse em vigência o mesmo código civil, havia um direito eficaz das tradições locais que solapava o direito estatal naquela região. A resposta de Kelsen (2010a [1915], p. 47-48) a este exemplo é justamente apontar para o seguinte: nas práticas sociais difusas, o costume pode prevalecer sobre o direito positivo. O "direito" dos grupos sociais pode ser contrário ao direito estatal. Mas, se o filho do exemplo de Ehrlich fosse a um tribunal, seu direito subjetivo lhe seria reconhecido com base no código civil, não no "direito vivo" de seus pais. Aliás, se o filho não quisesse demandar seus pais no tribunal e continuasse entregando seus ganhos à família, não haveria nada de ilícito: ele apenas estaria abrindo mão de exercer um direito que a lei lhe atribui – de formar seu próprio patrimônio. Não seria nem, necessariamente, um costume *contra legem*, pois o código civil austríaco não impunha uma obrigação, apenas estabelecia uma faculdade.

Estaríamos constrangidos a admitir que uma sociologia do direito não descreve o direito por si mesmo, mas é um conhecimento radicalmente externo a ele, que só registra regularidades? Teríamos que estender a todas as propostas de sociologia do direito o juízo que Kelsen fez de Ehrlich? Qual era este juízo, afinal? Era de que "[o] *conceito sociológico de direito* de que fala Ehrlich, e com ele muitos autores recentes, parece tão admissível quanto o conceito matemático de um processo biológico ou o conceito ético da queda dos corpos" (KELSEN, 2010a [1915], p. 49, destaques no original).

Kelsen jamais afirmou que o estudo da estrutura formal do direito positivo, tal como pretendido por sua "teoria pura", fosse a única opção metodológica aceitável; pelo contrário reconhecia a necessidade de abordagens históricas e sociológicas do fenômeno jurídico (ver KELSEN, 1957 [1948], p. 293-295). Preferível ao teórico positivista-normativista seria o entendimento da sociologia interpretativa de Weber. Como sociólogo, Weber reconheceu a coexistência de uma pluralidade de ordens jurídicas, inclusive não estatais; portanto, não identificou direito a Estado (ver BARBOSA, 2007). Essa constatação empírica, sociológica, não faz dele um pluralista jurídico no sentido mais exigente da teoria do direito – para um pluralista, está em jogo a reivindicação teórico-jurídica sobre a validade dessas ordens "autônomas" não estar subordinada à ordem estatal. Weber (1978 [1922]) identificou a sistematização, a coerção e a imposição do direito por uma burocracia profissional como características típicas do direito moderno, e notou que esses atributos se aperfeiçoaram em grau máximo no direito estatal. Kelsen, grande expoente da visão monista do direito, elogiava Weber por este considerar que a sociologia do direito deveria tomar da teoria do direito o conceito do que é uma ordem jurídica (definida por relações ideais de validade entre normas), e só então analisar as atitudes individuais com relação ao que é assim definido como jurídico. A definição do objeto da sociologia do direito por Weber (como sendo a conduta humana orientada por uma ordem que se considera válida) parecia como a mais aceitável a Kelsen (2005 [1945], p. 253-254), embora não isenta de correções (afinal, a ilicitude da conduta independe de o agente de alguma forma realmente se orientar pela regra que a pune).

Vale registrar que vários pontos em jogo no debate entre Kelsen e Ehrlich – como a diferenciação entre uma ciência do direito "natural"/empírica e uma ciência normativa (isto é, descritiva de normas) – foram alvo de controvérsia na crítica que Weber apresentou a Rudolf Stammler (1856-1938), cuja filosofia do direito pretendia ser uma crítica neokantiana de Marx. Já em trabalho anterior ao analisado por Weber, Stammler (1925 [1902]) procurara definir em seus termos o direito "justo" (natural), as relações jurídicas, os deveres e a liberdade contratual, partindo da distinção entre, de um lado, um estudo "técnico", voltado a sistematizar as regras e os regramentos que constituem o corpo de direito vigente em dado momento histórico e, de outro, o estudo "teórico", que toma as regras jurídicas como meios condicionais para a consecução de determinados propósitos humanos. Entretanto, assim como Kelsen na década seguinte veio a acusar Ehrlich de um "sincretismo metodológico", na avaliação de Weber (1975 [1907]; 1976 [1907]) a teoria jurídica de Stammler (publicada em 1906 sob o título de *Economia e direito segundo a concepção materialista de história: uma investigação filosófica social*) não teria distinguido claramente diferentes planos: a discussão política de valores (irracional, subjetiva), os conceitos lógicos (teóricos, normativos, mas empiricamente adotados na prática jurídica, isto é, na construção das proposições jurídicas) e a verificação empírica de fatos e causalidades.

3.5 Normativismo contra decisionismo: Kelsen contra Schmitt

Se a *Teoria pura do direito* buscava uma definição do direito pelo direito, para o direito (buscando excluir referências filosóficas, ideológicas etc.), também o buscava Santi Romano, que teorizou o *ordenamento jurídico* e viu nesta unidade a distinção própria do direito positivo – seu destino, porém, foi a de ser recebido não como um teórico do direito (positivo), mas como um sociólogo. A ideia central de Romano (2008 [1917], p. 72) é de que "direito não é ou não é somente a norma posta, mas sim a entidade que a põe". São *instituições* ou ordenamentos jurídicos tanto o Estado quanto a Igreja, a comunidade internacional, as organizações econômicas e mesmo cada família. As normas "representam mais o objeto e o meio da atividade do ordenamento do que um elemento da sua estrutura" (ROMANO, 2008 [1917], p. 69). Tal construção teórica pouco difere da de Ehrlich (1936 [1913], cap. 3), que identifica o "direito vivo" nos costumes da sociedade civil, nos "ordenamentos internos" dos grupos sociais, que definem as posições dos indivíduos dentro do grupo e estruturam os órgãos internos dessas coletividades.

Outro autor canônico do *pluralismo jurídico institucionalista*, Maurice Hauriou, entendeu haver encontrado uma saída para polêmica jurídica entre subjetivismo e objetivismo: para alguns, o sistema jurídico seria estruturado em torno à personalidade jurídica (pelo que se reconheceu, por ficção, a personalidade das organizações), aos direitos subjetivos (tendo como paradigma a propriedade) e aos atos jurídicos (as regras jurídicas como emanação da vontade de uma pessoa jurídica – o Estado); para outros, o direito se estruturaria objetivamente, pela ordem pública e pela regulamentação (leis, regulamentos, costumes) (HAURIOU, 1968 [1925], p. 32-33). Consolidando seus estudos desde o século XIX, Hauriou apresentava a *instituição* como centro articulador do direito.

> Uma instituição é uma ideia de obra ou de empresa que se realiza e dura juridicamente em um meio social; para a realização desta ideia, organiza-se um poder que procura seus órgãos necessários; por outro lado, entre os membros do grupo social interessado na realização da ideia, produzem-se manifestações de comunhão dirigidas por órgãos do poder e regulamentadas por procedimentos. (HAURIOU, 1968 [1925], p. 39-40)

Daí o discernimento de instituições que se personificam (Estados, associações, sindicatos) e que não se personificam (como a "regra do direito, socialmente estabelecida", que toma do Estado seu poder de sanção e a comunhão que se produz em seu entorno) (HAURIOU, 1968 [1925], p. 40). Autores como Gierke, Durkheim, Hauriou, Ehrlich e Romano apresentam em comum uma visão *corporativista* de sociedade – observada como ordem de grupos secundários (sindicatos, empresas, igrejas, clubes e associações) que medeiam entre o indivíduo e o Estado (ver AMATO, 2017c).

Essa mirada sobre o direito e a sociedade pareceu a Carl Schmitt um corretivo interessante à sua própria visão decisionista do direito. Ao lado do decisionismo, Schmitt (2011a [1934]) identificou dois outros tipos de pensamento jurídico: o normativismo (pensamento centrado nas regras e na lei geral e abstrata) e o pensamento da "ordem concreta" (ou do ordenamento, na linha dos autores institucionalistas).

O *normativismo* é localizado como proveniente da recepção do direito romano na Alemanha, culminando na concepção do Estado de direito (*Rechtstaat*) ou da justiça impessoal e objetiva sob o "império do direito" (*rule of law*). O teórico normativista só concebe o ordenamento jurídico como uma soma de normas; e estas, como tipificações gerais e abstratas de condutas (com antecedentes e consequentes hipotéticos), destacadas de casos concretos. As autoridades – seja o rei, seja o juiz – tornam-se igualmente meras funções de normas. O direito é identificado à lei – seu arquétipo tanto formal (a decisão legislativa, centro de uma democracia parlamentar) quanto material (a norma geral e abstrata). Seu fundamento é a vontade da lei, o que explica as primeiras manifestações do positivismo: o formalismo clássico dos civilistas, dos exegetas franceses ou pandectistas alemães. Toda e qualquer autoridade, ordem, decisão ou relação é vista como execução de um ordenamento. Essa concepção de normas bem serviria para descrever situações normais e regularidades, regras técnicas e impessoais, como as luzes do semáforo ou os horários do trem. Perde-se de vista tanto a comunidade concreta (que se dissolve em um sistema normativo abstrato, unificado idealmente, sendo o dever-ser apartado do ser) quanto a autoridade política (cujas decisões não podem ser soberanas, mas apenas fundadas em normas pressupostas).

Por sua vez, o pensamento da *ordem concreta* se origina do jusnaturalismo aristotélico-tomista e do direito medieval germânico. O ordenamento (não como ideia sistemática abstrata, mas como estrutura concreta das relações, vínculos e comunidades) define a juridicidade; é sempre um fenômeno coletivo, suprapessoal, ancorado em tempos imemoriais, mas presente autenticamente na vida atual de todo um povo quando este se depara com as instituições que encarnam sua cultura, disciplinam seus membros e hierarquizam suas posições: de pais e filhos (família), de fiéis e sacerdotes (igreja), de cidadãos e governantes (Estado), de trabalhadores e patrões (empresa). Ao contrário do normativismo, para o qual o juiz é um órgão designado por uma norma, para o pensamento da ordem concreta o direito é que depende de uma organização social que define os cargos e órgãos, os tribunais e as nomeações. Há uma substância autêntica da juridicidade (um *nomos*) que foge a uma total sistematização, textualização e positivação normativa. Os ordenamentos são sempre vários, caracterizando um pluralismo jurídico (como era o direito feudal, corporativo ou estamental), em oposição à tendência monista do normativismo. Uma semântica de transição ao Estado centralizado e a sua tendencial concentração do direito foi a teoria de Bodin sobre o direito divino dos reis, fundamentando uma autoridade tradicional e transcendente. As tendências antiformalistas procuraram recuperar os pressupostos da ordem social que transbordam justamente as normas formalizadas (pelo legislador) a serem interpretadas e aplicadas pelo juiz.

Finalmente, o *decisionismo* tem origens que remontam às doutrinas do direito natural racional – como a teoria hobbesiana da *soberania*, produto da visão fisicalista do mundo, em que a desordem natural é ordenada pelo arbítrio humano (ao contrário do jusnaturalismo aristotélico, crente na tendência natural de tudo a dirigir-se à realização de sua ordem e finalidade). O soberano puro decide ilimitadamente, identificando poder e força; o direito é, em última instância, um comando do soberano (Austin). Tendo em comum com o normativismo uma origem jusracionalista, o decisionismo enfatiza, porém, a vontade do legislador (e não da lei). O decisionismo entende que as decisões que põem o direito são pessoais, fundadas no arbítrio do rei, do legislador (isto é, da maioria) ou do juiz. Em posição similar – neste aspecto, apenas – a Kelsen, Schmitt considera que a decisão jurídica é um *ato de vontade*; portanto, cria direito mesmo que não corresponda à regra que justifica aplicar (para Kelsen, entretanto, a validade da norma posta pela autoridade decisória depende de uma norma: aquela que define sua competência enquanto órgão produtor-aplicador de direito; daí o normativismo kelseniano).

Note-se que o decisionismo seria compatível, a princípio, com a noção de que o soberano é o povo – portanto, se harmonizaria com as teorias da soberania popular e do Poder constituinte. Entretanto, o que interessava a Schmitt (2011b [1934]) era uma dinâmica de liderança das massas, em que o *Führer* apresentasse autoritariamente suas decisões como expressões do seu povo, isto é, da ordem concreta que constitui a comunidade da qual emana sua autoridade; superado o princípio da separação de Poderes, o líder do Estado encarnaria uma verdadeira judicatura, ditando o direito como juiz supremo e incontrolável (uma idealização da "jurisdição" imperial medieval, ver *supra*, capítulo 1).

Em sua versão mais pura, o decisionismo de Schmitt (2008 [1928], p. 57-88) está bem explicitado em sua teoria constitucional, sobretudo na clássica distinção que apresenta entre *Constituição* (uma "vontade unificada" ou "a decisão completa sobre o tipo e forma da unidade política", tomada pelo soberano, identificado ao ditador) e *lei constitucional* ("uma multidão de leis individuais"). O elemento da vontade soberana (e soberano é quem decide na ausência de ordem jurídica, ou no "*Estado de exceção*") claramente se sobrepõe à formalidade e textualidade constitucional. É a inversão do raciocínio liberal, que remete a uma vontade fundadora (o Poder constituinte do povo), mas coloca o direito positivo como definidor dos órgãos decisórios (os Poderes constituídos) e como constrangimento racional à justificação de suas decisões.

Kelsen (2013c [1930]) dirigiu-se explicitamente contra Schmitt (2007 [1931]), que posicionara o soberano – afinal, o ditador, o líder ilimitado por qualquer ordem jurídica – como *guardião da constituição* (para uma análise e contextualização, ver também VINX, 2015). O chefe de Estado personificaria, para Schmitt, o poder neutro que o franco-suíço Benjamin Constant (1767-1830) identificara ao monarca.[53] Entretanto, o soberano schmittiano extrapola os poderes reconhecidos a um monarca constitucional, justamente ao poder decidir sobre o *Estado de exceção* – em outros termos, ao poder

---

[53] A teoria do Poder Moderador teve aplicação na experiência parlamentarista do Império brasileiro (Constituição de 1824); seu ponto central era justamente o caráter neutro – de representação da nação, acima das paixões do povo e dos partidos – do poder real. Um de seus defensores entusiasmados, argumentando a favor da total irresponsabilidade política e jurídica do imperador no exercício de tal Poder, foi José Antônio Pimenta Bueno, Marquês de São Vicente (1803-1878).

suspender sobre si os próprios limites da ordem jurídica que o constituiu nesta posição.[54] Já Kelsen (2013c [1930], p. 257) atribui o controle de constitucionalidade a um órgão judicial, diferenciando lei como norma, e sua produção como uma conduta. O controle de constitucionalidade não trata de confrontar o conteúdo da lei com o conteúdo de uma norma constitucional; trata, mais precisamente, de avaliar o ato de produção da lei. Se este ocorreu em desconformidade com a norma superior (constitucional), que definiu a competência e o procedimento para criação da norma legal, o ato de produção normativa passa a ser o suporte fático ao qual a constituição imputa uma sanção: a invalidade da norma infraconstitucional.

Kelsen (2013c [1930], p. 258) reitera aqui sua rejeição ao formalismo jurídico clássico, imputando-o pejorativamente à compreensão de seu adversário sobre a jurisdição: "Trata-se da concepção segundo a qual a decisão judicial já está contida pronta na lei, sendo apenas 'deduzida' desta por meio de uma operação lógica: a jurisdição como automatismo jurídico! (...) Tal doutrina já foi desmascarada há muito tempo." – conclui Kelsen, citando sua *Teoria Geral do Estado*, de 1925. Kelsen (2013c [1930], p. 263) lembra que o argumento de que transferir o poder de decisão sobre a validade ou invalidade da lei do parlamento para uma instância externa, em que podem se expressar forças políticas opostas, simplesmente repete o dilema platônico: "reis juízes ou legislador régio?". Elucida ainda a diferença entre o controle judicial de constitucionalidade incidental e concreto e aquele principal e abstrato.

> Do ponto de vista teórico, a diferença entre um tribunal constitucional com competência para cassar leis e um tribunal civil, criminal ou administrativo normal é que, embora sendo ambos aplicadores e produtores do direito, o segundo produz apenas normas individuais, enquanto o primeiro, ao aplicar a Constituição a um suporte fático de produção legislativa, obtendo assim uma anulação da lei inconstitucional, não produz, mas elimina uma norma geral, instituindo assim o *actus contrarius* correspondente à produção jurídica, ou seja, atuando (...) como *legislador negativo*. Porém entre o tipo de função de tal tribunal constitucional e o dos tribunais normais insere-se, com seu poder de controle de leis e decretos, uma forma intermediária muito digna de nota. Pois um tribunal que não aplica no caso concreto uma lei por sua inconstitucionalidade ou um decreto por sua ilegalidade elimina uma norma geral e assim atua também como *legislador negativo* (no sentido material da palavra *lex* – lei). Apenas observe-se que a anulação da norma geral é limitada a um caso, não se dando – como na decisão de um tribunal constitucional – de modo total, ou seja, para todos os casos possíveis. (KELSEN, 2013c [1930], p. 263-264, destaques no original)

A teoria kelseniana do controle de constitucionalidade parte da constatação de que seria tanto tentador quanto inócuo confiar ao próprio Legislativo a anulação de leis inconstitucionais; daí que surja a necessidade de uma garantia jurisdicional da constitucionalidade (da mesma forma, vale lembrar, seguindo a estrutura escalonada da ordem jurídica, seria necessário dispor de mecanismos de controle da legalidade dos

---

[54] Durante a república parlamentar (ou semipresidencial) de Weimar (1919-1933), o artigo 48 da constituição foi invocado reiteradas vezes. O dispositivo autorizava, de um lado, a intervenção federal; de outro, os "poderes emergenciais" do Presidente para chefiar as Forças Armadas e suspender direitos fundamentais. A grave crise econômica favoreceu a propaganda das ideias radicais de Hitler e lhe concedeu as bases de apoio popular necessárias para desfazer-se dos bloqueios parlamentares.

decretos regulamentares). O Legislativo se considera "um livre criador do direito, e não um órgão de aplicação do direito, vinculado pela Constituição"; entretanto, ele o é, e tal vinculação só pode ser devidamente garantida por outro órgão, que haveria de ser um órgão diferente e independente do Legislativo e "também de qualquer outra autoridade estatal" (KELSEN, 2013a [1928], p. 150). Esta seria a corte constitucional – centro de um modelo de controle judicial concentrado de constitucionalidade, diferente do caráter híbrido das supremas cortes, órgãos do Poder Judiciário, na linha da tradição americana.

Kelsen procura argumentar a favor de que tal desenho institucional é o pressuposto adequado da hierarquia normativa, que pressupõe a constitucionalidade das leis e a legalidade dos atos administrativos e jurisdicionais. Embora tenha sentido jurídico, uma constituição sem uma corte que realizasse o controle de constitucionalidade não seria "plenamente obrigatória, no sentido técnico" (KELSEN, 2013a [1928], p. 179). O autor se volta, de outra parte, contra os argumentos de que tal órgão feriria os princípios formais da soberania do legislador e da separação de Poderes. Na verdade, poderíamos dizer, de fato se trata de uma inovação institucional, que ultrapassa os dogmas clássicos do Estado liberal, justamente para melhor garanti-lo.

Em linha com o que veremos no próximo tópico, Kelsen (2013a [1928], p. 167-170) rejeitava a ideia de que um tribunal constitucional pudesse invalidar leis sob o argumento da incompatibilidade destas com preceitos do direito natural, com normas "suprapositivas". Pode haver, entretanto, duas outras situações. Por um lado, alguns *princípios* podem estar incorporados ao texto constitucional, a outros estratos da ordem jurídica escalonada, ou são "deduzidos por abstração" de normas explícitas, sendo com elas aplicados.[55] Todavia, há princípios que são evocados por razão de justiça ou equidade, sem estarem devidamente traduzidos em normas do direito positivo; não são, assim, juridicamente obrigatórios, pois expressam apenas interesses e ideais de certos grupos, e não o produto de uma decisão criadora do direito segundo o método democrático. O legislador tem um poder quase ilimitado de criar direito, enquanto os demais órgãos – progredindo na escala normativa – vão tendo poderes criativos mais e mais constrangidos, limitando-se a aplicar o direito, embora com poder discricionário para escolher uma dentre várias interpretações igualmente possíveis. Daí que julgar com base em princípios indeterminados e equívocos tenda a extravasar o papel de aplicação jurisdicional do direito. Esses princípios – como equidade, liberdade, igualdade ou moralidade – expressam a ideologia política vigente e, por se prestarem a diferentes concepções, são extremamente perigosos no âmbito da jurisdição constitucional, mesmo se tiverem guarida no texto da constituição. Se resolvessem controlar o conteúdo das leis tendo como critério a conformidade a tais preceitos, na falta de maiores detalhamentos constitucionais que restrinjam e estruturem a interpretação de determinado princípio, os juízes constitucionais atingiriam um poder insuportável para uma democracia parlamentar.

---

[55] Há similaridade desta posição com o que na tradição hartiana (ver *infra*, 6.3) é conhecido como "positivismo inclusivo".

3.6 Democracia *versus* jusnaturalismo

Ambicionando o rigor científico para a abordagem do direito e a eliminação de controvérsias político-ideológicas, religiosas e morais que enviesavam os estudos jurídicos, Kelsen acabou por repartir o campo acadêmico do direito em uma teoria "pura", uma dogmática "impura" e outros estudos – filosóficos, sociológicos, psicológicos. Com isso, tornou-se facilmente adotável como referência para uma formação jurídica que eliminasse esses outros enfoques ou, pior ainda, celebrasse o direito posto mesmo que autoritariamente. Ambos os movimentos fugiam a seus propósitos, mas foram de fato concretizados em regiões como a América Latina da segunda metade do século XX. Em vez de servir ao rigor da formação jurídica, Kelsen era por vezes encarado como um aliado teórico do autoritarismo então vigente; daí ter sido eleito como um vago símbolo do estudo jurídico "positivista" e "normativista" (o que efetivamente correspondia à teoria), ou ainda "formalista" e "dogmático" (o que não era o caso da teoria pura) – e, assim, haver sido igualmente repudiado em nome de construções mais abertas à sociedade ou à moral (muitas delas, por sua imprecisão teórico-metodológica, recaindo por sua vez em certo "sociologismo" e "moralismo" – versões de um jusnaturalismo eclético, com pretensões políticas variavelmente conservadoras ou progressistas).[56]

Na arquitetura conceitual do pensamento kelseniano, o estudo positivista do direito era, entretanto, a contraparte exata de uma visão política democrática. Se o jusnaturalismo implicava carregar o direito com apreciações morais e ideológicas subjetivas, sugeridas ou impostas por doutrinadores ou autoridades, o positivismo seria uma salvaguarda em favor de que os conteúdos do direito fossem decididos conforme os *procedimentos democráticos*: pela regra da maioria, em uma arena de pluralidade de valores, preservando as garantias da minoria política perdedora em determinada ocasião, mas capaz de se converter em maioria vencedora no futuro, dentro da dinâmica de alternância de poder e opinião.

Como "um método de criação da ordem social", dizia Kelsen (2000c [1929], p. 103), a democracia ancora-se nas formalidades, ao contrário do autoritarismo, que procura se legitimar pela (pre)definição de um conteúdo explícito, que é determinado de maneira absoluta por uma casta e reivindica ser aclamado por seus amigos ou repelido pelos inimigos do regime. Qual seria então o conteúdo inerente à democracia? Justamente o *pluralismo axiológico*. Sua base não é um "direito divino" do povo, na linha da "soberania popular" imaginada por Rousseau; para evitar quaisquer tiranias, inclusive as da multidão, é preciso reconhecer a ausência de uma verdade absoluta sobre valores e moralidade, a ausência de uma "vontade geral" objetivamente determinável. O *relativismo*, associado a uma visão crítica do mundo, implica o respeito dos diferentes credos políticos e a consideração da admissibilidade tanto da opinião própria quanto da alheia; implica aceitar a definição do conteúdo do direito, pela via democrática, inclusive como um compromisso entre a maioria governista e a oposição minoritária, quando há relativa assimetria entre esses grupos. O direito, como ordem coercitiva, apenas se legitima se fundado no consenso; ao mesmo tempo, é a condição habilitante de que

---

[56] Sobre os usos e abusos da recepção de Kelsen na América Latina e especificamente no Brasil, ver López Medina, 2016 [2009]; Campilongo, 2011; Warat, 1982; Velloso, 2014; Leal, 2014; Silva, Márcia P., 2009.

a minoria derrotada, admitida como participante do jogo político, possa continuar a expressar seus pontos de vista (isto é, a exercer seus direitos civis e políticos), a ponto de poder futuramente transformar-se em maioria – assim, concomitantemente, a democracia nutre o dissenso.

Esta era a posição de Kelsen em meio aos densos debates durante o entreguerras, isto é, ao redor do período da República de Weimar; no entanto, a ascensão dos regimes totalitários e sua derrubada, com a vitória da democracia liberal na Segunda Guerra Mundial, implicou um renascimento de teorias jurídicas mais carregadas moralmente – como as tendências cristãs conservadoras do *personalismo* e do *corporativismo comunitarista*, que alçaram a novo plano o discurso dos *direitos humanos* e da "dignidade da pessoa humana", entre outros conceitos (ver MOYN, 2015). Pensadores como Jacques Maritain (1882-1973) retomaram a filosofia tomista e influenciaram a Declaração Universal dos Direitos Humanos (1948) e a democracia cristã.

Na filosofia do direito, um dos mais notáveis jusnaturalistas desse período é o alemão Gustav Radbruch (1878-1949), professor em Heidelberg. Atacando o positivismo jurídico por adotar um conceito moralmente neutro de validade, que acabaria por equacionar direito e poder, ele desenvolve a concepção de que a *injustiça extrema, insuportável, de uma norma jurídica deve derrotar sua validade formal*, a ponto de afastar a juridicidade. Assim, a presunção a favor do direito positivo seria geralmente sustentável, a bem da certeza jurídica; entretanto, trata-se de uma presunção relativa, reversível diante da injustiça extrema. Mas como mensurar tal injustiça?

> Há princípios de direito, portanto, que são mais pesados do que qualquer disposição legal, de modo que uma lei que com eles conflite é desprovida de validade. Tais princípios são conhecidos como direito natural ou a lei da razão. Com certeza, seus detalhes permanecem questionáveis, mas o trabalho de séculos estabeleceu de fato um núcleo sólido deles, e eles passaram a desfrutar de um consenso tão amplo nas chamadas declarações de direitos humanos e civis que somente os céticos dogmáticos ainda poderiam entreter dúvidas sobre alguns deles. (RADBRUCH, 2006 [1945], p. 14-15)

Radbruch (1936, p. 31-32) deixa bem claro que tais *princípios*, com um peso moral *deontológico* (instituinte de direitos e deveres por força de sua correção, e não de suas consequências), são bem distintos do que considerava o positivismo: tanto ao se referir ao conteúdo mais ou menos comum às ordens jurídicas dos países ocidentais como uma convergência contingente de considerações de utilidade (e não de dever), como pensavam Bentham e Austin, quanto ao pretender circunscrever os conceitos, categorias e distinções necessárias para caracterizar, formalmente, todo e qualquer direito (projeto analítico da teoria geral do direito).

No contexto do pós-Segunda Guerra Mundial, observa-se, assim, um renascimento do direito natural, que acompanha a institucionalização do *direito internacional dos direitos humanos* e uma revitalização do direito constitucional pela consolidação e disseminação mundial do *controle judicial de constitucionalidade*. Na Alemanha surge uma "jurisprudência" não mais "dos conceitos" nem "dos interesses", mas sim "dos valores".

O conceito de "interesse" seria equívoco, referindo-se ora a fatores causais e motivacionais da decisão legislativa, ora ao objeto de um juízo de valor do criador ou do aplicador do direito – qual peso dar a este ou àquele interesse manifestado no processo legislativo? A *jurisprudência dos valores*, em resposta, passou a trabalhar sob o postulado de que o legislador valora interesses individuais ou de grupos, plasmando essa valoração no direito positivo; a seu intérprete caberia reconhecer qual a ordem de precedências e prevalências estabelecida, seja para interpretar os textos de lei, seja para colmatar lacunas. Conceitos indeterminados e cláusulas gerais, porém, revelam justamente a falta de um sopesamento claro e objetivo dos valores concorrentes por parte do legislador e, assim, suscitam a discricionariedade judicial para que o intérprete adicione sua própria valoração ao que não esteja de antemão arbitrado. Para que essa valoração não recaia em subjetivismo e arbitrariedade, seria preciso pressupor uma ordem objetiva (sistemática) de valores de alguma forma "pré-positivos", "supralegais", perenes – tais como aqueles reconhecidos em textos constitucionais, e outros aí implícitos e daqueles decorrentes (LARENZ, 1997 [1960], parte 1, cap. 5).

Essa compreensão do direito tem seu contexto histórico, cultural e institucional. Em seguida ao nazismo e buscando a legitimidade de uma constituição *provisoriamente provisória* (a Lei Fundamental de Bonn, de 1949, que se tornou a constituição definitiva da Alemanha ocidental), o Tribunal Constitucional alemão passou a entender a constituição como uma *ordem objetiva de valores* e seu guardião (o próprio tribunal) como o realizador dessa ética concreta.[57] O Tribunal adotou crescentemente um método de interpretação de "sopesamento" de "valores" e "interesses", ampliando sua intervenção na realização do Estado social alemão. Aliado à doutrina, aquele Tribunal foi pródigo na criação de fórmulas argumentativas para o juízo sobre direitos fundamentais: "proporcionalidade", "dignidade da pessoa humana", "proibição do retrocesso", "reserva do possível", "vedação da proteção insuficiente" etc. É neste ponto que a teoria do direito se aproximou da teoria constitucional e encontrou o desenvolvimento das teorias de princípios na tradição anglófona (HOFMANN, 2020 [2012]; ver *infra*, 6.1.1).

Entretanto, no âmbito do direito privado, da jurisprudência dos valores é que resultaram elaborações como a de Josef Esser (1910-1999), que estendem o papel da doutrina e da jurisprudência ao permitir-lhes desdobrar criativamente os *princípios gerais de direito* como vetores extralegais na interpretação jurídica. Em sua hermenêutica (ESSER, 1983 [1970]), a pré-compreensão do aplicador lhe orienta no sentido da obtenção de uma decisão justa, e a compreensão da norma geral e abstrata aplicável implica adequá-la ao caso pela *ponderação dos valores sociais* relevantes e das circunstâncias individuais e concretas. Daí a compreensão da "abertura" do sistema jurídico para além de uma simples operação de dedução a partir de axiomas (ESSER, 1961 [1956], cap. 11).

Em linha semelhante está a teoria do direito como um "sistema aberto", elaborada por Claus-Wilhelm Canaris (n. 1937). Canaris (2002 [1969]) procurou construir indutivamente, a partir dos conteúdos regrados pelo direito privado alemão, seu sistema; no topo de abstração e generalidade desse sistema positivo, encontram-se os *princípios gerais do direito*. Esses princípios são orientados por valores, mas os valores em si estão

---

[57] Sobre essa jurisprudência dos valores, ver a análise e crítica de Habermas (1996 [1992], p. 253-266). O teórico da visão de uma "ordem objetiva de valores" (e do "Estado como integração") foi Rudolf Smend (1882-1975); sua obra consolida teoricamente a superação da breve República de Weimar, símbolo do constitucionalismo socialdemocrata do início do século XX. Sobre a proposta de Smend e a teoria do Estado no tempo de Weimar, ver a coletânea (com textos de Kelsen, Weber, Preuss, Triepel, Schmitt, Heller e outros) organizada por Jacobson e Schlink (2000).

fora do sistema de direito positivo (ver também LOSANO, 2010 [2002], cap. 8). São todos provisórios e mutáveis, mas estão fora do direito. Não são elementos jurídicos. O direito é um sistema aberto a eles e os incorpora por modificações legislativas, consuetudinárias e jurisprudenciais. Nesses termos, seria possível combinar o pensamento sistemático e a argumentação tópica e problemática, voltada a valorações no caso concreto (sobre tópica, ver a discussão sobre Viehweg, *infra*, 9.2). Temos aí uma teoria de princípios que se estende no sentido de uma constitucionalização do direito privado e da eficácia privada dos direitos fundamentais (CANARIS, 2009 [1999]).

3.7 Kelsen *versus* Luhmann

Segundo apontava um observador, "[a] ciência jurídica e o sistema jurídico não estão prontos para terem uma teoria científica, para a metodologia das ciências sociais (ou, melhor: democráticas) e não têm sua própria direção (...)" (WIETHÖLTER, 1991 [1968], p. xviii). Em resposta a esse tipo de diagnóstico crítico, uma tendência importante na teoria jurídica alemã contemporânea foi reconstruí-la em contato com a *teoria social* e as ciências sociais. No pensamento alemão da segunda metade do século XX, duas grandes correntes apresentaram uma aproximação da teoria do direito à teoria social, distanciando-se tanto da perspectiva normativista kelseniana quanto da abordagem empirista sociológica. De um lado, encontra-se a teoria crítica na versão elaborada por Jürgen Habermas, que produziu uma filosofia social moralmente carregada, preocupada com a justificação do direito e com a legitimidade do poder na sociedade atual, em que não se encontra um conteúdo moral imediatamente compartilhado, convencionado e imponível a todos (ver *infra*, 10.6). Esse tipo de visão afinou-se à expansão da jurisdição constitucional e às teorias idealizadoras da interpretação jurídica (judicial).

De outro lado, desenvolveu-se a teoria da sociedade de Niklas Luhmann (1927-1998), jurista que se tornou sociólogo e construiu um aparato conceitual altamente abstrato e de pretensões puramente descritivas para explicar a complexidade social, descrita como conducente na modernidade à diferenciação entre vários subsistemas da sociedade – o direito, a política, a economia, a ciência, a arte, a religião, a educação, a saúde, o esporte.

Vistos à luz da *sociologia sistêmica* (ver AMATO, 2015), os debates entre normativismo e sociologismo revelam que uma definição estrutural-semântica do direito (teoria descritiva das normas e do ordenamento) não consegue seu intento: delimitar o fenômeno jurídico. Este se espraia por toda a sociedade. Qualquer fato pode ser ou vir a ser jurídico. Uma solução extensiva para a definição do fenômeno jurídico – como estrutura imanente a toda prática social, permeada por "instituições jurídicas" (como pretendiam os pluralistas institucionalistas) – não deixa de ser estrutural, ainda que se oponha a outro tipo de solução estrutural: aquela relativa às estruturas semânticas, a partir da definição da norma ou ordem jurídica (aproximadamente entendida como conjunto de normas).

Por isso, o *sistema jurídico*, para a sociologia de Niklas Luhmann (2004 [1993], não é diferenciado por ser um conjunto hierárquico de normas nem por ser monopólio das organizações formais da Justiça (tribunais) ou de seus profissionais (como juízes e advogados). O direito se apresenta e se diferencia operacionalmente em toda comunicação na qual o *código ou distinção entre o lícito e o ilícito* seja o problema ou tema relevante. O direito é simplesmente uma conexão autorreferente de comunicações assim codificadas. Sentenças e tribunais estão no centro do sistema jurídico, pois, dado o *princípio da proibição da denegação de justiça – non liquet –*, estão obrigados a tomar decisões sobre o lícito/ilícito, a validade/invalidade ou a constitucionalidade/inconstitucionalidade. Entretanto, a comunicação jurídica não se restringe a essas organizações ou programas decisórios, abrangendo também contratos e leis, parlamentos e políticos, cidadãos e movimentos sociais etc., desde que sua comunicação faça uso daquela diferença-diretriz. Portanto, em uma abordagem sistêmica reconhece-se um gradiente de *complexidade* que leva a que as organizações centrais do sistema jurídico (os tribunais) argumentem sob normas mais estruturadas, capazes de filtrar, constranger e determinar seu juízo, diferentemente dos juízos mais abertos realizados na periferia do direito (seja no campo da legislação e administração pública, seja na esfera da autonomia privada).

Em alguma medida isso pode ser lido como uma versão contemporânea e mitigada de "formalismo" (ver CARVALHO NETO, 2016 e discussão *infra*, 9.5), mas dista tanto do formalismo filosófico kelseniano quanto dos pressupostos mais heroicos do formalismo jurídico clássico – daí que não seja fácil tachar a teoria jurídica de Luhmann, sem maiores qualificações, de "formalista", como faz Bourdieu (1986). Na explicação sistêmica, a *validade* é um símbolo que circula no sistema jurídico, mas não há a clássica hierarquia unidirecional que demandaria a determinação sucessiva do conteúdo das normas superiores pelas inferiores (como no dedutivismo imaginado pelos jusracionalistas e formalistas), nem mesmo uma hierarquia formal simples entre as autoridades decisórias, do legislador ao juiz (como teorizou Kelsen). Há heterarquia e circularidade entre as organizações que decidem sobre o direito e observam mutuamente suas decisões, revisando-as e produzindo o direito assinalado como válido.

Para Luhmann (2014 [1972]), a *comunicação* é a operação básica da sociedade. Para poder continuar, a comunicação depende de estruturas, que são as *expectativas*. Há expectativas que são socialmente disseminadas e garantidas, mas que, se desiludidas por eventos contrários, são reformadas; aprendem com os fatos. São expectativas cognitivas. É não só o que sustenta o aprendizado cotidiano, como também, sobretudo, sistemas sociais como a ciência e a economia. Há, porém, outras expectativas, que resistem à desilusão: se o evento ocorreu ao contrário do que era previsto e esperado socialmente, não se altera a expectativa, mas se condena a ação ou o fato. Estão em jogo, nesse caso, *expectativas normativas*, contrafáticas. Expectativas de ambos os tipos são empíricas, são estruturas dos sistemas sociais que sustentam e viabilizam as operações desses sistemas (ou seja, a comunicação).

As expectativas normativas, ou simplesmente normas, são generalizadas pela religião, pela moral e, com especial importância, pelo direito – isto porque o direito pode tornar as expectativas congruentes e generalizá-las independentemente de crenças pessoais. Toda expectativa normativa é uma norma; se a norma tratar da diferença entre o lícito e o ilícito, é jurídica. O direito generaliza congruentemente expectativas normativas – essa é sua *função* – ao vinculá-las a sanções, legitimar sua imposição por meio de procedimentos e identificá-las na forma de valores, pessoas, papéis e, especialmente, programas decisórios.

Programas condicionais estabelecem condições hipotéticas de fato que, se preenchidas, determinam determinada consequência devida. *Programas finalísticos* simplesmente estabelecem um objetivo devido, mas não precisam detalhadamente os meios com que os implementar. Por isso, quando um juiz precisa decidir com base em um programa finalístico, é necessário transformá-lo em um programa condicional (LUHMANN, 2004 [1993], p. 196-203; 1983 [1968], esp. cap. 4 e 5; 2014 [1972], p. 174-85). Sendo irresponsável jurídica e politicamente pelo conteúdo de sua decisão (diferentemente de políticos e administradores públicos), o juiz precisa reduzir a finalidade nos termos do caso sob julgamento, analisando a relação entre o fim devido e os meios empregados ou que se deveria empregar naquela situação.[58] Ao contrário de um gestor, o juiz não estabelece uma ampla política para implementar determinada finalidade; apenas avalia os meios alternativos disponíveis para o gestor realizá-la. Com isso, cabe ao julgador prover, ao final, uma definição sobre se os fatos observados configuram ou não a hipótese de incidência de uma sanção – ou seja, é preciso construir um programa condicional, uma regra.

---

[58] Kelsen (1991 [1979], cap. 4) notava o problema da indefinição dos meios em relação aos fins: não se pode dizer que quem quer ou dita uma finalidade tenha que aceitar determinado meio para sua consecução.

O POSITIVISMO ANALÍTICO "HERMENÊUTICO" DE H. L. A. HART

> *Quando nascemos, quando entramos neste mundo, é como se tivéssemos firmado um pacto para toda a vida, mas pode acontecer que um dia tenhamos de nos perguntar Quem assinou isto por mim, eu perguntei e a resposta é esse papel (...).*
>
> (SARAMAGO, 2014a [2004], p. 695)

H. L. A. Hart (1907-1992), professor de Direito em Oxford quando escreveu *O conceito de direito* (publicado em 1961), incorporou uma nova filosofia analítica que lá circulava por esta época: uma *filosofia da linguagem ordinária*, que pretendia compreender, internamente aos usos da linguagem pelos próprios falantes, o sentido dos conceitos que eles mobilizam. No caso do direito, esses falantes seriam não apenas os juízes e juristas, mas também os cidadãos não especializados na técnica jurídica.

Assim como Kelsen, Hart coloca-se mais como herdeiro (e crítico) do projeto positivista de Bentham e Austin do que das pretensões formalistas de um Blackstone. Ambos, Kelsen e Hart, são positivistas pós-realistas, que incorporam a crítica ao formalismo jurídico clássico. Mas, ao contrário de Kelsen, que esteve influenciado sobretudo pela concepção de linguagem do positivismo lógico (que buscava uma metalinguagem científica, mais precisa e lógica que a linguagem ordinária), Hart trouxe para a teoria do direito a tradição da filosofia analítica britânica focada na linguagem comum (e, pode-se dizer, no entendimento comum – *common sense*). Também em contraste com a influência, sobre a *Teoria Pura*, da filosofia transcendental de Kant, Hart apresentou uma abordagem inspirada na "sociologia descritiva" – ou seja, em uma visão mais interpretativa das ciências sociais, percebidas como empreitadas explicativas diversas tanto das ciências naturais (com o foco em fatos, regularidades e comportamentos observáveis) quanto da filosofia moral (voltada a prescrições, considerações normativas e juízos de valor).

4.1 O aspecto interno das regras

A concepção naturalista, fisicalista, positivista ou empiricista de ciências sociais como uma espécie de física da ordem humana, com seus dados positivos, fenômenos observáveis e leis recorrentes (na linha de Hobbes, Comte, Durkheim, de alguns dos realistas jurídicos americanos e, segundo Kelsen, também de Ehrlich) é rejeitada por Hart. Ela é o que Hart (2007a [1961], p. 98-101) indica quando faz referência a um *ponto de vista "externo extremo"*, não compreensivo, capaz de observar regularidades, notar sinais e inferir probabilidades, mas não de entender o sentido das regras ou obrigações que explicam a influência do direito no comportamento das pessoas e em suas argumentações.

Já uma abordagem sociológica compreensiva ou interpretativa não deixa de se preocupar com a descrição de fenômenos empíricos (como hábitos e rotinas), mas entende os usos da linguagem que enredam seus participantes em um entendimento comum das práticas sociais – Weber (1978 [1922], p. 22), por exemplo, notava que apenas o comportamento humano pode ser orientado por sentido, constituindo-se como ação, e que a ação social é apenas aquela orientada pelo comportamento de outros, ou melhor, por expectativas sobre a conduta alheia pretérita, atual ou futura.

Essa abordagem "compreensiva" ou "hermenêutica" é similar ao *ponto de vista externo "moderado"* pregado por Hart: uma perspectiva capaz de apreender como os cidadãos e autoridades *usam as regras como razões* para agir ou para criticar e reprovar comportamentos desviantes. Este uso é definido não por estados mentais (sobre a obrigatoriedade normativa) ou pela mera habitualidade ou recorrência (de comportamentos conforme às regras ou da aplicação de sanções a condutas desviantes), mas sim pela observação do emprego dessas regras na comunicação entre autoridades e cidadãos. Essas regras, porém, são inteligíveis a qualquer um que compartilhe de uma "forma de vida" familiar (para usar um termo de Wittgenstein)[59] à que contextualiza aquele sistema de regras. (Essas regras, como veremos, ganham juridicidade segundo critérios convencionados pelas autoridades definidas e regradas pelo sistema jurídico – ver as discussões *infra*, 4.2 e 6.3, sobre a "regra de reconhecimento".)

O teórico do direito seria capaz de observar as regras em jogo sem necessariamente incluir-se em determinado sistema jurídico positivo como um usuário dessas regras ou como uma autoridade que compartilha dos critérios definidores de sua validade. Assim estaria garantida a neutralidade axiológica e a objetividade de uma teoria com pretensões meramente descritivas (e não prescritivas) sobre o direito posto. Tal é a lente adotada por Hart: observar os "jogadores" e as construções de sentido que fazem dentro da disputa jurídica, isto é, o *"aspecto interno" das regras*. Este mirante, porém, não compromete o observador com a adesão às regras e a seus usos: ele aprende o aspecto interno das regras (seu sentido), o fato de os cidadãos e autoridades empregarem as regras como padrões normativos de orientação e crítica a escolhas e condutas. Mas o teórico do direito permaneceria "de fora" do sistema de direito positivo, de um ponto de vista "externo moderado".

---

[59] "Pode-se representar facilmente uma linguagem que consiste apenas de comandos e informações durante uma batalha. Ou uma linguagem que consiste apenas de perguntas e de uma expressão de afirmação e de negação. E muitas outras formas. E representar uma linguagem significa representar-se uma forma de vida" (WITTGENSTEIN, 1999 [1953], p. 32, §19).

A outra opção rejeitada por Hart, ao lado da visão fisicalista (o ponto de vista externo extremo), é o *ponto de vista "interno"*: a autodescrição de uma ordem jurídica sob a ótica de um participante dessa ordem, de alguém que a aceita. Essa aceitação – típica do discurso dogmático-jurídico – implica, basicamente, usar as regras como padrões racionais de crítica ou justificação. Mas também a aceitação poderia implicar um endosso das regras que se utiliza; poderia demandar uma tomada de posição na argumentação pelo endosso ou rejeição de determinado ponto de vista substantivo (moral) acerca das controvérsias interpretadas. Aqui mais ainda se apreende o "aspecto interno" das regras, mas também se adota uma avaliação sobre elas. Tal engajamento transbordaria os limites de uma teoria do direito analítica e o compromisso positivista de explicar o direito como ele é, diferenciando-o de como poderia ou deveria ser. A tal teoria caberia tão-somente descrever um sistema jurídico qualquer, apreendendo hermeneuticamente o sentido normativo de suas regras. Por isso ela fornece uma "teoria geral do direito", e não uma reflexão sobre um sistema jurídico determinado, com seu conteúdo e sua história definidos.

Para Hart, é possível apreender o "aspecto interno" de uma regra tanto do ponto de vista interno (de um participante do sistema jurídico comprometido com sua obrigatoriedade) quanto de um ponto de vista externo moderado (de um teórico capaz de observar, de fora, os usos da regra pelos cidadãos e autoridades). Tal será um dos pontos da crítica lançada por Dworkin contra o positivismo hartiano: Dworkin sustentará a necessária adoção de um ponto de vista interno, comprometendo a teoria do direito com as avaliações típicas da doutrina e da jurisprudência; portanto, tal teoria poderia até ser uma explicação mais abstrata sobre o direito, mas não uma teoria "geral" de qualquer "sistema" jurídico-positivo, nem uma descrição neutra acerca das controvérsias valorativas. Sem querer antecipar tal polêmica em todos os seus termos (ver *infra*, capítulo 6), vale registrar o esclarecimento que Hart forneceu, ao defender a possibilidade de uma *teoria do direito geral e descritiva*, que não pretendesse interpretar e avaliar moralmente (ainda que criticamente) determinado direito.

De um ponto de vista externo moderado, dizia Hart (2007b [1994], p. 304), é possível tomar a própria teoria geral do direito como parte do sistema jurídico, e então descrever a perspectiva dos participantes deste sistema (jurisdicionados, juízes, doutrinadores), sem endossá-lo. *Aceitar uma regra*, para Hart (2007a [1961], p. 151), não implica inevitavelmente a aceitação moral de suas razões, mas *usá-la*: não como descrição ou predição sobre regularidades de eventos ou hábitos de comportamento, mas como *padrão normativo para a orientação, crítica ou justificação de condutas e decisões*. Interessa a regra enquanto orientação linguística em jogo dentro de uma prática social normativa, que se atualiza por meio de razões, argumentações e deliberações sobre condutas.

Mesmo que, como polemicamente sustentou MacCormick (2006 [1978], p. 80-81), os participantes, ao aceitarem o direito vigente como orientação para conduta e padrão para crítica, também tivessem que avaliá-lo positivamente em termos morais (para aceitarem se submeter à eventual imposição coercitiva das regras postas), uma teoria do direito poderia permanecer como puramente descritiva, apreendendo o aspecto interno das regras sem adotar o ponto de vista interno, dos participantes, para quem a aceitação pressupõe razões e justificativas, eventualmente utilitárias (conveniência), mas também, possivelmente, morais – afinal, em um regime democrático, não se espera que apenas o medo da punição sustente a conformidade ao direito. A teoria, pelo contrário, poderia permanecer moralmente neutra, em sua posição de observadora externa, mas compreensiva. Não caberia à teoria do direito fornecer justificações morais do direito posto, nem para seu endosso nem para sua crítica (esses papéis continuariam alocados, portanto, à política e à filosofia). Esta é a posição de Hart.[60] Com isso, ele guarda aproximações e distanciamentos em relação ao positivismo precedente.

Como vimos (*supra*, 2.5), John Austin, o pai do positivismo analítico, formulou uma *teoria "imperativista"*: afinal, resumia, o direito nada mais é que o conjunto das leis estatais, que são *comandos ligados a sanções*. Sanções são um mal (uma privação da liberdade, uma multa, a nulidade de um contrato ou testamento), deveres são definidos pela atribuição de sanções e o fato empírico determinante da validade do direito reside em as ordens da autoridade máxima da nação (o soberano, em posição de dizer o direito em termos de comandos gerais) serem habitualmente obedecidas pelos súditos, os sujeitos de direito (AUSTIN, 1995 [1832], lição 1). À "província da jurisprudência" (ou teoria do direito) não caberia julgar o valor ou desvalor moral dessas ordens, mas simplesmente delimitar o que é e o que não é uma norma jurídica. O caráter "avalorativo" e, portanto, "científico" do positivismo jurídico estaria assim garantido. Hart procurará manter tal objetividade, mas agora de um ponto de vista hermenêutico, sustentando a distância entre o teórico do direito (capaz de compreender como os usuários do sistema orientam-se por regras) e os próprios usuários deste sistema (que usam as regras como padrões normativos, adotando ou não uma avaliação moral sobre elas).

Hart (2007a [1961], cap. 2-4) inicia seu *O conceito de direito* criticando Austin – ou melhor, o tipo de teoria da qual Austin é representante[61] – por essa visão um tanto quanto *fisicalista* do fenômeno jurídico: como se este fosse observável por gestos externos de comando e assentimento. Hart (1982, cap. 10) fez o mesmo com Bentham, ao avaliar que faltava em sua teorização do direito atentar para "a ideia de uma razão jurídica autoritativa" – ou seja, ainda que inclua o elemento da coerção, o direito não pode a ele se resumir (sobretudo em um sistema complexo), mas deve produzir "razões para agir", e é nessa medida que regra os comportamentos (pressupondo que, em regra, estes se alinharão espontaneamente ao que for prescrito). Assim, Hart defendeu que a delimitação do direito não se resumia a uma questão de força; residia, antes, em uma

---

[60] Adotando um outro construto teórico, que parte do conceito de comunicação (e não de ação ou de razões para agir), como visto (ver *supra*, 3.7), Luhmann (2004 [1993], cap. 11) explica a teoria do direito como um campo de reflexão sobre a unidade de sentido do direito, campo este que se forma pelo acoplamento estrutural entre as autodescrições internas do sistema jurídico (doutrinárias, jurisprudenciais) e o sistema da ciência (com suas teorias sociológicas ou filosóficas, analíticas ou morais). A teoria do direito sociológica, por exemplo, se colocaria como uma observadora de "segunda ordem", a observar observadores (comunicações produzidas por doutrinadores, jurisdicionados, juízes etc.). Nas palavras de Habermas (2009 [2006], p. 38-39), em um discurso em honra a Ronald Dworkin quando este recebeu o prêmio Niklas Luhmann (!), o que Luhmann fez é descrever "o sistema jurídico da distância de um observador sociológico" e, ecumenicamente, incluir "a autodescrição do jurista prático e do teórico do direito em sua própria descrição".

[61] Hart (2007a [1961], p. 261-262) precisa que sua crítica é dirigida a um modelo construído com base em Austin, mas que simplifica e resolve, para fins didáticos, certos termos e indefinições da teoria austiniana. Por exemplo, em vez de se referir a "comandos", Hart prefere falar de "ordens coercitivas" ou "baseadas em ameaças". Lembra, ainda, que para Austin o soberano em sentido próprio é apenas o povo, e não o órgão legislativo ao qual ele delega sua representação. Seria possível ainda refinar a teoria austiniana, incluindo-se a consideração de comandos tácitos e a ideia de que o direito se dirige imediatamente às autoridades encarregadas de executar sanções.

definição linguística e convencional. Mais que a ameaça da sanção (às vezes ausente em normas e situações jurídicas), a *internalização das regras jurídicas* (aquelas assim reconhecidas pelas autoridades) como *razões para agir* (ou se omitir) é que seria a nota distintiva da "normatividade" do direito.

Daí a teoria hartiana do *direito como sistema de regras: regras primárias* (reguladoras de condutas: proibidas, permitidas ou obrigatórias) e *regras secundárias* (atributivas de poder para julgar ou alterar o direito – além da regra social de reconhecimento, convenção que as autoridades compartilham para identificar os critérios de validade das demais regras). Essa teoria responde a algumas grandes debilidades explicativas da visão imperativista, modelizada a partir de Austin (HART, 2007a [1961], cap. 2):

- o modelo do direito como ordem baseadas em ameaças não explica a autovinculação das autoridades aos comandos emitidos (Austin, por isso, explica o parlamento como um soberano – isto é, titular de um poder por definição juridicamente ilimitado);
- os poderes de criação e aplicação do direito (inclusive os poderes privados, isto é, as regras constitutivas da validade de negócios jurídicos) não cabem na explicação de normas jurídicas como ordens baseadas em ameaças (por isso, para Hart, a nulidade de um ato jurídico não equivale a uma sanção – ver *infra*, 4.5);
- a explicação de Austin depende de um pressuposto político contingente: a continuidade do soberano; isso não explica a continuidade do sistema jurídico mesmo com a mudança das pessoas que titularizam os Poderes do Estado e inclusive quando há rupturas e reinicializações – revolução e (re)constitucionalização.

Podemos dizer que o que está em jogo para Hart é produzir uma descrição positivista do direito, mas que seja uma descrição compreensiva, hermenêutica (*ponto de vista externo moderado*), e não resuma o direito resuma àquilo que Anscombe (1958) chamou de "fatos brutos". Na verdade, o problema é que cada determinado conjunto de eventos ou fatos "brutos" (que evidente e incontestavelmente ocorreram) tem como pressuposto contextual certas instituições, que nunca podem ser descritas exaustivamente. Um mesmo conjunto de fatos pode ser descrito de diferentes maneiras, cada qual evocando certos pressupostos institucionais. Entre várias descrições, pode haver uma interseção de pressupostos comuns, mas as circunstâncias só serão elucidadas se for necessário produzir uma justificação de determinada descrição. Ora, não é possível, pois, apreender o sentido de transações ou obrigações pela mera referência a eventos perceptíveis no plano físico, de maneira por assim dizer pré-descritiva ou pré-interpretativa.

Na teoria do direito, Austin seria um representante desse *ponto de vista externo extremo*, assim como alguns dos realistas americanos: Hart (2007a [1961], p. 5) menciona, entre outros, Oliver Wendell Holmes Jr. (com sua famosa definição do direito como profecias sobre as decisões das cortes) e Karl Llewellyn, que também procurava relativizar a importância das regras enquanto definidoras do direito (afinal, com elas se poderia justificar muitas soluções) e centrava o papel das disputas como contextos de decisão jurídica (ver *supra*, 2.6.2). Afinal, dizia Llewellyn (1930, p. 4), saber o que os juízes dizem é só o início do processo de estudo jurídico; o que importa é saber o que as autoridades oficiais de fato farão – isso sim é o direito! Hart rejeitava essa redução completamente cética sobre a determinabilidade das regras enquanto constrangimentos linguísticos à justificação decisória no direito. Normatividade não pode ser reduzido a previsibilidade: o dever-ser jurídico não deixa de dever ser por mais que seja desiludido pela realidade.

Como positivista, por outro lado, Hart rejeitava adotar o *ponto de vista interno* (de endosso ou crítica à ordem jurídica vigente) e seguia diferenciando o juízo de validade do juízo de moralidade substantiva; também rejeitava que a legalidade (e seus postulados, como publicidade, clareza, anterioridade e coerência das normas) constituísse uma "moralidade interna" ao direito (como sugeriu Lon Fuller, ver *infra*, capítulo 5), o que implicaria um juízo normativo, uma avaliação moral a partir do ponto de vista interno – e não do ponto de vista externo "moderado" em que situava sua teoria do direito.

A chave para a descrição hartiana do direito, como notado, está na apropriação para o terreno da teoria jurídica da filosofia da linguagem comum – a equivalente britânica a outras tendências que focavam o uso das palavras em contextos e situações (como o pragmatismo americano). Assim, apreender os significados em sua dimensão *pragmática* seria mais elucidativo do que pressupor uma relação (*semântica*) invariável entre palavras e coisas reais que elas representariam (como no formalismo), ou mesmo focar a relação (*sintática*) de palavras ou construtos linguísticos entre si, como a teoria positivista-normativista de Kelsen (focada nas normas e proposições jurídicas).

Como dito no início do capítulo, Hart trouxe para a teoria do direito a preocupação com a precisão linguística, mas focada menos em uma formalização lógica (como era o caso de Kelsen) e mais na elucidação do uso comum dos termos associados ao direito. Ludwig Wittgenstein (1889-1951), em suas *Investigações Filosóficas*, e John Langshaw Austin (1911-1960), em *Como fazer coisas com palavras* e outros escritos, eram alguns dos filósofos por trás dessa nova concepção antiessencialista, preocupada em distinguir os conceitos como construções de sentido da *linguagem em ação*.

Por exemplo, a teoria dos atos de fala de John Langshaw Austin (1962 [1955]) descreve a "força ilocucionária" presente no ato de comunicação, para além do sentido gramatical de suas proposições; assim, as frases podem adquirir, por exemplo, o caráter de um veredito, de um exercício de poder ou influência, de uma desculpa, de promessa ou aposta, ou de exposição de alguma definição ou postulado. Não é difícil encontrar a afinidade desta filosofia da linguagem com os esforços analíticos de Hart.

Focando o uso ordinário de termos empregados no discurso jurídico, Hart (2007a [1961], p. 92-101) discutiu, por exemplo, a diferença entre "ser obrigado a" algo e "ter a obrigação de". Pode-se dizer que o *aspecto interno de seguir uma regra* caracterizaria o "jogo de linguagem" do direito (para usar um conceito de Wittgenstein),[62] em oposição por exemplo à ordem de um assaltante (que mobilizasse não apenas a ameaça da coação, mas a violência explícita, para ordenar a obediência a seu comando). Assim, o caráter jurídico da obrigação não depende da pressuposição de uma eficácia global da ordem jurídica da qual faz parte e retira validade determinado comando – como em Kelsen;

---

[62] "O termo '*jogo* de linguagem' deve aqui salientar que o falar da linguagem é uma parte de uma atividade ou de uma forma de vida. Imagine a multiplicidade dos jogos de linguagem por meio destes exemplos e outros: Comandar, e agir segundo comandos – Descrever um objeto conforme a aparência ou conforme medidas – Produzir um objeto segundo uma descrição (desenho) – Relatar um acontecimento – Expor uma hipótese e prová-la – Apresentar os resultados de um experimento por meio de tabelas e diagramas – Inventar uma história; ler – Representar teatro (...)" (WITTGENSTEIN, 1999 [1953], p. 35, §23, destaque no original).

a juridicidade é explicada por Hart a partir do caráter "regrado" que marca no direito a atribuição de deveres, responsabilidades ou direitos. Na própria linguagem ordinária se poderia identificar, assim, o direito como um *sistema de regras* – isto é, um conjunto ordenado de padrões de orientação do comportamento e razões para a justificação e a crítica de condutas e decisões.

A influência de Peter Winch (1970 [1958]) e Ludwig Wittgenstein (1999 [1953]) é que leva Hart a afirmar que os enunciados jurídicos (as proposições prescritivas sobre o permitido, o proibido e o obrigatório) têm um conteúdo cognitivo, embora não sejam verificáveis fisicamente, por referência a estados de coisas no mundo. Seu valor de verdade é determinado, isso sim, pela indicação de um *fato social*: a existência de uma *regra*. Uma regra existe como *padrão compartilhado* de crítica a condutas e decisões. Aceitar uma regra é adotar uma "atitude crítica reflexiva" – quando problematizada uma ação, a regra torna-se a régua para medi-la, a *razão* para justificá-la ou reprová-la. Essa atitude não é uma questão psicológica (privada), mas se revela pela prática social generalizada: quando a generalidade do grupo social considera que se deve se comportar segundo determinada regra e a mobiliza argumentativamente como padrão público para a avaliação das ações e decisões. A regra é a razão pública e compartilhada das críticas ou justificações dos comportamentos problematizados (HART, 2007a [1961], p. 60-70; MICHELON JR., 2004, cap. 5).

Constatar a existência de uma regra não é indicar meramente uma regularidade física: que existe uma conformidade externa dos comportamentos, a obediência habitual dos cidadãos às leis (o que se poderia apreender mesmo de um ponto de vista externo extremo). Os conceitos jurídicos (como obrigação ou direito subjetivo) não são, portanto, ilusões, ficções úteis para a exposição tópica do discurso jurídico – na linha do que sugeria o realismo jurídico escandinavo de Alf Ross (ver *supra*, 2.6 e 3.3.3), Karl Olivecrona (1897-1980) e Axel Hägerström (1868-1939). Esses teóricos, na linha de um positivismo radical, avançaram uma crítica à metafísica racionalista do pensamento jurídico (jusnaturalista e formalista) – assim como Kelsen; porém, em vez de reduzir o discurso jurídico ao plano da análise de normas (como fez Kelsen), os escandinavos procuraram combinar a precisão lógico-formal dos conceitos e a redução de seus referentes a fatos empíricos, especialmente psicológicos. Hägerström, especialmente, pretendia reduzir analiticamente o mundo a regularidades causais que ocorrem no tempo e no espaço, sem quaisquer valorações morais. Com isso, almejava uma abordagem naturalista, radicalmente empirista, do direito – reduzido a relações causais entre regras jurídicas e o comportamento humano (ver BJARUP, 2005).

Todavia, apreender o aspecto interno das regras – constatar seu uso enquanto padrões públicos e compartilhados de crítica – não exige tampouco endossar ou aprovar moralmente tais padrões (de um ponto de vista interno ao sistema, como seus cidadãos, autoridades e doutrinadores), como sugeria MacCormick (2006 [1978], p. 80-81) e pensava Peter Winch, em quem Hart se inspirou (RODRIGUEZ-BLANCO, 2007). Para Hart, seria possível apreender – de forma "hermenêutica", "compreensiva", digamos – o "aspecto interno" das regras, sem necessariamente endossá-las. Daí a ideia de um ponto de vista externo moderado, capaz de observar uma prática (e entender suas regras) sem dela participar. Este é o mirante em que se posta a teoria do direito e dessa posição, portanto, pode ser mantida a cisão promovida pelo positivismo analítico entre o *direito como ele* é e o *direito como deveria ser* (e a diferença de direitos, obrigações e responsabilidades morais, e direitos, responsabilidades e obrigações jurídicas). São os opositores de Hart, como Fuller (*infra*, capítulo 5) e Dworkin (*infra*, capítulo 6), que contestarão tal distinção, advogando pela adoção de um ponto de vista interno para a teoria do direito.

Entretanto, para superar a explicação clássica do imperativismo, que remetia a fatos brutos de comando do soberano e obediência habitual dos súditos (Austin), o novo positivismo analítico (compreensivo, hermenêutico, hartiano) terá de fornecer uma explicação que distinga aquelas regras que são válidas e o fechamento último do sistema de regras jurídicas por uma regra que não é ela mesma validada juridicamente, mas é mera *regra social (convencional)*, estipulada pelas autoridades, sobre quais os critérios de validação. É a regra (isto é, o conjunto de *critérios compartilhados*) que constitui, que institucionaliza o sistema jurídico. Para ser uma regra, esse padrão convencional não pode se tratar de mero hábito dos juízes, mas precisa ser um *padrão público de crítica e justificação das decisões* (acerca da validade desta ou daquela norma jurídica). A objetividade da existência do direito é garantida por essa convenção que o constitui como fato social (institucional, regrado, linguístico) – não como dado físico empiricamente perceptível (como demandado por certos realistas), nem como construto transcendental dependente de um ato de vontade que pressuponha a forma pura de uma norma instituinte de uma estrutura escalonada de normas (como na filosofia da consciência adotada por Kelsen).

4.2 Regras primárias e secundárias

Se o direito é composto por regras, há uma especificidade do direito positivo. Hart forneceu uma *explicação funcionalista* sobre o surgimento de um sistema jurídico positivo. Em uma ordem costumeira, existem certos problemas. As soluções dadas – e, em se tratando de direito, são regras que dão tais soluções – são consequências tomadas enquanto causas explicativas do surgimento do direito positivo. Nisso consiste o aspecto funcionalista da explicação de Hart (2007a [1961], cap. 5).

O direito costumeiro é composto apenas pelo que Hart chama de regras primárias (e que podemos identificar com as *normas de conduta*). Entretanto, esse direito sofre de três problemas:
- a dificuldade de definir quais são as regras válidas, executáveis, que podem ser impostas mesmo contra a vontade de quem a elas está submetido – ou seja, o problema da *incerteza* sobre as regras aplicáveis;
- a dificuldade de mudar as regras por uma decisão voluntária ou deliberada coletivamente, o que configura o caráter *estático* das regras costumeiras: apenas a regularidade continuada em um longo espectro temporal ou o desuso igualmente perene marcam o ganho ou a perda de normatividade dos padrões de avaliação;
- a dificuldade de constatar a violação da regra e impor seu cumprimento (ou a sanção respectiva) coercitivamente; na falta de uma autoridade constituída para tal papel, apenas há pressão difusa para generalizar uma expectativa de obrigatoriedade, o que gera um problema de *ineficácia* das regras.

A solução para os dois últimos problemas é a criação de *regras jurídicas secundárias* (ou o que se conhece como *normas de organização*): são as *regras de alteração* do direito (por exemplo, as regras do processo legislativo), que solucionam o problema da estaticidade ou imutabilidade das regras; são as *regras de julgamento*, que dão resposta ao risco de ineficácia das regras, permitindo discernir as condições em que elas podem ser impostas e executadas coercitivamente (exemplo são as regras do processo civil, penal e administrativo, que estruturam o Poder Judiciário e o Poder Executivo, delimitam as competências jurisdicionais, as fases processuais, as garantias das partes etc.). Em ambos os casos – regras de alteração e de julgamento – trata-se de regras jurídicas positivas.

Entretanto, o primeiro problema – da identificação das regras jurídicas, ou do *direito válido* – não pode ser respondido pelo próprio direito positivo. Como as regras jurídicas podem ter conteúdos diversos (tanto a imposição de uma ação ou omissão quanto a disciplina de formalidades e procedimentos, tanto a promessa de recompensas quanto a ameaça de castigos), como aponta Hart (2007a [1961], p. 13), é preciso ter algum critério ou repertório de *critérios para distinguir quais normas são jurídicas*. É certo que, ao disciplinar o processo legislativo, administrativo e judicial, o direito positivo explicita as condições de criação, alteração e aplicação de regras válidas. Mas, em um dado sistema de direito positivo, onde se encontram os critérios primeiros de identificação do direito válido? Provavelmente na constituição. No entanto, e quando há quebra da ordem jurídica (por revolução ou golpe de Estado), e surge o problema de definir como criar uma nova constituição e de reconhecer quando se terá uma (nova) constituição válida? E como identificar quais regras preexistentes serão recepcionadas pela nova ordem jurídica e constitucional?

Mais do que isso, pode existir um sistema jurídico positivo que não tenha constituição no sentido de um documento textual delimitado. Até mesmo a "constituição" flexível e esparsa da Inglaterra (na verdade uma miscelânea de leis, jurisprudência e privilégios das câmaras parlamentares) pode não ser considerada propriamente uma constituição no sentido moderno, já que não é codificada nem guardada por uma jurisdição constitucional, embora alguns princípios normativos limitadores dos poderes governamentais sejam controlados pela Câmara dos Lordes (ver BARENDT, 1997). Logo, uma teoria geral do direito não poderia se ancorar na constituição, essa instituição acidental e particular (não universal nem necessária).

E nos Estados Unidos, que inovaram o *common law* criando uma constituição rígida e uma ampla legislação estatal, inclusive subnacional (dadas as competências dos estados federados)? Mesmo lá, a *"regra de reconhecimento"* não indicaria simplesmente a constituição como repositório das formas e critérios de validade do direito positivo; parte desses critérios está na constituição federal, parte nas constituições estaduais e outra porção, ainda, nos padrões costumeiramente aplicados pelos juízes. Portanto, a regra de reconhecimento congrega uma série de *standards* e é complexa. Mesmo com normas positivadas, como a constituição e suas emendas, remanesce um grande papel para as convenções das autoridades: convenções sobre quais são os materiais jurídicos dotados de autoridade, sobre como avaliá-los e mobilizar argumentos que se ajustem a eles, e sobre qual peso dar a interpretações jurisprudencialmente consolidadas (GREENAWALT, 1987).

Para Kelsen, acima das normas de maior escalão na hierarquia do direito positivo (geralmente as normas constitucionais), haveria a mera norma pressuposta pelo teórico: a norma fundamental, a norma imaginária geradora das demais normas, estas sim positivas. Hart (2007a [1961], cap. 6) procura uma solução não transcendental, mas empírica: localiza os critérios últimos de validade das regras de direito como sendo definidos por uma *convenção entre as autoridades* (*officials*) encarregadas de aplicar esse mesmo direito. Ora, essa convenção é uma *regra social*: não apenas uma regularidade, mas um padrão interpretativo que se constitui como *razão* para agir, decidir e criticar ações e decisões. É, por isso, uma regra social – usada pelas autoridades e para observar suas decisões. Mas não é uma regra jurídica, não é parte do direito positivo; é, no fim das contas, um *costume judicial*. Esse costume – que também precisa ser interpretado, como qualquer regra, positiva ou não – é que constitui e delimita os critérios de reconhecimento do direito válido. Em um dado sistema jurídico, a regra de reconhecimento pode ser: os critérios de validade são aqueles explicitados no texto constitucional; em outro sistema, pode ser: é válido como direito tudo aquilo que for conforme ao livro sagrado; em um terceiro sistema, a convenção de reconhecimento pode indicar uma série de parâmetros morais vagos como critérios para delimitação do direito válido... Claro, voltamos ao problema da incerteza típico do direito costumeiro e do jusnaturalismo. Mas um sistema empiricamente existente de direito pode, em maior ou menor grau, reproduzir essas características e esmaecer a distinção entre direito e moral. Entretanto, uma teoria geral do direito, adotando os compromissos positivistas, não pode ela mesma definir qual critério (constitucional, teológico, moral) delimita o direito válido naquele domínio ou comunidade.

Hart, portanto, volta a basear o direito em um fato: não é simplesmente um "fato bruto", como pareciam ser para Austin o comando do soberano e a obediência habitual dos súditos, mas sim um fato social. Embora, como qualquer regra, tal fato social esteja sujeito a controvérsias entre as autoridades cujo costume constitui a "regra de reconhecimento", a descrições concorrentes, a vaguezas e ambiguidades típicas de qualquer fenômeno linguístico (ou "fato institucional"), trata-se de um fato, de algum modo empiricamente localizável. Daí que Dworkin (ver *infra*, 6.2) vá criticamente caracterizar tal atributo do positivismo como "convencionalismo", e sugerir que o direito não se resume a padrões empiricamente identificáveis, mas incorpora necessariamente todo um espectro de considerações morais que se afinam às normas positivas e podem até mesmo servir para reformá-las por meio de uma interpretação construtiva.

Com a teoria da regra de reconhecimento como *definição convencional da validade* em um sistema de direito positivo, Hart (2007a [1961], cap. 6) fugia aos institucionalistas, que viam o direito como inerente às várias organizações sociais; para Hart, só serão jurídicas as normas que cumprirem os critérios definidos pelas autoridades oficiais de determinado sistema jurídico – presume-se que essas autoridades sejam estatais; portanto, o sistema de referência continua a ser o direito positivo estatal.

Hart produziu uma distinção analítica entre uma ordem costumeira (só de regras primárias) e uma ordem jurídica autoconstituída enquanto sistema fechado, com suas próprias regras (secundárias) de julgamento e alteração e suas práticas convencionais (regra social) de reconhecimento da validade. Tal distinção tem afinidade com a explicação fornecida pelo antropólogo Paul Bohannan (1920-2007), que apresentou a ideia de uma "dupla institucionalização do direito" (BOHANNAN, 1965): a partir de um corpo de costumes é recortado e produzido um corpo artificial de normas abstratas que se considerará como direito; a partir dessas normas são instituídos órgãos, autoridades e procedimentos autorizados a interpretá-las e aplicá-las para resolver conflitos por aquelas normas regulados.

Retomando a introdução do livro, seria o caso de nos perguntarmos se essa dupla institucionalização não implica também uma dupla alienação: abre-se mão da vingança e da reciprocidade em favor do Estado-juiz (autoridades reconhecidas positivamente pela ordem jurídica, delimitada pelo que aquelas mesmas autoridades reconhecem convencionalmente como direito válido), mas também se abre mão da justiça substantiva (em favor de decisões regradas, e não puramente equitativas).

Hart reconhece o positivismo como uma teoria descritiva do direito moderno *em geral* (isto é, não de um sistema jurídico particular); mas este é, também, *um* direito: aquele em que prevalece o que chamamos de "dupla institucionalização". Acima da ordem costumeira de reciprocidades e represálias emergem parâmetros e instituições que "aplicam" o direito para resolver controvérsias, impondo suas soluções heterônoma e autoritativamente; ou seja, as práticas jurídicas sustentam-se em critérios construídos por decisões da própria ordem jurídica. A identificação do que pertence ou não a tal ordem, porém, não pode ser dada desde o início pelo próprio sistema: remete a um fato institucional, a uma convenção social (por mais que as autoridades que compartilham tal convenção sejam aquelas definidas como tais pelo direito positivo).

Assim, em Hart (2007a [1961], cap. 5) o direito positivo vem descrito, em termos gerais, como uma *união de regras primárias e secundárias*, sendo a regra de reconhecimento uma convenção social que define a validade das demais regras (mas que não é, ela mesma, válida, pois não é jurídico-positiva). O direito seria então um sistema de regras fechado, no fim das contas, por uma simples regra social, não positivada: a convenção das autoridades sobre quais regras considerar válidas e, portanto, jurídicas. Embora incorpore a dimensão pragmática, do uso da linguagem, esta caracterização não deixa de ser uma teoria normativista do direito, na linha do positivismo analítico.

Como lembra MacCormick (2006 [1978], p. 178-179), é do ponto de vista de um observador (externo moderado), e não de um participante (ponto de vista interno), que a regra de reconhecimento se resume a um fato social, ainda que complexo. O participante sustenta sua interpretação sobre os critérios de validade e, portanto, sobre quais são as normas válidas. O teórico do direito não precisa se comprometer com os princípios políticos do sistema que constitui as autoridades que definem tais critérios; apenas observa a teia argumentativa que constitui a convenção a esse respeito, a regra social adotada pelas autoridades que interpretam e aplicam o direito. Que seja obrigatório respeitar a regra de reconhecimento – ou seja, orientar-se pelos critérios convencionais de validade – é um pressuposto que torna conclusivas, para os participantes do sistema, as justificativas construídas a partir da interpretação das regras válidas.

Winston (1999) nota como o positivismo jurídico repousa sobre um pressuposto da subjetividade dos juízos de valor, da diversidade dos bens humanos e da intratabilidade do conflito entre eles. Daí a tentativa moderna de conceber uma ética dos deveres e das liberdades, inclusive a liberdade de consciência. As "escolhas" religiosas, políticas, éticas foram remetidas à esfera privada. Não espanta que o positivismo tenha então nascido dentro de uma metaética utilitarista: uma metodologia para somar as preferências individuais, e não uma teoria do valor objetivo que hierarquizasse os bens e finalidades. Essa neutralidade axiológica parecia modelar para a fundação de um estudo científico da economia (como em James e John Stuart Mill) e do direito (como em Bentham e Austin, sobretudo). Já o positivismo hartiano lastreia-se em um outro modelo de ciência: a visão interpretativista das ciências sociais; no fundo, resume o direito a um sistema de convenções sociais, produzidas e apreendidas por autoridades e por cidadãos que assumem uma atitude reflexiva crítica, tomando tais convenções como padrões para avaliar, medir, criticar o direito (no caso das regras secundárias) e os comportamentos juridicamente regulados (no caso das regras primárias).

4.3 Textura aberta da linguagem e discricionariedade

De modo semelhante à explicação sobre o surgimento de um sistema jurídico fechado por regras secundárias, Hart (2007a [1961], cap. 7) inicia seu capítulo especificamente voltado à discussão sobre a interpretação jurídica notando que qualquer grande grupo social depende de um sistema jurídico estruturado a partir de padrões gerais de conduta, formulados como regras, princípios ou *standards*; afinal, o principal instrumento de controle social não pode ser uma infinidade de diretivas individuais e concretas, dirigidas a cada indivíduo e a cada conduta. Daí emergem *a generalidade e a abstração* predominantes das normas jurídicas – ou seja, sua referência a classes ou categorias de pessoas, atos, coisas e circunstâncias.

Toda a discussão de Hart sobre o tema da interpretação jurídica visa formular uma posição moderada ou intermediária entre o formalismo e o ceticismo (ou "realismo") sobre a capacidade de determinação das regras. Hart dá razão aos formalistas quanto ao "*núcleo de certeza*" das regras: há de fato casos fáceis em que é incontroverso se identificar se a regra se aplica ou não; por outro lado, desde o início de O conceito de direito, Hart (2007a [1961], p. 17) concede que "todas as regras têm uma penumbra de incerteza em que o juiz tem de escolher entre alternativas". Aqui, quanto à *zona de penumbra*, tem razão a denúncia realista de que a aplicação do direito não é mera operação mecânica e totalmente determinada. Afinal, "[n]ada pode eliminar esta dualidade de um núcleo de certeza e de uma penumbra de dúvida, quando nos empenhamos em colocar situações concretas sob as regras gerais" (HART, 2007a [1961], p. 134). Portanto, há exageros em adotar qualquer posição unilateral: tanto o formalismo quanto o ceticismo ou realismo. Afinal, "embora cada regra possa ser de teor duvidoso em certos pontos, é, na verdade, uma condição necessária de um sistema jurídico existente que nem toda regra esteja sujeita a dúvidas em todos os pontos" (HART, 2007a [1961], p. 166).

Para Marmor (2005 [1992], p. 101), as considerações de Wittgenstein sobre a conduta de "seguir uma regra" (*rule-following*) dão sustentação à distinção hartiana entre o núcleo e a penumbra das regras – na penumbra, há subdeterminação convencional do significado; portanto, casos que caem na zona de penumbra das regras (e só aí) urgem interpretação, já que não é possível aplicação direta da regra ao caso. "Se esgotei as justificações, então atingi a rocha dura e minha pá entortou. Então estou inclinado a dizer: 'é assim que eu ajo'" (WITTGENSTEIN, 1999 [1953], p. 96, §217). Não há mais regra a seguir nem a interpretação é capaz de solucionar a controvérsia sobre regras e apontar qual é a regra; é preciso "criar" nova regra por interpretação (ver HERSHOVITZ, 2002). Em um sentido forte, a *interpretação* surge apenas como tal atividade criadora de sentido. A aplicação de regras com sentido estabilizado, em casos que caem em seu núcleo de certeza do significado, apenas exige interpretação em um sentido fraco, seguindo as técnicas e elementos usuais.

> Os casos simples, em que os termos gerais parecem não necessitar de interpretação e em que o reconhecimento dos casos de aplicação parece não ser problemático ou ser "automático" são apenas os casos familiares que estão constantemente a surgir em contextos similares, em que há acordo geral nas decisões quanto à aplicabilidade dos termos classificatórios. (HART, 2007a [1961], p. 139)

Assim, quando a situação concreta recai no núcleo de certeza da regra abstrata a ela aplicável, temos um caso simples; quando se está na zona de penumbra da regra, o *caso é difícil*. Para que o sistema jurídico funcione, a grande maioria das situações tem que ser passível de um enquadramento fácil do fato pela norma, a fim de que esta seja espontaneamente cumprida, sem configuração de um conflito e necessidade de sua judicialização, com disputas interpretativas e argumentativas.

A discussão de Hart também poderia ser lida a partir de um *continuum* que vai do raciocínio mais universalista ao raciocínio mais particularista.[63] O raciocínio mais particularista, voltado às especificidades do caso concreto, opera por analogia e equidade (como no exemplo da jurisprudência romana clássica e das cortes de *equity* no *common law*). O raciocínio mais universalista foi buscado pelo racionalismo jurídico moderno: desde os grandes sistemas filosóficos de direito natural até as codificações, constituições, compilações e comentários de legislação. Por exemplo (ver *infra*, 5.3.3), em um caso teríamos um controlador de entrada em um parque a quem se atribuiria a autoridade para decidir, justificadamente, que tipos de objetos podem ser trazidos pelos frequentadores: essa autoridade costuma permitir a entrada de mochilas, patinetes, triciclos, mas não de bicicletas nem de carros. Não há uma regra formulada de antemão, mas a "jurisprudência" que vai sendo sedimentada a partir das razões de decidir explicitadas pela autoridade: bicicletas e carros fazem barulho e colocam em risco a segurança dos pedestres... Por outro lado, poderíamos ter uma placa que publicizasse uma regra geral: "proibido veículos no parque". A mesma autoridade então teria que examinar os casos particulares como instâncias de aplicação do conceito universal de "veículo". Em situações nas quais o objeto concreto não está claramente incluído ou excluído no conceito de "veículo", seria preciso interpretar e argumentar a partir de distinções e exames contextuais de finalidades e interesses.

Essa releitura é fiel ao que Hart (2007a [1961], cap. 7) discute em seus próprios termos. Em um extremo ele posiciona o raciocínio a partir de exemplos, por meio do qual a autoridade constitui e comunica padrões tradicionais. É o caso da jurisprudência. O juízo aqui é de analogia entre os casos decididos e o novo caso apresentado para a solução da autoridade. Em outro extremo, temos o raciocínio a partir de descrições

---

[63] Hart (2007a [1961], p. 139) não usa a terminologia de "particularismo" e "universalismo", mas prefere falar de comunicação a partir de exemplos dotados de autoridade (jurisprudência) e a partir da linguagem geral dotada de autoridade (legislação). Para desdobramentos dessa discussão, ver *infra*, 9.4.1 e 9.5.

verbais. É o caso da legislação. O juízo aqui consiste em reconhecer fatos particulares como instâncias de aplicação de conceitos classificatórios gerais ou universais, subsumindo os fatos à norma. A teoria do direito no século XX teria reconhecido, até exageradamente, a proximidade entre essas duas operações analíticas: a dos exemplos dotados de autoridade (o que poderíamos chamar de indução: do particular ao universal) e a da linguagem geral dotada de autoridade (que coloca em ação uma dedução: do geral ao específico). Por um lado, na jurisprudência, o raciocínio voltado às particularidades do caso concreto combina-se com a tentativa de se definirem precedentes vinculantes para o futuro, a partir da delimitação da *ratio decidendi* das sentenças. Por outro, na legislação, é preciso igualmente comparar *casos fáceis e difíceis* de aplicação da regra.

Em termos wittgensteinianos, se trataria de perceber sempre "semelhanças de família":[64] entre exemplos concretos consolidados nas distinções dos precedentes ou entre os casos simples (instâncias de aplicação do significado nuclear dos padrões normativos que identificam uma regra) e os casos duvidosos (em que a determinação da solução não se exaure em uma conclusão silogística pela aplicação de uma regra predefinida). Há algo semelhante à analogia: a seleção de aspectos relevantes de comparação entre as situações e o juízo sobre a semelhança suficiente que justificaria lhes dar idêntica solução. Nas palavras de Hart (2007a [1961], p. 139-140), temos "casos familiares e geralmente incontestáveis" e casos que representam uma "crise na comunicação": "há razões, quer a favor, quer contra o nosso uso de um termo geral e nenhuma convenção firme ou acordo geral dita o seu uso, ou, por outro lado, estabelece a sua rejeição pela pessoa ocupada na classificação".

Por meio dessa aproximação entre o raciocínio sistemático, dedutivo e universalista, geralmente atribuído à aplicação da lei, e o raciocínio equitativo, prudencial e analógico, associado à construção jurisprudencial, Hart (2007a [1961], p. 137-149, 280) apresenta o problema da incerteza na interpretação jurídica. Esta seria uma decorrência da própria indeterminação ou *"textura aberta"* da linguagem natural (termo usado pelo filósofo Friedrich Waismann, 1896-1959, adepto do "positivismo lógico" do Círculo de Viena – ver *supra* os comentários introdutórios ao capítulo 3). Afinal, é da natureza do direito, como vimos, constituir-se na comunicação de padrões gerais de conduta, o que sempre implicará *indeterminação* da linguagem e das finalidades das regras. Hart, porém, não procura formalizar em uma metalinguagem essa "textura aberta" da linguagem comum; busca compreendê-la apreendendo o "aspecto interno" pelo qual ela constitui o sentido dos enunciados jurídicos. Deste fenômeno linguístico da "textura aberta", Hart retira as implicações que Dewey teria indicado sobre os limites da lógica formal para o raciocínio

---

[64] "Não posso caracterizar melhor essas semelhanças do que com a expressão 'semelhanças de família'; pois assim se envolvem e se cruzam as diferentes semelhanças que existem entre os membros de uma família: estatura, traços fisionômicos, cor dos olhos, o andar, o temperamento etc., etc. – E digo: os 'jogos' formam uma família. E do mesmo modo, as espécies de número, por exemplo, formam uma família. Por que chamamos algo de 'número'? Ora, talvez porque tenha um parentesco – direto – com muitas coisas que até agora foram chamadas de número; e por isso, pode-se dizer, essa coisa adquire um parentesco indireto com outras que chamamos também *assim*. E estendemos nosso conceito de número do mesmo modo que para tecer um fio torcemos fibra com fibra. E a robustez do fio não está no fato de que uma fibra o percorre em toda a sua longitude, mas sim em que muitas fibras estão trançadas umas com as outras" (WITTGENSTEIN, 1999 [1953], p. 52-53, §67, destaque no original).

jurídico (ver *supra*, 2.6.1, e *infra*, 9.5) e, então, extrapola a tese da discricionariedade da autoridade para escolher entre as alternativas de sentido sustentadas por um texto.

O grau desta discricionariedade e o tempo de seu exercício podem variar (ver HART, 2007a [1961], p. 143-149). No caso de se formular regras gerais e abstratas explicitadas textualmente – legislação –, está se buscando uma limitação da discricionariedade; a conduta obrigatória, permitida ou proibida deve usualmente ser de fácil identificação, e circunstâncias secundárias podem ser trabalhadas sob o esquema de regra e exceção. Por outro lado, pode-se lançar mão da casuística jurisprudencial ou de conceitos indeterminados. Aqui há duas técnicas de exercício da autoridade: pode se tratar tanto de uma autoridade a quem se atribui competência para regulamentar *ab initio* detalhadamente o que significam cláusulas gerais (como "preço justo"), quanto de uma autoridade judicial, que atua *a posteriori*, avaliando o excesso ou razoabilidade do juízo que as próprias partes formularam para orientar sua ação (por exemplo, o julgamento de culpa: uma avaliação, posterior aos fatos e eventos, sobre se as partes agiram com diligência, prudência e perícia).

Para Hart (2007a [1961], p. 142-143), o formalismo ou conceitualismo está errado ao pressupor que, formulada uma regra baseada em um conceito, não haverá necessidade de escolha entre interesses concorrentes em *casos difíceis* de aplicação da regra. É como se todo o direito se resumisse a casos simples, ou como se fixássemos apenas a partir dos casos simples o significado das regras. Entretanto, pode surgir um conflito entre a linguagem geral da regra e as finalidades que a ela podemos imputar: seríamos então obrigados a incluir na regra casos que, pela finalidade determinável desta, deveriam ser excluídos, e obrigados a excluir da regra casos que deveriam (a princípio, segundo sua literalidade) ser incluídos (ver as discussões *supra*, 2.2, sobre interpretação restritiva e extensiva, e *infra*, 8.4.2.1, sobre a sub ou sobreinclusividade das regras). A própria função da regra, de dar segurança e previsibilidade, entra em conflito com o melhor julgamento, com a razão que sustenta a criação e aplicação da regra.

Já o realismo – ou ceticismo sobre a racionalidade na aplicação das regras, sobre o constrangimento que estas implicam para a decisão e justificação jurídica – está errado ao conceber que as regras gerais são meras "fontes" do direito, e que o direito é apenas o que as autoridades aplicadoras decidirem (ver HART, 2007a [1961], p. 149-161). Ora, primeiro, a autoridade de um tribunal é ela mesma constituída por regras: as regras secundárias de julgamento. Em segundo lugar: quanto às regras primárias (de conduta), tanto as pessoas quanto as autoridades não apenas constatam regularidades e hábitos e procuram fazer predições, mas empregam *padrões normativos* – usam as regras para orientar e avaliar condutas, justificar e criticar decisões (ainda que as mesmas regras justificassem soluções alternativas). Esse *uso* das regras, como vimos (*supra*, 4.1), é o aspecto crucial do "ponto de vista interno" de que fala Hart, e para Hart se configura independentemente de os usuários dessas regras as considerarem boas ou ruins sob outros parâmetros – morais, políticos, econômicos. Ora, que possa haver más aplicações das regras é algo que só pode ser avaliado por referência a um padrão: tem-se que pressupor a própria regra! Que as decisões judiciais, especialmente da última instância, sejam definitivas, e que por isso eventual "erro" de aplicação da regra pelos juízes (assim avaliado por outros observadores) não tenha eficácia normativa no sistema, subsistindo como válida a decisão "errada", não implica que não haja regra –

pelo contrário. *Definitividade* (uma questão de autoridade política e validade jurídica) não significa *infalibilidade* ou incorrigibilidade (uma questão de juízo crítico sobre as ações e também sobre as próprias decisões das autoridades). O que se cobra é que o juiz adira a um padrão preexistente (a regra) e não simplesmente crie *ex nihilo* sua decisão. Claro, a violação continuada de uma regra (seja pelo público, seja pelas autoridades, que deixam de aplicá-la), sem qualquer contestação que a mobilize como padrão normativo crítico, implica o desuso dessa regra, sua desconstituição. Ela deixa de ser uma regra. É o que Kelsen (*supra*, 3.3.4) descrevia como o mínimo de eficácia pressuposto para a validade da norma.

Finalmente, *seguir uma regra* é algo que pode ocorrer empiricamente por diversas vias. Pode-se intuitivamente agir de maneira coincidente com a regra, ainda que esta não tenha feito parte de uma deliberação prévia agir daquele modo. Caso o comportamento seja colocado em causa, mobilizar a *regra como justificativa* prova sua aceitação – assim como mobilizá-la para a crítica à conduta desviante. Da mesma forma, um juiz pode decidir motivado por uma série de fatores, e só retrospectivamente produzir uma motivação da sentença por referência à aplicação das regras. É esse uso social que prova a *aceitação* e existência da regra, e não sua necessária atuação como determinante psicológica definitiva, a cravar esta ou aquela conduta ou decisão. É certo que, em casos difíceis, que recaem na zona de penumbra, é difícil constatar qual é a regra: aí a falta de um padrão normativo aceito convencionalmente implica realmente prever o que os juízes vão decidir (sem muitas bases para criticar, com fundamento em regras válidas, qualquer que seja a alternativa interpretativa eleita pela autoridade).

Assim, Hart fugia aos realistas americanos ou à jurisprudência dos interesses alemã, correntes de teoria do direito que viam a decisão jurídica em geral como dependente de escolhas éticas ou políticas, como arbitrária, não determinada por regras nem constrangida definitivamente pela linguagem. Hart atualizou o positivismo a partir do ataque realista: o direito e sua interpretação não poderiam mais ser concebidos a partir da univocidade das regras e conceitos e dos raciocínios quase dedutivos, como na imagem que os formalistas clássicos (de Blackstone à polemicamente dita "escola da exegese" francesa e à jurisprudência dos conceitos alemã) haviam pintado. Entretanto, o direito apenas se poderia apreender de maneira compreensiva, interna à sua linguagem e ao seu discurso de justificação. Nessa medida, não poderia ser reduzido a eventos mentais ou comportamentais ou fatos "brutos", eventos físicos independentes de interpretação (na linha de Austin); pelo contrário, o direito constitui-se de práticas sociais (de reconhecimento) e de fatos institucionais. Estes, assim como as regras jurídico-positivas, têm uma constituição linguística e estão igualmente sujeitos ao problema da "textura aberta" da linguagem. No entanto, inferir desta "textura aberta" uma discricionariedade do julgador nos casos difíceis, da zona de penumbra – uma livre escolha entre soluções alternativas, guiada por considerações diversas (inclusive morais), mas não por padrões jurídicos (que esgotaram seu poder de determinação) – é um ponto polêmico, e será justamente um objeto central da crítica de Dworkin a Hart (ver *infra*, capítulo 6).

4.4 Direito e moral

Hart desenvolveu uma série de considerações sobre as relações – contingentes ou necessárias – entre direito e moral. Considerou, por exemplo (HART, 2007a [1961], cap. 8), os vínculos entre a ideia moral específica de justiça e seus usos em relação ao direito, o vocabulário compartilhado entre obrigações jurídicas e morais e os caracteres distintivos de umas em relação às outras. Como não cabe analisar ponto a ponto essa série de considerações, destaco aqui duas afirmações centrais do pensamento de Hart sobre direito e moral. Em primeiro lugar, a afirmação de que o juízo jurídico de validade independe totalmente do juízo moral sobre o valor de determinada regra ou sistema jurídico. Em segundo lugar, destaco a conexão entre direito e moral postulada pela tese hartiana do "conteúdo mínimo de direito natural do direito positivo".

O pensamento de Hart parte de uma revisão do que defenderam seus antecessores. Segundo distingue (HART, 1958, p. 600-606), os positivistas utilitaristas afirmaram três ideias: a independência entre o juízo moral e a validade do direito posto; a possibilidade de autonomia analítica do estudo do direito, com um vocabulário definido e conceitos próprios; a teoria imperativa do direito, resumido à forma *comando geral do soberano (acima do direito) com ameaça de sanção/hábito de obediência dos outros membros da sociedade (subordinados ao direito)*. Hart refuta a última asserção (especialmente HART, 2007a [1961], caps. 2 e 4), mas aceita as duas primeiras.

Sobretudo, quanto à primeira questão, assume a *distinção entre o que o direito é e o que* deve ser; acrescenta que "o que o direito deve ser" inclui não apenas juízos morais, mas quaisquer juízos críticos (de base moral ou não) sobre o direito posto (HART, 1958, p. 613). Quanto aos juízos morais, estes não são meramente subjetivos, mas reconhecer que podem ser racionalmente elaborados e controlados não implica considerar que leis injustas não são leis (HART, 1958, p. 626-627). Assim, Hart (1958; 1977) busca uma alternativa a dois polos teóricos: de um lado, os realistas, para quem a indeterminação do direito é tal que o juiz pode, apelando para o direito, incluir em sua decisão ou argumentação qualquer juízo pessoal sobre valores (e assim eleger arbitrariamente uma das interpretações possíveis das regras aplicáveis); de outra parte, os teóricos jusnaturalistas, que defendem que "o direito como é" só é produzido (e só pode ser descrito) à luz concepções de como "o direito deve ser". Essas duas posições são refutadas pela teoria de Hart sobre a decisão jurídica: tal decisão se desenvolveria parcialmente determinada pelas regras, já que estas vinculam e seu conteúdo é basicamente determinado, embora possa conter zonas de indeterminação e "penumbra".

Em alguns casos há "penumbra"; nestes, a aplicação do direito é muitas vezes descrita não como uma criação, mas como um "reconhecimento de algo que espera por reconhecimento", isto é, como elaboração de um sentido presente potencialmente no direito a ser aplicado (HART, 1958, p. 629). Nesses *casos difíceis*, pode haver uma aproximação entre o que o direito *é* e o que *deve ser*, os meios jurídicos se aproximam dos fins jurídicos – o que não implica uma moralização do direito, mas um juízo reflexivo propriamente jurídico (HART, 1958, p. 612, 628-629). A redução da incerteza aqui se dá por um juízo crítico sobre o direito ("à luz de fins, objetivos e políticas" e, não necessariamente, de princípios morais), assume Hart (1958, p. 612-615). Quando se faz um juízo moral sobre o direito, aceitando-se o potencial cognitivo da moralidade, pode-se reconhecer a injustiça de uma lei, mas daí não decorre que o direito perca sua validade por atentar à moral (HART, 1958, p. 624-629).

O segundo ponto do pensamento de Hart sobre direito e moral a se destacar é sua aceitação específica de algo como uma "moralidade" que vincula o direito positivo – tal moralidade é expressa no que Hart (2007a [1961], p. 208-9) entende como núcleo de bom senso nas visões jusnaturalistas: o *conteúdo mínimo de direito natural*, comum a todo direito positivo. São pretensões normativas que: (a) decorrem da aceitação da sobrevivência como um objetivo universalmente compartilhado pelos seres humanos; e (b) levam a uma determinação – parcial, mas *substancial* – do *conteúdo* do direito.

Quanto ao conteúdo dessas pretensões, a teoria assume como incontroverso que a *sobrevivência é o fim humano* desejado (empiricamente) por todos, independentemente de qualquer pressuposto metafísico mais exigente de que os homens desejam sobreviver por ser este seu fim predeterminado naturalmente. Ademais, a assunção da sobrevivência como um valor sobre o qual pode repousar o vínculo necessário entre direito e moral justifica-se pelo pressuposto de que "nossa preocupação reside nos arranjos sociais para conseguir uma existência continuada e não nos de um clube de suicidas" (HART, 2007a [1961], p. 208).

Quanto às implicações que decorrem logicamente do reconhecimento do valor da sobrevivência para a determinação de um conteúdo mínimo (de "direito natural") de todo direito positivo, Hart agrega mais um fator: certos fatos evidentes sobre a condição humana ("truísmos") que, associados à pretensão de garantir a sobrevivência, reclamam regras jurídicas com determinados conteúdos. Pode-se dizer: é a própria "forma de vida" (para usar outro termo de Wittgenstein) comum às sociedades humanas que reclama, em todas, certas regras – um mínimo denominador comum ao conteúdo contingente dos vários sistemas de direito positivo.

Assim, por exemplo, a vulnerabilidade física das pessoas exige regras que proíbam ou restrinjam o uso da violência, do que decorre – entre outras regras – "o preceito mais característico do direito e da moral: *Não matarás*" (HART, 2007a [1961], p. 211, destaque no original). A igualdade aproximada das pessoas e seu altruísmo existente, mas limitado, exigem regras que conformem "um sistema de abstenções mútuas e de compromisso, que está na base quer da obrigação jurídica, quer da moral" (HART, 2007a [1961], p. 211). A escassez dos recursos demanda algo como as instituições da propriedade e do contrato. Já compreensão e força de vontade limitadas exigem alguma "organização para a coerção daqueles que tentariam então obter as vantagens do sistema, sem se sujeitarem às suas obrigações" (HART, 2007a [1961], p. 214) – o clássico problema do parasitismo ou efeito carona (*free rider*).

4.5 Hart *versus* Kelsen

O positivismo analítico do século XX, com Kelsen e H. L. A. Hart, aperfeiçoou o método sistemático que os jusracionalistas iluministas elaboraram para a ética e o direito e que os formalistas do século XIX purificaram como uma técnica jurídica de interpretação/aplicação liberta de considerações morais que não aquelas já cristalizadas nas regras e conceitos já estruturados e internalizados pelas decisões políticas criadoras do direito. A técnica jurídica de aplicação havia de alienar-se, esquecer-se de sua fonte política contingente, abstraindo-a como pura forma – a *validade* como forma específica de "existência" do direito positivo. Não era mais possível considerar a aplicação do direito como exata, determinada plenamente em seu conteúdo, como pensavam os racionalistas (naturalistas ou formalistas); porém, o positivismo analítico procura manter a certeza formal na determinação ao menos da validade ou invalidade das normas.

Pura forma transcendental pressuposta, a *norma fundamental* tem por conteúdo apenas "a instituição de um fato produtor de normas, a atribuição de poder a uma autoridade legisladora ou – o que significa o mesmo – uma regra que determina como devem ser criadas as normas gerais e individuais do ordenamento fundado sobre esta norma fundamental" (KELSEN, 2006 [1960], p. 219). De outro lado, temos a *regra de reconhecimento* como convenção das autoridades sobre os critérios de definição da validade/juridicidade das normas (HART, 2007a [1961], cap. 6 e p. 161-168). Daí a discussão sobre o mínimo de eficácia do qual depende a pressuposição da validade de uma ordem jurídica (KELSEN, 2006 [1960], p. 12) ou todo o debate sobre a incorporação de padrões morais na regra de reconhecimento (Hart e as correntes de positivismo inclusivo ou exclusivo, *infra*, 6.3). A teoria jurídica analítica sublima a seu modo – por conceitos e definições, ainda que mais ou menos atentos aos usos e convenções linguísticas – o que poderia ser pesquisado empiricamente sobre determinadas práticas linguísticas (ver CALVO GARCÍA, 2014).

Hart apresenta algumas distinções de contexto intelectual e abordagem filosófica em relação a Kelsen. Kelsen toma por referência epistemológica o construtivismo transcendental kantiano; assim, enfatiza que uma teoria de todo e qualquer direito positivo deve construir seu objeto artificialmente, delimitando os pressupostos racionais mínimos para a existência desse fenômeno – a exemplo da norma fundamental, uma mera ficção da ciência jurídica para explicar a sucessiva dinâmica de escalonamento entre as normas positivas. Já Hart traz para a teoria do direito a abordagem da filosofia analítica da linguagem ordinária e coloca como fechamento explicativo do direito enquanto sistema de regras primárias e secundárias um fato social: a regra social de reconhecimento, convenção compartilhada entre autoridades.

Há, porém, notáveis paralelos entre os autores. Ambos distinguem o juízo sobre o que o direito é, objeto de suas teorias, da pergunta sobre o como o direito deve ser, apontada por Hart como jusnaturalista e alocada por Kelsen ao âmbito da "política do direito", e não da ciência do direito positivo. Ambos ainda caricaturizam e afastam (sob o rótulo de "ciência da natureza" em Kelsen, e de ponto de vista externo "extremo" em Hart) uma visão fisicalista de ciências sociais: estas tratariam simplesmente de descrever regularidades observáveis no mundo exterior. Em Kelsen, a *norma como um esquema de interpretação* de eventos do mundo traduziria relações naturais de causalidade em relações jurídicas de *imputação*, cabendo a uma ciência do direito positivo tratar das últimas, situadas na esfera do "dever-ser". Para Hart, apreensão do *"aspecto interno" das regras*, dentro do jogo jurídico, não significaria necessariamente um endosso moral de dado ordenamento jurídico (daí o posicionamento da teoria do direito como um ponto de vista externo, mas "moderado", compreensivo); implica entender as convenções em *uso* naquela comunidade de linguagem, a começar pelas convenções das autoridades sobre qual é o direito válido e como reconhecê-lo.

Na hipótese de uma *revolução – quebra da ordem jurídica* – há, a princípio, certa indefinição da regra de reconhecimento; é preciso então esperar a estabilização dos critérios que os funcionários do Estado (especialmente juízes) usam para determinar as fontes do direito, ou para reconhecer o direito válido, aplicável (ver *infra*, 5.3.2). Kelsen (2006 [1960], p. 55) dá explicação semelhante: após a revolução, é preciso aguardar certa estabilização da nova ordem; uma vez que ela tenha atingido uma eficácia global duradoura (obediência espontânea por meio de condutas que evitam as sanções, ou efetiva imposição das sanções respectivas), pode o intérprete pressupor que as normas então emanadas integram uma hierarquia de direito positivo, estão em uma relação escalonada de validação das normas. A partir de um dado de realidade empírica (a eficácia global da ordem jurídica), o intérprete pode chegar ao pressuposto puramente racional, ficcional, de que há uma norma fundamental, e assim é capaz de conhecer objetivamente as normas emanadas, enquanto fenômenos jurídicos válidos e positivos (ver ainda VILANOVA, 1981; sobre as teorias jurídicas da revolução, ver também CATTANEO, 1968 [1960], e a discussão *infra*, 5.3.2).

Sobre o caráter descritivo das proposições acerca das normas (*supra*, 3.3.1), Hart (1998 [1962], p. 71-76), depois de um debate com Kelsen, notava como a preocupação kelseniana se apresentava como uma versão estrita da metodologia da teoria geral do direito analítica, sobretudo em três pontos: a delimitação de seu objeto ao direito positivo; a evasão de controvérsias morais, sobre a avaliação do direito posto; a evasão igualmente da tarefa de explicar o funcionamento empírico do direito (ver igualmente KELSEN, 2005 [1945], p. xxx-xxxi). Compartilhando embora essa pureza em termos de agnosticismo ideológico e sociológico, havia uma diferença fundamental: se o foco de Austin era definir palavras como "direito", "sistema jurídico", "regra jurídica", "direito subjetivo" e "dever", "posse" e "propriedade", para Kelsen a tarefa essencial da teoria jurídica não seria fixar significados de cada termos técnico singularmente, mas sim "traduzir" o sentido de sentenças inteiras, apreendendo determinada definição tal como usada por normas jurídicas. O que Kelsen faz, afinal, como vimos, é apresentar todos aqueles termos como reflexos de normas jurídicas – como no caso da definição do *dever: a conduta que evita a sanção estipulada pela norma*. À dogmática, como "ciência normativa", caberia, complementarmente à teoria do direito (ciência descritiva), especificar a interpretação de determinada norma, em dado sistema jurídico positivo. Já Hart (1998 [1962], p. 75-76) preocupa-se com o uso das palavras em dada situação, não com sua menção em um texto normativo: o que quer dizer determinado ato de fala, como uma ordem para ficar de pé? O problema não é a menção de uma ou outra palavra, mas o significado interpretado dentro de um contexto – de um "jogo de linguagem", se poderia dizer em termos wittgensteinianos. Talvez não seja suficiente dizer que Kelsen se preocupa com parafrasear a "menção" a palavras, enquanto Hart preocupa-se com seu "uso" especial, em dada situação; o jurista que descreve uma norma, diz Hart (1998 [1962], p. 76) também produz sentenças que constituem elas mesmas um específico uso da linguagem, e não uma mera menção reprodutora do uso empregado na norma (poderíamos pensar aqui na questão dos pontos de vista da descrição do direito: o ponto de vista interno da doutrina; o ponto de vista externo moderado da teoria do direito).

Aspecto interessante de vinculação dos dois autores – Hart e Kelsen – à tradição positivista-analítica inaugurada por Austin é justamente discussão sobre coerção e sanção. Para Kelsen, como visto, o direito tem que contar com a possibilidade – ainda que não efetivamente concretizada – de impor suas normas por meio de coação física, a *sanção externa institucionalizada*, instrumento cujo uso legítimo é de monopólio estatal. O que é *atributo necessário de toda norma jurídica* é a sanção – mesmo normas que não disponham de sanção devem indiretamente estar nela apoiadas; ou seja, são normas "não autônomas", vinculadas a outra norma cujo consequente seja a determinação de uma sanção.[65] De importância secundária, diz Kelsen (2005 [1945], p. 71-72), é se a sanção tem uma função retributiva ou preventiva (como no direito penal) ou uma função reparatória, indenizatória (como no direito civil), bem como as formalidades processuais diferentes usadas em cada caso (*e.g.* ação mediante provocação da jurisdição, ou ação pública incondicionada). Diz Kelsen (2006 [1960], p. 57) que há "normas que conferem ao órgão legislativo competência para produzir normas" e, se a esse respeito "as determinações da constituição não são respeitadas, então não se produzem quaisquer normas jurídicas válidas, as normas produzidas em tais condições são nulas ou anuláveis (...)". Interpreta-se, portanto (MASSON, 2007, p. 101) que Kelsen endossa a posição austiniana que caracteriza as *nulidades como sanções* em sentido amplo.

A norma jurídica é um padrão de avaliação que habilita um "juízo de valor" especificamente jurídico sobre a licitude/validade ou ilicitude/invalidade de determinada conduta ou decisão (KELSEN, 2005 [1945], p. 66-69); ainda que o legislador não positive textualmente a norma na fórmula de um *imperativo condicional*, de uma *regra*, cabe à ciência do direito descrevê-la neste molde: "'se tais e tais condições forem satisfeitas, então deve-se proceder a tal e tal sanção'" (KELSEN, 2005 [1945], p. 63). Afinal, a *coerção* "é um elemento essencial do direito", de modo que "as normas que formam uma ordem jurídica devem ser normas que estipulam um ato coercitivo, *i.e.*, uma sanção." (KELSEN, 2005 [1945], p. 62). Nas palavras de Hart (2007a [1961], p. 44), descrevendo (para criticar) a concepção kelseniana, "[t]odas as leis genuínas, deste ponto de vista, são ordens condicionais a funcionários para aplicarem sanções" e "[t]odas elas assumem a forma: 'Se algo do tipo X for praticado, for omitido ou suceder, então aplique-se a sanção do tipo Y'". Em vez de conceber o direito como ordens do soberano ao súdito baseadas em ameaças, Kelsen passaria a conceituá-lo em termos de ordens dirigidas a funcionários para que imponham sanções.

Igualmente em seu debate com Kelsen, Hart (1998 [1962], p. 77-82) chegou à conclusão do diferente escopo de seus métodos: para a definição kelseniana de sanção, como de tudo o mais, não importam as funções sociais da pena ou prêmio nem a intenção do legislador; basta a norma, com sua formulação hipotético-condicional. Toda conduta à qual a norma imputa uma sanção é um ilícito; evitar a sanção imputada na norma é um dever. Já Hart interessava-se pela distinção entre situações e usos em que as regras são empregadas: uma coisa é um crime, outra é a hipótese de incidência tributária...

Para Hart (2007a [1961], cap. 3), ainda, é possível se considerar como norma jurídica uma prescrição à qual não esteja vinculada uma sanção externa e organizada.

---

[65] Igualmente, para Bobbio (2010 [1960], p. 192-196) é jurídica a norma cuja execução é garantida por uma sanção externa e institucionalizada. Essa execução e institucionalização dependem de um aparato organizado normativamente como ordenamento. Jurídica é a norma que pertence ao ordenamento. Por isso, uma determinada norma individual pode ser desprovida de sanção (pois está ligada a outras normas do ordenamento que prevejam sanção).

Para se tratar de uma *regra* basta funcionar como *padrão para avaliação crítica* de condutas; para tal regra ser jurídica, basta cumprir os requisitos convencionais que as autoridades estabeleçam em dado sistema de direito positivo (isto é, a *validade* é definida pela *regra de reconhecimento* empiricamente verificável, e é possível uma regra de reconhecimento que não exija sanção como atributo necessário da validade de regras). Mais importante ainda: para Hart, em se tratando de regras secundárias (de alteração e julgamento, ou seja, normas de organização), é comum a cominação de nulidade aos atos que desrespeitem as competências e formalidades prescritas, mas tal *nulidade não pode ser considerada sanção*. Isso porque Hart apresenta a insuficiência de um modelo (austiniano) do direito como "ordens baseadas em ameaças": é certo que a metáfora cabe bem para regras que criam deveres – em relação às quais a configuração do ilícito, penal ou civil, implica uma sanção –, mas há também um outro tipo de regras que tal modelo não capta nem descreve precisamente. Trata-se das *regras que conferem poderes*, isto é, que autorizam a criação de deveres jurídicos. Não são meras ordens baseadas em ameaças, mas são igualmente parte fundamental de qualquer sistema jurídico moderno.

> Tal como não poderia haver crimes nem delitos e, portanto, nem homicídios, nem furtos, se não houvesse leis criminais do tipo imperativo que realmente se assemelham a ordens baseadas em ameaças, também não poderia haver nem compras e vendas, nem doações, nem testamentos ou casamentos, se não existissem as regras que conferem poderes; porque estes atos, tal como as decisões dos tribunais ou as estatuições dos corpos legislativos, consistem justamente no exercício válido de poderes jurídicos. (HART, 2007a [1961], p. 40)

Para tais normas, que não criam diretamente deveres, mas conferem *poderes (que podem ser exercidos para a criação de deveres, pela criação de outras normas)*, Hart (2007a [1961], p. 41-44) nega a analogia de se considerar a nulidade como sanção – na forma hipotética de, se o exercício do poder não respeitar os pressupostos colocados pela norma que confere tal poder, não resultará uma norma (legislativa, regulamentar, contratual, judicial etc.) válida. É certo que há uma frustração da expectativa (no sentido psicológico) de que o negócio jurídico, a lei, a portaria ou a sentença fossem válidas. Mas seria errado estender até aí a ideia de *sanção*, comumente associada à ameaça de um mal e, sobretudo, vista como um meio de desencorajar a prática de certas atividades. Aqui, em regras que conferem poderes, o exercício da conduta prevista na hipótese normativa (*e.g.* fazer um testamento) é facultativo, e não objeto de desincentivo (não é usual assim entender a função do consequente normativo de que, desrespeitado, por exemplo, o requisito do número de testemunhas, o documento não terá valor jurídico, isto é, validade). Seria igualmente absurdo pensar que a deliberação de um projeto de lei cuja votação não atingiu a maioria simples ou qualificada prevista no regramento do processo legislativo seria "sancionada" pela invalidade de tal lei, isto é, por sua não aprovação. Não é essa a linguagem usada no jogo jurídico. Seria como igualar, nos esportes, a pontuação de uma falta (sanção) às condições de pontuação de um gol ou cesta (passar a bola pela trave ou cesta).

Ainda (HART, 2007a [1961], p. 43), podemos discernir regras (ainda que não as queiramos considerar como jurídicas) que determinem um comportamento devido, e entender os padrões de comportamento indicados por tais regras, ainda que se subtraia (ou que não esteja determinada) uma sanção; entretanto, as disposições sobre órgãos e procedimentos para a produção de normas válidas não podem ser entendidas sem a respectiva cominação de nulidade ou anulabilidade – só faz sentido prever aquelas formalidades se forem essenciais à constituição de um ato ou norma jurídica válido (da mesma forma que não faz sentido sequer chamar de "gol" a bola jogada para fora da trave).

Por este último argumento, já se depreende que Hart discorde da conceituação de Kelsen a respeito de normas não autônomas; afinal, Hart acaba de afirmar que é possível se compreender o sentido de uma regra que determine certa conduta (servindo assim como padrão de crítica a conduta contrária), independentemente de ser cominada uma sanção respectiva. Hart (2007a [1961], p. 44-50) nota também que a pretensão kelseniana seria redescrever todas as regras (tanto as que proíbem condutas ou impõem deveres quanto as que conferem poderes) da mesma forma condicional: como se os poderes praticados em desacordo com os requisitos legais implicassem a sanção da nulidade (portanto, teríamos de *igualar o exercício regular de poderes a um dever* – a conduta que evita a sanção), ou, vice-versa, como se os requisitos discriminados nessas normas que conferem poderes fossem hipóteses para o seu reconhecimento jurídico pelos funcionários autorizados. Tal descrição científica implicaria, porém, uma grave distorção da realidade: por exemplo, faz parte do entendimento comum que as leis penais devam ser compreensíveis a todos os cidadãos e, uma vez que se dirigem a eles, podem cumprir sua função dissuasória; seria forçado observá-las como meras diretivas aos funcionários do Estado, prescrevendo que, uma vez que verificassem a prática de certas ações ou omissões, deveriam impor determinadas sanções. Da mesma forma, "regras que conferem poderes a particulares, para serem compreendidas, hão de ser vistas na perspectiva daqueles que os exercem"; nesses casos, o cidadão deixa de ser um "mero suporte de deveres" e passa a ser um "legislador privado", podendo ele mesmo criar deveres nesse seu âmbito de autonomia e autorregulação (HART, 2007a [1961], p. 49). Igualmente, há regras dirigidas a juízes e autoridades, que lhes conferem poderes, mas que dificilmente poderiam ser reduzidas à fórmula única de imposição de um dever sob cominação de uma sanção.

Como se vê, a crítica de Hart frontalmente dirigida a Kelsen neste tema da sanção acaba por clarificar as diferenças teóricas mais gerais de ambas as teorias: de um lado, a redescrição do direito em uma linguagem mais formal e precisa, do ponto de vista daquele teórico que quisesse conhecer o direito cientificamente, em um plano artificial reduzido às condições racionais de existência desse objeto do conhecimento e às implicações mais gerais dessa forma pura; de outro lado, a descrição do direito do ponto de vista de um observador externo, mas capaz de compreender os usos linguísticos que socialmente constituem o sentido dos conceitos e distinções praticados no direito. Tal contraste não deixa de evocar outros debates teóricos, como a própria discussão de Kelsen e Ehrlich sobre o centro de gravidade do direito (os tribunais estatais que determinam a validade ou os costumes sociais eficazes em uma comunidade) ou a polêmica dos realistas contra os formalistas, ao contrastarem o direito descrito nos livros e o direito em ação, efetivamente praticado e com pressupostos sociais para além das normas formalizadas (Pound); ao afirmarem a distância entre o direito como lógica abstrata e como experiência efetiva ou ao buscarem o ponto de vista do "homem mau", que só quer saber como os tribunais decidirão as controvérsias, e não como ser um fiel seguidor do direito, moralmente identificado com a legalidade posta (Holmes).

Para Hart (2007a [1961], p. 48), a teoria do direito não deve procurar reduzi-lo a um único ponto de vista – do tal "homem mau", das autoridades do direito estatal ou do cidadão comum. Deve considerar também o "'homem confuso' ou "o 'homem ignorante' que está disposto a fazer o que lhe é exigido, desde que lhe digam o que é (...)". Assim, tanto é importante ver como os tribunais administram o direito, "quando chegam à aplicação de suas sanções", quanto não se pode deixar de apreender os sentidos elaborados quando o direito está fora dos litígios e tribunais. Afinal, as "funções principais do direito como meio de controle social" são primariamente desempenhadas quando ele serve para "controlar, orientar e planejar a vida fora dos tribunais", sendo sua imposição coercitiva meramente subsidiária.

Finalmente, sobre o tema positivista clássico da relação entre direito e moral, Hart (1998 [1962], p. 82-87) observava sua distância em relação a Kelsen nos seguintes termos: pode haver uma obrigação do ponto de vista jurídico e uma obrigação oposta, conflitante, do ponto de vista moral. Não há, nesse caso, qualquer contradição lógica, ambos admitem. Para Kelsen (2005 [1945], p. 532), tudo resolvido, já que "não existe nenhum terceiro ponto de vista". Para Hart (1998 [1962], p. 87), de fato não há impossibilidade lógica entre o dever moral e o dever jurídico neste caso, mas do ponto de vista de um agente existe um conflito entre as boas *razões* morais para comportar-se de determinado modo e as boas razões jurídicas para fazer o oposto (afinal, regras dão razões para agir ou para criticar). Este agente não pode logicamente cumprir as duas normas – a moral e a jurídica. Se para quem assume a prevalência do direito (o jurista positivista) ou a prevalência da moral (o filósofo moral ou o jurista jusnaturalista) a questão está resolvida, há um ponto de vista admissível e importante para o qual o dilema continua a existir.

Em suma, ao menos três pontos básicos constituem inovações de Hart em relação ao positivismo analítico anterior, especialmente em contraste com as elaborações de Austin e Kelsen (LOPES, 2021, p. 69-72, 80-89). Em primeiro lugar, Hart deixa de tratar as normas como realidade exteriores do mundo físico ou fatos psicológicos; por isso, em sua teoria a sanção deixa de ser atributo necessário da norma jurídica. As normas, ou regras, são entendidas enquanto fenômenos linguísticos e *razões* para agir, decidir, criticar; ou seja, razões para a ação, elementos da *razão prática*, e não dados do mundo a serem descritos por uma razão teórica. Em segundo lugar, ao lado de superar o papel inarredável da sanção na definição da juridicidade, Hart supera a distância entre o juízo teórico descritivo das normas, na esfera do pensamento e do universal, e o *juízo prático* que usa e aplica as normas para decidir casos particulares. Isso o faz distanciar-se da ideia kelseniana de decisão jurídica como puro ato de vontade e o leva a abraçar uma posição moderada de formalismo: decisões jurídicas (ou melhor, sua justificação) são regradas, constrangidas por regras válidas, concedendo alguns interstícios de discricionariedade para o juízo moral. Em terceiro lugar, em vez de repousar sobre os hábitos de obediência aos comandos de um soberano (Austin) ou na pressuposição científica da eficácia global do ordenamento (Kelsen), Hart faz a existência do direito repousar sobre *práticas sociais reiteradas*, que acabam por constituir seus próprios princípios e regras; regras constitutivas permitem identificar os próprios padrões normativos de avaliação dentro daquelas práticas compartilhadas. Esse papel é dado na teoria de Hart à *regra de reconhecimento*, uma convenção sustentada pelas autoridades responsáveis por identificar e aplicar as regras positivas (ou seja, sobretudo os juízes). Hart adota uma perspectiva compreensiva (isto é, ainda de segunda ordem, externa) sobre o uso da convenção constitutiva da validade (a regra social de reconhecimento) pelas autoridades, para identificarem o direito válido, e sobre os usos das regras (como padrões de crítica e autocrítica, de orientação e exigência de conformidade) pelos demais usuários, sujeitos ou agentes do sistema jurídico.

LON FULLER E A ESCOLA DO PROCESSO JURÍDICO

> *Sentiu a nostalgia da capital, do tempo feliz em que os votos eram obedientes ao mando, do monótono passar das horas e dos dias entre a pequeno-burguesa residência oficial dos chefes de governo e o parlamento da nação, das agitadas e não raras vezes joviais e divertidas crises políticas que eram como fogachos de duração prevista e intensidade vigiada, quase sempre a fazer de conta, e com as quais se aprendia, não só a não dizer a verdade como a fazê-la coincidir ponto por ponto, quando fosse útil, com a mentira, da mesma maneira que o avesso, com toda a naturalidade, é o outro lado do direito.*
>
> (SARAMAGO, 2014a [2004], p. 591-592)

Lon Luvois Fuller (1902-1978) estudou na Universidade de Stanford e foi professor na Harvard Law School, onde liderou uma vertente de teorização conhecida como *"processo jurídico"*. Essa "escola" de pensamento preocupava-se em apreender a produção do direito como uma dinâmica que transcorre entre uma série de órgãos e procedimentos, em uma espécie de divisão do trabalho jurídico: administradores, por exemplo, executam o direito de maneira diversa do que se exige da interpretação judicial. Tratava-se, portanto, de uma vertente de teorização nascida em oposição ao formalismo jurídico clássico e como herdeira do realismo jurídico, porém preocupada em discernir os contornos institucionais das tarefas e funções diversas através das quais o direito é reproduzido.

Neste capítulo, são focalizados sobretudo a teoria de Fuller sobre a "moralidade inerente" ou "interna" do direito (que fornece parâmetros de *justiça procedimental* ou formal, independentes do conteúdo moral da decisão que os obedeça) e o debate com H. L. A. Hart acerca da relação entre direito e moralidade (seria esta um pressuposto conceitual necessário para a definição do que é ou não direito?). Ainda, será apresentada a teoria de Fuller sobre as "formas de ordenação social", um perfil de como o direito funciona em diferentes arenas decisórias. Finalmente, remeto a outros autores da escola do "processo jurídico" – Henry Hart e Albert Sacks – que tiveram presença importante na formação de um pensamento jurídico idealista – voltado à produção de certeza na justificação decisória não em termos formais, mas em termos substantivos (baseados em avaliações coerentes de valores e ideais). A partir destes autores, a tarefa jurisdicional passou a ser distinguida por um ônus argumentativo maior, dependente de um processo de "elaboração racional", que a afastaria da criação política ou da aplicação administrativa do direito.

5.1 As críticas ao positivismo e ao jusnaturalismo

Fuller construiu uma posição crítica ao positivismo jurídico, cuja tese central identificava como sendo aquela da separação entre o direito como é e o direito como se desejaria que fosse (FULLER, 1940, p. 5). Observando que uma diferença estanque entre ser e dever-ser não se apresenta de maneira nítida na natureza, a tratava como uma distinção construída analiticamente. Paradoxalmente, toda atividade humana se apresentaria empiricamente como direcionada a propósitos que poderia alcançar em maior ou menor grau: é o caso do direito, mas também da teoria do direito. Portanto, ao desenhar tal separação os positivistas orientavam-se segundo uma finalidade: a depuração conceitual da "jurisprudência analítica", imunizada contra controvérsias morais e políticas. Entretanto, tal depuração acabaria por prejudicar a própria compreensão de seu objeto, o direito, que não se resume a dados empíricos do mundo físico, mas é em si uma prática orientada pela *finalidade de regrar a conduta humana*. Ao remontar às origens do positivismo, Fuller (1940, p. 19-36) nota a transformação que Austin produziu em relação à teoria de Hobbes. Este buscava na figura do soberano singular monopolizador do poder de ditar o direito (algo verossímil para sua época, metade do século XVII) uma solução voltada a um propósito: obter a paz para proporcionar condições de uma vida criativa e produtiva, o que dependia de se conterem os impulsos combativos e conflitivos naturais do ser humano. Austin, seu herdeiro intelectual e fundador do projeto de um positivismo analítico no século XIX, já atua em um contexto político no qual a identificação do soberano a uma pessoa singular cede lugar ao desenho da separação e dos controles mútuos entre os Poderes do Estado; ao mesmo tempo que tal quadro institucional tem que ser pressuposto pela teoria, perde-se de vista o caráter finalístico que orienta em geral a empreitada jurídica; para se evitar maiores pressupostos metafísicos (típicos do racionalismo jusnaturalista e formalista), procura-se reduzir o direito a *fatos* evidentes e incontroversos, como os comandos do soberano e a obediência dos súditos. O teste de identificação do direito *tal como ele é* é encontrado no conceito de *soberano*. Claro que tal conceito acaba por gerar novos problemas e paradoxos: como tratar como definidor do direito um órgão que está ele mesmo submetido ao direito? Ele teria que se autolimitar em seu poder absoluto? Mas ele dispõe de poder para impor tal limitação autovinculante?

Vale notar que ao conceito de soberano na tradição anglófona corresponderam ficções equivalentes em outras tradições, como a figura do *legislador racional*, típica do direito continental europeu. Ambos seriam únicos, perfeitos em sua expressão, oniscientes na previsão das situações que regram, econômicos e não contraditórios em suas prescrições – atributos similares àqueles que os antigos neoplatônicos imputavam a Deus! No século XX, as propostas de Kelsen e Hart acerca da norma fundamental hipotética e da regra social de reconhecimento procuraram contornar esse paradoxo da autorreferência, construindo outras ficções metodológicas; buscavam igualmente fugir à redução empirista pregada pelas abordagens sociológicas e realistas do direito.

Fuller (1940, p. 57-65) também era crítico a outras distinções, como aquela sugerida por alguns positivistas realistas entre *regras* (como preceitos que se realizam na conduta humana) e *princípios* (conceituados como meros ideais subjetivos); ora, essa diferença não pode ser submetida a testes empíricos. Buscando traduzir a um campo mais fático e empírico as pretensões científicas do positivismo analítico, os realistas acabaram por reproduzir o erro de pretender que fossem cindir na realidade prática âmbitos que apenas podem ser objeto de distinções imaginárias e provisórias, conforme o caso. Fuller lembra que Jhering já se referia ao fenômeno das "regras latentes" e que os realistas partem da evidência de que é possível descrever os motivos que justificam uma decisão judicial mais precisamente do que está formulado nas regras que os juízes dizem aplicar. Entretanto, o erro está em pressupor que entre um lado e outro – entre o que dizem e o que fazem – está uma realidade que se resume a fatos comportamentais, em vez de estar inserida em uma consideração maior da *orientação finalística do agir*. Ao esvaziarem o direito do sentido do dever-ser, por não poderem reduzi-lo a fatos observáveis, os realistas teriam prosseguido no desentendimento positivista da natureza do direito. Fuller (1934, p. 443-447) desde cedo elogiou os esforços de clarificação da linguagem e do raciocínio jurídico associados aos realistas, mas repreendeu a tentativa de reduzir toda regra e conceito a eventos mentais ou comportamentais.

Seguindo o intento de não resumir o direito a fatos empíricos sem ulterior significação linguística, moral e social, Fuller valorizava o papel das *ficções jurídicas* e das formalidades legais. Fuller (1967 [1930]) definia as ficções como assertivas que se sabe serem falsas, mas que, embora falseiem a realidade, cumprem determinadas funções: por exemplo, motivacionais, de engajamento emocional para a exposição de fatos em juízo. Não se trata de simples erros ou mentiras, mas de fenômenos linguísticos e instrumentos de organização e simplificação do raciocínio. Já sobre as *formalidades*, dizia, elas cumprem basicamente três funções (FULLER, 1941): de advertência e dissuasão (ao exigirem determinada verificação, previnem uma conduta imprudente); de comprovação (por exemplo, a exigência de forma escrita para certos documentos dá segurança probatória em caso de judicialização da disputa); de sinalização externa e pública da confiabilidade, originalidade ou executoriedade de uma promessa, direito ou obrigação (para isso serve, por exemplo, o selo ou a moeda oficialmente cunhada).

Paradoxalmente, sugere Schauer (1999, p. 140-141), o positivismo jurídico pode implicar determinados compromissos (com a justificação das decisões sem apelo a crenças morais particularistas e com a legalidade e limitação dos poderes e sanções, por exemplo) que podem favorecer o surgimento de um direito melhor do que aquele produzido sob outras concepções teóricas (por exemplo, um puro instrumentalismo jurídico autoritário ou um direito teocrático). Nessa medida, o positivismo poderia receber simpatia da parte de Fuller. Entretanto, Fuller se posiciona como um antipositivista (SCHAUER, 1999, p. 97) por exigir conceitualmente, para a definição do direito, que este seja dirigido à promoção de um bem moral; esta direção não é dada por um conteúdo específico, mas pela *institucionalização procedimental do direito*, que lhe proporciona justificação pública e clareza, entre outros atributos que veremos a seguir.

O que o autor criticava era a esterilidade da pretensão positivista de divorciar-se de qualquer objetivo prático ou propósito ético; ao mesmo tempo, porém, Fuller (1940, p. 99-140) não pretendia encaminhar-se para uma teoria fundada em direitos naturais e tampouco pretendia retomar a exposição tomista de uma densa ética objetiva. O que lhe parecia apreciável é o método de raciocínio e estudo da tradição jusnaturalista: um raciocínio fundado em premissas e observações da *razão natural*, do senso comum, e não constrangido pelas arbitrárias cisões positivistas nem por sua visão eminentemente militar e impositiva do direito. Mesmo em suas versões democráticas, o positivismo jurídico procuraria justificação no fato da obediência a uma ordem coercitiva e na ausência de certeza sobre as escolhas de valor, remetendo-as, portanto, à decisão pela regra da maioria. Para Fuller (1940, p. 122-123), entretanto, a própria democracia deveria ser definida positivamente, por referência não ao caráter arbitrário das ideias que se encarnam como direito (a justificação procedimental do pluralismo), mas sim ao valor das ideias que só podem prevalecer e circular em uma atmosfera democrática (uma justificação substantiva, portanto).

5.2 Os parâmetros da moralidade interna do direito

Antecipando uma teorização que tomará sua forma definitiva nos anos 1960, Fuller (1958, p. 636-638) apresenta alguns elementos do que virá a chamar de *"moralidade interna" do direito*; para fazê-lo, parte das asserções: 1) de que o bem é mais coerente do que o mal; 2) de que a proteção contra uma "moralidade imoral" é mais efetiva em uma teoria não positivista do direito; 3) de que o direito pode abrigar o mal, não por explicitá-lo, mas apenas sob a justificativa de que a lei é válida e deve ser aplicada independentemente de seu valor moral (a tese positivista); 4) de que, em contextos de grande injustiça, o direito é a última salvaguarda, pois não pode explicitar essas injustiças como um valor ou um estado de coisas que assim deve ser; 5) de que o reconhecimento da moralidade do direito não torna o direito pior: pelo contrário, o aperfeiçoa e alinha às necessidades sociais e econômicas; 6) de que a relação entre moralidade e direito é diferente do conflito entre comandos contraditórios – jurídicos ou "morais" – que clamam autoridade.

Fuller (1958, p. 644) dá o exemplo de uma monarquia absoluta que, pelo direito, faz promessas de recompensas e sanção, clamando autoridade à sua vontade como fonte única da lei. Se os comandos forem tão arbitrários que frequentemente punem a obediência e prestigiam a desobediência, a própria *"fidelidade ao direito"* fica comprometida e não há uma ordem jurídica em funcionamento. Há aí injustiças (*i.e.* imoralidades) graves que comprometem a própria juridicidade dos "comandos". Assim, por exemplo (FULLER, 1958, p. 645), uma das exigências da "moralidade do direito" é de que as normas sejam *claras e sem ambiguidade*, de modo que seja possível obedecê-las.

Decorre que o juiz, ao interpretar o direito, seja a jurisprudência, sejam leis, não apenas busca responder o que o direito é, mas em grande medida dirige seu raciocínio pelo que o direito deve ser (FULLER, 1958, p. 647-8). Aqui surge um ponto de comparação com Dworkin (1966, p. 1001), para quem o juiz remete suas escolhas a um consenso que não se identifica com uma pesquisa empírica de opiniões, mas que depende da construção interpretativa do sentido (favorável ou desfavorável) que a comunidade política confere a determinada prática.

A noção mais conhecida a respeito do pensamento de Fuller é sua definição de oito *princípios ou parâmetros formais* que constituiriam "a moralidade que torna o direito possível" (FULLER, 1969b [1964], p. 33-94): 1) *generalidade* das prescrições; 2) *promulgação* (informação, publicidade); 3) *prospectividade* (não retroatividade); 4) *clareza* (para o reconhecimento do cumprimento ou descumprimento das normas, para aferição da conformidade – *compliance*); 5) *não contradição* entre as normas; 6) *possibilidade* (do que é prescrito); 7) *constância* (consistência, estabilidade relativa); 8) *congruência* (entre condutas oficiais e regras declaradas pelas autoridades). Esses princípios foram recepcionados pelo pensamento jurídico como parâmetros de legalidade, patamares formais para um "*Estado de direito*" ou império do direito (*rule of law*). Esses parâmetros são um dos eixos da polêmica com Hart aqui tratada.

Justamente no livro *A moralidade do direito*, publicado inicialmente em 1964 e originário de palestras na Yale Law School em 1963, Fuller apresenta tais parâmetros e defende que a neutralidade moral do direito não pode significar que a realização operacional do sistema jurídico independa de objetivos morais; pelo contrário, o direito é uma forma de realização da moral (FULLER, 1969c, p. 206). A "moralidade que torna o direito possível" é sua moralidade interna, intrínseca, mas o respeito a esta (à "legalidade" ou "juridicidade") é uma questão de moralidade atrelada ao papel social dos agentes que produzem a lei (o legislador e o juiz, tipicamente). Respeitar a moralidade que torna o direito possível (e constitui o *rule of law*), ademais, depende de que o órgão produtor do direito (por exemplo, o Estado) respeite os valores que constituem a *moralidade substantiva ou externa do direito* (FULLER, 1969c, p. 223-224).

O positivismo confundiria a realização do direito como uma atividade dotada de propósito com um cálculo utilitarista de eficácia. Fuller (1969c, p. 229), em resposta, propõe uma *teoria interacional do direito*, que extrai o sentido dessa prática do propósito de *submeter a conduta humana ao governo de regras* e que se fundamenta na observação da interdependência de papéis (por exemplo, de legislador e de cidadão), diferenciados e sustentados por expectativas mútuas – apenas a reciprocidade das expectativas permite ao direito, como um "empreendimento cooperativo", cumprir sua função de "criar uma interação ordenada entre cidadãos e fornecer sinalizações de direcionamento confiáveis para a ação autodirigida" (FULLER, 1969c, p. 229).

Imputando aos positivistas a definição do direito como "fato manifesto do poder social" – isto é, como um dado do mundo, uma vez posto pela autoridade –, Fuller (1969b [1964], p. 145-151) o conceitua, por oposição, como "um empreendimento finalístico", para cuja consecução convergem o esforço e a inteligência de seus agentes e que nem sempre cumpre totalmente seus objetivos. Aqui estaria o cerne de sua disputa com os positivistas: não se trata apenas de imputar finalidades específicas a determinadas normas (o que um positivista pode aceitar), mas de atribuir propósito a todo um complexo institucional que constitui o direito. Embora as instituições componham-se de várias ações individuais, cada qual com suas finalidades, o direito enquanto *instituição* organiza-se ao redor do propósito "moderno e sóbrio" de "submeter a conduta humana à direção e ao controle de regras gerais" (FULLER, 1969b [1964], p. 146). Há, portanto, um ideal ao qual o direito necessariamente deve aspirar, por uma questão de definição, para poder ser entendido como direito (ao menos no entendimento atual das sociedades modernas ocidentais, podemos dizer). Esse ideal é a *legalidade*. Ele se consubstancia exemplarmente nos patamares que Fuller apontou como aqueles requisitos da moralidade que torna o direito possível, sua moralidade intrínseca, independentemente da maior ou menor justiça do conteúdo de suas normas.

Contraintuitivamente, Fuller (1969b [1964], p. 47) apresenta o *princípio da equidade, ou do tratamento igual, imparcial (fairness)*, como pertencente à moralidade *externa* do direito – portanto, como um postulado que, mesmo não seguido, não descaracteriza um sistema jurídico enquanto tal. Esse princípio é apresentado em contraste com o requisito da generalidade das leis, sem o qual sequer haveria regras, mas apenas decisões *ad hoc* sobre como deve ser ou deveria ter sido. A generalidade, para Fuller, é distinta da impessoalidade das leis, do requisito de terem como destinatário classes gerais, e não indivíduos (pre)determinados. Este consiste no tratamento igual. Mas pode haver um sistema de *regras gerais* ou de *princípio gerais de conduta* "dirigido a um único indivíduo nominado, regulando sua conduta com outros indivíduos nominados" (FULLER, 1969b [1964], p. 47).

Fuller (1969b [1964], p. 42-3) afirma que a "moralidade interna do direito" abrange tanto a moralidade do dever quanto a moralidade da aspiração. A *moralidade do dever* tem relevância secundária, porém: resume-se basicamente ao conteúdo do direito que ajuda a garantir as condições mínimas da vida social – trata-se dos deveres negativos, sancionados criminalmente, de não matar, não enganar, não difamar, não prejudicar (aproximadamente, o "direito natural mínimo" de Hart). De outro lado, há os deveres que o direito reconhece nas relações entre indivíduos, basicamente por meio de contrato e responsabilidade civil.

Os requisitos da moralidade interna do direito constituem a própria identidade de um sistema jurídico: são predicados (publicidade, estabilidade, generalidade, consistência etc.) que, se não realizados em grau funcional, obstam a própria existência de um direito objetivo. "Por causa da qualidade afirmativa e criativa dessas demandas, a moralidade interna do direito presta-se mal a realizar-se por meio de deveres, sejam morais ou jurídicos" (FULLER, 1969b [1964], p. 42-43). Logo, "a moralidade interna do direito é condenada a permanecer largamente uma moralidade de aspiração e não de dever" (FULLER, 1969b [1964], p. 43). Trata-se sempre de uma questão de grau na realização dos requisitos da "legalidade"; daí ser uma *moralidade aspiracional*.

5.3 O debate entre Hart e Fuller sobre direito e moral

Em 1958, a *Harvard Law Review* sediou uma polêmica entre dois grandes expoentes da teoria do direito na tradição anglófona: H. L. A. Hart, professor em Oxford, e Lon Fuller, professor em Harvard. Um foi naquela tradição o maior teórico do "positivismo analítico", proposta de teoria do direito que buscava defini-lo metodologicamente sem referência a maiores controvérsias conteudísticas de cunho moral ou político. O outro, Fuller, foi um dos precursores da "escola" do processo jurídico, que influenciou grandemente o desenvolvimento posterior de teorias procedimentais da jurisdição (constitucional, inclusive) e mesmo de teorias que passaram a reivindicar uma vinculação conceitual necessária entre o direito e certos conteúdos de eficiência econômica ou moralidade política (princípios deontológicos ou políticas de bem-estar).

Este tópico analisa dois pontos da crítica de Fuller ao pensamento de Hart. O primeiro consiste na crítica à concepção hartiana de que os princípios da *legalidade* não têm caráter moral, não sendo, portanto, um elemento de vinculação necessária entre direito e moral. O segundo consiste na crítica de Fuller à teoria da regra de reconhecimento, especialmente quanto à polêmica sobre se tal regra implica uma *aceitação moral* do sistema jurídico ou da autoridade produtora do direito, particularmente quando há uma sucessão de sistemas jurídicos por meio de uma revolução ou golpe de Estado. Assim, são analisadas duas críticas de Fuller dirigidas a Hart: a crítica à concepção meramente técnica ou "gerencial" dos princípios da legalidade, que lhes refuta conteúdo moral; a crítica à regra de reconhecimento, como conceito que, para Fuller, procuraria inutilmente descrever em termos jurídicos as expectativas de legitimidade sobre as quais se assenta um sistema jurídico.

As duas questões são relevantes por dois tipos de justificação: (i) a importância da crítica a um conceito-chave da teoria do oponente; (ii) a importância em termos do entendimento do (tipo de) vínculo entre direito e moral postulado pelos autores. Quanto ao aspecto (i), a primeira crítica de Fuller a Hart coloca em xeque, a partir da réplica hartiana, o potencial explicativo do conceito de "moralidade interna do direito". Sobre tal conceito se assenta o essencial da teoria de Fuller sobre o(s) vínculo(s) entre direito e moral (ii). Já a crítica de Fuller à "regra de reconhecimento" permite esclarecer em que medida essa criação conceitual de Hart – que não é periférica na construção de sua teoria do direito, antes o contrário (i) – implica ou não um pressuposto moral do sistema jurídico (ii).

5.3.1 Diretrizes de eficácia ou moralidade interna?

A crítica de Fuller à concepção hartiana dos princípios de legalidade é talvez a principal questão do debate Hart-Fuller do ponto de vista da teoria do último e das diferentes construções conceituais em jogo sobre o vínculo entre direito e moral. Isso porque o debate sobre se *os princípios da legalidade conformam uma espécie de moralidade* é a chave para se aceitar ou rejeitar o cerne da teoria de Fuller (a ideia de moralidade "interna" ou "inerente" ao direito) e pode levar a reconhecer uma espécie de vínculo necessário entre moral e direito (diferente do vínculo propugnado por Hart em sua teoria do "conteúdo mínimo de direito natural do direito positivo"; ver *supra*, 4.4).

O debate seguiu basicamente os seguintes termos: 1) n'*O conceito de direito* (de 1961) Hart considerou que os princípios de legalidade poderiam ser chamados de "moralidade interna do direito", mas que eles seriam compatíveis com grande iniquidade; 2) Fuller, n'*A moralidade do direito* (de 1964), rebateu Hart, procurando mostrar como os requisitos formais que compõem a "moralidade que torna o direito possível" restringem a possibilidade de grandes iniquidades, embora sejam estes *princípios formais, e não conteudísticos*; 3) ao resenhar o livro de Fuller em 1965, Hart replicou que os princípios de legalidade apenas poderiam ser concebidos em termos de *eficácia* da produção do direito, mas não de *moralidade*; 4) Fuller, notadamente na sua "Réplica aos críticos", inserida na segunda edição d'*A moralidade do direito*, de 1969, rebateu a crítica de Hart de que os princípios da legalidade seriam apenas diretrizes em termos da eficácia da regulação jurídica; para Fuller, a concepção de Hart apenas demonstra o *"gerencialismo"* da teoria deste.

Passemos ao primeiro tempo do debate,[66] isto é, à tese de Hart que será criticada por Fuller. No capítulo 9 d'*O conceito de direito*, ao tratar de argumentos a favor da "negação de que as regras iníquas são direito", Hart (2007a [1961], p. 222-223) traz como primeiro argumento hipotético aquele de que haveria um vínculo necessário entre os princípios de legalidade e a justiça. Seguir esses *princípios da legalidade* (como a imparcialidade processual e a não retroatividade, a inteligibilidade, a publicidade, a generalidade e a possibilidade de cumprimento das regras) garantiria que um sistema jurídico sempre fosse minimamente justo, ainda que apenas por uma aplicação justa (correta, equitativa) de leis (substancialmente) injustas. Tais princípios são "exigências de justiça" e, "se isto for aquilo que a conexão necessária entre o direito e a moral significa, podemos aceitá-lo. É infelizmente compatível com iniquidades muito sérias" (HART, 2007a [1961], p. 223). A crítica é dirigida explicitamente a Fuller e à concepção de uma "moral interna do direito".

Cabe ressaltar que Fuller não trata de rejeitar frontalmente a tese hartiana do "conteúdo mínimo de direito natural do direito positivo". A determinação conteudística que Hart procura no direito natural ou na moral contrasta com o caminho teórico de Fuller, que busca um "conteúdo" formal ou procedimental associável à noção de direito natural. Aqui, a resposta direta de Fuller busca realçar o quanto tal concepção puramente formal de moralidade ("a moralidade inerente ao direito") já restringe a iniquidade das regras jurídicas.

Fuller não considera que a *moralidade "interna", "formal" e "procedimental"*, seja absolutamente inócua quanto à limitação dos possíveis conteúdos do direito. Essa moralidade, é bem verdade, não determina o conteúdo da legislação quanto a matérias moralmente controversas, como a poligamia, a tributação progressiva da renda ou a subjugação das mulheres (FULLER, 1969b [1964], p. 96); tampouco abrange ou determina a impessoalidade, a imparcialidade e a equidade (*fairness*), princípios que pertencem à *moralidade externa* do direito, contingente, variável (FULLER, 1969b [1964], p. 46-47). Ainda assim, Fuller (1969b [1964], p. 154) nega que normalmente possa ocorrer uma aderência aos *desiderata* (clareza, congruência entre ação oficial e conduta exigida, publicidade, não retroatividade, generalidade, não contradição, constância da regra, possibilidade da conduta exigida) ao mesmo tempo que o direito seja usado como instrumento para perpetrar graves injustiças, consubstanciadas no conteúdo das regras.

Assim, n'*A moralidade do direito* Fuller corrobora as afirmações que realizara (FULLER, 1958, p. 636-8), como a de que, em contextos de grande injustiça, o direito é a última salvaguarda, pois não pode explicitar (e de modo coerente) essas injustiças como um valor ou um estado de coisas que assim deve ser. Daí que Fuller (1969b [1964], p. 154) veja a afirmação de Hart (de que os princípios da legalidade são compatíveis com

---

[66] A rigor, a tese de Hart criticada por Fuller seria ela mesma já uma réplica de Hart a Fuller. Porém, a afirmação hartiana de que a obediência aos princípios da legalidade é compatível com grande injustiça *independe* da referência a esses princípios como uma espécie de moralidade. O debate que interessa aqui, sobretudo, é o que se inicia a partir da crítica de Fuller a Hart – ao acentuar a restrição das injustiças que tais princípios já promovem –, com a sucessiva a resposta de Hart (de que os aqueles princípios são regras de eficácia) e a tréplica de Fuller.

grande iniquidade) como uma "negação explícita de qualquer interação possível entre as moralidades interna e externa do direito (...)". Sobretudo, Fuller (1969b [1964], p. 168) reafirma que "a aceitação dessa moralidade [interna, consubstanciada nos princípios de legalidade] é uma condição necessária, embora não suficiente, para a realização da justiça". Ademais, para Fuller (1969b [1964], p. 155-156), "o direito é uma condição do bom direito" e "alguma aderência mínima à moralidade do direito é essencial para a eficácia prática do direito".

A réplica de Hart será, então, no sentido de reconhecer os princípios da legalidade como uma *condição de eficácia* do direito, mas lhes denegar o caráter moral. Para Hart (1983 [1965], p. 350-351), a designação daquilo que seriam princípios da legalidade ou juridicidade como uma "moralidade" (inerente ao direito) confunde duas noções: toda atividade dotada de propósito pode ser guiada por princípios de eficácia – tanto a preparação de um veneno quanto a produção do direito, assim, podem seguir diretrizes de *boa técnica*; mas apenas o que diz respeito a "valores últimos" (ou ao "valor último" do "desenvolvimento ideal das capacidades humanas") mereceria ser qualificado como "*moral*". Já que os princípios para a realização do (bom) direito (como um "empreendimento de sujeitar a conduta humana ao governo de regras", segundo Fuller, 1969b [1964], p. 106 e 122) não se cingem ao nível dos "valores últimos" com os quais se preocupa a moral, chamar tais princípios de "moralidade" seria descabido – para Hart. Isso é certo sobretudo quando Fuller (1969b [1964], p. 96-106) reconhece que esses princípios ou *desiderata* têm caráter formal ou procedimental, sendo largamente indiferentes quanto ao conteúdo das regras – do que Hart (2007a [1961], p. 223) concluíra ser a "moralidade inerente" ao direito "compatível com iniquidades muito sérias". Ademais, Hart (1983 [1965], p. 352) acrescenta o exemplo de que o requisito da clareza do direito não evitaria conteúdos moralmente repulsivos: "Não há então qualquer incompatibilidade especial entre leis claras e o mal. Leis claras são assim eticamente neutras, embora não sejam igualmente compatíveis com fins vagos ou bem definidos".

Em sua "Resposta aos críticos", Fuller (1969c, p. 200-24) tratou de refutar a defesa hartiana de conceber os princípios da legalidade como meios para a eficácia do direito desprovidos de caráter moral. Essa refutação fundamenta-se na defesa, por parte de Fuller (1969c, p. 201), de que os positivistas, inclusive Hart, assumem certos "pontos de partida" que os impedem de aceitar sua teoria da "moralidade inerente ao direito".

A crítica de Fuller consiste em mostrar que o modelo "gerencial" de Hart e a negação de que os *desiderata* da "moralidade interna do direito" tenham valor moral compõem um mesmo defeito da teoria hartiana. Fuller entende que a rejeição hartiana da "teoria do comando" de Austin não é suficiente para superar os "pontos de partida do credo positivista". A teoria de Austin identificava o direito às ordens emanadas do soberano regularmente (habitualmente) obedecidas, sob ameaça de sanção (ver HART, 2007a [1961], caps. 2 e 4). Para Fuller (1969c, p. 215-216, nota 29), o que Hart rejeitou nesta teoria foi: (1) colocar a eficácia do direito como dependente da ameaça de sanção, e não da aceitação da autoridade; (2) pressupor a comunicação direta (por "ordens" ou "comandos") entre o soberano e o súdito. Mas a rejeição desses dois pressupostos não traria por si só uma distinção clara entre direito e "*controle gerencial*". As ordens gerenciais também podem ser comunicadas de forma não direta, bem como repousam na disposição em aceitar voluntariamente a autoridade. "O ponto crucial em distinguir direito de controle gerencial repousa em um compromisso da autoridade jurídica em aceitar e executar suas próprias regras anunciadas ao julgar as ações de um sujeito de direito" (FULLER, 1969c, p. 216, nota 29).

A teoria de Hart não reconheceria tal distinção – e, por isso, repousaria o conceito de direito em uma visão gerencialista – por reafirmar a visão tipicamente positivista, segundo a qual o direito é uma "projeção unidirecional de autoridade, emanando de uma fonte autorizada e se impondo sobre o cidadão", o que a impediria de reconhecer uma "dimensão social" no funcionamento do direito, qual seja: a *interação* entre o produtor do direito (*lawgiver*) e o cidadão, ambos desempenhando "papéis sociais complementares", com uma "moralidade do papel social" que vincula a cada um no desempenho de suas funções (FULLER, 1969c, p. 192-193).

A posição de Fuller, portanto, pode ser assim sintetizada: (i) o direito, sendo o empreendimento de submeter a conduta ao governo de regras, desempenha um papel na *realização da moralidade* (FULLER, 1969c, p. 205); (ii) a existência do direito pressupõe a *fidelidade* a certos princípios que garantem a *integridade* do direito (em diferentes graus), mas são moralmente neutros quanto à "moralidade externa", substancial (FULLER, 1969c, p. 206); (iii) a realização do direito depende desses princípios e eles "constituem uma especial moralidade de papel social que é atribuída à função do produtor e administrador do direito" (FULLER, 1969c, p. 206); (iv) essa moralidade pressupõe a rejeição da visão do direito como uma "projeção unidirecional de autoridade", reclamando que o direito seja concebido como um *empreendimento cooperativo* entre os órgãos de governo e os cidadãos (FULLER, 1969c, p. 207).

Os dois passos finais desse percurso argumentativo de Fuller tornam sua teoria da "moralidade inerente ao direito" mais plausível do que ela aparece diante da crítica de Hart. Mas, a despeito dos esclarecimentos que tanto Fuller quanto Hart fazem a respeito da noção ou conceito de "moral" ou "moralidade", resulta insolúvel um juízo definitivo sobre a questão de se a "moralidade interna do direito" é mesmo moral ou apenas um conjunto de diretrizes de técnica jurídica. Assim, não parece procedente aceitar sem qualificações quaisquer dos lados do debate – a discussão permanece com patologias de linguagem não sanadas.

Se concebermos a moral de uma perspectiva mais empírica ou sociológica, esta aparecerá como uma atitude interna de aceitação de certos padrões de conduta – tipicamente, aqueles padrões tradicionais de um dado grupo ou mesmo de uma certa função ou profissão. Trata-se da *moralidade convencional*, diante da qual pode surgir uma *moralidade crítica*. Nesse sentido, é convincente o recurso de Fuller de conceber os princípios da legalidade como uma "moralidade" dos "produtores de direito". Em uma atitude conceitual diametralmente oposta, identificando a moral a juízos mais exigentes quanto à boa vida, como o faz Hart, resta evidente que os princípios da legalidade, como regras de carpintaria, são diretrizes técnicas, mas não exigências morais. Inclusive, a adoção da concepção hartiana de moralidade corroboraria a rejeição de uma moralidade inerente aos princípios do direito na linha de dois argumentos formulados por Dworkin (1965, esp. p. 674-676): (1) desobedecer a qualquer parâmetro em si (e os *desiderata* são parâmetros para a produção do direito) pode ser repreensível moralmente, o que não significa que os parâmetros são eles mesmos normas morais; (2) mesmo se fossem normas morais, o que Fuller requer é apenas a coincidência do "comportamento" de produção do direito com os parâmetros definidos (que tornam a produção do direito eficaz), o que independe de uma adesão moral a tais parâmetros (obedecê-los por acreditar no seu valor moral, segui-los como regras e razões intrinsecamente boas, independentemente de motivação estratégica). O que decorre desses dois argumentos é que não haveria em si uma necessária moralidade (interna) do direito, uma orientação valorativa necessária que torna o direito possível.

Um ponto lacunoso deixado por este debate diz respeito à extensão das concepções de direito e moralidade aqui tratadas para uma situação de *pluralismo jurídico*. É falso afirmar que a teoria de Hart, por reduzir o direito a um comando estatal, não deixaria qualquer espaço ao reconhecimento de outras ordens jurídicas (não estatais) convivendo em um mesmo espaço, ao mesmo tempo. Isso porque, primeiramente, Hart define o direito não a partir do comando do soberano, mas da *aceitação (uso) de regras sociais*, as quais são qualificadas como jurídicas por padrões costumeiros de entendimento consolidados em um grupo de autoridades oficiais (que tipicamente é estatal, mas pode não o ser). O positivismo jurídico como um todo, diz Waldron (2010, p. 141, nota 26), aceita como fonte do direito não apenas a legislação, mas também o costume (ainda que em posição subordinada e subsidiária, no mais das vezes). É certo, porém, que Hart não se preocupou em desenvolver o tema do pluralismo jurídico. Do lado de Fuller, embora a pluralidade de ordens jurídicas fosse albergada por sua concepção de direito como *empreendimento realizado em diversas frentes de maneira horizontal* ("interacional", diz FULLER, 1969a; 1975) – isto é, pela ordem estatal, mas concomitantemente também por vários "sistemas jurídicos em miniatura" –, o pluralismo jurídico seria, como assinala Waldron (2010, p. 151-154), um obstáculo à manutenção de alguns princípios da legalidade ou *desiderata* da "moralidade inerente do direito" (generalidade, não contradição etc.), quando considerada a filiação de cada pessoa a várias ordens jurídicas (que podem exigir condutas contraditórias, regras que são seguidas pela "oficialidade" de um sistema, mas não pela dos outros etc.).

5.3.2 Endosso moral da autoridade ou regra de reconhecimento?

Da mesma forma que a aceitação ou rejeição do caráter moral consubstanciado nos princípios da legalidade é central para o acolhimento ou refutação do cerne da teoria de Fuller, a crítica que Fuller dirigiu à teoria da *regra de reconhecimento* afeta, uma vez corroborada, um dos pilares da teoria hartiana, isto é, um dos pontos de inovação de sua construção conceitual, em oposição à tradição precedente (outros pontos são a ideia de sistema jurídico como "união de regras primárias e secundárias", a defesa da descrição por um "ponto de vista externo moderado" e o reconhecimento de uma "textura aberta da linguagem"). Igualmente, o debate sobre a "regra de reconhecimento" é uma das chaves para a polêmica com Fuller em termos do(s) vínculo(s) entre direito e moral, pois o fechamento do sistema jurídico pela regra de reconhecimento, como uma regra social, é uma hipótese sobre a fundamentação da *autoridade* – é preciso então considerar se tal teoria da regra de reconhecimento é compatível com as afirmações de Hart (2007a [1961], p. 219) de que (1) um sistema jurídico precisa repousar não só na coerção, mas em alguma medida de aceitação voluntária ("ponto de vista interno"), e de que (2) tal *aceitação* independe *de endosso moral*.

Na visão de Fuller (1969b [1964], p. 137-138), a regra de reconhecimento é postulada por Hart como uma regra que confere poder, que expressa a aceitação de certa autoridade como fonte do direito. Essa regra não poderia (na interpretação fulleriana de Hart) conter limitações ao exercício do poder por tal autoridade, de forma que a autoridade "legalmente" constituída não pode ser "legalmente" revogada. Para Fuller, essa explicação não convence, pois Hart estaria aplicando noções jurídicas (a começar pelo conceito de regra) a uma situação que está fora do campo do direito, qual seja: a sustentação a um sistema jurídico, que para Fuller repousaria sempre em "aceitações e expectativas tácitas" que corroboram o sentido de que tal sistema é correto (*right*), mas que não podem ser expressas em termos de obrigação ou capacidade. Tal sustentação de um sistema jurídico por expectativas acerca de sua correção (moral) seria, para Fuller (1969b [1964], p. 138-40), uma questão sociológica, empírica, antes que jurídica, normativa.

Tal crítica é reiterada ao ser aplicada ao problema da "persistência do direito", um dos quais a regra de reconhecimento visa resolver, conceitualmente. Se um rei sucede a outro em conformidade com as leis de sucessão, o direito anterior continua a viger. Mas se, por um *golpe de Estado*, um rei sucede a outro sem obedecer "às regras aceitas de sucessão", todo o direito que era validado a partir do nível secundário da regra de reconhecimento (como uma *regra social, não válida, mas aceita*) deixa de valer? Para Fuller (1969b [1964], p. 142), o conceito de regra de reconhecimento deixa de oferecer resposta plausível a essa questão da dependência da validade do direito em relação ao reconhecimento da autoridade produtora das regras. Em face dessa situação, Hart teria que apelar para a ficção de que, se o rei golpista não disser nada sobre o direito anterior, ele tacitamente o recepcionou (revalidou).

Afinal, a aspiração à legalidade é ínsita ao reconhecimento de uma ordem jurídica; é uma constante estrutural. Tal moralidade intrínseca explicaria por que o direito não se resume a um fato bruto do poder, independentemente de interpretação; o próprio problema hartiano da persistência do direito depende ao final de autoridades que interpretem os critérios de legalidade/validade – e o façam em busca de realizar a finalidade do direito –, ao mesmo tempo que tais autoridades são estabelecidas como órgãos que atuam corporativamente, em nome de uma organização e segundo seus procedimentos igualmente regrados (FULLER, 1969b [1964], p. 145-151).

A resposta de Hart a Fuller principia por enfatizar o caráter jurídico da regra de reconhecimento, no sentido de que esta abrange a variedade de critérios que são usados pelas autoridades no discernimento de qual é o direito válido. "A existência dessa regra é manifesta no reconhecimento e uso do mesmo conjunto de critérios de validade jurídica pelos oficiais produtores, aplicadores e executores do direito e na conformidade geral ao direito assim identificada" (HART, 1983 [1965], p. 359). Não se trata de um fato puramente político, nem de regras do mesmo tipo que as positivadas nem de costumes ou convenções usuais – porém não deixa de ser uma *regra*; com "textura aberta", é certo, mas a única que responde corretamente à questão de qual é o direito válido em dado sistema jurídico, incluindo *critérios* hierarquicamente arranjados que fazem referência às *fontes* oficiais do direito (HART, 1983 [1965], p. 359-360; 2007a [1961], p. 161-168). Assim, para Hart (1983 [1965], p. 361), a *identificação do direito válido* por referência à regra de reconhecimento é plenamente *distinguível* da questão da *obediência à autoridade*, de se uma lei é tão moralmente repugnante que merece ser desrespeitada e a autoridade que a pôs merece ter seu "reconhecimento" desconfirmado.

De outro lado, Hart (1983 [1965], p. 362-363) defende sua teoria da regra de reconhecimento para explicar especificamente o caso da persistência do direito após a autoridade que o produziu haver sido tirada do poder. Essa persistência da validade de todo o corpo de regras anteriores é explicável não a partir de hábitos de obediência à autoridade, mas da referência aos *critérios atualmente aceitos* para a identificação do direito válido, critérios estes que constituem a própria regra de reconhecimento e que fazem referência ao *órgão* aceito como produtor do direito, e não à pessoa que o ocupe. Após uma *revolução*, tais critérios são colocados sob incerteza, mas tão logo tribunais, legisladores e outros oficiais desenvolvam uma *prática uniforme* de reconhecimento, de aplicação de certos critérios para a identificação do direito válido, tem-se uma nova regra de reconhecimento, sobre a qual também repousa o direito anterior – que estava sob outra regra de reconhecimento, mas que tenha sido identificado como válido (*recepcionado*) pelos novos critérios estabilizados.

Tal resposta de Hart, por um lado, mostra que a insistência em tratar juridicamente a questão da sucessão de ordens jurídicas não é cognitivamente inócua. Em vez de deixá-la à parte da teoria do direito, como mero fato político de golpe ou revolução, Hart procura mostrar como o próprio sistema jurídico é afetado por tal fato empírico, traduzindo-o em termos de critérios jurídicos – de práticas de reconhecimento do direito válido que, uma vez afetadas por uma alteração de poder "irregular" (que foge às "regras sucessórias"), são empiricamente revistas pelos órgãos produtores e aplicadores do direito, de modo que novos critérios são ou podem ser estabilizados no sistema. Há aqui uma explicação plausível sobre os processos de desinstitucionalização e (re)institucionalização sob a ótica do sistema jurídico.

Comparativamente, notemos que, para Kelsen (2006 [1960], p. 224, destaque no original), se houve *rompimento da ordem jurídica (revolução)* e a produção da nova constituição não segue as formas definidas pela constituição anterior, "a aceitação de que ela constitui uma norma vinculante tem de ser *pressuposta* para que seja possível interpretar os atos postos em conformidade com ela como criação ou aplicação de normas jurídicas gerais válidas e os atos postos em aplicação destas normas jurídicas gerais como criação ou aplicação de normas jurídicas individuais válidas". Tal pressuposição é a norma fundamental. Ela é pensada como pressuposto quando uma "ordem coercitiva globalmente eficaz" é interpretada "como um sistema de normas válidas"; portanto, "uma ciência jurídica positivista considera o autor da Constituição que foi historicamente a primeira como a autoridade jurídica mais alta (...)" (KELSEN, 2006 [1960], p. 227, destaque no original).

Voltando a Hart, sua resposta a Fuller realça também as pretensões *descritivas* da teoria de Hart e sua coerência com a posição de separar o direito "como é" do direito "como deve ser" (objeto de sua ampla discussão sobre o positivismo e a separação entre direito e moral). Aceitemos ou não tal pressuposto, é fato que na resposta a Fuller ele é de grande utilidade argumentativa, permitindo a Hart esclarecer como a *aceitação* da autoridade produtora do direito *não representa um endosso moral* da ordem jurídica ou da pessoa ou órgão que a produz – Fuller, na sua crítica à regra de reconhecimento, parece haver fundido tais dimensões. Finalmente, a resposta de Hart é coerente com o que propugnou acerca do caráter moral da autoridade n'*O conceito de direito* (HART, 2007a [1961], p. 218-219): 1) o reconhecimento de um dever ou obrigação de seguir a regra independe do juízo moral que o "usuário" do direito faça a respeito do sistema a que está submetido; 2) a obediência a tal sistema pode se dar pelos mais diversos motivos, do interesse estratégico ao medo da punição, não dependendo unicamente de que os cidadãos creiam no *valor* do sistema jurídico ou da autoridade que o produz.

Há, porém, quem argumente que os pontos centrais e mais inovadores da teoria do direito de Hart (recusa das teorias do comando e da soberania, defesa do ponto de vista "externo moderado", teoria das regras a partir de sua prática linguística, distinção entre regras primárias e secundárias) permaneceriam incólumes mesmo se Hart houvesse enfrentado o dogma positivista da separação entre direito e moral. O reconhecimento de que haja uma conexão criterial entre legalidade (ou juridicidade) e direito e de que os princípios da legalidade tenham significado moral não contradiz a negação de Hart de que o direito simplesmente "reproduza demandas da moralidade", mas tal reconhecimento afetaria a defesa de uma separação total entre direito e moral (WALDRON, 2008, p. 1168-1169). Essa separação pode ser refutada em referência ao conteúdo moral de certas regras ou, como no caminho preferido por Fuller, pelo reconhecimento de uma moralidade inerente à juridicidade *formal*.

É esclarecedor ainda indicar o que significa compreender o "aspecto interno das regras" (de um ponto de vista externo moderado) no tocante à interpretação da regra social de reconhecimento – aquela convenção entre autoridades sobre os critérios de identificação do direito válido. Nesse sentido, ao lado de rejeitar o compromisso moral com a ordem normativa sob aplicação (o ponto de vista interno implicado por Fuller e Dworkin), outra via rejeitada por Hart (1983a [1959], p. 164-169; 2007a [1961], p. 115-117, 272, 278) é a do realismo de Alf Ross (2000 [1953], cap. 2), que sugere identificar empiricamente a validade das normas (o "direito vigente") por referência a uma combinação de eficácia da regra com a determinação de sua força motivacional enquanto constitutiva de uma obrigação; a validade, assim, estaria reduzida à *empiria social* (o fato de as regras serem seguidas espontaneamente ou executadas coercitivamente) e à *empiria psicológica* (experiência mental de obrigatoriedade). Para Ross, dizer que o direito é válido seria predizer sua aplicação pelos juízes. Para Hart, é preciso entender os *usos normativos* da linguagem (como o conceito de validade) como uma categoria à parte das meras afirmações de fato.

Entretanto, assim como Hart rejeita reduzir o *aspecto interno das regras* a seu *endosso moral*, igualmente rejeita reduzi-lo a *fatos comportamentais*. Nesse sentido, aproxima-se de Kelsen: para Kelsen, a eficácia global da ordem jurídica seria condição necessária para determinar a validade de uma norma; para Hart, a eficácia não é critério de validade, mas pressuposto para determinar, em condições normais, a validade de uma regra (excepcionalmente, porém, não deixa de fazer sentido falar de regras válidas, embora o sistema não seja mais eficaz). Da avaliação jurídica (moralmente desengajada, mas capaz de apreender o aspecto interno das regras e do sistema de regras) de que uma regra é válida não decorre uma afirmação de fato, externa, sobre a eficácia do sistema jurídico – por mais que, em geral, haja coincidência desses dados (o dado normativo da validade, definido pelos *critérios* convencionados pelas autoridades; e o dado empírico da eficácia do sistema, constatável mesmo por um observador externo "naturalista", "fisicalista", não compreensivo).

5.3.3 A questão da interpretação e um balanço do debate

A todo custo, busca-se sustentar a objetividade e determinabilidade racional do juízo jurídico contra o subjetivismo e as preferências políticas que pareciam ao realismo como os determinantes últimos da decisão judicial. Ambos adversários do ceticismo sobre o alcance justificador das normas jurídicas, Hart (1958) e Fuller (1958) travam um debate cuja conclusão parece indicar que regras formais apenas conduzem racionalmente a justificação das decisões se interpretadas finalisticamente, por referência a *propósitos atribuídos*. Por exemplo, a regra "proibido veículos no parque" certamente inclui em sua proibição carros circulando no local ("carros" estão no "núcleo de certeza" da regra, nos termos de Hart, 1994a [1961], cap. 7). Mas e triciclos ou patinetes? E um caminhão da Segunda Guerra Mundial, estacionado no meio do parque, em memória daqueles acontecimentos? Para saber se a proibição se aplica, precisaremos definir se o propósito da regra é a segurança dos pedestres ou é evitar a poluição sonora, por exemplo. Aqui Hart (2007a [1961], p. 142) admite que a autoridade aplicadora da regra tenha que escolher entre finalidades e "interesses concorrentes": por exemplo, a paz dos frequentadores do parque em geral *versus* o prazer das crianças em andar de automóveis de brinquedo.[67]

Hart sustenta um formalismo mitigado, reconhecendo a *discricionariedade* do intérprete-julgador nas zonas de penumbra das regras. Fuller é muitas vezes considerado um "justnaturalista"; porém, melhor seria descrevê-lo como um idealista jurídico (segundo a categorização proposta por SARGENTICH, 2018, cap. 5-7): se o juízo puramente formal pautado em textos de regras não é capaz de por si só solucionar casos individuais de aplicação dessas regras, é preciso avaliá-las em seu contexto e finalidade. Porém, essa avaliação não seria tão "frouxa" ou aberta como pretendiam os realistas. É preciso racionalizar, dar coerência e previsibilidade a esses juízos substantivos.

Como veremos no próximo capítulo, o próprio Dworkin pode ser visto como alguém que aprofunda esses *insights* na elaboração de uma teoria jurídica mais fundada na filosofia moral e que dá centralidade na interpretação jurídica aos ideais subjacentes ao direito e a sua respectiva comunidade política. Vale já antecipar que ao final de seu embate com o idealismo, potencializado por Dworkin, Hart se assumirá, sobre a relação entre regras e valores, como um "positivista moderado" ou inclusivo (*infra*, 6.3).

O idealismo de Fuller (1971 [1968], p. 70, 82-99) é, porém, bem mais concreto e empírico do que vieram a se tornar as teorias principiológicas e morais do direito. Ele defende uma prática prudencial de *"fidelidade ao direito"*, que começa com a observação de que, mais do que interpretar palavras, os tomadores de decisão jurídica interpretam *instituições*: parcialmente reveladas pelos textos jurídicos criados, parcialmente sustentadas por expectativas amplamente difundidas, a normatividade tácita, o *"direito implícito"* (a grande parte de expectativas normativas generalizadas, costumes sobre os quais o direito estatal faz intervenções pontuais, remodelando as crenças herdadas). Fuller foi um idealista jurídico, mas não advogava que ideais e propósitos fossem derivados "de cima", de alguma concepção abstrata do justo que se afinasse com a moralidade de certa comunidade; pelo contrário, para ele os ideais jurídicos deveriam

---

[67] Ver também a discussão de Unger (2004 [1996], p. 80-84) sobre o raciocínio analógico.

ser tomados do direito estabelecido e ancorados "por baixo", nos corpos de legislação, regulação, acordos e precedentes e nas expectativas sociais relativas a eles. O que é "adequado e próprio" pode apenas ser alcançado nesse raciocínio, porque "valores gerais não decidem problemas concretos".

Sobre a importância da moral enquanto critério para a definição conceitual do direito, vale a referência à polêmica anterior que H.L.A Hart travou com Patrick Devlin (1905-1992). Hart sustentara uma posição de minimalismo moral e apresentara uma distinção relevante. Quanto ao minimalismo, tornara-o evidente quando, referindo-se a Devlin, Hart (1963, p. 51-52) afirmara que a ideia de que a sociedade partilha *alguma* moralidade é evidente; a de que a sociedade é idêntica a uma "teia moral" que ela se deu em certo momento e de que afetar um valor desta teia faz a sociedade desmoronar é um absurdo. Por isso, a moralidade teria que dizer respeito a alguns aspectos essenciais da vida social, e não a todos. Tal juízo é corroborado quando, em resposta a Fuller, Hart (1983b [1965], p. 351) preceituou que a moral diz respeito apenas a "valores últimos", ou ao "desenvolvimento ideal das capacidades humanas", tomado como o "valor último".

Quanto à distinção apresentada por Hart (1963, p. 17-24), esta segundo ele remonta aos utilitaristas do século XIX: trata-se da diferença entre *moralidade positiva (ou convencional)* e *moralidade crítica*. A primeira seria aquele conjunto de juízos normativos "convencionais", empiricamente "aceitos" e compartilhados. A segunda diz respeito à elaboração de um raciocínio de avaliação sobre a moralidade convencional. No debate com Devlin, Hart (1963, p. 28-29) criticou como conservadorismo derivar orientação normativa de crítica ética a partir da moral convencional. Já a moral crítica seria aquela ilustrada pelo *princípio do dano*, de John Stuart Mill (2003 [1859], p. 150), segundo o qual a liberdade individual só poderia ser limitada quando um indivíduo causasse dano físico a outro – por oposição à visão eudaimonista/paternalista de que o Estado ou o direito deveriam promover o bem do indivíduo (ver RAWLS, 2007, p. 290-293). Esse princípio de Mill pode ser visto como o estopim da argumentação de Devlin, a qual, entretanto, buscou desenvolver exigências morais mais densas, que acabaram por afastá-lo de uma concepção tão "libertária" quanto a de Mill. Daí que boa parte da argumentação de Devlin (1965, esp. cap. 6) tenha buscado justificar que os vícios morais também devam ser punidos.

A transição do debate Devlin-Hart ao debate Hart-Fuller foi marcada também por uma mudança das distinções conceituais que se colocaram como eixos do debate. No segundo deles, duas passam a ser as grandes distinções, ambas colocadas por Fuller (1969b [1964], cap. 1): a diferença entre uma moralidade de aspiração e uma moralidade de dever e a diferença entre a moralidade externa e a moralidade interna do direito. Quanto ao primeiro par, houve críticas e réplicas, mas o vínculo entre direito e moral construído por Hart (o "conteúdo mínimo de direito natural") permanece como um exemplo de *moralidade de dever*, enquanto os *desiderata* da legalidade ou juridicidade colocados por Fuller são, em grande medida, exemplo de uma *moralidade aspiracional* (FULLER, 1969b [1964], p. 41-44). A distinção mais relevante para as questões que aqui foram discutidas diz respeito ao segundo par: *moralidade externa e moralidade interna do direito*. Para Hart, a segunda não seria propriamente "moral"; nesse juízo, Hart manteve-se coerente em conceber como moral apenas julgamentos de valor mais exigentes e relativos a questões de conduta e boa vida.

Há quem argumente (WESTERMAN, 1999, p. 164-165), porém, que não é relevante a distinção entre técnica e razão prática, motivo pelo qual perderia grande sentido a polêmica sobre a verdadeira natureza dos parâmetros fullerianos da legalidade: se se trata de *finalidades técnicas* para um direito eficaz ou de finalidades morais, ainda que não substantivas. A melhor analogia seria não com regras da carpintaria, mas com o uso da linguagem. O que Fuller propõe como "moralidade interna" do direito equivale a parâmetros que vão desde regras de correção gramatical até requisitos estilísticos para a expressão verbal.

O debate entre Hart e Fuller, portanto, pode ser lido como um antecessor às polêmicas da teoria contemporânea do direito desencadeadas pela crítica de Dworkin a Hart, com o ulterior desenvolvimento de posições teóricas "pós-positivistas" (ou interpretativistas), positivistas exclusivistas ou positivistas inclusivistas. Para os *interpretativistas*, na linha de Dworkin (1986, cap. 2), o próprio conceito do que o direito é depende de um juízo moral de adequação e ajuste das razões argumentativas – a controvérsia sobre a definição do direito, em abstrato, é apenas mais geral do que o *desacordo teórico* entre concepções concorrentes sobre qual deve ser a decisão jurídica em dado caso. Para *positivistas exclusivistas*, como Raz (1985, p. 297), a autoridade de quem decide o direito é razão que prevalece sobre avaliações ou convicções substantivas sobre o dever-ser. Para *positivistas inclusivistas*, ou "moderados" – como na tese abraçada posteriormente por Hart (2007b [1994], p. 312-6) no pós-escrito da edição de 1994 a *O conceito de direito* (publicado postumamente) –, valores e princípios morais substantivos podem vir a ser reconhecidos pelo próprio sistema jurídico como critérios decisórios e razões avaliatórias de conduta. O debate de que tratamos ainda é travado em outros termos. Mas caminha sobre o mesmo problema das linhas divisórias ou interseções possíveis entre direito e moral. E continua alvo de grande interesse (ver *e.g.* CANE, 2010). Um de seus pontos importantes é esclarecer a posição de Hart a respeito da perspectiva de observação da teoria do direito: uma perspectiva capaz de apreender o sentido dos "jogos de linguagem" (diríamos, em linguagem wittgensteiniana) pelos quais se atribuem, segundo a interpretação de textos autoritativos, direitos e deveres, poderes e responsabilidades; mas igualmente um ponto de vista moralmente desengajado, descomprometido de avaliações sobre a moralidade e a justiça da ordem jurídica sob observação – distinto, assim, do ponto de vista interno advogado por Fuller (ver SCHAUER, 1994).

5.4 Formas de ordenação social

Na visão de Postema (1999, p. 275), Fuller até poderia concordar com Hart acerca dos atributos institucionais de um sistema jurídico moderno (a distinção entre criação, aplicação e execução do direito) e mesmo dos critérios formais de validade; entretanto essas características apenas apreendem o direito como *projeção unilateral de autoridade*, enquanto para se compreender como o direito é praticado socialmente e constitui a autoridade seria necessário remeter à "moralidade intrínseca" que distingue a legislação estatal em relação a outras *formas de ordenação social*, como as hierarquias de comando (empresariais, militares etc.) ou mesmo a arbitragem privada.

A teorização de Fuller emerge entre o esmaecimento do realismo e a propagação das teorias idealistas. Nela a análise jurídica é tomada como ferramenta intelectual não apenas para a aplicação do direito em solução de controvérsias, mas também para o desenho de arranjos jurídicos – instituições, transações, procedimentos. Em vez de resumir o direito à arena judicial, Fuller (2001 [1981]) posicionou a jurisdição como um dentre outros *processos de "ordenação social"*, como a mediação, o contrato, a legislação e a direção gerencial. Esses processos permitem conformar as relações sociais de formas diversas. Logo, avaliar suas especificidades, vantagens relativas e aplicabilidades para cada problema jurídico concreto que se enfrenta torna-se uma tarefa relevante e útil para o jurista. O quadro a seguir sintetiza a comparação entre esses processos.

Quadro 5.1 Características centrais de alguns processos típicos de ordenação social

	Julgamento	Mediação	Contrato	Legislação	Direção gerencial
Modo de participação das partes afetadas	Apresentação de provas e argumentos racionais	Negociação e acomodação	Negociação e consentimento	Ação de acordo com regras	Obediência a ordens de superior
Papel do administrador do processo	Avaliar os argumentos, declarar princípios	Fomentar a interação harmoniosa entre as partes	Não há	Governar de acordo com regras	Emitir ordens ou comandos
Resultado pretendido	Decisão imparcial baseada em fatos relevantes e princípios defensáveis	Acordo harmonioso, paz social	Autodeterminação recíproca	Direção impessoal da conduta dos cidadãos	Coordenação de atividade coletiva com finalidade comum
Moralidade interna	Condições do julgamento imparcial (ninguém pode ser juiz em causa própria etc.)	Condições para uma mediação imparcial	Condições para negociação paritária (sem coação, sem monopólio de recursos etc.)	Condições de direção impessoal	Condições de coordenação hierárquica
Domínio (tipos de problemas e atividades)	Questões de licitude ou ilicitude	Conflitos em relações diádicas com profunda interdependência	Troca de bens e serviços	Limitações ou diretrizes necessárias para a operação de outros procedimentos	Eficiência (*e.g.* nas Forças Armadas) ou justiça social (efetivar direitos sociais [por políticas públicas])
Limites	Problemas policêntricos, coordenação de atividades coletivas	Relações triádicas ou mais complexas, falta de interdependência	Quando são inapropriadas obrigações impessoais, limitadas, não contínuas	Decisões voltadas a indivíduos [normas individuais e concretas]	Onde autonomia individual é valorizada

Fonte: adaptado de Winston (2001 [1981], p. 48).

Como poderíamos interpretar tal quadro? Por meio de contrastes entre *"tipos ideais"* (para usar uma terminologia de Weber): formas purificadas para uma caracterização didática, mas cujo contraste na prática é menos marcado. Assim, enquanto contratos tipicamente respondem a necessidades de coordenação por reciprocidade e produzem-se pelo método da *negociação*, eleições são o método de trabalho de organizações (inclusive o Estado) e promovem a agregação de objetivos por meio do *voto*. Motivos individuais – ainda que apresentados, ainda que falseados, ainda que inconfessáveis ou irracionais – não esvaziam a autoridade do voto e o placar final. Já a justificação das decisões judiciais força a que nesse subsistema do direito uma acusação dê início a um ciclo não apenas de interpretação (como ocorre antes da disputa, no desenho e assinatura de um acordo), mas sobretudo de argumentação (a observação de observações, a interpretação de interpretações) – como também ocorre no processo legislativo – e, em um terceiro nível, de argumentação sobre argumentações (justificação, *motivação* decisória). Aí se localiza o papel do juiz como árbitro da disputa entre as partes. Nessa contraposição de interesses em juízo, deve haver oportunidades para as partes argumentarem (com as formalidades e garantias processuais), inclusive apresentando provas, e deve haver a justificação da sentença – o que exige que o juiz argumente sobre as argumentações apresentadas, apresentando razões generalizáveis para além da interseção entre os interesses das partes em disputa.

Em um contrato, há interpretação, mas dúvidas sobre as regras acordadas e a violação destas conduzem à necessidade de argumentação. Ou os argumentos contrapostos levam ao convencimento ou consenso entre as partes – por acordo, mediação, negociação – ou exigem uma observação superior, final sobre os argumentos: o exercício da jurisdição ou da *arbitragem*. Em uma eleição também há argumentação, mas o resultado final não está subordinado a uma justificação. Em contraste com a negociação ou o contrato,[68] a organização não se reproduz apenas por procedimentos eleitorais, mas também pelo exercício da direção, da gerência, da administração: hierarquias, *definições discricionárias* de comando e obediência.

Todos esses métodos de produção do direito são tipos ideais – afinal, há sincretismos: votos em tribunais, argumentações e justificações em eleições, negociação em disputas judiciais. Tanto no âmbito da autonomia privada e quanto na produção estatal do direito, as respectivas diferenças (contrato/organização, eleição/gestão, legislação/execução, legislação/jurisdição) mostram que direitos e poderes, controles intraorgânicos e interorgânicos permitem que se passe de um modo de produção do direito a outro, cristalizando em programas decisórios (leis, sentenças, contratos) resultados de um ciclo produtivo que podem ser tomados como ponto de partida para um novo ciclo do processo jurídico (reforma da legislação, superação do precedente, criação de novo contrato atípico etc.).

Entretanto, os modos típicos de ordenação social pelo direito deparam-se com problemas de difícil enquadramento e solução por quaisquer das alternativas listadas. Fuller (1978 [1957]) destacou, por exemplo, a dificuldade dos procedimentos judiciais para lidarem com situações que nem pedem a invalidação de uma norma jurídica

---

[68] Sobre a teoria contratual de Fuller, ver Kennedy (2000).

(como no controle de constitucionalidade) nem a determinação da execução de obrigações ou responsabilidades para partes bem circunscritas de um conflito. É o caso das medidas de "execução complexa" que o direito americano desenvolveu na forma de "injunções estruturais" pelas quais o Judiciário poderia determinar e coordenar reformas em organizações – como asilos, escolas, hospitais, prisões – e procedimentos (como os processos eleitorais), uma vez que estes fossem considerados renitentemente contrários a preceitos legais e constitucionais (ver SARGENTICH, 1978; 1981). Fuller (1978 [1957], p. 393-409) chamou tais *conflitos* de *"policêntricos"* e ponderou que sua solução demandaria mais uma combinação dos métodos de direção gerencial e negociação do que o *modus operandi* básico do arbitramento judicial imparcial, voltado a aplicar uma norma a um caso e a ditar uma sentença a ser executada coercitivamente e destinada a fazer "coisa julgada".

A tal "policentricidade" está caracterizada em situações que lidam com estados de coisas fluídos, que reclamam a intervenção por medidas cuja velocidade e complexidade não se coadunam com as formalidades de um procedimento que assegure inumeráveis oportunidades para as partes produzirem provas e argumentos. As medidas corretivas de um conflito "policêntrico" podem desencadear um efeito dominó, repercussões em rede, um desarranjo sistêmico da área em que se realizou a intervenção. Não é uma questão que dependa exclusivamente do número de partes *a priori* interessadas no julgamento: há potencial de uma expansão imprevisível das partes que podem vir a ser afetadas. Ao mesmo tempo, não se trata de uma situação solucionável por normas gerais e abstratas decididas em um parlamento.

O termo "policêntrico" advém de um estudo de Michael Polanyi (1951 [1946]) sobre o dinheiro como meio de expressão social de desejos complexos e subjetivos, dificilmente mensuráveis por outro padrão objetivo, e assim como ferramenta para uma distribuição racional dos bens. Para definir a distribuição de renda que aumentaria a satisfação de um sem deprimir o estado de outro, teríamos que proceder por aproximações sucessivas, considerando a cada etapa um centro de necessidades (uma pessoa, um robô) e ajustando-o em relação a outros, e assim por diante, com novos reajustes. Esse seria, afinal, um problema "policêntrico". Pode-se interpretar que Fuller (1978 [1961], esp. p. 394-404) aplicou, por analogia, à esfera pública do direito – os direitos e deveres – o que Polanyi havia dito sobre a esfera pública da economia: o mercado e sua lógica de precificação e ajuste de demanda e oferta.

O exemplo de Fuller (1978 [1957]) é a hipótese de, em um sistema comunista, a definição de preços e salários ser gerenciada por cortes, que teriam que alterar esses tabelamentos conforme as variações de oferta e demanda. Seria uma tarefa policêntrica, a evocar a imagem de uma rede que precisa distribuir tensões entre seus diversos nós e que é submetida dinamicamente a uma mudança de pressões, adquirindo variadas formas. Tribunais só conseguem gerenciar essas situações complexas de maneira precária e provisória – e, ainda, quando transitam para técnicas mistas, moderando o julgamento autoritativo por formas de negociação e codeterminação junto às partes que detêm o saber específico, mas também o interesse na causa.

A exploração das diversas modalidades de produção jurídica apresentadas no quadro anterior foi realizada de maneira fragmentária por Fuller e compilada em um livro póstumo (FULLER, 2001 [1981]). É um campo aberto, portanto, a aprofundamentos, na interface entre teoria do direito e uma visão processual não exclusivamente forense. Por exemplo, ao lado da *mediação*, há outra forma de solução de controvérsias semelhante: a *conciliação*. Entretanto, o conciliador tem um papel mais ativo na solução de conflitos, sugerindo soluções às partes.

Pode-se ainda buscar estender certas características de uma forma de ordenação social a outra: em sua teoria do "*constitucionalismo societal*", Sciulli (1992) sugere que os *desiderata* que Fuller associou à legalidade estatal (e que são classicamente referidos ao ideal do "Estado de direito" ou ao constitucionalismo liberal) deveriam servir não apenas para o direito estatal, mas para toda e qualquer organização da "sociedade civil": universidades, escolas, empresas. Assim teríamos um constitucionalismo espraiado por diversas esferas em que também se exerce o poder: em vez de serem impostas hierarquicamente, as decisões nessas arenas deveriam ser concentradas em instâncias colegiadas capazes de produzir uma legalidade interna a tais organizações, seguindo assim a moralidade que torna o direito possível, e que o distingue da mera ordem de violência ou ameaça, poder e arbítrio.

De outro lado (AMATO, 2021a), resolver uma controvérsia pode implicar não só transitar de uma arena decisória a outra, mas inovar, estruturando novas formas jurídicas. Podemos pensar o tema a partir da linha "limites" do quadro anterior. O Judiciário, por exemplo, tem limites técnicos e políticos para resolver problemas policêntricos por meio do que o direito americano chama de "injunções estruturais", instrumentos pelos quais juízes sentenciam e coordenam administrativamente intervenções reformuladoras de políticas, processos e organizações. Pode ser necessário desenvolver outras formas de direitos fundamentais, outros instrumentos processuais e até mesmo outros órgãos, agências ou Poderes de Estado (ver AMATO, 2018a, cap. 2).

Igualmente, a mediação e a conciliação encontram limites de aplicação na justiça penal; inovações dirigem-se então a formas de "justiça restaurativa". Os limites do contrato clássico são tratados pela teoria dos contratos relacionais (ver *infra*, 8.4.1.1). Os ideais de justiça procedimental pensados a partir da legislação podem ter dificuldades de implementação em um cenário de pluralismo jurídico, com ordens de perfil diferente do direito estatal (ver AMATO, 2018a, cap. 5). A direção gerencial, por sua vez, pode estar inserida em um direito da produção estruturado como *ordem privada* setorial, reconduzindo ao tema do pluralismo jurídico e provavelmente reclamando, dessa *autorregulação*, o cumprimento dos princípios associados à legalidade em geral (clareza, prospectividade etc.).

5.5 Henry Hart e Albert Sacks: a elaboração racional do direito

Os juízos de finalidade, valor e interesse, que os realistas escancararam como escolhas políticas não predeterminadas por regras jurídicas formalizadas a serem tecnicamente aplicadas, foram encarados por seus sucessores como questões menos indeterminadas, subjetivas e políticas. Uma visão normativa sobre a divisão de trabalho jurídico e o papel das cortes em face dos parlamentos, ou sobre a moralidade política inerente a determinada ordem constitucional e legal, ou ainda sobre a maximização da eficiência, deveria fornecer parâmetros mais estreitos para balizar os juízos jurídicos. Essas diversas teorias – do processo judicial, dos princípios e políticas, da análise econômica do direito – concorreram para, cada qual a seu modo, fechar o campo do raciocínio jurídico. Se não era mais possível reprisar o racionalismo formal – crente sobre a unidade, coerência e completude do ordenamento jurídico e sobre a constrição lógica dada por um esquema dedutivo de aplicação de regras –, era preciso fornecer teorias substantivas que, suficientemente ancoradas nas normas positivas da legislação, administração e jurisprudência, limitassem o arbítrio do julgador.

Tal foi o diagnóstico e a missão que se impuseram as *teorias idealistas do direito* que sucederam ao realismo no imaginário jurídico dominante, a partir de seu contexto americano. Idealistas, nesse sentido, são as visões do direito como expressão de ideais morais abstratos e neutros (como liberdade, justiça, igualdade, eficiência, ou ideais internos de "coerência" e divisão funcional de papéis e poderes), por oposição à concepção do direito como resultado de relações de dominação, estratégias de conflito e simbolização de vitórias momentâneas de interesses e ideais parciais. Um método que pretende organizar os princípios da vida em sociedade (ou em determinada "comunidade política") como fundamentação para a tomada de decisões concretas é o produto que os idealistas pretendem oferecer.

Henry Hart e Albert Sacks escreveram um influente manual sobre *O processo jurídico*, organizado primeiramente nos anos 1950, com sucessivas reedições e ampla repercussão na formação dos juristas americanos.[69] Na concepção dos autores, o ponto de partida do direito está na formação de grupos sociais a partir de uma *comunidade de interesses* entre as pessoas. Isto é verdade tanto para a sociedade amplamente concebida quanto para suas diversas formas de associação voluntária: famílias, empresas, clubes, sindicatos, igrejas etc. Para viverem em condições de *interdependência e cooperação*, as pessoas precisam compartilhar entendimentos comuns. Esses entendimentos, porém, podem ser tácitos em grande parte, e muito abstratos quando são expressos. Daí a *indeterminação* – e o potencial desacordo – quanto às especificações de tais consensos em determinadas situações. Além disso, as práticas usuais podem se tornar anacrônicas, demandando alteração; ou podem ter se transformado cumulativamente, requerendo agora a explicitação dos termos de um novo entendimento compartilhado. Finalmente, pode ser o caso de alguns membros da comunidade desviarem-se das rotinas aceitas. Para solucionar todas essas questões é que a sociedade dispõe não apenas de entendimentos substantivos compartilhados, mas também de *arranjos constitutivos ou procedimentais*. "Os arranjos constitutivos servem para estabelecer e governar a operação dos procedimentos que regularmente funcionais – isto é, *institucionalizados* – para a resolução de questões de interesse coletivo" (HART, JR.; SACKS, 1994 [1958], p. 3, destaque no original).

Tais arranjos constituem uma teia de *procedimentos jurídicos*, seja na esfera da autonomia privada, seja na esfera estatal – incluindo os procedimentos eleitorais e participativos, a execução administrativa de políticas públicas e a jurisdição. O Judiciário aparece, então, como um recurso para resolver problemas que não puderam ser evitados ou solucionados pelas formas privadas de juridicidade, pela burocracia regulatória ou pela tomada de decisões políticas. As especificidades da jurisdição caracterizam-se na

---

[69] Por exemplo: segundo Eskridge Jr. e Frickey (1994, p. 2051, nota 122), *"Posner e Unger foram estudantes na disciplina eletiva de Harvard 'O processo jurídico'"*.

produção de determinadas provas aceitas sobre os fatos, na identificação do direito aplicável (com complexidades especiais quando se está em um sistema de precedentes judiciais vinculantes) e no processamento das reivindicações por um terceiro imparcial, com oportunidades para a exposição de argumentos e contra-argumentos pelas partes do conflito (HART, JR.; SACKS, 1994 [1958], cap. 3).

Enquanto a execução de políticas públicas comporta certa discricionariedade administrativa, a aplicação jurisdicional do direito demandaria uma outra perspectiva sobre o corpo jurídico: certa idealização ou "elaboração racional" do direito, o que distingue o juízo jurídico em relação à decisão política. Os autores diferenciavam quatro tipos normativos:

- primeiro, a *regra* é "prescrição jurídica que requer para sua aplicação nada mais que a determinação da ocorrência ou não ocorrência de eventos físicos ou mentais – isto é, determinações de *fato*". Aqui "[o] tipo de situação trazendo à tona a regra foi fielmente previsto e a política pública a respeito foi totalmente determinada de antemão". Regras incompletas ou rudimentares, com linguagem mais imprecisa, são, na verdade, "veículos de delegação de poder" (HART, JR.; SACKS, 1994 [1958], p. 139, destaque no original);
- segundo, o *padrão normativo* (*standard*) requer "uma avaliação qualitativa daqueles eventos em termos de suas prováveis consequências, justificação moral, ou outro aspecto da experiência humana em geral" (HART, JR.; SACKS, 1994 [1958], p. 140);
- terceiro, *uma política* (*policy*) "é simplesmente uma declaração de objetivo" (HART, JR.; SACKS, 1994 [1958], p. 141);
- quarto, um *princípio* "também descreve um resultado a ser atingido", mas assevera que esse resultado "deve ser atingido e inclui, seja expressamente, seja por referência a bem conhecidos corpos de pensamento, uma afirmação das razões pelas quais ele deve ser atingido" (HART, JR.; SACKS, 1994 [1958], p. 142). É o caso da cláusula *pacta sunt servanda* e da vedação ao enriquecimento ilícito (sem causa).

Os tipos normativos têm diferentes consequências quanto à atribuição de poder a diferentes órgãos e quanto à relação entre interpretação e as "bases de autoridade" do respectivo órgão. Regras e *standards* são em geral definidos pelo legislador. Políticas e princípios dão vazão seja à discricionariedade administrativa, seja à "elaboração racional" – maior ônus de justificação – por parte do juiz (HART, JR.; SACKS, 1994 [1958], p. 143-158). Para interpretar, o juiz precisa considerar normativamente a divisão de trabalho jurídico: qual o seu papel no processo de produção do direito, em contraponto, por exemplo, ao legislador.

Enquanto alguns juízes tenderão a hipostasiar a *vontade do legislador*, quando for claramente identificável a intenção relevada durante o processo de legiferação, é razoável se considerar que usualmente os textos normativos conterão uma margem para interpretação não solucionável por essa remissão direta ao legislador, ou melhor, aos legisladores (até porque diferentes posições provavelmente se formaram no parlamento com relação aos detalhes de uma lei – daí que, faltando um consenso absoluto em termos dos argumentos, o processo legislativo se resolva mediante votação sob a regra da maioria). A solução para o aplicador do direito é ancorar-se na *vontade da lei*, para cuja interpretação algumas diretrizes podem ser úteis (HART, JR.; SACKS, 1994 [1958], p. 1124-1125): por exemplo, as ideias de que as palavras não podem ser tomadas de forma ingênua, pontual e não contextualizada; pelo contrário, um significado claro apenas pode ser atribuído a um enunciado se se consegue determinar a qual propósito serve o dispositivo. Nessa determinação, deve-se presumir a razoabilidade das finalidades da legislação, a menos que o contrário seja evidente. Igualmente, devem ser desconsideradas as eventuais leituras do texto normativo possíveis literalmente, mas que levem a consequências absurdas em determinada aplicação específica da lei a um dado caso.

Assim, a técnica da *elaboração racional* não implica, por exemplo, pesquisar historicamente a vontade do legislador, remetendo o significado das palavras da lei ao referente empírico dos debates parlamentares. Ao se colocar na posição imaginária da legislatura que positivou determinado dispositivo legal, por exemplo (HART, JR.; SACKS, 1994 [1958], p. 1378), uma corte não deve ser comportar como "um observador político cínico", atento às consequências imediatas de certa decisão; deve pressupor, por mais que a realidade sugira o contrário, que o Legislativo é composto de "pessoas razoáveis a perseguirem propósitos razoáveis"; e pressupor, também, que, ainda que suas concepções sobre o que é razoável distem dos entendimentos da corte, os legisladores, ao aprovarem aquela norma, estavam atuando de maneira responsável e em boa-fé, desempenhando suas atribuições constitucionais.

CAPÍTULO 6

RONALD DWORKIN
E O INTERPRETATIVISMO

As linguagens são conservadoras, andam sempre com os arquivos às costas e aborrecem atualizações.

(SARAMAGO, 2014a [2004], p. 662)

Uma análise cuidadosa da inserção do pensamento jurídico brasileiro nas diferentes linhagens teóricas exploradas ao longo deste livro demandaria um detalhamento dos contextos históricos, autores representativos e ramos doutrinários que extrapolaria as dimensões desta obra. Para evitar tal lacuna ostensiva, porém, segue um breve comentário (além de obras mais específicas, ver LAFER, 1988, cap. 1-2; LOPES, 2012 [2000], cap. 8-12; 2014; 2017; VENÂNCIO FILHO, 1982 [1977]; ADORNO, 1988; SCHWARCZ, 1993, cap. 5).

O domínio do paradigma do direito natural – na sua ambiguidade de reflexão sobre os princípios universais de todo e qualquer direito e de prática alicerçada nos costumes particularistas de cada povo – atinge seu auge no século XVIII. O movimento liberal acreditou então haver incorporado os sistemas filosóficos jusracionalistas ao próprio direito positivo, cravando a prevalência da lei, em sentido material (regras gerais e abstratas) e formal (decisão legislativa), como barreira ao absolutismo e pilar da isonomia. Na América portuguesa, o iluminismo revolucionário inspirou inconfidências e revoluções, que foram prontamente esmagadas pela metrópole. Com a independência nacional (1822) e a fundação dos cursos jurídicos no Brasil (1827), o direito natural, seja individualista e contratualista, seja, principalmente, de linhagem aristotélico-tomista (privilegiada pela tradição católica), ganhou lugar na grade curricular das faculdades de São Paulo e Olinda/Recife, oscilando os professores entre uma pregação apologética sobre o direito posto pelo império (como era dominante no modelo de ensino jurídico de Coimbra) e uma análise crítica e reformista sobre ele (por exemplo, diante dos novos problemas de estruturação do direito público de um Estado nacional nascente).

No mundo ocidental em geral, as revoluções liberais afirmaram uma metodologia de estudo do direito formalista e dogmática, pretendendo conformar o discurso jurídico a técnicas aproximadas à lógica formal para definir o sentido e o alcance do ponto de partida inegável deste discurso: a norma posta pelo Estado. Com isso, o estudo do direito natural cedeu lugar à filosofia do direito, como metodologia instrumental à "ciência dogmática" do direito ou como reflexão metajurídica que visa à crítica do direito positivo, mas já não pode submetê-lo a princípios universais e perenes – daí emergem, na passagem dos séculos XIX ao XX, as correntes historicistas, evolucionistas, cientificistas/naturalistas e sociológicas. No Brasil, a nova elite dos bacharéis em "Ciências Jurídicas e Sociais" avançará aquelas novas ideias politicamente, culminando com os movimentos pela abolição da escravidão (1888) e pela proclamação da república (1889). Do império à República Velha, na seara privatista a produção legislativa e doutrinária não abandona de todo as concepções formalistas e conceitualistas, por vezes as combinando com impulsos sociologizantes. Já a partir da revolução de 1930, vertentes jurídicas mais antiformalistas, realistas e sociológicas dominarão a construção do direito do Estado desenvolvimentista brasileiro, colocando em xeque o formalismo liberal.

Sendo positivistas em um sentido amplo – de afastar a confusão entre a identificação da validade formal do direito e sua submissão a uma avaliação moral –, todas essas vertentes foram enfrentadas, entretanto, pelo positivismo analítico, linhagem iniciada por Bentham e Austin no século XIX, mas aprofundada no período entreguerras do século XX e cujo ápice são as obras de Kelsen e Hart na década de 1960. Nelas, o estudo da teoria geral do direito é reduzido à discussão analítica, conceitual e linguística, autonomizando-se em relação à dogmática, à filosofia, à sociologia e à história. Entre os anos 1960 e 1980, essa visão lastreou boa parte da formação jurídica no Brasil ditatorial de então, enquanto as violações de direitos humanos nutriam um renascimento jusnaturalista.

Da década de 1970 em diante, porém, cresceu no Ocidente a influência de correntes sobretudo do pensamento anglófono que, desafiando o projeto analítico da teoria geral do direito, aproximaram a reflexão abrangente sobre a juridicidade, de um lado, ao próprio discurso dogmático (constitucional, por exemplo) e, de outro, a teorias políticas, morais, econômicas e sociológicas, dissolvendo a fronteira rígida que separava a teoria geral analítica das doutrinas substantivas de cada ramo do direito e das teorias de outras disciplinas não jurídicas – a filosofia, as humanidades e as ciências sociais. No Brasil, esse movimento teórico ganhou tração após a Constituição de 1988, adensando-se no início do século XXI. Uma de suas expressões é a recepção das teorias de princípios. Vejamos, porém, como essas teorias se desenvolveram em seus contextos originários.

Nos Estados Unidos, o positivismo formalista emergiu no século XIX em oposição às teorias do direito natural. Nas décadas de 1920-30, o realismo teve seu auge como uma crítica (positivista) ao formalismo. Desde os anos 1950, Henry Hart e Albert Sacks desenvolveram em Harvard um influente material didático sobre "o processo jurídico" – manancial principal de um reavivamento do idealismo. A partir dos anos 1960, ganhou força a sociologia jurídica empírica, enquanto no final daquela década e início da seguinte ganharam vulto na teoria do direito analítica as críticas de Dworkin ao "convencionalismo" de Herbert Hart. Ao mesmo tempo crescia a análise econômica do direito (*law and economics*). Nos anos 1970-80, o movimento de Estudos Críticos do Direito (*critical legal studies*, CLS) desenvolveu-se como crítica às correntes que colocam a eficiência, os papéis institucionais ou os princípios liberais de justiça e as políticas públicas de bem-estar como centro normativo da teoria do direito e da argumentação jurídica. Apesar das diferenças internas, esse movimento reconhece a normatividade da teoria do direito – seu engajamento argumentativo e doutrinário, as controvérsias valorativas que nela se inserem –, mas rejeita uma visão moral unitária (tipicamente, alguma versão canônica de liberalismo), em favor do conflito ideológico aberto (assumidamente político).

A proposta de Dworkin reage tanto ao positivismo quanto ao realismo; tem como antecedente próximo a teoria do processo jurídico e institui uma nova modalidade de racionalismo: se não mais o racionalismo consistente na crença na capacidade das regras jurídicas de conduzirem a uma decisão correta (formalismo), agora o racionalismo que aposta em revolver o solo das regras jurídicas, buscando seus fundamentos morais e lhes conferindo uma apresentação *substantivamente coerente*. Para que a interpretação e a argumentação não se percam em uma atribuição variável e indeterminada de valores, é preciso abstraí-los em direção a concepções teóricas mais amplas sobre o *justo político e moral*. Os direitos aparecem então como uma questão de *princípio*, como "trunfos" morais que dão as cartas nas "*controvérsias teóricas*" sobre o que o direito requer, ultrapassando outros tipos de justificações (como aquelas que indicassem o aumento do bem-estar geral por uma medida que violasse ou relativizasse um direito).

Ronald Dworkin (1931-2013) veio a suceder H. L. A. Hart no ensino de teoria do direito na Universidade de Oxford e foi também professor da Universidade de New York, da Yale Law School e da University College London. A importância da obra de Dworkin está na reconfiguração dos debates de todo o campo associado à tradição anglófona da teoria do direito analítica, inaugurado por Austin no século XIX e representado no século XX por Hart. A partir do ataque ao positivismo hartiano, Dworkin providenciou e provocou uma série de respostas que impulsionaram a formação de diferentes correntes positivistas e (como se costuma dizer genericamente) "pós-positivistas".

Houve basicamente duas "rodadas" de críticas dirigidas por Dworkin a Hart, tido como epítome do positivismo jurídico. A primeira delas, ainda nos anos 1960 e 1970, abordou a insuficiência de se conceber o direito como um sistema de regras, e ressaltou a presença de padrões morais e políticos que integram o juízo jurídico: os princípios e as políticas (*policies*). A segunda rodada de críticas desenvolve-se a partir dos anos 1980, sobretudo, e ataca mais profundamente os pilares epistemológicos da visão positivista de direito.

6.1 Regras, princípios e políticas

H. L. A. Hart foi um autor-chave na reafirmação do positivismo e de um formalismo mitigado, após os ataques realistas. Entre o "nobre sonho" da plena determinação do direito pelas regras positivas e o "pesadelo" do direito indeterminado, a sempre exigir juízos morais e escolhas políticas por parte de seu intérprete (HART, 1977), Hart afirmou um formalismo atenuado, explicativo ao menos dos *casos fáceis* e rotineiros, aqueles que recaem dentro do "núcleo de certeza" das regras. Aceitou que as regras, enquanto formulações textuais, têm um núcleo claro de incidência, mas também "zonas de penumbra", instâncias e casos em que sua aplicabilidade suscita dúvidas – aqui o intérprete estaria livre para decidir dentro de sua *discricionariedade* (HART, 1994a [1961], cap. 7). Esgotados os padrões do direito positivo – e esses padrões seriam as regras, como razões avaliatórias e críticas –, o decididor estaria livre para formular seu juízo segundo *critérios morais ou políticos*, mas não propriamente jurídicos.

Hart (2007a [1961], p. 335) lembra que, constatando que o direito não é empiricamente um sistema coerente e completo, Bentham sugeria que os juízes devessem se declarar privados de jurisdição e remetessem os pontos obscuros ou não regulados para solução pelo legislador. Ora, como vimos (*supra*, 2.2), essa prática foi justamente abolida pelo Código Civil francês, que dispôs canonicamente sobre o princípio formal da *proibição da denegação de justiça*. Resta então a Hart (2007a [1961], p. 336) entender que nessas situações o juiz tem um poder discricionário: age como um legislador – mas apenas "intersticial" (nas zonas de indeterminação da linguagem das regras) e para os casos concretos sob juízo, com os constrangimentos de sua competência jurisdicional, a limitação à controvérsias delimitadas nos autos e a validade *inter partes* de sua sentença, como decisão individual e concreta (Hart nem considerava então as aberturas dadas pelo juízo abstrato de constitucionalidade!).

A primeira grande crítica lançada por Dworkin ocorreu logo após a publicação de *O conceito de direito*, ainda nos anos 1960. Dworkin (1967) então aludiu a um exemplo jurisprudencial para embasar sua concepção de que o direito não se resumiria a um sistema de regras positivadas (validadas como fontes formais), mas incluiria também outros padrões normativos de orientação e crítica: os *princípios de justiça* e as políticas de bem-estar social. Os primeiros são padrões morais *deontológicos*, parâmetros incondicionais, no sentido que servem para orientar e criticar uma conduta pelo seu valor intrínseco, por sua retidão ou correção em si mesma, independentemente das (boas ou más) consequências dela advindas. Os princípios consagram direitos individualizados. Já as *políticas públicas* são padrões que guiam a avaliação das consequências de uma conduta para a utilidade geral, ou seja, sua finalidade social.

Por exemplo (ver GUEST, 2013 [1992], p. 90-94), alguém pode argumentar contra a prisão preventiva por tempo indeterminado porque ela não cumpre qualquer função ressocializadora ou retributiva da pena; assim, é um meio ruim para a consecução de um objetivo da comunidade. Este é um juízo utilitarista de conveniência e oportunidade, uma definição de política pública que apenas cabe aos Poderes e procedimentos políticos. Porém, outra pessoa pode argumentar que a prisão preventiva por tempo indeterminado fere direitos individuais, como a presunção de inocência. Neste caso, tem-se um argumento deontológico, de princípio: direitos jurídicos estão em jogo e funcionam como "trunfos" (DWORKIN, 1984 [1981]) que podem ser arguidos e defendidos no Judiciário, arena na qual cabe o debate daquilo que é justo ou injusto por definição, independentemente de seus resultados.

O exemplo jurisprudencial evocado por Dworkin (1967) foi o caso *Riggs v. Palmer*, julgado pelo Tribunal de Apelações de Nova York em 1889. Fato: neto (Elmer Palmer) assassina o avô para receber herança. Pelas regras do direito das sucessões, o neto tinha incondicionalmente tal direito, garantido por testamento do avô. Entretanto, para chegar a uma decisão justa, os juízes apelaram a *princípios costumeiros, não positivados*, de boa-fé; particularmente ao *adágio* de que "ninguém pode se beneficiar da própria torpeza" (para uma seleção do voto do relator, juiz Robert Earl, ver HART, JR.; SACKS, 1994 [1958], p. 80-85). A ideia de que padrões não positivados, como princípios, devem guiar a justificação jurídica para evitar resultados injustos extrapolaria o que é pregado pelo positivismo. E, se juízes de fato mobilizam tais padrões, os termos estritos da validade reconhecida pelo *positivismo* não explicam como o direito funciona.

Este exemplo já permitiu a Dworkin (1967; 1972) esboçar sua crítica ao positivismo jurídico, à concepção hartiana do direito como sistema de regras. Três pontos do positivismo foram focados em tal crítica:

- a *tese das fontes sociais do direito*, segundo a qual haveria um critério empírico, um *pedigree* para se determinar quais são os padrões normativos válidos, jurídicos – os únicos que podem dirigir a justificação das decisões das autoridades;
- o *convencionalismo*, visão pela qual a regra de reconhecimento é uma regra social, uma convenção entre as autoridades jurídicas (especialmente juízes) que define na prática como reconhecer os padrões normativos válidos;[70]
- a visão positivista da *discricionariedade*, que reconheceria uma zona de penumbra no sentido dos textos normativos, na qual o juiz poderia legislar positivamente, de maneira intersticial – seriam espaços vazios não definidos pelo sentido das regras válidas; aqui, não haveria direitos e deveres predefinidos, e o juiz teria que criá-los.

Entretanto, e este é o ponto positivo avançado por Dworkin (1967), os juízes entendem que sua função de aplicar o direito inclui também padrões normativos ou avaliativos que não se resumem a uma livre escolha de valores ou interesses, uma vez exauridas as normas positivadas pela autoridade (legislação, administração, jurisprudência). Assim, o direito seria composto por basicamente dois tipos de normas, que são diferenciados não apenas em termos quantitativos (como maior ou menor vagueza de seu enunciado), mas em termos *qualitativos*, de *diferença lógica em sua aplicação*:

- *regras* são aplicadas do modo "*tudo ou nada*": se a hipótese de incidência é preenchida, ou a regra é válida e a consequência normativa deve ser aplicada, ou a regra não é válida. No conflito entre regras, derroga-se uma (*invalidade*) ou estabelece-se uma relação de exceção (mantendo ambas como válidas, mas somente uma como aplicável, por exemplo pelo critério da especialidade);
- *princípios* (e políticas) têm uma "*dimensão de peso*". Os princípios não determinam diretamente o resultado da decisão, somente contêm fundamentos que precisam ser conjugados a outros fundamentos. Na colisão entre princípios, aplica-se aquele com maior peso relativo no caso concreto, sem que o outro perca sua "validade" (com relação aos casos em geral).

O peso relativo de cada princípio é determinado por uma série de considerações:

> Defendemos um princípio em particular lidando com todo um conjunto de padrões em mudança, desenvolvimento e interação (eles mesmos princípios, e não regras) sobre responsabilidade institucional, interpretação das regras, força persuasiva de vários tipos de precedentes, a relação de tudo isso com as práticas morais contemporâneas, e seu reforço por outros padrões. (DWORKIN, 1967, p. 41)

---

[70] Como veremos, os autores positivistas divergem sobre se algum sistema jurídico positivo poderia ou não submeter a validade das normas convencionalmente reconhecidas (pela identificação meramente formal da autoridade que as positiva) a um teste moral, sobre a justiça de seu conteúdo. Ver *infra*, 6.3, a discussão sobre positivismo inclusivo e exclusivo.

Em última instância, os princípios mais localmente aplicáveis – relacionados tematicamente ao caso sob julgamento – repousam nos princípios mais abrangentes da *moralidade política* de uma comunidade. Portanto, não seria possível reduzir os princípios aos critérios estritos definidos por uma convenção de juízes, descrita por Hart como uma regra social de reconhecimento. Não há critérios preestabelecidos que distingam claramente o que é ou não é um princípio dentro de determinado sistema jurídico, e qual seu peso específico.

Tal distinção proposta por Dworkin (1967) contrasta com a mera *distinção de grau entre princípios e regras* que Hart veio a sugerir em resposta, no pós-escrito a *O conceito de direito*. Para Dworkin (1967), a distinção entre princípios e regras é terminativa e qualitativa, nos termos que acabamos de ver; para Hart (2007b [1994], p. 322), princípios são, em relação a regras, apenas normas (1) mais extensas, gerais e inespecíficas (de modo que várias regras poderiam ser identificadas como decorrência de um só princípio) e (2) com maior referência a objetivos, finalidades, direitos ou valores (de modo que os princípios podem ser analisados como justificações e fundamentos lógicos de regras).

Dworkin não apenas atacou a circunscrição do direito a um sistema de regras (adicionando as categorias de princípios e políticas como padrões normativos igualmente demandados na argumentação), mas também criticou a ideia hartiana de que tal sistema fosse fechado em última instância por uma regra de reconhecimento – que não é uma regra no sentido jurídico-positivo, mas uma convenção entre aqueles que tomam as decisões que põem o direito (as autoridades ou *officials*). Tal visão resumiria o direito a um *fato social* – existir uma regra de reconhecimento, um entendimento compartilhado entre os aplicadores sobre quais os critérios de validade das regras jurídicas (tanto as "secundárias" de julgamento e alteração do direito, quanto as "primárias", de conduta).

Para Dworkin (1972), não se define o direito por referência a um fato (o consenso entre as autoridades) que determine quais normas são válidas e quais são inválidas, mas sim a própria prática jurídica é uma espécie de *avaliação sobre práticas sociais* dotadas de um sentido *moral*. Juízes afirmam que existe ou não um dever, por exemplo, não por simples referência a fatos (como critérios de promulgação de uma lei), mas dentro de um discurso crítico que, mesmo na ausência de regras claras, entende ser possível a existência de *direitos ou deveres* – que não são criados discricionariamente pelo juiz, mas preexistem no direito. Todavia, mesmo que reconheçam um direito por referência a uma regra positivada, pode-se discordar sobre o escopo e o alcance deste direito – o que não significa que não haja direito algum (como pensaria o positivista, para quem, na "zona de penumbra" da regra, há discricionariedade do intérprete-julgador). Assim, diz Dworkin (1972, p. 867), a prática social – a regra de reconhecimento – é um dos fatores que podem contar como justificativa na argumentação pelo reconhecimento de certo direito, dever, poder ou responsabilidade; mas essa prática não é o fator constitutivo e necessário para o reconhecimento em juízo de determinada prerrogativa.

A discricionariedade "forte" dos juízes, de decidirem arbitrariamente na ausência de regras claras aplicáveis, também fica afastada. Eles têm apenas uma *discricionariedade "fraca"*, de determinar o *peso* e as consequências jurídicas da aplicação de determinados princípios, que são igualmente padrões normativos jurídicos – não por serem conteúdo de uma decisão tomada por autoridade (isto é, não se trata de uma validade dada pelo *pedigree*), mas simplesmente pela *compatibilidade de seu conteúdo* com a moralidade sustentada naquela comunidade política (ou seja, pela qualidade moral intrínseca desses padrões normativos). A força jurídica dos princípios "não repousa em uma decisão específica de certa legislatura ou corte, mas em um senso de adequação desenvolvido na profissão [judicial] e no público ao longo do tempo. Seu poder continuado depende de este senso ser sustentado" (DWORKIN, 1967, p. 41). Claro que o "suporte institucional" – o reconhecimento do princípio por algum precedente ou lei, por exemplo – reforça seu peso na argumentação judicial. Mas não se trata de um critério necessário que venha a transformar um princípio em uma regra, suscetível a um juízo de validade/invalidade por mera referência a fontes formais e passível de explicitação de suas exceções e derrogação.

Outra precisão a respeito da posição de Dworkin remete à distinção entre princípios e políticas. Ambos teriam a "dimensão de peso", por contraste ao caráter "tudo ou nada" da aplicabilidade das regras. Entretanto, seus usos no direito são diferentes. Dworkin (1975) assim elabora uma série de distinções sucessivas para enfrentar a tese hartiana (*supra*, 4.3) da discricionariedade na ausência de regras (ou na zona de penumbra das regras) e asseverar que um juiz só pode decidir com base em direitos *preexistentes*; ou seja, não pode simplesmente legislar nos interstícios das regras disponíveis para sua aplicação.[71]

Se não há órgão decisório com maior capacidade de argumentação e deliberação em termos do discurso normativo (moral/jurídico), cabe ao Judiciário – como dever institucional – buscar a solução mais justa e conforme à ordem jurídica. Isso implica decidir não por apelo a qualquer argumento (como se as partes não tivessem direitos predefinidos), mas apenas por uma consideração adequada da moralidade pressuposta por aquela ordem jurídica e parcialmente articulada nos princípios que esta ordem e sua respectiva comunidade política reconhecem.

Para o positivismo, segundo Dworkin (1975), a decisão judicial se explicaria da seguinte forma: na falta de regra (ou quando regra positiva é vaga ou indeterminada), partes não têm direito preestabelecido; o juiz tem discricionariedade e cria novos direitos jurídicos, aplicando-os retrospectivamente às partes ("legisla" judicialmente, segundo sua convicção ou as convicções majoritárias). Para Dworkin (1975), pelo contrário, ainda na falta de regra e ainda que divergindo sobre quais são os direitos das partes, juízes têm o dever de *descobrir* esses direitos, e não dispõem da liberdade para legislar sobre eles (ainda que segundo o que presumem ser a "vontade do legislador", por "delegação" deste). Em *casos difíceis*, cuja solução não é ditada por nenhuma regra, a justificação decisória só pode ser dada judicialmente por referência a princípios, não a políticas. Os argumentos clássicos de que o Judiciário não deve inovar a ordem jurídica – por lhe faltar representatividade política e pela anterioridade que os direitos e deveres devem ter em relação a sua aplicação – caminham justamente no sentido de *vedar decisões com base meramente em políticas* (argumentos de interesses, eficiência, utilidade da comunidade), mas de preservar o reconhecimento judicial de direitos e deveres preexistentes (amparados em princípios). Para decidir, o juiz precisa criar uma regra; para criar *regra*, apenas pode reconhecer direitos já amparados por sua ordem jurídica –

---

[71] Como Dworkin (1986, p. 97) veio a afirmar mais tarde, o "[d]ireito é uma questão de saber quais supostos direitos fornecem uma justificação para usar ou não a força coletiva do Estado porque estão incluídos nas reais decisões políticas do passado ou são por elas implicados".

apenas pode apelar a argumentos de princípio. A regra de um caso deve ter por base a mesma interpretação de determinado princípio que tenha justificado outra regra para outro caso, anterior ou hipotético. Há um dever de *coerência* por parte do julgador.

Não se trata de uma teoria que busca prescrever o que os juízes deveriam fazer, mas de uma melhor descrição do que eles fazem, inclusive dos constrangimentos normativos que integram a autocompreensão do papel jurisdicional. Nesse sentido de esclarecimento é que Dworkin (1975) formula uma série de distinções "teóricas" que servem para explicar como na prática se desenvolve a fenomenologia da decisão judicial. Nos termos do autor, "direitos jurídicos", que devem ser reconhecidos e aplicados pelo juiz, são uma espécie de "direitos institucionais", isto é, que podem ser objeto de decisão. Estes, por sua vez, diferem da categoria dos *direitos "fundantes" ou "preferenciais"*, que estão apenas ancorados na moralidade em geral. Tais direitos meramente morais, mas não jurídicos, não servem de base à decisão judicial. Portanto, já aqui cai a tese associada ao positivismo de que, exauridas as regras (enquanto padrões do direito positivo validados segundo os critérios convencionais das autoridades), resta ao juiz decidir com base em considerações extrapolantes ao direito positivo: juízos de conveniência, moralidade, utilidade etc.

Ora, mas como discernir quais são os *"direitos institucionais"*, dentre os quais se identificam os *"direitos jurídicos"*? É preciso delimitar a existência de *"direitos concretos"*, que se afirmam em conflito e que cuja atribuição a determinadas pessoas (naturais ou jurídicas) está individualizada. A esses *"direitos concretos"* se contrapõem os meros *"direitos abstratos"*, afirmados em tese. Apenas uma combinação de *teoria política* com a *história institucional* específica de determinada comunidade (suas convenções e decisões que constituem seu direito) permite elucidar quais direitos essa comunidade política sustenta em tese e quais ela atribui, em concreto, a pessoas determinadas.[72] O juiz não meramente adere a uma moralidade convencional da sua comunidade, mas exercita uma avaliação *crítica*: toda justificativa judicial pretende apresentar-se à luz da interpretação mais justa da história institucional (isto é, dos precedentes).

Por isso, afinal, *princípios* são sempre *direitos individualizados*, ancorados em uma visão de moralidade política, e que podem ser mobilizados argumentativamente e defendidos no ambiente jurisdicional, enquanto *políticas* são meras *diretrizes de bem-estar* e objetivos gerais da comunidade que um juiz *não* pode diretamente aplicar. Argumentos de política podem ser qualificados (restringidos) por princípios, e vice-versa, mas apenas a *lei* transforma uma política (finalidade) em um princípio (direito subjetivo). No caso das *policies*, os políticos e administradores têm que arbitrar uma combinação entre meios alternativos para a consecução dos objetivos definidos; podem celebrar um compromisso

---

[72] Na explicação de MacCormick (2008b [2005], p. 158-159) sobre a visão de Dworkin: "A tarefa adequada aos órgãos do governo que estão de forma distintiva vinculados pelo direito, e das cortes em particular, é assegurar e preservar os direitos. Os direitos que elas devem assegurar não são cada 'direito de fundo' imaginável que nós possamos conceber como fazendo parte dos rincões morais que se estendem para além do direito positivo. São direitos baseados nos princípios políticos, mas bem aparelhados para justificar as instituições de uma comunidade, não importando se esses princípios calham de estar em qualquer momento concretizados em regras explicitamente formuladas de direito escrito ou jurisprudencial. Não é uma tarefa adequada para as cortes perseguir ou implementar políticas, exceto quando as decisões sobre políticas tenham sido devidamente inseridas na legislação por legisladores autorizados a fazê-lo e de uma maneira consistente com os princípios constitucionais fundamentais que estabelecem direitos individuais".

de objetivos e sacrificar "porções" individuais em nome do benefício agregado para a comunidade. No caso dos princípios, pode haver concorrência entre direitos, mas qualquer direito tem um peso especial que se sobrepõe a metas coletivas em geral; só muito excepcionalmente a situação se inverte, e um direito pode ser desconsiderado em favor de uma política. A análise econômica do direito, por exemplo (ver *infra*, 7.4), assevera que decisões judiciais podem promover a eficiência; mas seria um abuso tomar a eficiência como um argumento justificador dessas decisões, pois se trataria de uma análise de custo e benefício para a comunidade em geral, e não do reconhecimento de direitos individualizados predefinidos pela ordem jurídica.

Especifiquemos mais ainda, com base em Dworkin (1975), as distinções entre direitos "abstratos" e "concretos" e entre direitos "institucionais" e "jurídicos". É por meio da construção jurisprudencial – a várias mãos e ao longo do tempo – de uma teoria política de fundo que as decisões judiciais estabelecem o peso relativo de cada direito, e distinguem direitos preferenciais (fundantes, em abstrato) de direitos institucionais (objeto de decisão por algum órgão, legislativo ou judiciário). Direitos concretos são limitados em sua aplicação em conflito com outros direitos. São institucionais se específicos de certa prática normativa reconhecida (como um jogo ou o direito), e não meramente ancorados na moralidade em geral (caso dos "direitos preferenciais"). Toda autoridade pública está apenas parcialmente insulada em relação à moralidade convencional, mas, de qualquer modo, os direitos institucionais (reconhecidos por decisão da autoridade) podem divergir dos direitos preferenciais.

A questão é que, para Dworkin (1975), não se explica a decisão judicial em casos difíceis como uma legislação judicial intersticial na "zona de penumbra" das regras, dada a "textura aberta" da linguagem. O que se tem em jogo nos casos difíceis é o que Gallie (1956) chamou de "conceitos essencialmente contestados": noções abstratas e avaliativas (típicas da ética e da estética) que envolvem ampla discordância sobre sua melhor aplicação ou seus melhores exemplos. Nessas situações, cabe ao intérprete determinar a natureza do caso, buscando tipificá-lo ou classificá-lo a partir de perguntas e distinções sobre as concepções envolvidas e as expectativas geradas naquele tipo de instituição. O intérprete busca então a *melhor interpretação* das regras e práticas, segundo os cânones em jogo. No caso jurídico, as partes têm o direito ao melhor juízo sobre a natureza de seus direitos – o que não exclui que as regras não sejam exaustivas e sejam ambíguas; ainda assim, o juiz tem o *dever de decidir*. Em um *caso difícil*, ele deve reconhecer ou negar direitos, com base na teoria geral que faça (mais) sentido sobre aquela instituição. Esses casos evocam a necessidade de uma justificação geral da instituição à luz do *conceito contestado*. Ou seja, impõem ao julgador um ônus argumentativo maior do que os casos simples, de aplicação incontroversa de regras.

Um juiz parte de duas bases. De um lado, a "intenção" ou propósito da lei, que é a construção de uma justificação política geral sobre os direitos que a lei cria. De outro, os princípios que subjazem às regras positivas. Em casos semelhantes, a *analogia* implica dar soluções iguais. A pergunta em casos difíceis é: o que a doutrina geral que justifica essa ordem jurídica requer nessas situações controversas? Há exemplos paradigmáticos, mas não estão predefinidos os termos da suficientemente semelhança entre o caso atual e seu precedente paradigmático. Para chegar a tais termos, o juiz deve aceitar a teoria geral que justifica as práticas normativas dentro do seu sistema jurídico. Aceitar tal teoria (um *ponto de vista interno moralmente comprometido*) faria parte, segundo Dworkin (1975), da responsabilidade jurídica do juiz. Daí emerge o arquétipo de Hércules, o juiz-filósofo. Em regra, o juiz valoriza e aceita as *justificações da sua comunidade política*; desse modo, não irá simplesmente complementar a moralidade institucional com seu juízo pessoal; pelo contrário, suas convicções se tornam uma via de acesso para compreender, de dentro, essa moralidade, de modo que se tornará mais indistinta a linha entre a moralidade fundamental que ele abraça e a moralidade institucional que sua comunidade determina. Hércules seria então capaz de formular uma *teoria política* completa explicativa de certa ordem constitucional; isto é, uma teoria constitucional para aquela comunidade política e aquele sistema jurídico. Ele chegaria a tal formulação testando mais de uma teoria possível e suas implicações concretas, e considerando as outras regras e práticas regradas, para avaliar qual teoria se harmoniza melhor com o sistema como um todo.

Assim, Hércules não justifica suas decisões por referência a suas preferências políticas particulares, e sim pela adesão a seu *dever institucional* e à solidez das convicções sobre o que *o direito exige* (a despeito de suas posições políticas individuais). Trata-se de um juízo de direito institucional, e não de juízo independente de moralidade política. Tal juiz considera as tradições morais da comunidade tal como captadas pelo registro institucional que ele deve interpretar. A moralidade da comunidade é incoerente, mas cabe ao juiz interpretar a moralidade constitucional da comunidade, conferindo *coerência* a sua constituição, o que implica eventualmente ter que dar mais peso a um princípio do que a outro. Sua decisão pode ser impopular, pois o juiz não julga conforme a moralidade convencional empírica (majoritária), e sim segundo a moralidade política que a constituição e as leis de sua comunidade pressupõem, *a moralidade que as torna coerentes* e é por elas parcialmente explicitada. O juiz exerce um papel *crítico* de determinação e revisão da *moralidade convencional*.

Qual é essa moral pressuposta e quais são os direitos jurídicos que ela sustenta é algo controverso. Usam-se *conceitos contestados*, como liberdade, igualdade, equidade. Ainda assim, trata-se de juízo adstrito ao direito, aos conceitos morais que ele incorpora e aos direitos jurídicos que ele institucionaliza, e não simplesmente de um juízo discricionário da preferência política/moral do julgador. Pode ser necessário ao julgador usar conceitos e concepções contrários à sua própria convicção (e que ele rejeitaria em termos de moralidade básica), mas que sejam relevantes naquela ordem jurídica.

Como interpretar conceitos contestados importantes na retórica das decisões e que tiram seu sentido dos contextos institucionais em que foram usados? É preciso determinar o sentido que a história institucional deixa em aberto: em primeiro lugar, observando-se os *casos claros* aos quais o conceito vem sendo aplicado; em seguida, imaginando-se o quadro mais geral das crenças e atitudes daqueles que valorizam o conceito. Aí se chegará à determinação do que o conceito demanda. Isso não exclui, evidentemente, *desacordos*, não como oposição entre diferentes opiniões pessoais, mas como *conflito entre interpretações* de um mesmo conceito (contestado) que se presume ter em comum naquela *comunidade* político-jurídica. Conceitos contestados são, afinal, conceitos compartilhados.

No caso da interpretação da constituição, o problema é dispor de uma teoria insuficientemente concreta para resolver um *caso difícil*. É preciso construir então o ajuste entre teoria e regras, mas também ascender a questões gerais de teoria política. Para discernir os *direitos institucionais* sob o pano de fundo dos *direitos preferenciais (fundantes)*, o juiz hipotético combinaria um exercício de filosofia política com o esquadrinhamento de pormenores institucionais definidos no direito; testaria sua teoria diante do quadro institucional mais amplo; e elaboraria os conceitos contestados em disputa.

Na *interpretação da lei*, é preciso considerar não apenas a competência do legislador, mas também qual interpretação melhor se adéqua a uma visão de suas responsabilidades políticas: não se trata de perscrutar os estados mentais dos legisladores, mas sim de delimitar o que é exigido dentro de sua *responsabilidade institucional* (ver, *supra*, 5.5, a discussão sobre Henry Hart e Albert Sacks). Aqui a interpretação não significa complementar um ato legislativo, ou determinar o que legislador teria feito, mas sim determinar o sentido de um evento cujo conteúdo é contestado: o que legislador decidiu.

Na *interpretação da jurisprudência*, a tradição do *common law* reconhece direitos das partes preexistentes não por sua base legal, mas por seu amparo em princípios consolidados em decisões judiciais anteriores. O problema é que muitos argumentos não têm a forma canônica de uma regra aplicável; às vezes se deixam em aberto as consequências jurídicas das razões levantadas em um caso para aplicação em casos posteriores. É necessário mobilizar a *analogia*.

Ao contrário da interpretação das *leis* (em que pode haver *políticas* não individualizadas em princípios), na *jurisprudência* só se poderá encontrar argumentos de *princípio*. Ao contrário do legislador, que pode votar por razões meramente políticas (utilitárias) e morais e pode estipular políticas contraditórias, por mera conveniência *ad hoc* (por exemplo, estímulo a este ou àquele setor produtivo), os juízes têm um *dever de coerência* com as decisões anteriores tomadas por ele e seus pares. Claro, a força do precedente não reside em sua promulgação, mas sim no argumento de equidade ou *igualdade*: tratar casos semelhantes de maneira semelhante. Diferentemente do jogo de xadrez (em que há autonomia institucional plena e todas as regras são conhecidas), no direito a autonomia institucional é parcial e decisões anteriores exercem uma força gravitacional mesmo sobre casos a princípio fora de sua órbita. Princípios podem ser aplicados de maneira diferente (em relação ao caso anterior) apenas conforme a caracterização específica dos *direitos concretos em colisão*, e o juiz pode argumentar que certos precedentes criaram uma regra específica da qual não se tinha ouvido falar. Entretanto, se o precedente é justificado por uma razão, se a razão recomenda certo resultado e se a decisão não foi "retratada" pelo tribunal, então deve-se reconhecer o mesmo direito (o juiz não pode fazer juízo de conveniência, *e.g.* de se promover uma meta alternativa ou buscar outros meios para a satisfação da pretensão). Cabe-lhe definir o melhor princípio ou conjunto de princípios que justifica aquelas decisões, e explicitar a compatibilidade geral dos princípios subjacentes indicados com as decisões anteriores dotadas de autoridade – jurisprudenciais, legislativas, constitucionais, considerando a hierarquia das fontes e do Judiciário. Trata-se o direito como se fosse uma trama inconsútil, tecida por uma teoria constitucional que considere juízos políticos e morais ao lado da adequação institucional – não é uma visão discricionária, mas a melhor interpretação do que os precedentes e outras fontes exigem.

Portanto, se quanto às leis os *casos difíceis* se configuram por conta de conceitos contestados, quanto à jurisprudência eles emergem quando há princípios, direitos *prima facie*, reconhecidos de algum modo, mas cujo peso precisa ser determinado em um esquema geral de justificação; pode ser que um outro princípio, que não o explicitamente invocado, justifique mais amplamente aquela e as demais decisões.

Pode ser impossível encontrar um conjunto de princípios que coerentemente justifique todas as decisões daquela jurisdição e pode ser necessário rejeitar algumas como equivocadas. Mas então é preciso, em primeiro lugar, levar em conta as consequências normativas de se considerar determinadas decisões como erros. Não se pode negar o ato institucional (a decisão e seus efeitos produzidos, ou sua validade, por força da promulgação, *e.g.* da lei), mas apenas cabe neutralizar sua força gravitacional de orientar decisões futuras. É preciso também distinguir *erros* enraizados e erros corrigíveis.

Em segundo lugar, cabe limitar o número e escopo dos casos que serão considerados inconsistentes com a teoria justificativa. Tem-se que provar que essa interpretação é melhor do que aquela que não reconhece nenhum erro, ou que reconheça erros diferentes: indicar que a decisão é errada por não haver sido equitativa é diferente de julgá-la imprópria pois seria hoje desautorizada pela opinião jurídica prevalente, o que é diferente de dizer que a decisão não obedecia a fonte ou jurisdição superior. De qualquer forma, os erros apontados não podem colocar o conjunto de decisões que constituem o direito vigente em xeque a tal ponto que se confunda a *interpretação* deste direito (orientada por regras e princípios) com a proposta política de sua *reforma* (na qual, vale reforçar, contam argumentos vários, inclusive de política, moralidade, utilidade etc.).

Vejamos um exemplo de como a interpretação judicial do direito pode remeter a questões mais amplas de moralidade política: é o caso do *princípio da igualdade*. Tanto a teoria quanto a prática jurídica que aquela descreve, para Dworkin (2004, p. 23), dependem de uma urdidura coerente de valores, que os situe e dimensione em uma teia coerente, na interseção filosoficamente possível entre valores concorrentes. Nesta, o tratamento igual emerge como critério de legitimação política: "Nenhum governo é legítimo a menos que demonstre igual consideração pelo destino de todos os cidadãos sobre os quais afirme o seu domínio e aos quais reivindique fidelidade. A consideração igualitária é a virtude soberana da comunidade política (...)" (DWORKIN, 2011a [2000], p. ix).

Tal consideração abrange tanto os princípios quanto as políticas, no âmbito das quais a atuação estatal redistributiva é mensurada em referência aos cidadãos que procura beneficiar. A exigência de igualdade nas políticas públicas está não na garantia de benefícios iguais a todos os cidadãos, mas no "tratamento igualitário – com igual consideração e respeito em deliberações e processos políticos que resultem em tais decisões"; a perda no mérito das propostas é legítima, enquanto não o é aquela que resulte de "vulnerabilidade especial ao preconceito, à hostilidade ou aos estereótipos e à sua consequente situação diminuída – cidadania de segunda classe – na comunidade política" (DWORKIN, 2011a [2000], p. 584). Assim, a própria igualdade pode ser abordada, na jurisdição, como um *princípio* (critério legítimo para balizar decisões judiciais, quando já estão individualizados direitos jurídicos correspondentes) e, no Legislativo e Executivo, como uma *política* (objetivo para cuja promoção são tomadas as decisões políticas e administrativas, que não precisam se prender a direitos preestabelecidos).

6.1.1 Uma nota sobre Alexy e a proporcionalidade

A forma básica das prescrições jurídicas para a qual o positivismo jurídico dispõe de critérios consolidados de tratamento é a das *regras*: normas condicionais, definidas por uma hipótese de incidência à qual se vincula deonticamente uma consequência devida. Para Kelsen, por exemplo, ao descrevermos as prescrições jurídicas, deveríamos formulá-las de modo a que o consequente normativo fosse uma sanção, sendo a conduta devida aquela que evita a sanção. Normas desse tipo (regras) envolvem três tipos de questão:
- a definição de sua *validade*, de sua existência como norma jurídica válida, pertencente ao ordenamento jurídico que incide sobre o caso;
- a interpretação, envolvendo a redução ou ampliação do escopo da norma por apelo a seu "espírito", "finalidade" ou "vontade" (interpretação restritiva ou extensiva) e os elementos classicamente considerados (literalidade, finalidade, histórico legislativo e jurisprudencial, sistematicidade da lei, do ramo do direito e do ordenamento em que tal norma se integra);
- a solução dos *conflitos de regras* por meio dos critérios de solução de *antinomias* (prevalência da norma superior, especial ou posterior) derivados do postulado de *coerência* do ordenamento jurídico; se há conflito entre regras válidas, tem-se que determinar um esquema de *regra e exceção*, justificando porque determinada regra a princípio incidente sobre o caso não deve ser aplicada; por essa esquematização, a regra não perde a sua validade, apenas deixa de incidir no caso.

Como vimos, as várias tendências antiformalistas do direito observaram o papel determinante que juízos de valor, finalidade e contexto, positivados ou não, exercem sobre a definição das soluções jurídicas; esses elementos, muitas vezes implícitos, deveriam ser explicitados para que houvesse um controle argumentativo da jurisdição. As teorias idealistas do direito, por sua vez, buscaram construir metodologias mais estritas para um controle racional do tipo de argumento ideal admitido no direito. Daí a discussão sobre princípios e políticas em Dworkin e sua resposta metodológica, baseada na construção de uma visão de moralidade política coerente, visão esta construída jurisprudencialmente a partir de uma avaliação *crítica* da comunidade política em que os juízes se inserem (por isso, Dworkin adota um comunitarismo liberal, e não a mera adesão do juiz-intérprete aos preconceitos e tradições de sua comunidade).

A partir dos anos 1980, a teoria principiológica de Dworkin foi recepcionada na tradição romano-germânica, por meio das elaborações do teórico constitucional Robert Alexy (n. 1945), professor da Universidade de Kiel. Observando o uso dos princípios pelo Tribunal Constitucional Federal alemão (*Bundesverfassungsgericht*), Alexy ao mesmo tempo procurou traduzir a visão dworkiniana para o mundo do *civil law*, acostumado a ver o direito como uma hierarquia estruturada de normas (ver JESTAEDT, 2021 [2007]). O *juízo de proporcionalidade* que Alexy sistematizou como método de solução de *colisões entre princípios* fornece um esquema analítico para transformar programas finalísticos (definições abertas de finalidades sem especificação estrita dos meios) de que se dispõe para uma decisão em programas condicionais: regras para o caso concreto a serem construídas pelo intérprete-aplicador do direito (ver *supra*, 3.7).

Alexy (2008 [1986], cap. 3) distingue então as *regras* (normas que determinam obrigações definitivas) dos *princípios*, definidos como "mandamentos de otimização" que impõem deveres ou criam direitos ou obrigações *prima facie*: exigem realização na maior medida das possibilidades fáticas (recursos disponíveis) e jurídicas (colisão com outros princípios). Como os direitos fundamentais têm geralmente a estrutura de princípios, a colisão entre princípios tende a implicar a restrição de um direito por outro.

A colisão entre princípios trata da prevalência, no caso concreto, de determinada norma sobre outra, ambas válidas e aplicáveis. A solução da colisão se dá pela *"ponderação"* ou *"sopesamento"*, segundo o postulado da proporcionalidade. A proporcionalidade tem a estrutura de uma *regra* (é aplicável ou não, não sendo "ponderável" ou "otimizável" ela mesma) (SILVA, 2002; 2003). Entretanto, por não ser necessariamente uma norma positiva, mas antes um método teórico, pode ser também referida como um *"postulado"* (ÁVILA, 2011 [2003], cap. 3). Três são os passos sucessivos do *juízo de proporcionalidade*:

- *adequação*: considerar se o meio escolhido é adequado para a realização do fim posto pela norma-princípio;
- *necessidade*: considerar se não há meio menos gravoso (menos restritivo a outros direitos/princípios) para a realização do fim posto pela norma-princípio;
- *proporcionalidade em sentido estrito (sopesamento), proibição do excesso*: determinar que o meio escolhido para concretizar um princípio não é excessivamente gravoso/restritivo ao outro princípio em colisão.

Como se vê, o juízo de adequação diz respeito às possibilidades fáticas de realização do princípio; é uma avaliação instrumental, de meios e fins. O juízo de necessidade considera as possibilidades fáticas (meios alternativos) e jurídicas (gravosidade ao princípio/direito em colisão). O juízo de proporcionalidade em sentido estrito, por fim, centra-se apenas nas possibilidades jurídicas de otimização dos princípios – um deles não pode afastar o outro de maneira absoluta, pois ambos são válidos e tratam de direitos e obrigações tutelados pelo ordenamento. Determinada taxa, por exemplo, pode ser meio adequado e até necessário para financiar um serviço público, porém pode ser muito gravosa ao exercício do direito fundamental de acesso àquele serviço. É, portanto, desproporcional – pode-se argumentar.

Dois são os pontos principais em que Alexy transforma o tratamento que Dworkin conferiu aos princípios como razões na argumentação jurídica. Em primeiro lugar, para Alexy (2008 [1986], p. 104-105), a tese de que as regras ou são aplicáveis totalmente ou não são aplicáveis em absoluto, como defendera Dworkin, não se sustenta, pois as *exceções à regra não são enumeráveis* nem mesmo em teoria. Até mesmo um princípio pode determinar uma exceção à aplicabilidade de determinada regra. Em um conflito entre regras, é preciso reconhecer exceção ou invalidade de modo que reste apenas uma cumprível. Já a pertinência de um princípio ao ordenamento jurídico apenas não se configura se tal princípio for incompatível "com todos os precedentes e normas aceitáveis" ou se, "em todos os casos", "princípios em sentido contrário" tiverem precedência sobre aquele (potencial) princípio (ALEXY, 2010 [1995], p. 157). Trata-se de uma situação absolutamente inusual. Aqui a descrição de Alexy parece mais exata que a de Dworkin.

Entretanto, a segunda diferença principal entre os autores torna problemático o método de Alexy. Alexy não adota a distinção dworkiniana entre princípios (em sentido estrito) e *policies*, os primeiros como padrões reclamados por exigência da moralidade (de justiça, de equidade) e as segundas como direcionamentos a melhorias sociais, econômicas, políticas. Vale lembrar que, para Dworkin (1967, p. 23), políticas são padrões que estabelecem "um objetivo a ser alcançado, em geral uma melhoria em algum aspecto econômico, político ou social da comunidade (...)"; de outro lado, um princípio, em sentido estrito, é "um padrão que deve ser observado, não porque vá promover ou assegurar uma situação econômica, política ou social considerada desejável, mas porque é uma exigência de justiça ou equidade ou alguma outra dimensão da moralidade". Assim, enquanto as políticas são preceitos teleológicos, finalísticos (instrumentais, utilitários ou estratégicos), os princípios são deontológicos.

Dworkin (1975) reitera que argumentos de princípio – os únicos admissíveis enquanto fundamento de decisão judicial – demandam uma consistência articulada, pressuposto de uma teoria político-moral geral que dê *coerência* às distinções traçadas nas fontes formais; trata-se de um discurso diferente do argumento meramente *agregativo* de políticas (isto é, do arbitramento entre interesses ou finalidades concorrentes).

Nesse sentido, vale mencionar a crítica de Habermas (1996 [1992], p. 256) a Alexy: como princípios e regras têm caráter deontológico, e não finalístico, não podem aqueles ser definidos como *mandamentos de otimização* e aplicados mediante ponderação de bens. Isto é, o método de Alexy trataria os princípios de maneira semelhante à ponderação de valores e interesses e implicaria tratar de maneira instrumental e utilitária (como *policies*) inclusive aqueles direitos que são definidos por razões não utilitárias, mas de justiça e correção moral independentemente dos resultados (princípios).

Vale lembrar que desde o realismo jurídico é comum no direito americano entender-se que as normas criam direitos, obrigações, poderes e responsabilidades em nome da promoção de alguma política pública, explícita ou subjacente a tais normas. Assim, as políticas são as justificativas das normas e cada norma tenderá a ser usualmente um compromisso entre políticas concorrentes. Se uma política sempre prevalecesse, a norma nela fundada seria absoluta; na prática, porém, determinada política prevalecerá em um caso e terá menor peso em outro. Assim se reconhecerão ou não os direitos e deveres respectivos. Da mesma forma, se uma norma não é aplicável a uma situação, mas suas políticas subjacentes justificarem, os juízes aplicarão tal consequência normativa à situação não regrada. Ou seja, a ideia de políticas subjacentes orienta um raciocínio finalístico e analógico (ver *e.g.* VANDEVELDE, 2000 [1998], p. 22-23).

Diante dessa prática, a proposta teórica de Dworkin é circunscrever o tipo de argumento cabível à jurisdição (argumentos de princípio, e não considerações de políticas e consequências). Já a partir de Alexy, a metáfora do *sopesamento* ou *balanceamento* pode ser equívoca se implicar que argumentos de política e direitos já individualizados e atribuídos a pessoas (naturais ou jurídicas) pela legislação estão no mesmo plano e poderiam concorrer; pelo contrário, o ponto de Dworkin (1984 [1981]) é que os direitos "trunfam", prevalecem sobre argumentos de políticas públicas. Poderíamos ler essa tese igualmente como uma defesa da prevalência da função protetiva sobre a função instrumental do direito (VAN DER BURG, 1999, p. 190).

Por exemplo, pode-se definir que está em jogo uma avaliação sobre a *relação entre meios e fins* para a realização do estado de coisas posto pelo princípio como dever-ser (ÁVILA, 2011 [2003], cap. 2). Tal visão finalista, combinada à ideia de "otimização" de Alexy, facilmente conduziria a uma redução utilitarista ou consequencialista que acirraria o dilema e o conflito decisório quanto à separação dos Poderes: a medida da discricionariedade do governo (Executivo/Administração) e os controles de legalidade e constitucionalidade pelo Legislativo e pelo Judiciário. Os três critérios da proporcionalidade flexibilizam essas fronteiras e tendem a ativar o Judiciário para a análise da compatibilidade entre o meio proposto e a finalidade pretendida (adequação/ razoabilidade), da inexistência de medida menos gravosa (aos princípios colidentes) que fomentasse o mesmo fim (necessidade) e da precedência, em concreto, do princípio/ direito que a medida busca realizar, em relação aos princípios/direitos colidentes (proporcionalidade em sentido estrito). A *argumentação consequencialista* proposta tende a expandir a judicialização das políticas públicas, ainda mais se considerada a relativa indeterminação dos critérios de mensuração do que seria o resultado ótimo, nos termos de uma métrica utilitarista.

Na verdade, há, porém, uma limitação posta pelo método da ponderação: ao contrário do político ou administrador, o juiz não irá definir uma política pública e sua implementação; não lhe cabe decidir discricionariamente entre todos os meios alternativos possíveis para a realização das finalidades formuladas normativamente como princípios ou políticas. Depois de analisar, nos limites invocados no caso e acessíveis a um procedimento judicial, as possibilidades fáticas de "otimização" dos princípios em jogo – a adequação dos meios empregados aos fins normatizados e a necessidade das medidas tomadas em relação a alternativas igualmente à mão do órgão decisório (legislativo, administrativo etc.) que executou a restrição de algum direito em detrimento de outro – chega-se, na terceira fase do juízo de proporcionalidade, a um arbitramento puramente de "otimização" das *possibilidades jurídicas*; nesse passo, da proporcionalidade em sentido estrito, o *sopesamento, balanceamento* ou *ponderação* de princípios (*Abwägung, balancing*) não consegue tratar do problema da otimização das possibilidades fáticas, isto é, "se o espaço de possibilidades de intervenção no mundo real é tal que contém alternativas de ação mais adequadas do ponto de vista da realização combinada do conteúdo prescrito num conjunto de princípios (...)" (SCHUARTZ, 2005, p. 202).

Portanto, o terceiro passo do juízo de proporcionalidade – o sopesamento, ou proporcionalidade em sentido estrito – consiste em esquematizar o raciocínio de justificação sobre as possibilidades normativas envolvidas em uma colisão de princípios, facilitando assim o cumprimento do *ônus argumentativo* que se impõe sobre a decisão que decide privilegiar determinado princípio e restringir o outro em dado caso. Como resultado da ponderação, constrói-se uma *regra*, esta sim *razão definitiva* e suficiente para um juízo concreto, isto é, fundamento imediato de uma norma de decisão. Dessa forma, resulta da ponderação de *princípios* (que determinam *direitos ou obrigações prima facie*) a determinação de *obrigações definitivas*, na forma de *regras* com cláusulas de exceção: *deve ser x, a menos que no caso concreto outro princípio tenha maior peso*. Um princípio jamais é razão definitiva para uma decisão; apenas é material para a construção de tal razão formulada como uma regra (ALEXY, 2008 [1986], p. 107-108; ver NEVES, 2013 [2011], p. 68-69).

Como visto, se os juízos de adequação e necessidade abrangem a avaliação das possibilidades fáticas (orçamentárias) das medidas vinculadas à concretização dos direitos em jogo, o juízo final – de sopesamento, ou proporcionalidade em sentido estrito – restringe-se a avaliar as possibilidades jurídicas: o grau de promoção de um direito/princípio que não desconsidere absolutamente outro direito em colisão (igualmente estruturado em uma norma principiológica). Resta saber então se a noção de "direitos como trunfos", de Dworkin (1984 [1981]; 1977) é compatível com o modelo da proporcionalidade de Alexy (2008 [1986]). A resposta é negativa. Entretanto, essa discussão (COSTA NETO, 2015) ajuda a esclarecer outras diferenças entre os constructos teóricos desses autores e mostra como, modificando aspectos de ambas as teorias, seria possível conciliar a visão de direitos fundamentais como trunfos e o método da proporcionalidade.

O modelo de Alexy pressupõe que não haja prioridade fixa ou ordenação léxica entre diferentes princípios estruturantes de direitos fundamentais – ou seja, não haveria como estabelecer em abstrato pesos diferentes entre princípios igualmente constitucionais, ou direitos igualmente fundamentais. Alexy (2008 [1986], p. 135-136) não admite em tese a precedência dos direitos fundamentais individuais diante de interesses coletivos igualmente amparados por princípios constitucionais – que podem tanto conflitar com algum direito quanto contar como razão favorável a ele.

Ainda, partindo-se de um *escopo amplo do âmbito de proteção prima facie* desses direitos, quaisquer delimitações (i) seriam possíveis apenas no caso concreto, (ii) viriam externamente, da colisão com outros princípios, e assim (iii) teriam que ser justificadas. O modelo da *regra de proporcionalidade* não evita subjetividade no juízo de valor nem transforma a interpretação dos princípios constitucionais e direitos fundamentais em um processo puramente lógico-dedutivo. Entretanto, estrutura a argumentação, de modo a alocar *ônus argumentativos* (para a definição, no *caso concreto*, da *prioridade relativa* deste ou daquele princípio/direito) e tornar mais claro e publicamente controlável a justificação decisória. O juízo de sopesamento, especificamente, exige considerar o quanto um direito (em colisão) é restringido, o quão importante é promover o outro direito colidente e o quanto tal promoção justifica aquela restrição (COSTA NETO, 2015, p. 162-164).

Vejamos como a teoria de Dworkin dista desses entendimentos. Ela dá ampla *prioridade às liberdades individuais* (conteúdo a que se referem os direitos fundamentais que ele entende como "trunfos") sobre juízos consequencialistas, agregativos e utilitários voltados a políticas públicas e ao bem-estar coletivo. Afinal, eles expressam demandas de *justiça política*, e não protegem determinada visão particular de bem (ver *infra*, 10.3). Dworkin (1977, p. 197-204) assim *rejeita explicitamente o sopesamento*.

Mesmo que protegidos contra demandas majoritárias e interesses coletivos, esses trunfos, porém, não são absolutamente insuperáveis. Para derrotar uma pretensão amparada pela liberdade de expressão, por exemplo, seria preciso demonstrar a necessidade de proteger outros direitos igualmente fundamentais, evidenciar que aquela pretensão na verdade não realiza aquele valor ou provar que reconhecer tal pretensão produziria uma catástrofe, ou implicaria custos absurdamente elevados para a sociedade (DWORKIN, 1977, p. 200). Ora, o problema é que este modelo pressupõe que *de partida e em abstrato* se tenha uma delimitação intrínseca clara dos *âmbitos de proteção* de cada direito, como se o sistema jurídico fosse substancialmente completo e coerente – na linha da exigência de "integridade" do direito (DWORKIN, 1986, p. 176-275) – e como se fosse possível em tese se estabelecer uma hierarquia de valor ou ordem de prioridade entre os diferentes direitos fundamentais. A consequência lógica desta visão é *negar que haja colisão* entre direitos, já que eles viriam predefinidos em seus precisos conceitos e estreitos e bem delimitados âmbitos de proteção. Essa visão das *limitações intrínsecas* é rejeitada por Alexy (2008 [1986], cap. 6); ela pressupõe uma unidade metafísica e diminui a clareza justificatória na prática jurídica, a exposição pública de razões na determinação de quais são as exceções admitidas a um direito no caso concreto – justamente a demanda que o sopesamento visa atender.

Outro autor, aliás, que parte de uma *definição restrita do âmbito normativo* – ao contrário de Alexy – é o alemão Friedrich Müller (n. 1938), professor da Universidade de Heidelberg, com sua metódica jurídica estruturante. Trata-se de outra teorização incompatível, portanto, com a ideia de sopesamento, já que se trata de um método para restrição *a posteriori* (após o juízo de proporcionalidade) do âmbito protetivo dos princípios (SILVA, V. A., 2003, p. 625-627; 2005, p. 136-139).[73]

Voltando ao contraste entre Dworkin e Alexy, Costa Neto (2015) conclui que, para compatibilizar o sopesamento com o conceito de direitos fundamentais (liberdades individuais) como trunfos, é preciso – contra Dworkin – adotar a "teoria externa" abraçada por Alexy, e desse modo partir de um *amplo âmbito de proteção* dos direitos, justificando delimitações e exceções caso a caso, pelo juízo de proporcionalidade. Seria possível conceder, porém (em direção a Dworkin, e contra Alexy) uma *prioridade relativa* intrínseca, em abstrato, dos direitos fundamentais (individuais) em relação a outros interesses públicos: aqueles direitos teriam uma vantagem "de partida" no sopesamento diante de outros interesses jurídicos, mas a análise do caso pode conduzir a que estes sejam reconhecidos como suficientemente fortes para derrotarem ou superarem aqueles "trunfos" (seguindo uma *teoria externa* das limitações, portanto). Evidentemente, tal modelo contrasta com a rejeição explícita, por Dworkin (2011b, p. 413), da distinção entre direitos *prima facie* e direitos definitivos. De outro lado, ao aceitar hierarquias valorativas abstratas entre princípios (direitos *prima facie versus* outros princípios constitucionais), o modelo compromete a pretensão de Alexy de, partindo da incomensurabilidade entre valores em abstrato, apenas reconhecer preferências ou prioridades entre direitos em concreto, na delimitação dos direitos definitivos como resultado do sopesamento. Para Alexy, portanto, quaisquer princípios em colisão adentrariam o juízo de proporcionalidade com o mesmo peso *a priori* (SILVA, 2011).[74]

A fim de ilustrar o tratamento dos princípios na teoria de Alexy, vale fazer referência ao *princípio da igualdade*. Alexy (2008 [1986], p. 393-396) ressalta que a igualdade não é apenas um dever para o aplicador do direito, mas também para seu criador institucional (o legislador); o conteúdo de tal mandamento, porém, não se constitui pelo dever de igualação de todos nem quanto ao seu patrimônio jurídico concreto, nem quanto a suas condições fáticas em geral. Mas:

---

[73] Müller (2009 [1984], p. 244-268) distingue entre o "âmbito normativo" e o "programa normativo", previsto no texto normativo a ser concretizado interpretativamente, e reforça o ponto de que "[a] normatividade da norma engloba sempre as estruturas materiais reais do âmbito normativo, bem como as estruturas materiais de tal âmbito formuladas como estruturas possíveis na realidade e, como normatividade materialmente determinada, é cocaracterizada e cofundamentada por tais estruturas. Essa inclusão não naturalista, mas sim intermediada pelos métodos, de estruturas que são possíveis na realidade no teor de validade da norma não é nem arbitrária nem sincrética, mas estruturalmente elaborada a partir do processo de concretização jurídica" (MÜLLER, 2009 [1984], p. 224). Ver também Müller (2013).

[74] Para o debate análogo sobre derrotabilidade das regras, ver *infra*, 9.4.2.

Se o enunciado geral de igualdade se limitasse ao postulado de uma práxis decisória universalizante, o legislador poderia, sem violá-lo, realizar qualquer discriminação, desde que sob a forma de uma norma universal, o que é sempre possível. A partir dessa interpretação, a legislação nazista sobre judeus não violaria o enunciado "os iguais devem ser tratados igualmente". (ALEXY, 2008 [1986], p. 398)

Os juízos sobre igualdade são *juízos triádicos*, sobre a igualdade ou desigualdade de duas pessoas (ou grupos) com relação a dado aspecto – aspecto esse a ser valorado e contrabalançado pelo tratamento igual ou desigual, na medida da (des)igualdade (dever material de igualdade) (ALEXY, 2008 [1986], p. 399-400). A valoração da (des)igualdade de fato e do tratamento igualador correspondente está justamente expressa na exigência de fundamentação (não arbitrariedade). A princípio, Alexy (2008 [1986], p. 407-411) cogita reconhecer que o princípio da igualdade estabelece justamente uma precedência *prima facie* do tratamento igual, que apenas deve ser afastado quando houver razões suficientes para o tratamento desigual – o que implica um ônus argumentativo para a decisão no último sentido, ou seja, o peso superior de outros princípios colidentes com o da igualdade, ao final do processo de sopesamento (avaliação da adequação, necessidade e proporcionalidade em sentido estrito da medida de tratamento desigual). Há, porém, uma ambiguidade no princípio da igualdade como norma de direito fundamental: o dever imposto por esta norma é o de tratamento igual ("relacionado a atos") ou de promoção de um estado de coisas de igualdade (sobre certo aspecto)? A orientação consequencialista implicaria uma aceitação do tratamento desigual, mas equalizador (ALEXY, 2008 [1986], p. 416-417). A "solução" teórica poderia ser sopesar, caso a caso, o princípio da igualdade (como dever de "igualdade jurídica" – tratamento igual) e o princípio do Estado social (a fundamentar o tratamento desigual em vista de suas consequências de redistribuição ou reconhecimento); Alexy (2008 [1986], p. 419-428), entretanto, a nega, tendo em vista que o princípio do Estado social não se referiria a um direito fundamental, não constituindo, assim, um direito subjetivo correspondente. A solução do autor será apresentar dois princípios – o da *igualdade fática* e o da *igualdade jurídica*; caso a caso, ter-se-á ao final a justificação da precedência do tratamento desigual ou do tratamento igual.

> Há dois tipos de *direitos de igualdade definitivos abstratos*: o direito de ser tratado igualmente, se não houver razão suficiente para a permissibilidade de um tratamento desigual; e o direito de ser tratado desigualmente, se houver uma razão suficiente para o dever de tratamento desigual. (ALEXY, 2008 [1986], p. 429, destaques no original)

Teríamos então que admitir a validade de dois princípios, em vez de um: o princípio da igualdade e o da desigualdade. Isto porque, como visto, a pertinência de um princípio ao ordenamento jurídico apenas não se configura se tal princípio é incompatível "com todos os precedentes e normas aceitáveis" ou se, "em todos os casos", "princípios em sentido contrário" têm precedência sobre aquele (potencial) princípio (ALEXY, 2010 [1995], p. 157). A solução teórica de Alexy mostra como os *âmbitos de proteção* de cada princípio (a presunção a favor do tratamento igual ou do tratamento desigual) precisam ser delimitados caso a caso. É verdade que esse modelo de ponderação soluciona a sempre difícil argumentação em favor do tratamento desigual em um sistema jurídico acostumado ao sentido estrito e neutro de isonomia, enquanto desconsideração de fatores a princípio alheios à conduta ou ao procedimento de que se está a tratar – assim, etnia, gênero, idade pareceriam não ter relação direta com o sistema de ensino ou o mercado de trabalho, diferentemente dos diplomas e da qualificação profissional, que são direta e legitimamente critérios de diferenciação nesses respectivos âmbitos de vida.

Mesmo o tratamento igual – pelo legislador e pelo julgador, por exemplo – exige uma fundamentação quanto aos "sujeitos entre os quais se trata de repartir os bens e os ônus", "os bens e os ônus a serem repartidos" e "o critério com base no qual fazer a repartição" (BOBBIO, 2001 [1994], p. 112). Entretanto, usualmente se entende que a previsão constitucional e legal do tratamento igual valeria em regra, quando não houvesse norma especial a reger a situação e a exigir determinado favorecimento. Isso implicaria uma "sobrecarga argumentativa" para o tratamento desigual. Uma crítica possível, assim, é que impor o reconhecimento do tratamento desigual no mesmo nível da exigência argumentativa do tratamento igual seria problematizar desnecessariamente os procedimentos estatais e privados, pois em qualquer caso haveria o ônus de uma justificação exaustiva da decisão adotada, contra a evidência da precedência *prima facie* do tratamento igualitário, a não ser que haja razões suficientes em sentido contrário. Mas o modelo de Alexy parece justamente primar pela demanda em favor da explicitação argumentativa para toda aplicação de princípios, o que é verdade na colisão entre os princípios da igualdade e da desigualdade.

Para concluir esta ilustração do tratamento dado à igualdade na teoria dos princípios, vale a alusão a um exemplo mais específico. Adotando, em linha com Alexy, a perspectiva de um *suporte fático amplo* quanto ao âmbito de proteção dos direitos fundamentais estruturados enquanto princípios, Grimm (2007 [2002], p. 63-68) procura elaborar critérios de ponderação em colisões que envolvam direitos culturais. Apresenta, para tanto, quatro hipóteses possíveis de problemas e soluções:

1) "Integrantes de uma minoria, por motivos culturais ou religiosos, desejam que se lhes permita fazer algo que está proibido com caráter geral", caso em que se coloca a questão da "ampliação do marco de liberdade em benefício desse grupo": aqui se deve determinar se a previsão jurídica invocada (proibitiva) visa proteger o interesse individual ou o de terceiros. Em regra, se a proteção proibitiva visa ao próprio indivíduo, é possível *permitir-lhe fazer o geralmente proibido*. Se a proibição visa a terceiros, é necessário sopesar a intromissão na esfera cultural (ou religiosa) individual com gravidade dos riscos que se impõem (a terceiros) pela permissão excepcional de algo proibido;

2) "Integrantes de uma minoria desejam, por motivos religiosos ou culturais, que lhes seja reconhecido o direito de proibir aos membros desse grupo algo que está permitido com caráter geral", caso em que se coloca a pretensão do "estreitamento do marco de liberdade": é ilícita a *(auto)limitação de um direito fundamental* com eficácia interna a um grupo, proibindo-se o em geral permitido, se for contra a vontade do indivíduo; se tiver o seu consentimento, não demandará intervenção estatal, a não ser por provocação futura do indivíduo à jurisdição;

3) "Integrantes de uma minoria cultural pretendem algo, em interesse da preservação de sua identidade ou do exercício da religião, que está reconhecido a quem forma parte da cultura majoritária", caso em que se tem o problema da "igualdade de tratamento": nos âmbitos em que esteja reconhecida a *igualdade de tratamento*

das diferentes culturas (como no sistema escolar), esta é exigível; a conservação e a transmissão de culturas específicas minoritárias devem ser protegidas pela liberdade cultural, mas não são, independentemente de normatização e de políticas públicas concretamente planejadas, um dever positivo do Estado;

4) "Integrantes de uma minoria cultural pretendem algo, por motivos religiosos ou culturais, que não se outorga com caráter geral", caso em que se tem "a variante do princípio da igualdade que impõe tratar de modo diferente os supostos distintos": aqui, pelo princípio da proporcionalidade, deve-se sopesar a relevância do fator cultural para a pessoa e os custos (não só econômicos) para o *tratamento diferenciado* desta por parte do Estado.

Para concluir este tópico comparativo entre Dworkin e Alexy, cabem algumas notas sobre a recepção da teoria de princípios no Brasil ajudam ainda a esclarecer o contexto de sua aplicação em uma situação diferenciada (em relação aos Estados Unidos, sobretudo) pelo amplo reconhecimento constitucional de direitos sociais.[75] A referência imprecisa a um "*neoconstitucionalismo*" ou "*pós-positivismo*" caracterizou muitas vezes uma leitura eclética das teorias de princípios elaboradas dentro das tradições jurisprudenciais e teóricas americana e alemã (e estranhas a outras tradições jurídicas, como a francesa e a inglesa). Enquanto após a Segunda Guerra Mundial a democracia se expandiu mundialmente lado a lado ao controle judicial de constitucionalidade, no Brasil a interrupção democrática levou a uma recepção tardia dessas ideias e instituições constitucionais, suscitada a partir da Constituição de 1988 (ver AMATO, 2021b).

Na tradição liberal clássica, representada por Rui Barbosa e pelo modelo americano de controle judicial difuso adotado na Constituição de 1891, distinguia-se entre normas autoaplicáveis e não autoaplicáveis (COOLEY, 1903 [1896]). Com a evolução do constitucionalismo, surgiram os direitos sociais e várias normas relativas a políticas públicas, caindo todas na segunda categoria, sendo lidas como meras declarações de intenção política, sem força jurídica vinculatória. Em resposta, José Afonso da Silva (2007 [1967]; ver *supra*, 3.3.4) importou e reelaborou a teoria das "*normas programáticas*" desenvolvida pelo italiano Vezio Crisafulli (1910-1986). Assim, entre as normas de eficácia (jurídica) plena, de eficácia contida (ou restringível) e de eficácia limitada, a última categoria passava a abrigar duas espécies: as normas de "princípio programático" e aquelas de "princípio institutivo". Sua eficácia plena dependeria, respectivamente, de providências de concretização legislativa ou de criação de órgãos e procedimentos. Mas desde já tais normas teriam algum grau de vinculatoriedade e *eficácia normativa (técnica)*: serviriam para julgar como inconstitucionais medidas que contrariassem o que estava programado, mesmo que o direito e o serviço respectivos não fossem ainda exigíveis.

Por vezes, tal doutrina foi ainda combinada com a ideia de "normas programáticas" como "*vinculação do legislador*" dentro da concepção (portuguesa) de uma "constituição dirigente" (CANOTILHO, 2001 [1982]), que pretendia constranger a discricionariedade

---

[75] Embora não tenham constitucionalizado direitos sociais, os Estados Unidos contam com um amplo aparato regulatório voltado a políticas públicas e também com uma ampla judicialização das pretensões individuais e coletivas relativas às prestações positivas por parte do Estado (KING, 2014). Claro que lá também, como aqui, surgem os problemas relativos a efeitos regressivos na distribuição dos recursos causados pela judicialização das disputas. Sobre parâmetros interpretativos para evitar tais efeitos, ver Amato (2018a, cap. 9).

do legislador ordinário em nome de determinada direção ideológica programada pelo constituinte.[76] Por vezes, entretanto (como nota BERCOVICI, 2009a, p. 407-410; 2009b), a doutrina das "normas programáticas" – que pretendia reconhecer alguma efetividade mesmo às normas não totalmente autoaplicáveis – serviu para o oposto: para reduzir a força normativa até mesmo de disposições constitucionais autoaplicáveis, com todos os requisitos para a produção de seus efeitos principais e acessórios.

Por outro lado, as teorias de princípios de Dworkin e Alexy foram recebidas tardiamente – datadas das décadas de 1960 e 1980 nos Estados Unidos e Alemanha, disseminaram-se no Brasil já no século XXI. À luz de uma leitura de Alexy, por exemplo, concluiu-se (SILVA, 2010 [2005]) que todas as normas são de "eficácia limitada", pois dependem de providências empíricas. Já vimos, porém, o quanto a teoria de princípios é insuficiente para avaliar o desenho e a implementação dessas providências, as quais têm sido abordadas mais sob o enfoque instrumental do *direito administrativo sobre as políticas públicas* – uma espécie de visão "gerencialista" (KOSKENNIEMI, 2007; 2011, p. 339-345) influenciada por certo utilitarismo. Afinal, o que o juízo de proporcionalidade faz não é orientar o *desenho institucional* ou a elaboração de políticas públicas, mas sim dar parâmetros para o *controle judicial* das medidas tomadas pelos Poderes políticos. Seu âmbito teórico é de uma reflexão sobre justificação da decisão judicial e seus ônus argumentativos (ver ALEXY, 2001 [1978]), e não sobre a implementação administrativa de programas e decisões tomadas pelo Estado ou por outras organizações.

A aplicação precisa do modelo de Alexy (2008 [1986]) à justificação das decisões judiciais sobre direitos fundamentais ilustra como, partindo-se de normas de direitos fundamentais que tenham a estrutura de princípios, chega-se à definição de *regras enquanto razões definitivas* para a justificação decisória; ao mesmo tempo, evidencia-se o quanto este modelo de sopesamento é incompatível com a doutrina estabelecida sobre a eficácia técnica (aplicabilidade) das normas constitucionais (SILVA, 2006).

Há direitos fundamentais que não têm a estrutura de princípios, mas sim de *regras*. É o caso da *legalidade* (não há crime sem lei anterior que o defina, nem pena sem prévia cominação legal) ou da *irretroatividade* (a lei penal não retroagirá, salvo para beneficiar o réu) são, em termos estruturais, regras, e não princípios (ver SILVA, 2003, p. 613-614). Trata-se de *direitos definitivos*, plenamente delimitados desde o início, não sujeitos a sopesamento.

Muitos direitos fundamentais, é verdade, são estruturados na forma de *princípios*. É o caso da liberdade de expressão ou do direito à educação. São *mandamentos de otimização*, que comportam respectivamente obrigações de realizar a defesa ou promoção desses bens na maior medida possível – e a possibilidade ótima é definida diante de restrições tanto jurídicas (colisão com outros direitos) quanto fáticas (disponibilidade de

---

[76] No prefácio à segunda edição de seu livro sobre "constituição dirigente" (CANOTILHO, 2001 [1982]), assim como em sua obra posterior, Canotilho renega sua posição de juventude. Diz que a Constituição portuguesa de 1976 pretendia não ser um "simples *instrumento de governo*, ou seja, um texto constitucional limitado à individualização dos órgãos e à definição de competências e procedimentos da ação dos poderes públicos. A ideia de 'programa' associava-se ao *caráter dirigente* da Constituição. A Constituição comandaria a ação do Estado e imporia aos órgãos competentes a realização das metas programáticas nela estabelecidas. Hoje, em virtude da transformação do papel do Estado, o programa constitucional assume mais o papel de legitimador da *socialidade estatal* do que a função de um direito dirigente do centro político" (CANOTILHO, 2003 [1997], p. 217-218, destaques no original).

recursos). Parte-se do entendimento de uma *hipótese de incidência ou "suporte fático"* amplo dessas normas: qualquer conduta, estado ou posição jurídica que isoladamente se possa relacionar a tais termos (como "expressão" ou "educação") está a princípio protegida – há *direitos e deveres prima facie* reconhecidos pelo ordenamento. Esse entendimento amplo do suporte fático contrasta com as teorias que consideram "limites imanentes" a certos direitos (indicando condutas abusivas que já estariam desde o início fora de seu âmbito de proteção); para estas (na linha de Dworkin, como vimos), os direitos já são de início delimitados, de modo que não há colisão entre eles.

Ora, mas, partindo-se de direitos e deveres *prima facie*, o que compõe este amplo suporte fático dos direitos fundamentais, em se tratando da *dimensão negativa* das liberdades públicas? A hipótese de incidência ou suporte fático da norma é composta (i) pelo âmbito de proteção (ação, estado ou posição jurídica protegida), (ii) pela *intervenção (em geral estatal) que interfere naquele âmbito* e (iii) pela ausência de fundamentação constitucional daquela interferência. O consequente normativo é, em geral, a *exigência de cessação de uma intervenção* (declarada inconstitucional) e de retorno ao *status quo ante*, com indenização ou reparação dos danos causados. Com isso se parte de um princípio (a proteção *prima facie* de uma larga zona de condutas), resolve-se eventual colisão de princípios segundo a regra da proporcionalidade e se chega à regra que delimita os *direitos e deveres definitivos* (SILVA, 2006).

Já no caso de *prestações positivas* relacionadas a direitos fundamentais (sociais, mas também civis e políticos), o suporte fático (ou hipótese de incidência) amplo do qual se parte abrange: (i) no âmbito de proteção da norma, as ações estatais que fomentem realização do direito; (ii) a *insuficiência da ação estatal*; (iii) a omissão ou insuficiência estatal não justificada. O consequente normativo ao qual se deve chegar consiste no *dever (definitivo) de realizar a ação estatal* que fomenta a realização do direito definitivo estabelecido (SILVA, 2010 [2005], p. 76-79).

Ora, a distinção clássica entre normas de eficácia limitada, contida e plena (SILVA, 2007 [1967]) é incompatível com tal modelo e leva à mencionada conclusão (SILVA, 2006; 2010 [2005]) de que todas as normas são de eficácia limitada – pois *todas elas são restringíveis e regulamentáveis*, dependendo de providências empíricas e desdobramentos infraconstitucionais para sua concretização.

O que distinguiria a "eficácia plena" da "eficácia contida" seria o caráter restringível apenas das últimas normas (lei poderia restringi-las, limitando seus efeitos e condições de exigibilidade). Entretanto, todas as normas com estrutura principiológica partem de um suporte fático amplo (direitos e deveres *prima facie*), que poderá ser restringido na definição dos direitos e obrigações definitivos. Por exemplo, normas de competência relativas a pessoas e órgãos já instituídos teriam "eficácia plena"; já a liberdade de expressão ou de exercício profissional poderia ser restringida, condicionada ou "contida". Na verdade, entretanto, mesmo o exercício de poderes e competências é suscetível a *restrições*.

Já o que distinguiria as normas de "eficácia limitada" daquelas de "eficácia plena" seria a necessidade de *regulamentação* apenas das primeiras; mas o fato é que, no modelo de princípios, quaisquer normas podem ser desdobradas em nível infraconstitucional para atingirem seus efeitos e exigibilidade ampliados – que, aliás, nunca serão plenos, mas apenas "ótimos", dada a colisão com outros direitos/princípios e dados os recursos disponíveis para a concretização das medidas necessárias à fruição efetiva dos direitos reconhecidos. A garantia do acesso a saúde, educação, cultura ou esporte (típicas normas programáticas) ou a instituição de novos órgãos ou poderes a ser disciplinada por lei (típica norma de princípio institutivo) dependeriam de desdobramentos legislativos tanto quanto está suscetível a essa regulamentação o exercício de competências já constitucionalmente delimitadas de determinado ente, órgão ou Poder (típica norma tida como de "eficácia plena" ou "autoexecutável").

6.2 Dworkin *versus* Hart, segundo tempo: os desacordos teóricos

A crítica de Dworkin a Hart não parou no debate sobre princípios de justiça e políticas de bem-estar como padrões normativos igualmente aplicáveis à solução de controvérsias jurídicas, ao lado de regras devidamente positivadas. A disputa teve na verdade dois atos, "*rounds*" ou tempos (ver SHAPIRO, 2007). A primeira crítica voltou-se basicamente a explicar e justificar por que muitas vezes juízes decidem (e se veem obrigados a decidir) com base em *parâmetros morais*, embora esses sejam tidos como não jurídicos segundo um *teste convencional de validade* (acordado na comunidade jurídica), que os remeta à decisão de alguma autoridade (às "fontes formais" do direito, poderíamos dizer em outra linguagem). A segunda crítica reformula a questão em termos de explicar e justificar por que os juízes frequentemente *discordam sobre o que o direito requer*, ainda que concordem previamente sobre a validade (convencional) e o sentido (textual) das normas aplicáveis e sobre fatos provados. A pergunta é se os fundamentos de direito são determinados por uma referência estrita a fatos sociais (o consenso dos juízes sobre os critérios de validade e as fontes formais), ou se têm uma intencionalidade valorativa que torna necessária uma avaliação (moral) das práticas normativas em discussão. A posição dworkiniana se encaminhará em direção ao papel dos juízos avaliativos, de fundo moral, na argumentação jurídica. Os positivistas não seriam capazes de explicar o *desacordo sobre os fundamentos de direito*, pois para eles a própria existência desses fundamentos é determinada por um acordo, uma convenção fática (a regra social de reconhecimento), e não pela *argumentação de fundo moral*.

Assim, sucessivamente, ao menos três pontos, que para Hart (em *O conceito de direito*, 1961) pareciam uma solução com relação ao positivismo do século XIX e ao realismo do século XX, foram alvos de novo ataque por parte de Dworkin, especialmente a partir de seu livro *O império do direito* (1986). Trata-se das críticas ao "arquimedianismo", ao "aguilhão semântico" e, mais uma vez, ao "convencionalismo".

Primeiramente, Hart (2007a [1961], p. v) definiu seu trabalho como um "ensaio de sociologia descritiva", dentro da "teoria jurídica analítica". Com isso, contra a visão crua do direito da teoria imperativista de John Austin, que resumia o fenômeno jurídico a comandos do soberano obedecidos pelos súditos (como descreve HART, 2007a [1961], cap. 2), Hart veio a definir como enfoque privilegiado para a teoria do direito analítica um *"ponto de vista externo" moderado* (HART, 2007a [1961], p. 88-91): nem o engajamento direto na ordem jurídica que se estaria analisando (o argumento moral e controverso levantado pelos intérpretes práticos: doutrinadores, advogados, juízes) – um "ponto de vista interno"; nem o ponto de vista externo extremo, do cientista behaviorista, incapaz de entender a interpretação e argumentação jurídica (seu sentido normativo, sua orientação por regras válidas). Só de um ponto de vista *moralmente desengajado, mas compreensivo* (que compreendesse as "regras do jogo", embora não estivesse em campo) seria possível garantir a objetividade e acuidade, por exemplo, de uma distinção como aquela entre a situação de "ser obrigado" a algo e de "ter a obrigação" disto, isto é, entre um comando qualquer e uma exigência normativa – que, no caso do direito, toma a regra jurídica válida como razão de uma conduta (obrigatória, proibida ou permitida) ou de sua justificação.

Dworkin (2004) veio a atacar tal *"arquimedianismo"*, tal pressuposto do ponto de vista externo moderado como apoio adequado para a teoria do direito. Para Dworkin (2004), tanto o teórico do direito quanto o jurista prático fazem argumentos sobre *o que o direito requer* – nessa medida, com maior ou menor abstração, engajam-se em controvérsias valorativas, que no fundo pressupõem a articulação de certa *moralidade política*. Por isso, o que caracterizaria o direito são os *"desacordos teóricos"* emergentes para além do acordo sobre questões normativas e fáticas: normas aplicáveis e circunstâncias concretas comprovadas (DWORKIN, 1986, p. 5). Nesse sentido, não se trata apenas de discernir diferentes tipos de normas jurídicas, como regras e princípios (objeto prévio da preocupação de DWORKIN, 1967); no fim das contas, para Dworkin (2006a, p. 4), "[a] ideia do direito como um conjunto de diretrizes pontuais, que podemos em princípio individualizar e contar, parece-me uma ficção escolástica". A *perspectiva taxonômica do direito* é a visão positivista do sistema jurídico, legada pelos jusracionalistas e romanistas; ela indica padrões normativos válidos e conceitos operacionais para a aplicação do direito. Tal perspectiva parece ter caído por terra como um todo, diante da concepção do *direito como prática argumentativa de fundo moral*. Para esta concepção, a pergunta (teórica) sobre o que é o direito está vinculada aos problemas (práticos) de delimitação do que o direito requer (em dado caso). Há uma relação direta entre teoria do direito e argumentação dogmática (em manuais, petições ou sentenças): ambos os polos produzem discursos que visam a reconstruir as práticas avaliativas sob juízo à luz do *point* moral que as justifica. Daí os "desacordos teóricos" que explicam a dinâmica de dissenso – sobre o que o direito demanda – entre juízes encarregados de aplicar o mesmo direito (dentro da mesma ordem jurídica) aos mesmos fatos incontroversos.

Em segundo lugar, Dworkin (1986, p. 45-46) apresenta a crítica ao que chama de *"aguilhão semântico"* (*semantic sting*), isto é, à concepção das teorias positivistas de apresentarem o direito como um conceito descritivo, e não interpretativo. A visão semântica ou criterial do direito visa explicar como (vários) positivistas acreditam que os fundamentos de direito são determinados por consenso: haveria um compartilhamento social (entre as autoridades) dos critérios que definem o conceito de direito. Juízes teriam que compartilhar o mesmo conceito de direito e os mesmos critérios de aplicação do conceito. Com isso, só se reconheceriam *desacordos empíricos* sobre o direito: quais são os fatos relevantes e as normas aplicáveis (fundamentos de direito); os núcleos de certeza e zonas de penumbra das normas; os casos pivotais e os casos difíceis. Entretanto, a argumentação jurídica desenvolve-se mesmo quando há acordo sobre os fatos e normas. Tanto o direito é um conceito interpretativo quanto as controvérsias jurídicas são interpretações sobre o que o direito – como *prática social normativa* – requer naquele caso. Trata-se de *desacordos teóricos*, não sobre palavras e significados (sobre os quais os intérpretes concordam), mas sobre concepções morais substantivas do que o direito requer.

O exemplo a que Dworkin (1986, p. 20-23) alude é o caso sobre *"snail darter"*, relativo ao peixe da espécie *Percina tanasi* e levado a julgamento pela Suprema Corte americana em 1978 (*Tennessee Valley Authority v. Hiram Hill et al.*). O caso era o seguinte: a Tennessee Valley Authority (TVA), uma empresa estatal federal, pretendia construir uma barragem, que, entretanto, colocava em risco a sobrevivência do *snail darter*, peixe protegido pela legislação ambiental (na verdade o projeto da barragem já fora aprovado e em grande parte construído quando veio a ser aprovada tal legislação). Embora concordassem sobre questões fáticas (normas aplicáveis e circunstâncias concretas), os juízes entraram em um desacordo teórico – sobre "o que o direito exige".

Um dos juízes argumentava: é lamentável que tenham iniciado a construção da barragem e gasto milhões de dólares sem verificar a legislação ambiental; esses milhões serão desperdiçados se se interromper a construção da barragem; há uma legislação que proíbe a construção da barragem se afetar a reprodução do peixe *snail darter* e é fato que, neste caso, a barragem irá afetar tal reprodução do peixe, que é uma espécie ameaçada. Portanto, minha função é aplicar a lei – a construção da barragem deve ser interrompida.

O outro juiz concordava que havia uma lei válida, que a represa iria pôr em risco existência da espécie, que era lamentável que se tivesse começado a construir represa sem averiguar consequências, que a obrigação do juiz é "aplicar o direito". Mas aplicar o direito neste caso implicaria reconhecer, pelo bom senso e bem-estar público, que a construção da represa deveria continuar, para não desperdiçar os milhões já gastos, e medidas mitigatórias outras deveriam ser tomadas para proteger a espécie do peixe.

O debate jurídico, portanto, alinha-se à concepção mais ampla dos valores em jogo e da moralidade política daquela comunidade em que se julga. A argumentação não se resume a controvérsias sobre a construção dos fatos e normas. Dworkin (2006a, p. 1-21 e cap. 8; 2006b; 2011b, cap. 8) veio a esclarecer sua crítica contra o conceito descritivo de direito a partir de uma teoria da distinção dos conceitos e dos estágios interpretativos.

Para Dworkin (2006a, p. 3), os sociólogos referem-se a "direito" como "um tipo particular de estrutura social institucional", e a definem a partir de critérios como certa especialização da imposição coercitiva de normas (Weber; ver *supra*, 2.5) ou certos requisitos de justiça procedimental (Fuller; ver *supra*, capítulo 5). O conceito sociológico de direito é um *conceito "criterial"*. Busca certos atributos estruturais para definir um fenômeno e suas instâncias particulares, assim como fazem os conceitos naturais, embora no caso da sociologia seus referentes não tenham uma essência evidente no mundo físico.

Alguns filósofos (adeptos do positivismo jurídico, evidentemente) entendem o direito como um *conceito "taxonômico"*: identificado o direito enquanto instituição (no sentido sociológico), procuram distinguir e computar cada dispositivo normativo que comporia o conjunto das normas jurídicas, por oposição a normas morais, costumeiras ou outras. Dworkin (2006a, p. 4) rejeita tal entendimento (tipicamente positivista) como uma "ficção escolástica" que embasa perguntas como sobre se determinado princípio moral é também um princípio jurídico, um *dispositivo integrante do sistema* assim concebido.

Assim, Dworkin centra seu discurso teórico-jurídico a partir de um *conceito "doutrinal" e "interpretativo"* do direito: o conceito em jogo na definição do *valor de verdade das proposições jurídicas* sobre o obrigatório, o permitido ou o proibido; o discurso sobre os efeitos do "'o direito' de algum lugar ou entidade" (DWORKIN, 2006a, p. 2).

O conceito doutrinal se diferencia dos conceitos criterial (sociológico) e aspiracional (filosófico-político).

Por um lado, o *conceito "aspiracional"* de direito é também interpretativo (como o conceito doutrinário) e essencialmente contestado: refere-se à legalidade, ao "império do direito" ou ao *Estado de direito* como ideais de moralidade política. As disputas filosóficas centram-se em torno de concepções mais substantivas ou procedimentais desse ideal: será que é preciso à legalidade incorporar certos valores (como dignidade humana ou liberdade), ou basta o respeito a procedimentos (imparcialidade das decisões)? Entretanto, essa controvérsia não ataca o que interessa ao conceito doutrinal: o valor de verdade das proposições jurídicas dentro de determinado direito, a determinação do que esse direito requer.

Por outro lado, a "disponibilidade do conceito doutrinal subdetermina o conceito sociológico" (DWORKIN, 2006a, p. 4): o nazismo definia direitos e deveres que podemos identificar sob um conceito doutrinal de direito, mas podemos negar sociologicamente (pela falta de algum atributo demandado pelo conceito criterial de direito) que lá houvesse uma ordem jurídica. Claro, é um pressuposto polêmico este de que a diferenciação institucional do direito (em relação às expectativas normativas políticas, morais e religiosas, por exemplo) não interessa à definição jurisdicional do que o direito requer. Este é um ponto criticável e criticado (ver *infra*, 9.5), mas é assim assumido por Dworkin.

O que lhe interessa, ao trabalhar o *conceito "doutrinário" de direito*, é se e como *critérios morais* podem estar entre as condições de verdade das proposições jurídicas. Evidentemente que direitos constitucionais e outras cláusulas abertas ao longo da legislação e da jurisprudência conclamam juízos morais em muitos direitos positivos. Mas como esses juízos adentram a definição do que o direito requer? A resposta de Dworkin (2006a, p. 9-21) discerne então quatro *estágios interpretativos*:

1) no *estágio semântico*, é preciso definir *qual o conceito de direito* que se irá adotar: a definição criterial ou natural ou um conceito interpretativo? A definição criterial esgota-se na indicação de uma prática social convergente no uso das palavras (lembremos o tratamento de Hart sobre o conceito de direito, a partir do conceito de regra; ver *supra*, 4.1). Entretanto, conceitos como direito, justiça, democracia, liberdade funcionam como *conceitos interpretativos*, e é nesses termos que Dworkin propõe trabalhá-los;

2) no *estágio teórico-jurídico*, é preciso *justificar a escolha conceitual* feita no estágio anterior e construir uma teoria condizente; uma teoria do direito interpretativista fornece uma indicação "geral do conjunto de valores que melhor justifica a prática e que assim deve nos guiar na continuação da prática, quando no próximo estágio delimitarmos as condições de verdade para determinadas proposições jurídicas" (DWORKIN, 2006a, p. 13);

3) no *estágio doutrinário*, portanto, interessa determinar as *condições de verdade das proposições jurídicas*; é preciso identificar os valores de moralidade pessoal e política que forneçam a melhor justificação moral para aquele ramo doutrinário (*e.g.* um problema de responsabilidade civil objetiva);

4) no *estágio jurisdicional*, finalmente, é preciso ver se a moralidade demanda do juiz aplicar aquela interpretação do direito (moralmente justificada) ou demanda

mesmo superar o direito posto (por mais bem identificado e interpretado que tenha sido); aqui, a moralidade diz respeito ao *papel institucional dos juízes* enquanto autoridades políticas e às demandas do que devem fazer ao aplicarem o direito a casos individuais; assim, além de condicionar a identificação e interpretação do direito segundo valores atribuídos, a moralidade joga um último papel na justificação da jurisdição e de suas responsabilidades respeitantes à *integridade política da comunidade*.

Por fim, neste segundo momento das críticas dirigidas por Dworkin ao positivismo hartiano, ao lado das críticas ao "arquimedianismo" (a possibilidade do ponto de vista externo moderado para a teoria do direito) e ao "aguilhão semântico" (a redução do direito a um conceito descritivo, criterial), temos uma reformulação da crítica ao que Dworkin chamou de *"convencionalismo"*. Ponto crucial que Hart (1994a [1961], cap. 5) avançara, como visto, é a tese das fontes sociais do direito. Entendido como um sistema de regras primárias (de conduta) e regras secundárias (de julgamento e alteração do próprio direito), o direito seria definido ainda por um tipo especial de regra secundária: a "regra de reconhecimento". Não se trata de uma regra jurídica no sentido jurídico-positivista de validade, mas de uma *prática social reiterada* das autoridades do direito, prática esta que definiria o que conta como fonte formal do direito e o que não conta: o que é válido e o que não é. Em polêmica com Fuller (*supra*, 5.3.2), Hart defendeu que não se tratava de pré-julgar moralmente o que deveria ser validado como direito, mas sim que o conceito de regra de reconhecimento simplesmente descrevia (daquele ponto de vista desengajado, "externo", mas compreensivo, interpretativo) as práticas sociais das autoridades jurídicas.

Dworkin (1986, cap. 4) igualmente atacou tal concepção, contestando que o conceito de direito pudesse ser definido de tal maneira empírica, descritiva (como prega o convencionalismo fundacional), e não de um *ponto de vista interno (exigido pelo interpretativismo)*. Para Dworkin seria preciso sempre adotar tal visão de dentro da comunidade (linguística, política e moral); afinal, o direito seria uma prática social normativa, um campo de exercícios interpretativos em que não somente se considera a busca a *melhor interpretação* possível (a mais forte, racional e convincente) dos textos jurídicos (legislativos e jurisprudenciais) – seguindo-se o "princípio da caridade" filosófica/linguística –, mas também se visa, necessariamente, ao que é moralmente adequado dentro da teia de referência de sentidos e valores que informa, em determinada comunidade, o próprio significado daquela prática interpretada: o direito.

Um sociólogo compreensivo, na linha de Weber, poderia apreender e descrever o sentido das práticas que interpreta, ainda que delas não participasse – esse seria o limite da visão "hermenêutica" de teoria do direito avançada por Hart (MACEDO JR., 2013, cap. 3; LOPES, 2021, p. 253-260). Um etnógrafo preocupado em captar o "saber local" (GEERTZ, 1997 [1983]; 1973), ao descrever como determinada comunidade "autointerpreta" suas práticas, inserindo-as na teia de valores e cosmovisões dessa comunidade de vida e identificando as semelhanças de família entre as concepções que compõem tal teia valorativa, pode mitigar seu ponto de vista exterior (digamos, sua moralidade cristã, seu individualismo ocidental ou seu liberalismo) e dar voz aos próprios sujeitos pesquisados. O que Dworkin (1986) exige para o teórico e o prático do direito é mais que isso: para explicar o direito de modo mais ou menos abstrato, circunscrito a controvérsias concretas ou "em tese", o intérprete precisa formular argumentos considerando o que o direito requer. Seu objeto de interpretação, então, não se resume a um conjunto de formulações textuais de fontes formais, embora deva incluir o corpo de direito formal.

Qual é, afinal, a visão dworkiniana da interpretação jurídica? Analiticamente, podemos distinguir *três etapas do exercício interpretativo* (DWORKIN, 1986, cap. 2; ver também MACEDO JR., 2013, p. 228-234). A primeira é a *fase "pré-interpretativa"* e exige a seleção do *material bruto para a interpretação*: por exemplo, conjuntos de regras e casos paradigmáticos que já são consensualmente tomados como objeto típico da interpretação. Trata-se aqui dos "fundamentos de direito" (DWORKIN, 1986, p. 4).

Na *etapa interpretativa* propriamente dita, o intérprete precisa justificar os principais elementos daquela prática identificada na etapa pré-interpretativa. Então, a etapa interpretativa é o momento dos *juízos sobre a adequação (fit) das justificativas às práticas*. É o momento da justificação com os apelos valorativos. É preciso identificar o *"point"* valorativo em jogo na prática avaliada, explicitar os valores subjacentes aos "fundamentos de direito". O intérprete atribui um valor à prática "descrevendo algum esquema de interesses ou objetivos ou princípios que se pode considerar que a prática promova, expresse ou exemplifique" (DWORKIN, 1986, p. 52). A interpretação deve dimensionar os valores ou propósitos de modo que representem os padrões normativos (identificados na etapa "pré-interpretativa") à melhor luz da prática social valorativa da qual eles são parte. Em outros termos, essas normas devem ser lidas como especificações do valor que mais proximamente as justifique. Esse é o critério para a prevalência relativa de um princípio sobre outro.

Finalmente, na *etapa "pós-interpretativa" ou "reformadora"*, o "intérprete ajusta o seu senso daquilo que a prática 'realmente' exige para melhor servir à justificativa que ele aceita na etapa interpretativa" (DWORKIN, 1986, p. 66). Nessa etapa pós-interpretativa, é o momento em que há maior grau de controvérsia, mas é nessa hora que o intérprete precisa finalizar uma *concepção internamente coerente nos seus argumentos*. É possível mesmo rejeitar parte dos fundamentos de direito discernidos na etapa pré-interpretativa, se eles não forem sustentáveis dentro dessa teia de coerência valorativa atribuída àquela ordem jurídica. Mas não se pode deixar de argumentar como um intérprete do direito, que encontra nele os fundamentos de suas decisões – por contraste com o legislador, mais livre para criar direitos e obrigações, e para reformar o direito discricionariamente. Tampouco assim procedendo o juiz estará criando um direito; estará apenas *descobrindo direitos já preexistentes* – isto é, amparados no registro de decisões passadas e nos valores que a comunidade já sustenta como princípios (ainda que tais diretos não estivessem claramente explicitados e delimitados em uma regra formalizada em legislação ou precedente judicial).

Interessa a ideia de que os "fundamentos de direito" – os dispositivos normativos aplicáveis – não esgotam na verdade o direito; são apenas indícios para a procura do que a comunidade valoriza politicamente em termos de princípio perene, e não de utilidade circunstancial. História institucional e argumentação moral combinam-se para revelar o direito como prática social normativa. "O direito não se exaure em qualquer catálogo de regras ou princípios, cada qual com seu próprio domínio sobre áreas determinadas do comportamento. Nem em qualquer lista de autoridades e seus poderes sobre cada parte de nossas vidas". Pelo contrário, o direito é definido pela atitude "interpretativa, autorreflexiva direcionada à política no sentido mais amplo" (DWORKIN, 1986, p. 413); ou seja, o direito é a observação das instituições sociais segundo uma exigência normativa de justificação coerente segundo princípios.

Portanto, as controvérsias jurídicas não dizem apenas respeito a questões de formais de validade das normas, mas envolvem a disputa a respeito de qual é a melhor interpretação substantiva do direito e do que ela exige em determinada concretização. Na realidade, essas etapas de interpretação são menos evidentes e destacadas, são mais uma questão de ver, "à primeira vista", as dimensões de uma prática, seu propósito e a consequência pós-interpretativa deste propósito. Assim, para Dworkin, o intérprete precisa formular concepções normativas, morais, coerentes com esse referente, mas que podem por vezes até mesmo implicar a desconsideração de um referente normativo que um positivista consideraria como "norma válida" (a partir da indicação fática da regra social de reconhecimento), mas que na verdade não se adéqua substancialmente à unidade de valor que o intérprete identifica naquela prática social e ancora na (quase) totalidade de suas expressões textuais autoritativas. Com isso, a própria interpretação pode ter um caráter *reformador* do corpo de direito objetivo sob análise – afastando o que, a princípio, formalmente, seria um critério decisório válido. Mais uma vez, vemos aqui o papel dos "desacordos teóricos".

Nesse sentido, os desacordos (jurisdicionais) sobre a relevância e o valor moral de determinada situação sob julgamento remetem ao desacordo mais amplo sobre o conceito de direito – enquanto uma prática social avaliativa, de fundo moral, que não se esgota em critérios convencionalmente (pre)estabelecidos e formalizados. Tais critérios, quando disponíveis, não são constrangimentos definitivos à justificação decisória no direito (pois podem ser superados por uma *interpretação reformadora*); tampouco, quando indisponíveis, tornam tal prática argumentativa totalmente discricionária e arbitrária (pois ainda seria possível discernir criticamente, pela história institucional de determinada comunidade, a *moralidade política* que ela sustenta e que seu direito incorpora e pressupõe).

Portanto, para o interpretativismo, as razões e justificativas efetivamente consideradas na argumentação jurídica não se esgotam em padrões normativos de antemão reconhecidos como distintivamente jurídicos pelas autoridades. As *proposições jurídicas*, que buscam descrever os fundamentos de direito aplicáveis, têm suas *condições de verdade* não satisfeitas pelo apelo a um fato social (uma convenção), mas sim pela argumentação que se constitua em defesa da *avaliação moral mais coerente*. A argumentação jurídica envolve, isso sim, disputas que procuram reconstruir fatos e normas, por meio de proposições jurídicas, à luz de determinado *valor contestado*. Há, na verdade, um desacordo entre aqueles que reduzem o direito àquilo que é indicado e formalizado por alguma decisão prévia de autoridade reconhecida pelo sistema – a posição positivista e convencionalista – e aqueles para quem os conceitos jurídicos não são meramente convencionais, redutíveis a fatos sociais puros, que se possa descritivamente indicar; pelo contrário, são conceitos avaliativos – eis os interpretativistas. Para eles, aplicar as normas jurídicas pressupõe fornecer a avaliação mais bem fundamentada e desenvolvida, de um *ponto de vista interno*. Essa avaliação não se resume, por sua vez, a indicar a moralidade convencional ou a eleger subjetiva e arbitrariamente um valor; exige justificar criticamente a precedência relativa daquele valor dentro daquela comunidade e segundo a intencionalidade de suas práticas. A disputa se dá em torno das *melhores razões* para avaliação, crítica ou justificativa de determinada prática social.

Aí estão delimitados o papel institucional e a autoridade dos juízes: sua *obrigação de decidir casos juridicamente* é vinculada à *objetividade* exigida da interpretação em qualquer caso (o que significa que os juízes não podem legislar nem criar direitos para o caso concreto, mas apenas assegurar direitos já sustentados por aquele direito). Os juízes autointerpretam sua obrigação como um dever de produzir a melhor argumentação e justificação dentro do direito aplicável: a *"resposta correta"*. Todos buscam a "resposta correta", mas divergem sobre como identificar e formular teoricamente os fundamentos de direito – uma divergência apenas mais situada do que a discussão da teoria do direito sobre o que é o direito, mas igualmente um desacordo teórico. Assim, a autoridade dos juízes não seria derivada de uma prática convencional deles mesmos (a mera indicação de dispositivos normativos válidos), a qual abriria interstícios de discricionariedade se as regras indicadas pela convenção fossem ausentes (lacunas) ou indeterminadas (em sua "zona de penumbra").

Se o único critério de juridicização das normas fosse o cumprimento de critérios convencionais, a ausência de cumprimento desses critérios lhes retiraria a validade; mas se juízes disputam sobre o que o direito requer, é porque há normas cuja vinculatoriedade não deriva de convenção, *i.e.* de sua fonte, mas sim de seu conteúdo. Afinal, se a vinculatoriedade repousasse na convencionalidade, não haveria espaço para desacordos teóricos (que só emergem em um caso a partir de um acordo sobre as normas aplicáveis e fatos provados); haveria apenas indefinição quanto aos fundamentos de direito ou controvérsias fáticas. E identificar os fundamentos de direito implicaria apenas indicar (i) se há ou não uma convenção a respeito dos critérios de identificação desses fundamentos e (ii) se ela é aplicável ao caso; isto é, se valida o padrão normativo invocado.

Entretanto, o debate giraria em torno do cumprimento ou não cumprimento dos requisitos convencionais de validade pelo padrão normativo invocado. Permaneceria ainda como um "desacordo empírico", relativo a fatos sociais (o registro histórico das decisões tomadas pelas autoridades reconhecidas). O limiar dos "desacordos teóricos" (DWORKIN, 1986, cap. 1) dirige-se a contestar se o direito – a prática argumentativa dos juízes – exige simplesmente aplicar tais padrões convencionalmente reconhecidos, ou se requer considerações valorativas mais abrangentes, que são *jurídicas em virtude de seu conteúdo (e não de sua fonte)* e podem até mesmo superar os padrões normativos convencionalmente validados (*i.e.* produzidos pelas autoridades/fontes formais de direito). Apenas dentro dessa concepção interpretativista – demandante de argumentos avaliativos voltados a ajustar as justificações a um senso moral-político de *integridade e coerência* do direito – fariam sentido os desacordos teóricos.

6.3 Positivismo inclusivo e positivismo exclusivo

Após Dworkin, nos anos 1960 e 1970, lançar a crítica de que o direito não se resumiria a regras, Hart (2007b [1994]), no posfácio (não concluído pelo autor e publicado postumamente) a *O conceito de direito*, acabou por esclarecer sua aceitação de que padrões morais podem integrar a formação do juízo jurídico quando as regras não são suficientes; princípios podem, assim, preencher as zonas de penumbras das regras, o campo de discricionariedade do julgador. Com isso, Hart (2007b [1994], p. 312-316) veio a se autodefinir como um positivista "moderado" (*soft*), e a ser reconhecido como um *positivista "inclusivo" (ou inclusivista)*, para quem juízos morais podem adentrar a interpretação jurídica uma vez que as normas jurídicas válidas tenham se esgotado como fonte primeira da argumentação – em termos mais precisos, a regra de reconhecimento de um determinado sistema jurídico poderia reconhecer isto, uma vez que abrisse zonas de discricionariedade ao intérprete tomador das decisões.

Por oposição, os *positivistas "exclusivistas"* só aceitam fontes e padrões formais de direito (regras pré-aprovadas) como critérios decisórios, negando assim que um juízo moral pudesse definir a validade ou invalidade de normas jurídicas. A natureza do direito implicaria essa exclusão desde o princípio. Para os positivistas exclusivistas, todo o direito é validado pelo acordo convencional sobre os procedimentos de validação das normas, distinguidas por um *pedigree*, e qualquer parâmetro normativo que não se remeta a uma fonte formal (*i.e.* que não tenha sido aprovado pela autoridade competente segundo o procedimento devido) não pode ser considerado como jurídico.

Embora não acatasse que a objetividade do juízo jurídico dependesse de um julgamento moral abrangente do intérprete acerca do que aquela ordem jurídica requer (do ponto de vista moral-político), Hart reafirmava a visão pós-realista de que a interpretação jurídica também implica juízos de valor para além daqueles predefinidos pelo legislador em regras já formuladas e válidas. Não chegava, porém, ao extremo dos céticos mais radicais – para quem seria possível justificar qualquer escolha valorativa a partir dos textos normativos jurídicos – nem ao extremo dos positivistas exclusivistas, como Raz (1985; 1972), para quem a autoridade de quem decide o direito é razão (formal) que prevalece sobre avaliações ou convicções substantivas sobre o que o direito requer.

O *positivismo* veio então a ser definido ao redor de três teses (HIMMA, 2002):
- a tese do fato social, segundo a qual a existência do direito é distinguida (das normas não jurídicas) por certos tipos de fatos sociais empiricamente verificáveis (para Austin, era o fato de os comandos do soberano serem habitualmente obedecidos pelos súditos e, caso contrário, uma sanção ser imposta pelo soberano; para Hart, esse fato é a regra de reconhecimento (critérios de validade definidos pela prática social das autoridades), aliada à obediência das regras primárias pelo público – a validade em geral pressupõe a eficácia);
- a *tese da convencionalidade* (especificação da anterior), segundo a qual os critérios de validade das normas jurídicas são convencionais (para Hart, esse critério consiste em uma "*regra social*": são as práticas consolidadas de reconhecimento das regras válidas pelas autoridades oficiais, a partir de certos procedimentos de criação, modificação, anulação e promulgação que elas reconhecem como conferidores de um caráter formal ao direito, isto é, como constitutivos de sua validade);
- a *tese da separabilidade entre direito e moral*, segundo a qual não há coincidência necessária entre as prescrições jurídicas e morais (e, portanto, a imoralidade de uma regra não afeta sua validade jurídica).

Assim, o critério último de validação jurídica é definido pelo fato de haver um soberano capaz de exercer coerção para garantir a conformidade a seus comandos ou de haver autoridades que convencionam tal critério e um público de sujeitos de direito que usualmente seguem as regras (mínimo de eficácia). A convenção que constitui os critérios de reconhecimento como uma regra social, compartilhada entre as autoridades (*officials*), só se torna uma *regra* (um uso social, com certo caráter normativo) na medida em que haja *convergência de comportamento* de seus usuários (as autoridades) e em que tais critérios convencionais sejam adotados como *razões* para tal comportamento oficial ou para a crítica de comportamentos desviantes (no caso, interpretações/aplicações diversas desses critérios, ou aplicação de outros critérios – o que desconstitui a *convenção*). Isto é, além do aspecto externo de agirem conforme a prática convencionada, as autoridades adotam um ponto de vista interno quanto à regra de reconhecimento – adotando-a, usando-a, inclusive para reprovar seu não uso ou distorção. Quando se toma o ponto de vista interno, aquele padrão se torna razão justificativa para a própria conduta e para o julgamento e reprovação dos outros. A expectativa se torna compartilhada entre as autoridades. A coordenação de comportamento e o compartilhamento da expectativa cria a convenção que define quais normas são jurídicas, como identificá-las.

O positivismo inclusivo subscreve as teses da fonte social do direito e de seu caráter convencional,[77] porém flexibiliza a tese da separação entre direito e moral. Na verdade, o que esta tese afirma é que *não necessariamente a validade jurídica de uma norma depende de sua moralidade*, de seu "mérito". Isto é diferente de a validade jurídica *necessariamente independer* do mérito moral da norma. Contingentemente, a regra de reconhecimento de dado sistema jurídico pode dar abertura para tratar padrões morais como critérios de validade: normas morais conformes a tais padrões tornam-se, então, normas jurídicas e, assim, fundamentos de justificação jurídica. Nisso consiste a chamada "tese da incorporação", que seria compartilhada entre interpretativistas e positivistas inclusivistas (a despeito de os primeiros rejeitarem sempre a remissão da identificação do direito válido à convenção das autoridades; afinal, o direito é uma prática avaliativa, não podendo jamais ser reduzido à mera constatação de um fato social).

Segundo a *"tese da incorporação"* (HIMMA, 2014), os padrões avaliativos que não proveem de uma decisão de autoridade (fonte convencional) seriam também incorporados como parâmetros que podem conduzir a justificação jurídica (se assim as autoridades reconhecerem). Não se trata de incorporação em virtude de sua fonte – como precedente jurisprudencial, por exemplo –, mas pela *compatibilidade substantiva* do conteúdo daquela diretriz moral com a visão normativa geral de dado sistema jurídico. Afinal, se a regra de reconhecimento consiste no que os juízes e advogados convencionam como fonte do direito, é descritivamente correto afirmar que em muitos sistemas se reconhecem como jurídicos tanto parâmetros derivados de certos órgãos e

---

[77] Para Himma (2002, p. 132-136), os positivistas inclusivos, como Hart, subscrevem uma versão forte da tese convencionalista: a regra de reconhecimento impõe uma obrigação às autoridades de seguirem seus critérios; é uma regra jurídica, embora não válida (é um costume das autoridades, mas não direito positivo). Sendo regra, é padrão para ações e decisões, e para criticar ações e decisões. Já os positivistas exclusivos consideram que a convenção é um critério meramente teórico, e não parte do próprio direito. Não é uma regra que guie comportamentos ou imponha sanções. Juízes que não respeitem os critérios convencionais de identificação do direito não produzem direito válido – mas seu comportamento não é ilícito a princípio, e sim digno de reprovação moral.

fontes formais (digamos, do processo legislativo e da legislação) quanto razões morais afins (independentemente de sua fonte: doutrinária, consuetudinária etc.). Essa afinidade valorativa torna prescindível que a diretriz moral (sem *pedigree* de sua origem) – para ser adotada enquanto razão jurídica – tenha uma relação lógica de derivação de normas jurídicas (com *pedigree* formal, oficial, positivo).

Um dado sistema de direito positivo pode exigir como condição necessária da validade que as normas (jurídicas) se adequem a determinados parâmetros morais (como o "devido processo") – ponto aceito por Hart e que constitui sua posição inclusiva; ou tal direito pode mesmo considerar suficiente para a validade jurídica de uma norma (moral) que seu conteúdo se afine substantivamente com os valores daquela ordem jurídica, ou de algumas de suas normas. Neste caso, a validade não estaria baseada na fonte da norma, mas em seu conteúdo.

O último caso (da suficiência da coerência moral como critério para juridicidade da norma) não é claramente abraçado por Hart (ver HIMMA, 2012, p. 136-141). Pelo contrário, foi o ponto levantado por Dworkin (1967) contra o positivismo; com isso, Dworkin defendeu que a *demanda de justiça (fairness) sustentaria o princípio (moral)* de que ninguém pode se beneficiar de sua própria torpeza, e que tal princípio (a princípio sem *pedigree* de validade, mas demandado pelo sentido de justiça que os juízes devem perseguir) derrotaria as regras do direito sucessório no caso em que o neto-herdeiro assassinara seu avô. Não há *regra de reconhecimento* que predetermine o peso do princípio moral no juízo, pois este não é suscetível ao esquema de *regra e exceção*, ou ao juízo de *validade ou invalidade* – apenas o raciocínio moral substantivo determina o peso do princípio em um dado caso.

Outros positivistas inclusivistas, como Waluchow (1994, p. 140-141), continuam a defender a ideia de que esta alternativa é uma explicação melhor do que o positivismo exclusivo – pois explica a existência de sistemas jurídicos que reconhecem explicitamente *testes morais sobre a validade* e o conteúdo de normas jurídicas; é o caso de direitos fundamentais, que expressam princípios de justiça e valores morais substantivos e servem de parâmetros para o controle judicial de constitucionalidade das leis. Ao mesmo tempo, sem negar o papel das considerações morais na determinação do direito posto, o positivismo inclusivo explicaria melhor do que o interpretativismo os fundamentos institucionais do direito (*i.e.* das normas jurídicas e da regra social de reconhecimento da validade) – desconhecidos nas teorias jusnaturalistas. Considerações morais só são relevantes na medida em que assim reconhecidas como critérios pela convenção de um determinado sistema de direito positivo. Não são, assim, como parece entender Dworkin, um atributo necessário de todo e qualquer direito positivo, ao lado das normas com *pedigree*.

Igualmente, Coleman (1998, p. 26-27) considera Dworkin errado em supor que todo direito incorpore princípios morais controversos; por outro lado, estariam erradas as versões de positivismo que consideram que a natureza do direito é essencialmente incontroversa, ou seja, que não há sistema de direito positivo que possa existir se incorporar, ao lado de normas positivadas, princípios morais debatíveis na argumentação jurídica. A melhor alternativa seria um positivismo que defende a necessária natureza convencional do direito, sem deixar de considerar a hipótese contingente de um dado sistema jurídico incorporar também princípios morais controversos não positivados;

estes podem ser igualmente parte do direito, de modo que é verdade, como diz Dworkin, que um juiz que esgote os padrões normativos com *pedigree* formal de validade não está simplesmente livre para decidir como quiser: deve aplicar outros padrões igualmente jurídicos, cuja incidência, entretanto, não é passível de uma determinação *a priori* de sua vinculatoriedade. Esses são os princípios morais, e podem ser mais ou menos decisivos conforme a argumentação construída em determinado caso.

Finalmente, para os *positivistas exclusivistas* as referências morais feitas por normas jurídicas são um convite a que os intérpretes criem direito – a moral em si mesma não gera a validade jurídica. Evidentemente que a moral pode ser incorporada ao direito, no conteúdo de normas jurídicas (especialmente nas normas constitucionais). Mas estas retiram sua validade apenas em virtude de sua *fonte autoritativa*, do cumprimento de condições procedimentais. Não é o conteúdo moral, jamais, que confere validade jurídica a uma norma.

Enquanto interpretativistas, como Dworkin, defendem que a definição do direito (como é) sempre pode clamar uma avaliação moral (de como deveria ser), positivistas inclusivistas (como H. L. A. Hart; Jules Coleman, n. 1947; ou Wil Waluchow, n. 1953) aceitam que em alguns *casos* (difíceis, excepcionais, na zona de penumbra das regras textualizadas e de discricionariedade dos órgãos decisórios) considerações morais podem adentrar o juízo jurídico – se as autoridades daquele sistema jurídico assim convencionaram (o que constitui a "regra de reconhecimento" desse sistema). Já para os positivistas exclusivistas (como Joseph Raz, n. 1939; Andrei Marmor, n. 1959; e Scott Schapiro) o direito apenas se constitui a partir das *fontes formais*; padrões normativos que não foram criados, constituídos pelas autoridades competentes e segundo os devidos procedimentos não podem ser considerados normas jurídicas. A *validade jurídica* é decorrência exclusiva das fontes do direito reconhecidas convencionalmente; uma vez assim reconhecidas, as normas que pertençam a outro sistema jurídico (como o direito internacional ou o direito estrangeiro) serão válidas e aplicáveis em um dado sistema (como o direito nacional). O positivismo exclusivo, portanto, é a versão mais estrita e radical das três teses que acabaram de ser mencionadas. Ele nega que a avaliação moral do mérito de uma diretriz possa em algum sistema de direito positivo constituir critério de determinação da validade jurídica da norma.

Em defesa do positivismo exclusivo, Marmor (2002, p. 105-116) sugere que o *caráter constitutivo das convenções de reconhecimento* – que definem como criar ou modificar uma norma jurídica válida – é o que distingue conceitualmente o direito de outros campos normativos e valorativos, como a política ou a moral. Esses campos permitem juízos práticos independentemente de convenções – você pode defender a conveniência ou a eticidade de um comportamento independentemente de qual é o programa de governo em execução ou a moralidade convencional, os costumes realmente praticados em uma comunidade. Entretanto, essas e outras avaliações só se tornam jurídicas se obedecerem aos critérios (em geral, órgãos competentes e procedimentos devidos) reconhecidos convencionalmente pelas autoridades como validadores dessas normas, como juridificantes. Sem essas convenções partilhadas pelas autoridades não existe um sistema jurídico diferenciado, moderno. É verdade que essas convenções de reconhecimento são interpretadas e podem sofrer alterações evolutivas – mas esse fato não autoriza que se reconheçam razões morais (ou políticas, ou econômicas) diretamente como parâmetros jurídicos de comportamento e crítica de comportamentos. Finalmente, em *casos difíceis*, nos quais não há normas válidas aplicáveis, simplesmente não há convenção – afinal, se não há consenso (*i.e.* fontes autorizadas), não há convenção, não há regras validadas segundo os critérios convencionais. Assim, os parâmetros avaliativos que os juízes usam para justificar as decisões em tais casos *não* são normas jurídicas. Segundo essa visão – positivismo exclusivo –, o positivismo inclusivo é incoerente: ou a delimitação do direito não é convencional, e padrões morais e de bem-estar podem também integrar o direito e colocar-se como fundamentos objetivos aceitos para as decisões jurídicas (como advoga o interpretativismo de Dworkin); ou o direito, sendo convencional, apenas provê padrões jurídicos que sejam validados segundo os órgãos e procedimentos reconhecidos (como advoga o positivismo exclusivo). Não seria possível – como querem os inclusivistas – reconhecer que apenas a convenção dá *pedigree* às normas jurídicas e considerar como jurídicas normas não reconhecidas convencionalmente (por referência sua fonte), mas meramente com afinidades de conteúdo com aquela ordem jurídica.

Raz (1972) lembra que Dworkin rejeita a aplicação do conceito de *validade* aos *princípios*, e vincula o peso relativo de cada princípio ao grau de "suporte institucional" com que ele conta; isto é, à medida de sua aceitação. Entretanto, critica Raz (1972, p. 852), mesmo um princípio reiteradamente referido pela jurisprudência pode ter um peso pequeno. Há, portanto, uma disjunção entre o peso argumentativo do princípio moral e os indícios de sua mais ou menos ampla aceitação pelas autoridades (juízes ou mesmo legisladores e constituintes, se estes positivam princípios nas fontes legislativas). Pode haver sistemas jurídicos que considerem como direito todos os costumes; mas, o que é comum, há também sistemas para os quais nem todo costume é juridicamente vinculante. É preciso então dispor de um critério para discernir o que conta ou não como direito válido. Entretanto, sendo a regra de reconhecimento não mais do que um costume judicial, não teria proeminência suficiente para definir (costumeiramente) qual o peso dos outros costumes em juízo. Se no *common law* a regra de reconhecimento determina que as regras se tornam vinculantes pela via judicial ao serem identificadas em algum precedente (*ratio decidendi* de uma decisão anterior), nesse mesmo sistema se reconhece (convencionalmente) que princípios só se tornam vinculantes se reiterados, isto é, se se tornarem um *costume judicial*. Com isso, a regra de reconhecimento hartiana estaria devidamente ampliada e reformulada, sem se perder seu ponto central: que o direito é "um sistema normativo institucionalizado" e que o fato de sua execução (*enforcement*) ser de competência de certos órgãos especializados distingue os padrões normativos que são jurídicos e devem ser aplicados por tais órgãos (por serem regras legisladas ou reconhecidas em precedentes, ou princípios legislados ou reiterados como costume judicial) daquelas regras ou normas não jurídicas, cuja aplicação não é obrigatória (RAZ, 1972, p. 853). O positivismo exclusivo não deixa de reconhecer mesmo que, esgotados os padrões normativos jurídicos, os juízes estejam obrigados a aplicar princípios morais – os melhores princípios aplicáveis e da maneira mais bem argumentada possível; isto não os transformaria por si só em princípios jurídicos, *status* que só podem receber em virtude de sua *fonte autoritativa* (RAZ, 1972, p. 847-848).

Com isso, seria possível reformular a descrição hartiana da regra de reconhecimento. Mas o que Dworkin rejeita – ao identificar a teoria do direito com a teoria da jurisdição (RAZ, 1995 [1983], p. 203) – é que haja qualquer padrão distintivo entre normas jurídicas e não jurídicas: não é possível definir de antemão quanto suporte institucional é necessário para tornar jurídico determinado padrão, e quais as maneiras de demonstrar tal aceitação. Claro que haverá casos fronteiriços, normas que não se sabe ainda se são juridicamente válidas e vinculantes, mas isso é típico do caráter evolutivo dos costumes. De qualquer modo, bastam para Raz (1972, p. 854) a noção de regra de reconhecimento como *costume judicial* e a explicação da incorporação de padrões morais igualmente pela via costumeira-judicial.

Raz (1995 [1983]) indica como, se Kelsen e Dworkin definem e estudam o direito do ponto de vista da jurisdição e dos juristas nela envolvidos, Bentham, Austin e Hart elegem uma abordagem "institucional", posicionando o direito como derivação do sistema político. Raz (1995 [1983], p. 208) mesmo considera que a natureza do direito deve ser definida tendo como requisito necessário que "o direito consiste de considerações autoritativas positivistas executáveis por cortes"; nem tudo o que cumprir tal condição será direito, mas o que não cumprir não o será, definitivamente. Essa distinção de base adéqua-se desde já à usual diferenciação entre criação (política) do direito e sua aplicação juridicamente constrangida.

Raz, assim, vai mais além do que Hart concedeu em seu positivismo inclusivo. A defesa mais célebre do positivismo exclusivo é representada pela concepção de autoridade de Raz (1985). Trata-se de uma defesa da "tese da fonte" social do direito – isto é, de sua definição a partir do fato do compartilhamento de uma convenção sobre a validade pelas autoridades judiciais – contra as teses da "incorporação" e da "coerência". A "tese da incorporação" identifica o positivismo inclusivo: defende que todo o direito é baseado nas suas fontes autorizadas ou na abertura a juízos normativos (morais) proporcionada por aquelas fontes. A *"tese da coerência"* caracteriza o interpretativismo dworkiniano; entende que o direito consiste em padrões normativos emanados de fontes autorizadas junto com as justificativas morais razoáveis desses mesmos padrões – dos quais acabam derivando, portanto, padrões normativos não convencionais, concepções de moralidade simplesmente afins ao direito positivo em seu sentido mais estrito. Ou seja, o direito com *pedigree* convencional não seria todo o direito.

O raciocínio de Raz (1985) em defesa do positivismo exclusivista parte da premissa de que o direito deve ser *capaz de demandar uma autoridade legítima* – é uma instituição que necessariamente depende dessa autoridade, a qual exerce um papel mediador entre as razões para a conduta e os sujeitos. A justificação para haver direito é que é as razões para agir ou criticar dependem das circunstâncias, mas em geral é melhor que sejam ponderadas e arbitradas por uma autoridade reconhecida do que pelos próprios sujeitos (uma vez surgido o conflito, que, afinal, nada mais é que uma concorrência de diferentes ponderações feitas pelas próprias partes em disputa).

Dito de outro modo: o direito substitui a deliberação individual sobre quais razões para agir de que modo pela diretriz de uma autoridade a que os sujeitos devem simplesmente obedecer. A autoridade é já uma razão bastante para a obediência, decida o que decidir. Diferentemente de conselhos, cujas razões hão de ser ponderadas por quem os recebe, as diretrizes autoritativas tornam desnecessária a deliberação do sujeito sobre as razões substantivas. Essa é a função prática do direito. E ela depende de que as diretrizes autoritativas – as normas jurídicas válidas, as fontes formais do direito – sejam distinguidas e reconhecidas enquanto tais. As autoridades decidem sobre como os sujeitos devem agir, em vez de estes deliberarem por si mesmos. É necessário, então, que a juridicidade (validade ou invalidade) de uma norma seja reconhecível independentemente de considerações morais – que, afinal, o direito deve por definição substituir. Normas jurídicas são *"razões exclusionárias"* para a conduta – razões de "segunda ordem" que excluem razões e considerações substantivas de "primeira ordem", sobre a justiça/injustiça, conveniência/inconveniência, bondade/maldade, eficiência/ineficiência de alguma ação ou omissão. Claro, poderá haver conflito entre ordens igualmente emanadas de autoridades (por exemplo, autoridades de hierarquias diferentes), o que redunda em uma colisão de razões auxiliares com relação ao escopo e à prevalência de cada ordem (RAZ, 1999 [1975], p. 46-47). De toda forma, o importante é que as normas jurídicas exercem uma *"preempção"* em relação a quaisquer outras razões para a conduta ou para a crítica à conduta. Essa conduta simplesmente será proibida, permitida ou obrigatória.

Ao aceitar uma ordem jurídica com as autoridades por ela constituídas, cada qual aceita submeter-se ao juízo da autoridade, ao "sopesamento" de razões que esta ofereça – seja ele qual for, seja igual ou diferente do juízo que a própria pessoa faria dos termos de sua disputa. Até que a decisão seja tomada pela autoridade, as partes em conflito poderão argumentar, disputar o sentido da controvérsia. Uma vez tomada a decisão, devem obediência. Podem criticar a decisão, mas essa crítica não será uma razão válida para sua ação ou omissão; a razão para sua conduta ou para a crítica a ela será dada pela decisão da autoridade. O sujeito de direito será julgado por sua conformidade às diretrizes vindas da autoridade (constituída pela própria ordem jurídica). A obediência será defendida e a desobediência, castigada – independentemente do conteúdo da norma, da diretriz jurídica. Esta será identificada independentemente dos valores que lhe subjazem – é sua *fonte autoritativa* que a distingue.

Para o positivismo exclusivo, o direito moderno jamais pode subsistir se permitir o apelo a princípios morais "compatíveis" substantivamente com as normas válidas – afinal, faz parte do conceito de direito tratar-se de uma instituição em que a decisão da autoridade valida uma norma e, nessa medida, exclui outras considerações valorativas que não aquelas reconhecidas pelas fontes formais.

Mas e quando uma norma jurídica válida, proveniente de uma fonte autorizada – por exemplo, o dispositivo de um código ou constituição – dá abertura a certo juízo de moralidade, conveniência ou eficiência? Quando exige "boa-fé", "compensação justa" ou a consideração da "dignidade humana"? Não seria esta uma abertura (inclusiva!) que o próprio direito faz à moral? Como lembram Marmor (2002, p. 116-123) e Himma (2002, p. 147-150), na medida em que uma norma jurídica conclama tal consideração substantiva indeterminada, ela está definindo que alguma autoridade – a quem caiba interpretar a norma – deve fazer tal juízo, e que ele só integrará a ordem jurídica na medida em que seja tomado por tal *autoridade*. Isto é: o positivismo exclusivo não elimina do direito as considerações morais, mas justamente exige – como condição para que se tornem conteúdo de uma norma jurídica – que elas sejam processadas por uma autoridade definida. Apenas a autoridade torna jurídica a norma – e, então, sua *validade independe de seu conteúdo*. O direito só pode ser criado pela autoridade, em quaisquer circunstâncias (isto distingue o direito positivo moderno de uma ordem costumeira descentralizada). É verdade que a convenção (regra de reconhecimento) de determinado sistema jurídico possa, contingentemente, reconhecer considerações morais como limitações que os intérpretes-julgadores devem obedecer; entretanto, em todo caso o direito só deriva da *convenção* e da *decisão*: a convenção que criou esta regra de reconhecimento mais aberta (incorporando parâmetros morais); as normas válidas (de fonte legislativa, administrativa ou jurisprudencial), gerais e abstratas, que orientam à consideração de fins, valores ou consequências; a decisão do intérprete autorizado que determinará qual interpretação daquela consideração moral será adotada como norma jurídica (por exemplo, na sentença, como norma individual e concreta para o caso). Assim, a norma moral só se torna norma jurídica em virtude da *decisão autorizada* – de um órgão e procedimento que constituem uma fonte autoritativa de direito –, e não por mera afinidade substantiva com os valores das normas positivadas. Só as fontes autoritativas reconhecidas convencionalmente criam direito válido.

É verdade que, tendo diante de si normas que evocam considerações políticas, morais, econômicas o intérprete recebe ao mesmo tempo um constrangimento e um poder – o constrangimento de decidir de forma compatível com essas considerações, o poder (limitado e "dirigido") de interpretar e definir o que significam tais considerações ao serem aplicadas a um determinado caso. As razões ou finalidades aceitáveis como justificativa estão predefinidas, mas o direito só será criado quando o órgão decisório competente as mobilizar em sua decisão. Em vez de meramente conferir um poder totalmente discricionário, essas predefinições obrigam o decididor a tomar a decisão com determinado fundamento – mas cujo alcance ele mesmo vai determinar. O direito – diretrizes autoritativas – só é modificado ou criado por decisão autoritativa. Os conceitos morais, uma vez internalizados pela regra de reconhecimento ou pelas normas válidas, funcionam então como *normas conferidoras de poder*, para que o intérprete crie direito a partir de certa motivação (interpretando aquele valor, por exemplo, por referência à moralidade convencional daquela comunidade política, ou por referência à moralidade crítica, a certa teoria ética etc.).

Outra versão do positivismo exclusivista é a de Scott J. Shapiro. Como positivista, Shapiro (2011) entende que a existência/validade do direito é determinada por uma série de requisitos jurídico-positivos, que se apoiam em última instância em fatos empíricos positivos: convenções e decisões de autoridades aceitas socialmente como tais e reconhecidas pela ordem jurídica como criadoras, reformadoras e aplicadoras das normas positivas. Claro que o direito positivo se funda em uma aceitabilidade moral da ordem social por ele criada; entretanto, mais precisamente, o positivismo estaria caracterizado por negar que a identidade do direito seja definida por requisitos morais. Suas *implicações* são morais, mas não suas *propriedades constitutivas* (SHAPIRO, 2011, p. 404-405, nota 8). O direito não é determinado por disputas morais, como defenderia um jusnaturalista, mas sim por um fato social. Qual fato?

Para Shapiro (2011), o fato de ser adotado como um *plano para as condutas*. Os sistemas jurídicos são sistemas de planejamento e suas regras e convenções são necessariamente planos – não necessariamente com algum valor moral. Se agimos finalisticamente, escolhendo os meios com que executar nossos planos, precisamos dispor de uma estrutura social que balize tal planejamento, e essa estrutura é o direito. Em vez de nos guiarmos simplesmente por nossas intenções ou pelo que esperamos ser a intenção alheia, orientamo-nos por um plano social: o direito. Interpretar o direito é comparar as ações executadas com aquelas planejadas, tendo em vista os objetivos determinados. Além dos propósitos e meios planejados, o que importa é definir quanta *confiança* foi depositada pelo planejador nos executores e intérpretes do plano. Quanto maior a desconfiança, menor a *discricionariedade* atribuída aos intérpretes dos planos; isto é, do direito. Menos espaço para a interpretação extensiva, isto é, para extrapolar o que está na literalidade da norma em nome de seu propósito. Maior é a pressão para investigar e aderir à intenção original dos construtores do plano. Pelo contrário, se ficar claro que o plano estabelecido foi fundado em ampla confiança em relação a seus usuários (o que se evidencia pela tipificação aberta da norma, por sua indeterminação), está autorizada uma interpretação mais construtiva e atualizadora (*e.g.* mutação constitucional).

6.4 Convencionalismo *versus* interpretativismo: Marmor *versus* Dworkin

Para aprofundar a consideração do ataque lançado por Dworkin contra o positivismo, vale analisar seu debate com outro positivista, pós-hartiano, mas ainda mais radical que Hart: o positivista exclusivista Andrei Marmor. Neste tópico, discuto as objeções que Marmor (2005 [1992]), em seu livro *Interpretação e teoria do direito*, faz a Dworkin, principal construtor de uma visão interpretativa de teoria do direito. Trata-se da segunda edição de um livro derivado de tese de doutorado que Andrei Marmor apresentou à Faculdade de Direito da Universidade de Oxford. Seu objeto de estudo é sobretudo a visão madura de teoria do direito de Dworkin (1986), consolidada no livro *O império do direito*.

Marmor é um *positivista exclusivista*, que nega que critérios morais possam definir a validação das normas jurídicas. Como os positivistas em geral, Marmor também aceita a tese hartiana de uma fonte convencional de reconhecimento da validade, mas rejeita a abertura que Hart (2007b [1994]) veio a admitir (após a crítica de Dworkin) em relação a juízos morais.

Em sua crítica a Dworkin, Marmor (2005 [1992]) pretendeu reafirmar a visão convencionalista do direito e propor um modelo de interpretação jurídica baseado nas *intenções do autor* (não de um autor real, mas de um autor construído pelo intérprete), enfrentando portanto a tese dworkiniana de que o direito é uma série de práticas interpretativas que envolvem, em situação de conflito, a busca da resposta correta, isto é, daquela que objetivamente expressa a coerência moral em que se funda determinada ordem jurídica – a qual não se resume, portanto, a um conjunto pré-ordenado de normas formalizadas, reconhecidas convencionalmente e tomadas como critério único para a interpretação.

Inicialmente, apresento cinco séries de críticas. Analiso em maior profundidade as críticas de Marmor (1) à rejeição, por Dworkin, de um modelo de intepretação baseado nas intenções do autor da obra interpretada e (2) à "tese hermenêutica" dworkiniana, que defende a concorrência entre os juízos avaliativos do teórico e do prático. Finalmente, apresento outras considerações sobre a contenda entre esses autores.

6.4.1 A crítica de Marmor ao interpretativismo de Dworkin

O livro de Marmor *Interpretação e teoria do direito* busca "reexaminar o positivismo jurídico à luz" do "desafio interpretativo" de Dworkin (MARMOR, 2005 [1992], p. 8). Para Dworkin (1986), a visão convencionalista do direito o apresenta como mero fato social, determinado apenas por convenções. A resposta à questão "o que é o direito", nas teorias convencionalistas, reporta-se a fatos, a decisões de autoridades que criam regras válidas, jurídicas. Dworkin sustenta que tal visão é incompatível com a natureza argumentativa e controversa do direito enquanto prática social. Segundo os convencionalistas, ainda, não haveria resposta jurídica determinável em casos controversos, aos quais os padrões normativos válidos, positivados, não dessem solução definida. Para Dworkin, há solução jurídica nestes casos, pois o *direito não se resume a convenções* (ou ao que poderíamos chamar, em termos não dworkinianos, de "fatos institucionais"; ver *infra*, 9.4), como a promulgação de uma lei ou o proferimento de reiteradas sentenças reconhecidas como uma jurisprudência consolidada. O direito é, para Dworkin, uma atividade interpretativa – abrange *padrões não institucionalizados*, que não foram objeto de decisão por autoridade competente anterior, mas que guardam coerência valorativa e adequação com o corpo de regras interpretado.

Para responder a Dworkin em defesa de uma posição convencionalista, Marmor recorre a uma série de teorias da verdade, do conhecimento e da linguagem, buscando oferecer uma alternativa à concepção dworkiniana da interpretação. Porém, a crítica central autoproclamada do livro de Marmor (2005 [1992], p. 7-8) é mostrar que o argumento de Dworkin contra o convencionalismo, mais do que uma crítica metodológica, é um desafio completo ao convencionalismo e que a teoria da interpretação de Dworkin não é (apenas) uma alternativa às teorias convencionalistas de interpretação ("semânticas"), mas sim uma nova concepção geral de teoria do direito.

Do itinerário da crítica de Marmor a Dworkin e de sua tentativa paralela de oferecer uma teoria convencionalista que responda ao desafio interpretativista de Dworkin, destacam-se cinco séries de argumentos: (1) crítica à interpretação de Dworkin sobre o "aguilhão semântico"; (2) a crítica ao conceito de coerência em Dworkin; (3) a crítica quanto à visão de que o direito sempre exige interpretação; (4) a crítica ao modelo interpretativo dworkiniano, em favor de um modelo de interpretação de intenções de um autor contrafaticamente construído pelo intérprete; (5) a crítica à "tese hermenêutica" de Dworkin, que defende que práticos e teóricos do direito produzem argumentos concorrentes, pois todos interpretam o direito à sua melhor luz.

O primeiro conjunto de argumentos desafia a crítica de Dworkin às "teorias semânticas do direito". Dworkin atribui a Hart a pretensão de definir o conceito de direito por meio de uma descrição do significado da palavra "direito". O "aguilhão semântico" (DWORKIN, 1986, p. 45-46) que aferroa tais teorias as faz identificar o direito a fatos históricos, a decisões institucionais. Ao teórico caberia descrever os usos que o prático faz da palavra "direito". Essa pretensão teórica, para Dworkin, teria de ser substituída por uma concepção interpretativista do direito, capaz de dar conta da realidade das controvérsias jurídicas, que não são meras disputas verbais, mas envolvem inclusive engajamentos em *desacordos teóricos*, sobre o que o direito requer – ainda que não haja dúvida quanto à identificação de regras aplicáveis e à relevância jurídica dos fatos sob

julgamento, ou seja, quanto à aplicabilidade das normas ao caso. Marmor responde a essa crítica de Dworkin por duas séries de argumentos:
- o projeto teórico de Hart e da teoria do direito analítica não assume as premissas que Dworkin lhes imputa (não busca simplesmente uma descrição dos usos da palavra direito, nem a definição dos critérios para tal uso) (MARMOR, 2005 [1992], cap. 1);
- os positivistas como Hart não são semânticos no sentido do realismo filosófico, não buscam a "essência" do direito para além das convenções – pelo contrário, resumem-no a elas (MARMOR, 2005 [1992], cap. 5).

Este primeiro bloco de críticas a Dworkin, portanto, reitera a tese de Marmor de que a teoria de Dworkin não é apenas um desafio às teorias semânticas do direito (ou ao *"aguilhão semântico"* dos convencionalistas), mas sim uma contestação do convencionalismo jurídico em geral.

O segundo bloco de críticas volta-se à tese dworkiniana da *coerência*, que afirmaria pertencerem ao direito não apenas as regras postas por autoridade competente, mas também os padrões normativos com elas coerentes (que, devido a esta coerência, não seriam apenas morais, mas, sobretudo, juridicamente vinculantes). Para Marmor (2005 [1992], cap. 4), o conceito de coerência é importante na teoria do direito de Dworkin em dois níveis, dificilmente conciliáveis: o do conteúdo (como um valor de moralidade política) e o do método (de interpretação, especialmente na etapa "pós-interpretativa"). Para Marmor, na teoria de Dworkin a coerência seria uma exigência de equidade, esta por sua vez um valor de caráter fundacional, ancorado em convicções morais substantivas. Isto é, na verdade, inverossímil e incompatível com os propósitos da teoria de Dworkin. Nossas convicções sobre a adequação de uma interpretação devem ser independentes de julgamentos de valor substantivos, a fim de que possamos distinguir interpretação de invenção; mas o "direito como integridade" (DWORKIN, 1986, cap. 6-7) é uma interpretação de fundo moral, de modo que não fornece um critério independente para o juízo de adequação da interpretação.

Quanto ao terceiro argumento, Marmor imputa a Dworkin a visão de que o direito sempre precisa ser interpretado; e defende, ao contrário, que a interpretação no direito é excepcional. A posição de Marmor (2005 [1992], p. 118) é de que, em sentido próprio, a "interpretação é exigida apenas quando a formulação da regra deixa dúvidas sobre sua aplicação a um dado conjunto de circunstâncias". Em outros termos, a interpretação designa uma atividade de atribuição de sentido mais específica que a simples explicação. O modo normal de comunicação e entendimento da linguagem no direito envolve simplesmente *seguir regras*, aplicá-las, mas não as interpretar; a *interpretação* só surgiria para resolver uma situação subdeterminada convencionalmente, em que as fontes autoritativas de validade não determinassem diretamente o resultado do juízo sobre um caso. Marmor repete esta tese e busca sustentá-la em diferentes fundamentos, dos quais destaco dois.

Uma sustentação do conceito restrito de interpretação é buscada na distinção entre *casos fáceis* (determinados pelos padrões jurídicos existentes) e *casos difíceis* (sem solução direta pelas normas jurídicas válidas), que para Marmor (2005 [1992], p. 95) caracteriza a posição positivista/convencionalista, em conexão com a tese de que o direito "como é" é independente do direito "como deve ser". Desta forma, o juiz poderia identificar o direito (as regras válidas) e aplicá-las sem considerar o que o direito "deveria ser" naquelas circunstâncias.

A distinção entre casos fáceis e difíceis (ver DWORKIN, 1975) pode ser tomada em paralelo com a distinção entre "núcleo" (onde a linguagem é determinante do resultado) e "penumbra" das regras (zona de indeterminação linguística, que requer interpretação) (MARMOR, 2005 [1992], p. 96). Assim, para um positivista, o direito nem sempre requer interpretação (MARMOR, 2005 [1992], p. 95); apenas no que Hart chamou de "zona de penumbra" das regras.

Ainda com vistas a sustentar seu conceito restrito de interpretação, Marmor apresenta uma defesa de Hart diante de um contra-argumento de Fuller. A tese de Fuller de que só se pode compreender a regra tendo em vista seu propósito violaria a distinção entre seguir uma regra e interpretá-la: para segui-la, basta agir de acordo com a regra, com a intenção de fazê-lo; a antecipação argumentativa do propósito só ocorre quando a regra – o padrão de comportamento convencional – não se aplica diretamente ao caso, e se torna preciso construir uma nova regra (MARMOR, 2005 [1992], p. 117).

O foco deste tópico serão o quarto e o quinto conjuntos de críticas de Marmor a Dworkin: a crítica ao modelo de interpretação "interpretativa" e à "tese hermenêutica".

6.4.2 O debate Marmor-Dworkin: duas críticas (e possíveis réplicas)

As críticas ao modelo de interpretação dworkiniano e à "tese hermenêutica" são relevantes por três motivos: (a) em contraste com as críticas anteriores; (b) pela própria centralidade desses dois aspectos no modelo de Dworkin, em polêmica com os convencionalistas; (c) pela resposta que Marmor dá ao modelo dworkiniano, sustentando uma alternativa convencionalista a Dworkin.

Quanto ao contraste com as críticas supracitadas:

1) A primeira crítica, de que Dworkin (1986, cap. 2) erraria na caracterização das teorias "semânticas" do direito – por que estas não se prendem a uma disputa verbal sobre o significado da palavra "direito" –, é convincente, embora trivial. De fato, parece claro que Hart não procura simplesmente definir o significado ou os usos da palavra "direito", mas busca compreender o direito como uma *prática social ancorada em fatos institucionais* (de um ponto de vista não moralmente engajado, mas que reconheça a dinâmica da interpretação e argumentação jurídica, baseada em textos e no exercício da discricionariedade quando esses textos – fontes formais do direito – não ofereçam orientação unívoca para a decisão). O alvo de Dworkin tampouco é contestar a definição da palavra "direito", mas sim considerar que o *conceito* de direito denota um campo mais abrangente de juízos (normativos, morais) do que a referência denotativa a uma série estrita de padrões normativos textualmente formulados, pré-decididos e, assim, pré-selecionados, aos quais um intérprete devesse resumir sua indagação sobre o que o direito requer.

2) A segunda crítica, ao conceito de coerência, de fato enfoca uma noção central na teoria de Dworkin. Mesmo que seja convincente, não oferece um ponto para a polêmica com o positivismo ou o convencionalismo. Apenas, potencialmente, um defeito interno da teoria dworkiniana.

3) A terceira crítica, de que Dworkin defenderia que o direito sempre precisa ser interpretado (MARMOR, 2005 [1992], p. 27), não é convincente. Se Marmor defende que a interpretação é excepcional no direito, Dworkin também parece acreditar que a *interpretação no sentido forte*, a aplicação "interpretativa", também não é rotineira – embora sempre esteja potencialmente contida na aplicação do direito, vindo à tona assim que surja uma controvérsia teórica (daí que não se trate de casos periféricos, "difíceis", sobre a "penumbra" das regras, mas sim de *casos "pivotais"*, que merecem atenção e devem ser cobertos pela teoria) (DWORKIN, 1986, p. 41-43). Os juízes nem sempre são demandados a filosofar, mas no limite podem ter sob seu juízo questões morais controversas que exigem um tipo de análise conceitual qualitativamente afim à prática da filosofia, ainda que mais circunscrita (DWORKIN, 2010 [2000]).

No que se refere ao fato de a crítica ao modelo interpretativo e à "tese hermenêutica" tocarem pontos sensíveis e centrais na teoria dworkiniana, em sua polêmica com o positivismo (b), é saliente que o modelo da interpretação "interpretativa" é o corolário da teoria do direito de Dworkin, em vinculação com a "tese hermenêutica", que justamente defende o cabimento desse tipo de interpretação tanto à teoria quanto à prática (argumentativa) do direito. São grandes pontos de contraste entre Dworkin e os convencionalistas, o primeiro dizendo respeito a cingir a atividade do intérprete-aplicador do direito à remissão às fontes convencionais (sem dar valor jurídico à "moralidade política" a elas inerente) e o segundo, à visão que Dworkin (2004) acusa de "arquimediana", de defender uma espécie de argumentação teórica (descritiva) distinta da argumentação normativa das controvérsias práticas do direito.

Igualmente, trata-se de dois pontos de contraste com Marmor (c). De um lado, Marmor (2005 [1992]) defende uma alternativa convencionalista ao modelo "interpretativo" ou de "interpretação construtiva" dworkiniano, sustentando que a rejeição de Dworkin ao modelo de remissão à *intenção do autor* não cobre a alternativa defendida por Marmor: atribuição contrafática de intenções a um autor fictício, construído pelo intérprete (e não pesquisa psicológica ou sociológica empírica das reais intenções de um autor concreto). De outro lado, Marmor (2005 [1992]) tenta recusar o "arquimedianismo", mas defende a diferença entre uma teoria sensível aos valores da prática social que observa e a prática valorativa ela mesma; seu ponto central é que a teoria, ao contrário da prática, não precisa apresentar o direito sob "a melhor luz moral".

6.4.2.1 A controvérsia sobre a intenção do autor

Nesta crítica, Marmor segue o seguinte encadeamento: 1) elabora um modelo de interpretação referida às intenções do autor da obra interpretada; 2) mostra que Dworkin rejeita que a interpretação possa repousar na busca das intenções do autor, mas que a crítica dele não cobre o modelo formulado por Marmor (que diz respeito à atribuição contrafática de intenções, não à descoberta das intenções reais); 3) defende a incompatibilidade da "interpretação construtiva" esposada por Dworkin com o direito. A resposta de Dworkin poderia se encaminhar no sentido de que o modelo de Marmor se trata de mais uma hipótese interpretativa, insuficiente por si só, mas abarcada no seu modelo "interpretativo" ou "construtivo".

Marmor (2005 [1992], p. 25) define *interpretação* como a imposição de significado a um objeto, significado este que diz respeito a intenções de comunicação, intenções estas que podem ser atribuídas contrafaticamente a um falante fictício, cuja caracterização traz em si os critérios do sucesso da interpretação. Na verdade, os atributos do autor fictício constituem um quadro de referência que define os parâmetros usados na interpretação (MARMOR, 2005 [1992], p. 23).

Essa forma de interpretar oferece duas vantagens. Em primeiro lugar, corrobora a tese de que a interpretação é excepcional e parasitária em relação a um conhecimento prévio dos significados literais da comunicação – só se interpretam os aspectos da comunicação não suficientemente determinados por regras ou convenções (MARMOR, 2005 [1992], p. 25). Em segundo lugar, o modelo de atribuição contrafática de intenções é alternativo aos modelos tanto das intenções reais do falante quanto do propósito do intérprete. Poder-se-ia mesmo dizer que a atribuição de intenções contrafáticas não diz respeito a intenções, se as definirmos como eventos mentais. A tese de Marmor (2005 [1992], p. 24-25) apenas quer explicar a gramática da interpretação, sendo indiferente ao fato de a interpretação designar ou não um evento mental. A diferença lógica entre a atribuição contrafática e real de intenções reside na natureza das condições de verdade das respectivas afirmações.

Já o modelo de interpretação de Dworkin tem como cerne, em suas palavras (DWORKIN, 1986, p. 52), o seguinte: "a interpretação construtiva é uma questão de impor um propósito a um objeto ou prática de forma a fazê-lo o melhor exemplo possível da forma ou gênero ao qual se considera que ele pertença". Nas palavras de Shapiro (2007, p. 35), "[u]m propósito torna um objeto o melhor que ele possa ser quando tanto se 'adéqua' [*fit*] ao objeto quanto o 'justifica' melhor que qualquer outro propósito rival". Especificando: "[u]m propósito se 'adéqua' ao objeto na medida em que recomenda que o objeto exista ou tenha as propriedades que ele tem. Um propósito é 'justificado' na medida em que seja um propósito que valha a pena perseguir".

Para Marmor (2005 [1992], p. 29), porém, a única alternativa aventada por Dworkin em defesa de seu modelo de *interpretação construtiva* seria aquela da interpretação baseada na busca pelas reais intenções do autor. Segundo este modelo das intenções do autor, "interpretar é nada mais que uma tentativa de recuperar as reais intenções, propósitos etc., que o autor do texto relevante [sob interpretação] efetivamente teve com relação aos vários aspectos do sentido deste" (MARMOR, 2005 [1992], p. 29).

Segundo Marmor (2005 [1992], p. 29-31), Dworkin opõe duas críticas ao modelo de interpretação como verificação das *intenções reais* do autor: 1) o argumento de que os artistas (arquétipos dos criadores em geral) tipicamente querem que suas obras se tornem objetos com um valor cultural próprio, independente dos propósitos e intenções originais de seu autor; 2) a concepção de que a interpretação é *gênero-dependente*, isto é, de que interpretar significa apresentar o objeto interpretado como o melhor exemplo possível de seu tipo, do gênero a que se pode considerar que pertence. Quanto ao primeiro argumento, critica Marmor (2005 [1992], p. 30), não pode ser assumido com certeza para a interpretação artística (artistas podem querer que suas intenções sejam consideradas) e, no que diz respeito ao direito, não se sustenta faticamente (por exemplo, parece óbvio que um legislador deseje que seus propósitos e intenções relacionados à lei que aprovou sejam considerados na interpretação desta lei). Quanto ao segundo argumento, Marmor

(2005 [1992], p. 31) concorda que os valores associados ao gênero determinam de maneira parcial, mas crucial, o sentido atribuível ao objeto.

Dessa forma, para Dworkin (1986, p. 60-61), o argumento da intenção do autor é uma referência sobre o valor que existe na arte; a correção desse argumento depende de o objeto artístico ter o valor que sua apresentação interpretativa propõe. Este é o foco da interpretação – a atribuição de valor à luz da qual se avalia o objeto interpretado. Entretanto, o modelo *pragmático* de Marmor, centrado na construção de um *falante hipotético*, tem – segundo Marmor (2005 [1992], p. 28) – um ponto de partida similar ao de Dworkin, ao defender que à interpretação interessam intenções ou propósitos: não as intenções ou propósitos arbitrariamente impostos pelo intérprete, nem os estados psicológicos idiossincráticos do autor, mas aqueles plasmados na obra e expressáveis enquanto atributos de um autor hipotético construído pelo intérprete.

Dworkin não teria considerado este modelo de atribuição contrafática de intenções a um autor (MARMOR, 2005 [1992], p. 29). Mas esta seria a única alternativa capaz de dar conta dos propósitos ou intenções plasmados no objeto ou prática social interpretado e, ao mesmo tempo, levar a sério a natureza autoritativa do direito. A crítica de Marmor (2005 [1992], cap. 6) ao modelo de interpretação de Dworkin assume aqui a tese de que a "interpretação construtiva" (postulada por Dworkin) é incompatível com o caráter *autoritativo* do direito, ao postular a integração, ao corpo do que é direito, de normas que não foram elas mesmas objeto de decisão por autoridade competente e, por isso, não eram tidas desde o início como normas jurídicas. São "objetos" sobre os quais não se pode considerar a possibilidade de terem sido criados com a intenção de serem direito vinculante. Para Marmor (2005 [1992], p. 80-81), ao contrário, para ser considerado direito, precisamos poder interpretar um enunciado normativo como tendo sido criado com a *intenção de ser jurídico* (a atribuição dessa intenção "jurígena", ainda que contrafática, tem que ser possível). Aqui há uma vinculação à tese de Raz (1985, p. 299-300; cf. MARMOR, 2005 [1992], p. 87) de que o direito deve poder possuir autoridade para que possa clamá-la (as razões vinculantes do direito são mediadas pelo intérprete, cuja autoridade deve poder ser legítima aos olhos dos destinatários do direito). Do contrário, não haveria possibilidade de legitimação. Por isso, os padrões normativos que não foram objeto de *decisão*, que não foram criados como jurídicos, não podem ser considerados autoritativos e vinculantes (RAZ, 1985, p. 310; MARMOR, 2005 [1992], p. 93).

Qual seria uma resposta plausível de Dworkin a este conjunto de críticas de Marmor? Comecemos pela última objeção: sobre a natureza autoritativa do direito. Dworkin não desconhece o *caráter institucional* da prática social que é o direito e afirma que o point *valorativo* dessa prática é um ideal de justiça política. Seu modelo interpretativo visa justamente a dar conta dessa exigência de justificação: as exigências de adequação (*fit*) e justificação apresentadas como dimensões de seu modelo "interpretativo" dão sustentação a valores-chave de fundo político-moral, como a equidade procedimental (expressa na dimensão de adequação) e a justiça substantiva, "que é o nervo da justificação política" (DWORKIN, 2004, p. 25). Esses valores, ressalta Dworkin (2004), integram e vão além do valor estrito da *legalidade*, único reconhecido pelo positivismo. Ao espantar a sombra da discricionariedade que surgiria em casos subdeterminados convencionalmente, para os quais as regras não oferecem decisão determinada, Dworkin justamente leva a sério o caráter autoritativo do direito, adensando a exigência de legitimação da autoridade decisória com base no dever de apresentar o direito *"à sua melhor luz"*. Por isso é que, quando esses parâmetros convencionais não circunscrevem uma solução, o intérprete precisa buscar (isto é, construir argumentativamente) o espírito valorativo que embasa todo aquele corpo de direito.

Sobre o modelo de intenção do autor contrafaticamente atribuída, defendido por Marmor, Dworkin poderia responder que se trata de mais uma instância do processo interpretativo que ele (Dworkin) defende, mas que é insuficiente para colocar o intérprete na posição de produzir argumentos normativos substanciais sobre a prática interpretada. Afinal, a construção do autor fictício em Marmor é uma aproximação à "hipótese interpretativa política" que o jurista precisa elaborar na visão de Dworkin (1982) – por exemplo, para construir o sentido acumulado de uma tradição jurisprudencial, como se escrevesse um *"romance em cadeia"*, em que as decisões posteriores têm que fazer sentido diante do histórico acumulado.[78]

Aqui se nota a influência da *hermenêutica filosófica* de Hans-Georg Gadamer (1900-2002) sobre Dworkin. Gadamer (1999 [1960]) elabora uma teoria que reconhece as "pré-compreensões" sobre um dado tema como ponto de partida de qualquer exercício interpretativo, mas visa fornecer subsídios para a correção desses entendimentos prévios e precários por meio da inserção dos textos sob interpretação no seu círculo de autorreferencialidade interna e no seu contexto histórico-cultural. Crenças prévias são assim, revisadas, no processo iterativo de compreensão dado dentro de um "círculo hermenêutico" que relacione as partes ao todo de um texto. As partes apenas podem ser compreendidas à luz do todo, e vice-versa: cada compreensão singular de uma parte ilumina e refina a interpretação do conjunto. Com isso, são apontados constrangimentos objetivos que afastam a concepção da interpretação (da arte ou do direito, por exemplo) como uma busca da verdadeira intenção subjetiva, psicológica de seus criadores. A experiência hermenêutica garante uma *verdade e objetividade* autênticas, embora diste do método científico experimental. Trata-se de reconstruir uma obra ou texto à luz de sua inserção na história e na tradição, ao mesmo tempo que tais estruturas passadas não exaurem totalmente as futuras possibilidades de apreensão de sentido daquele texto. A verdadeira compreensão permite reconstruir o sentido pela fusão dos horizontes temporais do autor, dos intérpretes passados e do intérprete atual.

Dworkin (1986, p. 55, destaque no original) nota que, para Gadamer, toda interpretação "precisa *aplicar* uma intenção", não no sentido psicológico de reconstrução da vontade ou interesse dos autores, mas no sentido da inserção daquele texto ou obra em sua autorreferencialidade. Remete também (DWORKIN, 1986, p. 62) à concepção gadameriana de que a interpretação precisa ao mesmo tempo reconhecer os constrangimentos históricos e lutar contra eles; assim, Dworkin defende que a situação interpretativa não pode se colocar sobre um ponto de apoio arquimediano, nem mesmo

---

[78] Um exemplo de "romance em cadeia" é o livro policial *Um cadáver atrás do biombo*, escrito por Agatha Christie e uma série de autores britânicos (ver WALPOLE *et al.*, 2001 [1983]). Na verdade, trata-se dos roteiros de uma série de televisão transmitida na Inglaterra nos anos de 1930 e 1931. Um autor escreveu o roteiro do primeiro episódio e outros escreveram os episódios ou capítulos subsequentes. Claro que cada autor – assim como cada juiz – pode reinterpretar e dar novo sentido ao que foi narrado (ou decidido) anteriormente, mas ainda assim a construção ficcional (ou jurisprudencial) posterior tem que guardar verossimilhança e consistência com o que foi dito antes.

para cumprir o objetivo da interpretação: de apresentar o que é interpretado o melhor que possa.

Note-se, assim, que não se trata apenas de uma disputa verbal entre Dworkin e Marmor. Os modelos interpretativos não se equivalem. O modelo de Marmor parece tentar salvar uma velha distinção defendida pelos "intencionalistas" (cf. DWORKIN, 1982, p. 188): a possibilidade de se compreender o *significado* de uma obra sem, simultânea e indissociavelmente, formular um *juízo* sobre ela; a observação externa e desengajada do que seu autor – real ou hipotético – quis ou parece ter intencionado. As intenções e propósitos do autor podem mesmo ser atribuídos contrafaticamente a um autor "construído" pelo intérprete, como quer Marmor. A questão é que tal atribuição exige a *formulação de hipóteses e testes de coerência e adequação* com o significado possível da obra interpretada; sobretudo, a diferença está em que o intérprete dworkiniano necessita mostrar o point *valorativo* (no caso do direito, um valor político) que o objeto interpretado pode representar. Isto exige do intérprete argumentos avaliativos que não podem ser escondidos por detrás de um empreendimento de "construção" de um autor hipotético ou fictício, mas que precisam ser expressos no mesmo plano das controvérsias práticas (doutrinárias, jurisprudenciais) sobre o que o direito exige em um caso concreto. A sustentação por Marmor da possibilidade – que Dworkin explicitamente rejeita – de compreender o significado sem julgar o valor da prática faz mais sentido ainda quando conjugada com a crítica de Marmor à "tese hermêutica", discutida a seguir.

6.4.2.2 A controvérsia sobre a "tese hermenêutica"

Retomando a visão dworkiniana da interpretação jurídica (ver *supra*, 6.2) – com seus estágios pré-interpretativo, interpretativo e reformador –, a crítica de Marmor visa à "tese hermenêutica" esposada por Dworkin, segundo a qual o participante da prática jurídica e o teórico devem adotar o mesmo ponto de vista normativo, produzindo argumentos concorrentes, no mesmo nível (adotando "o mesmo ponto de vista normativo" – MARMOR, 2005 [1992], p. 40), sobre esta prática, o que significa interpretá-la, construir seu significado apresentando-a "sob a melhor luz moral" (MARMOR, 2005, p. 43).

Na visão de Marmor (2005 [1992], p. 27), Dworkin elabora um argumento substantivo e um argumento metodológico. O primeiro sustentaria que toda conclusão sobre qual é o direito em determinado caso (ou sobre o que é lícito) é resultado de interpretação, que necessariamente envolve considerações valorativas, pois interpretar um objeto é apresentá-lo *à sua melhor luz*. Portanto, toda conclusão sobre qual é o direito envolveria considerações avaliativas.

O argumento metodológico é aquele que solapa a distinção entre a interpretação prática do direito (o que é jurídico/lícito em dado caso, qual é o direito em dadas circunstâncias) e a teoria do direito (o que é "o direito" em abstrato). Em ambos os casos, teoria e prática, tem-se interpretações do direito, que é em si uma prática social argumentativa. Tanto juízes quanto teóricos interpretam tal prática social ao apresentá-la sob a melhor luz moral – ambos estão engajados (sempre para Dworkin) em um mesmo tipo de raciocínio e produzem argumentos concorrentes, no mesmo nível de observação.

Partindo do exemplo do vegetariano que quer defender normativamente sua posição diante de um carnívoro, produzindo os melhores argumentos morais, Dworkin defende que tanto os participantes dessa controvérsia quanto o teórico que buscasse descrevê-la teriam que interpretar o que o vegetarianismo "realmente exige" (DWORKIN, 1986, p. 64; MARMOR, 2005 [1992], p. 41). Marmor (2005 [1992], p. 41-2) entende que este é o principal argumento de Dworkin em defesa de sua "tese hermenêutica", mas que ele engloba dois aspectos. O primeiro deles é de que a explicação do direito, tomado como uma prática social, é interpretativa – portanto, valorativa. Isso não é contestado por Marmor, mas sim o segundo aspecto do argumento dworkiniano: de que a interpretação especificamente de uma prática argumentativa como o direito é um empreendimento avaliativo, o que exige do intérprete juízo avaliativo sobre os próprios valores que interpreta (assim como ocorre com os participantes da prática ao disputarem seu significado). Para Marmor (2005 [1992], p. 42), "[o] que Dworkin parece ignorar aqui é que há uma diferença crucial entre formar uma visão sobre os valores manifestos em uma prática social, como o direito, e realmente ter julgamentos avaliativos sobre ela". Assim, para Marmor, há uma necessidade do intérprete, do observador "externo", de ter uma visão teórica sobre os valores imanentes a uma prática, para que possa compreender como as exigências dessa prática fazem sentido a seus participantes. Disso não decorre, porém, a formação de um *juízo valorativo* sobre tais exigências – a explicação dos valores que dão sentido à prática argumentativa observada (como a discussão do vegetariano com o carnívoro) não compromete seu intérprete (teórico) com tais valores (MARMOR, 2005 [1992], p. 42-43). Para Marmor (2005 [1992], p. 43), a diferença negada do argumento teórico em relação ao argumento prático daqueles que estão em desacordo "teórico" só pode ser explicada pela tese dworkiniana de que qualquer interpretação deve esforçar-se para apresentar seu objeto sob sua "melhor luz, tudo considerado" (DWORKIN, 1986, p. 53). Porém – e aqui se encontra o núcleo da crítica de Marmor (2005 [1992], p. 43) –, para o prático a melhor interpretação possível é a melhor interpretação moral; já para o teórico apresentar seu objeto como o melhor exemplo do gênero não significa necessariamente a melhor interpretação moral – se "o melhor exemplo possível" é "o melhor moral" isto depende dos propósitos da teoria; é uma coincidência totalmente contingente.

Qual seria uma resposta verossímil de Dworkin a tal crítica? Em primeiro lugar, parece tratar-se de mais uma versão de "arquimedianismo": a visão de que o teórico do direito pode se resumir a *reportar os significados atribuídos* à prática por seus participantes, sem que ele mesmo – o teórico – tenha que produzir argumentos não meramente descritivos, mas também igualmente normativos ou avaliativos, tais como os dos participantes da controvérsia (no caso do direito, argumentos normativos dizem respeito às exigências da *moralidade política*).

O argumento de Marmor parece se contentar com a primeira etapa do modelo interpretativo de Dworkin, a etapa "pré-interpretativa", na qual de fato bastam os significados convencionais – ou melhor, parte-se dos acordos ("pré-interpretativos"!) de uma comunidade de intérpretes, de um vocabulário comum, de uma "forma de vida suficientemente concreta" (como formulado na referência de DWORKIN, 1986, p. 63, a Wittgenstein). O próprio Marmor (2005 [1992], p. 85-86; cf. DWORKIN, 1986, p. 90-91) enfatiza a necessidade desse acordo inicial sobre quais práticas contam como direito.

Porém, se a teoria parar nesta fase – de reportar o pano de fundo compartilhado em uma comunidade –, não chegará a explicar a controvérsia sobre a qual os participantes de uma prática social disputam em determinado caso. Para tanto, seria preciso formular um *ponto de vista crítico* sobre a moralidade convencional ou o direito posto – e não simplesmente descrevê-los à maneira de um etnógrafo.

No exemplo do vegetariano, o observador simplesmente reportaria qual é a *moral convencional* (provavelmente, a do carnívoro). Mas o vegetariano apenas pode disputar sobre o que é moralmente correto, no caso, porque não se resume a conhecer uma convenção (o que é certo ou errado segundo a moralidade dominante), mas defende uma concepção alternativa, uma "moralidade concorrente", um argumento substancial de *interpretação concorrente*, e não apenas outra teoria (descritiva) sobre o que é o vegetarianismo (DWORKIN, 1972, p. 857-868; cf. DWORKIN, 1986, p. 64; 1982, p. 186). Nem o envolvido na controvérsia prática, nem o teórico que pretendesse compreendê-la estariam satisfeitos com a averiguação de fatos (o que é convencionalmente exigido, algo como uma pesquisa de opinião ou uma definição estipulativa).

Além destes fatos, o prático e o intérprete têm que descobrir o valor que a prática consagra e, à luz dessa consideração, revisar o que a prática requer, formulando uma teoria coerente, com adequação (*fit*) à prática que quer explicar. Isto é o que as etapas "interpretativa" e "pós-interpretativa" acrescentam ao ponto de partida mínimo, "pré-interpretativo", do consenso ou convenção, a partir do qual os desacordos podem existir e a partir do qual podem ser avaliados. Repetindo a referência a Wittgenstein (ver *supra*, 4.3): seria preciso articular os valores morais subjacentes aos "fundamentos de direito" do mesmo modo como se entretecem os fios de um tecido. "E a robustez do fio não está no fato de que uma fibra o percorre em toda a sua longitude, mas sim em que muitas fibras estão trançadas umas com as outras" (WITTGENSTEIN, 1999 [1953], p. 53, §67). Daí a ideia de "*integridade*" reclamada para a prática jurídica – isto é, para os discursos avaliativos que constituem a argumentação normativa (DWORKIN, 1986, cap. 6-7).

Já o intérprete que Marmor propõe, caso queira explicar como os valores tornam algo exigível na visão dos participantes da prática, não terá sucesso em reportar adequadamente o desacordo, porque precisaria ele mesmo formar um juízo normativo sobre o que a prática requer para poder julgar o que os participantes julgam que ela requer – sem esta distinção, não há avaliação sobre a própria prática. Se quiser ascender a tal julgamento – para inclusive poder criticar as interpretações dos envolvidos na prática e no "desacordo teórico" (sobre o que a prática requer, não sobre fatos) –, o teórico precisará, ele mesmo, produzir uma interpretação que não é neutra, mas que concorre com a daqueles que ele observa.

6.4.3 Um balanço do debate

É difícil avaliar o sucesso da empreitada de Marmor de defender o positivismo jurídico em contraposição com a teoria do direito de Dworkin. Em primeiro lugar, porque Marmor discute não só aspectos sensíveis de uma construção conceitual intrincada como a de Dworkin (por exemplo, dedicando um capítulo para a noção de "coerência" como ponte entre uma metodologia de interpretação jurídica e uma teoria da justiça de inspiração rawlsiana, ver *infra*, 10.3), mas também trata de diferentes versões do positivismo – notadamente, o de Hart (inclusivista) e o de Raz (exclusivista). Em segundo lugar, como a teoria dworkiniana radicalizou a incorporação de pressupostos de filosofia da linguagem, do conhecimento e da verdade (além da filosofia moral e política) em sua própria construção, a empreitada de responder ao desafio de Dworkin (que Marmor interpretou como um desafio geral ao convencionalismo) fez Marmor transitar por muitas concepções que não são facilmente assimiláveis na teoria do direito.

Marmor (2005 [1992]), de um lado, defende a excepcionalidade da interpretação e é forte na sustentação de uma explicação convencionalista da prática jurídica. Este é seu ponto de partida, enfatizado no capítulo 2 de *Interpretação e teoria do direito* (quando discute as teorias do significado) e constantemente reiterado, notadamente quando, já no capítulo 7, apela para Wittgenstein em defesa da distinção entre casos fáceis e casos difíceis com base na indeterminação da linguagem das regras. A interpretação, mais uma vez, surge como excepcional – e isto nos termos tradicionais do "convencionalismo" de Hart. Tal conclusão não afeta a teoria de Dworkin, que já havia apontado a centralidade dos casos em que surgem controvérsias teóricas e que não podem ser ignorados por uma teoria do direito (DWORKIN, 1986, p. 41-43).

A estratégia de defesa e ataque de Marmor, porém, não é linear. Se a interpretação é excepcional, não deixa de ser importante – Dworkin lança desafios sérios ao convencionalismo, admite. Então, de outro lado, como uma espécie de tese subsidiária, Marmor parece querer fornecer um ar "interpretativista" ao positivismo. Isto é exemplificável pela construção que Marmor (2005 [1992]) oferece no capítulo 2, ainda antes de discutir a teoria de Dworkin em profundidade, de uma versão de interpretação baseada na atribuição de intenções a um autor fictício. É um modelo conversacional que guarda maior afinidade com a imagem positivista do direito baseado em fontes sociais, isto é, em decisões de autoridades. Essa afinidade fica ainda mais evidente quando Marmor apela para a teoria da autoridade de Raz, no outro extremo do livro (MARMOR, 2005 [1992], cap. 6).

Aqui o positivismo ou convencionalismo – a teoria do direito que se prende a fatos sociais, institucionais – aparece como fornecendo um método de interpretação sensato e complexo, capaz de concorrer com o método "construtivo" de Dworkin e de resistir às críticas de Dworkin às versões mais cruas de interpretação baseada na intenção das autoridades. E mais: o método marmoriano de interpretação assume ainda a exigência valorativa que Dworkin impõe ao direito – sustentar legitimidade política – e, para Marmor, cobre esta exigência com mais sucesso do que a interpretação "construtiva" ofertada por Dworkin, a qual apresentaria um déficit de legitimidade ao permitir que sejam incorporados ao direito padrões que não podem ser pensados como tendo sido desde o início criados como jurídicos ou juridicamente vinculantes.

Uma noção definidora do positivismo é a ideia de que o direito tem que ser objeto de decisão de autoridade para que tenha legitimidade sobre os seus destinatários. Dworkin contra-atacou o positivismo justamente ao exigir que a justificação das decisões jurídicas jamais se expressasse como mera discricionariedade autorizadora de escolhas subjetivas; para levar o direito a sério, seria preciso sempre interpretá-lo como contendo – ainda que no plano tácito dos valores subjacentes a uma ordem jurídica – seus próprios parâmetros decisórios. Daí a necessidade de se formular juízos morais objetivos sob tais valores, garantindo a coerência desses valores com o corpo de direito interpretado e ancorando tais juízos neste direito.

CAPÍTULO 7

ANÁLISE ECONÔMICA DO DIREITO

> *O mais corrente neste mundo, nestes tempos em que às cegas vamos tropeçando, é esbarrarmos, ao virar a esquina mais próxima, com homens e mulheres na maturidade da existência e da prosperidade, que, tendo sido aos dezoito anos, não só as risonhas primaveras do estilo, mas também, e talvez sobretudo, briosos revolucionários decididos a arrasar o sistema dos pais e pôr no seu lugar o paraíso, enfim, da fraternidade, se encontram agora, com firmeza pelo menos igual, repoltreados em convicções e práticas que, depois de haverem passado, para aquecer e flexibilizar os músculos, por qualquer das muitas versões do conservadorismo moderado, acabaram por desembocar no mais desbocado e reacionário egoísmo.*
>
> (SARAMAGO, 2014a [2004], p. 493-494)

É usual considerar que, além da abertura ao estudo do direito pelas diversas ciências sociais, o realismo jurídico americano teve dois grandes herdeiros teóricos nas correntes jurídicas: os Estudos Críticos do Direito e a análise econômica do direito. Ambos teriam em comum o ceticismo quando ao poder de determinação racional das decisões jurídicas pelas regras e pelas técnicas formalistas de interpretação; uma das correntes resumiria o direito a disputas políticas e ideológicas; a outra, desvirtuaria o sentido do direito ao referi-lo à eficiência, critério que levaria juízes a julgar segundo as consequências econômicas e não com respeito a procedimentos, direitos e regras (para esse tipo de avaliação, ver *e.g.* FISS, 1986).

Como veremos no próximo capítulo, o próprio movimento dos Estudos Críticos do Direito é internamente complexo, comportando posições teóricas divergentes. Neste capítulo, é preciso delimitar em que sentido o *"direito e economia"* (*law and economics*) se aproxima do realismo e em que sentidos se distancia – ou seja, também cabe apreender a diversidade interna dessa corrente teórica. Considera-se escolarmente que a *análise econômica do direito* – ou a escola teórica *law and economics* – tenha se desenvolvido desde os anos 1960 com epicentro nas universidades americanas de Chicago e Yale, a partir de trabalhos anteriores do economista Ronald Coase (1910-2013), professor de economia na Faculdade de Direito da Universidade de Chicago, e do jurista e juiz Guido Calabresi (n. 1932), italiano professor da Yale Law School que desenvolveu estudos pioneiros sobre a avaliação da distribuição de custos e riscos na atribuição de responsabilidade civil (ver. *e.g.* CALABRESI, 1961).

Assim, observação importante é que a "análise econômica do direito" popularizada a partir dos anos 1960-70 foi inspirada pela nova economia institucional, cujas matrizes teóricas veremos a seguir. Entretanto, no início do século XX, como notado (*supra*, 2.6), o realismo jurídico foi contemporâneo da *"velha" economia institucional* – que, no espírito geral do "antiformalismo" da época, apresentava abordagem históricas, sociológicas e políticas da economia, mais do que modelos econômicos abstratos.[79] Houve na época autores que forjaram, portanto, uma primeira linhagem de estudos de "direito e economia". É o caso de Robert Lee Hale (1884-1969), professor da Universidade de Columbia em New York. Hale foi, por assim dizer, o Keynes da área jurídica: sua obra refletiu as preocupações centrais em um momento de transformação da economia política e declínio do Estado liberal clássico. Tratou de direitos de propriedade, liberdade e coerção, regulação de bens e serviços, provisão de serviços públicos e tarifas. Avançou ainda o problema da imunização da legislação econômica em relação ao controle judicial. Crítico da economia "neoclássica", desenvolveu afinidades com a corrente teórica institucionalista então em ascensão no cenário americano. Dessa maneira, figura como um dos precursores do estudo de "direito e economia" (ver *e.g.* HALE, 1935; 1952; ver também FRIED, B. H., 1998).

Se no início do século XX a interface de estudos entre direito e economia era constituída por variados autores e abordagens que propunham compreender como as normas jurídicas modelavam as relações sociais – entre elas, as *transações* – , e como estas alteravam as funções sociais das formas e conceitos jurídicos, nas décadas finais daquele século a análise econômica do direito passou a sustentar a pretensão de tomar *preços* como incentivos análogos às sanções jurídicas, de tomar a *eficiência* e as estimativas de *custos e benefícios* como equivalente a padrões de justiça e de adotar a modelização matemática (típica dos modelos e teorias da ciência econômica pós-marginalista) como metodologia mais rigorosa para a abordagem do direito, tradicionalmente analisado de maneira discursiva.

Assim, a escola do *law and economics* a partir dos anos 1970 teve como ponto de partida o conceito de *custos de transação* de Coase, a substituir o foco nos custos de produção que animava a agora chamada "velha" economia institucional, dos americanos de meados do século XX, como John Commons (1862–1945) e Thorstein Veblen (1857-1929). Estes, por sua vez, eram próximos a perspectivas historicistas e sociológicas da economia, como a sociologia econômica de Karl Polanyi (1886-1964) e a escola histórica alemã de fins do século XIX e início do seguinte, representada por autores como

---

[79] Para uma comparação entre o velho e o novo institucionalismo econômico e suas respectivas visões sobre o direito, ver Coutinho (2014). No Brasil, muito tempo depois se chegou a propor uma análise jurídica inspirada pelo estruturalismo econômico latino-americano (ver SALOMÃO FILHO, 2012), corrente em muitos sentidos próxima aos escopos e métodos do "velho" institucionalismo.

Gustav von Schmoller (1838-1917), Weber (1864-1920) e mesmo pelo austríaco Joseph Schumpeter (1883-1950), amigo de Kelsen. Tal corrente sociológica, evolucionária, do institucionalismo contrapõe-se à abordagem centrada na ação e na escolha racional, típica dos *neoinstitucionalistas*, que trabalham na linha de um revisionismo da linhagem pós-marginalista (ou "neoclássica") do pensamento econômico.

Vários autores desenvolveram e difundiram o corpo de pensamento da análise econômica do direito. Richard Posner (n. 1939) popularizou-a, pretendendo tomá-la como fundamentação de uma teoria do direito *normativa*, capaz de prescrever soluções interpretativas. Do lado da economia, desenvolveu-se a *nova economia institucional*, centrada na microeconomia (com atenção especial ao direito privado, *i.e.* direitos de propriedade e respeito aos contratos). Destacaram-se autores preocupados com os *arranjos institucionais*, ou *estruturas de governança* (como Oliver Williamson, 1932-2020), ou com os efeitos históricos no desenvolvimento da escolha e efetivação de *ambientes institucionais* adequados (como Douglass North, 1920-2015). Este pensamento difundiu-se para o desenho de políticas econômicas sobretudo a partir de seu sucesso junto a organizações econômicas internacionais, como o Banco Mundial (DEZALAY; GARTH, 2002, p. 171-173; PEREIRA, 2009, p. 260-293).

O novo institucionalismo econômico e a análise econômica do direito – compreendida nesses termos da *law and economics*, ainda que com autores e escolas variantes – ganham propulsão em um contexto global basicamente marcado pela ascensão da economia política neoliberal, com indicações para a expansão das trocas privadas e a redução do papel econômico do Estado: de "interventor" a "regulador", de empreendedor a *garantidor do cumprimento dos contratos e da proteção dos investimentos*. No campo jurídico, tal linhagem de pensamento tem várias e úteis aplicações. Mas, de fato, serve usualmente para usos e abusos problemáticos, quando recepcionada por algumas teorias jurídicas. Entre essas posições questionáveis, estão: uma abdicação do raciocínio jurídico (normatividade baseada no jogo entre normas positivadas e concepções morais abrangentes) em favor da tecnicidade e pretensa superioridade científica do pensamento econômico (definido nos termos dessa tradição, de economia "positiva"); uma defesa do consequencialismo como técnica decisória e da eficiência como valor fundamental ou praticamente exclusivo a ser promovido nas mais diversas áreas do direito. Por essa via, tal estilo de pensamento jurídico aproxima-se, contraintuitivamente, das teorias mais *idealistas* do direito – no sentido de que, enquanto os realistas vislumbraram o direito como uma institucionalização de certos valores e escolhas políticas polêmicas, aderindo um pluralismo axiológico, os idealistas pretendem fundar a justificação última do direito (como decisão individual ou como ordem jurídica mais ampla) em uma só constelação de valores correta (como a *"eficiência"*, a "liberdade igual" ou a "liberdade" radicalmente compreendida), definida essa unidade seja por certa filosofia política, seja por determinada metodologia econômica.

Para o direito, as vantagens conceituais do neoinstitucionalismo estariam na análise dos processos de *escolha institucional* com o uso dos construtos da teoria da escolha racional e da teoria dos jogos. Cada escolha é vista como resultado de um comportamento individual que busca maximizar sua utilidade em dada oportunidade, sob condições de escassez de recursos. Ainda que tenha *"racionalidade limitada"* (conceito de Herbert Simon, 1916-2001), não podendo tudo prever e calcular, cada qual agirá, hipoteticamente, para reduzir custos, ampliar benefícios e realizar suas preferências de bem-estar. Este comportamento ocorre em situações de cooperação, em que influem as expectativas sobre as decisões dos outros indivíduos interagentes. Dilemas surgem quando as pessoas podem ficar em pior situação agindo racionalmente em seu próprio interesse.

Nessa visão, a conexão entre meios e fins, ou a escolha dos *meios eficientes*, é o objeto do comportamento econômico. *Instituições* fornecem diferentes incentivos, preços implícitos, para induzir alguns tipos de comportamento e evitar outros. O direito trata de diferentes *desenhos institucionais* e, nessa medida, os tipos de responsabilização e sanção, a distribuição de direitos e obrigações, o valor de uma multa e a eficácia da fiscalização, ou de modo mais geral a *executoriedade efetiva* (*enforcement*) de um conjunto normativo são variáveis a determinar a análise dos comportamentos e a informar a decisão instrumental sobre os meios eficientes.

Há, portanto, uma ligação entre o escopo da análise econômica do direito e seu contexto de surgimento e evolução. Nascida durante o Estado social, que passa a ser visto como um agente econômico (na figura de um interventor), e crescida durante os movimentos de *reliberalização* da economia (em que o Estado e seu direito passariam a um papel regulador), em que se expande o poder dos mercados privados e da autorregulação, a análise econômica do direito tem por objeto político fundamental os *programas finalísticos* do direito: as normas, típicas desse momento histórico, que disciplinam um estado de coisas futuro e incerto, reclamando comportamentos que o evitem ou o atinjam. Todo o direito vem a ser visto como uma escolha de política pública e, nessa medida, o campo do "direito e economia" serve para informar sobre os *custos e benefícios* comparativos de cada política definida como direito, ou sobre os meios mais eficientes para a consecução dos propósitos proclamados ou exigidos. Nessa linha, a análise econômica do direito é herdeira do utilitarismo de Bentham (ver *supra*, 2.4), buscando aperfeiçoar as metodologias para o cálculo de custos e benefícios a informar as decisões judiciais e, sobretudo, as políticas definidas pelas agências reguladoras e pela Administração Pública em geral (ver SUNSTEIN, 2014 [2013]). Os cenários decisórios ficam mais complexos e contingentes conforme as situações envolvam não apenas riscos (resultados e probabilidades identificáveis), mas também incertezas (resultados identificáveis, mas com probabilidade desconhecida) e mesmo ignorância (nem as consequências de um evento ou comportamento são delimitáveis nem a probabilidade desses efeitos é calculável de antemão).

Perspectivas neoinstitucionalistas informam a avaliação de arranjos e ambientes institucionais, trazendo conceitos como o de custos de transação e a análise custo-benefício para o campo do direito, por vezes para fundamentar *argumentos consequencialistas*. Por outro lado, a análise econômica do direito informa o próprio desenho de transações e instituições, atualizando com estudos de economia comportamental a tradição *utilitarista* de modelagem de incentivos e punições. A visão regulatória do escopo da análise econômica do direito a coloca como uma ferramenta de assessoria técnica no desenho e correção de arranjos jurídico-institucionais, elucidando sua estrutura de *incentivos comportamentais* e interesses representados, dominantes ou subrepresentados. Mas a posição pode ser radicalizada no sentido de sua normatividade. A *eficiência*, definida como *maximização de riqueza*, pode ser vista como *o* fundamento ético do direito, ou ao menos como um dos objetivos pragmaticamente elegíveis por legisladores ou juízes.

A seguir serão exploradas algumas das bases conceituais e das teses avançadas por autores do *"direito e economia"* – uma tradição específica, entre outras, com pressupostos metodológicos particulares; uma das vertentes possível para se abordar a interface entre essas disciplinas e campos sociais.

7.1 Coase e os custos de transação

A nova economia institucional apresentou uma série de inovações conceituais com relação à *economia pós-marginalista ou "neoclássica"* (MÉNARD; SHIRLEY, 2014). Esta concebia o sistema econômico como um sistema trivial, de resultados automáticos no ajuste, pelos *preços* relativos, da oferta à demanda e da produção ao consumo. As organizações – ou *"firmas"* – eram mais uma caixa preta do que uma variável analítica. E os postulados do modelo pareciam extremamente simplificadores: a informação perfeita, o comportamento maximizador da riqueza, a troca como transação instantânea e sem custos. A partir da conceituação dos *custos de transação* por Coase foi possível conceber a organização centralizada, os contratos descentralizados e uma série de mecanismos *híbridos* (franquias, *joint ventures*, alianças estratégicas) como alternativas para a institucionalização econômica. Se no mercado, por meio de contratos pontuais, o comprador encontra o vendedor e determina o preço e qualidade do produto, monitorando e executando um acordo, uma *organização (firma)* pode reduzir os custos de transação, ao eliminar a necessidade de trocas entre diferentes proprietários de fatores de produção. Sempre que seja difícil consolidar informações sobre um produto (dada a especificidade do ativo), ou sejam necessárias várias transações, ou seja difícil estipular de antemão os termos da troca, ou haja alguma outra fonte que amplie a incerteza, o *contrato bilateral simples* não aparecerá como a melhor solução.

De outro lado, os economistas neoclássicos concebiam o mercado como um ambiente de trocas de serviços, mercadorias e dinheiro. Os neoinstitucionalistas enfatizaram as transações sobre *direitos de propriedade* – feixes de direitos e privilégios relativos à autorização para determinadas condutas, isto é, ao uso, transferência, exploração ou fruição de algum bem. Na verdade, como assevera Demsetz (1967), menos que o valor dos bens ou serviços transacionados, o que está em jogo em uma troca é o preço do *feixe de direitos* que uma parte confere à outra (lembremos a teorização das posições jurídicas em Hohfeld; *supra*, 2.6). Direitos de propriedade sobre um ativo ou mercadoria dão ao proprietário a expectativa de consumir o bem ou seus serviços, diretamente ou indiretamente, isto é, por meio de trocas (BARZEL, 1997 [1989], p. 3). Assim, os contratos por meio dos quais essas pretensões jurídicas são veiculadas não aparecem como mecanismos simples e baratos, mas sim como soluções vulneráveis a comportamentos oportunistas e predatórios. O Judiciário estatal pode ser menos eficaz para a execução desses direitos do que as *ordens jurídicas privadas*.

Finalmente, os contratos eram vistos pelos economistas como acordos simples entre partes, perfeitamente completos em suas cláusulas e facilmente executáveis. Os neoinstitucionalistas observaram o uso de *contratos incompletos*, bem como o desenvolvimento de mecanismos jurídicos amparados pelo Estado que possibilitaram aos privados atingirem economias de escala (companhias e mercado de capitais), terem incentivos à inovação (prêmios e patentes) e reduzirem as *imperfeições de mercado* (companhias de seguro).

A pressuposição central da nova economia institucional é de que a atividade econômica racional depende do cálculo não apenas de *custos de produção* (resultantes do emprego dos fatores de produção, como capital, trabalho, insumos e tecnologia), mas também de *custos de transação*. Dessa perspectiva, "as instituições econômicas do capitalismo têm o principal objetivo e efeito de economizar os custos de transação" (WILLIAMSON, 1985, p. 17). Tais custos envolvem a decisão dos agentes econômicos entre *fazer (na organização, ou "firma") ou comprar (no mercado)*. Diz-se que a empresa, ou "firma", constitui-se então como um feixe de contratos: internos ou externos.

Definiu Coase (1937, p. 393) que "[u]ma firma, portanto, consiste no sistema de relacionamentos que passa a existir quando a direção dos recursos é dependente do empreendedor." Já o mercado estaria acessível por meio dos contratos empresariais com parceiros ao longo da cadeia produtiva. Ao analisar a "relação entre iniciativa ou empresa e gestão", Coase concluiu: "Iniciativa significa prever e operar por meio do mecanismo de preço, fazendo novos contratos. A gestão propriamente apenas reage às mudanças de preço, rearranjando os fatores de produção sob seu controle. Que o homem de negócios normalmente combine ambas as funções é um resultado óbvio dos custos de mercado (...)" (COASE, 1937, p. 405).

Entretanto, encontrar quem tenha o que se deseja obter, informar-se sobre suas demandas, negociar os termos de uma troca e formalizar um contrato envolve custos – o suficiente para "evitar a ocorrência de transações que seriam realizadas em um mundo em que o sistema de preços funcionasse sem custos" (COASE, 1960, p. 15). Assim, o custo de uma transação excede o preço de um bem no mercado. Quando é mais custoso buscar um bem no mercado do que fazê-lo, a firma emerge como uma redutora de custos de transação, já que centraliza os recursos produtivos sob uma direção unificada e com trabalhadores contratados regularmente. Em mercados menos imperfeitos (sem falhas de concorrência, por exemplo), compensa contratar o produto de outra firma. Devido a essas falhas é que se pode explicar a função das *organizações* empresariais, e a razão de o mercado não operar simplesmente como uma série de *transações* descontínuas entre indivíduos que produzem excedentes ao necessário para sua subsistência e trocam bens complementares entre seus vizinhos. Aqui, portanto, organização empresarial é explicada não pelos ganhos de eficiência proporcionados pela divisão técnica do trabalho (como na fábrica de alfinetes de Adam Smith), mas como uma solução para a economia de custos de transação.

Na teoria dos custos de transação, a firma aparece como substituto ao mercado. Ela opera racionalmente na medida em que possa obter fatores de produção a custo mais baixo do que os custos de transação no mercado. Os *ativos* são enfeixados sob a *propriedade* da firma. A decisão administrativa sobre o emprego dos fatores de produção produz um maior valor. Neste caso, compensa produzir. Mas produzir na firma é irracional se pela via do mercado se puder obter o mesmo resultado a um custo menor. Nessa situação, é racional comprar.

Se a teoria dos custos de transação tem uma vinculação evidente com o direito dos contratos e a relação microeconômica de incentivos e expectativas, outra contribuição fundadora de Coase diz respeito à regulação de *danos a terceiros* – objeto por excelência do direito privado, do exercício ou abuso de direitos privados (como a propriedade) e da *responsabilidade civil*. Trata-se da teoria do custo social (COASE, 1960). A situação-chave é uma organização empresarial (*business firm*) que produza danos a terceiros, como barulho ou poluição. Pode se tratar também de vantagens auferidas por um terceiro que não arque com seus custos. Tem-se aqui "*externalidades*" – negativas ou positivas. E o objetivo da regulação é *internalizar externalidades*, fazendo com que o agente que produziu um dano ou que usufrui de um benefício arque com seus custos. Pode, porém, não ser desejável em muitos casos essa solução da divergência entre o produto privado e o produto social. Em termos jurídicos, há danos que a vizinhança deve suportar; nomeadamente, se a utilidade indissociável do dano supera o prejuízo produzido, não caberia proibir a atividade que os causou. "O que tem que ser decidido é se o ganho obtido na prevenção do dano é maior que a perda que seria sofrida em outro lugar como resultado da proibição da atividade que produz o dano" (COASE, 1960, p. 27).

A argumentação segue em termos econômicos. Há que se comparar os *custos administrativos* de uma organização hierárquica (firma) aos *custos de transação* de se firmar um contrato via mercado – e, ainda, aos *custos regulatórios* de estabelecer uma solução pelo direito estatal (por lei, jurisprudência ou regulamento). Em vez de uma parte comprar o direito exclusivo sobre certos ativos, ou pactuar seus usos com outra, o governo determina as respectivas obrigações e responsabilidades dos privados. O governo pode ser uma "superfirma" (COASE, 1960, p. 17), no sentido de poder decidir administrativamente sobre o emprego dos fatores de produção. Mas, enquanto as firmas estão sujeitas a controles concorrenciais, o governo não encontra essa limitação a seu poder. A regulação administrativa pode ser uma alternativa à solução contratual ou proprietária entre privados, especialmente em casos muito abrangentes envolvendo muitas pessoas, mas também a máquina estatal tem seus custos e a regulação ou sua execução podem ser eivadas de vícios (como a distorção em favor de determinados grupos de interesse) contrários à eficiência. Finalmente, havendo custos de transação no mercado que tornam mais difícil mudar as titularidades definidas juridicamente, os tribunais influenciam a atividade econômica e suas decisões têm consequências mensuráveis. Qualquer solução importa custos, de modo que à análise econômica cabe analisá-los e compará-los. Um *fator de produção* é menos uma entidade física do que "o direito de realizar certas ações" (COASE, 1960, p. 44), de modo que "[o] custo de exercer um direito (ou usar um fator de produção) é sempre a perda sofrida em outro lugar em consequência do exercício daquele direito". Não se pode apenas realizar as ações que geram um ganho superior à perda respectiva, mas o desenho dos arranjos sociais deve levar em conta os custos envolvidos em cada decisão e âmbito (mercado, governo, firma, tribunal) em que ela é tomada.

7.2 North e o ambiente institucional

Na teoria recente do desenvolvimento econômico, Douglass North foi provavelmente o autor que mais alçou à centralidade o conceito de *instituição*, levando-o a abarcar potencialmente todo o espectro societal, isto é, o conjunto global das "regras do jogo da sociedade".

> As instituições são as regras do jogo de uma sociedade ou, mais formalmente, são as restrições humanamente desenhadas que estruturam a interação humana. São compostas de regras formais (direito legislado, direito jurisprudencial, regulações), restrições informais (convenções, normas de comportamento e códigos de conduta autoimpostos), e das características de executoriedade [*enforcement*] de ambas. (...) As organizações são os jogadores: grupos de indivíduos ligados por um propósito comum de atingir objetivos. Incluem corpos políticos (partidos políticos, o senado, uma câmara municipal, uma agência reguladora); corpos econômicos (empresas, sindicatos, fazendas familiares, cooperativas); corpos sociais (igrejas, clubes, associações atléticas); e corpos educacionais (escolas, universidades, centros de treinamento vocacional). (NORTH, 1992, p. 4)

North propôs ainda a distinção entre ambiente institucional e arranjos institucionais: o *ambiente institucional* compreenderia regras sociais, políticas e jurídicas que fornecem as bases para a produção, as transações e a distribuição de bens e serviços, enquanto os *arranjos institucionais* definiriam as relações de cooperação ou concorrência entre as unidades econômicas (WILLIAMSON, 1992, p. 341). Assim, sublinhou com seu trabalho que não apenas governos, mas também indivíduos privados criam regras entre si para resolver os problemas emergentes de sua interação, modelando então incentivos, comportamentos e resultados.

As organizações, grupos de indivíduos unidos pelo propósito comum de atingir certos objetivos, respondem às oportunidades e aos incentivos dados pela *matriz institucional*: se a pirataria é recompensada na prática, será difundida; se monopólios são reconhecidos, o incentivo a aprender e inovar será diminuído. Para criar instituições que favoreçam, em termos de custo/benefício, a cooperação por trocas impessoais, um incentivo crucial é a execução eficiente de direitos de propriedade (NORTH, 1994, p. 361-366).

O aspecto mais popularizado da teoria de North, em termos de recomendação política global e desenho de políticas públicas, é a importância de *direitos de propriedade e contrato claros e bem definidos* como variável do ambiente institucional: isto é, como fator de redução da *incerteza* do ambiente de negócios e aumento da *confiança* nas instituições de governo. A atração de investimento dependeria de sistemas jurídicos eficazes no sentido de proteger tais investimentos, não apenas na definição legal dos direitos privados, mas também na prática judicial de tutela efetiva a esses direitos. Em outras palavras, a tese é de que direitos de propriedade mal definidos e mal protegidos são um dos principais obstáculos ao desenvolvimento (NORTH, 1990). Criam uma estrutura de incentivos que não beneficia o poupador e investidor privado. A inovação desta tese estaria em seu foco em um aspecto da estrutura institucional – os direitos de propriedade –, enquanto as teorias clássicas do *desenvolvimento econômico* o explicavam apenas pelos níveis de acumulação de capital (físico, financeiro, humano) ou pelas mudanças tecnológicas.

Como há *custos de transação* no mundo real, e boa parcela desses custos se refere a direitos de usar, fruir e dispor de certos ativos, e de excluir desse controle, ou das decisões sobre esses benefícios, as demais pessoas, os *direitos de propriedade* amplamente considerados influenciam a alocação de recursos em uma sociedade. Os custos para se diminuir o risco da apropriação alheia de seus ativos podem obstruir a atividade econômica, sendo então tarefa do Estado minorar esse risco. Direitos de propriedade variam quanto ao escopo dos grupos que os detêm e ao grau de controle dado por esses direitos, podendo haver formas de propriedade privada ou coletiva (estatal ou "aberta"). A falta de direitos de propriedade com titularidade segura e bem definida obstaculiza o acesso a *crédito* e, portanto, o *investimento* produtivo. A falta de direitos claros (formais ou informais) aumenta os custos de transação, isto é, os gastos para a proteção de determinado ativo contra a apropriação ou invasão de terceiros (GALIANI; SCHARGRODSKY, 2014).

Para North, países subdesenvolvidos costumam apresentar uma estrutura de incentivos que não encoraja a atividade produtiva; essa estrutura é resistente à mudança, apresentando, portanto, uma *"dependência da trajetória"* – que inclui a teia de valores e os "modelos mentais" cultivados nessas sociedades. Historicamente (NORTH; WALLIS; WEINGAST, 2009), a centralização política dependeu de um acordo entre elites que dividiram o controle sobre recursos e atividades que lhes geravam rendas. Este "estado natural" contempla o império do direito e a proteção da propriedade apenas para essas *elites*. São ordens sociais de acesso limitado, dominadas por corporações, e redes de amizade e reconhecimento ditam o acesso a crédito privado ou favores políticos. Não elites são desautorizadas explicitamente a empreender, ou têm custos de transação demasiado elevados para entrarem na atividade produtiva e competirem com as elites. Sociedades modernas são de "acesso aberto", tendem à inclusão universal e dão acesso à competição política ou econômica com custos de transação relativamente baixos. O *império do direito* e a proteção dos direitos de propriedade deveriam, então, ser generalizados para toda a população.

7.3 Williamson e as estruturas de governança

Williamson (1985) destacou como as principais instituições do capitalismo contemporâneo as firmas, os mercados e os contratos relacionais. Em um contínuo entre a *integração vertical plena* (a firma que domina todas as etapas de sua cadeia de valor, da extração da matéria prima à comercialização dos produtos) e a *desintegração vertical* ou terceirização (quando a firma acaba por ser apenas uma compradora dos diversos bens e serviços no mercado, coordenando assim sua atividade econômica), há formas intermediárias, como *alianças entre empresas*; juridicamente, tais formas aproximam-se do conceito de *contratos relacionais*. Em vez de promessas bilaterais executórias e pontuais, como compras e vendas esparsas no tempo, trata-se de relacionamentos de longo prazo, com transações frequentes, assentadas em maior nível de confiança entre as partes, maior especificidade dos ativos e codeterminação das demandas e fornecimentos.

Ou uma organização integra verticalmente diversas etapas da cadeia produtiva, em uma estrutura hierárquica (contratando trabalhadores), ou procura no mercado quem lhe forneça produtos ou serviços (terceirizando certas etapas de sua cadeia de valor – *outsourcing*). Terá, de qualquer modo, custos relativos à busca de informações (sobre fornecedores, produtos ou serviços, preços), à negociação de contratos e a seu monitoramento (por exemplo, prazo, quantidade e qualidade dos insumos contratados). Portanto, a teoria desenvolveu-se no sentido de apontar que as transações geram custos comparativos – daí variando a melhor opção: fazer ou comprar – e que alguns atributos transacionais determinam tais custos (MILGROM; ROBERTS, 1992, p. 29-33).

Podem-se destacar como espécies de custos de transação os custos de coordenação e os custos de motivação. *Custos de coordenação* estão envolvidos, ilustrativamente, no mercado de capitais. Todo o aparato das bolsas de valores visa reduzir tais custos, propiciando o encontro entre investidores e companhias que demandam capitalização. Em termos de mercado, custos de coordenação dizem respeito ao problema do conhecimento das partes (por exemplo, fornecedores ou distribuidores) e da determinação do preço e de outras cláusulas de uma transação. No âmbito da organização, esses custos são aqueles relativos aos recursos necessários para tomar decisões e transmiti-las ao longo da hierarquia, garantindo seu cumprimento.

Já os *custos de motivação* derivam da incompletude e assimetria das informações e do comprometimento imperfeito dos agentes no mercado ou na organização. *Assimetria ou incompletude de informações* no mercado é exemplificada no caso clássico (ver AKERLOF, 1970) do mercado de veículos seminovos: o comprador não dispõe de informações sobre o histórico do veículo, o uso de peças originais, batidas do automóvel etc. O vendedor determina o preço de posse dessas informações. Na organização, um superior pode não estar de posse das informações sobre o trabalho de um subordinado, de modo que transações mutuamente vantajosas podem estar sendo obstadas. O *comprometimento imperfeito* diz respeito à confiança necessária para as transações e à incerteza entre as partes sobre se suas contrapartes seguirão os compromissos reforçados por uma estrutura de promessas e ameaças sancionatórias.

Alguns atributos transacionais definem a formação dos custos de transação. Em primeiro lugar, há *racionalidade limitada* dos agentes, de modo que, embora se possa modelar seu comportamento sob o pressuposto de que agem para maximizar sua utilidade ou eficiência, a capacidade humana (mesmo que tecnologicamente assessorada) para avaliações e previsões é limitada em vista da *incerteza* futura, apenas em parte calculável e precificável como *risco*. Dessa limitação e da assimetria de informações emerge o segundo atributo: o risco de *comportamentos oportunistas*, em que uma das partes procura obter proveito à custa da imposição à outra parte de um custo não combinado, quebrando o mútuo proveito da transação.

Em terceiro lugar, é importante a característica da *especificidade dos ativos*: o objeto das prestações contratuais pode ser produzido especificamente para aquelas partes e suas necessidades (por exemplo, tendo demandado um investimento especial no desenvolvimento de tecnologia para a fabricação de determinado componente, estando o fornecedor sem compradores alternativos – monopsônio); ou se trata simplesmente de uma mercadoria padronizada para a qual se podem achar diversos fornecedores e compradores alternativos em competição (como uma *commodity*).

Outros quatro atributos definem a dificuldade de uma *transação*: a frequência e duração dessas trocas; sua complexidade operacional ou incerteza; a dificuldade de mensurar seu desempenho; a conexão com outras transações, envolvendo outras partes.

Ativos ultraespecíficos recomendam a constituição de uma sociedade – a integração vertical. A troca de bens padronizados pode ser feita por meio de contratos no mercado *spot*, como o tipo da compra e venda. Entre esses extremos localiza-se boa parcela das transações, de fornecimento ou distribuição por exemplo, nas diversas fases de uma cadeia produtiva.

Uma contribuição importante do trabalho de Williamson, portanto, é o desdobramento do entendimento de que "não apenas há uma variedade de modos de mercado – o que significa que o estudo dos híbridos é pertinente – como também uma variedade de formas de organizar hierarquias"; deste modo, o diferencial do neoinstitucionalismo econômico, diante de uma tradição da explicação do desenvolvimento apenas centrada na evolução tecnológica, estaria em insistir "que a forma organizacional importa e tentar atribuir e explicar as razões disto" (WILLIAMSON, 1992, p. 344).

7.4 Posner e a normatividade da eficiência

Na versão popularizada por autores como Richard Posner, juiz e professor de direito da Universidade de Chicago, a análise econômica do direito concebe, de um lado, políticos que tomam suas decisões buscando maximizar suas vantagens de poder; de outro, coloca a *eficiência*, a maximização de utilidade, como *ideal normativo* que explica e justifica todo o corpo de direito (sua evolução histórica) e que, prospectivamente, deve ser promovido pelas cortes (POSNER, 1990, cap. 12).

Em sua caracterização mais típica ou estereotípica, a utilização da análise econômica do direito (AED) implica a aplicação do raciocínio econômico "pós-marginalista" à solução de questões das mais diversas que sejam processadas pelo sistema jurídico. Os pressupostos da AED são exatamente aqueles da economia "neoclássica", com fundo ideológico liberal ou libertário, neoliberal (POSNER, 2010a, p. xii).[80] Para Posner, a AED faz sentido quando aplicada a uma economia liberal nos moldes estadunidenses; os países "plenamente desenvolvidos", entretanto, estão dispostos a ensinar os retardatários.

> Especialmente numa sociedade comercial (como é o Brasil de hoje), é inevitável que os valores comerciais, tais como a eficiência econômica, venham a influenciar as autoridades que determinam os rumos políticos do país; e, como é inevitável a discricionariedade judicial, os juízes se contam entre essas autoridades. Assim, a análise econômica do direito tem também uma dimensão positiva (no sentido descritivo ou empírico, não juspositivista), além da dimensão normativa sobre a qual já falamos. (...)

---

[80] Como observa Pietropaolo (2010, p. 235-236): "A visão metodológica do indivíduo autointeressado proporcionou alguns fechamentos lógicos em direção aos modelos econômicos baseados na concepção de racionalidade instrumental, consistentes em simplificações radicais da realidade, de forma a tornar possível o uso metodológico de linguagem formal analítica, com usos marcantes da lógica matemática dedutiva nas operações de reconhecimento da realidade econômica. Esse método se apresenta como natural, embora sua naturalidade dependa de assunções filosóficas específicas, tidas em geral de forma acrítica. Em outras palavras, a proposição normalmente usada para a expansão dos modelos, como formas racionais dedutivas de explicar a realidade, parte sempre e necessariamente de uma base ideológica escondida por detrás do rigor mesmo do método econômico. Sem essa base, que são na verdade assunções normativas, o modelo de racionalidade usado nos modelos [da AED] jamais fecharia as aberturas lógicas dos conceitos mesmos de racionalidade instrumental. Os valores subjacentes ao método econômico são a eficiência e a máxima criação do bem-estar. Tais valores são, portanto, fundantes da pressão das sociedades contemporâneas sobre bens como indicadores da satisfação individual. Os modelos expandem a razão calculativa autointeressada contemporânea como determinante para explicar todas as interações sociais, inclusive aquelas que estariam fora das definições objetivas da economia. Essa expansão – e não propriamente os modelos – foi afirmada como disfuncional".

Uma concepção do direito que o entenda como um fator político, dando ênfase à discricionariedade judicial e à permeabilidade do processo judicial às influências de outras disciplinas, como a economia, não é um modo espontâneo de pensar para advogados e juízes formados na tradição do *civil law*. Por isso todo esforço para introduzir a análise econômica do direito no sistema jurídico brasileiro deve começar nas universidades e faculdades de direito.

> Em segundo lugar, num país em desenvolvimento como é o Brasil, a análise econômica do direito deve ter uma ênfase diferente da que tem em países plenamente desenvolvidos, como Estados Unidos, Reino Unido, França, Alemanha e Japão. Nestes últimos, a importância dos direitos de propriedade, da liberdade contratual, da independência do Judiciário, da discricionariedade judicial bem orientada e das limitações ao poder do Estado é tomada como ponto pacífico. Nos países em desenvolvimento, por outro lado, esses valores tendem a ser postos em questão e só se efetivam de modo incompleto. Nesses países, a proteção dos direitos de propriedade, a garantia da liberdade contratual, a prevenção da corrupção e do favoritismo político e a limitação do poder regulador do Estado sobre a economia têm relevo muito maior do que é necessário em sociedades plenamente desenvolvidas. (POSNER, 2010a, p. xvi-xviii)

Via de regra, apresenta-se tal abordagem de solução de problemas como um método científico, nascido na ciência econômica, mas de relevância para outras ciências e práticas, dentre as quais o direito. Considerando-se que o direito apenas trabalha tradicionalmente com base na mera intuição e no rudimentar "método" casuístico, a economia, como "a mais avançada das ciências sociais" (POSNER, citado por COOTER; ULEN, 2008, p. 1), poderia fornecer-lhe uma base científica segura: identificando *sanções* a *preços*, pode-se analisar, por exemplo, a eficácia de uma sanção na dissuasão ao cometimento de crimes, aplicando-se então técnicas e pressupostos da teoria dos preços, da econometria, da estatística etc. (COOTER; ULEN, 2008, p. 3-5).

A AED tem como origem a *teoria das escolhas racionais* de Jeremy Bentham; entretanto, dista do utilitarismo clássico (ver ROEMER, 1998, p. 28-31) ao reduzir a avaliação moral das sociedades ("comerciais") a um só princípio moral: a *"maximização da riqueza"*.

> A maior parte dos escrúpulos convencionais (cumprir promessas, dizer a verdade etc.) podem também ser tirados do princípio da maximização da riqueza. A observância dessas virtudes facilita as transações, promovendo o comércio e, consequentemente, a riqueza, através da redução dos custos de policiamento dos mercados por meio do protecionismo, do detalhismo dos contratos, dos processos judiciais e assim por diante. Mesmo o altruísmo (a benevolência) é um princípio de economia, já que pode funcionar como substituto de dispendiosos processos mercadológicos e jurídicos. Até mesmo o altruísta pode decidir vender seus serviços a quem lhe pagar mais, em vez de doá-los a quem mais lhe implorar. Devido ao custo da determinação de necessidades através de outros mecanismos que não a disposição para pagar, a alocação pelo preço pode conferir benefícios líquidos maiores ao resto da sociedade que a alocação pela "necessidade" ou "merecimento". A alocação por preço também resultará em maior acumulação de riqueza. Esta pode ser integral ou parcialmente doada, embora nesse caso, mais uma vez, o altruísta não desejará gastar tempo demais selecionando candidatos à caridade, pois isso poderá reduzir drasticamente a produtividade de seu trabalho e os benefícios que este traz a outras pessoas. (...)

Outro motivo que faz da maximização da riqueza um princípio moral mais defensável é que ela fornece bases mais sólidas para uma teoria da justiça distributiva e corretiva. Já se observou que a fonte dos direitos negociados em uma economia de mercado é, ela própria, necessariamente externa ao princípio da maximização da riqueza. Na verdade, o princípio preestabelece a criação de um sistema de direitos pessoais e de propriedade que teoricamente se aplicaria a todas as coisas escassas – não só à propriedade pessoal e imobiliária, mas ao corpo humano e até às ideias. (POSNER, 2010b [1981], p. 81-83)

Assim, a AED busca fornecer critérios econômicos para decisões jurídicas, notadamente as judiciais: tudo poderia ser reduzido a custos e todos os custos, "inclusive os não pecuniários" (POSNER, 2010a, p. xiv), poderiam ser matematizados. Parte-se da visão do *homo economicus* que racionaliza, calcula as possibilidades de maximizar seu bem-estar e, então, analisa-se "como os seres racionais moldam seu comportamento em face dos incentivos e restrições com que se defrontam, incentivos e restrições que nem sempre têm uma dimensão monetária" (POSNER, 2010a, p. xii).

Assim, o direito é observado como um sistema de regulação de *incentivos e punições*; entretanto, é problemático o quanto isso estaria plenamente claro na consciência de seus destinatários, considerando-se a "racionalidade limitada" e os desníveis de informação sobre o direito. Predomina na AED a noção de que todas as pessoas agem (ou deveriam agir) realizando cálculos de *custo-benefício* de suas ações ou omissões, plenamente conscientes das opções de conduta possíveis em cada circunstância e de suas potenciais consequências. Apenas consideram-se "o ser racional [que] pondera a utilidade do crime, com relação à desutilidade [gravidade e probabilidade] da punição" (POSNER, 2010a, p. xii), a empresa que pondera os custos de melhorar a segurança de seus produtos em relação à probabilidade e aos custos indenizatórios de potenciais acidentes com seus consumidores (COOTER; ULEN, 2008, p. 3-4). Posner (2010a, p. xiii-xiv) especifica que o objeto de sua teoria não é a *utilidade* amplamente definida na tradição utilitarista como felicidade ou bem-estar; é, estritamente, a *"maximização de riqueza"* pelas trocas, e, portanto, sua proposta é construir uma doutrina "que usa a análise de custo-benefício para orientar a decisão judicial". Assim, por uma estimativa estatística que considere a probabilidade de um acidente provocado por um carro não consertado e o custo desse conserto, pode-se concluir se houve imprudência por parte do dono do carro e, portanto, se o acidente que causou envolve culpa: tudo depende da consideração sobre se valia a pena atropelar uma pessoa, diante do custo de manutenção do veículo (POSNER, 2010a, p. xii-xiii).

Posner (2010b [1981], p. 72-91) sugere assim que as controvérsias sobre valor, preço e utilidade podem ser reduzidas à análise da *"disposição a pagar"*. Eficiência implica maximização do valor (a satisfação humana medida pela disposição de pagar por produtos) e, pela agregação das preferências humanas por meio do mercado e do dinheiro, aumento da riqueza da sociedade. A riqueza da sociedade aumenta quando os recursos são apropriados, por meio de transações voluntárias, por quem tem a maior disposição em pagar. Se alguém está disposto a pagar (isto é, valoriza) mais do que o valor de mercado do bem ou serviço, a transação ocorre e a riqueza social aumenta.

Assim os juízes poderiam mensurar a eficiência das transações – inclusive estendendo tal análise para relações não voluntárias, a partir da abordagem de "mercados hipotéticos". Nesta ética da maximização da riqueza seria possível fundir utilitarismo e autonomia individual (cujo corolário é a propriedade, entendida como direito absoluto sobre coisas). A função básica do direito seria a alteração de *incentivos* e a alocação de *riscos e sanções*, o que pressupõe obediência, isonomia, publicidade e averiguação da conformidade entre comportamentos e normas. Em termos de "justiça distributiva", direitos deveriam ser inicialmente conferidos àqueles que provavelmente os valorizarão mais, de modo a minimizar os custos de transação. Já em termos de "justiça corretiva", a responsabilidade civil deveria atuar como um "processo" que levasse à eficiência, isto é, ao aumento de riqueza na sociedade por meio das trocas (ao lado disso, surge a função da responsabilidade penal: prevenir ilícitos, que diminuem riqueza social).

Posner foi, enfim, quem mais desabridamente apregoou uma "'jurisprudência' econômica", no sentido de encontrar na ciência econômica positiva (microeconomia) um fundamento normativo para toda a interpretação e prática do direito. Basicamente, a *eficiência* substituiria a *justiça* como critério de correção de uma decisão jurídica (POSNER, 1986 [1973]). Em uma fase intermediária de sua obra, Posner (2010b [1981]) tratou de defender a eficiência como um critério de justiça, formulando uma teoria da maximização da riqueza. Em autocrítica posterior, o próprio Posner (1990) reduziu a eficiência a um dos objetivos, entre outros em concorrência, que podem estar em jogo na avaliação do direito. Adotou então uma perspectiva que chamou de *pragmática*, defendendo que o direito tem seu sentido formado socialmente e segundo os contextos e circunstâncias de sua aplicação, sendo relevante analisar as *consequências previsíveis* das estruturas normativas. A eficiência pode não ser o fundamento adequado, porém, para defender pautas essenciais como aquelas de liberdades, direitos civis e democracia. Em todo caso, permanece disponível e por vezes útil o argumento consequencialista e a análise de custos e benefícios de medidas, políticas e normatizações alternativas (SALAMA, 2012).

É interessante abordar essa transformação teórica em termos comparativos. O contraste com Dworkin deu-se em ambas as posições extremas adotadas por Posner. Primeiramente Posner (1986 [1973]) adotava a visão *eficientista*: o postulado da eficiência como meta-valor explicativo e normativo, cuja realização deveria ser buscada por toda decisão jurídica; Dworkin (1980) então contestou o *status* da "maximização de riqueza" como um valor moral em si mesmo. Por fim, Posner (1990) adotou uma abordagem *"pragmática"*, reconhecendo que a eficiência seria um parâmetro, entre outros, a ser adotado conforme o caso e conforme o que ditasse o senso comum; concluiu que não seria possível formular uma teoria jurídica consistente sobre a aplicação da eficiência como critério absoluto de justiça. Aqui a visão dworkiniana reclamaria justamente a formulação de uma teoria abrangente sobre os valores morais em jogo em dada comunidade política e em seu direito. Entretanto, a análise econômica só pode entregar uma formalização, orientada pela microeconomia, dos cálculos de custos e benefícios das decisões e políticas públicas alternativas. Ou seja, serve para orientar o juízo de *adequação entre fins e meios*, mas não para estipular a promoção da eficiência como razão jurídica definitiva.

Afinal, a economia trata de orientar juízos instrumentais, de adequação de meios em relação a fins segundo critérios de eficiência e cálculos comparativos de custo *versus* benefício; para tanto, toma como índice das condutas sua convertibilidade em dinheiro. As estimativas econômicas são feitas dados como fixos certos pressupostos institucionais e tecnológicos (mecanismos de crédito, modelos de organização do trabalho, máquinas).

Mudadas as tendências e suas determinantes contextuais, os cálculos e previsões são revisados; a economia aprende e se recicla. Já o direito toma como unidade de igualação entre condutas as regras; estas permitem avaliar ações e decisões como permitidas, proibidas ou obrigatórias, dada a moldura institucional pressuposta do direito positivo atualmente vigente. Essa conformidade ao direito tem caráter normativo – o padrão de avaliação não se altera por mais que as condutas empíricas se desviem do modelo prescritivo. O lícito é determinado não por um cálculo de eficiência e não exclusivamente por uma busca de justiça material; trata-se de uma avaliação constrangida pelas regras válidas – isto é, dirigida sobretudo à garantia de justiça formal (tratar igualmente casos iguais) e remetida à vontade das autoridades competentes, isto é, a órgãos decisórios aos quais regras também jurídicas reconheçam competência para determinar as regras para todos os casos (geralmente por legislação) ou para casos específicos (tipicamente pela jurisprudência). Nessa medida, as *regras* são razões para agir e decidir e para avaliar ações e decisões. O critério de legalidade define o lícito e o ilícito, que pode muitas vezes não corresponder ao eficiente e ao ineficiente, respectivamente.

7.5 Komesar e a escolha institucional

Para ilustrar um uso interessante do neoinstitucionalismo econômico na análise jurídica, pode-se remeter a trabalhos como o de Neil Komesar, professor na Universidade de Wisconsin, Madison, nos Estados Unidos. Seu tema é a *escolha institucional*: decidir quem decide – nos mercados, na burocracia, no Legislativo e no Judiciário (KOMESAR, 1996). A constituição, o direito e as políticas públicas são fator e produto da alocação de autoridade e de complexos processos decisórios em um ou outro órgão político, jurídico ou econômico – o que requer uma análise institucional comparativa. Essa análise é menosprezada por juízos subjetivos e preferências doutrinárias que deixam de explicitar a relação entre objetivos, escolhas institucionais e formas de políticas ou de direito adotadas. Mas sempre há escolha institucional, explícita, articulada e justificada ou tácita e pressuposta. A *decisão sobre quem decide* permeia todo o direito e toda política pública, mas permanece superficialmente tratada. Por exemplo: constitucionalistas geralmente ignoram o problema da escolha institucional, enquanto os adeptos da análise econômica do direito costumam considerar só uma alternativa de alocação da competência decisória.

Na análise do direito e das políticas públicas, de um lado, há uma tendência a se considerar genericamente os fins e valores sociais; de outro, um único valor: a eficiência alocativa e a redução dos custos de transação. Várias políticas podem ser consistentes com um mesmo objetivo; por isso, a mera eleição de objetivos não constrange a escolha entre alternativas. O vínculo faltante – entre o objetivo social e a política pública ou o direito reconhecido – é a escolha institucional. É preciso medir os resultados alcançados por políticas ou formas de regulação jurídica alternativas, contra um pano de fundo dos objetivos pretendidos. A escolha é sempre entre *alternativas imperfeitas* – ora o mercado, ora a política, ora os tribunais são a melhor instância, mas sempre há perdas e ganhos.

Também é insuficiente o foco em uma só instituição – em vez da comparação entre diferentes alternativas institucionais. Por exemplo, Posner (1990) compara o funcionamento do mercado em diferentes países de *common law*; Ely (1980) compara os processos políticos em diferentes direitos constitucionais. Mas nenhum cruza a fronteira da análise comparativa – onde alocar a decisão: mercado, política ou Judiciário?

A proposta de Komesar (1996) para a análise institucional comparativa é a *abordagem centrada na participação*: a variação no desempenho de uma instituição é vinculada à participação dos atores institucionais importantes comuns a todas as instituições (como consumidores, produtores, eleitores, lobistas e litigantes); atores oficiais, como legisladores e juízes, são secundários. Esses atores não oficiais são correspondentes aos consumidores e os processos políticos e judiciais podem ser tratados como massificados, em paralelo com o mercado (a vontade individual das autoridades é secundária). Assim é possível medir comparativamente os *custos e benefícios* da participação nas legislaturas, tribunais ou mercados. Os custos podem ser divididos em *custos de informação e de organização*, abrangendo comparativamente custos de transação, de litigância e de participação política. Observe-se que há outras alternativas institucionais, além de mercado, política e Judiciário: é o caso, no direito empresarial e trabalhista, das empresas e sindicatos, que não são apenas atores (dos processos mercadológicos, políticos ou judiciais), mas também alternativas institucionais (a decisão pode ser alocada ela mesma nas organizações empresariais ou sindicais).

Quanto aos direitos de propriedade, Komesar se contrapõe à posição de Epstein, que sustenta um ideal libertário de proteção da propriedade (em face do Estado e por meio do Estado): polícia que funcione, cortes abertas, extenso controle judicial de constitucionalidade, exército pronto para ação, incerteza controlada. Nesta visão, a decisão política centrada no Legislativo e no Executivo resulta em foco de grupos de interesse e busca por privilégios entrincheirados e *caça à renda* (*rent-seeking*); vícios na proteção a maiorias e minorias; risco de super-regulação (e usurpação governamental dos direitos de propriedade) ou subregulação (proteção insuficiente). Já para o Judiciário, especialmente no exercício da revisão judicial de constitucionalidade, o controle caso a caso seria efetivo na limitação do arbítrio governamental e legislativo; o controle deveria incluir a imposição de meios menos drásticos para o atingimento dos mesmos fins. O Judiciário, conclui Epstein, seria preferível aos processos políticos na correção das decisões de mercado.

Komesar argumenta de outra forma. Para ele, a ênfase nas cortes como agente prioritário da decisão institucional no campo da propriedade é amenizada se se considerar: 1) a capacidade limitada do Judiciário diante do número de violações da propriedade (crescente com a população e o desenvolvimento tecnológico); 2) os efeitos dispersos dessas violações e seu difícil controle; 3) a complexidade na resolução de conflitos apenas a partir da própria definição dos direitos de propriedade; 4) o problema da discricionariedade judicial nos países de *common law*, comparativamente à discricionariedade administrativa; 5) um controle judicial de constitucionalidade da regulação estatal muito intenso ocuparia as cortes de tal forma a atrapalhar seu papel de proteção direta (caso a caso, via direito privado) da propriedade e dos contratos (sob invocação do "devido processo substancial" ou do "tratamento igual", toda ação governamental e política pública poderia ser escrutinada sob o controle judicial de constitucionalidade).

7.6 Thaler e Sunstein: arquitetura institucional e incentivos comportamentais (*nudges*)

Uma área da conexão entre direito e análise econômica refere-se aos usos da *economia comportamental* para informar o desenho de arquiteturas institucionais. O objetivo é o mesmo de todo o direito: evitar, provocar ou induzir determinados comportamentos. Aqui o *desenho regulatório* pode incentivar, de maneira quase tácita, os comportamentos em diversos setores.

Para tanto, seria preciso partir do pressuposto de que as pessoas não são como o "homem econômico" idealizado pelas formulações dos economistas: capazes de acessarem toda a informação relevante e tomarem a melhor decisão possível, considerando todos os fatores. Daí surge a pergunta: mas como dar o "empurrão" (*nudge*) para que pessoas e organizações façam a escolha certa? Como sugerir que caminhem na direção correta, influenciando-as sem grande alarde? Pequenas mudanças no ambiente podem influenciar o comportamento; por exemplo, a disposição dos produtos em uma prateleira de supermercado influencia nossas compras. E, então, como arranjá-la?

Podemos restringir as possibilidades das pessoas, escolhendo por elas, tomando aquela que será a melhor decisão para elas e para todos, bem avaliadas todas as variáveis? A opção então será vender, no caso do exemplo, apenas a comida mais saudável e com menor impacto ambiental. Talvez isso fosse algo intrusivo e um tanto quanto paternalista.

Assim, em nome da liberdade, podemos decidir não nos preocuparmos com uma arrumação racional dos alimentos, dispondo-os aleatoriamente na prateleira. Por outro lado, para preservar a liberdade de escolha talvez seja preciso planejar: organizar as prateleiras de modo que o cliente escolha exatamente aquilo que ele deseja, sem que fosse induzido pelo *layout*. Então a organização do ambiente – o contexto que molda as escolhas do consumidor – precisaria mimetizar seus desejos "autênticos".

Seria difícil defendê-la abertamente, mas há ainda a opção de induzir o cliente a comprar os produtos do fornecedor que mais favorecem a este, à empresa. E, ainda, o mais simples: arranjar os produtos de modo a aumentar as vendas e maximizar o lucro, só isso.

Esse simples exemplo (THALER; SUNSTEIN, 2008, p. 1-3) mostra como estudos de economia comportamental têm abordado o problema da *arquitetura decisória*. O arrumador das prateleiras, no caso, é um arquiteto de decisões. Partindo da evidência de que não há um *design* neutro, ele precisa desenvolver e aplicar um método justificável para suas decisões – que são decisões sobre como outras pessoas tomarão suas decisões. Logo, chegamos à questão: mas como isolar os fatores do contexto relevantes para essa escolha de segunda ordem, como discernir o que de fato interfere nas escolhas daqueles que vamos influenciar?

Thaler e Sunstein (2008, p. 4-6) defenderão um tipo de regulação ao mesmo tempo *"paternalista" e "libertária"*. As pessoas devem ser livres para escolher, não devemos decidir à revelia delas. Isso faz parte do respeito à autonomia individual e do cultivo do senso de responsabilidade de cada um. Mas é certo também que as decisões podem ser prejudiciais à própria pessoa que as tomou – não "conscientemente", mas muitas vezes por falta de informação e de habilidades de "leitura" do contexto, de suas vantagens e limitações, das alternativas disponíveis. Por isso, a ideia é influenciar as escolhas de forma a melhorar a vida do "escolhedor", segundo o juízo dele mesmo. Por isso não é puro paternalismo: não se trata de alguém substituindo a vontade do outro; não é proibição nem obrigação, é um direcionamento fácil de ser repelido, uma "pré-escolha" que pode ser facilmente revertida, desfeita. O Parlamento Britânico (*House of Lords*), por exemplo, estudou como essas estratégias podem ser usadas como alternativas, dentro de um quadro mais amplo de *métodos de regulação*, como destaca o quadro a seguir.

Quadro 7.1 Tipos de intervenção

	Regulação do indivíduo			Medidas fiscais dirigidas ao indivíduo	
			Guiar e permitir escolhas	
Tipos de intervenção	Eliminar escolhas (proibições/ obrigatoriedades)	Restringir escolhas (diminuir as opções disponíveis)	Desincentivos fiscais	Incentivos fiscais

Medidas não regulatórias e não fiscais com relação ao indivíduo						
Guiar e permitir escolhas						
			Arquitetura de escolha (nudges)			
Tipos de intervenção	Incentivos e desincentivos não fiscais (prêmios e penas)	Persuasão	Prover informações	Mudanças no ambiente físico	Mudanças na opção-padrão	Uso de normas sociais (pressão dos pares)

Fonte: adaptado de *House of Lords*, 2011, p. 10.

Podemos pensar em como esse modelo de influência sobre o comportamento pode ser utilizado não apenas pelo Estado em relação aos cidadãos e às empresas, mas também dentro das próprias organizações empresariais. Influindo nas rotinas e comportamentos automatizados das pessoas, altera-se a propensão a tomar esta ou aquela decisão. A arquitetura de escolhas deve levar em conta sua função pedagógica, levando as pessoas, se não a optarem por alternativas que sequer considerariam, ao menos a considerarem os diferentes cenários.

Para economizar tempo, energia e informação, tendemos a usar nosso "*sistema automático*": a lei do menor esforço, a busca de associações rápidas para compreender os dados, a confiança em nossas habilidades e em, inconscientemente e sem muito esforço, "ir levando". Não usamos muito nosso "*sistema reflexivo*": comportamento controlado, que demanda esforço. Esse "sistema" é mais lento, demanda que sigamos regras conscientemente (THALER; SUNSTEIN, 2008, p. 20). Há ainda uma questão de "ignorância pluralista" (THALER; SUNSTEIN, 2008, p. 59) na mudança ou manutenção de comportamentos: muitas práticas, hábitos e rotinas – que podem ser danosas – persistem simplesmente porque achamos que todos as apreciam e as consideram as melhores possíveis. Um "empurrão" pode desestabilizar essa certeza e os comportamentos podem ir mudando em um "efeito dominó". As pessoas tendem a exagerar para o mal sobre o comportamento das outras e desconhecer boas práticas e seus impactos.

Assim, por exemplo, é comprovado que as pessoas se tornam mais dispostas a reciclarem na medida em que vêm a saber que muitas e muitas pessoas estão reciclando. Assim, se um hotel quer induzir o comportamento de que os hóspedes reusem suas toalhas – por motivos de economia de recursos ambientais e financeiros –, o pior que pode fazer é implorar pela colaboração dizendo que poucos estão agindo na direção do bem. O melhor é enfatizar que a maioria dos hóspedes já aderiu a essa prática de reuso – melhor ainda se houver informação mais precisa, números, que exponham esse bom comportamento. Eles irão atuar seriamente sobre o convencimento do novo hóspede confrontado com a escolha entre reuso e desperdício.

Por outro lado, um experimento demonstrou que informar as *"normas sociais"*, o padrão de comportamento, é uma estratégia recomendável apenas de certas formas – as formas importam tanto quanto o conteúdo. Quando receberam informações precisas sobre seu consumo de energia nas semanas anteriores e constataram que esse consumo estava acima da média, moradores de uma cidade da Califórnia reduziram significativamente seu gasto. Mas aqueles que estavam abaixo da média sentiram-se autorizados a aumentar seu consumo, de modo que o resultado da iniciativa de informar a todos foi praticamente anulado, no que é chamado de "efeito bumerangue". Conseguiu-se anular esse efeito com outra estratégia simples: adicionando à informação um apelo emocional, por meio de um símbolo (*emoticon*). Quando os consumidores acima da média receberam um *emoticon* triste, reduziram seu consumo ainda mais; os que estavam abaixo da média receberam uma mensagem de aprovação (na forma do *emoticon*) e não aumentaram mais o consumo, deixando de usar aquela margem que ainda possuíam para atingir a média (THALER; SUNSTEIN, 2008, p. 66-69).

Essa mudança, que não faria qualquer diferença para o modelo do "homem racional", revela que, para podermos induzir as pessoas a um comportamento sustentável, precisamos notar algumas verdades sobre suas tendências reais de comportamento. Para manter a liberdade de escolha das pessoas, poderíamos pensar que lhes fornecer o maior número de opções possíveis é a melhor alternativa. Pode ser. Mas oferecer uma sobrecarga de informações e alternativas pode paralisar a ação. As pessoas tenderão a escolher aleatoriamente. E não há qualquer garantia de que serão levadas pelo destino (ou pela "mão invisível" do seu próprio interesse) ao melhor caminho, isto é, de que tomarão a melhor decisão. Por isso, é prudente e útil *estruturar escolhas complexas*: transformar um monte de dados e informações em algo apreensível, estruturar as opções, reduzir a complexidade.

Caso o *"arquiteto das escolhas"* não faça essa estruturação, os tomadores de decisão "diretos" tenderão a organizar eles mesmos as informações. E isso pode redundar em grandes falhas, dado que nossa tendência é um processo de *"ancoragem e ajuste"* (THALER; SUNSTEIN, 2008, p. 23-24). Partindo do que sabemos e ancorando nesse porto seguro, extrapolamos o raciocínio para o que não sabemos, ajustando o dado novo à nossa concepção formada. Embora útil e usual, é um processo que pode produzir distorções.

A tendência das pessoas, quando há uma *configuração-padrão* sugerida (quando se compra um celular ou na instalação de um novo *software*, por exemplo), é seguir a sugestão. Além de lhes dar segurança (pois a opção sugerida parece contar com um endosso de alguém que entende mais – no caso, os técnicos que elaboraram o programa), essa opção significa economia de tempo e atenção, recursos que todos prezam. Isso apenas faz jus a uma característica central do comportamento humano: a inércia, o poder do *status quo*, a *aversão ao risco*. Há um custo cognitivo envolvido aqui, embora não necessariamente um custo material. Como constataram Goldstein *et al.* (2008), há um amplo leque de informações que as empresas podem levar em conta para decidirem qual dentre várias configurações ou decisões alternativas elas irão "pré-escolher" provisoriamente como "opção recomendada" para os usuários.

O ser humano idealizado pelos economistas é plenamente racional e responde apenas a incentivos. Compra menos quando os preços sobem, mas não se deixa levar por algo aparentemente tão irrelevante quanto a ordem das opções em um cardápio ou a sugestão de compra. Ele calcula tudo. Os seres humanos reais não são assim. Por isso, são influenciáveis por outros fatores além dos incentivos, entendidos como custos materiais, *preços*. O *tempo* é uma grande variável; por exemplo, a economia de energia é muito mais incentivada se o usuário vê na hora o quanto economiza ou gasta ao aumentar ou reduzir a temperatura do ar condicionado, e não apenas nota a diferença na conta ao final do mês (THALER; SUNSTEIN, 2008, p. 99).

O trabalho de Thaler e Sunstein (2008) é uma síntese de pesquisas de economia comportamental com estudos de caso e recomendações de como incentivar – principalmente pela *regulação governamental* – comportamentos em diversos ramos: dietas, previdência social, poupança e investimentos, casamento, doações de órgãos. O quadro a seguir apresenta sinteticamente os cinco eixos que precisam ser considerados no desenho de medidas que "empurrem" (*to nudge*) o comportamento das pessoas na direção certa – isto é, na construção de "arquiteturas de escolha".

Quadro 7.2 *NUDGES* ("empurrões") aplicados à gestão e à estratégia empresarial.

Fatores (*nudges*)	O que significam
i*N*centives (incentivos)	Para desenhar um incentivo é preciso considerar: 1) Quem usa?; 2) Quem escolhe?; 3) Quem paga?; 4) Quem ganha? As pessoas podem subestimar ou superestimar os custos.
*U*nderstand mappings (entender mapeamentos)	A ligação entre a escolha e o resultado depende de informações. Mapear essas informações e apresentá-las sistematicamente é essencial para escolher entre opções bem definidas.
*D*efaults (opções predefinidas)	São uma pré-escolha, a configuração-padrão. Se a pessoa não manifestar expressamente sua vontade por outra opção, seguirá essa sugestão. É o que tende a ocorrer. A opção-padrão deve ser, em princípio, o que uma pessoa escolheria depois de refletir bem.
*G*ive feedback (dar retorno)	O tempo é uma variável indispensável em conectar a intenção e o gesto, o planejado e o realizado. O *feedback* deve ser imediato para ser eficaz e vencer a procrastinação.
*E*xpect error (esperar erros)	Um sistema decisório bem estruturado conta com a possibilidade de que seus usuários errem, e age em antecipação, prevenindo esses erros.
*S*tructure complex choices (estruturar escolhas complexas)	A função de uma pré-escolha (do "arquiteto de escolhas"), tão inevitável quanto útil, precisa ser bem desempenhada. A ideia é reduzir a complexidade enfrentada pelo grupo de pessoas cujo comportamento se quer induzir, isto é, facilitar a tomada de decisões.

Fonte: baseado em Thaler e Sunstein (2008). Os autores sugerem a fórmula mnemônica "NUDGES" à página 100.

O que se considera aqui é que, além da opção de *obrigar, proibir ou simplesmente permitir* certas condutas e escolhas, há a opção de – no campo das permissões – induzir escolhas. O pré-requisito para que o Estado ou uma organização privada possam usar as informações para *induzir* comportamentos é ter um bom sistema de informações, que registre, avalie e compare alternativas e impactos.

Para finalizar, cabe registrar que esta proposta de alocar a economia comportamental como tutora do direito no desenho de arranjos institucionais não é isenta de problemas. Há quem a qualifique como um "benthamismo encolhido" (UNGER, 2017c [2014], p. 62-63): retirada a ambição reformadora de Bentham, em cunhar uma ciência da legislação que informasse reformas sociais alicerçadas na expansão do bem-estar para a maioria, resta agora uma *visão instrumental do direito*, como ferramental de incentivos e constrangimentos alicerçados em estudos científicos sobre o cérebro e definidos pela *tecnocracia* regulatória. Teríamos aqui um exemplo extremo de uma visão "gerencialista" do direito (KOSKENNIEMI, 2007; 2011, p. 339-345), aplicada a técnicas administrativas adotáveis seja por uma empresa privada, seja pela burocracia regulatória do Estado. Trata-se de estender a concepção de "direito" para cobrir também técnicas regulatórias que conformam diferentes modalidades de "ordenação social" (Fuller; ver *supra*, 5.4).

Em sentido semelhante aos estudos de direito e economia comportamental caminham propostas minimalistas de "desenho institucional" que tratam de motivações e sanções a guiar e ajustar marginalmente o curso dos processos decisórios – eleitorais, burocráticos, parlamentares (VERMEULE, 2007). Ocorre que, em se adotando uma visão instrumental do direito, perde-se o caráter dinâmico do juízo sobre instituições (esquadrinhadas em regras) à luz de propósitos atribuídos e do refinamento normativo dos ideais à luz das variáveis modelagens institucionais, dos diferentes regimes jurídicos que podem atualizá-los. Busca-se uma ancoragem externa, "científica", para além da controvérsia e do dissenso que caracterizam a produção e a aplicação do direito na democracia; na prática, todas as decisões movem-se para a zona de incompetência da política e do direito.

CETICISMO, INDETERMINAÇÃO E IMAGINAÇÃO INSTITUCIONAL: MANGABEIRA UNGER E OS ESTUDOS CRÍTICOS DO DIREITO

> *Todo o vosso sofrimento haverá sido inútil, vã toda a vossa teimosia, e então compreendereis, demasiado tarde, que os direitos só o são integralmente nas palavras com que tenham sido enunciados e no pedaço de papel em que hajam sido consignados, quer ele seja uma constituição, uma lei ou um regulamento qualquer, compreendereis, oxalá convencidos, que a sua aplicação desmedida, inconsiderada, convulsionaria a sociedade mais solidamente estabelecida, compreendereis, enfim, que o simples senso comum ordena que os tomemos como mero símbolo daquilo que poderia ser, se fosse, e nunca como sua efetiva e possível realidade.*
>
> (SARAMAGO, 2014a [2004], p. 478)

> – Gigante, como é o mundo?
> – O mundo é como você inventar, Pequeno.
> – Ah, então isso que é realidade?
> – Não, realidade é quando a gente não consegue inventar o mundo.
>
> (do filme *A chave do vale encantado*, de Oswaldo Montenegro)

No cenário mais amplo da história da filosofia, houve um *ceticismo antigo*, que teve lugar ao redor dos séculos IV e III a.C. na Grécia, por meio de pensadores como Pirro de Élis, opositores dos estoicistas como Zenão de Cítio. Três correntes se contrapunham à época (BOLZANI FILHO, 2008). Os *epicuristas* (seguidores de Epicuro) valorizavam o conhecimento empírico, dado pelas sensações, pregando como forma de vida a ausência de perturbação do espírito com as atribulações do mundo. Já os *estoicistas* acreditavam que o cosmos era um sistema ordenado de seres naturais, humanos e divinos e que, portanto, a sabedoria estaria em identificar e se conformar com seu lugar nessa grande ordem em que a natureza traz impresso um sentido imanente de divindade. Não à toa, o estoicismo será uma das fontes do desenvolvimento futuro do jusnaturalismo, das normas aplicáveis a todos os povos (*ius gentium*). Mas e o ceticismo? Os *céticos* não afirmam a necessária impossibilidade do conhecimento; apenas suspendem o juízo a respeito, considerando que não há elementos para a certeza do raciocínio ou da descoberta da verdade. Melhor seria então evitar comprometer-se dogmaticamente com meros pontos de vista. Para agir, busca-se apenas o "razoável" como critério de correção dos impulsos; a partir daí, o caminho é a moderação e a supressão das perturbações.

"Ceticismo" refere-se *modernamente* a visões como as de David Hume (1711-1776), que colocam em xeque qualquer ideia sobre a essência das coisas (ontologia) ou sua constituição racional (metafísica) que não possa ser diretamente evidente a partir da percepção sensorial. Para esse *empirismo radical,* também os *valores* – típicos do discurso moral e político – pouco significam em si mesmos, sendo questões de *opinião* e *preferência* individual; dizer o contrário é querer falsamente racionalizar o que é determinado por paixões, sensações e desejos, não por ideias. O que se pode constatar em termos morais, no máximo, seriam *sentimentos* de aprovação ou repulsa.

Esse tipo de ceticismo teve resposta em teorias *racionalistas* como as de Descartes e Kant, que no auge do iluminismo pretendiam encontrar uma base para a *crítica das tradições e das sensações,* isto é, do conhecimento meramente empírico. Ao colocarem sob dúvida as apreensões sensoriais e os costumes herdados, esses autores identificaram como ponto de apoio os princípios inatos da razão. Para René Descartes (1596-1650), a dúvida sobre os sentidos haveria de ser levada à radicalidade de uma única certeza fundamental: estou pensando; se penso, existo. Para Kant (ver *supra*, capítulo 1), o mundo real não nos é plenamente apreensível; apenas temos contato com as evidências sensoriais, os fenômenos. Mas essa experiência, por sua vez, deve ser certificável pela razão: apenas se conformada segundo os princípios inatos da mente é que a experiência pode produzir um conhecimento correto, garantido racionalmente.

A determinação de uma moldura racional, de algum modo neutra e impessoal, de conhecimento teórico ou de juízo moral ou estético – projeto de Kant – foi alvo de descrença por parte do *romantismo* e do *historicismo* no século XIX. Exemplo de um ceticismo ainda mais radical – do qual resulta a crença em nada, o *niilismo* – é a crítica de Nietzsche (1844-1900) à religião e à moralidade, entendidas como disfarces para a vontade de poder, e seu elogio ao abandono (por meio de uma "transvaloração de valores") desses constrangimentos à plena liberdade (ver também a discussão *supra*, 3.2, acerca de Weber e Kelsen e da postura de ambos sobre a irracionalidade na solução de conflitos entre valores). Também de Nietzsche os céticos *pós-modernos* tomarão o fragmento: "não há fatos, só interpretações".

No campo estrito da teoria e filosofia do direito contemporâneas, trata-se do ceticismo sobre o constrangimento efetivo que os padrões autoritativos a serem aplicados (normas, regras, princípios; leis, jurisprudência, regulamentos, contratos) impõem à justificação decisória – um *"ceticismo sobre regras",* como definiu Hart (2007a [1961], cap. 7). Teorias jurídicas céticas – *antiformalistas* – consideram que fatores extratextuais (preferências, ideologias, humores) são na realidade determinantes para a tomada de decisões no direito, e que, portanto, a motivação de uma sentença, por exemplo, elege dentre as fontes do direito argumentos mais ou menos arbitrários para justificar uma posição que já foi decidida por fatores alheios, inconscientes ou até inconfessáveis.

Mesmo assim, pode-se dizer: é a motivação decisória o elemento de controle linguístico sobre o exercício do poder; quem decide deve interpretar, argumentar sobre interpretações concorrentes e justificar por que preferir um argumento a outro. Nesse sentido, o ceticismo vê-se traduzido como problema de *indeterminação* – poder-se-ia, por argumentos diferentes, justificar a mesma solução dada; ou, inversamente, por argumentos igualmente ancorados no direito e plausíveis, poder-se-ia chegar a solução diferente e até mesmo oposta. Segundo tal tese, a interpretação jurídica não se assemelha a um processo "mecânico" de dedução a partir de axiomas: da lei geral e abstrata à sentença individual e concreta, com a mediação dos fatos relevantes sob juízo. Pelo contrário, o raciocínio jurídico é aproximativo, assemelhado àquilo que os escolásticos chamavam de *"determinação"*. Entretanto, se a visão aristotélico-tomista (ontologia clássica) pressupunha uma ordem racional da criação e dos seres, tudo e todos tendendo naturalmente a seu fim ou bem, o mundo moderno (ou "pós-moderno", para alguns) é constituído por esferas de valor em colisão e não por uma densa moralidade compartilhada. Assim, a determinação transmuda-se em indeterminação; há uma irracionalidade na definição do conteúdo das decisões, que, mesmo quando apresentadas como técnicas e estritamente jurídicas, carregam um sentido *político*.

Nos Estados Unidos, os realistas avançaram tal postura contra o formalismo no início do século XX; no final do mesmo século, o movimento de Estudos Críticos do Direito (*critical legal studies*) reelaborou essa crítica contra todas as correntes *racionalistas* da teoria do direito: não apenas aquelas que o consideravam plenamente determinado ou determinável por regras, dicotomias e conceitos-chave (como no formalismo clássico), mas também aquelas que pressupunham uma unidade coerente de sentido do direito por remissão a uma visão normativa da divisão do trabalho jurídico (as teorias do "processo jurídico"), da eficiência como valor fundante das normas (a análise econômica do direito) ou dos princípios e políticas públicas como expressões de um plano moral inteligível, tácito e subjacente aos padrões explícitos do direito (as teorias de princípios). Positivamente, os críticos reafirmam que decisões jurídicas dependem de escolhas de valor – como afirmavam os realistas – e que essas escolhas não são justificáveis como a única decisão à luz da melhor interpretação filosófica de uma ordem jurídica; pelo contrário, dizem os críticos, toda valoração de valores é *ideológica* e, nessa medida, "irracional", subjetiva, fugindo a controles argumentativos últimos (sobre a relação entre o realismo jurídico americano e os Estudos Críticos do Direito, ver WHITE, 1986). Intérpretes em desacordo não compartilham de conceitos comuns e os disputam; mais do que isso, professam diferentes visões de mundo, ancoradas em sua condição social respectiva e em suas preferências de vida.

Qual o valor do direito, da interpretação e da argumentação jurídica? Submeter o direito a crítica significa desconsiderar qualquer "retórica" ou "formalismo", e ver o campo jurídico como pura batalha política? Compreender, para além do estereótipo e da simplificação, a diversidade dos argumentos dos *crits* (os adeptos dos *critical legal studies*) e as saídas contrastantes que autores diferentes dão a tais dilemas é o propósito deste capítulo.

8.1 O "movimento" de Estudos Críticos do Direito

Em seguimento à herança realista do início do século XX, de interesse por estudos jurídicos interdisciplinares, a partir dos anos 1960 ganhou força nos Estados Unidos a sociologia jurídica empírica (com o movimento *Direito e Sociedade – law and society*). Seu escopo foi definido em torno de esforços para estudar temas como pobreza, racismo, criminalidade e acesso à justiça; a empreitada tomou impulso como fornecedora de um corpo de conhecimento especializado para assessorar o governo americano em suas políticas públicas internas e na geopolítica internacional (GARTH; STERLING, 1998), como no financiamento de programas e pesquisas de "modernização" para o "terceiro mundo" (caso do *Direito e Desenvolvimento – law and development*). Ao mesmo tempo, no final daquela década e início da próxima ganharam vulto na teoria do direito analítica as críticas de Dworkin ao positivismo de Herbert Hart. Crescia ainda a análise econômica do direito (*law and economics*). Como já dito, nos anos 1970-80, o movimento de Estudos Críticos do Direito (*critical legal studies, CLS*) desenvolveu-se como reação às correntes que colocam a eficiência, os papéis institucionais ou os princípios liberais de justiça e as políticas públicas de bem-estar como centro normativo da teoria do direito e da argumentação jurídica – procurando nesses critérios relativamente externos (teorias econômicas, morais ou procedimentais) a certeza que não poderia mais ser sustentada puramente pela sistematização dos conceitos e regras estritamente jurídicos. Apesar das diferenças internas, esse movimento crítico reconhece a normatividade da teoria do direito – ou seja, que a teoria do direito, assim como a doutrina e as argumentações práticas do direito, implica *controvérsias valorativas*. Entretanto, em oposição ao "coerentismo" dos interpretativistas, os críticos rejeitam encontrar ou pressupor no direito uma *visão moral neutra, imparcial, unitária* (tipicamente, alguma versão canônica de liberalismo, ancorada na ordem constitucional e jurídica). Em vez disso, os críticos assumem que o direito incorpora e reproduz (mesmo em sua interpretação-aplicação) um *conflito ideológico aberto*. Esses autores confrontam as visões jurídicas sistematizantes tanto formais quanto substanciais. Apresentam, o direito como um *campo de batalha de interesses e ideais*.

O grande diferencial dos Estudos Críticos do Direito foi não se colocarem como uma perspectiva puramente "externa" ao sistema e ao ordenamento jurídico, como fazem muitos estudos sociológicos, históricos e filosóficos (para uma comparação com a sociologia jurídica empírica, ver TRUBEK; ESSER, 2013 [1989]). Pelo contrário, os críticos produziam *doutrina* e disputavam o significado de problemas e ramos do direito positivo (CARVALHO JR., 2020, p. 265-266), como o direito dos contratos e da propriedade, o direito processual e constitucional. Os autores críticos divergiram, porém, na medida em que propugnavam ser possível reformar radicalmente o direito por meio da interpretação jurídica (explorando no limite o sentido ou falta de sentido dos textos normativos) ou diretamente pela ação política (para tanto, usando o direito como reservatório de instituições e disciplina útil para a elaboração de reformas e programas políticos).

Os *critical legal studies* surgiram nos anos 1970 a partir de seminários organizados em faculdades americanas de elite; a primeira Conferência sobre "Estudos Críticos do Direito" ocorreu em 1977 na Universidade de Wisconsin, em Madison. Seu contexto político era de contestação dos professados valores liberais e democráticos americanos, que na prática se mostravam bastante truncados – como mostraram a Guerra do Vietnã, o apoio a golpes militares em países latino-americanos ou o racismo denunciado e combatido pelo movimento dos direitos civis da população negra.

Com participação de diversos juristas alinhados a estudos sociológicos, históricos e políticos,[81] essa corrente de ideias veio a se transformar em um "movimento" acadêmico difundido nos Estados Unidos e para além do país, informando a revisão dos padrões tradicionais de ensino jurídico e a crítica das hierarquias e valores tradicionais da profissão jurídica. O núcleo inicial do "movimento" foi liderado teoricamente por três professores da Harvard Law School:

- Roberto Mangabeira Unger, brasileiro nascido em 1947 e formado na Faculdade Nacional de Direito (atualmente da Universidade Federal do Rio de Janeiro), que apresentara uma ampla crítica filosófica do liberalismo e de sua contraparte jurídica, o formalismo;
- Duncan Kennedy (n. 1942), autor de uma crítica cultural e política ao conservadorismo das faculdades de direito e adepto de correntes pós-estruturalistas e pós-modernas de estudos linguísticos, como a "desconstrução", as quais aplicou na crítica ao formalismo jurídico;
- Morton Horwitz (n. 1938), historiador que apresentou uma revisão de inspiração marxista sobre o pensamento jurídico formalista nos Estados Unidos.

Neste capítulo serão focadas as posições de Duncan Kennedy (sucessor de Fuller na cátedra de Teoria Geral do Direito em Harvard), provavelmente o mais popular entre esses autores iniciais do movimento, e sobretudo as ideias de Roberto Mangabeira Unger, professor da cátedra Roscoe Pound e o teórico mais abrangente (com uma obra que ultrapassa o direito, para cobrir amplas áreas da filosofia e teoria social) e ao mesmo tempo um "autocrítico" das próprias posturas dos críticos do direito. O próprio pensamento de Unger, porém, será visitado apenas naqueles aspectos mais estritamente ligados ao debate de teoria do direito – ficando de fora sua visão sociológica e política mais ampla, que transborda os limites deste livro.

Em 1982, Unger apresentou uma palestra na Sexta Conferência Anual sobre Estudos Críticos do Direito, realizada na Harvard Law School. Nessa palestra, depois publicada como artigo na *Harvard Law Review* (em 1983) e como livro (em 1986, com reedição em 2015), Unger propunha as diretrizes teóricas que o "movimento dos Estudos Críticos do Direito" deveria seguir, o que fez a obra se tornar conhecida como o "manifesto" do movimento, embora seja mais uma proposta pessoal do que uma descrição das ideias efetivamente mais populares e aceitas pela maioria dos participantes daquela corrente teórica (para a proposta original, ver UNGER, 2017b [1982]; para uma apreciação retrospectiva crítica sobre o movimento, ver UNGER, 2017c [2014], cap. 1). O próprio movimento teórico-jurídico acabou transbordando para outras áreas de estudos culturais, sociais e políticos, como teorias feministas e teorias raciais críticas.

---

[81] Caso, inclusive, de professores e advogados alinhados (e desiludidos) com os programas de pesquisa e consultoria em Direito e Desenvolvimento (*Law and Development*), como David Trubek. Ver Amato (2021b).

8.2 Duncan Kennedy e a indeterminação radical

O contraponto diametralmente oposto ao racionalismo extremado dos formalistas e idealistas é o ceticismo da *indeterminação radical*, a corrente mais visível que se desenvolveu nos *critical legal studies*, sob liderança de Duncan Kennedy e com a inspiração nos estudos pós-estruturalistas franceses (na linha dos textos sobre a capilarização do poder em Foucault, 1926-1984; do pós-modernismo de Lyotard, 1924-1998; e, sobretudo, da "desconstrução" de Derrida, 1930-2004).

Kennedy (1997) critica o contraste idealizado entre a *atividade legislativa* – usualmente pensada como arena das disputas ideológicas e da competição eleitoral autointeressada – e a *atividade jurisdicional*, vista como discurso objetivo, neutro, não ideológico, capaz de velar pelo bem comum e por seus compromissos valorativos perenes. A criação do direito seria um processo eivado de subjetividade e irracionalidade, sendo resolvido pelo voto; a aplicação do direito seria constrangida por sentidos objetivos ancorados no corpo de direito, sendo resolvida mediante uma argumentação racional. Entretanto, como os realistas já indicaram, há uma série de *escolhas não constrangidas pelos textos normativos* e sua interpretação literal, histórica e sistemática (para aludir aos elementos clássicos classificados por Savigny; ver *supra*, 2.3). Há opções de sentido entre as possibilidades abertas por cada um desses elementos da interpretação e tantas outras escolhas – não regradas – são demandadas para se preencher os espaços que um mero aplicador do direito tem para delimitar quais são as normas válidas, quais delas incidem sobre o caso, como delas extrair a formulação de uma regra universal, como descrever os fatos relevantes do caso e como subsumi-los à hipótese de incidência daquela regra, daí extraindo a regra particular que formaliza a solução do caso. O que direciona essas escolhas feitas no processo interpretativo é uma visão geral de mundo socialmente construída, imbricada e reproduzida como expressão de *ideais universais em defesa de interesses específicos* – ou seja, a *ideologia*. Em uma sociedade pluralista, não há uma única ideologia inserida no direito e compartilhada por todos os cidadãos e autoridades. Portanto, a própria interpretação do direito, por ser ideologicamente dirigida, torna-se controversa. As normas jurídicas, nesse contexto, não atuam tanto como constrangimentos e barreiras a esse conflito, mas como veículos e motores da disputa de poder.

Tal discernimento, afirma Kennedy (1997, p. 59-60) *não* implica endossar um *ceticismo sobre regras* – tal como aquele criticado por Hart e atribuído a alguns realistas americanos (*supra*, 4.3). De fato, é possível identificar as regras válidas e aplicáveis e delimitar seu sentido e finalidade pretendida, assim como é verossímil supor que as regras afetam os comportamentos, seja por sua influência coercitiva (modelando o preço jurídico de cada conduta), seja legitimando certas ações e decisões (induzindo certa valoração social das práticas).

Entretanto, a formulação – e, portanto, a aplicação – das regras jurídicas depende de uma visão sobre como devem ser tratados determinados *grupos em seus conflitos jurídicos*: como devem ser tratadas as minorias vulneráveis diante das maiorias hegemônicas; como devem ser tratados os trabalhadores diante dos capitalistas e administradores, os consumidores diante dos fornecedores, os ambientalistas diante dos produtores, o fisco diante dos contribuintes (KENNEDY, 1997, p. 45-46). Reconhecendo que o direito não se exaure na aplicação dedutiva de regras previamente formalizadas, as teorias sobre princípios (deveres de justiça) e políticas públicas (finalidades utilitárias, escolhas convenientes para o bem-estar coletivo) tentam ordenar esses diversos interesses e finalidades, de maneira a compatibilizá-los em um *plano moral imparcial* que permitiria atribuir ao direito sentidos *coerentes, racionais* e *razoáveis*. Essa racionalização, entretanto, apenas disfarçaria – em nome de critérios técnicos e sob um discurso tecnocrático – as *escolhas ideológicas* feitas durante todo o processo de criação e aplicação do direito (KENNEDY, 1997, cap. 5).

Afinal, a aplicação do direito demanda não apenas a delimitação de uma coleção de normas válidas a serem interpretadas, mas requer justificação: argumentos e "razões oferecidas em suporte a uma escolha entre regras ou entre interpretações de uma lacuna, de um conflito ou da ambiguidade de uma regra" (KENNEDY, 1997, p. 137). Aqui, Kennedy (1997, p. 137-156) descreve a argumentação jurídica como uma escolha entre *"fragmentos de argumentos"*, agrupados na forma de doutrinas que explicam, de forma facilitada e rotineiramente aplicável, quais interesses e valores privilegiar em dadas situações jurídicas típicas, paradigmáticas para a solução de casos concretos. Em alguns problemas e ramos do direito, pode ser mais clara a exposição dos *interesses e valores concorrentes*, e a doutrina então tenderá a apresentar alguma solução de compromisso; em outros setores, o discurso é mais unilateral e acrítico, tornando-se uma espécie de mantra. Da delimitação das regras potencialmente aplicáveis até a exposição dos argumentos e contra-argumentos em tese, pela doutrina, ou no contexto prático de um procedimento de solução de controvérsias, certa vontade irracional e parcial, ideologicamente estruturada, é que dirige de fato o discurso jurídico *persuasivo* e, portanto, uma mesma ordem jurídica é capaz de justificar decisões contrastantes (comparar com o ideal regulador de "auditório universal" de Perelman, *infra*, 9.3).

Os opositores externos do ceticismo radical sobre a determinação do direito enfatizam o quanto a *objetividade na interpretação* jurídica não depende de um acordo moral sobre o que se acredita ser certo ou errado. Todos podem discordar e disputar a moralidade pública incorporada politicamente a um texto normativo; entretanto, mesmo um desacordo moral abrangente e profundo não inviabiliza a *identificação* correta de quais valores e opções morais estão privilegiados por determinado diploma legal ou precedente judicial, que especifica e concretiza determinada visão prescritiva dentro de uma autorreferida *"comunidade interpretativa"*, delimitada desde o ponto de vista interno de quem toma como vinculante o direito vigente (FISS, 1982). Os idealistas mais racionalistas buscam confrontar as visões historicistas do direito – que apresentam sua mutabilidade e indeterminação –, sugerindo que, embora o direito evolua e varie imensamente no tempo e no espaço, ao se circunscrever a interpretação a determinada ordem jurídica pode-se delimitar os argumentos morais concorrentes e qual é o *equilíbrio reflexivo* que aquele direito determina na relação entre esses diferentes valores em questão. Ao se aprofundar o estudo do direito chega-se, então, à filosofia moral (FRIED, 1980)

Em resposta interna à linhagem de estudos jurídicos críticos, Unger (2004 [1996], p. 149-151; 2017c [2014], p. 49-50) avalia que a tese de que a interpretação do direito pode levar a virtualmente qualquer resultado é enganosa.[82] O intento dessa tese estaria mal

---

[82] Como reconheceu Postema (2011, p. 236), em um balanço da teoria do direito anglo-americana no século XX, Unger é talvez o autor da "crítica mais contundente ao que ele chama de 'a radicalização da indeterminação'".

resolvido: não seria defender a indefinição total de sentido e a ausência de qualquer constrangimento racional dos textos normativos a seus intérpretes, mas sim criticar os *pressupostos políticos ou morais subjacentes ao direito*, que fixam em última instância o significado das regras jurídicas. Em vez de buscarem uma racionalização retrospectiva para encontrar um acordo profundo entre posições em dissenso (como se fossem apenas interpretações de uma mesma palavra ou conceito), os céticos entendem que a certeza do significado das normas jurídicas só pode ser dada pelos pressupostos institucionais e ideológicos que gravitam em seu entorno, incluindo considerações de propósitos, procedimentos e, mais amplamente, *hipóteses ou dogmas avaliativos e empíricos*, sobretudo tácitos. Como já observava Roscoe Pound (ver *supra*, 2.6.2), os pressupostos estabelecidos ao redor do direito (avaliações morais, históricas, sociais) acabam por reentrar o próprio direito quando cristalizados junto às rotinas e à cultura de seus intérpretes e produtores.

Era precisamente esse tipo de pressuposto político que os proponentes da visão da indeterminação radical queriam criticar. Não é uma questão de incomunicabilidade e indeterminação quase absoluta da linguagem, mas uma crítica da própria moldura institucional e ideológica sob a qual ocorre a interpretação jurídica.

No final das contas, a visão racionalista do direito, por incrível que pareça, atinge efeito equivalente ao do ceticismo jurídico absoluto (ou "irracionalismo") que procura combater: o direito como continuação da política por outras vias. Os proponentes da *indeterminação radical* postulam que o intérprete do direito pode *reorientá-lo politicamente*, em um sentido progressista, no momento da aplicação – já que o direito posto nos textos oficiais é altamente flexível em seu sentido. A racionalização idealizante, por sua vez, contribui para minimizar o grau de contradição e desvio do direito existente, deslocando as escolhas da arena da política contingente e problemática para o altar judicial do direito necessário e justo: o juiz pode *reformar marginalmente* o direito, por exemplo invalidando regras que destoem da moralidade política mais ampla que se poderia inferir de uma dada ordem jurídica e da comunidade política que a sustenta. A ordenar a variedade de princípios reconhecidos explícita ou tacitamente no direito, estaria uma *unidade de valor* mais profunda, uma intencionalidade objetivamente determinável. Para Dworkin (1986), a própria aplicação do direito posto convoca por vezes controvérsias não apenas sobre os fatos em juízo e as normas aplicáveis, mas também a respeito de considerações mais amplas, sistemáticas e substanciais sobre o que é demandado pela moralidade política na qual repousa aquela ordem jurídica de dada comunidade.

Já a indeterminação radical da crítica jurídica observa o direito como matéria amorfa de *contradições e desvios* que podem ser mobilizados instrumentalmente ou cuja escolha é guiada pela condição de classe, gênero e etnia do intérprete. Enquanto os juristas são formados sob a "tirania da crença" na coerência e vinculatoriedade dos argumentos jurídicos, a verdade é que "[o] raciocínio jurídico é uma textura de abertura, indeterminação e contradição" (KLARE, 1982, p. 340). Entre valores colidentes, não pode haver uma metarrazão justificadora. Só há *manipulação doutrinária* e uma objetividade social ou psicológica que determina a vontade subjetiva do julgador. Esses dados externos explicam, mas não justificam as decisões. Estas não podem contar com um critério para valoração dos valores que seja objetivo, em termos de neutralidade e persuasão alcançável pelo exercício da razão prática. "A imagem do sopesamento pressupõe exatamente

o tipo de unidade mais abstrata de medida que o sentido de contradição exclui."
(KENNEDY, 1976, p. 1775).

Portanto, de um lado, para um crítico cético (KENNEDY, 1979, p. 360), a indeterminação é reproduzida quando se passa de regras em conflito para níveis mais abstratos – propósitos e doutrinas colidentes, até *debates políticos gerais e ideologias*. Aí não há uma diferença qualitativa entre raciocínio jurídico e outros tipos de argumentação. Pode-se mesmo adotar uma interpretação mais individualista-privatista ou mais solidarista-coletivista das mesmas regras e doutrinas contratuais (ver, similarmente, DALTON, 2008 [1985], além da discussão *infra*, 8.4.1.1, sobre Unger).

De outro lado, para um racionalista idealista como Dworkin, a indeterminação é também reproduzida no nível ideal dos princípios, propósitos e políticas, mas o argumento jurídico não atinge o livre debate político de preferências valorativas subjetivas, porque é possível atingir um *equilíbrio racional coerente* dentro dos ideais jurídicos, a moralidade institucionalizada do próprio direito. Esse véu de *integridade* evita a desintegração da argumentação na volatilidade das preferências subjetivas.

De maneira geral, dos formalistas clássicos aos idealistas contemporâneos, o racionalismo na teoria do direito pretende assegurar a determinabilidade puramente "racional", estritamente jurídica, da interpretação, argumentação e, sobretudo, da decisão judicial. Crê no constrangimento último dos textos normativos na filtragem de idiossincrasias e preferências do julgador e na definição e justificação da solução correta. Para tanto, purifica o direito, ancorando-o na pretensa certeza estritamente lógico-dedutiva dos conceitos e regras, na ficção de um ordenamento completo e coerente ou na remissão a uma só verdade moral que não se pode ver, mas se pode imaginar.

A alternativa cética considera que os discursos de justificação do direito não são capazes de conduzir, por critérios delimitáveis como estritamente jurídicos, a uma só solução correta para dada controvérsia jurídica. Contra a idealização – a unidade de valor platônica (Dworkin) ou a otimização pelo sopesamento segundo a proporcionalidade (Alexy) –, a imagem que simbolizaria o que de fato ocorre na ação e interpretação orientada a valores programados como princípios seria aquela da filosofia existencialista: "Fazemos compromissos e os perseguimos. O momento do abandono não é mais racional que o do começo, e é igualmente um momento de terror." (KENNEDY, 1976, p. 1775).

8.3 Unger e a história do pensamento jurídico

Unger (2017a [2013]) sugere que a história universal do pensamento jurídico – não só no Ocidente, mas nas várias regiões e tradições mundiais – mostra a recorrência de três tipos básicos de visões sobre o direito. O primeiro conceito seria o do *direito como "ordem moral imanente"*, como revelação progressiva de um plano abrangente da vida social justa ou boa, que permaneceria latente sob a superfície dos preceitos e disputas jurídicos. Em geral, tal visão se ancora em alguma prevalência do direito consuetudinário, como na "jurisprudência" romana clássica ou no *common law*. O costume se torna uma espécie de "segunda natureza" e sua transformação é lenta e cumulativa, não controlada por decisões. A *doutrina ou dogmática jurídica* é vista como discurso conservado por uma elite ilustrada que guardaria os segredos da correta ordenação da vida pública e privada. O segundo conceito seria o do *direito como "vontade do soberano"*, como afirmou o positivismo, como representa a lei (inclusive a constituição) como fonte formal por excelência e do qual depende em grande medida o ideal democrático – segundo o qual o povo é posicionado como soberano, criador da sociedade pelo direito. O terceiro e mais recente conceito seria o do *direito como estrutura da sociedade*. O ponto de chegada dessa distinção tipológica é o problema de como resgatar a doutrina – essa busca por uma ordem moral imanente, por valores perenes – de uma visão naturalista, tradicionalista, conservadora da ordem social, que nega a capacidade de criticá-la e mudá-la substancialmente.

Unger (2017a [2013]) rejeita a visão naturalista da ordem social em favor da afirmação e radicalização do ideal moderno da sociedade como artefato. Todavia, nega a fecundidade do projeto do positivismo analítico. Prefere então a versão positivista – do direito como vontade do soberano – vista a partir da concepção do *direito como luta de poder*. É pelas disputas de *visões* e *interesses* que o direito viria sendo criado, de modo contraditório, como um conjunto de linhas de trégua temporariamente estabilizadas, isto é, de fragmentos que representam vitórias parciais, resultados da prevalência ora de um ora de outro lado nessas batalhas de visões e por recursos sociais (como dinheiro, poder e autoridade cultural). Um ponto de partida dessa linha de pensamento seriam as teorias políticas e jurídicas de Hobbes e Schmitt, Jhering e Holmes, mas também a escola *Fa Chia*, na China, ou a tradição de *arthashastra*, na Índia antiga. Faltaria a elas uma compreensão das estruturas sociais; e a sociologia clássica, que nos legou tal compreensão, estaria maculada por uma série de equívocos sobre as variedades e possibilidades institucionais (ou abordando as instituições como grandes conjuntos indivisíveis, a serem mudados apenas por revolução, como no marxismo; ou analisando apenas os conflitos internos às molduras institucionais dadas, do mercado e da democracia, por exemplo, sem desafiá-las criticamente – caso das "ciências sociais positivas", como ilustradas pelos modelos da ciência econômica e da ciência política).

As incompletudes das visões doutrinárias e positivistas tradicionais levariam a sua convivência complementar e teriam que ser resolvidas pela visão renovada do direito como estrutura da sociedade (UNGER, 2017c [2014], p. 52-78). O enfoque do direito como ordem moral imanente nega ou relativiza que a ordem jurídica seja construída pelo embate entre visões e interesses contrastantes, sobretudo quando tal criação é democrática. Por outro lado, não articula uma explicação sobre o contexto social, que é sempre pressuposto para a determinação do sentido no discurso doutrinário. Mas a visão do direito como estrutura da sociedade tampouco poderia eliminar essa primeira manifestação da juridicidade: a geração não estatal do direito. A auto-organização da sociedade necessária para uma vida democrática implicaria abrir espaços de institucionalização para o *pluralismo jurídico* – um pluralismo qualificado (UNGER, 2017c [2014], p. 82), que não signifique apenas a devolução às hierarquias e opressões comunitárias, mas dê garantias de relativa igualdade e mecanismos de saída dos grupos e organizações.

Já a visão do direito como vontade do soberano manifesta um intuito de criação original do direito não plenamente realizado: pois a maior parte de nossa ordem jurídica e social é herdada, e sobre ela atua de maneira fragmentária a deliberação política, a intervenção do direito positivo. Mesmo as codificações modernas foram em larga medida uma consolidação de tradições de costumes e opiniões dos jurisconsultos. Assim, para mudar a estrutura da sociedade da maneira consciente e voluntária pretendida pelo positivismo, seria necessário transformar as próprias instituições – a começar por um arranjo de governo que permitisse dominar e remodelar a sociedade, tarefa para a qual não estariam capacitados os instrumentos restritos da *democracia* relativa atual nem servem os despotismos revolucionários e outras vertentes de política autoritária.

Assim, a visão do direito como estrutura da sociedade coloca uma proposta de entendimento à luz de um projeto de transformação. O direito moderno pretendeu criar um sistema de liberdades públicas e privadas como regime inerente de uma sociedade livre. Desde o final do século XIX, emergiu uma *estruturação dupla do direito*, que coloca esses direitos ao lado de pretensões "materiais", "sociais", de "interesse público", voltadas à fruição efetiva das liberdades e à consideração de disparidades reais de poder, riqueza e conhecimento. A tarefa do pensamento jurídico agora seria não apenas desenhar compensações para essas disparidades, mas imaginar instituições que alterassem as estruturas básicas de funcionamento do próprio mercado e da democracia, entre outros campos do direito e da sociedade.

8.3.1 A crítica ao formalismo e à análise jurídica racionalizadora

Segundo a explicação evolucionária e típico-ideal de Unger (1979 [1976], p. 57-95), o direito meramente *costumeiro* veio a ser superado nos grandes impérios pela concentração do poder de ditar as regras no governante e em sua *burocracia*, o que leva à distinção entre Estado e sociedade; ademais, trata-se de regras explicitamente formuladas e formalizadas, não mais reproduzidas de maneira tácita nas interações rotineiras da comunidade. A sociedade liberal adicionou a essas características quatro formas de *autonomia do sistema jurídico* que vieram a caracterizar o "Estado de direito" e que se pode associar ao *formalismo jurídico*: as regras jurídicas são claramente distinguidas (por sua *fonte*) em relação a outras normatividades (morais, religiosas etc. – *autonomia substantiva* do direito); são aplicáveis por métodos e técnicas distintivamente jurídicos (*autonomia metodológica* dada pela *doutrina* ou *dogmática jurídica*); tal aplicação é *métier* de *profissionais* especializados (*autonomia ocupacional*) em procedimentos e organizações próprios (*autonomia institucional*, dada pela referência aos *tribunais* como arena de solução de controvérsias). Além de ser imposto pelo Estado e de ser formulado explicitamente, o direito da sociedade liberal vincula-se às distinções entre criação política, execução administrativa e aplicação judicial das normas (a separação de Poderes como demanda do Estado de direito) e volta-se a classes gerais de pessoas e tipos abstratos de condutas (partindo da lei em sentido material).

Essa visão jurídica liberal foi objeto de ampla crítica (UNGER, 1978 [1975], cap. 2), na qual o *formalismo* veio caracterizado como a pretensão de que o sistema jurídico ditasse uma única solução correta para cada caso específico, desconsiderando quaisquer políticas ou propósitos e pressupondo que as palavras das normas são sempre claras e referidas a essências inteligíveis, o que entraria em contradição com o próprio postulado liberal da subjetividade dos valores e preferências. Mas é justamente por não dispormos de objetividade no âmbito dos valores que não podemos depender de um regime de justiça substantiva e nos ancoramos em um sistema jurídico formal; esse sistema não pode, assim, pressupor a objetividade moral. Daí que o formalismo não possa admitir juízos finalísticos na aplicação do direito; segundo a psicologia liberal, esses juízos recairiam sempre no subjetivismo da autoridade (UNGER, 1978 [1975], p. 114-125).

Dos dois primeiros livros de Unger, enquanto no Reino Unido a fama maior coube a *O direito na sociedade moderna* (DUXBURY, 1986, p. 658), considerado texto canônico também para o movimento americano de Direito e Desenvolvimento (NEWTON, 2006, p. 182), nos Estados Unidos *Conhecimento e Política* teve maior impacto e é considerado como talvez "*o trabalho seminal dos primórdios dos CLS*" (KELMAN, 1987, p. 64, destaques no original). Rapidamente, entretanto, o próprio Unger (1976, p. 19; 1984 [1983]) veio a rejeitar boa parte das visões expressas nos anos 1970, segundo um horizonte filosófico *comunitarista/corporativista*, portanto, antiliberal. A partir dessa autocrítica, Unger passou a professar, desde os anos 1980 (com o "manifesto" do movimento de Estudos Críticos do Direito), um "*superliberalismo*": a ideia de que as instituições típicas do liberalismo político e econômico deveriam ser revisadas à luz dos próprios ideais que as justificavam, mas que elas deixavam de concretizar (ver AMATO, 2017d; e discussão *infra*, 10.7).

Assim, na avaliação posterior de Unger, o formalismo doutrinário do século XIX veio a ser caracterizado em torno de duas técnicas: o *formalismo* e o conceitualismo. A primeira consistiria em um exercício assemelhado à dedução de proposições inferiores a partir de proposições superiores, tomando as normas como axiomas com claras implicações em sua concretização, e os fatos como univocamente enquadráveis nas hipóteses normativas. A segunda, o *conceitualismo*, "explora os conjuntos de regras e doutrinas inerentes aos conceitos que estruturam o sistema de direitos – conceitos como a própria propriedade (...)" (UNGER, 2004 [1996], p. 60). Em outra formulação (UNGER, 2017b [1982], p. 101-107), o formalismo apresenta a interpretação do direito como uma *técnica relativamente apolítica*, por contraste com o processo deliberativo que marca a criação política do direito, notadamente pelo Legislativo. Já o conceitualismo remete a um "*objetivismo*": as sociedades seriam classificáveis em uma lista fechada de tipos sociais indivisíveis (como o "capitalismo" ou a "sociedade liberal") e escolheriam sua moldura institucional fundamental em um momento constituinte. A partir dessa configuração, todos os regimes jurídicos e instituições políticas e econômicas estariam predefinidos, e teriam, portanto, um sentido claro na delimitação das relações jurídicas e no arbitramento das soluções de disputas. Todos saberiam o que uma "economia de mercado", a "propriedade privada", a "liberdade contratual", o "devido processo" ou o "tratamento igual" implicam em casos concretos. Dos grandes conceitos e dicotomias e das regras gerais e abstratas seria possível inferir, sem controvérsia, o sentido de situações concretas envolvendo conflitos individuais e coletivos levados a juízo. Nada mais desmentido pelas alterações jurídicas – legislativas, jurisprudenciais, doutrinárias – ao longo do século XX.

O formalismo foi enfrentado pela série de teorias focalizadas no capítulo 2 deste livro. Entretanto, várias das abordagens mais historicizantes ou sociologizantes do direito não deixam também de ter seus vícios metodológicos, na visão de Unger (2004 [1996], p. 152-158). O *historicismo culturalista* revela o contexto mais amplo do direito, posicionando-o como manifestação da forma de vida social, mas superestima a unidade e identidade das culturas e tradições, o que é desmentido pelos desmontes e recombinações institucionais que marcam as sociedades contemporâneas. Já o *funcionalismo sociológico* (marxista ou sistêmico, por exemplo) diz respeito sobretudo às teorias de "estruturas profundas" que pretendem haver um conteúdo jurídico inerente a cada um dos tipos sociais de uma lista fechada, que evoluiriam historicamente segundo uma sequência universal pré-determinada (justamente como pressupunham os formalistas!); essas teorias subestimam as equivalências funcionais entre instituições diferentes e a indeterminação que faz as mesmas concepções – como república democrática ou propriedade privada – serem detalháveis em conjuntos diferentes de regras jurídicas, com resultados também divergentes.

Ainda, o *positivismo analítico* de Hart e Kelsen trouxe os projetos mais consistentes de desenvolvimento de uma teoria do direito independente de *aspectos empíricos (sociológicos) e normativos (políticos, filosóficos ou doutrinários)*. Essas teorias tentaram manter um ideal de *neutralidade valorativa* e respeito ao Estado de direito. Mas, como a economia pós-marginalista – que se refugiou desses mesmos aspectos buscando o abrigo da modelização matemática, mas deixou de lado a corrigibilidade de uma ciência experimental como a física ou a biologia –, as teorias jurídicas analíticas tornaram-se inócuas do ponto de vista da prática jurídica, só tendo seus efeitos quando são arbitrariamente justapostas aos mesmos viciosos elementos causais e normativos da *doutrina jurídica*, elementos esses dos quais justamente buscaram se afastar (UNGER, 2004 [1996], p. 151-152; 2017c [2014], p. 77; 2017b [2013], p. 256-264).

Ainda na avaliação de Unger (2017c [2014], p. 70-71), visões antiformalistas como as de Jhering, Gény e Holmes corretamente descrevem (mais do que prescrevem) uma visão deflacionária do papel das cortes: a interpretação estritamente jurídica parte dos materiais autoritativos e os interpreta à luz da *analogia*, circunscrita por *propósitos atribuídos* (ver *supra*, capítulo 2). Na jurisdição ainda há uma inescapável *discricionariedade*; o contraste entre criação e aplicação do direito é relativo, pois os conflitos de visões e interesses que moldaram a criação legislativa prosseguem, sob constrangimentos diferentes de papéis e argumentos, na arena judicial.

Entretanto, a tentativa de conter a indeterminação – revelada pelo realismo – dos conceitos e do raciocínio jurídico teria gerado como reação uma série de teorias que procuraram arbitrariamente circunscrever os *insights* antiformalistas. Essas teorias – do processo jurídico, da análise econômica e dos princípios e políticas – foram o alvo principal do movimento de Estudos Críticos do Direito.

Quanto à teoria do *processo jurídico*, especialmente tal como formulada no material didático de Henry Hart Jr. e Albert Sacks (1994 [1958]), o problema estaria em que essa visão leva ao paroxismo o contraste entre *duas genealogias do direito* (ver, criticamente, UNGER, 2004 [1996], p. 72-79). De um lado, o direito é visto como resultado de *conflitos entre grupos de interesse organizados*, que selam sua vitória marcando seus interesses com o certificado de validade jurídica: como direitos. De outro, o direito é visto como produto de uma história de *ideais que evoluem autonomamente*. O primeiro vocabulário, típico da visão da política como mercado, centra-se no Legislativo; o segundo, nas cortes. Além de serem incompatíveis entre si, seus *loci* cada vez mais se confundem: com a atuação de grupos de pressão nas cortes, com o debate de ideais na política, com o desenho de políticas públicas no Executivo. Para compreender a unidade da diferença entre direito e política, seria necessário reconhecer que valores se determinam por referências a interesses, e que interesses se guiam por ideários.

No diagnóstico crítico de Unger (2017b [1982], p. 107-111), outras escolas teóricas seguirão o contraste entre a criação política do direito, vista como baseada em *interesses parciais* que disputam a *decisão majoritária*, e a interpretação técnico-jurídica das leis e precedentes, que interpreta o direito positivo *como se* fosse concretização de um espírito coerente, de uma *unidade valorativa* subjacente. Assim, a análise econômica do direito pressupõe a eficiência como critério normativo que tanto explicaria a evolução histórica do direito (quase como uma teleologia) quanto orientaria como decidir cada caso hoje; a eficiência tornaria inteligível a razão por detrás da *seleção evolutiva histórica* que resultou no eficiente *common law* americano tanto quanto seria um valor/*consequência* a ser considerado por legisladores e juízes (ver *e.g.* POSNER, 1990, cap. 12).

Ainda segundo a avaliação crítica de Unger, as teorias de direitos como princípios simplesmente atualizariam o velho formalismo à luz de um desenvolvimento da *racionalização do direito* que não se limita mais à abstração, ao universalismo e ao relativismo consagrados por uma legalidade formal do Estado de direito – direitos universais que dão abertura a conflitos de valores. A *substancialização* do raciocínio jurídico exposta pelos ataques realistas do começo do século precisa – segundo os racionalizadores contemporâneos – ser contida em seu próprio terreno por novas técnicas de determinabilidade da argumentação jurídica e da decisão judicial que façam frente ao instrumentalismo, à abertura pura e simples da interpretação do direito ao arbítrio subjetivo ou às preferências políticas. Depois do ataque realista, concluiu-se que a reflexividade jurídica não pode mais ser contida entre regras e precedentes autoritativos. Precisa incorporar a referência a fins, valores, interesses, a fim de ganhar determinação de significado. Mas essa referência é extremamente aberta e contingente, como mostraram os céticos. Então, respondem os idealistas, para garantir a *objetividade* do direito, é preciso ordenar esses valores em um esquema mais ou menos fixo, lastreado em "concepções de associação humana possível e desejável a serem impostas em diferentes áreas da prática social" (UNGER, 2017b [1982], p. 115). Elas são uma *moralidade comunitária*, uma espécie de consenso sobreposto metaideológico, que paira sobre as diferentes visões de mundo ao mesmo tempo que fornece os limites em que elas podem livremente divergir (ver a discussão sobre Rawls, *infra*, 10.3).

Assim, o debate entre Dworkin e seus contemporâneos dos *critical legal studies* (quase sempre feito por referências implícitas, indiretas ou genéricas de ambas as partes) deve ser posicionado histórica e conceitualmente como um debate "pós-formalista". Aceitáveis ou não, as posições avançadas pelos *crits* contra Dworkin tomam como ponto de partida sua visão interpretativista, e não "regridem" para a teoria jurídica que a antecedeu. Essa tese pode ser defendida a partir do paralelo entre as três grandes críticas que Dworkin avançou contra o positivismo (hartiano) e as críticas que Unger dirigiu à *"análise jurídica racionalizadora"*, gênero prático de discurso jurídico "reformador" ou "reconstrutivo" do qual Dworkin – nunca mencionado expressamente por Unger – é implicitamente o teórico de referência.

Em um artigo sugestivamente intitulado "Ronnie and Roberto", um observador registrava que "Ronald Dworkin e Roberto Unger têm em comum a distinção de serem tão bem conhecidos na academia jurídica americana que eles podem seguramente ser identificados pelos seus primeiros nomes apenas". Entretanto, seguia o observador, "para além da fama, eles têm pouco em comum. Na verdade, Dworkin, o 'liberal', e

'Unger', o radical, podem ser mais provavelmente vistos como líderes de campos em guerra" (DENVIR, 1989, p. 409). Vejamos o que essa disputa nos legou em termos de perspectivas contrastantes para a teoria do direito.

Como visto (*supra*, capítulo 6), Dworkin criticara (1) o *arquimedianismo*, que postulava uma visão de teoria (geral) do direito puramente descritiva e desengajada das controvérsias normativas que marcam o discurso jurídico prático e doutrinário; (2) o *convencionalismo*, que resumia os padrões normativos tomados como justificação das decisões jurídicas àquele conjunto de preceitos validados por um procedimento formal e por órgãos jurígenos competentes; (3) o *aguilhão semântico*, que implicava uma concepção de que as controvérsias jurídicas se resumiam a disputas sobre quais são as normas aplicáveis e a desacordos empíricos os fatos relevantes sob juízo, desconhecendo as divergências morais substantivas sobre "o que o direito requer".

Unger, paralelamente, propõe uma visão de teoria do direito:

1) que se engaje com os problemas jurídicos práticos (de um ponto de vista interno, poderíamos dizer), remodelando a doutrina para além de uma exaltação tradicionalista da ordem moral imanente ou de um culto do direito estatal vigente; a saída seria uma prática jurídica que favorecesse a *reforma institucional* inspirada por um experimentalismo democrático (UNGER, 2004 [1996], p. 220-228; 2017c [2014], cap. 2; ver também *infra*, 10.7)

2) que supere o "positivismo ingênuo", com sua pressuposição de que a estrutura social é "incontroversamente evidente e possa ser retratada sem que se considerem preconcepções teóricas" (UNGER, 2004 [1996], p. 160); em seu lugar, a análise jurídica haveria de considerar as *soluções dominantes e desviantes* em cada ramo do direito e para cada problema jurídico e social;

3) que compreenda suas controvérsias normativas para além de meros desacordos linguísticos, entendendo-as como conflitos sobre aspectos mais ou menos cruciais da *estrutura institucional da sociedade*, desdobrada e justificada detalhadamente em regimes jurídicos, regras, princípios e contraprincípios, doutrinas e jurisprudência (UNGER, 2017b [1982], cap. 5, esp. p. 112-120).

Similarmente à crítica de Hart ao imperativismo de Austin (ver *supra*, 4.1) ou à crítica ao "naturalismo" ou "fisicalismo" dos realistas, que reduziriam a normatividade jurídica a simples previsões de comportamento das autoridades decisórias (ver *supra*, 2.6), a grande crítica de Dworkin (1986, p. 9) aos Estudos Críticos do Direito é de que estes abraçariam uma visão não interpretativa do direito, mas sim baseada em "fatos evidentes": do fato de que há ambiguidade e vagueza, certa *inconsistência, incoerência* e *incompletude* no direito, os críticos concluiriam que não existe de fato direito a regular aqueles tópicos ou temas, mas apenas juízes que retoricamente fingem existir direito para com isso mascarar suas decisões ditadas por preferências classistas ou ideológicas.

Por sua vez, a grande crítica (dos *crits*) ao interpretativismo dirige-se à visão racionalista de que uma *unidade moral coerente* possa lastrear toda uma ordem jurídica e ser invocada argumentativamente para justificar decisões em nome de uma única visão normativa correta acerca dessa ordem política. Os críticos são céticos a esse respeito, e reiteram a proximidade da argumentação jurídica (judicial inclusive) em relação aos debates políticos e ideológicos abertos (*"open-ended"*) (UNGER, 2017b [1982], p. 97, 105).

Dessa conclusão, alguns (na linha de Kennedy) partem para a diretriz de propugnar por certo ativismo judicial progressista, lastreado em uma militância ideológica pelas sentenças,[83] enquanto outros (na linha de Unger) observam que a garantia de certa distintividade da função judicial (necessária para evitar a invasão da escolha democrática) exigiria que os juízes (e a doutrina) rotineiramente mantivessem sua interpretação e argumentação em um discurso mais *particularista* e *concreto*, pouco generalizável, *finalístico* e *analógico*, mais atento aos textos literais das normas e contextos específicos dos casos do que aberto à ampla argumentação moral.

Na avaliação de Unger, a racionalização do direito como uma narrativa coerente ancorada em princípios e políticas retomaria a antiga visão da juridicidade como uma *ordem moral imanente*; entretanto, na "jurisprudência" clássica dos jurisconsultos romanos e em outros contexto de direito pouco centralizado politicamente, essa imersão das normas jurídicas nos usos e costumes resultava em um raciocínio de baixo grau de abstração, operado por analogias e distinções contextuais, pessoais e valorativas. Hoje, as teorias de princípios retomariam tal pretensão de imersão do direito na ordem moral, mas dentro de um quadro de direito largamente positivado pelo Estado, por meio de procedimentos decisórios de origem democrática. A ordem jurídico-moral, nesses termos, apenas poderia ser mantida pelo *controle judicial* que interpreta o sentido acumulado do sistema jurídico como uma narrativa coerente, diante da qual desvios representados por decisões políticas que inovem a ordem jurídica podem ser corrigidos. Essa ordem não se revelaria apenas na integridade das formas do direito posto (regras), tampouco se esvairia na referência mais ou menos indeterminada a propósitos, valores, interesses. Seria ancorada em uma teia moral subjacente. Essa teia revelaria o conteúdo necessário de uma ordem jurídica e social da liberdade igual, a qual haveria de ser resguardada pelas cortes contra a arbitrariedade de acordos políticos contingentes e reversíveis, dos compromissos de visões e interesses que dão forma ao direito na arena legislativa.

O resultado é inflacionar a interpretação jurídica por uma idealização de vagos preceitos constitucionais – uma espécie de *"formalismo transcendental"*, como rotula Unger (2017c [2014], p. 55-56). "Formalismo" pelo apelo retórico a preceitos abstratos postos em textos normativos; "transcendental" por pretender daí extrair um amplo conjunto de princípios racionais que estariam pressupostos pelo direito positivo e conduziriam à delimitação do que é moralmente devido na decisão judicial e do que é moralmente admitido enquanto escolha política razoável.

Uma diferença que unifica o velho e o novo racionalismo (o formalismo do século XIX e o idealismo do século XX)[84] é o contraste ideológico entre direito privado

---

[83] Esse uso instrumental e militante da interpretação jurídica tem afinidades com correntes judiciais que se desenvolveram na América Latina nos anos 1970-80, inclusive no Brasil. Além do pluralismo jurídico (a remissão a um "direito alternativo" à ordem estatal, então autoritária), alguns juízes pregavam a combinação de um "uso alternativo do direito" (isto é, explorar lacunas e antinomias, ao lado de apelos à "função social" e outras cláusulas abertas, como combustível para interpretações progressistas) com um "positivismo de combate" (isto é, preferir uma interpretação "legalista", literal ou "formalista" se ela beneficiasse a parte mais vulnerável). Para um balanço, ver Oliveira (2003; 2015, p. 90-112).

[84] A referência a um "neoformalismo" é equívoca; melhor seria distinguir, em termos weberianos (ver AMATO, 2020; ver também KENNEDY, 2004; SARGENTICH, 2018, cap. 4), a racionalidade formal dos oitocentistas (a previsibilidade do direito dada por critérios distintivamente internos) e a racionalidade material dos idealistas contemporâneos (a previsibilidade dada por uma sistematização de pressupostos "externos" ao direito positivo, *i.e.* político-morais para os interpretativistas, teórico-econômicos para a análise econômica do direito,

e direito público. Teorias racionalizadoras contemporâneas não deixam de reproduzir a velha contraposição oitocentista entre o *direito privado* como ordem natural espontânea, autogerada, de coordenação e o *direito público* como uma intromissão às vezes útil, mas sempre artificial, da política (como se a moldura do direito privado e as formas do mercado não fossem politicamente balizadas). Mas também se reproduz uma ambiguidade: as esperanças de melhoramento do direito são colocadas na interpretação dos princípios constitucionais, na mutação constitucional, na constitucionalização do direito e na eficácia privada dos direitos fundamentais; secundariamente são colocadas nos princípios de direito privado; raramente, na reformulação dos institutos do próprio direito privado.

Distinção análoga é entre o campo dos *direitos já individualizados* pela legislação e jurisprudência – os quais podem e devem ser evocados pelos juízes em seu discurso jurídico-moral baseado em *princípios* – e o setor das políticas públicas, aberto à discricionariedade administrativa. Por exemplo, após criticar a tese positivista de que, quando regras não conduzem a uma decisão racional, juízes devem usar sua discricionariedade para prover a solução como se fossem legisladores, Dworkin (1967, p. 23; 1975, p. 1058-1062) cedo propôs a distinção entre argumentos de políticas e argumentos de princípio, distinção que pode ser vista como instância de outras oposições: utilitarismo, consequencialismo, instrumentalismo ou teleologia *versus* contratualismo ou deontologia; interesses parciais e crenças contestadas nos acordos políticos *versus* moralidade neutra; política *versus* direito-moralidade. As *políticas* indicam referência à promoção de objetivos coletivos da "comunidade como um todo"; os *princípios* indicam uma justificação baseada no respeito ou garantia de "algum direito individual ou grupal" – cobrindo direitos privados e fundamentais. Legisladores apoiam-se em ambos os tipos de argumentos (se não em outros); juízes, quando nenhuma regra dita a decisão, normalmente decidem e devem decidir com base em princípios, não em políticas. Os direitos, como princípios, são "trunfos" que derrotam políticas (DWORKIN, 1984 [1981]) – o primeiro reino deve ser aquele de juízes isolados das maiorias e dos interesses parciais. Eles asseguram o império do direito. Mas e quando um direito enraíza a promoção de "algum objetivo coletivo"? Tais objetivos só ganham juridicidade quando individualizados em direitos? Direitos são então apenas *a priori* triunfantes: absolutos, invioláveis, insuperáveis por considerações utilitaristas ou consequencialistas de bem-estar coletivo e política pública. Afinal, podem ser derrotados não apenas pela demonstração de alguma falácia de validação formal ou substancial (o direito subjetivo invocado não é amparado pelo direito), mas também pela demonstração de algum custo excepcional e irrazoável que a sustentação daquele direito (*e.g.* a prevalência da dignidade ou da igualdade) iria impor contra a medida conflitante com tal direito (DWORKIN, 1977, p. 200).

Lembremos que a suposição subjacente do historicismo oitocentista – tão importante e comum à filosofia de Hegel, à sociologia, de Marx a Weber, à "ciência jurídica"

---

administrativos/gerenciais para as teorias de políticas públicas). Nesses termos, os céticos (realistas e críticos) teriam revelado a *irracionalidade material* do direito (a imprevisibilidade do uso de critérios políticos, econômicos, morais incorporados à interpretação jurídica, insuscetíveis de sistematização objetiva e dependentes de escolhas ideológicas, subjetivas). Dada a irracionalidade da referência a pressupostos não positivados e formalizados, estes só poderiam ser mobilizados de maneira não sistemática nem universalista, mas sim particularista e concreta – nesse sentido, "irracional". Esta seria uma leitura da tese de Unger, em contraponto a Dworkin.

(doutrina ou dogmática) e ao institucionalismo econômico – é precisamente de que regras se aglomeram, conformando *instituições*, pelo papel obscuro e impessoal de "metarregras", sejam elas entendimentos perenes compartilhados ou constrangimentos incontroláveis de natureza tecnológica, lógica ou cultural. Na análise jurídica – na interpretação tanto teórica quanto prática – esses constrangimentos são exemplificados pelo caráter coletivo do povo: a moralidade incorporada nas instituições legadas dos romanos, para os juristas germânicos, ou os adágios sapientes e imemoriais esculpidos e purificados pela equidade e pela justiça natural do direito comum, para os anglófonos. Nesse cenário, o que conta para a metodologia formalista do pensamento jurídico é primeiramente essa pressuposição de restrições colocadas por metarregras substantivas na agregação contingente de regras, interpretadas como razões para agir e para decidir casos concretos. Esses constrangimentos geram tipos de complexos institucionais – formas de vida, de sociedade – e dentro de um desses complexos, assumido como invariável ou incontroverso, escolhas são interpretações verossímeis com um alto grau de determinação.

A racionalização retrospectiva como atitude psicológica dos juízes – que primeiro chegam intuitivamente a soluções e depois encontram justificativas para elas, como se sua decisão fosse a única autorizada pela lógica – já fora descrita pelos realistas. Diz respeito à formação psicológica de sentido, não à expressão social desse sentido, pela comunicação. Sua plausibilidade como arquétipo comportamental a torna uma hipótese elementar. Como Dewey (1924) enfatizou, o raciocínio jurídico prático não trata de chegar a conclusões, mas sobretudo de justificá-las; e a *definição das premissas* (normativa e fática) do raciocínio silogístico é o passo não plenamente determinado pela inferência lógico-dedutiva – o problema é selecionar as normas e os fatos que constituirão as premissas do silogismo hipotético.

Agora, a racionalização criticada por Unger vai além desse *modus operandi* elementar. Consiste na pretensão que os defensores da racionalização sustentam de encontrar uma base para a crítica e justificação do direito que não dependa de ideologias políticas ou teorias da justiça específicas, mas possa ser praticada ao longo de um largo espectro de crenças, tendo ainda o compromisso de ser uma descrição sobre o direito existente (e não uma proposta de reforma dele). O juiz pode exercer um juízo crítico sobre os valores da sua comunidade política (a teoria de fundo é, portanto, um comunitarismo liberal), e não tem que simplesmente ratificar preconceitos; entretanto, sua margem para uma interpretação reformadora é estreita: ele tem que buscar no próprio direito a *unidade moral* que lhe permita rejeitar soluções legislativas ou judiciais dissonantes dessa unidade, mas não pode atacar o direito frontalmente, como um reformador político.

A teoria do direito (acoplada à doutrina) é distinta da teoria moral ou política, mas em ambos os campos há uma tentativa similar de providenciar uma fundamentação mais ou menos neutra para a avaliação. Na verdade, a *"análise jurídica racionalizadora"* – esse estilo de interpretação do direito, essa ideologia operacional dos juristas e juízes – por vezes reivindica observar a "moralidade do direito" como tendente a algo como uma visão normativa de uma teoria política do justo, uma base acima das disputas ideológicas e preferências subjetivas. Assumindo que o corpo de direito tem uma *coerência e integridade* que ele empiricamente não pode expor – sendo produto e fusão contingente de dissenso e disputa, provisoriamente tomado como definitivo, após procedimentos decisórios –, essa prática de interpretação subestima os desvios, exceções e alternativas estabelecidos no direito, "reconstruindo-os" no espírito geral do direito atual. Assim um teórico (DWORKIN, 1975, p. 1107) pode chegar a conjecturar que, quando discordam, "cidadãos reflexivos" não estão "simplesmente afirmando suas convicções pessoais contra as convicções dos outros", mas realmente "contestando uma concepção diferente de um conceito que eles supõem ter em comum". Tudo não passa então de desacordos linguísticos. Um sociólogo irônico poderia dizer: "Como se vê, porém, isso não significa dizer que a correção [da única solução] possa ser provada. Aparentemente apenas significa que um jurista que leve o direito a sério deve ser abençoado com uma suficiente falta de compreensão das opiniões dos outros" (LUHMANN, 1998 [1992], p. 27).

O ponto de referência normativo para a objetividade moral que embasaria a argumentação jurisdicional é uma explicação da legitimidade política: a ideia reguladora de uma "comunidade de princípios, que toma a integridade como central para política" (DWORKIN, 1986, p. 216). Por mais profundos os desacordos ideológicos em tal comunidade, os cidadãos seriam capazes de endossarem seus princípios centrais, dos quais decorre a definição de direitos institucionais. Os princípios seriam o que os cidadãos, a despeito de suas diferentes perspectivas e escolhas, têm em comum. E o Judiciário torna-se o guardião por excelência dos princípios e dos direitos – os valores mais permanentes, coerentes e entrincheirados da comunidade, por oposição às escolhas utilitárias de políticas públicas, oscilantes conforme os transitórios governos e oposições, maiorias e minorias. Essa ideia tem paralelos evidentes com Rawls (ver *infra*, 10.3) quanto à distinção entre o *justo imparcial* e as visões particulares de bem, e quanto ao conceito de um "consenso sobreposto" entre diversas concepções razoáveis de bem como sustentação de uma *comunidade política* liberal.[85]

Assim, para Dworkin, o *papel institucional do juiz*, sua responsabilidade perante a comunidade política, não é dar qualquer resposta normativa, simplesmente aplicando regras (por mais que elas contrariem a moralidade pressuposta por aquela ordem jurídica) ou decidindo discricionariamente na falta de regras validadas pelas fontes formais do direito (emitindo um juízo idiossincrático de finalidades, políticas ou consequências, como se fosse um livre legislador para o caso concreto). A função política do Judiciário está em prover "a única resposta correta" (DWORKIN, 1985 [1978]; 2011b, p. 90-96), ou seja, aquela mais exaustivamente *justificada* – e, nessa medida, *objetiva* – em termos de ajuste e adequação aos princípios reconhecidos por aquela comunidade política e incorporados a sua ordem jurídica. Há *desacordos teóricos* sobre o que o direito exige, mas a resposta mais bem argumentada (que justifique, por exemplo, a prevalência de determinado princípio sobre outros princípios, regras ou políticas) é aquela que deve considerar a *coerência global* da moralidade incorporada àquele direito e por ele pressuposta.[86]

---

[85] A teoria do direito "engajada" de Dworkin (1986, p. 40-405) – no sentido de afastar-se da perspectiva descritiva positivista – reclama então, como ideal regulador, um consenso na comunidade política sobre justiça ("a correta distribuição de bens, oportunidades e outros recursos"), imparcialidade [*fairness*] ("a estrutura que distribui influência sobre as decisões políticas da maneira correta") e devido processo ("procedimentos corretos para executar regras e regulações que o sistema produziu").

[86] Lembremos que Kelsen, distanciando a perspectiva da teoria (pura) do direito, cujo foco seria definir a validade formal das normas, em relação aos juízos normativos (impuros) da doutrina e da interpretação, criticava

Entretanto, para os céticos, assim a análise jurídica racionalizadora inflaciona a normatividade do direito, colapsando-a em abstrações morais. Afinal, para Dworkin (2011b, p. 5), o direito é um "departamento da moralidade" e toda argumentação jurídica insere-se, portanto, no amplo campo da razão prática. O "juiz Hércules" (DWORKIN, 1975, p. 1083-1109) é o arquétipo de um observador autoconsciente sobre-humano, é o *ideal regulativo* de um juiz capaz de encontrar a *resposta correta* ao interpretar o contrato social – ou melhor, a constituição e os outros materiais do direito. Esse juiz transcendental seria capaz de construir por si mesmo uma *teoria*, testando os princípios e políticas que se adéquam ao ramo do direito com o qual ele está lidando e o justificam. Assim ele delimitaria, por exemplo, a justificação do esquema de governo estabelecido pelo direito posto, apresentando-o na sua melhor face. "Ele deve desenvolver tal teoria referindo-se alternativamente a filosofia política e detalhe institucional" e a superestrutura correta deve ser o resultado da geração de "possíveis teorias que justifiquem diferentes aspectos do esquema" e do teste delas "diante da instituição mais ampla" (DWORKIN, 1975, p. 1085). Esse alfaiate dos ideais forneceria um véu ou teia inconsútil que deve cobrir a maior parte do direito positivo, rejeitando alguns erros injustificáveis. Em seu sobrevoo, vindo depois da história e com suas luzes e poder, tal juiz revelaria que, na verdade, as contradições do direito (registros das divergências políticas, econômicas etc. que marcam a criação do direito) são uma ilusão superficial. Ele desvela a intencionalidade das práticas sociais – das quais o direito é uma espécie, sendo uma *prática social valorativa*, como a etiqueta e a cortesia – e com isso chegaria à *unidade de valor* essencial e duradoura,

---

"[a] teoria usual da interpretação [que] quer fazer crer que a lei, aplicada ao caso concreto, poderia fornecer, em todas as hipóteses, apenas *uma única* solução correta (ajustada), e que a 'justeza' (correção) jurídico-positiva desta decisão é fundada na própria lei" (KELSEN, 2006 [1960], p. 391, destaques no original). Pelo contrário, "[a] interpretação jurídico-científica tem de evitar, com o máximo cuidado, a ficção de que uma norma jurídica apenas permite, sempre e em todos os casos, uma só interpretação: a interpretação 'correta'. Isto é uma ficção de que se serve a jurisprudência [teoria do direito] tradicional para consolidar o ideal da segurança jurídica. Em vista da plurissignificação da maioria das normas jurídicas, este ideal somente é realizável aproximativamente. Não se pretende negar que esta ficção da univocidade das normas jurídicas, vista de uma certa posição política, pode ter grandes vantagens. Mas nenhuma vantagem política pode justificar que se faça uso desta ficção numa exposição científica do direito positivo, proclamando como única correta, de um ponto de vista científico objetivo, uma interpretação que, de um ponto de vista político subjetivo, é mais desejável do que uma outra, igualmente possível do ponto de vista lógico. Neste caso, com efeito, apresenta-se falsamente como uma verdade científica aquilo que é tão-somente um juízo de valor político" (KELSEN, 2006 [1960], p. 396). Considerando a análise meramente formal de validade entre as normas, "a interpretação de uma lei não deve necessariamente conduzir a uma única solução como sendo a única correta, mas possivelmente a várias soluções que – na medida em que apenas sejam aferidas pela lei a aplicar – têm igual valor, se bem que apenas uma delas se torne direito positivo no ato do órgão aplicador do direito – no ato do tribunal, especialmente. Dizer que uma sentença judicial é fundada na lei, não significa, na verdade, senão que ela se contém dentro da moldura ou quadro que a lei representa – não significa que ela é *a* norma individual, mas apenas que é *uma* das normas individuais que podem ser produzidas dentro da moldura da norma geral. (...) Não há absolutamente qualquer método – capaz de ser classificado como de direito positivo – segundo o qual, das várias significações verbais de uma norma, apenas uma possa ser destacada como 'correta' – desde que, naturalmente, se trate de várias significações possíveis: possíveis no confronto de todas as outras normas da lei ou da ordem jurídica" (KELSEN, 2006 [1960], p. 390-391, destaques no original). Portanto: "A questão de saber qual é, de entre as possibilidades que se apresentam nos quadros do direito a aplicar, a 'correta', não é sequer – segundo o próprio pressuposto de que se parte – uma questão de conhecimento dirigido ao direito positivo, não é um problema de teoria do direito, mas um problema de política do direito. A tarefa que consiste em obter, a partir da lei, a única sentença justa (certa) ou o único ato administrativo correto é, no essencial, idêntica à tarefa de quem se proponha, nos quadros da constituição, criar as únicas leis justas (certas). Assim como da constituição, através de interpretação, não podemos extrair as únicas leis corretas, tampouco podemos, a partir da lei, por interpretação, obter as únicas sentenças corretas" (KELSEN, 2006 [1960], p. 393).

encontrando não apenas a melhor justificação (contestável) para sua decisão, mas também os pressupostos dessa possível contestação. Na verdade, um juiz empírico é instado a atingir uma opinião substantiva ao situar e dimensionar o lugar de cada argumento colidente, e não construirá uma teoria abrangente a cada caso, mas trabalhará – por meio de um tipo de mão invisível ou consciência coletiva – em uma narrativa coerente *em evolução, tendencialmente* uma teoria normativa que é historicamente composta a várias mãos pelas autoridades ao longo do tempo, com os materiais autoritativos que elas interpretam. Este é o sentido da famosa metáfora da interpretação jurídica como um "romance em cadeia" (DWORKIN, 1982).

Em síntese, na crítica de Unger (2004 [1996], p. 80-147, 214-219; 2017c [2014], p. 27-46), é possível indicar os pilares da "análise jurídica racionalizadora" ou "elaboração racional" do direito. Esse estilo interpretativo principia pela rejeição do *raciocínio "analógico"*: aquele de baixo grau de abstração e com consideração finalística, mas sem pretensões de formar um sistema substantivamente coerente. A tendência à idealização, em contraponto, está centrada na concepção de um *sistema* de direitos de base constitucional e derivado da filosofia política do liberalismo. Essa prática racionalizadora – que trabalha no plano do discurso de *concepções abrangentes do justo político* (princípios) e políticas públicas impessoais de bem-estar, como se aperfeiçoassem um só plano racional e defensável de sociedade – amplia exponencialmente o poder de revisão dos juízes, promovendo um deslocamento das decisões em direção às cortes, reduzindo o espaço dos Poderes políticos *democraticamente* legitimados. Finalmente, idealizar o direito por meio da interpretação previne a visualização de suas falhas e a pretensão de atacá-las diretamente por meio de mudanças normativas. Um reformismo moderado e marginal nas mãos de juízes é o que resulta, a pretexto de interpretação, buscando compensar a disputa aberta e política pela reforma e recriação do direito. Essa concepção impessoal do justo funciona justamente para compensar, nas cortes, por apelo ao interesse público difuso, os grupos que perderam as disputas políticas (legislativas), balizando o direito gerado pelo conflito político em uma sociedade com grupos de pressão organizados e *maiorias* desorganizadas e desconsideradas na formação da vontade parlamentar (não apenas minorias vulneráveis).

Note-se que, do ponto de vista da história do pensamento jurídico, o estilo racionalizador de raciocínio, análise e argumentação no direito aparece como última expressão da longa tendência, que percorre toda a história da doutrina ou dogmática jurídica, de ver o direito como "ordem moral imanente", como realização de uma racionalidade na história. Essa é a tradição do direito natural. Nas condições contemporâneas, de predominância do direito estatizado, implica apostar em um constrangimento das decisões políticas pela atividade de sistematização e idealização do direito comandada por doutrinadores e juízes. O contraponto da visão da "ordem moral imanente" é o conceito do *direito como decisão política* contingente do soberano, que aparece junto da teoria moderna dos direitos naturais e do contrato social (Hobbes). Essa visão – afinal, o *positivismo jurídico* – fundamenta o Estado tanto em versões democráticas lastreadas na soberania popular (como a experiência da república de Weimar, representada por Kelsen e Preuss) quanto em experiências autoritárias (como o Estado nazista, nascido do ocaso de Weimar e cujo teórico mais representativo foi Schmitt).

Já os céticos mais radicais sobre a determinabilidade dos parâmetros jurídicos como constrangimento racional à justificação das decisões jurídicas, sobretudo judiciais, afirmam que não é possível pressupor um "meta-valor" capaz de arbitrar a colisão entre princípios e contraprincípios ou argumentações gerais incompatíveis (KENNEDY, 1976; 1979). A resposta de Dworkin (1986, p. 76-86; 1996a; 2011b, cap. 3-5) considera essa posição um exemplo de *"ceticismo interno global"*.

Dworkin (1986, p. 78, destaques no original) distingue o "ceticismo *dentro* da empreitada de interpretação, como uma posição substantiva sobre a melhor interpretação", e o "ceticismo *fora* e *acerca* dessa empreitada". Os *céticos externos* apenas aceitariam qualquer juízo sobre valores morais ou instituições sociais como uma opinião dentre outras, subjetivas todas elas, pois não prováveis por referência a um dado observável da realidade empírica nem por qualquer pressuposto sobre uma realidade transcendental metafísica. Não haveria verdade ou falsidade ontológica nos juízos estéticos, morais ou jurídicos. Portanto, não haveria critério objetivo de correção nessas avaliações. Entretanto, um "ceticismo externo" imporia exigências absurdas à objetividade dos juízos normativos. Ninguém está defendendo que esses juízos sejam objetivos como fatos físicos evidentes ou verdades lógicas incontestes. Esta posição "arquimediana", neutra, puramente negativa, não seria sustentável, pois o sentido do direito e da decisão jurídica *exige* que o intérprete argumente em busca da melhor solução e, portanto, apenas dentro do jogo argumentativo, por um ajuste e adequação entre os argumentos e sua base empírica (fatos e normas em jogo), é possível se definir qual a *interpretação correta* – a busca de tal interpretação caracteriza, afinal, o sentido último do discurso jurídico e jurisdicional.

Já os *céticos internos* disputam a melhor interpretação, pressupondo que faça sentido tal disputa – e que, portanto, haja alguma objetividade discursiva capaz de sustentar a distinção entre razões e argumentações melhores ou piores. Ocorre que muitas vezes há um *ceticismo interno global* que se disfarça de ceticismo externo.

> O ceticismo global interno desse tipo, se fosse plausível para o direito (...), ameaçaria nossa própria empreitada. Pois esperamos desenvolver uma consideração teórica dos fundamentos do direito, um programa de julgamento que possamos recomendar aos juízes e usar para criticar o que eles fazem. Então não podemos ignorar a possibilidade de que alguma visão globalmente cética sobre o valor das instituições jurídicas seja, ao final, a visão mais poderosa e persuasiva; não podemos dizer que tal possibilidade é irrelevante para a teoria jurídica. (...)
>
> Esses são argumentos internamente céticos porque assumem alguma posição moral geral e abstrata – que demandas morais têm força moral genuína apenas quando enraizadas na moralidade de certa comunidade particular, por exemplo, ou que crenças morais são falsas, a menos que sejam facilmente aceitáveis para qualquer cultura – como a base para rejeitar as demandas morais mais concretas em jogo. Argumentos morais substantivos como esses foram de fato avançados, obviamente, e seu apelo latente pode explicar por que o ceticismo, disfarçado de ceticismo externo, tem sido tão popular na interpretação e no direito. Ele pode não atingir você como bons argumentos, uma vez que tal disfarce seja abandonado, mas isso porque, sugiro eu, você acredita que um ceticismo global interno sobre a moral é implausível.
>
> Essa metamorfose que descrevo não é sem custo, porque os argumentos do cético, reformulados como argumentos de ceticismo interno, não podem mais ser peremptórios

ou *a priori*. Ele precisa de argumentos que parem em pé como argumentos morais (ou estéticos, ou interpretativos). Seu ceticismo não pode mais ser desengajado ou neutro com relação a opiniões morais (ou estéticas, ou interpretativas) comuns. (...) Ele abriu mão dessa distinção entre opiniões morais comuns e objetivas; se ele realmente acredita, no modo internamente cético, que nenhum julgamento moral é realmente melhor que qualquer outro, ele não pode então adicionar que em sua opinião a escravidão é injusta. (DWORKIN, 1986, p. 79-85)

Por mais que se saiba que as opiniões morais variam contextual e historicamente, isso não torna um argumento moral nem correto nem incorreto. Mesmo que eu saiba que minhas convicções morais seriam diferentes seu eu vivesse em outra forma de vida, posso continuar defendendo que as posições morais que subscrevo hoje são não apenas diferentes, mas melhores. "Uma visão moral apenas pode ser posta em perigo por argumentos morais" – não por explicações causais, empíricas (DWORKIN, 1986, p. 428). Na elaboração dworkiniana, embora cada qual disponha de razões pessoais para agir deste ou daquele modo, as quais são mesmo baseadas em intuições morais, seria possível atingir um juízo racional na definição de crenças relativas ao que é correto e justo. A *justificação* dos juízos morais não se confunde com sua *explicação*.

Entretanto, o pluralismo valorativo endossado pelos *critical legal studies* não se baseia simplesmente em explicações históricas ou sociológicas sobre a ideologia dos julgadores, mas sim parte de uma crítica a "antinomias" ou "contradições" fundamentais da personalidade, da sociedade e do direito (UNGER, 1978 [1975]; KENNEDY, 1976; 1979) – no caso do direito, temos, por exemplos, colisões entre princípios e metaprincípios sem critérios superiores que permitissem arbitrar objetivamente a escolha por um dos lados (ver *infra*, 8.4.1.1, a discussão sobre princípios e contraprincípios no campo do direito contratual).

Para Dworkin, por sua vez, para que o cético interno possa defender a indeterminação do juízo jurídico, seria preciso tentar antes identificar a unidade de valor do direito por meio de uma interpretação construtiva. Tal cético não pode simplesmente endossar a posição de senso comum, pré-interpretativa, sobre o *relativismo* e a *incomensurabilidade* de valores. Apenas se a interpretação racionalista do direito fracassasse é que o ceticismo mais radical estaria habilitado. Ora, é o que os *critical legal studies* procuraram fazer. Dworkin não aprecia devidamente os *CLS*, ao reduzi-los a uma mera explicação empírica/sociológica sobre os interesses e ideologias que logram se entrincheirar no direito. Assim, conclui que não haveria incompatibilidade entre reconhecer essa *explicação* conflitiva das decisões de criação e interpretação do direito e, ao mesmo tempo, abraçar no plano *justificatório* a teoria dworkiniana da interpretação construtiva, que "busca melhorar o direito impondo um maior grau de integridade e princípio sobre uma doutrina cujas rotas causais podem bem ter sido como os *crits* reivindicam que foi" (DWORKIN, 2011b, p. 144). Desse ponto de vista da justificação, o "[d]ireito como integridade pede aos juízes que assumam, na medida do possível, que o direito é estruturado por um conjunto coerente de princípios sobre justiça, imparcialidade e devido processo, e pede que eles os reforcem a cada novo caso que lhes seja submetido (...)" (DWORKIN, 1986, p. 243).

Ora, o que está em jogo é o contraste entre uma visão (igualmente normativa) de que a sociedade é inerentemente contraditória (*critical legal studies*) – daí que todo conflito valorativo exija um arbitramento político (pelo Judiciário ou pela política democrática) e uma visão que requer, para justificar politicamente o exercício da jurisdição, o ideal regulador de "uma comunidade governada por uma única e coerente visão de justiça, imparcialidade [*fairness*] e devido processo (...)" (DWORKIN, 1986, p. 404).

Assim, ao contrário do que Dworkin quer fazer quer, o que os *crits* buscaram fazer é justamente encontrar, nas diversas doutrinas e ramos do direito, conjuntos de valores e finalidades conflitantes entre si e determinantes de soluções contraditórias igualmente amparáveis (segundo advogavam) pela ordem jurídica analisada. A solução final de Unger (ver *supra*, 8.4) para a angústia crítica buscou distinguir dois lados: o grau de contradição e conflito do direito vigente não precisaria nem deveria ser exagerado em sua interpretação-aplicação, que tampouco demandaria justificações morais mais abrangentes (poderíamos aqui aludir aos "desacordos teóricos" dworkinianos); o conflito entre as regras vigentes e os ideais mais amplos incorporados no direito (em suas doutrinas e princípios) seria alvo preferencial dos esforços pela *reforma política* do direito. Aqui se poderia, mais ampla, legítima e livremente, criticar e reconstruir as instituições basilares da sociedade.

É preciso frisar que ambos os lados – críticos e interpretativistas – rejeitam o apelo a uma verdade moral transcendente, universalmente válida. O desacordo está no grau de ceticismo que admitem à empreitada interpretativa (ver LEITÃO, 2016). Do lado de Dworkin, cabe remarcar que a objetividade demandada por sua teoria jurisdicional não afasta a incerteza do julgador sobre a resposta correta; tal incerteza, porém, não é idêntica à impossibilidade de determinação do direito por bons argumentos morais. Para entender a prática jurídica em sua dinâmica argumentativa, temos que pressupor que os advogados e juízes argumentem em busca da *resposta correta segundo o direito*, e não que simplesmente lancem mão qualquer argumento, como se tudo ou quase tudo fosse amparável e justificável pela ordem jurídica.

A construção de *razões generalizáveis* para além das motivações e emoções pessoais implica chegar à elaboração de padrões universalmente aplicáveis, embora os motivos de base das avaliações morais possam permanecer pessoais. A crítica kantiana é o método filosófico exemplar nesse sentido. Não é possível se estabelecer uma metateoria para julgar a validade e objetividade da visão moral de primeira ordem. Não há uma hierarquia fixa de bens morais, com precedências predefinidas, como na visão tomista. O julgamento prático implica liberdade para agir segundo razões, e razões só se constituem assim se são compartilhadas e válidas também para os outros (NAGEL, 2001 [1997], p. 146-147).

Ou seja, seguindo essa trilha, Dworkin (1996a) reiterou a defesa da *objetividade do juízo valorativo*. Isso significa que o peso e a objetividade de determinada razão apenas podem ser definidos em conflito argumentativo, nos desacordos teóricos emergentes na prática jurídica. Daí a admissão apenas da via do "ceticismo interno", que implica a defesa de uma visão moral positiva (concorrente com aquela em relação à qual se é descrente) como razão para agir em outro sentido; isto é, trata-se de um ceticismo que engendra a *busca do melhor argumento* e da solução correta – cuja objetividade é assim garantida dentro do jogo linguístico e moral, já que não pode ser provada de um ponto de vista externo, como última palavra proferida desde lugar nenhum. Não há uma unidade evidente de sentido, e pessoas diferentes podem reconhecer significados diferentes em um mesmo objeto. Mas, se interpretar é "tornar o objeto ou prática sob interpretação o melhor que ele possa ser", os tomadores de decisão, quando defendem uma interpretação do direito contra outras, "pensam que as interpretações que eles adotam são melhores que aquelas que eles rejeitam, e não apenas diferentes" (DWORKIN, 1986, p. 76). A objetividade é o ponto central da atitude interpretativa.

A teoria dworkiniana do *"direito como integridade"* é crucial nesse sentido (ver discussão *supra*, 6.4.1): "insistimos que o Estado aja sob um conjunto unitário e coerente de princípios, mesmo que seus cidadãos estejam divididos sobre o que os princípios de justiça e imparcialidade corretos realmente são" (DWORKIN, 1986, p. 166). Mesmo que não endossemos substantivamente os pontos de vistas de alguém, seríamos capazes de discernir quando a pessoa atua em *coerência* com seus princípios. O mesmo valeria para o Estado, como expressão de seu compromisso de *tratar casos iguais de maneira igual*.[87] Aos juízes – em lugar de apontar padrões normativos convencionalmente validados e complementá-los discricionariamente por juízos de valor subjetivos (como pregaria a posição positivista) – caberia (segundo o interpretativismo) subordinar suas convicções pessoais à *moralidade política* de sua *comunidade*, embora interpretando-a à sua melhor luz e podendo revisá-la criticamente, rejeitando o que destoasse de sua *integridade*, da coerência dos compromissos de valor mais amplos que ela mesma engendrou. Não estaria aqui indicado um consenso moral empírico em tal comunidade, e sim um *construto argumentativo* – a comunidade como um requisito de legitimação da política sob o Estado de direito e de fundamentação prática da jurisdição como função institucional delimitada nesse contexto.

Entretanto, os críticos voltariam a colocar em xeque tal unidade substantiva dos compromissos normativos de uma comunidade e de novo ressaltariam a contingência dos conteúdos politicamente postos como direito, como produto continuamente revisado da *concorrência democrática* de ideais e interesses. Uma idealização retrospectiva da *unidade de valor* da ordem jurídica – do ponto de vista da jurisdição – desprestigiaria o pluralismo revelado pelas decisões representativas e pelas correntes de opinião dos cidadãos que compõem uma comunidade.

A controvérsia sobre como tratar os elementos valorativos (princípios, políticas, propósitos) subjacentes à superfície de regras e textos derivados de fontes formais não chegou a uma solução definitiva no embate entre o otimismo de Dworkin (sobre a possibilidade de se construir uma visão moralmente coerente de uma ordem jurídica, pressuposta uma integridade dos compromissos valorativos da respectiva comunidade) e o ceticismo dos *crits* (sobre a indeterminação dos juízos valorativos, políticos – sempre parciais, contextuais e determinados apenas por referência aos interesses em disputa).

Será que tudo não se resumiria, afinal, à manipulação pragmática dos materiais jurídicos: assim como os advogados de cada parte, mesmo juízes e doutrinadores apenas selecionariam partes de argumentos que favorecessem suas preferências e minimizariam, dentro desse acervo contraditório que é o direito, as posições "dissidentes" das suas? Como mostrar ou persuadir que apenas sua interpretação (e não a do oponente) faz jus aos compromissos valorativos da respectiva comunidade? Indicar a coerência desses

---

[87] Vale lembrar que Fuller (ver *supra*, 5.2) considerava o tratamento igual como uma demanda da moralidade externa do direito (um conteúdo contingente de dado sistema jurídico) e não da moralidade inerente ao direito (a moralidade que torna o direito possível).

compromissos depende de uma adesão à integridade como valor político ou apenas se trata de uma retórica pragmática, de mais um argumento persuasivo voltado a um auditório ideal ou empírico? Será que a construção de uma visão substantivamente coerente sobre o direito teria uma fundamentação metodológica independente (o valor da *integridade*), e não consistiria apenas na escolha prática por privilegiar (em nome de algum outro valor substantivo, como liberdade ou altruísmo) um dos lados polarizados quanto aos interesses e valores disputados na interpretação do direito? Mas, desse modo, a legitimação e a justificação das decisões jurídicas voltariam a ser parciais – contentando aqueles que concordem com os valores privilegiados contingentemente, em vez de sustentar a autoridade universalista embasada pelo apelo à *imparcialidade*, à coerência e à integridade (WALDRON, 2006b). Note-se, ainda, que o próprio princípio moral da integridade, como valor político, parece ter perdido centralidade ao longo da evolução da obra de Dworkin, deixando em aberto a exploração de conexões mais densas e conceituais entre a teoria do direito e a filosofia política (WALDRON, 2019).

Em contraste, o ponto mais importante da crítica de Unger à racionalização interpretativa do direito poderia ser assim formulado: a objetividade pretendida pelo método dos princípios e políticas é problemática não apenas por uma razão de linguagem e interpretação. O problema não se esgota na determinação ou *indeterminação interpretativa* radical do direito. A questão da objetividade no direito está na relação entre os planos da argumentação jurídica e das divisões procedimentais e orgânicas – o contexto institucional de tomada de decisões. A divisão do trabalho jurídico (constitucionalmente, a separação de Poderes) é interna à legitimidade decisória e aos estilos argumentativos que identificam e diferenciam direito e política. Dada a instabilidade do raciocínio guiado por valores, este de fato ameaça permanentemente escalar em uma visão de moralidade (em um plano de vida inteligível e racional para cada área da sociedade: a política, a economia etc.). A solução idealista é pressupor – ainda que como ideal regulativo e de forma tanto abstrata quanto fragmentária – uma unidade de valor ou um quadro ético que confira objetividade à escolha entre valores. Assim controlado o raciocínio, justifica-se que caiba dentro da autoridade e do conhecimento das cortes. É uma espécie de "razão prática" imparcial, discernível do livre conflito ideológico. Mas então o campo de trabalho da política se estreita – para prejuízo do *dissenso democrático* e por uma falsa pressuposição: da possibilidade de uma única hierarquia correta na valoração de valores e da univocidade da conformação de regimes de regras segundo as imagens ideais resultantes dessa valoração (se do juízo de valores resulta a "liberdade igual", é possível que o arranjo institucional que melhor a realize na política seja uma "república democrática" – mas então como organizar tal república? Qual democracia? Que regime eleitoral?). Esse é um nível de discussão que o direito pode confiscar à política? No Estado constitucional, a "valoração de valores" – *ideologia* – parece ter lugar próprio: os Poderes políticos. Poderia esse exercício ser tão apolítico a ponto de ajustar-se ao Judiciário? Evidentemente, o que está em jogo é a tese da *objetividade* do juízo moral, abraçada pelos interpretativistas. A outra face dessa tese, um tanto quanto problemática, é a visão (por vezes implícita) de que a deliberação política (dos legisladores) é em geral qualitativamente inferior à jurídica (dos juízes): enquanto parlamentos são dominados por interesses partidários, particularismos e *lobbies*, cortes teriam uma dignidade argumentativa superior, seriam fóruns para a discussão neutra dos princípios e da moralidade de uma comunidade política.[88]

Vale registrar aqui a crítica de Atienza (2013, cap. 9) às teorias da argumentação jurídica desenvolvidas desde os anos 1970 (ver *infra*, capítulo 9): por centrarem-se exclusivamente na fundamentação das decisões judiciais (particularmente de tribunais superiores), acabam desconsiderando as peculiaridades dos variados contextos em que se desenvolve o discurso jurídico: na atividade consultiva e preventiva dos advogados, nos procedimentos não jurisdicionais de solução de conflitos, no ambiente acadêmico e doutrinário e, não menos importante, na própria criação legislativa do direito, que processa o dissenso político mediante partidos e bancadas, procedimentos e comissões, deliberações e votos. Existe, portanto, uma *argumentação jurídica legislativa*, que não pode ser desprezada em nome de uma racionalidade neutra e contramajoritária atribuída como monopólio à deliberação judicial.

Chegamos então à discussão sobre a relação interna entre interpretação e instituições: a interpretação ocorre sob um *quadro institucional*, que por sua vez não é autoevidente, mas depende de interpretação. As instituições, de um lado, são objeto da interpretação jurídica, uma vez detalhadas em regras, justificadas por referência a princípios, políticas e propósitos e sistematizadas doutrinariamente. De outra parte, as controvérsias jurídicas dão-se sob uma moldura institucional: o direito pressuposto como válido e vigente, respeitante tanto à controvérsia de fundo sob juízo quanto às definições de competência do órgão julgador. É sob esse duplo constrangimento jurídico que as decisões são justificadas a partir de discursos de interpretação e argumentação. Em um nível básico, há a autorreferência entre normas bem delimitadas em suas hipóteses de aplicação e consequências devidas, lastreadas em formulações textuais de fontes autoritativas e interpretadas à luz de finalidades atribuídas. Quando este nível interpretativo é insuficiente, a interpretação escala aos argumentos de princípios, políticas e propósitos. O debate da teoria jurídica contemporânea tem como controvérsia central a medida em que esses argumentos possam ou não ser tidos como jurídicos (o que distingue os positivismos inclusivistas e exclusivistas) e possam ou não ser definitivos, constrangendo racionalmente a justificação decisória: para os interpretativistas (Dworkin à frente), é possível objetivamente atingir-se um equilíbrio reflexivo entre os valores em jogo; para os céticos (como autores dos *critical legal studies*), tal juízo valorativo não é um ponto de vista objetivo sobre a moralidade política de certa ordem jurídica, mas meramente uma escolha ideológica consciente ou inconsciente do intérprete-julgador.

Dito de outro modo, para os interpretativistas, no pano de fundo da interpretação jurídica, há uma teoria política que funciona como ideal do juízo moral. Ambicionando ao "objetivo utópico e sempre irrealizado – a unidade de valor de Platão" –, o filósofo político deve "encontrar o lugar de cada valor em uma teia de convicção maior e mutuamente sustentada que exponha conexões apoiadoras entre valores morais e políticos em geral e então os coloque no contexto ainda maior da ética" (DWORKIN, 2004, p. 23). Segundo tal concepção, o juiz não é um filósofo, mas seu raciocínio moral assemelha-se ao deste como um caso-limite. Já para um cético como Unger, as respostas

---

[88] Sob inspiração da crítica de Unger (ver WALDRON, 1998; 1999a, p. 8-10), Waldron (1999a; 1999b) procura dar um novo *status* de justificação à "dignidade" da legislação em contraponto à jurisprudência.

dadas segundo o direito, em uma controvérsia específica, são *politicamente contestáveis*, mas têm uma *determinação jurídica*. Porém, em lugar da unidade de valor dworkiniana, os críticos endossam um pluralismo axiológico (ver WALTON, 1999).

Contra a ideia kantiana de unidade do direito, os *critical legal studies* apresentaram uma tese que não se confunde com a degradação de valores qualitativamente diferentes a quantidades a serem submetidas ao escopo unitário de maximização da riqueza ou utilidade (análise econômica) nem com a resposta pluralista padrão, que vê a arbitrariedade das preferências políticas e intuições morais dos juízes (ou órgãos decisórios em geral) restringida apenas por fatores como socialização, contexto histórico, práticas interpretativas, procedimentos e organização institucional, exigências de coerência com a jurisprudência e com as convenções de sua comunidade. A posição crítica aceita o *pluralismo normativo*, mas dele extrai a concepção de que a racionalização do direito jamais elimina as *contradições* inerentes à personalidade, à sociedade e ao direito, no qual diferentes linhas de raciocínio permitem chegar a soluções opostas para o mesmo problema. Pretender buscar uma unidade racional do juízo jurídico – não contaminada pela história contingente, por conflitos (a "política" em um sentido amplo) – seria conferir ao direito uma falsa aparência de objetividade e necessidade. Daí a postura pluralista em termos de valores (WEINRIB, 1987, p. 477-478).

O outro lado da questão é como as disputas práticas realizam a valoração desses valores, mediada por interesses, e como essas disputas se cristalizam historicamente em instituições, representadas e formalizadas como direito positivo – vigente em dado momento, mas igualmente mutável por decisão. Uma das aplicações mais diretas da discussão sobre interpretação e instituições remete às teorias sobre o escopo do *controle judicial de constitucionalidade* e suas variáveis articulações com os Poderes políticos do Estado (como as variedades de controle "forte" ou "fraco"; ver *e.g.* WALDRON, 2006a). Para as teorias do *controle substancial* (o oposto do que Kelsen, por exemplo, propugnava), caberia aos juízes velar por uma conformidade de conteúdo entre a normatividade infraconstitucional e as normas constitucionais (para tanto serviriam a "interpretação conforme a constituição", a "declaração parcial de inconstitucionalidade sem redução de texto", sentenças "manipulativas", entre outras figuras processuais e hermenêuticas). Tais visões são afinadas a teorias idealistas de discurso (Habermas) e de princípios e moralidade política (Dworkin). Nessa linha, autores como Michelman (1988; ver, criticamente, VARGAS, 2005) consideram que a verdadeira *representação argumentativa* da nação estaria hoje nos tribunais, uma vez que a legislação é dominada por disputas partidárias e o povo constituinte não se mobiliza e se manifesta diretamente.

Já para *abordagens procedimentalistas* do controle judicial (ELY, 1980; ver, criticamente, PARKER, 1981), a este apenas caberia policiar as decisões políticas, garantindo que a deliberação parlamentar dê voz e voto a correntes majoritárias e minoritárias e considere equanimemente todos os interesses e pontos de vista no processo decisório. Princípios constitucionais dariam pouca margem para juízes constrangerem as opções políticas; afinal, como nota Ely (1980, p. 64), citando Unger, com o declínio do direito natural (com sua visão objetiva de uma ordenação racional do mundo social e natural), casos concretos revelam "uma mistura do geral inútil com o específico controverso". Sem poderem se referir à moralidade imanente como verdade revelada (direito natural), os juristas precisam apelar à opinião comum partilhada em diversos tempos e sociedades.

Mas, quanto mais concretos os argumentos, menos convincentes; quanto mais vagos, mais indeterminados e abertos a uma variedade de interpretações (UNGER, 1978 [1975], p. 93-99, 302-316). Há quem (WECHSLER, 1959) aposte, por outro lado, que o processo judicial é guiado por certos princípios (formais ou procedimentais) que transcendem as controvérsias substantivas, podendo garantir certa neutralidade na solução dos conflitos de valores.[89] No entanto, a própria moldura institucional da tomada de decisões – as delimitações sobre procedimento e organização, papéis e competências – é variável, abrindo-se assim à contestação.

Poderíamos então dizer que *"casos difíceis"* são aqueles que colocam em xeque a possibilidade de se decidir segundo o direito atual (válido e aplicável à questão) e dada a moldura jurídica que limita o julgador (suas definições de competência). A solução ideal, nesses casos, é mudar a *arena decisória*: passar da jurisdição à legislação, à definição de políticas públicas pela administração, à arbitragem, à mediação, ao contrato, à decisão gerencial – Fuller (2001) explorou os diferentes atributos da interpretação e decisão jurídica em cada uma dessas diversas formas jurídicas de "ordenação social" (ver *supra*, 5.4).

Pode ser o caso, porém, de que seja necessário não apenas mudar de arena decisória, mas realmente transformar a configuração das instituições sob interpretação (AMATO, 2021a): por exemplo, criar uma nova ordem jurídica ou uma nova estrutura contratual (não apenas um tipo contratual diferente, mas uma nova dinâmica de contratação – *e.g.* os contratos relacionais em relação aos contratos descontínuos); criar um novo tipo de procedimento judicial ou administrativo (*e.g.* de intervenção corretiva em políticas públicas, e não só de juízo de inconstitucionalidade daquelas políticas); criar um novo modelo de propriedade no âmbito produtivo...

O tipo de reflexão jurídica demandado para tal tarefa engaja-se em controvérsias normativas e empíricas – reclamando discussões filosóficas, históricas e sociológicas. Não sustenta a pretensão descritiva "arquimediana" de uma teoria geral do direito preocupada com as categorias de um conjunto ordenado de proposições normativas e que concebe a definição conceitual do direito como tarefa qualitativamente distinta das disputas práticas dos juristas sobre a definição do lícito e do ilícito em casos e problemáticas delimitados. Nesse sentido, a teoria do direito aproxima-se à doutrina. Não, porém, a um tipo de doutrina dogmática, preocupada em amparar decisões sobre o *direito atual* (*de lege lata*). Distando igualmente da concepção interpretativista da teoria do direito, tal visão teórico-jurídica percorreria uma linha cética quanto à univocidade dos arranjos jurídicos e de sua justificação, e desdobraria – para além da arena judicial estritamente – o perfil das regras que, em interação com propósitos, podem configurar diferentes regimes jurídicos. Aqui se busca sobretudo uma argumentação *doutrinária "antidogmática"* (*de lege ferenda*), no sentido de preocupar-se com a *reforma jurídica*. Tal reflexão antidogmática volta-se tanto para a contextualização histórica quanto para a *inovação institucional*, em vez de cingir-se à reprodução doutrinária preocupada com

---

[89] Ver a discussão *supra*, 5.5, sobre a escola do processo jurídico e a distinção entre aplicação discricionária e elaboração racional do direito. Entendimento semelhante sobre o papel das diferentes autoridades aplicadoras do direito na concretização do sentido normativo parece reger os dispositivos introduzidos pela Lei nº 13.655/2018 na Lei de Introdução às Normas do Direito Brasileiro (LINDB, Decreto-Lei nº 4.657/1942, artigos 20 a 30). Ver também a regulamentação da lei pelo Decreto nº 9.830/2019.

a sistematização de determinado direito positivo ou com a solução de casos concretos sob dada moldura jurídica contingente.[90]

8.4 Unger e as duas tarefas do pensamento jurídico

Se no "manifesto" dos Estudos Críticos do Direito Unger (2017b [1982], p. 118) pregava o "uso incongruente de papéis institucionais", recusando-se a aceitar "qualquer teoria geral dos papéis institucionais" (como a divisão de trabalho pregada pela escola do processo jurídico), em seus escritos jurídicos posteriores fica mais marcada a distinção entre duas perspectivas de análise do direito: aquela perspectiva profissional, de *interpretação sob os constrangimentos* dos papéis institucionais dados (*e.g.* de advogado e juiz) e do direito positivo, e a outra perspectiva, de "assessorar" a sociedade (UNGER, 2004 [1996], p. 138-141; UNGER, 2017c [2014], cap. 2) a vislumbrar seus futuros alternativos, propondo a organização de "pluralismos alternativos" (UNGER, 1999 [1998], p. 24-29) – *formas variadas do mercado, da democracia, da sociedade civil*, incluindo sistemas tributários, trabalhistas e previdenciários, órgãos e procedimentos da administração pública, Poderes e direitos constitucionais, arranjos de propriedade empresarial e financiamento produtivo, propriedade intelectual, tratados internacionais de comércio e tantas outras instituições acerca das quais Unger pontua *sugestões de reforma* ao longo de suas obras. Assim se testaria e experimentaria na prática a vantagem comparada de cada variedade dessas instituições, amainando-se a pressão pela cópia e convergência institucional e distendendo-se o repertório de arranjos funcionalmente equivalentes, mas com diferenças quanto à sua inclusividade, corrigibilidade, abertura e plasticidade.

8.4.1 Reforma do direito

Unger faz parte de uma geração que buscou repensar a forma e a função do estudo do direito, integrando-o às ciências sociais. De modo específico, Unger saiu de uma formação positivista, formalista e doutrinária nos moldes da educação jurídica tradicional no Brasil, de influência europeia, para o contexto do pensamento jurídico americano, um tanto quanto diferente e impactado ainda pelo realismo. A crítica usualmente dirigida aos *Critical Legal Studies* – de que subordinam o direito à política (*e.g.* FISS, 1986; CHRISTODOULIDIS, 1996) – não parece totalmente correta, ao menos a partir da clara distinção sugerida por Unger. Ao diferenciar a tarefa de *interpretação do direito posto* – protagonizada pelo Judiciário ou outros âmbitos de solução de controvérsias – daquela de *reforma do direito* (encaminhada pelos Poderes políticos), Unger propõe a ampliação do escopo da pesquisa em direito; poderíamos descrever esse lado programático da doutrina jurídica (*antidogmática*, como sugeri – AMATO, 2017b) como "política do direito" (em termos kelsenianos, por contraposição à "ciência do direito" positivo), como uma visão renovada de "ciência da legislação" (ampliada em relação ao escopo utilitarista de Bentham), ou, em termos sistêmicos (luhmannianos), como um discurso voltado à

---

[90] Para a proposta e justificação da ideia de uma "doutrina jurídica antidogmática", ver Amato (2017b), onde aprofundo uma leitura de Unger em paralelo com a teoria dos sistemas de Luhmann, defendendo então um modelo de teoria jurídica construtivista ou "sistêmico-institucional".

periferia do sistema jurídico (aos Poderes políticos e à ordenação privada), em vez de ao seu centro (judicial).

Desde *O Movimento de Estudos Críticos do Direito*, o pensamento jurídico aparece como arena relevante para se pensar a reorganização das instituições basilares da política democrática e da economia de mercado. Esse viria a se tornar o motivo central das reflexões de Unger também em sua teoria social, em seus escritos políticos "programáticos" e em seus escritos econômicos. Nessa medida, a influência de Unger se fará sentir em teorizações de ramos doutrinários como o direito internacional (ver *e.g.* KOSKENNIEMI, 2005 [1989]), o direito constitucional (ver *e.g.* AMATO, 2018a; ACKERMAN, 2000) e o direito privado (ver *e.g.* AMATO, 2022).

8.4.1.1 Doutrina desviacionista e o exemplo do direito contratual

A proposta teórica central do livro sobre os CLS é a *doutrina "estendida", "ampliada" ou "desviacionista"* (UNGER, 2017b [1982], esp. p. 112-120, 187-189). Tal modalidade de análise do direito tem o escopo de alargar a visão sobre as formas alternativas de organização da sociedade, particularmente em suas arenas políticas e econômicas. Seu método também difere da doutrina jurídica tradicional, despertando o discurso jurídico de seu sono dogmático na medida em que explora as *considerações empíricas* e refina a *argumentação normativa* – as duas fronteiras que a argumentação jurídica tradicional tangencia sem de fato pesquisar. Mas, com isso, a doutrina aproxima-se deliberadamente de um conflito aberto (e, nesse sentido, político-ideológico) sobre a organização social.

Unger (2017b [1982], p. 115-116) discerne *três níveis analíticos do direito*: regras e precedentes autoritativos; propósitos, políticas e princípios; concepções de associação humana possível e desejável para cada área do direito e, portanto, da sociedade. A idealização doutrinária usual consiste em restringir arbitrariamente tal visão de associação humana e, então, garantir a alocação da precedência de um ou outro princípio. O que a doutrina desviacionista pretende é manifestar as controvérsias, inclusive no plano dos princípios e contraprincípios e de visões concorrentes sobre a organização das diversas áreas. Para ela, o direito é um repositório de *soluções dominantes e desviantes*, e estas podem ser estendidas como pontos de partida para uma revisão de todo um campo jurídico e social.

Unger (2017b [1982], cap. 6) descreve e exemplifica a construção dessa doutrina por dois métodos. Um método seria o *"desenvolvimento interno"*: a partir do conflito entre as soluções institucionais dadas por um ramo do direito e os ideais nele cultivados – ou mais amplamente aceitos, inclusive para outras áreas da vida ou do direito –, busca-se revisar a forma de organização prescrita pela ordem jurídica. Ideais são revisados a partir de suas corporificações práticas e estas soluções jurídicas são corrigidas à luz de ideais atribuídos. Os pressupostos fáticos e normativos de uma solução jurídica dada são trazidos à luz e discutidos para criticá-la e substituí-la. Isso inclui explorar o conflito entre ideais concorrentes – princípios e contraprincípios com os quais pretende se comprometer determinado ramo do direito.

O outro método seria o *"discernimento visionário"*, que parte de exercício profético sobre uma forma de vida melhor – informado por um argumento normativo que pode ser externo à ordem jurídica na qual se está trabalhando – e busca então revisar a ordem jurídica e social vigente por passos sucessivos que a encaminhem naquela direção apontada. O exemplo dado é o quanto a discriminação racial está combinada com desigualdades de classe, e o quanto tal problema ultrapassa os limites da implementação judicial de reformas pautadas na concretização do princípio da igualdade.

Apenas razões mais ou menos arbitrárias de prudência e papéis institucionais podem limitar essa argumentação na sua direção de extrapolar o exercício jurídico de solução de conflitos e se encaminhar à proposição mais ampla e política de reformas. Os juízes, entretanto, podem desde já deixar de lado a idealização sistematizadora.

Não há uma linha clara que separe o argumento normativo no contexto profissional de aplicação do direito do argumento decididamente filosófico ou ideológico, de disputas abertas sobre concepções normativas. Juízes e outros profissionais poderão excepcionalmente ter que trabalhar nesta fronteira. Mas, em regra, não precisam perturbar o seu trabalho por tal prática mais ampla de argumento programático. Basta definir significados disputados de regras e doutrinas pela *atribuição de propósitos em contextos* (UNGER, 2017b [1982], p. 114-115). Apenas quando isso for insuficiente terão que escalar ao terceiro plano – aquele das concepções gerais de vida social –, mas aí não poderão mais apelar para uma autoridade inerente que os diferencie da disputa ideológica.

Não se pode querer substituir o encaminhamento político das mudanças sociais pela autoridade togada. Mas também a doutrina não deve se impor o fardo de ter que encontrar uma harmonia geral entre os ideais professados e as soluções que pretendem representá-los no direito positivo atual. Então, como já notado (*supra*, 8.4), a "recusa em santificar os arranjos existentes implica uma disposição em desafiar pelo uso incongruente de papéis institucionais" (UNGER, 2017b [1982], p. 118).

Uma ilustração interessante da aplicação da doutrina desviacionista a partir de seu desenvolvimento interno – das soluções dominantes e desviantes, dos *princípios e contraprincípios* internos ao próprio direito positivo – é dada pelo tratamento que Unger (2017b [1982], p. 155-189) confere ao *direito contratual*. É de se notar que o direito contratual moderno se afirma sobre a máxima da *obrigatoriedade das promessas*, não exigindo para a imponibilidade das obrigações a perfeita justiça e reciprocidade (sinalagmática) das prestações e contraprestações. Essa visão liberal clássica – que remonta às teorias do direito natural racional – foi sofrendo uma série de qualificações e exceções na medida em que foram se diferenciando as projeções da doutrina contratual: no direito do trabalho e de família, no direito societário e antitruste, no direito internacional. Especialmente na tradição anglófona, a presença de *obrigações fiduciárias* – por vezes tácitas ou pouco articuladas – passou a marcar diversos aspectos e institutos civis e comerciais, assim como os *contratos de longo prazo (relacionais)* não puderam ser explicados e interpretados à luz da exigência de uma articulação previamente formalizada de todas as cláusulas a regerem uma transação (sobre os autores e o escopo da teoria dos contratos relacionais, ver GORDON, 1985).

É a partir dessa constatação que Unger (2017b [1982], p. 155-189) propõe construir uma nova visão de unidade da doutrina contratual, que deixe de reconhecer esse tipo de relação jurídica (de longo prazo e fundada em alta confiança) como mera exceção ou qualificação excepcional ao modelo clássico do *contrato como promessa* (para uma defesa deste modelo, em diálogo explícito com Unger, ver FRIED, 1981; 2019). Exemplar do modo como os Estudos Críticos do Direito observavam a indeterminação jurídica é o estilo que Unger adota para desenvolver, internamente à doutrina contratual, sua argumentação: a determinados princípios correspondem *contraprincípios concorrentes*, e não há um critério racional juridicamente objetivo que determine a prevalência de um sobre o outro – o que passa a ser uma decisão política ou ideológica. Explicitando os ideais que animam determinado ramo do direito, detalhando suas regras e explorando os hiatos entre as regras e os princípios que deveriam justificá-las, e entre princípios e contraprincípios que deveriam compor uma mesma visão normativa coerente e racional de associação humana, a "doutrina desviacionista" conseguiria terminar por fornecer uma teoria mais ampla e coerente daquele setor do direito, e essa teoria serviria de base para a reformulação institucional e a *inovação jurídica*.

A primeira colisão apontada é aquela entre o *princípio da liberdade para contratar* e o *princípio da comunidade*. Princípios são entendidos como pressupostos de fundo das regras e *standards*; princípios colidentes divergem quanto à justificação de diferentes esquemas de associação humana, quanto à visão de como as pessoas devem se conectar na ordem social. No caso, temos de um lado a diretriz que enfatiza a liberdade para entrar em um contrato ou recusá-lo, o que sublinha a relatividade dos efeitos do contrato, o caráter voluntário e autointeressado das barganhas e a demarcação estrita de zonas de discricionariedade por direitos e deveres estipulados de antemão pelas partes da transação. De outro lado (por referência ao ideal de comunidade), há contratos que só podem ser interpretados dentro de uma ordem de reciprocidade e lealdade; nesses casos, entende-se que a liberdade para escolher o parceiro contratual não pode subverter a ordem comunitária. É o caso dos contratos compulsórios, da responsabilidade pré-contratual ou associada a papéis (por exemplo, à relação de confiança entre médico e paciente). É a compreensão de fundo que justifica apelos à confiança legítima ou a vedação do enriquecimento sem causa, com formas de responsabilidade civil não voluntária (objetiva ou culposa).

O *voluntarismo contratual*[91] é mais excepcionado ainda, em nome de uma definição fluída de direitos e deveres, em relações civis de família e amizade; por exemplo, com a distinção entre doações familiares e extrafamiliares, ou com a identificação dessas relações como "arranjos sociais", diferentes de meros contratos. Em muitos casos se entende que a declaração de não se vincular deve ser considerada, mas que, de todo modo, *expectativas legítimas* devem ser amparadas. Em muitos contextos, ainda, a confiança elevada e a continuidade das relações combinam-se ao exercício de poder – na família ou na empresa, por exemplo. Esses dados matizam o voluntarismo, o universalismo abstrato e a isonomia pregados pela ideia do contrato como promessa entre partes livres e iguais.

A segunda colisão importante se dá entre o princípio da *liberdade de contrato* e o contraprincípio da *equidade*. De um lado, temos a afirmação da liberdade para escolher

---

[91] Como descrevia Kennedy (1998 [1980]), o formalismo jurídico liberal estava todo centrado na ideia de vontade individual: obrigações e restrições impostas pela lei (vontade do soberano), acordo livre de vontade entre as partes de um contrato, vícios de consentimento nos negócios jurídicos, responsabilidade civil subjetiva (culpa e dolo), liberdade plena para usar e abusar das coisas sob sua propriedade etc.

os termos do acordo; de outro, a proibição de relações contratuais injustas, abusivas, desproporcionais. A doutrina equilibra-se para defender a preservação da voluntariedade (como atributo que distingue a contratação voluntária do mero exercício de poder ou coação), mas a correção equitativa jamais pode ser tão radical a ponto de redistribuir corretivamente as vantagens de poder e conhecimento que justificam a própria transação entre as partes. Para essa calibração são usados retoricamente *standards* de *boa-fé* e proteção contra cláusulas abusivas, exigindo ajustes *ad hoc*. Por exemplo, diz-se que o direito potestativo, ao ser exercido, não pode exceder os limites dos usos e costumes, da boa-fé e da ordem pública, necessários à paz social. Nos contratos em geral desenvolve-se a doutrina dos vícios de consentimento (e, no direito americano, a doutrina da coação econômica); nos contratos trabalhistas, a *hipossuficiência* do trabalhador no vínculo individual é compensada pela negociação coletiva, mediada por sindicatos; no direito societário, protegem-se os acionistas minoritários.

O principal é que as instituições da economia de mercado podem mudar de modo a, entre o voluntarismo estatal (lei) e o voluntarismo privado (contratos pontuais), dar centralidade a obrigações que surgem de relacionamentos de *dependência mútua* apenas incompletamente moldados por deveres formalizados pelo Estado ou pelas partes; aqui geralmente se combina a formalização parcial, de alguns direitos e deveres, com obrigações tácitas, emergentes do relacionamento continuado e das expectativas fundadas na *confiança* recíproca. Nesse sentido, marginal passa a ser a doutrina clássica, do contrato como promessa, fundada na primazia do autointeresse e na excepcionalidade da solidariedade. A visão do contrato como comunidade atesta uma combinação de egoísmo e altruísmo, como espectro entre os extremos de relações de puro afeto ou de mera mercadoria. Essa visão explica institutos com importantes componentes *fiduciários*, como as *joint ventures*, parcerias de escopo e duração limitados; e serve mais ainda para a interpretação de colaborações estreitas, de longo prazo, difíceis e com lucros incertos, como os investimentos de risco que caracterizam a economia digital.

O filósofo analítico jusnaturalista e professor de Oxford John Finnis (n. 1940), cuja obra é voltada a uma reapresentação contemporânea da hierarquia tomista das virtudes e dos bens humanos (ver *supra*, 1.1), criticou a análise ungeriana do contrato por seu contraste entre uma representação do contrato clássico como puramente assentado em valores instrumentais e na barganha egoísta, com restrições ao comportamento oportunista das partes, diametralmente oposta a uma visão (relacional e durkheimiana) do contrato como comunidade e solidariedade. Para Finnis (1985), todo o pensamento clássico a respeito dos contratos já os envolvia em princípios de justiça e equidade, entendendo que as partes já se encontram envoltas em um vínculo de *simpatia civil*. Afinal, Finnis (2011 [1980], p. 276-277) mesmo define o direito como

> regras feitas de acordo com regras jurídicas regulativas por uma autoridade determinada e efetiva (ela mesma identificada e, geralmente, constituída como instituição por regras jurídicas), para uma comunidade "completa", e reforçadas por sanções de acordo com estipulações regradas de instituições jurisdicionais, sendo esse conjunto de regras e instituições dirigido a resolver razoavelmente quaisquer dos problemas de coordenação da comunidade (e a ratificar, tolerar, regular ou superar soluções de coordenação dadas por quaisquer outras instituições ou fontes de normas) para o bem comum daquela comunidade, segundo a maneira e a forma elas mesmas adaptadas a tal bem comum por

atributos de especificidade, minimização da arbitrariedade e manutenção de uma qualidade de reciprocidade entre os sujeitos do direito, tanto entre si quanto em suas relações com as autoridades jurídicas.

Evidentemente, a crítica do neotomista John Finnis é dificilmente aceitável para um teórico romântico, modernista e pragmatista como Unger (ver AMATO, 2017b, cap. 3). O ponto de Unger é mostrar como o direito positivo não encampa apenas uma *visão de associação humana desejável* (as regras, princípios e doutrinas americanas não suportavam inequívoca e exclusivamente quaisquer das visões sobre o contrato) e, portanto, evidenciar como a moldura institucional detalhada e justificada pelo direito está aberta à alteração. Finnis, pelo contrário, quer determinar uma lista e uma hierarquia fechada das formas objetivas do *bem humano*, evidenciando requisitos de razoabilidade prática que a doutrina contratual desde sempre teria considerado. Para compreender tal desacordo, é importante nos remetermos às visões filosóficas por detrás dessa discussão jurídica do direito dos contratos.

Segundo interpreta Unger (1987a), para Tomás de Aquino, a realidade do direito é função da medida em que ele concretiza a justiça de um direito divino. Só é direito a ordenação segundo a natureza daquela ordem social, ou de determinado aspecto ou setor dessa ordem. O contexto deve ser considerado para a interpretação finalística das regras e a imersão delas nesse contexto institucional define seu alcance e sentido. A prudência dirige tal atividade interpretativa: não é lógica nem ciência, não é conhecimento empírico impessoal e objetivo contraposto ao jogo subjetivo de interesses e ideais (ideologia). Não há o sentido pós-kantiano de liberdade moral, mas sim a ideia de uma *ordem moral compartilhada*, de valores e opiniões comuns. Tal ordem se revela nas formas de organização da sociedade (por exemplo, nas formas de hierarquia e distinção social), mas não se esgota nesse dado "positivo": depende também da crença em uma fonte transcendente de tais preceitos de conduta – que não são arbitrariamente eleitos pelos homens, mas são os *fins que naturalmente dirigem a vontade humana*. Os homens os querem porque são verdades e valores corretos, e não o contrário (o critério da verdade não é a vontade das pessoas). Nesse raciocínio não há tampouco a distinção pós-kantiana, positivista, entre moral, direito e política.

Para Unger (1998 [1984]; 2020 [2007]), pelo contrário, a personalidade não deve se adequar a uma moralidade imanente às ordens e hierarquias sociais instituídas, mas sempre as extravasa, buscando flexibilizá-las e revisá-las. Em termos dos vínculos contratuais (ver UNGER, 2017c [2014], p. 72-75), os contratos relacionais é que impõem um padrão mais elevado de *confiança* nas trocas, ao contrário dos contratos pontuais clássicos, moldados para assegurar, em condições de baixa confiança, o cumprimento das promessas feitas em interações fugazes e pontuais entre estranhos, com alto risco, portanto, de *oportunismo*.

8.4.1.2 Imaginação institucional

Unger (2005 [2001], p. 54) definiu a *imaginação* como "a faculdade por meio da qual colocamos o real sob a luz do possível". Por sua vez, uma *instituição* é "um conjunto de regras e crenças que molda um conjunto de práticas" à luz da "concepção de como as pessoas, em determinado setor da vida social, podem e devem lidar umas com as outras" (UNGER, 2017a [2013], p. 238). Finalmente, o *direito* é "a forma institucional da vida de um povo vista em relação aos interesses e ideais que dão sentido a tal regime" (UNGER, 2017c [2014], p. 68).

A estrutura social é um complexo institucional e ideológico. Há uma subdeterminação funcional que permite a instituições diferentes cumprirem funções práticas equivalentes. As instituições podem ser vistas como complexos de regras, em sentido amplo. E cada instituição ou regime – o contrato, a propriedade, a constituição, a democracia representativa, a economia de mercado – pode ser juridicamente desenhada por meio de diferentes regras; essa diferença do desenho jurídico pode tornar uma instituição mais inclusiva ou mais corrigível e até criar novas formas de direitos, de contratos, de propriedade, alargando o espectro de regimes possíveis para organizar o mercado e a democracia.

Daí uma *"indeterminação institucional"* – diferente no escopo daquela "indeterminação interpretativa" teorizada por alguns céticos radicais (RODRIGUEZ, 2016). É claro que a visão das alternativas institucionais pode ter alguma relevância para a prática forense – inclusive para recomendar a autocontenção de juízes em relação a mudanças que precisam de encaminhamento político –, mas como vimos se trata tipicamente de papéis e propósitos diferentes, ainda que relativamente: ou de criação ou de interpretação do direito.

Como especificações do pensamento social ou sociológico, o direito e a economia política estariam especialmente capacitados para realizar a tarefa que Unger (1996; 2004 [1996], p. 36-40) designa como *imaginação institucional*. As diretrizes que ele antes definia sob o rótulo de "doutrina desviacionista" passam a ser descritas em *O direito e o futuro da democracia* (1996) como um método que opera em dois movimentos simultâneos: mapeamento e crítica (UNGER, 2004 [1996], p. 159-165). O *mapeamento* consiste no projeto de esquadrinhar no direito a "microestrutura" institucional da sociedade, referida aos ideais juridicamente justificados. É um raciocínio mais particularístico e analógico. A *crítica* é a argumentação sobre a distância entre essa regulação jurídica e os ideais que ela pretende concretizar ou que se possa atribuir a esse determinado setor do direito e da sociedade. O resultado pretendido é um descasamento entre determinada solução jurídica regrada e a ordem maior de valores e interesses na qual se insere – exatamente o oposto da racionalização proporcionada pelas teorias voltadas a uma normatividade fundada em papéis processuais, eficiência econômica ou princípios do justo e políticas de bem-estar. Enquanto estas buscam uma falsa coerência substantiva para a aplicação jurisdicional do direito, o mapeamento e a crítica voltam-se à distensão do repertório de formas jurídicas para além daquelas já desenvolvidas.

Esse método busca dar um seguimento à constatação das correntes sociológicas e realistas do direito: de que a *fruição efetiva dos direitos* individuais e coletivos depende de medidas práticas de política, procedimento e organização. Trata então de pesquisar os cursos alternativos de *desenho e implementação* desses instrumentos de um direito construído finalisticamente (UNGER, 2004 [1996], p. 41-45).

O direito traria um benefício e um custo como matéria e disciplina para realizar tal intento de imaginação institucional. A vantagem comparativa é que o *direito detalha a organização da sociedade,* a esquadrinha em suas especificidades e a refere a *interesses e valores* compartilhados. Nesse sentido, permite uma fuga aos vazios, abstrações e caricaturas de um livre debate ideológico (UNGER, 2004 [1996], p. 9-15, 141, 166-169). Por outro lado, essa ancoragem que o direito permite tem também seu custo: as opções institucionais disponíveis são aquelas traçadas nos materiais de *tradições jurídicas contingentes*; daí a importância de se trabalhar problemas específicos no direito comparado, ampliando o repertório dos repositórios de instituições decompostas e justificadas como direito.

Em suma, a proposta de Unger para os juristas é que se capacitem para refinar os argumentos contextuais e normativos do discurso jurídico, instrumentalizando-o a favor da mudança do direito. Em vez de idealizarem o direito existente, constrangidos por seus papéis institucionais de intérpretes do direito positivo, e então apenas proporem correções marginais a normas muito exorbitantes à luz de critérios finalísticos e valorativos atribuídos à própria ordem jurídica atual de forma implícita ou explícita, os juristas podem voltar-se à tarefa de informar a construção de novas soluções institucionais para problemas de organização social, econômica, política (e, por que não, também propriamente da organização jurídica e judicial).[92]

Na prática, essa tarefa pode ser desincumbida não apenas no papel (político) de um jurista a serviço do "estadismo", mas também em atividades consultivas, no desenho de projetos de lei, regulamentos ou códigos de conduta, na customização de formas de regulação, arranjos contratuais, societários e arbitrais, rotinas e procedimentos para políticas públicas e seu controle. Nesse sentido, não se trata de uma livre crítica social, nem de uma sociologia puramente descritiva e diagnóstica. Trata-se sim de um discurso jurídico voltado à inovação jurídica, à *reforma do direito* – uma "antidogmática", no sentido de fecundar o caráter prescritivo e orientador da *doutrina jurídica* com uma visão sociológica ou institucional, mas não se prender à interpretação *de lege lata* do direito atualmente vigente.

Quando optamos pelo curso de direito e ingressamos na graduação, chegamos a ter dúvidas sobre a utilidade das profissões jurídicas. Sabemos que engenheiros podem inovar em tecnologias disruptivas, com grande impacto social, ou ao menos trabalhar no dia a dia da implementação dessas tecnologias. Mas e o jurista? Encontramos uma resposta a partir da obra de Unger: o jurista pode ser responsável pela *inovação institucional*, ou ao menos por implementar no dia a dia as regras que estruturam os vários domínios da sociedade, ou seja, suas instituições: os regimes de propriedade, contrato e sociedade, os sistemas de governo, os direitos fundamentais, a organização federativa do Estado...

Os grandes pensadores das ciências sociais consideravam essas questões como cruciais para descrever e distinguir as formas de sociedade. As grandes ideologias políticas disputam justamente como organizar essas instituições. E o direito? Como uma ciência social "aplicada", o direito estabiliza as instituições existentes e trabalha na

---

[92] Em termos sistêmicos, poderíamos dizer (AMATO, 2017b) que o direito trata de formatar com seus meios (suas normas, programas, procedimentos e organizações) não apenas as instituições jurídicas (como tribunais, arbitragem, advocacia), mas também instituições dos sistemas econômico, político, educacional, científico, artístico, sanitário, familiar, religioso etc. É claro que essas instituições serão "traduzidas" juridicamente em termos de direitos e deveres, poderes e responsabilidades, por meio de programas como leis, contratos, regulamentos e sentenças.

disputa argumentativa para resolver os conflitos e controvérsias nos diversos campos da sociedade. Isso é boa parte do que juízes e advogados fazem rotineiramente.

Todavia, os vários ramos do direito – econômico e comercial, agrário e ambiental, tributário e financeiro, constitucional e administrativo etc. – são arenas de disputa pela construção das instituições econômicas, políticas e outras. A vantagem do direito está em que a legislação e a jurisprudência – do direito nacional e internacional, inclusive do direito comparado – fornecem um repertório detalhado de regras que criam os regimes institucionais. Ao mesmo tempo, a doutrina avalia e justifica as soluções que o direito adota para organizar o mercado, a democracia, a família. Os desafios de inovação institucional são permanentes e crescentes, espraiando-se por ramos emergentes como o direito da concorrência, o direito regulatório, a propriedade intelectual, o comércio internacional e o direito digital.

O jurista atua inovando a ordem jurídica, seja quanto assessora a economia – estruturando *ordens jurídicas privadas*, moldando processos arbitrais, desenhando transações –, seja quando trabalha na *reforma do direito estatal*; por exemplo, na assessoria do Legislativo e da administração pública, desenhando projetos de lei, marcos regulatórios, regulamentos e instrumentos de políticas públicas. Em vez de projetar utopias, o jurista pode trabalhar nos detalhes dos regimes de regras que modelam nossa vida em sociedade, mapeando alternativas, criticando-as a partir dos ideais da própria ordem jurídica e imaginando soluções que melhor concretizem essas finalidades e propósitos. Caberá à política discutir as soluções e colocá-las em teste para que a sociedade selecione os arranjos jurídicos mais capazes de satisfazer suas demandas. O experimentalismo democrático é, afinal, o eixo da visão social e política subjacente à teoria jurídica de Unger (ver *infra*, 10.7).

Com essa proposta, o autor resgata o pensamento jurídico de uma mutilação que ele sofreu ao longo do tempo. Jeremy Bentham, um dos fundadores do positivismo, era crítico das fórmulas jusnaturalistas abstratas usadas por seus mestres e contemporâneos. O que quer dizer "direitos do homem" ou "propriedade sagrada e inviolável"? Como traduzir esses rótulos em termos práticos? Bentham propunha estudar o dado positivo, empírico, do direito – os comandos normativos que compõem a ordem jurídica –, mas também cultivava uma *"ciência da legislação"*: uma teoria para avaliar e instruir o legislador em suas decisões (ver *supra*, 2.4). No caso, o grande critério pensado por Bentham foi a utilidade: calcular e comparar o custo e benefício das soluções alternativas, ou o grau de prazer que elas seriam capazes de promover, ou o tanto de sofrimento que cada solução poderia poupar. Discípulo de Bentham, John Austin (ao menos segundo a recepção hegemônica de suas lições) transformou o estudo positivista do direito em uma teoria "analítica", de decomposição dos atributos necessários do conceito de direito, como a norma e a sanção (ver *supra*, 2.5). Embora Austin tratasse também dos pressupostos políticos de sua teoria jurídica (uma teoria do direito estatal, que pressupõe, portanto, o conceito de soberania) e da finalidade a que deveria se dirigir o direito (o bem comum, definido pelo utilitarismo como guia de uma ciência da legislação), a parte mais influente de suas lições foi aquela que fez uma "redução analítica" do campo da teoria do direito, distinguindo-a e afastando-a da política do direito.

Na nossa formação sentimos o impacto dessa mutilação. Temos, de um lado, as *disciplinas ditas "zetéticas"* (Viehweg; ver FERRAZ JR., 2008 [1988], p. 21-28), "humanísticas" ou "formativas" – muitas vezes vistas como curiosidades, análises externas sobre o direito. Caso da economia política, da teoria do Estado, da ciência política, da teoria, sociologia, filosofia, história e antropologia do direito. No máximo, a teoria do direito é concebida como o repertório geral (analítico) de conceitos comuns aos vários ramos dogmáticos. De outro lado, temos as *disciplinas dogmáticas*, nas quais estudamos o direito atualmente vigente. Com isso, atados à leitura de códigos, jurisprudência e constituição, muitas vezes perdemos de vista os setores reais da sociedade a que os ramos do direito se referem – o processo judicial, as sociedades empresárias e cooperativas, o mercado de capitais, o mercado de trabalho, a inovação tecnológica (propriedade industrial) ou a proteção ambiental. A verdade é que pensar em termos de instituições centrais da sociedade nos ajuda a compreender os regimes, as doutrinas, as regras e princípios que organizam em dão sentido à multidão de normas que analisamos. O conhecimento econômico, político e sociológico nos ajuda a construir esse sentido e a pensar em como essas instituições podem ser transformadas – novas formas de proteger a privacidade de dados pessoais, promover empresas emergentes, proteger trabalhadores informais, defender populações vulneráveis, organizar as relações entre os Poderes e as unidades da Federação... Fugiríamos dessa forma à armadilha de reduzir a visão do direito possível às formas contingentes do direito atualmente vigente.

8.4.2 Interpretação do direito posto

A interpretação do direito voltada ao auditório judicial ou equivalente é posicionada por Unger como uma abordagem específica do direito. Os constrangimentos políticos e técnicos da aplicação do direito para a *solução de controvérsias* são diferentes da autoridade e amplitude demandadas pela reforma do direito, a qual se dirige prioritariamente às vias procedimentais políticas.[93]

Declaradamente na linha de autores classicamente identificados como "antiformalistas", como Jhering, Gény e Holmes, e sobretudo contra a racionalização idealizante do direito (exposta em diferentes vertentes, incluindo a escola do processo jurídico, as teorias de princípios e políticas e a análise econômica do direito), Unger (2004 [1996], p. 141-147; 2017c [2014], p. 53-58) defende uma prática de interpretação e argumentação baseada na *atribuição de propósitos* a textos normativos. Nessa prática, é importante a

---

[93] Pensemos em um exemplo: há regramento legal sobre as taxas de juros no Brasil. Entretanto, o Supremo Tribunal Federal estipulou por súmula (596) que as disposições da chamada "Lei de Usura" (Decreto nº 22.696/1933, revigorado em 1991) "não se aplicam às taxas de juros e aos outros encargos cobrados nas operações realizadas por instituições públicas ou privadas, que integram o Sistema Financeiro Nacional", regido pela Lei nº 4.595/1964. Já o Superior Tribunal de Justiça editou uma súmula (382) sobre contratos bancários, indicando que a estipulação de juros remuneratórios acima de 12% ao ano, "por si só, não indica abusividade". Para definir o conceito indeterminado de "abusividade", o STJ busca como referência as práticas do mercado financeiro, especialmente por remissão a sua taxa média constatada pelo Banco Central. Ora, o mercado bancário brasileiro é altamente concentrado, o que determina altas taxas de juros. O Judiciário, porém, não se atreve a determinar a reorganização de tal mercado, apenas endossando o que é definido dentro da organização econômica dada. Evidentemente, o conceito de "abusividade" definido aqui tem muito mais a ver com os limites (sociais, políticos) da heterorreferência do Judiciário a outros sistemas (como a economia) do que com a interpretação objetiva do que seria demandado pelo conceito de "abusividade", visto à sua melhor luz filosófico-moral (ver CAPANI; QUEIROZ, 2021). Nos Estados Unidos os limites da atuação jurisdicional foram bem experimentados durante o auge das "injunções estruturais", entre as décadas de 1950 e 70 (ver UNGER, 2004 [1996], p. 41-50; AMATO, 2018a, cap. 2).

deferência aos significados literais dos textos autoritativos, interpretados à luz das *expectativas compartilhadas* e *papéis* cultivados naquela área da sociedade que o direito visa regular. Há margem sim para um juízo finalístico – como afirmou a crítica realista ao formalismo –, mas se trata de um raciocínio mais *analógico e particularístico*, sem pretensões de universalização em direção a um sistema ou unidade fechada de propósitos, princípios e políticas.

Importante ainda (UNGER, 2004 [1996], p. 72-77) seria discernir, no histórico empírico do *processo legislativo*, aquelas leis ou dispositivos que foram resultantes de *pressões particularistas de grupos de interesse* ou de outras estratégias parciais para a obtenção de maiorias; uma vez sancionadas, essas normas mereceriam ter uma interpretação restritiva, havendo um papel argumentativo, por exemplo, para o princípio da igualdade perante a lei, o qual os juízes deveriam invocar para limar eventuais distorções arbitrárias que os Poderes políticos tenham entrincheirado na legislação. Esse discernimento, que mostra o quanto a disputa de interesses e o discurso sobre ideais combinam-se tanto na arena legislativa de criação política do direito quanto na arena judicial de aplicação técnica das normas positivadas, teria sido alcançado por juristas sem pretensões reformadoras, mas que utilmente elaboraram uma distinção útil entre *modalidades mais extensivas e restritivas de interpretação*, conforme a referência a dois tipos de direito.

> Eles traçaram uma distinção entre dois tipos de direito: o direito da busca de vantagens e o direito do interesse coletivo. (Em princípio, uma distinção semelhante poderia ser feita dentro do direito criado por juízes, embora a oportunidade para a busca de vantagens seja maior no processo legislativo.) Eles propuseram, com efeito, que a interpretação jurídica, incluindo a interpretação judicial, adotasse o método da preservação dos contratos para o primeiro tipo e o método das políticas públicas finalísticas para o segundo. Eles apresentaram listas de sinais práticos característicos pelos quais é possível discernir as duas variantes do direito: o quanto de detalhes particularísticos um corpo normativo possui; o quão ricos os registros legislativos se mostram na expressão clara de interesses e acordos de grupo; e, sobretudo, o quão prontamente podemos encontrar na lei indícios da busca de vantagens, tais como obstáculos à entrada no mercado. Eles sustentaram que a vantagem de reconhecer o processo legislativo de busca de vantagens pelo que ele realmente era residia na esperança de isolá-lo, impedindo sua extensão analógica e contendo seu avanço processual. (UNGER, 2004 [1996], p. 76-77)

Em seus primeiros livros, Unger (1979 [1976], p. 94; 1978 [1975], cap. 3) apresentou os *juízos finalísticos* como particularistas e instáveis, uma vez que o meio mais efetivo para um fim varia de situação a situação e os propósitos são complexos e móveis. Luhmann (2014 [1983], p. 285 e 384, nota 14; 1988, p. 24, nota 27) considerou a posição de Unger "muito controversa". Mas, afinal, concordava que a programação condicional das decisões (por regras) combina abertura e fechamento do direito, reduzindo a margem para considerações causais e prevenindo remissões a finalidades ou propósitos que tornem o sistema muito dependente de considerações ambientais e o desestabilizem. Desse debate, por outro lado, podemos extrapolar um problema concernente às teorias idealistas do direito, que buscam universalizar os juízos valorativos e finalísticos: expandir tais raciocínios para além do particularismo (o contexto do caso concreto), com a pretensão de tender a uma teia coerente de valores que confira objetividade a todo um "sistema" jurídico e, assim, ao juízo de aplicação de suas normas pode desestabilizar ainda mais intensamente o direito, a ponto violar abertamente o fechamento operativo do sistema jurídico – e, portanto, sua abertura cognitiva (ver AMATO, 2017b, cap. 5). Afinal, "as tentativas de reduzir nossas crenças morais a princípios abstratos e universais fracassam. Caracteristicamente, tais princípios levam a resultados paradoxais ou absurdos" (UNGER, 1978 [1975], p. 181).

> Uma vez que tal visão deflacionária da interpretação jurídica profissional fosse aceita, a interpretação do direito à luz de propósitos atribuídos e com a ajuda do raciocínio analógico poderia ser reconciliada com a deferência a significados evidentes e precedentes estabelecidos na grande maioria das situações. Apenas quando os interesses em jogo parecessem ser tanto contraditórios quanto de peso comparável é que os propósitos condutores da interpretação precisariam ser explicitados o melhor possível para serem sujeitos à crítica dentro e fora da comunidade de intérpretes profissionais. (UNGER, 2017c [2014], p. 55)

Daí que, para Unger (2004 [1996], 141-147; 2017c [2014], p. 53-58), o que não puder ser resolvido pelo teste "local" de propósitos atribuídos às regras, com a interpretação à luz de certa finalidade imputada e da comparação analógica, tenha duas saídas. Uma serve sobretudo à primeira instância judicial[94] e é outra modalidade de juízo particularístico: o *ajuste equitativo*, buscando uma justiça material no caso concreto, segundo as expectativas recíprocas e os papéis sociais em questão. Havendo grande hiato entre o direito positivo e o costume, há oportunidade para uma correção *ad hoc* daquele direito. Cresce o papel da equidade como correção ao legalismo.

A outra saída é aquela dos *casos realmente difíceis*, porque exigem romper os constrangimentos institucionais a que está submetido o aplicador do direito – os limites do direito vigente e de seu papel profissional. Trata-se, em geral, da jurisdição constitucional. Nesses casos, em vez de reformar o direito a pretexto de interpretá-lo, e assim sequestrar a legitimidade de sua criação democrática, cortes superiores e constitucionais teriam ocasiões excepcionais de praticar atos de *"estadismo judicial"*. Deslindariam de modo manifesto e direto questões controversas e cruciais às quais os Poderes políticos não estivessem dando resposta. Mas a hipótese estrita para essa intervenção judicial seria a presença de um obstáculo efetivo à fruição de direitos, resistência a que indivíduos ou grupos não conseguissem se sobrepor pelos mecanismos e recursos políticos e econômicos disponíveis. O mais apropriado, na verdade, seria que tais obstáculos fossem corrigidos pelo governo ou mesmo por um Poder ou agência especialmente capacitado a realizar intervenções estruturais localizadas (UNGER, 2004 [1996], p. 46-50; AMATO, 2018a, cap. 2), em organizações e procedimentos que estejam em clara contradição com as promessas e ideais constitucionais. Mas isso representaria decididamente uma inovação na organização do governo e do direito constitucional e administrativo; para analisar e propor esse tipo de mudança, seria preciso que o jurista passasse do papel profissional estrito de intérprete em um contexto de solução de disputas limitadas sobre fatos e direitos para aquele outro papel, voltado à "imaginação institucional".

---

[94] Sobre as variações na delimitação dos casos, no escopo decisório e, portanto, na interpretação do direito, entre as diferentes instâncias judiciais, ver Wapner (1987).

Como vimos até aqui, idealistas ou interpretativistas como Dworkin consideram arbitrário o juízo meramente pontual e particularístico sobre fins, valores e políticas, admitido na esfera de discricionariedade do julgador pelos realistas (e pelos positivistas analíticos pós-realistas, que se tornaram formalistas moderados, como Hart). Basicamente, a mera indicação *ad hoc* de fins, valores, interesses ou políticas daria vazão a decisões arbitrárias e possivelmente enviesadas a favor de grupos poderosos. A neutralidade garantida por certa objetividade na justificação, em contraste, serviria inclusive para a proteção judicial de grupos em desvantagem política. A objetividade e a neutralidade do juízo seriam produzidas pela responsabilidade institucional dos julgadores em construírem uma *narrativa consistente* sobre a evolução jurisprudencial e os princípios aceitos pela comunidade política e pressupostos por sua ordem jurídica.

Entretanto, os céticos, como os autores dos *critical legal studies*, consideram que arbitrário seria construir uma ampla justificativa moral para imputar uma coerência substantiva e uma unidade de valor ao direito; isto seria simplesmente autorizar os juízes a imporem sua ideologia (marcada por uma falsa auréola de neutralidade) acima das regras. Afinal, seria sempre possível mobilizar contraprincípios e construir narrativas igualmente consistentes, mas concorrentes e até mesmo opostas, sobre os vários campos do direito. A indeterminação apenas estaria reproduzida neste nível mais abstrato: de teorização sobre os princípios de justiça, de valoração dos valores.

Para os formalistas, o direito era representado como "um sistema indivisível, com substância jurídica inerente, não apenas um amálgama frouxo e contingente de compromissos, imposições e acidentes" (UNGER, 2017c [2014], p. 16). Entretanto, quando as ideias oitocentistas formalistas do legislador racional ou do sistema jurídico unitário, coerente e completo perderam plausibilidade, por que se tornaria plausível a narrativa contemporânea de que as controvérsias de interesses e ideologias que moldam a produção política do direito convertem-se retrospectivamente, para o intérprete-julgador, em uma teia coerente de valores de determinada comunidade política? O sistema de *razões formais* (completude de regras integradas em um ordenamento) ou de *razões substantivas* (uma unidade moral coerente) seria mesmo o antídoto definitivo do direito para prevenir que a discricionariedade e a indeterminação conduzam à arbitrariedade?

O que seria arbitrário, então, do ponto de vista da justificação decisória na solução de controvérsias? Reconhecer que os juízes fazem escolhas de valor que poderiam ser diferentes e levar a resultados opostos, ou interpretar a atividade judicial como voltada efetivamente à busca objetiva do sentido normativo unívoco ancorado da unidade de valor de uma teia jurídico-moral? O reconhecimento da indeterminação conduz à arbitrariedade e ao ativismo judicial? Mas e a visão interpretativista, não seria ela um discurso que, apresentando os juízes como árbitros morais não enviesados por *pressões corporativas* e *compromissos eleitorais*, os legitimaria para tomarem decisões coletivamente vinculantes e decidirem casos moralmente controversos – contra os Poderes democraticamente *eleitos* e *legitimados*? Será que, por fim, o reconhecimento de certo grau de discricionariedade na interpretação e argumentação jurídicas não recomendaria apenas justificações mais ancoradas em textos normativos e em analogias e juízos finalísticos de baixo grau de abstração e generalizabilidade – deixando para os Poderes políticos a definição ou alteração do quadro institucional e ideológico mais amplo (UNGER, 2004 [1996])?

Ora, a visão ungeriana sobre interpretação do direito acaba por reter certos elementos clássicos do *formalismo jurídico* – como a deferência a *significados literais ou comuns* dos textos normativos aplicáveis (a "vontade da lei") e a *pesquisa empírica da criação política* do direito (a "vontade do legislador"); rejeita, por outro lado, os postulados sistemáticos de *coerência e completude* do ordenamento. Da tradição antiformalista, Unger toma o reconhecimento do conteúdo de uma ordem jurídica não como um todo racional e unívoco em sua orientação moral, mas sim como resultante de *compromissos*, vitórias e derrotas contingentes de *ideais, interesses e correntes políticas* concorrentes. Daí que (em linha inclusive com a retomada dos estudos sobre tópica e retórica no direito; ver *infra*, capítulo 9) sugira juízos finalísticos e equitativos, contextuais e problemáticos, na aplicação do direito, rejeitando sua escalada em termos de *abstração e universalização* por remissão a uma única visão moral abrangente, coerente e sistemática (como sugerem vertentes pós-realistas; por exemplo, as teorias de princípios).

8.4.2.1 Uma comparação: Frederick Schauer, formalismo e positivismo presumidos

Unger (*supra*, 8.2 e 8.3) submeteu à crítica os pressupostos racionalistas da idealização interpretativa e do formalismo jurídico. Ao refutar o ceticismo radical da visão desconstrutivista da indeterminação interpretativa total, mobilizada por alguns companheiros dos *critical legal studies*, Unger (2004 [1996]; 2017c [2014]; 2017b [1982]) também rejeitou a "análise jurídica racionalizadora" de fins do século XX e o "formalismo doutrinário" típico da ciência jurídica do século XIX. Aquela "elaboração racional" contemporânea estaria baseada em uma *sistematização substantiva* de concepções morais e políticas abrangentes, mobilizadas como teias de apoio da objetividade nas escolhas entre interesses e ideais concorrentes que subjazem às normas e doutrinas jurídicas. Já o formalismo jurídico clássico mereceria ser rejeitado por sua visão sistemática de tipos sociais indivisíveis, com o pressuposto da univocidade no processo de concretização normativa – tradução desses tipos sociais em regimes institucionais fechados, detalhados por conjuntos exaustivos de *regras e conceitos com significado fixo*, aplicáveis de maneira totalmente determinada a casos concretos, a partir de uma operação interpretativa puramente técnica e apolítica, aproximada à lógica dedutiva.

O resultado da condenação dessas vertentes culminou em Unger na disjunção entre o que ele chamou de "duas vocações do pensamento jurídico" (UNGER, 2017c [2014], cap. 2). No exercício de sua "vocação maior", de imaginação institucional, cabe ao pensamento jurídico reconhecer o caráter não exaustivo e experimental dos repertórios institucionais traduzidos e detalhados juridicamente; há uma espécie de *indeterminação institucional*. Nem as estruturas sociais são repertórios fechados e indivisíveis de instituições, guiados por uma sucessão necessária de tipos históricos, nem cada instituição (como os regimes de propriedade e organização do poder) tem uma tradução unívoca em determinadas regras. Sempre há um excedente de interesses e ideais que permite a revisão e (auto)crítica das próprias instituições – que orienta, portanto, as propostas de *reforma jurídica*.

Já no exercício de sua "vocação menor", o pensamento jurídico volta-se à interpretação do direito na *solução de controvérsias*, com a aplicação autoritativa do corpo jurídico *vigente*. Aqui, não cabe exagerar a indeterminação do direito: não há uma incomunicabilidade radical da formulação linguística das normas, e o próprio conflito entre os propósitos subjacentes a tal superfície de padrões textualizados pode ser contido dentro de um *raciocínio de baixa abstração* – pelo *juízo particularista, analógico e finalístico*, constrangido pelo contexto do caso concreto e pelas expectativas associadas aos papéis sociais das partes do conflito.

Com tal distinção, o curto-circuito entre essas tarefas passa a ser visto como excepcional: é o "estadismo judicial" dos tribunais superiores, que deve intervir de maneira frontalmente política para deslindar crises institucionais não resolúveis pelos Poderes políticos. Na rotina judicial, manifesta-se na aplicação do direito a preferência por um raciocínio de menor abstração e maior particularidade – na atenção seja às regras formalizadas, seja aos propósitos subjacentes.

Ora, tal posição acaba por aproximar a visão ungeriana de interpretação jurídica daquilo que Frederick Schauer (n. 1946), americano professor da Universidade de Virgínia (e ex-professor de Harvard), chamou de *"formalismo presumido"*: a presunção a favor do resultado gerado pela interpretação literal da regra mais localmente aplicável, só derrotável quando normas menos localmente aplicáveis – incluindo o propósito subjacente à norma particular e normas tanto dentro quanto fora do domínio decisório em questão – oferecerem razões especialmente exigentes para que se evite o resultado gerado pela norma mais "próxima" (SCHAUER, 1988).

Como visto (*supra*, 2.6.2), durante boa parte da história americana o *ativismo judicial* esteve vinculado ao formalismo jurídico clássico, no plano da interpretação judicial, e ao conservadorismo libertário, no plano político-ideológico. A intersecção dessas semânticas era desenhada por uma concepção de prevalência incondicional dos direitos privados (como se fossem direitos naturais preexistentes e meramente positivados pelo Estado) sobre o direito público e a regulação estatal (observada pelos liberais-conservadores como artificial e opressiva). A "descoberta" da indeterminação do direito – do caráter não conclusivo do juízo baseado em regras e da necessidade de complementá-lo por escolhas éticas e políticas – levou os realistas a pregarem justamente a *autocontenção judicial*. O "Estado administrativo", afinal, implicava uma ampliação do Poder Executivo e da burocracia pública como aparelhos de promoção de políticas capazes de garantir a fruição efetiva da liberdade.

Hoje, contra a inflação e a sobrecarga judicial favorecidas por uma hermenêutica principiológica – que sustenta a objetividade de juízos baseados em princípios, desde que ancorados em uma ampla e coerente narrativa moral – um caminho vislumbrado é retomar o *formalismo em um sentido contemporâneo e mitigado*. Esvaziado ou depurado de suas premissas mais exigentes – sobre o caráter estritamente dedutivo da interpretação, a univocidade da tradução de conceitos abstratos em significado de normas mais detalhadas, o caráter sistemático dessas normas na constituição de um tipo social indivisível –, o "formalismo presumido" favoreceria um estilo interpretativo caracterizado pela autocontenção judicial e pela *deferência* às decisões políticas e técnicas do legislador e dos administradores públicos (sobre a deferência judicial à interpretação da lei por agências especializadas da burocracia pública, ver BAMZAI, 2017). Afinal, diz Schauer (1988, p. 541), "[é], por exemplo, uma posição plausível que o público, e não o departamento de filosofia da Universidade de Michigan, deva determinar as soluções morais envolvidas no governo dos Estados Unidos", o que vale "mesmo que o departamento de filosofia da Universidade de Michigan pudesse fazer melhores escolhas".

Sem abraçar incondicionalmente os vários postulados e pressupostos do formalismo jurídico clássico (como sua visão altamente racionalista e sistemática do direito, centrada ao redor da crença na fixidez de sentido das regras, na completude e coerência do direito positivo etc.), Frederick Schauer retém, entretanto, a importância linguística das *regras enquanto constrangimentos racionais à tomada de decisão* especificamente jurídica.

Essa redescrição contemporânea do formalismo jurídico parece imensamente influenciada pela posição moderada – entre os extremos do formalismo jurídico clássico e do ceticismo realista – apresentada por Hart (2007a [1961], cap. 7; 1977) e que discuti (*supra*, 4.3) a partir do *continuum* entre *universalismo* e *particularismo* como graus de abstração/generalidade ou concretude/individualização do raciocínio e da linguagem. Schauer não é um autor vinculado aos Estudos Críticos do Direito, mas justamente um seguidor e revisor do positivismo hartiano. Sua posição parece em grande medida afim à visão da interpretação do direito afirmada por Unger contra o formalismo jurídico clássico, a análise jurídica racionalizadora e a indeterminação radical.

Schauer (1988) nota que não é defensável o tipo de *inexorabilidade linguística* afirmado pelo ativismo judicial representado pelo caso Lochner (ver *supra*, 2.6.2) e identificado com o formalismo jurídico clássico. É verdade que há margem para escolha entre regras igualmente aplicáveis, que há alguma discricionariedade para decidir casos na zona de penumbra das regras e que os sistemas jurídicos costumam comportar rotas de fuga: um estoque de argumentos valorativos, finalísticos, principiológicos que matizam e podem mesmo evitar a aplicação da regra mais proximamente incidente sobre o caso. Por outro lado, é certo que a tomada de decisão de acordo com regras é um atributo distintivo da interpretação jurídica, e que essa *"regridade"* implica remover do alcance do tomador de decisão fatores que, se não fosse por essa filtragem (dada pela formulação linguística das regras), seriam considerados.

Mas por que, afinal, falar de um modelo de formalismo "presumido" (SCHAUER, 1988)? Este modelo aparece como uma combinação moderada e contextual entre dois extremos e pressupõe conceber as regras (mais proximamente aplicáveis) enquanto *generalizações entrincheiradas* – superáveis apenas excepcionalmente por outros fundamentos (tácitos ou mais remotos).

Um *particularismo* absoluto implicaria considerar cada caso em suas singularidades, buscando a justiça material, a resposta mais contextualmente adequada para aquelas pessoas e aquela situação concretamente consideradas, levando-se em conta todos os fatores para se produzir a melhor decisão possível no mérito. O preço cobrado seria certa invasão das esferas de poder e competência – da divisão de trabalho entre criação legislativa do direito e aplicação judicial, por exemplo – e certa inconsistência do direito, dada a impossibilidade de universalizar padrões de tratamento igual de casos suficientemente semelhantes.

Já um *formalismo* absoluto implicaria resumir toda e qualquer aplicação do direito à derivação a partir de regras, enquanto razões dotadas de autoridade (pois reconhecidas como derivadas das fontes institucionais do direito) e enquanto argumentos padronizados, que dispõem de certa rigidez acontextual: pela generalidade e abstração de sua formulação, as regras comportam uma linguagem que previne a contemplação de qualquer fato e princípio relevantes para uma aplicação particular da regra – só os fatos e valores mais imediatamente vinculados ao significado do enunciado normativo contam como justificação. Decisões exclusivamente baseadas em regras são o contrário de decisões perfeitamente sensíveis ao contexto, ao caso concreto e a suas particularidades. Em contrapartida, oferecem maior previsibilidade, controle público da fundamentação decisória, respeito a divisões de poder e tendência à justiça formal. Maior racionalidade e universalidade.

A ideia de um *formalismo presumido* parte da constatação de que é um juízo contextual e revisável quando adotar a posição formalista (universalista) e quando adotar o juízo particularista (SCHAUER, 1988). Um mesmo sistema jurídico tenderá a uma ou outra técnica em diferentes áreas e diferentes problemas. Como ilustra Clark (1977, p. 95-96), alguns setores e problemas são deixados à solução pelos tribunais, sendo programados meramente por políticas ou princípios abertos; os juízes então tenderão a decidir de modo a preservar ou aumentar o poder do Judiciário, ou em aderência a alguma outra concepção sobre o papel da jurisdição. Em outros casos, por exemplo no direito tributário, as regras podem ser bem estritas (no limite, "mecânicas", aplicáveis até por computadores ou robôs), seja para dar certeza aos contribuintes, seja para reduzir a discricionariedade judicial, ou mesmo a margem para a judicialização de disputas entre o fisco e os contribuintes.

Quando se adotam considerações valorativas ou finalísticas, modera-se o constrangimento linguístico de *padrões formalizados em regras*, pois os propósitos são inevitavelmente plásticos, flexíveis; não podem ser reduzidos a formulações canônicas, guardando uma sensibilidade *particularista e casuística*. Como se pode depreender dessa exposição, a ideia de dar um peso a princípio superior (ainda que reversível) aos padrões universais textualizados em fontes formais do direito – isto é, dar preferência aos resultados gerados pela aplicação da regra mais próxima e só excepcionalmente "derrotá-la" por referência a razões mais remotas ou indeterminadas (ver a discussão sobre derrotabilidade das regras, *infra*, 9.4.2) – implica não só um formalismo moderado, mas também a defesa do positivismo, no sentido de reconhecer que há fontes formais do direito, determinadas circularmente pelo reconhecimento de autoridades indicadas por essas mesmas fontes. As regras também são formalizações de valores subjacentes; temperá-las por apelo a outros valores ou finalidades exige superar uma presunção em favor da *programação decisória* (a imputação de determinada consequência normativa a determinada hipótese fática) *preestabelecida* (pelo legislador, pela administração pública, pelas partes privadas, pela jurisprudência), à qual o intérprete-aplicador deve deferência.

Esse entendimento não evoca apenas o sentido do formalismo jurídico, mas também do positivismo – da concepção segundo a qual a validade das normas jurídicas é questão independente daquela sobre o valor moral dessas mesmas normas. Ao menos alguns sistemas jurídicos poderiam funcionar em termos positivistas e formalistas, ao menos em muitos de seus setores e problemas. Trata-se de uma *variável* que depende de convenções de suas autoridades, de incentivos dados pelo desenho institucional (incluindo a hierarquia judicial e seus instrumentos processuais e recursais) e da cultura e educação jurídica.

Os conceitos de positivismo e formalismo "presumidos" (SCHAUER, 1988; 1991, p. 196-206) tratam de definições sociais, fundadas em fatos suscetíveis de serem descritos.

Não haveria conexão conceitual necessária entre direito e moral, a implicar a invalidação de normas postas pela autoridade uma vez que essas sejam avaliadas como injustas (posição jusnaturalista). Alguns sistemas jurídicos podem ser moralistas e teocráticos; outros podem ser seculares e separar o direito positivo dos preceitos morais; nesse caso, o direito injusto continua a ser direito. Regras são válidas por algum tipo de teste (a remissão à autoridade determinada por regras secundárias) diferente de sua avaliação moral, econômica, política ou religiosa.

Esse entendimento do positivismo o torna um análogo ao formalismo em certo sentido: sistemas de direito positivo pressupõem tipicamente tal diferenciação sistêmica (entre normas jurídicas e outras normas, entre juízos de validade e outros tipos de juízos de valor), assim como regras pressupõem tipicamente *universalizar razões decisórias* em detrimento de avaliações equitativas e particularistas de uma controvérsia concreta. O problema "micro" da interpretação do direito como uma interpretação regrada (formalismo) se vincula ao problema "macro" da delimitação do direito como um sistema com padrões decisórios próprios e distintivos, as regras válidas (positivismo).

No ataque de Dworkin ao positivismo (ver *supra*, capítulo 6), ambos os pontos foram atingidos: o direito não seria meramente um conjunto ordenado de regras (mas também de princípios e políticas), e tampouco as regras seriam determinantes absolutas de casos controversos – podendo ser, afinal, desconsideradas se repelidas por princípios de justiça, que, assim como as regras (e ao contrário das políticas), comportam direitos individualizados suportados pelo direito. Assim, até mesmo para um positivismo inclusivo (ver a discussão *supra*, 6.3, sobre a "tese da incorporação"), padrões meramente morais poderiam ser internalizados na decisão jurídica, sem a necessidade de estarem previamente regrados, e poderiam derrotar as regras aplicáveis. Essas diretrizes morais estariam integradas à ordem jurídica. Bastaria que fossem substancialmente coerentes com a moralidade articulada ou pressuposta pela superfície de padrões autoritativos de direito. Não dependeriam de um *pedigree*, de um prévio reconhecimento e validação por autoridades e fontes formais.

Uma resposta positivista exclusivista seria dizer que esses padrões morais, uma vez reconhecidos pela jurisprudência, tornam-se já igualmente jurídicos (ao menos para os casos posteriores ao precedente que os internalize). Porém, em favor de uma visão inclusivista, nota-se a existência de casos que evidenciam "que nenhuma resposta gerada pelo conjunto de normas positivamente válidas é imune à rejeição em favor de normas sem *pedigree*" (SCHAUER, 1991, p. 201), isto é, princípios morais e sociais que jamais haviam sido reconhecidos previamente como jurídicos. Teríamos nesses casos não uma rejeição conceitual do positivismo, mas uma negação de que os sistemas jurídicos respectivos (por exemplo, dos Estados Unidos) adotem um entendimento positivista estrito sobre as fontes do direito.

Entretanto, o atributo positivista da certeza e publicidade das regras volta-se a orientar o cidadão e a disciplinar o poder. Daí seu vínculo com o formalismo. Por isso, preferirmos *em regra* os *significados mais evidentes* e as *regras mais localmente aplicáveis*; esses significados e regras não são absolutamente preponderantes, mas carregam uma forte *presunção* a seu favor. Só excepcionalmente, não rotineiramente, podem ser *derrotados* por avaliações mais controversas e princípios subjacentes. "E se de fato há uma prioridade do resultado gerado por um conjunto limitado de regras válidas [suscetíveis a um teste de *pedigree*], o que emerge é um sistema que talvez possa ser mais bem descrito como de *positivismo presumido*" (SCHAUER, 1991, p. 203). Claro, a medida em que cada sistema jurídico existente resolva fazer prevalecer tal concepção é uma questão empírica. Mas sua justificativa está assim bem representada em oposição a sistemas jurídicos menos diferenciados, que se mostrem mais abertos a critérios morais de avaliação das regras e que favoreçam *juízos mais holísticos* dos casos controversos (com base inclusive em normas sociais, morais, religiosas etc.), em detrimento de *juízos filtrados por regras* previamente formalizadas e postas como distintivamente jurídicas.

Os modelos explicativos do formalismo e do positivismo presumidos envolvem o reconhecimento da *sub e sobreinclusividade* das regras (SCHAUER, 1991, p. 31-34; ver também STRUCHINER, 2010). Regras são generalizações não apenas no sentido de tipificarem condutas e se referirem a classes de pessoas, mas no sentido de servirem *em geral, em regra,* como boas razões para dar, ao evento previsto em sua hipótese fática, o tratamento previsto em seu consequente normativo. Aqui, as *regras prescritivas*, em suas *generalizações normativas* (de imputação de certas consequências a dados fatos e condutas), funcionam de forma homóloga às regras descritivas, com suas generalizações probabilísticas de causas e efeitos.

Assim, as regras são um instrumento valioso para sistemas jurídicos complexos. Elas são generalizações "entrincheiradas" (SCHAUER, 1991, cap. 3) – isto é, contam com uma forte presunção relativa a favor de sua aplicação e impõem maior ônus argumentativo a soluções que mobilizem razões contrárias, as quais devem ser especialmente "pesadas" para superarem ou ultrapassarem a força das regras.

Entretanto, dada a imprevisibilidade inerente à criação de regras (ao desenho legislativo, ao desenho de regulamentos e políticas públicas, ou mesmo à consolidação jurisprudencial), haverá sim casos que, embora se coloquem como instâncias concretas da hipótese de incidência genérica prevista em uma regra existente, não teriam como melhor solução aquela prevista na regra. Este é um problema de *sobreinclusão das regras*: elas servem como razões inclusive em situações nas quais não seriam o melhor parâmetro de avaliação do caso. Cabe aqui uma *interpretação restritiva*. Todavia, há casos que seriam bem resolvidos segundo a solução prevista em determinada regra, mas que não se enquadram em sua hipótese de incidência. Este é um problema de *subinclusão das regras*, demandando *interpretação extensiva*.

Exemplificando (SCHAUER, 1991, p. 32), tomemos três regras: "proibido dirigir acima de 120 Km/h", "é proibido aos menores de 18 anos consumir bebidas alcoólicas" e "proibida a entrada de cães". As generalizações probabilísticas por trás dessas regras aludem a suas justificativas: a garantia da segurança no trânsito, da saúde e integridade pessoal e da higiene e tranquilidade do ambiente, respectivamente. Entretanto, há carros e motoristas capazes de uma direção segura mesmo acima daquele limite de velocidade (o propósito da regra estaria assim preservado, para além de seu texto – a regra é *sobreinclusiva*); e, pelo contrário, um motorista desatento ou um carro sem freios podem ser perigosos mesmo que abaixo daquela velocidade (*subinclusividade* da regra – seu texto deixa de cobrir casos para os quais seu propósito é relevante). Da mesma forma, há menores de 18 anos que saberiam beber com responsabilidade (sobreinclusividade da regra) e maiores que são irresponsáveis (subinclusividade); há outros animais, não caninos, que podem ser perigosos, sujos ou barulhentos (subinclusividade) e há cães adestrados que não causariam esse tipo de perigo ou dano (sobreinclusividade).

A regra, por si só, é uma *razão para decidir* que em geral exclui a consideração de outras razões. No entanto, esse juízo acerca da sub ou sobreinclusão das regras implica indagar sobre a *razão subjacente à regra* (seu princípio, política, valor ou finalidade justificadora). Argumentar a partir dessa razão implicaria restringir a aplicação da regra, deixando de usá-la em casos nos quais à primeira vista ela incidiria, ou estender a aplicação da regra a casos que *a priori* ela não cobriria. Reconhecer tais situações não implica desconhecer a existência e a força limitadora das regras (enquanto formalizações linguísticas de normas) como parâmetros de julgamento, ainda que não absolutos e definitivos diante de outras avaliações (não regradas). Resolver recalibrar as generalizações contidas nas regras jurídicas a cada aplicação seria solapar o direito como um sistema (sobretudo) de regras e desfigurar a interpretação jurídica como um juízo distinto da avaliação puramente moral, econômica ou política. A discussão sobre a *derrotabilidade das regras* (*infra*, 9.4.2) é outra via para descrever a regridade como atributo do direito positivo, e dá novas cores à clássica distinção entre interpretação extensiva e restritiva (ver *supra*, 2.2).

Finalmente, frisa-se que a preferência por soluções pré-programadas (formalizadas e positivadas por autoridades) enquanto atributo que define o caráter regrado do discurso jurídico coloca-se em paralelo com nosso entendimento comum sobre a relação entre direito e força. Como observa Schauer (2022 [2015], cap. 1), as pessoas tendem a agir segundo seu melhor juízo do que é correto fazer, de como deveriam se conduzir. Pode ser uma avaliação informada ou errônea, altruísta ou egoísta. Mas, a não ser que haja razões suficientemente fortes para contrastar esse juízo, é assim que as pessoas agirão. O direito, entretanto, costuma contrastar com tais autoavaliações sobre o que fazer, substituindo julgamentos independentes feitos seja pelas autoridades (discricionariedade), seja pelos cidadãos (autonomia).

As regras jurídicas fornecem uma razão para agir desta ou daquela maneira, e sua internalização por si só precisa ter força o suficiente para mobilizar as pessoas a agirem conforme o direito, superando outras razões (morais, religiosas, econômicas, políticas, familiares etc.). Não importam os motivos psicológicos individuais para agir conforme o direito: as regras importam enquanto razões públicas para agir, para justificar a própria conduta e para avaliar comportamentos e decisões alheios. Contudo, se a mera *internalização* espontânea das regras jurídicas não constranger suficientemente as escolhas individuais, fazendo-as obedecer ao direito, então é preciso contar com uma razão adicional para orientar as expectativas: a *ameaça da coerção* – da imposição de uma *sanção*, mesmo contra a vontade do sujeito.

Em paralelo a esse *problema da obediência*, para alguém na posição de sujeito à ordem jurídica, existe o *problema da interpretação* pelas autoridades competentes para decidir casos segundo o direito. Em regra, entendemos que sua competência se restringe a aplicar padrões gerais previamente formulados, e não a lançar mão de juízos particularistas, para cada caso. Claro que pode ser necessário restringir, reformular ou mesmo, excepcionalmente, superar uma norma jurídica aplicável, já formalizada (ou formalizável) como regra condicional e já positivada previamente por alguma autoridade competente. Mas essa superação precisa ser excepcional; do contrário, não teríamos nunca regras a obedecer e a aplicar; a autoridade decidiria tudo segundo seu melhor juízo. As regras, em contraste, ofertam razões generalizadas e "entrincheiradas", reforçadas, que afastam outras razões evocáveis pela autoridade aplicadora do direito, a não ser que essas outras razões persuadam argumentativamente como suficientemente fortes para superarem a programação já preestabelecida.

Assim como, para Schauer (2022 [2015]), a *coerção* é atributo típico do direito (embora não necessário, presente em toda e qualquer norma ou ordenamento jurídico concebível; ver *supra*, 2.5), a *regridade*, também para Schauer (1991), é atributo típico da interpretação-aplicação do direito na sua concretização administrativa ou em procedimentos de solução de controvérsias. Em regra, o discurso jurídico é viabilizado e constrangido por regras. Esse atributo é mais ou menos pronunciado conforme o contexto institucional e a cultura jurídica em que se pratica concretamente o direito.

CAPÍTULO 9

RAZÃO PRÁTICA
E ARGUMENTAÇÃO JURÍDICA

> *Escrito, escrito, não está, mas qualquer pessoa tem de perceber que se trata de uma simples questão de hierarquia de valores e de senso comum (...).*
>
> (SARAMAGO, 2014a [2004], p. 633)

A *decisão* jurídica é determinada por uma série de fatores, sobretudo as configurações de poder e competência dos órgãos decisórios, a hierarquia, os papéis e os procedimentos que estruturam determinada *organização*: judicial, administrativa, legislativa, empresarial etc. No Estado de direito, porém, assume-se o pressuposto e a expectativa de que toda decisão, especialmente se tomada por órgãos públicos, seja *justificada* como aplicação, interpretação e execução de normas jurídicas previamente estabelecidas; afinal, o "princípio" da *legalidade* impõe que só se possa ser cobrado a fazer ou deixar de fazer algo em virtude da lei – perante a qual, acrescenta o princípio da *igualdade* (formal), todos são iguais. Mas então, como localizar mais precisamente qual o lugar e o papel das teorias da argumentação na prática da aplicação do direito? Como elas se relacionam com as fontes formais de direito?

> Se leis, precedentes ou a dogmática determinarem claramente uma decisão e não deixarem dúvidas sob o aspecto da correção, um caso é decidido unicamente pelos aspectos autoritativo e institucional. Se as leis, os precedentes ou a dogmática não determinarem a resposta a uma questão jurídica, casos difíceis estão caracterizados, e então é necessária uma avaliação adicional que não pode ser derivada apenas do material autoritativo dado. Se a reivindicação de correção for satisfeita, estas premissas adicionais precisam ser justificadas. Mas isso só pode ser conseguido na argumentação prática geral se a autoridade ou a instituição por si só não derem uma resposta suficiente. Dentro desse escopo, considerações de praticidade e pontos de vista sobre o que é bom para a comunidade têm seu legítimo lugar. Mas isso ainda não altera o fato de que a questão orientadora da tomada de decisões judiciais em seu escopo de abertura é uma questão de equilíbrio correto e distribuição correta. As questões relativas ao equilíbrio correto e à distribuição correta são questões de justiça. E as questões sobre justiça são questões morais. (ALEXY, 1999, p. 41)

O jurista finlandês Aulis Aarnio (n. 1937) posiciona similarmente a importância da razão prática no direito ao se referir ao conceito de "validade". Lembra ele que, para uma teoria positivista como a de Kelsen (que distingue a descrição do direito posto de sua avaliação moral), o que está em jogo é a validade interna do direito – a pertinência da norma à ordem, sistema ou ordenamento. A validade "externa" é remetida ao plano do dever-ser: quem quer conhecer o direito como uma hierarquia de normas deve pressupor a norma fundamental que, entre vários sistemas normativos possíveis (e possivelmente coexistentes na realidade), dá supremacia (no plano do dever ser) a certa ordem normativa com um mínimo de eficácia (requisito mínimo no plano do ser). Cada norma, para ser válida, também deve ser, ela mesma, minimamente eficaz.

Além desse raciocínio formal do positivismo analítico, porém, poderia ser questionada a justificação material de uma ordem jurídica – sua "validade" externa e axiológica (AARNIO, 1987, p. 33-38, 119-122; 2011, cap. 16). E tal justificação poderá influenciar o reconhecimento da validade (substantiva) das normas que formalmente pertençam a tal ordem. Esta problematização, no plano do *discurso moral*, sobre o que é *racionalmente aceitável e razoável* acaba assim por aplicar-se à avaliação das normas e razões jurídicas, à *justificação da melhor interpretação*. Uma definição da *argumentação jurídica*, portanto, é a especificação, para o direito, da forma geral do discurso prático, aquele discurso voltado a dirigir a deliberação e a avaliar criticamente as razões para agir e decidir, produzindo convencimento em dada audiência.

A *aceitabilidade racional de um argumento* desempenha, no discurso dogmático-jurídico, o mesmo papel que o ideal regulador de verdade desempenha na pesquisa científica empírica; como foge a um critério empírico de verdade/falsidade, o objetivo do discurso jurídico é maximizar a aceitabilidade racional, a partir da avaliação e ponderação de considerações normativas ancoradas no ideal de *certeza jurídica* (AARNIO, 1987, p. 227). As *instituições* são crenças compartilhadas que funcionam como razões para a ação em dada comunidade. Se as considerações normativas que o direito vincula a tais instituições estão encetadas em princípios, argumentos *prima facie* interpretativamente abertos e axiologicamente indeterminados, de imperfeita comensurabilidade em suas colisões, seria preciso não os tomar como intuições universalmente válidas (como na tradição jusnaturalista), mas sim racionalizá-los enquanto argumentos definitivos vistos do ponto de vista de uma totalidade coerente, "tudo considerado" em dado contexto (AARNIO, 2021).

Portanto, como poderíamos entender a relação entre interpretação e argumentação na aplicação do direito? A partir da interpretação dos textos autoritativos, o aplicador produz normas jurídicas – para justificar sua decisão, porém, pode ser necessário *argumentar sobre interpretações* (ou seja, normas, sentidos normativos) concorrentes. Teorias da interpretação e da argumentação jurídica desde fins do século XX recuperaram assim a importância de sistematizar métodos e critérios para a construção de um raciocínio juridicamente orientado, que não distorça o sentido de normas vagas ou ambíguas, elegendo arbitrariamente qualquer significado, nem simplesmente apele de maneira indiscriminada e desestruturada a *argumentos políticos, econômicos ou morais* no momento de aplicação do direito. Claro, pressupõe-se que esses argumentos sejam mais livremente considerados no momento de criação de uma norma (pelo constituinte, pelo legislador, pelo administrador, pela organização ou cidadão privado); no momento de aplicação-interpretação do direito (na arena judicial ou em outros procedimentos equivalentes de solução de disputas), tais considerações precisam ser *filtradas e estruturadas* – para que, afinal, o direito permaneça como uma estrutura de sentido capaz de impor-se mesmo diante de desilusões (isto é, de constatações empíricas de impunidade e violência generalizada, de violações recorrentes de direitos etc.). Caso contrário, tem-se um "consequencialismo", no sentido pejorativo de submeter as decisões jurídicas a consequências tidas como prováveis (por critérios técnicos, ou pior, por "achismo"), em detrimento de se decidir segundo o direito posto e as expectativas que ele assegura de antemão (legitimando-se, também, pela previsibilidade e segurança que engendra). Logo, a preocupação das teorias da argumentação é como *intermediar fatores extrajurídicos*, incluindo-os e estruturando-os enquanto considerações normativas, capazes de orientar e justificar decisões sobre e sob o direito positivo; o risco a ser minorado é o de se desconsiderar tal direito em favor de argumentos *ad hoc*. Este capítulo pretende fazer notar a importância da argumentação jurídica e de algumas das elaborações teóricas a respeito do assunto.

9.1 Lógica informal

Há o estudo lógico formal, que procura sistematizar em uma linguagem artificial as proposições; aplicado ao direito e às normas jurídicas, é chamado de *lógica deôntica* (voltada a formalizar enunciados sobre o proibido e o permitido), por oposição à lógica modal, que trata de formalizar enunciados sobre relações de possibilidade, necessidade e similares (ver VON WRIGHT, 1963; ALCHOURRÓN; BULYGIN, 1991; BULYGIN, 2018). O campo tem como alguns de seus expoentes o finlandês Georg von Wright (1916-2003), o ucraniano radicado na Argentina Eugenio Bulygin (1931-2021) e o argentino Carlos Eduardo Alchourrón (1931-1996); o brasileiro Newton da Costa (n. 1929) também propôs uma nova lógica ("paraconsistente"), com aplicações inclusive ao direito.

Como explica Perelman (1999 [1958], p. 93), a *lógica formal* dedica-se ao estudo dos meios de prova, dos enunciados passíveis de serem considerados verdadeiros ou falsos apenas pela forma de suas premissas e conclusão. Aristóteles é autor fundante desse campo, tendo indicado alguns de seus princípios fundamentais, como o princípio da identidade (A = A, B = B, sempre e em qualquer condição), o princípio da não contradição (duas afirmações contraditórias não podem ser verdadeiras ao mesmo tempo; por exemplo, ou A = B, ou A ≠ B) e o princípio do terceiro excluído (não há alternativa: ou um enunciado é verdadeiro, ou é falso).

Aristóteles também desenvolveu parâmetros formais sobre a validade das *inferências*. Por exemplo, tomemos um *silogismo* categórico. Como primeira proposição, premissa maior, temos uma afirmação como "todos os homens são mortais"; se adicionarmos ao raciocínio a premissa menor "Sócrates é homem", poderemos concluir que "Sócrates é mortal". "Homem" é o termo médio, aquele que media ambas as premissas, o extremo maior ("mortais") e o extremo menor ("Sócrates"). Independentemente de seu conteúdo, o silogismo conduzirá a uma conclusão verdadeira se: 1) a premissa maior contiver o termo extremo maior e o termo médio; 2) a premissa menor contiver o termo extremo menor e o termo médio; 3) a conclusão contiver os termos maior e menor, e jamais o termo médio (que só pode estar nas premissas). Esta é uma das formas válidas de silogismo.

Outro exemplo de silogismo: "Todos os cisnes não são negros. Alguns pássaros são cisnes." O que poderíamos concluir? Que "todos os pássaros não são negros"? Não! A conclusão verdadeira só pode ser: "alguns pássaros não são negros". Isso porque a conclusão do silogismo sempre segue a premissa negativa ou particular (nesse caso, "alguns") – mais uma regra *formal* para a construção de silogismos válidos, independentemente do conteúdo a que se referem as proposições.

Contudo, diz Perelman (1999 [1958], p. 101), como trabalhar logicamente com enunciados normativos, transformando-os em *proposições descritivas de normas*? O quinto mandamento – "não matarás" – é uma mera declaração sobre o que ocorrerá no futuro? Não, pelo contexto entendemos que não se trata de verbo conjugado no futuro do indicativo, mas sim de um imperativo. Para transformar tal mandamento em um *enunciado declarativo* (passível de ser considerado verdadeiro ou falso), poderíamos descrevê-lo como "Jeová prescreveu não matar", "matar é um pecado", "é imoral matar" etc. Para determinar qual dessas formulações constitui um valor possível das variáveis proposicionais, não basta a lógica formal.

Também a chamada *"petição de princípio"* – que ocorre quando a conclusão de algum modo repete o que já estava afirmado na premissa da qual partiu a argumentação – não é um erro de lógica (formal), mas de retórica. Consiste em usar um argumento voltado a convencer pessoas específicas pressupondo como incontroverso um enunciado ao qual tais pessoas não aderiram. O orador parte justamente daquilo que precisa esforçar-se por provar (PERELMAN; OLBRECHTS-TYTECA, 2005 [1958], p. 127). Já o *raciocínio tautológico* é aquele que nada acrescenta à própria definição convencional dos termos utilizados; tautologia consiste em afirmar como decorrência lógica um sentido que já está contido na própria palavra ou expressão, e não uma relação empírica de causa e efeito ou alguma outra novidade descoberta a partir de pesquisa e observação (PERELMAN; OLBRECHTS-TYTECA, 2005 [1958], p. 243-247).

Como a lógica formal aplica-se como condição de inteligibilidade e ferramenta de análise de qualquer discurso, mas é insuficiente para se compreender todo o uso da linguagem e do raciocínio, há também o estudo da *lógica informal*, que discerne uma série de argumentos típicos do discurso em linguagem comum. Não são recursos metodológicos cientificamente precisos, mas servem para mobilizar emoções e potencializar o convencimento na oratória forense (ver RODRÍGUEZ, V. G., 2005 [2002]; FERRAZ JR., 2008 [1988], p. 310-319). É o caso dos seguintes argumentos:

- *redução ao absurdo*: por exemplo, na interpretação literal – aqui a persuasão consiste em vincular a determinadas proposições consequências socialmente inaceitáveis;
- *argumento de autoridade*: reforço do argumento por apelo a sua autoria célebre ("jurisprudência pacífica dos tribunais superiores", "melhor doutrina" etc.) – o que é rejeitado no discurso estritamente científico;
- *argumento* a contrario sensu: trata-se de um raciocínio do mesmo estilo daquele analógico (a analogia implica dar maior peso à semelhança entre as situações comparadas; aqui, a ênfase recai sobre a dessemelhança, a diferença).

Exemplo: se legislador especificou certos casos, presume-se taxatividade; se deu tratamento especial a certa categoria, presume-se que as outras não o tenham; o que não está proibido é permitido – esse tipo de argumento é analiticamente falho, mas retoricamente persuasivo (não se pode inferir de uma conclusão verdadeira a verdade da premissa, pois aquela poderia derivar de outras premissas);

- *argumento* a posteriori: visa qualificar ou desqualificar os princípios em vista das suas consequências (*e.g.* implicações jurídicas e sociais); é o oposto do argumento *a priori*, que se concentra nos princípios e causas, e não em seus efeitos e consequências (*e.g.* privilegiar a legalidade estrita em detrimento de juízos de adequação social);
- *argumento exemplar*: parte de uma série de exemplos (*e.g.* julgados) para deles induzir um princípio geral (*e.g. ratio decidendi*);
- *argumento por hipótese*: partindo de pressupostos consensuais: *e.g.* mesmo que fosse legal, seria inconstitucional;
- *argumento* ad personam *ou* ad hominem: procura desqualificar o argumento por referência a seu autor (uma forma extrema é relacioná-lo ao nazismo, pelo argumento chamado *reductio ad Hitlerum*);[95] é o oposto do argumento *ad rem* ou *ad humanitatem*, que visa ao auditório universal (ver *infra*, 9.3), isto é, que pretende ser válido em si mesmo, independentemente do autor e do auditório;
- *argumento* a fortiori ("com muito mais razão"): relaciona hierarquias; *e.g.* quem pode o mais pode o menos; o acessório segue o principal; ninguém pode dar o que não tem; o que a lei não distingue o intérprete não deve distinguir; não deve ser proibido o menos a quem é lícito o mais.

Daí o papel dos *brocardos latinos*, expressões ou máximas contidas no *Digesto* de Justiniano e/ou consolidadas pela tradição jurídica que expressam distinções, raciocínios aproximativos e indicações valorativas: por exemplo, *neminem laedere* (a ninguém se deve lesar), *pacta sunt servanda* (obrigatoriedade dos contratos), *suum cuique tribuere* (dar a cada um o que lhe cabe), *honeste vivere* (viver honestamente), *dura lex, sed lex* (a lei é rigorosa,

---

[95] Ultrapassando as barreiras da ética argumentativa, o filósofo alemão Arthur Schopenhauer (1788-1860) catalogou sugestões de argumentos logicamente inconsistentes, mas persuasivos, que compõem a sua "dialética erística", a arte de mobilizar premissas apenas aparentemente prováveis para vencer debates de maneira "sofística": 1 – Generalize as afirmações do seu oponente; 2 – Homonímia: mude os significados das palavras-chave do oponente; 3 – Confunda a argumentação; 4 – Prepare o caminho, mas oculte a conclusão; 5 – Use as premissas do seu oponente contra ele; 6 – Mude as palavras do oponente para confundi-lo; 7 – Faça o oponente concordar de forma indireta; 8 – Desestabilize o oponente; 9 – Disfarce seu objetivo final; 10 – Use a psicologia da negação; 11 – Tome um conceito geral para o caso particular; 12 – Uso sutil dos vocábulos: renomeie as mesmas palavras; 13 – Apresente uma segunda opção inaceitável; 14 – Acue os tímidos; 15 – Utilize paradoxos para situações difíceis; 16 – Desqualifique o argumento do outro; 17 – Faça uso da dupla interpretação; 18 – Mude o curso; interrompa antes da perda certa; 19 – Desfoque; depois encontre uma brecha; 20 – Não arrisque num jogo ganho; 21 – Use as mesmas armas do oponente; 22 – Reduza a força do argumento principal; 23 – Provoque o oponente; 24 – Torne a alegação do outro inconsistente; 25 – Use a exceção para destruir a tese; 26 – Reforce um aspecto no oponente; depois destrua o seu valor; 27 – Deixe o seu oponente desequilibrado; 28 – Ganhe a simpatia da audiência e ridicularize o adversário; 29 – Não se importe em fugir do assunto se estiver a ponto de perder; 30 – Aposte em credenciais e acue a todos; 31 – Complique o discurso de seu oponente; 32 – "Cole" um sentido ruim na alegação do outro; 33 – Invalide a teoria pela prática; 34 – Encontre e explore o ponto fraco; 35 – Mostre ao seu oponente que está lutando contra os próprios interesses; 36 – Confunda e assuste o oponente com palavras complicadas; 37 – Destrua a tese boa pela prova frágil; 38 – Como último recurso, parta para o ataque pessoal (ver SCHOPENHAUER, 2014 [1864]).

mas é a lei), *cessante causa, tollitur effectus* (cessando a causa, tolhe-se o efeito), *in dubio pro reo* (na dúvida, beneficiar o réu) etc. Muitas dessas máximas são consideradas *"princípios gerais"* de direito ou de ramos específicos do direito (ver *supra*, 2.1 e 6.1).

Grice (1989, cap. 2) desenvolveu alguns parâmetros para a comunicação eficiente no âmbito de sua análise das "implicaturas" conversacionais:

- Categoria da quantidade: relacionada à *quantidade de informação* que deve ser fornecida numa mensagem. A ela correspondem duas máximas: A. Faça com que sua mensagem seja tão informativa quanto necessária para a conversação; B. Não dê mais informações que o necessário;
- Categoria da *qualidade*: relacionada inicialmente à supermáxima "Procure afirmar coisas verdadeiras" e, indiretamente, a duas máximas mais específicas: A. Não afirme o que você acredita ser falso; B. Não afirme algo para o qual você não possa fornecer *evidência* adequada;
- Categoria de relação: ligada à máxima *"Seja relevante"*.
- Categoria do modo: ligada à supermáxima *"Seja claro"* e a várias máximas, como: A. Evite obscuridade de expressão; B. Evite ambiguidade; C. Seja breve (evite prolixidade desnecessária); D. Seja ordenado.

Para ilustrar o jogo da argumentação jurídica, vale a pena remeter à leitura do didático *Caso dos exploradores de caverna* imaginado por Lon Fuller (2015 [1949]). Fuller apresenta um hipotético caso de assassinato que foi enquadrado na lei penal como *homicídio doloso*, por decisão da primeira instância judicial; em seguida, em grau recursal, um tribunal se reúne para decidir se mantém ou reforma a sentença. A argumentação produzida por cada julgador coloca em xeque os vários conceitos e distinções aprendidos na formação e prática jurídica. Como Weber desenvolveu a metodologia dos tipos ideais para descrever e interpretar as ações sociais e formas de dominação, e como Jung esquematizou os tipos de personalidade, Fuller apresenta nesse livro uma série de estilos encarnados pelos juízes imaginários: alguns jusnaturalistas, outros positivistas, uns formalistas, outros idealistas. Se Sherlock Holmes ilustrava a destreza intelectual na investigação dos fatos – empregando a indução, a dedução e a abdução –, os juízes de Fuller evidenciam a sutileza da *argumentação jurídica* na construção das *premissas normativa e fática* e na *subsunção dos fatos às normas* – o que está muito longe de ser uma simples operação "mecânica". Todos os julgadores, afinal, concordam sobre os fatos ocorridos e sobre o tipo normativo que incide sobre o caso, mas discordam sobre qual decisão tomar.

Diante de um *mesmo dispositivo legal* a ser aplicado – que no caso diz que "aquele que voluntariamente tirar a vida de outrem será punido pela morte" – há várias possibilidades de interpretação. Os diferentes estilos, métodos, técnicas ou ferramentas de interpretação podem, porém, levar a soluções conflitantes. Abre-se então um campo para se argumentar em favor de uma ou outra; cada distinção desenhada é uma escolha, e dentro de uma bifurcação há que se tomar um caminho em detrimento do outro. O encadeamento de uma série de conceitos, com a sucessiva escolha por prosseguir por um dos lados da distinção, vai revelando a construção comunicativa de uma complexa teia de possibilidades de sentido, alguns efetivamente escolhidos – a justificação que se vai adotar –, outros deixados como virtualidade, como alternativa preterida. Um juiz constata: "[n]ovamente nos encontramos frente a um caminho bifurcado, com uma linha de raciocínio nos levando em uma direção, enquanto outra nos leva a uma direção exatamente oposta", e logo mais descobre "que quase todas as considerações vinculadas à decisão do caso são contrabalanceadas por uma consideração oposta que nos encaminha para uma direção contrária"; outro juiz lembra que "[j]uízes e advogados competem entre si para ver quem descobre o maior número de dificuldades e distinções em um único conjunto de fatos" (FULLER, 2015 [1949], p. 42, 46, 62). Todos constroem *teses principais e subsidiárias*, fazem *hipóteses e conjecturas*, trazem *dados e teorias*. Independentemente de seus pensamentos e idiossincrasias, os juízes e advogados precisam construir um sentido universalizável: o que interessa é a comunicação, a justificação pública e racional. Entretanto, os discursos são permeados por contradições e falácias, ambiguidades e obscuridades. A abstração e a formalidade do processo "produzem" um conflito e suas provas nos limites jurídicos; uma "verdade processual", que aceita apenas certos *meios de prova*, segundo ritos e fases da ação.

A situação peculiar em que um grupo de homens veio a matar outro dá margem à mobilização do argumento clássico do "estado de necessidade": assim como não se pode responsabilizar quem pratica um ato, ainda que violento e fatal, para salvar-se de uma agressão atual ou iminente igualmente séria (*legítima defesa*), reconhece-se a exclusão da responsabilidade jurídica de "quem pratica o fato para salvar de perigo atual, que não provocou por sua vontade, nem podia de outro modo evitar, direito próprio ou alheio, cujo sacrifício, nas circunstâncias, não era razoável exigir-se" (definição do *estado de necessidade* na redação de nosso Código Penal, Decreto-Lei nº 2.848/1940).

Para além do fato de estar hoje positivado no direito brasileiro, o "estado de necessidade" é uma construção tradicional de todo o pensamento jurídico ocidental (ver ISRÄEL; GRYN, 2009 [2006]), levantando justamente o argumento jusnaturalista de que o senso de justiça nasce de situações concretas, prosaicas e comezinhas da experiência humana: em casos como estes, de necessidade, não seria razoável exigir o que se exige em regra – por exemplo, o respeito à vida ou à propriedade alheia.

Mas os juízes imaginários de Fuller debatem: afinal, o caso sob análise configura mesmo um "estado de necessidade"? O que o caracteriza: haver um perigo real à vida de quem o pratica. Mas gerações e gerações de juristas aprenderam que um dado importante é que, em tal situação, as pessoas se encontram privadas de sua vontade – daí não terem *"culpa"* e não poderem ser punidas. No caso sob julgamento, entretanto, houve um *acordo* para matar, o que pressupõe vontade, consciência e intenção.

Ao interpretar a regra clara que os juízes têm que aplicar – "aquele que voluntariamente tirar a vida de outrem será punido pela morte" – surgem conflitos entre a *"letra" e o "espírito" da lei*, entre as palavras e o propósito, entre a literalidade (que encaminharia para a condenação dos réus) e a finalidade, o contexto ou a consideração equitativa das circunstâncias: afinal, o direito não pode exigir o impossível; entre respeitar a lei e salvar sua própria vida, o primeiro termo da alternativa perderia. Surge também um conflito entre o que registram os debates parlamentares (a *interpretação histórica*) e o que sugere a consideração geral das leis penais vigentes (a *interpretação sistemática*).

Ainda é necessário passar da legislação para outras *fontes do direito*. O que é necessário para se formar uma jurisprudência? Uma decisão remota e isolada pode ser retomada como argumento vinculante? Ou perdeu validade, por um "desuso" jurisprudencial? E se ela for mais aplicável ao caso do que as sentenças posteriores, que deixam de considerar certas peculiaridades que aqui são relevantes? Claro, tudo isso pressupõe identificar o *precedente*, diferenciando os fundamentos determinantes da sentença (sua razão de decidir, *ratio decidendi*) dos argumentos que não foram necessários ou determinantes, mas meramente ditos de passagem (*obiter dicta*). E então entram em jogo as operações de distinção (*distinguishing*, justificativa para não aplicar um precedente, pois não cabe por analogia ao caso atual) e superação (*overruling*, justificativa para não aplicar o precedente pois foi superado por decisões posteriores ou deixou de ser consistente com o direito ou as expectativas gerais atuais).

Em tese, a decisão legislativa é tomada por razões diversas, mas o que interessa é o placar: atingir o quórum para aprovação da lei; já a decisão judicial extrai sua força da justificação estritamente conforme o direito. Entretanto, se em uma decisão colegiada juízes justificam seus votos por fundamentos contrastantes, qual é o fundamento comum, "sobreposto", que interseciona as diversas posições de cada juiz, podendo valer como a razão de decidir "da corte", vinculante para julgamentos futuros? Também nos tribunais o que interessa e vincula são os *votos* – o placar –, e não suas *razões*?

E a doutrina? A sabedoria jurídica convencional registrada nos livros técnicos e reproduzida no ensino jurídico é mera *fonte suplementar*? Mas, afinal, não é ela que arbitra o conflito entre outras fontes e acaba por ser a mais decisiva?

Pode ser posto em xeque o próprio dogma do *domínio territorial da validade e da vigência* pressuposta de uma ordem jurídica sobre todo o território de determinado Estado nacional. Onde os réus se encontravam, vigia o direito positivo estatal? Ou se poderia dizer que na circunstância em que se encontravam, eles criaram sua própria ordem jurídica? E mais: concedendo que há um *conflito de ordens jurídicas*, segundo qual delas devem os juízes julgar – evidentemente, segundo a ordem estatal, que os institui como autoridades competentes, não? Está em jogo a *inafastabilidade da jurisdição*: ninguém pode ser privado do acesso ao Judiciário. Monismo e pluralismo jurídico também passam de teses teóricas a disputa de concepções incidentes em um caso concreto.

Argumentos específicos de cada ramo do direito entram em cena. No caso do direito penal, é crucial estabelecer qual é a *função da pena*: dissuadir determinadas condutas, retribuir o mal com o mal ou reabilitar quem praticou o ato ilícito? Na prática, todas essas funções não se encontram misturadas? Como deixar de punir um grupo de pessoas que mate uma delas? Ainda que as circunstâncias fossem excepcionais, e então pouco incidissem as funções preventiva e ressocializadora da punição, ainda resta a função retributiva, não é?

Argumentos institucionais/organizacionais também são levantados, e são especialmente importantes para um positivista. Para este, o juiz é um aplicador do direito que deve decidir estritamente conforme a *tipificação legal* das condutas; e pode deixar de punir mesmo condutas *injustas* – são irrelevantes para o direito se não foram previamente regradas pelo legislador. Como lembram os *garantistas*, crucial é o princípio de que "não há crime sem lei anterior que o defina nem pena sem prévia cominação legal". Os juízes devem julgar segundo a lei vigente, obedecendo a supremacia parlamentar e a tripartição dos Poderes; ainda que tomem uma decisão injusta (mas legal, que é o que interessa), esta poderia ser corrigida pelo chefe de Estado, que tem o poder de perdoar ou comutar penas, o que é um dos "freios e contrapesos" de que o Executivo dispõe diante do Judiciário (no Brasil, inclusive, tal é uma competência constitucional, prevista no artigo 84, XII, da Constituição de 1988). Não podem, porém, os juízes orientarem ou pressuporem a clemência do governante sobre uma decisão que estritamente lhe compete...

Juízes são caracterizados pela *obrigação de decidirem quando provocados* – não importam as obscuridades ou incompletudes da legislação que têm que aplicar, nem as complexidades empíricas ou mesmo "políticas" do caso. Entretanto, também podem "decidir não decidir": conforme a definição das *agendas* de julgamento, conforme os *vícios processuais* que detectem antes de julgar o *mérito* do caso, se se declararem suspeitos para proferirem decisão naquele processo etc.

Por outro lado, está em jogo um crime doloso, cuja decisão é moldada não apenas pelo argumento técnico do juiz que aplica a lei, mas também pela intervenção do *júri*, que avalia segundo sentimentos e impressões. E ainda: devem os juízes buscar a melhor solução para o caso, como "o bom administrador, que navega entre procedimentos e princípios que o caso propicia, selecionando das formas disponíveis aquelas que são mais adequadas para alcançar o resultado apropriado" (FULLER, 2015 [1949], p. 63)? Ou o juiz não dispõe de tal discricionariedade para a escolha dos meios e a definição dos fins? E o que distingue o juiz do legislador? Deve o tribunal julgar segundo a *"vontade do legislador"* (segundo indícios de sua intenção registrados de alguma forma no debate público) ou segundo a *"vontade da lei"* (isto é, pelo sentido objetivo das palavras, independentemente de outros registros de debate parlamentar)? Fazer a justiça no caso concreto não é sobretudo uma obrigação de fim – para a qual a lei é um apenas um meio, do qual o juiz deve se servir, mas que pode corrigir, se os *resultados* de sua aplicação forem *injustos*?

O que deve prevalecer: as regras como razão de decidir, de criticar comportamentos desviantes e de orientar o público em geral, ou as razões que estão por trás das regras, e que são construídas pela argumentação das autoridades especializadas? As regras estipuladas e suas finalidades explícitas ou subjacentes são definições objetivas de *moralidade* ou mero resultado da vitória circunstancial de um grupo de *interesses*? Finalmente: por que não considerar diretamente o clamor da opinião pública pela condenação ou absolvição dos réus – afinal, se o legislador é mero intermediário do povo soberano, por que não o consultar diretamente? Como vemos, em um percurso labiríntico, os próprios argumentos institucionais remontam às controvérsias substantivas: por exemplo, ao conflito entre interpretação literal e interpretação histórica, entre interpretação histórica e interpretação sistemática etc. E tudo retorna ao início.

9.2 Theodor Viehweg e a tópica

Por meio da interpretação jurídica constrói-se o sentido de *textos normativos*. Mas, seja para defender uma das várias interpretações possíveis de normas igualmente incidentes sobre um caso (o problema do excesso de regras), seja para construir regras a partir de propósitos, princípios e políticas explícitas ou subjacentes ao direito positivo (o problema da falta de regras), é preciso passar ao plano da argumentação jurídica. Se não se trata mais de descrever regras de um ponto de vista externo, de segunda ordem (como pretendiam os positivistas), mas sim de orientar sua aplicação correta como razões, passamos ao âmbito da *razão prática*, do juízo orientado para a ação e decisão.

O estudo da argumentação jurídica implicou sobretudo recuperar as categorias aristotélicas da *tópica* (argumentação baseada em *topoi*, "lugares comuns"), da dialética e da retórica; o ponto em comum é a compreensão do discurso jurídico como sendo estruturado a partir de uma *lógica do provável*, e não da certeza. Vários autores destacaram-se nesse sentido desde a segunda metade do século XX; caso do já mencionado jurista alemão Theodor Viehweg (1907-1988).

Viehweg frisou o contraste da prática do direito na antiguidade com as pretensões nutridas pelo avanço das concepções modernas do positivismo e do formalismo jurídicos. O quadro seguinte esquematiza tal comparação.

Quadro 9.1 Comparação entre tipos de raciocínio: problemático *versus* sistemático

Tópica/problemática	Sistemática
Pensamento antigo	*Pensamento moderno*
Inclusão do problema em uma ordem dedutiva a ser determinada: como buscar as premissas (método fragmentário).	Sistematização e dedução: partir de premissas irrefutáveis (princípios).
Evita generalizações e definições. Pratica deduções de curto alcance e conclusões curtas.	Parte de grandes sistemas lógicos, com premissas estáveis, que permitam amplas conclusões em cadeia (*sorites*)
Lógica imperfeita. Razoabilidade e casuística. Qualificação das premissas: adequadas, defensáveis, aceitáveis, ainda defensáveis, admissíveis, inadequadas, pouco defensáveis – em vista do problema.	Lógica binária: verdadeiro ou falso.
Analogia: argumentos *a simili, a contrario* etc.	Comprovação lógico-formal
Prova do raciocínio: debate, dialética, disputa	Demonstração ou fundamentação de verdades (ideal de ciência moderna)

Fonte: elaborado pelo autor, com base em Viehweg (1979 [1953]).

Viehweg (1979 [1953]) buscou recuperar o modo de argumentação típico da prática jurisprudencial na antiguidade. O autor destacou como o raciocínio prático comum pode ser observado a partir de um catálogo de *"lugares-comuns"* argumentativos: o uso das ferramentas linguísticas de etimologia, sinonímia, homonímia, definição, gênero, espécie, diferença, distinção todo/parte, identificação da causa ou do fim e remissão a exemplos. Eis um repertório para a "invenção" de discursos. Ele seria observável no direito romano ainda preservado pelo *Digesto* (compilado no século VI d.C.): os fragmentos dos jurisconsultos clássicos aí reunidos mostram a colocação de problemas, a disputa entre soluções alternativas e a mobilização de argumentos e distinções de senso comum, mas desenvolvidas em grau virtuosístico pelo cultivo da prudência por parte dos homens sábios. Em contraponto, teríamos o raciocínio sistemático típico da modernidade. Nas condições contemporâneas, porém, diagnostica-se um retorno à "razão prática": volta a ser valorizado e praticado um raciocínio jurídico mais substantivo, capaz de avaliar mais abertamente o sentido das normas e situações interpretadas, o que confere atualidade às técnicas e práticas argumentativas clássicas.

9.3 Chaïm Perelman e a nova retórica

Outro autor com projeto intelectual semelhante, de resgate da filosofia clássica, foi o polonês Chaïm Perelman (1912-1984), professor em Bruxelas, Bélgica, que desenvolveu sua obra junto com a socióloga Lucie Olbrechts-Tyteca (1899-1987). Perelman foi responsável por recuperar e desenvolver o estudo da antiga noção (aristotélica) de *retórica* (termo que prefere ao similar "dialética", que sofreu sucessivas mutações na história da filosofia). É verdade que toda justificação se produz para convencer alguém, mas, ao contrário do foco da oratória na arte de expor e convencer oralmente, a "nova retórica" volta-se ao estudo da validade e persuasão racional de argumentos sobretudo e inclusive na forma escrita, que é central a nossa experiência jurídica contemporânea. Além do raciocínio analítico, voltado à demonstração lógico-formal de verdades necessárias a partir de premissas evidentes, das quais se deduzem conclusões verdadeiras, temos também a racionalidade da argumentação retórica, que parte de *enunciados prováveis* e busca atingir *conclusões verossímeis*.

O direito *não* é visto, assim, como *um sistema axiomático* do qual se deduzam soluções corretas, mas sim como uma prática argumentativa na qual se busca produzir um convencimento sobre a solução mais justa, equitativa, razoável, oportuna, a partir das possibilidades interpretativas de soluções concorrentes (plausíveis, verossímeis, prováveis) sustentadas pela aplicação dos materiais jurídicos autoritativos. Na retórica, o *desacordo não implica irracionalidade*.

Embora vários fatores possam, legítima ou ilegitimamente, conduzir a certo convencimento, o foco da retórica é a *linguagem*: importam as técnicas discursivas pelas quais se pode aumentar a adesão às teses defendidas. Em vez de demonstrar verdades a partir de evidências, a retórica volta-se a *persuadir* sobre argumentos e juízos valorativos, e tal persuasão dirige-se a determinado *auditório*, com cujas opiniões se busca um acordo. Tal adesão pode atingir empiricamente diferentes graus. "Mudando o auditório, a argumentação muda de aspecto e, se a meta a que ela visa é sempre a de agir eficazmente sobre os espíritos, para julgar-lhe o valor temos de levar em conta a qualidade dos espíritos que ela consegue convencer" (PERELMAN; OLBRECHTS-TYTECA, 2005 [1958], p. 8).

A persuasão dos argumentos depende da referência a um determinado público ou "auditório". Em termos teóricos, não se pode definir qual argumento convencerá um juiz ou júri em particular – as pessoas concretas que estão em determinado tempo e espaço, analisando determinado caso. O que se pode estipular como *parâmetro corretivo* são os argumentos que podem convencer uma autoridade decisória racional. Esta é definida como o *"auditório universal"*, uma espécie de público ideal, definido contrafaticamente por quem a ele se dirija, a partir de alguns atributos, como a inteligência, o cuidado na decomposição e avaliação crítica dos argumentos e contra-argumentos e a disposição em analisá-los de forma desinteressada (isto é, sem enviesamento por interesses e valores pessoais). A quem se dirige o discurso racional, portanto? A todo ser humano hoje vivente, independentemente de suas particularidades e idiossincrasias. Embora as pessoas concretas distem, individual e coletivamente, de tais padrões, cada auditório particular e concreto pode ser avaliado por referência a esses parâmetros e, nessa medida, a racionalidade do discurso prático ganha um paradigma objetivo de validação e valoração. É certo que uma audiência individualizada – certo público especializado, por exemplo – pode cumprir prerrequisitos importantes para a compreensão do discurso, mas ainda assim este será racional se buscar um *convencimento universalmente válido*. Elementos de persuasão não racionais, válidos apenas para aquela plateia ou para alguns de seus membros concretos, com seus interesses e valores particularistas, podem ser eficazes, mas não são valiosos do ponto de vista de uma argumentação objetiva e idealmente aceitável. Desse modo, a opinião prevalecente pode ser irracional e indefensável (PERELMAN; OLBRECHTS-TYTECA, 2005 [1958], p. 33-39, 112-118; ver também AARNIO, 1987, p. 221-225).

A *escolha das premissas* da argumentação e o desenvolvimento do *raciocínio* a partir delas dependem de um acordo ou comunhão com o auditório diante do qual se está argumentando. Afinal, se os ouvintes julgarem que as premissas são unilaterais ou enviesadas, ou que os raciocínios são falaciosos, o orador não conseguirá obter o convencimento racional, a credibilidade do auditório. Há premissas referentes ao *real* (fatos, verdades e presunções) e premissas sobre o *preferível* (valores, hierarquias, afirmações de superioridade e inferioridade qualitativa ou quantitativa). Essas premissas podem ser trabalhadas a partir de da alusão a dados e teorias, probabilidades e causalidades, finalidades e consequências, analogias e modelos, exemplos e conceituações, classificações, comparações e distinções, metáforas e outras figuras de linguagem.

Se vários argumentos distintos convergirem, independentemente, para uma mesma conclusão, claro que seu *peso* será reforçado; entretanto, a fraqueza ou dubiedade de um argumento pode contaminar mesmo o peso de outros argumentos que, por si só a princípio convincentes, sustentariam certa conclusão. A *ordem* e o *método* de exposição dos argumentos também fazem a diferença. Todo acordo é passível de ser desafiado por argumentos que controvertam o que foi afirmado. Será preciso, então, replicar, recobrando a *adesão do auditório* a seus enunciados. Assim como na ciência certas verdades são tidas como ponto de partida (geralmente) inquestionáveis – postulados, axiomas –, no direito certas discussões são fechadas em termos de "coisa julgada" e, assim, tornam-se imunizadas contra o desafio, tendo que ser assumidas como ponto de partida. Sobre a forma de conduzir a discussão, muitas vezes tem-se um *acordo ritual*: um apoio geral presumido a certo procedimento típico do auditório em questão – acadêmico, judicial, político etc.

9.4 Neil MacCormick: formalizando a razão prática

Em virtude de sua ampla interlocução com as diversas tendências teóricas explanadas ao longo deste livro, será explorada aqui com maior detalhe a teoria retórica de Neil MacCormick (1941-2009), professor de direito na Universidade de Edimburgo, na Escócia. MacCormick foi discípulo de Hart na Universidade de Oxford, mas progressivamente se aproximou do interpretativismo de Dworkin e das teorias da argumentação jurídica como aquelas desenvolvidas por Perelman e Alexy. Construiu uma *"teoria institucional do direito"*, a princípio próxima ao positivismo hartiano (MACCORMICK, 2006 [1978]), mas que afinal se autoapresentou como uma elaboração *"pós-positivista"* (MACCORMICK, 2008b [2005], p. 2). Interessa aqui apresentar alguns elementos gerais dessa teoria, mas sobretudo centrar-se em sua análise da retórica, da argumentação jurídica como um campo da *razão prática*, ou seja, do discurso voltado a justificar e criticar ações e decisões, a expor e deliberar sobre razões pelas quais se decide agir desta ou daquela maneira.

Sob o pressuposto comum de que agimos intencionalmente e refletimos sobre nossas ações e decisões, este campo geral da razão prática é compartilhado entre o direito e a moralidade – trata-se da argumentação e troca de razões sobre temas e problemas comuns, de autonomia e liberdade, direitos e deveres, virtudes e valores, justiça e reciprocidade. A moral diz respeito a demandas sobre as demais pessoas, tratando da concorrência entre motivos ou razões autointeressados (do deliberador) e motivos ou razões dirigidos ao bem dos outros (MACCORMICK, 2008c, p. 16). O direito, porém, se distingue como uma *"ordem institucional normativa"*.

Em contraste com "fatos brutos" (ANSCOMBE, 1958), puramente físicos, de apreensão sensorial autoevidente, *fatos e realidades institucionais* "dependem da interpretação de coisas, eventos e pedaços de comportamento por referência a algum quadro normativo" (MACCORMICK, 2007, p. 11). O filósofo da mente John Searle (n. 1932), a quem MacCormick (2007, p. 12; 2008b [2005], p. 87) recorre expressamente, considera que "fatos brutos" são aqueles cuja existência independe de instituições humanas, enquanto os "fatos institucionais" são aqueles que dependem do acordo humano, isto é, de *instituições e convenções* de conduta ou de discurso, carregando com isso uma intencionalidade das práticas sociais compartilhadas. Palavras ou símbolos como o dinheiro significam, representam, simbolizam algo além de si mesmos; as *instituições*, em sua constituição simbólica e/ou linguística, são os "blocos invisíveis" que constroem a realidade social, e por meio delas compartilhamos desejos, crenças e intenções, não redutíveis a estados de cada mente individual, mas que, institucionalizados, ganham com isso uma realidade social (SEARLE, 1995).

Voltando a MacCormick (2007) e a seu conceito do direito como uma "ordem normativa institucional": comunidades de práticas articulam normas implícitas ou explícitas, que podem ser conceitualizadas e disputadas em sua interpretação com base nas expectativas mútuas que o compartilhamento da prática gera. Daí resulta uma *ordem* que pode não apenas ser estudada externamente, como um padrão estatístico, mas pode ser entendida internamente, como uma referência a partir da qual os agentes orientam sua conduta, levando em conta sua opinião sobre o que os outros devem igualmente fazer. Afinal, a ideia de *"normativo"* é a ideia "de termos modos de diferenciar o certo do errado no que fazemos, de termos concepções comuns ou sobrepostas sobre o que alguém deve fazer em várias situações concorrentes" (MACCORMICK, 2007, p. 20).

Pessoas usam normas em suas interações. Uma ordem normativa, porém, pode ser meramente informal, resultante de convenções espontâneas cristalizadas pela reiteração das práticas. O direito se distingue (da moral, por exemplo) enquanto "ordem normativa *institucional*" por contar com autoridades que criam, interpretam e executam as normas, e por se valer de normas expressamente articuladas na forma de regras (formalizadas por tais autoridades, por sua vez detentoras de um poder autorizado por regras). Isso é verdade para o direito estatal (institucionalizado territorialmente), mas também para outros tipos de *ordem jurídica*.

Quanto às *regras*, no sentido normativo (e não meramente como regularidades), trata-se de formulações que têm a *forma hipotética* básica: ocorrido um fato operativo, imputa-se uma consequência normativa (MACCORMICK, 2007, p. 21-26). Para MacCormick (2007, p. 26-28), porém, as "[r]egras podem ter variável força prática, já que podem ser tratadas como sendo regras de aplicação absoluta, regras de aplicação estrita ou regras de aplicação discricionária". Dentro desse espectro, o grau de discricionariedade aberto por cada regra é definido não por seu conteúdo, mas pelo que consta da regra que autoriza a autoridade decisória. Se esta está constrangida a aplicar as regras toda vez que constatados os fatos operativos previstos em suas hipóteses de incidência, trata-se de regras de *aplicação absoluta*; aquelas de *aplicação estrita* dão margem a uma discricionariedade limitada em casos excepcionais. Em ambos os casos, as regras funcionam como "razões exclusionárias" de outras considerações (RAZ, 1999 [1975]) ou como "generalizações entrincheiradas" (SCHAUER, 1991, cap. 3). No caso de regras de *aplicação discricionária*, não, pois aí a autoridade está habilitada para tomar outras considerações relevantes, além do previsto na regra, para a decisão do caso.

Na falta de regras propriamente ditas, ou quando estas incorporam *conceitos indeterminados*, espera-se do julgador que tome a melhor decisão, atingindo o balanceamento ou sopesamento entre valores, princípios e interesses concorrentes. Quando uma norma não define suas condições específicas de aplicação, ela pode ser desconsiderada se o julgador dispõe de regras de aplicação absoluta; pode ser evocada para a melhor interpretação em casos problemáticos em que incidam regras de aplicação estrita; e são essas normas indeterminadas o único guia de que se dispõe na ausência de regras (para preencher lacunas) ou para dar a interpretação correta (a mais justificada) de uma regra de aplicação discricionária. O mesmo ocorre quando uma regra incorpora referência a *standards*, a padrões de conduta que definem as expectativas (os direitos e deveres, as responsabilidades ou os poderes) que podem ser tidas como razoáveis ou aceitáveis em um contexto específico (por exemplo, em relações de consumo, ou em relações empresariais, ou em relações civis) (MACCORMICK, 2007, p. 28-31).

Se em sentido amplo qualquer uso ou apreensão de sentido (ainda que intuitiva e imediata) de uma norma jurídica é uma intepretação do direito, em um sentido estrito a *interpretação do direito* ocorre em uma situação de incerteza e conflito (MACCORMICK, 2008b [2005], cap. 7; ver também *supra*, 4.3); portanto, dentro de procedimentos e organizações voltados à *solução de controvérsias* – os conflitos são traduzidos juridicamente enquanto disputas sobre o sentido e o significado do direito. Sob regras que institucionalizam as disputas, definindo as autoridades competentes e formalidades devidas, ocorre a *dinâmica adversarial do processo judicial* (e de seus análogos, como em tribunais administrativos ou arbitrais), com certas *garantias* (devido processo legal, contraditório, ampla defesa, paridade de armas) para que as partes apresentem suas interpretações das normas e dos fatos, argumentem sobre possibilidades interpretativas e defendam qual delas deve prevalecer. O julgador é um terceiro imparcial que deve argumentar sobre as intepretações e argumentações trazidas pelas partes e seus defensores, julgando com base nos fatos comprovados e determinando o direito no caso, construindo então a *motivação* de seu voto ou sentença.

Portanto, o exercício da razão prática, da arte de dar razões para a ação, coloca-se no direito dentro de uma dinâmica de justificação das decisões de autoridades; direitos, deveres, poderes e responsabilidades são reconhecidos dentro dessa "pragmática" da decisão judicial (MACCORMICK, 2008b [2005], p. 67-69), um contexto com suas peculiaridades em relação à criação política do direito (pelo Legislativo, influenciado por grupos de pressão e interesse), à sua concretização e execução administrativa (pelo Executivo) ou à criação privada de obrigações e situações jurídicas, nos moldes e limites da autonomia permitidos por aquela ordem jurídica. Em cada arena a complexidade (excedente de sentido) é reduzida e estruturada; com isso, paradoxalmente, é ampliada a complexidade disponível.[96] Assim, para MacCormick (2008b [2005], p. 36), a indeterminação do direito não é apenas um produto da *linguagem natural* em que são formuladas as regras (com sua *vagueza e ambiguidade*) – como definia Hart (ver *supra*, 4.3) –, mas também da dinâmica dialética dos processos jurídicos (judiciais ou equivalentes) de solução de controvérsias, com suas garantias de *contraditório e ampla defesa*.

MacCormick (2008b [2005], cap. 2) observa como o caráter argumentativo do direito – o fato de estar sujeito a desacordos, diferentes opiniões e pontos de vista – parece colocar em xeque a pretensão do "império do direito" ou *Estado de direito (rule of law)*. Segundo este ideal (ver *supra*, 2.1), o direito deveria estar estruturado a ponto de fornecer alto grau de certeza, segurança, previsibilidade e determinabilidade dos direitos e obrigações, poderes e responsabilidades. O direito marcaria linhas claras entre o arbítrio (principalmente estatal) e o poder, entre o direito e a falta de amparo jurídico a uma pretensão. Com isso, garantiria bens e valores importantes – não apenas o mínimo de certeza que viabiliza as transações econômicas, mas também a autonomia, a responsabilidade e a liberdade individual.

Uma forma de descrever tal ideário seria remeter aos parâmetros da *moralidade ínsita à legalidade* elencados por Fuller (ver *supra*, 5.2) – como a constância das leis, sua clareza, a não contrariedade entre prescrições, a publicidade das normas, a prospectividade (não retroatividade) de qualquer direito, dever, poder ou responsabilidade que fosse criado pela ordem jurídica. Fuller pregava uma prática interpretativa de "fidelidade ao direito".

MacCormick (2008b [2005], p. 32-33) destaca que o ideal do Estado de direito implica a aceitação geral da legitimidade da exigência de que o Estado apenas aja quando autorizado por "disposições explícitas que usem termos específicos e que estipulem claramente as circunstâncias específicas que precisam estar reunidas para determinar, permitir ou autorizar a tomada de decisões que afetem os outros cidadãos". Aquele ideal também implica que, mesmo quando se reconhece certa *discricionariedade* decisória da autoridade, esta deve vir balizada por certos limites e controles. Esse ideal, é claro, pode ser estendido para ordens jurídicas não vinculadas ao Estado nacional.

Assim, MacCormick (2008b [2005]), constatando que o direito é uma prática não resumível à lógica formal, mas sim uma prática que se constrói a partir de *premissas controversas*, com espaço para *incertezas probatórias* e diferenças de *avaliação normativa*,

---

[96] Similarmente, Luhmann (1995; 2004 [1993], p. 297) – a cujo conceito de complexidade MacCormick (2007, p. 24; 2008b [2005], p. 132, 360) faz referência – aponta que a interpretação judicial é diferente da interpretação do direito pelo parlamento ou por partes privadas, pois as cortes observam decisões anteriores (tomadas pelos Poderes de Estado e pelas partes privadas), argumentam sobre as interpretações disputadas (apresentadas pelas partes da controvérsia judicial) e têm um dever de justificação decisória centrada na exposição e no debate de razões; os tribunais, assim, desempenham um papel de controle de consistência do direito. A sentença busca expor razões para controlar tal consistência do direito, e não apenas sua adequação econômica, política etc. – preocupação primária dos programas decisórios da periferia do sistema jurídico (leis, regulamentos, contratos).

e que se realiza por meio de um discurso meramente *persuasivo* (e não demonstrativo), procura entretanto mostrar como elementos formais compõem o raciocínio jurídico ao lado de avaliações sobre a moralidade, razoabilidade ou as consequências de uma ação ou decisão, e como mesmo essas avaliações substantivas não conduzem a uma total indeterminação do argumento jurídico (ver *supra*, 8.2), como se este fosse amorfo e albergasse a afirmação de qualquer poder arbitrário. Pelo contrário, entre uma regra geral e abstrata e a decisão de um caso com base na interpretação daquela regra, há uma atividade polêmica de interpretação e argumentação, mas há também *parâmetros razoavelmente objetivos e impessoais* para avaliar a correção dos argumentos e justificações. Todo argumento é contestável, mas pode ser considerado válido até que seja contestado – por exemplo, até que se persuada o auditório de que determinada razão não é racional, razoável e universalizável, mas fundada apenas em algum interesse particularista de alguém, em uma situação de simples e injusta subjugação, em um conflito de interesses etc. Intuições subjetivas, sentimentos pessoais e pré-compreensões, portanto, não estão descartados, mas são filtrados e apenas ganham capacidade persuasiva se formulados como *razões defensáveis* de maneira impessoal e objetiva – ou seja, como opiniões fundamentadas.

Ora, essa dinâmica argumentativa parece implicar a retomada, ainda que parcial, de algumas concepções associadas ao formalismo jurídico. Dentre as ideias-chave do formalismo que MacCormick (2008b [2005]) recupera, para aferir se e em que medida são válidas, destacam-se pelo menos três:

- o caráter *sistemático* do direito (a exigir a universalizabilidade das razões e justificações);
- o papel do raciocínio *dedutivo*; e
- a estrutura *silogística* da aplicação do direito.

De outro lado, em contraste com a tradição formalista, o autor

- reconhece que a interpretação-aplicação do direito não é um processo meramente dedutivo e "mecânico", mas envolve aquilo que os tomistas chamam de *"determinação"*, dos termos mais universais aos mais particulares, e que, portanto, a argumentação jurídica tem caráter *persuasivo*, e não demonstrativo;
- considera que, mesmo que haja regras incidentes sobre um caso, há a possibilidade da elaboração de exceções, ou seja, a *excepcionabilidade, superabilidade* ou *derrotabilidade* (*defeasibility*) das regras por razões substantivas subjacentes;
- prega que há sim um espaço para a consideração de (certas) *consequências* na definição da decisão juridicamente adequada.

Com esses seis pontos em vista, podemos expor a teoria de MacComick sobre a retórica no campo jurídico. Vejamos, esquematicamente, como esses dois lados se combinam: o lado formalista e o aspecto do tratamento estruturado dos ideais, valores e consequências – ou seja, de sua formulação e formalização no processo argumentativo. É importante de todo modo frisar que "as razões justificadoras da ação são conceitualmente distintas tanto das razões explicativas quanto dos motivos" (MACCORMICK, 2008b [2005], p. 130); a teoria da argumentação jurídica preocupa-se não com explicações causais empíricas (sociológicas ou psicológicas) das condutas julgadas ou da decisão judicial, mas sim com as *razões justificadoras* invocadas na interpretação e aplicação do direito em processos de solução de controvérsias.

9.4.1 Sistematicidade, silogismo e dedução

MacCormick (2008b [2005], p. 18, 131-132) observa que é uma questão polêmica se a moral pode ou não ser reduzida a *princípios universais*, gerais e abstratos, ou se apenas faz sentido a partir de juízos altamente *particularistas*: que considerem as circunstâncias, as pessoas, os valores e o contexto potencialmente únicos em determinada situação concreta. É certo, porém, que juízos morais podem ser feitos sem referência a um corpo estrito de "mandamentos".

Com o direito, o julgamento prático é diferente: reconhece-se que qualquer decisão jurídica faz parte de uma *ordem* de outras decisões, que essas outras decisões (legislativas, administrativas, jurisprudenciais) compõem um conjunto de regras comuns público e disponível e que a aplicação dessas regras a novas situações deve ser guiada por um padrão de *justiça formal*: tratar casos iguais de maneira igual. A ideia de *sistema jurídico* vincula-se à demanda pela *universalizabilidade das razões* que justificam as decisões jurídicas. Para MacCormick (2008b [2005], cap. 5), seria insuficiente no direito justificar uma decisão por referência apenas às circunstâncias particulares de um caso, e mesmo generalizar indutivamente essas específicas razões justificadoras, para com isso formular proposições universais na forma de máximas, regras e princípios. Se a sentença acaba sendo condicionada por "sentimentos morais" do julgador, é possível filtrá-los por referência a algo como a figura imaginária, ideal do "espectador imparcial" e completamente informado de Adam Smith. Mas, ainda assim, a base da decisão seriam as emoções ou paixões do julgador diante do caso concreto. MacCormick (2008b [2005], p. 117) reitera, porém, que o Estado de direito implica um compromisso de que só valham como razões justificadoras das decisões aquelas que possam ser formuladas como *"proposições normativas universais"* (do tipo "para todo fato operativo x deve ser imposta a consequência normativa y"). Tal universalizabilidade tem como modelo canônico o imperativo categórico kantiano (ver *supra*, 1.1 e 3.2), que aplicado ao direito resulta no teste da possibilidade e razoabilidade de se tornar determinada diretriz normativa uma regra válida, pertinente ao sistema jurídico positivo, e assim aplicável a todo e qualquer caso semelhante.

Claro que o fato x pode ser *especificado com amplo detalhamento*, configurando uma *hipótese de incidência* bastante estrita; ainda assim, seus termos devem ser gerais e abstratos, de modo a descreverem uma *situação típica, universal*, reproduzível, ainda que incomum (ver a discussão sobre generalidade e abstração *supra*, 3.3.1). A regra geral será válida se sustentada por razões suficientemente persuasivas, e até que seja excepcionada, assim como as hipóteses científicas são verdadeiras até que sejam refutadas; em ambos os casos, trata-se de generalizações sustentáveis precariamente, e não de maneira absoluta (MACCORMICK, 2008b [2005], p. 128).

Isto é verdade ainda que se trate de uma regra formulada a partir de princípios gerais, ou por analogia e a partir de precedentes. Também os *precedentes*, ainda quando tratados como vinculantes, não são mais do que persuasivos, e funcionam como fontes para a elaboração de regras universalizáveis e excepcionáveis (MACCORMICK, 2008b

[2005], cap. 8). Isso porque seguir a *jurisprudência* é uma prática justificada por um critério de justiça formal: tratar de maneira igual (isto é, dando a mesma solução) casos iguais (isto é, suficientemente semelhantes em seus aspectos relevantes). Esse critério implica tanto a ideia de universalizabilidade das razões (extraídas das justificativas determinantes de casos anteriores – a regra ou princípio que constitui a *ratio decidendi*) quanto a possibilidade de superação daquelas razões (*overruling*). Essa superação depende de argumentos suficientemente fortes que indiquem não uma mera alteração (política) do direito, mas sim uma maior adequação ao sistema jurídico atual – dentro do qual seguir os entendimentos anteriores seria um anacronismo.[97]

Em termos institucionais (organizacionais), o *sistema recursal*, a *hierarquia judiciária* e a *votação majoritária* em órgãos colegiados (com espaço para os votos divergentes) são mecanismos que reforçam essa busca pela isonomia e pela consistência e coerência do direito. Em termos argumentativos, tudo isso implica a tese – ao menos relativamente formalista, admite MacCormick (2008b [2005], p. 198) – de que é possível discernir as *rationes decidendi* (diferenciando-as, como razões suficientes e definitivas, de meros argumentos ditos de passagem em um voto ou sentença – *obiter dicta*). A *ratio* deve responder aos argumentos trazidos pelas partes da ação, determinando qual prevalece em detrimento de qual (afinal, é a solução de uma controvérsia), e deve ser uma justificação formalizada pelo juiz ou formalizável pelo intérprete de sua decisão, por mais que tal formulação e suas interpretações estejam sujeitas a controvérsia, e por mais que as decisões sejam revisáveis, assim como as regras são excepcionáveis.

A exigência de *razões universalizáveis* (isto é, regras – e princípios enquanto regras imperfeitas, normas mais indeterminadas) como fundamentos das decisões jurídicas demandaria, então, a ideia de um *sistema jurídico*, delimitável a partir de determinada ordem jurídica e de seus respectivos ramos do direito (cada qual identificado por seus princípios e doutrinas). Ora, ainda que não se trate de um sistema axiomático, do qual se possa derivar teoremas invariáveis como as leis da matemática, o direito funciona socialmente a partir de certa noção de ordem.

> A ordem jurídica é um exemplo de ordem normativa. Ela se estabelece quando a vida em uma determinada sociedade segue seu curso de uma maneira ordenada e com uma razoável segurança de expectativas comuns entre as pessoas, sobre as bases de uma

---

[97] Diz MacCormick (2008b [2005], p. 199): "Para que haja razão suficiente que justifique não seguir um precedente, seria necessário mostrar que a nova decisão é mais coerente com a linha central do desenvolvimento jurídico, que seria mais justa do que a decisão do precedente ou que produziria consequências preferíveis àquelas que seriam geradas pela adoção do(s) precedente(s) em questão". No caso brasileiro, embora desde as primeiras décadas do século XXI se tenha reforçado na academia e no Judiciário uma preocupação maior com a coerência jurisprudencial, evidências apontam que o Supremo Tribunal Federal ainda apresenta dificuldades em argumentar consistentemente sobre precedentes. "Em vez de atuarem como limites, o que o Supremo costuma considerar seus 'precedentes' pode garantir, na verdade, oportunidades quase infinitas de justificação para si [vinculação horizontal] e para os tribunais que decidem abaixo dele [vinculação vertical]. Ademais, parece difícil sustentar nesse universo, em que (i) partes aleatórias de julgamentos passados podem ser selecionadas para a sustentação de qualquer resultado e (ii) nem sempre os fatos dos casos são considerados efetivamente relevantes para a aplicação dos alegados precedentes, que o Supremo se sinta vinculado pelo passado. E, mesmo quando isso acontece, fica como questão aberta, como sugerido, se a aderência ao precedente é genuína, casual ou meramente estratégica. Se, nesse cenário de interrogações, a vinculação vertical tende a se mostrar, na prática, disfuncional, especialmente quando se constata que tribunais inferiores tendem a lidar com os alegados precedentes do Supremo da mesma maneira que a própria corte utiliza os seus julgados passados, a vinculação horizontal soa um ideal irrealizável" (LEAL, 2020, p. 231-232).

observância razoável das normas de conduta aplicáveis pela maior parte das pessoas. Isso pressupõe uma concepção de direito como algo até certo ponto sistemático e organizado, um conjunto de normas organizado e sistemático em sua natureza. Se as pessoas acreditam e orientam sua conduta de acordo com um conjunto de normas considerado como um sistema jurídico, essa é uma maneira de atingir uma certa medida de ordem e segurança entre elas. (MACCORMICK, 2008b [2005], p. 3)

Para MacCormick (2008b [2005], p. 30-31, 64 e cap. 10), do ponto de vista do intérprete essa sistematicidade do direito é tanto formal quanto substantiva. Do ponto de vista interpretativo e argumentativo, o direito demanda não apenas *consistência lógico-formal* (fornecendo critérios para a solução de antinomias e conciliação das normas, para respeitar o princípio da não-contradição), mas também apresenta uma pretensão de *coerência substantiva*, entre determinada regra (já estruturada pelo legislador, ou a ser assim estruturada pelo julgador) e os princípios, políticas ou valores a ela subjacentes e que conferem unidade de sentido a dado sistema jurídico (para tanto, o direito precisa contar com maneiras de se decidir o conflito *prima facie* entre razões práticas concorrentes, determinando-se o peso relativo de cada qual em certa situação – ver a discussão *supra*, 6.1.1, sobre proporcionalidade).

Claro que essa sistematicidade do direito e seus postulados metodológicos – como as ficções de coerência e completude de um dado ordenamento jurídico – têm um sentido persuasivo; o direito apela à retórica da sistematicidade para conter a arbitrariedade do raciocínio jurídico nas operações de comprovar, interpretar, integrar e conciliar normas, argumentar sobre interpretações, decidir e justificar. O *direito não é um sistema axiomático*, e sua consistência e completude são ideais reguladores, e não propriedades ontológicas. Até porque a sistemas axiomáticos (como os matemáticos) aplicam-se os teoremas desenvolvidos pelo lógico austríaco Kurt Gödel (1906-1978), segundo os quais um sistema completo não pode ser inteiramente consistente; ou seja, há limites para a probabilidade dos axiomas que o compõem, alguns dos quais não poderão ser provados como verdadeiros ou falsos, a não ser por recurso a outros enunciados, inconsistentes com o sistema (ver HOFSTADTER, 1999 [1979], cap. 4).

Os postulados da consistência e coerência implicam que o direito não pode exigir simultaneamente condutas incompatíveis, e tampouco pode exigir condutas que, ainda que compatíveis entre si, sejam irrazoáveis diante das expectativas e compromissos engendrados pela ordem jurídica (ancorados, por exemplo, em *princípios gerais* – tácitos ou explícitos – dos quais certas regras possam ser vistas como derivações). Trata-se de virtudes, fins, valores ou interesses que a ordem jurídica legitima, e nessa medida institucionaliza como normas. Dada a exigência prática de racionalidade da ordem jurídica, esses princípios devem ser formulações suscetíveis de *universalização* – de igual aplicação para casos semelhantes; portanto, informam argumentos analógicos, mas implicam uma pretensão de *sistematicidade*.

Aliás, como nota MacCormick (2008b [2005], p. 234), a *"razoabilidade"* ou parâmetros abertos semelhantes (como a "proporcionalidade") funcionam como *metavalores* (ou "valores de ordem superior") a exigirem uma calibração ou sopesamento das razões práticas de primeira ordem (interesses e valores de justiça, eficiência, segurança, autonomia etc.) concorrentes em dada situação como motivos justificadores deste ou daquele curso de ação. Esse sopesamento é mais ou menos objetivo na medida em que faça alusão a parâmetros disseminados na comunidade (isto é, a expectativas generalizadas, e não a intenções subjetivas e juízos de valor idiossincráticos).

Por outro lado, trata-se de um julgamento mediado pela prudência de quem avalia (idealmente, um "espectador imparcial") e tal avaliação, por sua vez, é muito sensível ao contexto concreto (particularista, portanto). Paradoxalmente, nota MacCormick (2008b [2005], p. 233), este particularismo é que será universalizável em certas áreas e ramos do direito (por exemplo, pode haver parâmetros técnicos objetivos para determinar a responsabilidade objetiva em certos setores de atividade econômica; já no direito de família é importante considerar, em todos os casos, o caráter específico das relações afetivas entre aqueles pais e aqueles filhos). No fundo, por mais específica que seja a situação, o juízo sobre ela poderia ser formalizado (ainda que retrospectivamente, em uma reconstrução racional) em uma *regra hiperdetalhada* – ainda assim, tanto *universal* quanto *excepcionável* (por razões que superem a presunção a favor de seguir tal regra).

Para MacCormick (2008b [2005], p. 155-156), embora sejam *imperfeitamente comensuráveis* globalmente e em abstrato, e, portanto, não se sujeitem a uma hierarquização predefinida, os *valores* (vida, liberdade, igualdade, solidariedade) são mais ou menos comensuráveis situacionalmente, dadas certas *determinações contextuais* – o que não exclui que as conclusões sejam (mais ou menos) controversas e disputáveis. Pode haver várias boas justificações, já que o "razoável" é um conceito disputado e não unívoco. E a própria indeterminação contida em conceitos valorativos e finalísticos pode ser uma técnica legislativa para *ex post* regular condutas e alocar riscos que não podem ser suficientemente detalhados de antemão em regras ou *standards* exaustivos.

Isso não significa adotar um metavalor definitivo como parâmetro para todo e qualquer caso – papel desempenhado pelo conceito de eficiência em certas vertentes da análise econômica do direito (MACCORMICK, 2008b [2005], p. 244; ver *supra*, 8.4). Tampouco significa abraçar a visão de que a indeterminação conduz à plena liberdade para o aplicador do direito atuar como um legislador derivado (com discricionariedade forte), criando livremente normas (e, portanto, direitos, deveres, poderes e responsabilidades) não preexistentes em algum sentido. Pelo contrário, ainda que a solução do caso concreto não seja dedutivamente derivável de regras postas, ela deve ser ao menos fracamente derivável a partir dos valores, interesses, finalidades e princípios coerentes com o direito positivo[98] (MACCORMICK, 2008b [2005], p. 265). Nesse ponto, MacCormick (2008b [2005], p. 224) concorda com a crítica de Dworkin (1986, p. 280-282) a Hart (2007a [1961], cap. 7), embora não aceite totalmente a solução dworkiniana sobre a interpretação baseada em princípios (ver *supra*, 6.1, e *infra*, 9.4.2).

MacCormick (2008b [2005], p. 71-72) reconhece ainda que, embora legisladores e juízes busquem (como postulado racional contrafático) a *consistência sistemática* do direito (e mais ainda a dogmática, como fonte subsidiária), é verdade que as fontes formais de

---

[98] "A decisão mais 'defensável' pode ser uma que está fora do poder jurídico dos juízes. Há princípios sólidos de moralidade política sob os quais os juízes não deveriam, exceto em casos extremos, optar pela melhor decisão moral no sentido puro, em oposição ao seu dever jurídico enquanto operador do sistema jurídico (positivo). Certamente, os valores pelos quais juízes avaliam a possibilidade de defesa de decisões e suas consequências são, por boas razões, valores jurídicos. Porém, os julgamentos valorativos feitos no curso da argumentação jurídica consequencialista são – e devem ser – julgamentos valorativos que envolvem o compromisso genuíno do juiz. A questão é: quais decisões parecem melhores *entre as juridicamente admissíveis*?" (MACCORMICK, 2008b [2005], p. 266, destaques no original).

direito empiricamente albergam normas válidas que são explicitamente contraditórias, ou que estão sujeitas à possibilidade de interpretações opostas, problema para cuja solução podem não ser suficientes os critérios de prioridade da lei superior, específica ou posterior. A razão prática – a argumentação sobre a melhor interpretação dos materiais autoritativos disponíveis – precisa atuar em um espaço que não é totalmente fechado por cadeias de inferência lógica dedutiva e consistência formal.

Ao lado de certa concepção de sistema (como exigência de que a justificação decisória no direito se fundamente em *razões universalizáveis*), MacCormick recupera a defesa do silogismo (MACCORMICK, 2008b [2005], cap. 3) e da dedução (MACCORMICK, 2008b [2005], cap. 4) como componentes do raciocínio jurídico. Nesse sentido, diz, mesmo que os argumentos das partes e do juiz na motivação de sua sentença não sejam apresentados na forma de um *silogismo hipotético*, todos eles poderiam ser reformulados – ou "reconstruídos racionalmente" (MACCORMICK, 2008b [2005], p. 39-40; 1990, p. 555-558) – na forma silogística, em que a premissa maior é uma regra (ou seja, uma norma formulada em sua hipótese e consequente), a premissa menor é a descrição de fatos que se coadunam como *instâncias* daquela hipótese normativa e a conclusão é uma decorrência estritamente lógica das premissas apresentadas.

A forma do silogismo hipotético seria:
Premissa maior: Se *fatos operativos,* então *consequências normativas.*
Premissa menor: Fatos operativos.
Conclusão: Portanto, consequências normativas.

Neste molde, os fatos operativos da premissa maior devem ser *universalizáveis*: qualquer particularidade relevante para a programação da incidência da regra tem que ser descrita como condição universal, como especificação em tese (mais geral ou mais específica) de seus fatos operativos. Por mais detalhada que seja tal especificação, ela deve ser posta em termos universais, e não referida exclusivamente a particularidades de um caso concreto. Com essa universalização, a regra pode servir de sinalização para casos futuros e remeter-se a casos passados, reelaborando-os com maior precisão. A universalização garante a sistematicidade do direito e igualdade de tratamento dos jurisdicionados.

A relação entre esses fatos conceituados universalmente na premissa maior e os fatos descritos na premissa menor não é uma relação de *referência*: os fatos concretos não são referentes indicados pela "vontade do Legislativo" empírico que promulgou a regra descrita na premissa maior. Os fatos descritos na premissa menor "encaixam-se" no silogismo como *exemplos* dos conceitos descritos na premissa maior; trata-se de uma relação de exemplificação ou "instanciação universal". Por sua vez, os fatos operativos descritos na premissa menor descrevem sim referentes concretos: os eventos ocorridos e provados no caso sob análise (MACCORMICK, 2008b [2005], p. 75-81).

Em relação à premissa menor, é preciso comprovar os fatos, construindo cadeias causais hipotéticas, mas verossímeis sobre os eventos ocorridos, mensurando suas probabilidades relativas e avaliando suposições dentro de um teste de *"coerência narrativa"*[99] (MACCORMICK, 2008b [2005], cap. 11). Em relação à premissa maior,

---

[99] A construção de uma coerência narrativa, associada à premissa menor do silogismo hipotético, é uma questão-chave na persuasão do julgador. Uma excelente ilustração do problema da coerência narrativa está no filme *Um*

quanto mais detalhados na regra os fatos operativos – as qualificações do agente, da conduta, do evento e dos resultados produtivos –, maior a necessidade de provar que a premissa menor se "encaixa" na descrição, justificando a aplicação da consequência programada pela norma. Claro que o problema todo, como já notava Dewey (ver *supra*, 2.6.1), é selecionar e interpretar as normas aplicáveis e os fatos relevantes, de modo a construir as premissas. Às vezes, as regras já vêm prontas do legislador e exigem pouca interpretação: reduz-se o espaço para controvérsias argumentativas entre as partes e entre estas e o juiz. Outras vezes, as regras precisam ser formuladas a partir de indicações muito genéricas (princípios, políticas, valores, conceitos indeterminados) contidas na legislação, na jurisprudência ou na doutrina. Em todo caso, uma vez formuladas as premissas, a *lógica dedutiva* se aplica. A única qualificação, afinal, é que o raciocínio formal se apresenta em um contexto institucional específico: aquele da controvérsia judicial. A estrutura silogística, portanto, está inserida ou pressuposta na dinâmica argumentativa que se desenrola no decorrer de uma ação judicial.

> O que vemos é que os processos jurídicos se movem por meio de uma cadeia de certezas putativas que são a cada ponto passíveis de questionamento. Nenhuma pretensão ou acusação pode ser apresentada sem citação adequada das bases jurídicas que as suportam e sem referência às alegações de fato em virtude das quais se afirma existirem bases jurídicas para a conclusão proposta. Isso possui toda a certeza lógica que se apresenta intrinsecamente nos silogismos. Há uma regra "Sempre que FO [fatos operativos], então CN [consequências normativas]", citada pelo promotor público ou pelo autor da ação civil em suas petições, e há também a alegação de que FO ocorreram em um caso concreto em um determinado momento do tempo de forma a envolver o acusado ou o requerido. Por isso é que a consequência normativa CN correspondente deve ser implementada tal como postulado. Esse é o silogismo jurídico padrão incorporado em diferentes formas nos procedimentos civis e penais.
>
> Após analisar provas e argumentos, o tribunal precisa decidir. Ao decidir sobre questões problemáticas (...), o tribunal pode considerar necessário e adequado desenvolver uma nova compreensão do direito, e, portanto, estabelecer um novo precedente, que pode confirmar ou relativizar os entendimentos anteriores. No final, ou o caso é considerado inconsistente e o acusado é absolvido ou algum tipo de ordem é emitida pelo tribunal e justificada à luz do direito, tal como esclarecido após a resolução dos problemas que foram colocados pelas partes. E então há, de fato, um silogismo final. Mas ele é raramente (ou nunca) idêntico ao silogismo inicial. Ele consiste em uma nova certeza provisória e excepcionável (*defeasible*) que surge a partir da resolução por meio da argumentação de questões levantadas sobre certezas provisórias e excepcionáveis (*defeasible*) que imperavam anteriormente. Ao confrontar o caráter argumentativo do direito, passamos a afirmar uma nova certeza putativa após termos admitido e lidado com as dúvidas que foram colocadas em relação à certeza antiga. (...)
>
> O silogismo jurídico se aplica caso a caso, e não sobre qualquer suposição de que o direito se pareça em alguma medida com um sistema axiomático ou mesmo com um tipo de jogo fechado, governado por regras estritas, que o xadrez exemplifica, no qual todos os movimentos que podem ser feitos estão predefinidos necessariamente nas regras [constitutivas]. (MACCORMICK, 2008b [2005], p. 37-38, 70)

---

contratempo (2016, dirigido por Oriol Paulo). A importância da narrativa sobre os fatos para o convencimento dos julgadores é observada especialmente no tribunal do júri (a quem cabe julgar, segundo a legislação penal brasileira, os crimes dolosos contra a vida). Nesses ambientes se desenvolve uma retórica voltada a despertar e reger as emoções dos jurados, combinando elementos de ritual, jogo e teatro, como observa Schritzmeyer (2007; 2012).

Uma parte importante dos procedimentos judiciais é a *produção probatória*, a partir da qual deve ser possível reconhecer que as pessoas e suas qualificações, os eventos e suas circunstâncias ocorridos no caso concreto são instâncias particulares dos termos universais descritos na premissa maior; ou seja, são exemplos de concretização dos termos da regra aplicável (MACCORMICK, 2008b [2005], p. 75-81). Dentro da moldura fornecida pelo silogismo, podem surgir quatro tipos de *problemas interpretativos*, os quais não são solucionáveis pela lógica dedutiva, mas apenas pela argumentação retórica, com sua lógica persuasiva (não demonstrativa). Essas situações, na medida em que venham a ser "constatadas", ativam as disputas argumentativas, tornando um *caso "difícil" ou "problemático"*; elas dizem respeito a (MACCORMICK, 2008b [2005], p. 58, 213; ver também FERRAZ JR., 2008 [1988], p. 306-310; 1997 [1973], p. 95-103):

- *problemas de relevância*, relativos à *premissa maior* do silogismo normativo hipotético: quando não há regra aplicável ao caso que seja claramente formulada e aceita como válida, é preciso extrair das fontes de direito (inclusive da jurisprudência, especialmente nos sistemas de *common law*, de precedentes vinculantes) uma diretriz normativa formulável na forma de uma regra; pode ser difícil, por exemplo, determinar se o precedente é vinculante, se ele não foi superado por outro ou pela evolução social, qual a regra que ele impôs para o futuro e a medida em que o caso concreto é uma instância de concretização da regra assim formulada (ver *supra*, 9.1, a discussão sobre as categorias da interpretação jurisprudencial, como a distinção entre *obiter dictum* e *ratio decidendi*, entre *overruling* e *distinguishing*);
- *problemas de interpretação*, também relativos à *premissa maior* do silogismo: há mais de uma interpretação ou formulação possível da regra; segundo determinado entendimento dos fatos operativos ou das consequências devidas, o resultado deveria ser um, mas é possível e razoável interpretar de outro modo, justificando resultado diverso;
- *problemas probatórios*, relativos à *premissa menor*: não foram produzidas as evidências que confirmam a ocorrência de eventos enquadráveis nos fatos operativos da regra aplicável; portanto, a consequência devida (objeto da denúncia ou petição inicial) não pode ser imposta;
- *problemas de classificação, caracterização ou qualificação*, referentes à *relação* entre a premissa maior e a premissa menor: os fatos alegados (provados ou não, descritos na premissa menor) não se enquadram como *exemplos de concretização* dos fatos operativos descritos na regra aplicável (premissa maior); se a norma descrita na premissa maior traz conceitos indeterminados (como "equitativo", "razoável" ou "justo"), a classificação torna-se um *problema de avaliação*, dada a alta carga valorativa envolvida.

Casos "claros" não são definidos ontologicamente; são simplesmente aqueles que ninguém problematizou, em que nenhuma dessas questões foi levantada e levada à controvérsia argumentativa; nesses casos, sim, a conclusão pode ser estritamente lógica e dedutiva (MACCORMICK, 2008b [2005], p. 69-72). Claro que o que conduz à judicialização é a potencialidade dessas controvérsias, é a situação em que haver regras por si só não resolve o caso, de modo que são comuns em juízo, por exemplo, formulações concorrentes, rivais, incompatíveis de regras e princípios aplicáveis, alegadas pelas partes a favor de suas respectivas posições e entre as quais o julgador precisa optar, ou fornecer a alternativa que represente "a interpretação mais aceitável dos materiais disponíveis nessas fontes"; o direito, afinal, *não é um sistema axiomático* e "[é] da natureza dos sistemas jurídicos, já que as fontes de direito que eles reconhecem incluem frases formuladas em linguagem corrente, que eles possam dar lugar a conjuntos mutuamente contraditórios de formulações normativas" (MACCORMICK, 2008b [2005], p. 70). Como visto, o caráter sistemático do direito é defensável apenas nesses termos, de *busca pela consistência lógico-formal e coerência prático-normativa*, que são sobretudo *topoi* levantados pelo discurso argumentativo de caráter *persuasivo*. "A concepção lógica de provas formais como inferências estritamente dedutivas a partir de premissas axiomáticas é de fato uma ideia distante de qualquer coisa que possa ser encontrada na argumentação jurídica" (MACCORMICK, 2008b [2005], p. 72). Entretanto, uma vez aceitas as razões práticas invocadas, e determinado seu peso diante de razões concorrentes, volta à cena o raciocínio dedutivo. Desse modo, seu papel no direito é real, mas circunscrito.

9.4.2 Persuasão, consequências e derrotabilidade

Os problemas de interpretação dão margem a alguns tipos de *argumentos interpretativos* – ou seja, de defesa de uma entre as interpretações concorrentes; cada qual pode levar ao reconhecimento de distintas posições jurídicas, de diferentes direitos e obrigações, poderes e responsabilidades. Reapresentando os clássicos elementos da interpretação (sistematizados por Savigny; ver *supra*, 2.3), MacCormick (2008b [2005], cap. 7) distingue:

- aqueles argumentos que remetem ao contexto linguístico para buscar razões em favor de uma e em detrimento de outra interpretação (*argumentos linguísticos*), enfatizando o uso das expressões, presumindo-se seu uso em *sentido ordinário* e só excepcionalmente um sentido mais estrito e técnico;[100]
- aqueles argumentos que tomam dado ordenamento (ou toda uma lei, conjunto de leis ou ramo do direito) como o contexto relevante para delimitar o sentido de determinado dispositivo (*argumentos sistemáticos*); aqui também estariam incluídos os apelos a precedentes, o uso de analogia, a evocação de princípios gerais ou mesmo das circunstâncias históricas;

---

[100] O Órgão de Apelação da Organização Mundial do Comércio (*Report of the Appellate Body, European Communities – Measures affecting asbestos and asbestos-containing products* [AB-2000-11], p. 34 e 36 [disponível em: http://ban.org/library/wto%20asbestos%20AB%20report%20-%20135abr_e.pdf; acesso em: 24 ago. 2012]) considerou que, por vezes, a certo termo é atribuído um "significado específico", constante ao longo de todo o documento normativo, enquanto em outros casos não ocorre o mesmo. Assim, em cada aparição ao longo de um documento normativo-jurídico, "o termo deve ser interpretado à luz do contexto e do objetivo e finalidade da previsão em questão" e à luz também do "objeto e finalidade" do documento em que se localiza o dispositivo que faz referência àquele certo termo. Assim, certos conceitos podem "estreitar-se" e "espremer-se" em diferentes ocorrências ao longo de um mesmo documento. Nesse contexto argumentativo, o Órgão de Apelação citou seu entendimento em outro caso (cf. *Report of the Appellate Body, Japan – Taxes on Alcoholic Beverages* [AB-1996-2], p. 21 [disponível em: www.worldtradelaw.net/reports/wtoab/japan-alcohol(ab).pdf; acesso em: 24 ago. 2012]), no qual invocou a imagem do acordeão ou sanfona para explicar a variedade na extensão denotativa e conotativa dos termos de um texto normativo, conforme os diferentes dispositivos normativos ao longo de um mesmo documento (*i.e.* tratado, acordo etc.).

- aqueles argumentos que partem do teste da atribuição de finalidades e valores para discernir a melhor leitura da norma (*argumentos teleológicos e avaliativos*); neste caso, trata-se de testar quais as consequências que produziria esta ou aquela interpretação (sobretudo suas *implicações jurídico-normativas*, mas às vezes também os previsíveis *efeitos causais e comportamentais*, na medida em que impliquem a realização de valores juridicamente relevantes).

O apelo à *"vontade do legislador"*, afinal, serviria como um construto do intérprete para indicar algum desses tipos de argumentos. Essa "vontade" poderia ser trabalhada tanto como um dado objetivo contrafático (a pressuposição de racionalidade sistemática, de coerência do legislador ao longo de uma série de legislaturas e votações empiricamente diversas e descontínuas) quanto como um dado subjetivo empírico (de pesquisa da intencionalidade individual e coletiva dos legisladores, bancadas, maiorias e minorias parlamentares durante o processo legislativo) (MACCORMICK, 2008b [2005], p. 166, 179-182).

Ainda que sejam apresentados de maneira mais informal e desestruturada, os raciocínios jurídicos – das partes e do juiz – seriam reconstruíveis na *forma do silogismo*. A dinâmica de apresentação de razões e argumentos dentro da solução de disputas apresentaria a combinação de racionalidade formal e de racionalidade material que preside o processo interpretativo, argumentativo e decisório no direito. Formuladas as razões práticas, as ferramentas lógicas operam circunscrevendo-as nos limites do raciocínio dedutivo, silogístico e sistemático. A estrutura silogística, por exemplo, molda, enquadra, circunscreve o que é relevante de se considerar para uma *alegação, defesa ou decisão* a respeito da conduta juridicamente devida. Em parte, o direito é um sopesamento de razões; entretanto, esse sopesamento pode ser formalizado silogisticamente em sua estrutura profunda (ver MACCORMICK, 2008b [2005], p. 71, 236-237). Mas como o conteúdo acaba interferindo na formalização do raciocínio jurídico, tornando sempre disputável a determinação do que é devido?

MacCormick (2008b [2005], p. 20) nota que a argumentação jurídica é persuasiva – pode ser avaliada a partir do peso relativo das razões e contrarrazões "ponderadas", e a partir daí ter sua objetividade; não é, porém, apta a proporcionar a certeza de um raciocínio matemático, da razão pura teórica e de seus "argumentos demonstrativos", nos quais "a aceitação de certas premissas como axiomáticas ou empiricamente verdadeiras nos permite derivar a partir delas conclusões que não podem ser questionadas enquanto aquelas premissas se mantiverem hígidas". No direito, as *premissas* podem ser reforçadas se densamente compartilhadas pela população ou pela comunidade de especialistas e autoridades; e há mesmo um valor em aceitar essas premissas (por exemplo, o que é ditado pelas *fontes formais* do direito enquanto tais reconhecidas), independentemente da avaliação sobre seu conteúdo. A *segurança jurídica* é este valor. Todavia, é verdade que as premissas normativas e fáticas estão sempre sujeitas a serem contestadas, o que ocorre pela dialética da disputa judicial. Para cada asserção, pode ser exigida uma razão que a justifique. Isso garante a racionalidade e razoabilidade dos argumentos jurídicos, enquanto argumentos que cumprem os patamares gerais da razão prática e os patamares específicos exigidos do direito enquanto ordem normativa institucionalizada (ou seja, a remissão ao corpo de direito válido, a suas fontes formais). A argumentação progride assim a partir de *lugares-comuns* (*topoi*) como os elencados anteriormente (*supra*, 9.1).

Ainda, MacCormick (2008b [2005], p. 13) claramente distingue a *"determinação" do direito* – a *concretização* das regras a se aplicar até a decisão judicial que as aplica – da autoridade da decisão jurídica. O primeiro problema interessa à teoria da interpretação e da argumentação jurídica: qual sentido atribuir às normas aplicáveis e, em uma disputa de significados possíveis, como argumentar em favor de uma das alternativas interpretativas? Nesses termos, as decisões podem ser corretamente justificadas ou criticáveis por uma justificação ruim. Que o parâmetro para a justificação e avaliação não seja dado por fatos externos do mundo físico, nem seja puramente redutível à lógica deôntica (com seus operadores de permissão ou obrigação), como constatou Kelsen (1991 [1979]), não significa que não haja um papel para a estruturação lógica dos argumentos, ou que a racionalidade substantiva não seja avaliável em termos de maior ou menor *coerência e peso* (o que Kelsen também negava ao abraçar o pressuposto da irracionalidade/subjetividade dos valores; ver *supra*, 3.2). MacCormick (2008b [2005], p. 73-74, 100, 352) aponta que, uma vez formuladas as premissas de um raciocínio (e essa formulação, é verdade, é meramente persuasiva, e sujeita aos tipos de problemas elencados anteriormente), é possível sim controlar a *consistência dedutiva* da conclusão em termos de lógica predicativa ordinária – em suma, constatar se esta conclusão decorre ou não das premissas formuladas.

É verdade que "[d]ecisões são tomadas, não deduzidas" e é também verdade que mesmo uma decisão ruim, se tomada pela autoridade competente e segundo os procedimentos indicados, será *válida*, como indicava Kelsen (MACCORMICK, 2008b [2005], p. 73; ver a discussão *supra*, 3.3, sobre a distinção kelseniana entre ato de conhecimento e ato de vontade). É certo, ainda, que as interpretações de fatos e normas são definidas judicialmente, e assim passam a valer como "verdades", para os fins jurídicos, uma vez certificadas pelas autoridades competentes (sobretudo o juiz) e até que sejam contestadas por outras autoridades (por exemplo, em grau recursal); assim como a interpretação das normas, "os processos de determinação de fatos transformam fatos brutos em fatos institucionais" (MACCORMICK, 2008b [2005], p. 96); estes passam a ser conteúdo de uma decisão, que põe uma norma, uma moldura institucional dentro da qual aqueles fatos hão de ser interpretados.

Entretanto, "a relação entre a ação [a decisão da autoridade] e a razão justificadora não é de dedução ou inferência, mas isso não significa que a razão justificadora não possa ela mesma ser estabelecida por dedução ou inferência" (MACCORMICK, 2008b [2005], p. 74). Normas jurídicas não têm valor-verdade, mas as *interpretações descritivas das normas* sim (ver a discussão sobre "proposições jurídicas", *supra*, 3.3.1), e para estas interpretações as afirmações sobre fatos institucionais e o raciocínio dedutivo cumprem um papel fundamental (MACCORMICK, 2008b [2005], p. 88-89).

Por isso, uma coisa é a *correção da decisão* (aferível em termos lógico-demonstrativos e sobretudo em termos argumentativos/persuasivos); outra, a *validade da decisão* (determinada exclusivamente pela autorização dada, por norma superior, à autoridade competente, para decidir o caso conforme o procedimento devido). Em suma: julgadores (juízes, especialmente) são *falíveis* (MACCORMICK, 2008b [2005], cap. 13). Isso não significa que, não sendo a interpretação jurídica um processo puramente dedutivo e estritamente lógico-formal, não haja quaisquer parâmetros para avaliar a qualidade e correção da justificação decisória. De um lado, incidem sim os parâmetros lógicos e os processos de inferência dedutiva; de outro, há critérios para "balancear" o peso das *razões práticas apresentadas, contestadas e reconhecidas* na disputa jurídica.

MacCormick (2008b [2005]) reconhece que a interpretação e a argumentação jurídicas envolvem a determinação ou concretização do direito em um raciocínio que não é puramente demonstrativo e dedutivo, embora a dedução desempenhe um papel de controle lógico, uma vez formuladas as premissas do silogismo descritivo das normas (regras) e fatos. Em suma, o autor afirma o caráter persuasivo da argumentação jurídica, como uma prática voltada não à prova de verdades axiomáticas, mas ao *convencimento de um auditório* – estipulado contrafaticamente como um auditório de pessoas racionais e razoáveis. Dois outros elementos são importantes na abordagem da razão prática no direito sugerida por MacCormick (2008b [2005]): como as consequências são ou devem ser consideradas na justificação decisória no direito e como as regras, que se colocam como razões para a decisão, podem ser elas mesmas excepcionadas por outras considerações substantivas.

Se para Dworkin os juízes apenas poderiam decidir com base em regras ou princípios, mas não fundamentados apenas em diretrizes gerais de política (*policies*), MacCormick (2008b [2005], p. 125-126, 158-160) rejeita a distinção dworkiniana (ver *supra*, 6.1) entre normas gerais que estabelecem direitos individualizados baseados em princípios políticos de justiça (*princípios*) e normas que simplesmente indicam finalidades gerais de bem-estar da comunidade (*policies*). *Valores* podem igualmente servir a argumentos de princípio ou de política. Pelas exigências de universalizabilidade das razões justificadoras de uma decisão judicial, os valores considerados precisarão ser *universalizados* e, nessa medida, formulados como argumentos de *princípio*, mas isso não exige partir da identificação de direitos já preexistentes indicados por princípios, como demandaria Dworkin. Os direitos seriam mais a consequência de argumentos de princípio reconhecidos em juízo; ou seja, produtos de uma universalização produzida por interpretação.

Se a universalizabilidade das razões exige que essas sejam formuladas como regras, como entender os princípios? Ora, eles seriam apenas *normas mais gerais*, que demandam a construção da *regra* pelo intérprete-aplicador. Assim também, contra Dworkin e seguindo Hart neste ponto, MacCormick (2008b [2005], p. 125-126) adota uma visão de *diferença meramente quantitativa entre princípios e regras*, e não a defesa de uma diferença qualitativa, estrutural ou ontológica entre esses tipos normativos (ver *supra*, 6.1). Regras e princípios seriam ambas formulações universalizantes; entretanto, enquanto as regras são formulações mais específicas, diretamente aplicáveis enquanto razões justificadoras e reclamam um pressuposto de *consistência lógica* do sistema jurídico, princípios são formulações mais gerais, indeterminadas e demandam um pressuposto de *coerência valorativa* do ordenamento.

Essa divergência em relação a Dworkin permite a MacCormick (2008b [2005], cap. 6) incluir como legítimos na argumentação jurídica *argumentos consequencialistas* e valorativos que não sejam simplesmente aqueles de promoção de algum princípio, no sentido estrito dworkiniano. A justificação de qualquer decisão jurídica repousa em proposições universalizáveis, que por sua vez se justificam em vistas de suas "consequências"; mas quais consequências são admissíveis como razões justificadoras na argumentação jurídica? Não toda a cadeia de efeitos previsíveis de uma decisão, avaliados por algum critério de custo-benefício; para essas avaliações, o Judiciário é menos capacitado que as assessorias técnicas do Executivo e do Legislativo. Quanto aos *prováveis efeitos comportamentais próximos* que uma decisão pode gerar, estes são de difícil estimativa, e só podem ter um papel subsidiário como justificação decisória; no entanto, quanto mais provável (no duplo sentido, de suportado por evidências e estatisticamente previsível) o efeito comportamental estimado, maior o peso do argumento.

Por fim, certamente devem ser consideradas as *consequências ou implicações jurídicas* de uma decisão para além das partes envolvidas, o que decorre da exigência de universalizabilidade das razões práticas que podem contar como justificativas jurídicas (desde que devidamente ancoradas nas fontes do direito) – em outros termos, o teste é se essa justificativa poderia ser *hipoteticamente transformada em uma regra ou princípio geral* do sistema jurídico,[101] sem com isso implicar a legalização de condutas absurdas, irrazoáveis ou simplesmente incoerentes com os valores daquele direito (ou daquele ramo específico do direito) – tais como aqueles valores expressos em máximas clássicas, como "a ninguém se deve lesar", "viver honestamente" ou "dar a cada um o que lhe cabe". Afinal, ainda que o direito não seja fator determinante exclusivo das condutas (daí a dificuldade de estimativa dos efeitos comportamentais de uma decisão jurídica), não poderá ser julgada ilícita uma conduta que se coadune com o que foi determinado pelos tribunais.

O último aspecto da teoria da argumentação de MacCormick que merece destaque é como a razão prática interfere na aplicação das regras, no sentido de autorizar, desde que devidamente justificadas, *exceções à regra* (pode-se falar aqui em interpretação restritiva; ver *supra*, 3.3.5). Vimos que, para MacCormick (2008b [2005], capítulo 5), é preciso que, ao lado (ou melhor, acima) das razões particulares para uma decisão concreta, haja *razões universalizáveis*, passíveis de formulação como uma regra – afinal, isto é exigido pelo princípio do Estado de direito em sua dimensão universalista e igualitária (isonômica). Todavia, MacCormick (2008b [2005], cap. 12) reconhece que a universalidade é excepcionável, que as regras admitem graus e que sua aplicabilidade pode não ser absoluta; em outros termos, embora contem com uma presunção (relativa) a favor de superarem quaisquer outras razões, as regras *também têm uma dimensão de peso* – são superáveis, excepcionáveis, derrotáveis (note-se o contraste com a distinção marcada entre regras e princípios sugerida por Dworkin, *supra*, 6.1). É verdade que as regras podem não determinar a melhor solução para todos os casos, pois pode haver situações cujas *particularidades* recomendem outro desfecho como mais adequado (ver a discussão de Schauer *supra*, 8.4.2.1); entretanto, o argumento prudencial, equitativo, analógico, valorativo ou principiológico precisa ser suficientemente forte para derrotar a regra, e também deve ser *universalizável – na forma de uma exceção geral à regra*, isto é,

---

[101] "Os objetivos que os juristas deveriam estabelecer adequadamente para eles são, talvez, metas que assegurem que o que é correto prevaleça. A correção que eles perseguem é, em termos das consequências de alguma proposição universal do direito, considerada como base para resolver um caso problemático particular e qualquer outro caso materialmente similar que apareça depois" (MACCORMICK, 2008b [2005], p. 157).

funcionando como uma nova regra (com detalhamento de suas hipóteses e consequentes). Por mais rara e incomum que seja a situação, ela deve ser julgada segundo uma norma formulada e tipificada enquanto regra, em termos universais. Portanto, diante de novas situações em que sua aplicabilidade seja problematizada, uma regra necessita ter as *devidas condições qualificadoras acrescentadas, especificadas*. O que é excepcionável e, assim, corrigível são as formulações da regra, e seu meio de aprendizagem e revisão é a argumentação desenvolvida em processos de solução de controvérsias, nos quais novas exceções podem ser formuladas e reconhecidas.

Regras claras imunizam arranjos jurídicos – contratos e sucessões, por exemplo – contra disputas futuras, mas podem se tornar controvertidas, e terem seu sentido e aplicabilidade disputados, quando entra em jogo algum princípio suficientemente forte, como no caso do neto herdeiro que assassina seu avô (discutido por Dworkin; ver *supra*, 6.1 e 6.3). Nesse caso, portanto, uma exceção à regra válida e aplicável foi reconhecida, não com base em exceções (qualificações) já formuladas na própria regra (derrotabilidade expressa, exceção já formalizada), mas sim com base em valores subjacentes de justiça (*derrotabilidade implícita*). Pode haver, portanto, direitos que existem e são reconhecidos institucionalmente, mas passam a ser excepcionados se pragmaticamente apontada uma condição tácita que excepciona os termos imediatos de uma regra, por mais clara que seja. A existência da regra impõe um alto *ônus argumentativo* para quem quer arguir a exceção. Mas também é certo que não se pode, por isso mesmo, formular de antemão todas as condições, qualificações e exceções necessárias e suficientes para a incidência de uma regra. Algumas de suas condições de fundo serão explicitadas e reconhecidas apenas em *casos problemáticos*. Quando as qualificações são expressas, cabe a quem quer provocar a aplicação da regra indicá-las e prová-las. Quando as exceções são construídas a partir de princípios mais remotos ou subjacentes, é ônus de quem quer evitar a aplicação da regra arguir a exceção. Daí a posição das regras como peças no jogo da argumentação dentro de procedimentos de solução de controvérsias. A *validade* do direito é determinada pelo que as cortes decidem, mas é possível avaliar a *correção ou razoabilidade* da justificação dada na determinação do direito a partir das fontes reconhecidas. Há neste juízo uma *discricionariedade em sentido fraco*, não da escolha livremente política (por conveniência), mas sim da subjetividade mediada pela apresentação e pelo debate público de razões, que nessa medida ganham objetividade e se sujeitam a crítica.

Sobre este último ponto, acerca da derrotabilidade das regras teorizada por MacCormick, vale a pena compará-lo na análise de Schauer (2012b). A partir da ideia (SCHAUER, 1991, p. 31-34) de que regras são universalizações, mas podem ser sub ou sobreinclusivas em termos das avaliações adequadas de determinada situação (à qual a regra se aplique como parâmetro de julgamento), Schauer (2012b) questiona se a *derrotabilidade (ou excepcionalidade) de todas as regras* é característica necessária dos sistemas jurídicos. Conclui que as regras não determinam as próprias condições de sua aplicação, e que a derrotabilidade é, portanto, uma característica contextual de como cada sistema usa as regras, mobilizando-as dentro de um espectro que vai desde tratá-las como razões definitivas, conclusivas e inderrotáveis para justificar as decisões (um formalismo extremo) até considerá-las como razões sem qualquer autoridade ou peso especial (um ceticismo igualmente extremo), passando por mobilizar as regras como razões presumivelmente preponderantes, mas excepcionalmente derrotáveis.

A derrotabilidade não é, portanto, uma implicação lógica do conceito de direito, mas uma *variável empírica* da regra de reconhecimento adotada em cada sistema,[102] reabrindo o embate entre os positivismos (exclusivo ou inclusivo) e o interpretativismo (ver *supra*, 6.3).

9.5 Um renascimento do formalismo jurídico?

Decaída a pretensão formalista-clássica, herdeira do jusracionalismo, de conceber o direito como sistema axiomático, do qual todas as respostas pudessem ser inferidas por lógica dedutiva, as teorias da argumentação posicionaram o discurso jurídico no campo não da certeza lógico-formal e da demonstração da verdade de seus enunciados, mas na seara da lógica do razoável e da persuasão sobre o razoável, sobre a adequação tópica de determinada solução à situação que ela visa regular. A prudência, a razão prática e o bom senso voltaram a ser posicionados como pilares do cenário intelectual em que opera a discussão jurídica.

Embora o discurso jurídico não seja a descrição de coisas existentes no mundo físico, e sim um *jogo de linguagem prescritivo*, que faz sentido a partir do uso de *regras que constituem e regulam* essa própria prática social em suas peculiaridades, não se trata de uma "retórica" vazia, no sentido pejorativo de dar uma cobertura ornamental a quaisquer opções de ação ou decisão. Dentro das regras que o instituem, o direito é estruturado por uma *linguagem* relativamente flexível, mas que efetivamente *constrange os significados* possíveis, sendo viável avaliar, comparativamente, a maior ou menor adequação, correção ou racionalidade de determinada decisão e de sua justificativa. Desses *padrões de correção* é que tratam as teorias da interpretação e da argumentação jurídica. Que essa correção substantiva da decisão seja uma questão distinta da determinação da validade formal da norma posta pela decisão é uma tese abraçada seja por positivistas como Kelsen, seja por pós-positivistas como MacCormick (apenas o interpretativismo desafia tal entendimento). E todos concordam que avaliar a justificação decisória ou definir a validade das decisões é diferente de explicar empiricamente os fatores e causas condicionantes ou determinantes do comportamento do órgão decisório.

Diante desse quadro, para os autores do início do século XXI que abraçam traços formalistas em suas teorias não se trata mais de ver o processo de concretização ou determinação do direito – da lei geral e abstrata posta politicamente a uma norma individual e concreta definida por sentença – como uma técnica capaz de dar plena certeza, segurança e previsibilidade. Não se trata de recuperar acriticamente todos os pilares do formalismo jurídico clássico atacados pelas várias reações antiformalistas do fim do século XIX ao fim do século XX.

---

[102] Se a regra social de reconhecimento nada mais é do que uma convenção entre as autoridades aplicadoras do direito, parece tentador buscar os critérios de identificação e uso das regras efetivamente jurídicas na prática empírica dos juízes de um Supremo Tribunal. No Brasil do início do século XXI, é difícil, porém, encontrar uma prática interpretativa convergente que indique tal convenção, por exemplo, a respeito da definitividade ou derrotabilidade das regras. Aludindo à justificação decisória do STF, Leal (2018, p. 135) conclui que "[o] texto constitucional, assim, recebe uma dignidade tão contingente quanto a ponderação de princípios, a interpretação sistemática ou visões consequencialistas, na medida em que não parece possível extrair da prática decisória da corte algum tipo de preferência estável por teorias e métodos de justificação".

Quanto às arenas de solução de disputas pela interpretação-aplicação do direito, reconhecido certo grau de *indeterminação do direito*, e de referência das normas expressamente formuladas a uma série de *propósitos, políticas,* standards *ou princípios subjacentes*, relativamente indefinidos e por vezes tácitos – como indicaram as tendências antiformalistas –, positivistas pós-realistas como Kelsen e Hart só puderam adotar um formalismo meramente teórico, divorciado da interpretação jurídica (a ciência formal e pura do positivismo em Kelsen), ou um formalismo mitigado pela discricionariedade (no caso de Hart).

A partir desse formalismo revisto dos *positivistas pós-realistas*, um caminho aberto à teoria do direito foi construir metodologias para a racionalização substantiva do uso dos padrões normativos não regrados; tal foi a tendência de *idealização do direito*, a qual apresentou a elucidação de um plano moral abrangente como exigência de objetividade, neutralidade e imparcialidade na justificação das decisões jurídicas (especialmente judiciais). A análise econômica do direito, em certa elaboração, pretendeu colocar a eficiência como padrão último de orientação e avaliação das decisões e de suas consequências. O interpretativismo de Dworkin aproximou o juízo jurídico da elaboração mais abstrata de avaliações filosófico-políticas sobre a justiça das instituições jurídicas (ver também a discussão *supra*, 6.3, sobre a "tese da incorporação" abraçada pelo positivismo inclusivista: tudo o que fosse moralmente coerente com o direito validado por fontes formais seria igualmente válido, independentemente do *pedigree* desses preceitos morais, isto é, mesmo que estes não fossem conteúdo de uma decisão prévia posta por autoridade reconhecida pelo sistema). Já o *ceticismo radical* de algumas linhagens dos Estudos Críticos do Direito classificou como arbitrárias essas avaliações – sempre políticas, jamais neutras em algum sentido relevante; os críticos apresentaram o direito não apenas como eivado de incerteza formal (já que indomável por regras, conceitos e deduções), mas também de incerteza substantiva (já que todo padrão avaliativo poderia receber pesos variáveis conforme a visão político-moral – isto é ideológica – do órgão decisório).

Reduzido a seu aspecto central, o sentido básico do *formalismo jurídico* diz respeito à determinabilidade racional da aplicação de regras gerais e abstratas aos casos individuais e concretos. Com a positivação do direito, este foi identificado como a vontade de um soberano (e não como um discurso moral fundado no costume): portanto, remetido à decisão política do legislador, de cuja justiça substantiva não caberiam maiores avaliações por parte do intérprete-aplicador. A este caberia apenas tratar casos iguais de maneira igual (*justiça formal*), mas não avaliar moralmente o conteúdo das decisões tomadas pelo legislador, o que implicaria uma posição jusnaturalista.

Arbitrando o embate entre legisladores, juízes e doutrinadores, as primeiras manifestações de certo "positivismo jurídico" (como resposta teórica ao evento histórico da positivação do direito a partir das revoluções liberais ou unificações e independências dos Estados nacionais) foram formalistas: se o direito era criado politicamente e reduzido a parâmetros validados por alguma fonte formal, nada mais seria que um corpo de normas textualizadas (sobretudo na forma de regras, com hipóteses de incidência e consequências devidas bem definidas), capazes de impor um constrangimento racional à determinação das soluções jurídicas. Era o *método sistemático, dedutivista e geometrizante* do jusracionalismo que esteve à disposição dos formalistas, embora agora se tratasse de partir dogmaticamente não de máximas e princípios morais, mas sim de normas positivadas e formalizadas como regras. Daí que, para o formalismo jurídico clássico, a interpretação jurídica aparecesse como um processo intelectivo de dedução mecânica, orientado pela lógica formal, sem grandes dificuldades de escolha das premissas normativas e fatuais de um silogismo e, portanto, com certeza sobre as consequências determinadas pela aplicação da norma geral e abstrata a um caso individual e concreto.

O positivismo analítico inglês, entretanto, não reconhecia na própria prática consuedutinária/jurisprudencial do *common law* um discurso jurídico racional, constrangido por regras postas e apto a dar previsibilidade a seus usuários e limites a suas autoridades (como pretendiam os formalistas). Assim, os ingleses – sobretudo Austin – delimitaram o *positivismo como teoria científica* capaz de determinar descritivamente os atributos definidores do direito, desentranhando-os de controvérsias normativas ou filosóficas (que pareciam ressuscitar o jusnaturalismo) tanto quanto de controvérsias empíricas (os fatos básicos da soberania e da obediência habitual dos súditos, por exemplo, não eram mais que evidências independentes de maiores interpretações do quadro institucional ou de maiores pesquisas sociológicas). Nessa medida, o positivismo estritamente definido – isto é, o *positivismo analítico* – pode ater-se aos problemas descritivos da validade, da autoridade decisória e das fontes formais do direito. Tornou-se uma metalinguagem do direito, auxiliar, mas distinta dos juízos práticos da dogmática ou da disputa judicial. Se não era crível atestar a segurança e determinabilidade dos juízos na prática do *common law*, ao menos a teoria do direito, como verdadeira ciência, deveria ser positiva e controlável em suas definições.

Com isso, o positivismo desvencilhou-se de um vínculo necessário com o formalismo e abriu-se a uma série de perspectivas: desde aquelas *vertentes antiformalistas do positivismo* (preocupadas em apresentar padrões não regrados e mesmo não positivados como igualmente incidentes na formulação do juízo jurídico e na interpretação e aplicação do direito) até as elaborações mais estritamente "analíticas" ou conceituais de teorias da norma e do ordenamento jurídico (que afinal remetiam o problema da interpretação do direito à doutrina). Hart apresentou um positivismo pós-realista e um formalismo jurídico mitigado; Dworkin aliou o desafio ao positivismo (*i.e.* ao conceito do direito como um conjunto de regras válidas identificadas pela remissão a convenções das autoridades designadas dentro de um sistema) ao desafio ao formalismo e ao antiformalismo (apresentando como uma demanda do próprio dever jurisdicional a justificação das decisões à luz de uma *avaliação político-moral coerente, objetiva e abrangente de determinada ordem jurídica*).

Diante dessa trajetória da teoria jurídica recente, certo *formalismo jurídico contemporâneo* se identifica por reconhecer alguma determinabilidade do juízo a partir do constrangimento dado por normas positivadas e textualizadas como regras, o que implica moderar os entendimentos do (i) formalismo clássico (crente na pura dedutibilidade das soluções jurídicas a partir de um sistema axiomático), (ii) do ceticismo realista ou antiformalista (para o qual, na tomada de decisões jurídicas, as regras positivadas e formalizadas competem igualmente com razões não regradas – escolhas políticas ou éticas, juízos de interesse, finalidade ou valor) e (iii) do racionalismo idealizante dos interpretativistas (que exigem a formulação ou pressuposição de uma visão moral unitária e abrangente como pano de fundo para a objetividade do juízo de interpretação do direito). Os expoentes das variedades contemporâneas de formalismo *variam* na medida em que qualificam ou rejeitam maiores pressupostos sistemáticos – seja de uma sistematização formal do direito (a ideia de um corpo coerente, completo e unitário de regras válidas), seja de uma sistematização substantiva (uma idealização das considerações de finalidade, princípio ou consequência por referência a discursos abrangentes político-morais ou econômicos).

Autores contemporâneos, de fins do século XX a princípios do século XXI, parecem assim estar reavivando a pretensão de algum grau de *racionalidade, estruturação e autonomia do discurso jurídico*. Essas eram justamente as pretensões do formalismo jurídico. Agora a lógica formal, abstrata e a-histórica como a matemática, não é a única ferramenta intelectual aceita, mas se evoca a razão prática como forma de compreensão e uso do direito enquanto instituição social e prática regrada. Nessa medida, o discurso jurídico não poderia ser reduzido a escolhas éticas discricionárias, a fatos empíricos da sociedade ou da mente, ou mesmo a ideologias políticas. Ainda que de forma moderada e revista, trata-se de um discurso fechado em suas próprias formas e capaz de garantir alguma racionalidade à justificação e crítica das decisões, distinguindo-as de disputas políticas "em aberto" e conferindo-lhes algum grau de previsibilidade e certeza capaz, se não de garantir a justiça material (distributiva ou corretiva), ao menos de sustentar uma *justiça formal*: a igualdade de todos perante a lei e o tratamento igual de casos suficientemente semelhantes em seus aspectos relevantes.

Sem endossar todos os compromissos, entendimentos e postulados do formalismo jurídico clássico, certo formalismo jurídico contemporâneo parece estar configurado na busca de métodos e orientações de *estruturação (isto é, formalização) do raciocínio jurídico*; trata-se de propostas que reconhecem e visam a conter a indeterminação do direito e a fornecer controles argumentativos para o uso, no discurso de justificação decisória, de parâmetros pouco formalizados, como normas muito vagas e indeterminadas, princípios de justiça, políticas de bem-estar, *standards* empíricos e avaliações de consequências. Se o legislador não os formalizou, cabe ao intérprete formalizá-los. Em uma comparação tipológica entre ambos os perfis de formalismo, teríamos o seguinte quadro.

Quadro 9.3 Formalismo jurídico clássico e contemporâneo: um contraste típico

Parâmetro de racionalidade	Formalismo jurídico clássico — *Intenção das autoridades*	Formalismo jurídico contemporâneo — *Discursos de justificação*
Concretização do direito	Univocidade no processo de concretização dos conceitos: do tipo social às instituições, das instituições aos conceitos, dos conceitos às regras; da norma geral e abstrata à decisão individual e concreta.	Normas explícitas e normatividade latente; controles argumentativos dos problemas de sub e sobreinclusão pelas regras; derrotabilidade excepcional das regras: juízos particularistas ou universalizáveis de finalidade, valor, consequência, equidade, analogia
Garantia da certeza formal	Purificação histórica de um sistema de premissas normativas; aplicação por dedução silogística	Pluralismo de fins e meios, valores e consequências: filtragem argumentativa das considerações contextuais; constrangimento linguístico e procedimental às opções interpretativas e argumentativas

Fonte: elaborado pelo autor.

Se não crê no caráter puramente dedutivo do raciocínio interpretativo e não toma as regras em seu valor de face, como constrangimentos linguísticos inexoráveis a partir de seu significado literal, o formalismo jurídico contemporâneo reconhece o conflito potencial entre regras (não totalmente unívocas, conclusivas e invencíveis) e outros padrões normativos (juízos de valor e finalidade sensíveis ao caso concreto). Se, nesse conflito, estabelece um peso maior (ainda que não irreversível) em favor das regras, tal posição merece ainda ser reconhecida como herdeira do formalismo no sentido de "tratar a *forma* de uma regra jurídica como mais importante que seu propósito mais profundo, ou como mais importante do que atingir o melhor juízo tudo considerado no contexto particular de um caso específico" (SCHAUER, 2009a, p. 30, destaque no original).

Há certos autores exemplares na trajetória de ascensão, declínio e renascimento do formalismo jurídico –tema subjacente a todo este livro. Assim, em suas diversas vertentes abertas desde o final do século XX (ver *e.g.* RODRIGUEZ, J. R., 2011), um formalismo atualizado e atenuado – que reconheça certa determinabilidade do juízo pelas regras textualizadas, ainda que rejeite ou qualifique outros pressupostos "formalistas" – ganha novo sentido para dimensionar o alcance e sentido da tarefa de aplicação do direito. O quadro a seguir apresenta alguns autores de diferentes tradições teórico-jurídicas que, em suas teorias sobre a aplicação do direito, recuperam elementos associados ao formalismo jurídico.

Quadro 9.4 Repercussões do formalismo em alguns autores contemporâneos

Autor	Corrente teórica	Elementos formalistas na teoria	Flexibilizações do formalismo na teoria
Roberto Mangabeira Unger	Estudos críticos do direito	Deferência a significados literais dos textos normativos; Atenção a distorções de poder no processo legislativo	Juízos particularistas (não sistemáticos) de finalidade, analogia ou equidade; Nas cortes superiores, arbitramento institucional de impasse entre Poderes políticos
Neil MacCormick	Pós-positivismo	Sistematicidade (consistência e coerência) do direito e universalizabilidade das justificativas; Dedução e silogismo hipotético	Concretização ou determinação do direito por persuasão (não demonstração axiomática); Excepcionabilidade das regras; Argumentos consequencialistas
Frederick Schauer	Positivismo analítico (Hart)	Regras como constrangimentos linguísticos ao poder decisório; Positivismo e formalismo presumidos: diferenciação sistêmica do direito	Derrotabilidade das regras (generalizações normativas), por sub ou sobreinclusão de casos

Fonte: elaborado pelo autor.

Em seus termos mais abrangentes (partindo, sobretudo, das caracterizações feitas por Unger; ver *supra*, 8.3.1), o *formalismo jurídico clássico* indicava a concepção de que a interpretação do direito seria estritamente *técnica* (apolítica e amoral) (i), pois estruturada a partir de *premissas silogísticas evidentes* e plenamente determinada por inferência lógico-formal, especialmente *dedutiva* (ii), partindo das proposições de um sistema axiomático *completo e coerente* de dispositivos normativos (iii): *regras* plenamente delimitadas em sua hipótese de incidência e consequência devida (iv), formuladas em palavras com *significados (referentes) fixos* (v) e tidas como decorrências de alguns conceitos primeiros (os *"princípios"* de cada sistema jurídico e de seus ramos) (vi), que por sua vez corresponderiam a instituições intrínsecas a *tipos indivisíveis* (vii) dentro de uma *lista exaustiva* de formas possíveis de organização social (viii). Daí que de rótulos genéricos e abstratos como "propriedade", "devido processo", "liberdade" ou "república" se pretendesse inferir um pacote completo, um regime fechado de regras específicas, valores privilegiados pelo sistema e doutrinas explicativas de seus ramos e concretizações. Esses conceitos e instituições seriam pilares deste ou daquele tipo de sociedade e opções consagradas em uníssono pela respectiva comunidade política.

Entretanto, como já visto na discussão sobre o racionalismo (*supra*, 1.2) naturalista e formalista, ou esses rótulos abstratos permanecem amplamente indeterminados quanto a suas concretizações (as formas historicamente localizadas que exemplificariam os termos universais), ou perdem sua neutralidade e imparcialidade ao serem "preenchidos" por certos interesses e ideais que enviesam as instituições a favor de certas formas de vida e hierarquias morais. A identificação "fetichista" das instituições existentes com o conceito abstrato de "contrato" ou "mercado", "liberdade" ou "democracia" parece então uma operação intelectual arbitrária.

De certo modo, Dworkin (1986, cap. 2) sugere a busca dessa identificação por uma prática de interpretação reformadora, que *atinja o ajuste e a adequação entre as regras vigentes e os princípios morais pressupostos* pelo direito posto e por sua comunidade política, rejeitando apenas as normas mais incoerentes com unidade de valor a que tende aquela determinada a moralidade política (ver *supra*, 6.2). Do estágio pré-interpretativo de identificação dos padrões de direito aplicáveis ao estágio interpretativo de avaliação da adequação e do ajuste entre esses padrões e seus valores subjacentes, chegar-se-ia à afirmação de uma visão moral-política coerente, que rejeitasse eventualmente uma parte menor do direito positivo destoante dos compromissos evidenciados pelo restante da ordem jurídica.

Unger (2017b [1982], p. 99-100) similarmente identifica três camadas do discurso jurídico: "regras e precedentes autoritativos; propósitos, políticas e princípios ideais; e as concepções de associação humana possível e desejável a serem impostas em diferentes áreas da prática social". A objetividade da associação entre os dois últimos níveis (da qual dependeria a relação não arbitrária entre os dois primeiros, isto é, a racionalidade dos juízos finalísticos sobre as regras postas) não poderia ser garantida, se não pela escolha arbitrária de uma visão moral abrangente. Este é o ponto central da divergência com Dworkin (ver BURKE, 1992, p. 46-47).

O que Unger propôs, primeiro sob o método da "doutrina desviacionista" e, depois, da "imaginação institucional" (ver *supra*, 8.4.1), foi explorar o dissenso e a *concorrência de visões morais* possíveis a orientarem a eleição e intepretação dos ideais à luz dos quais as normas jurídicas hão de ser interpretadas. Assim, Unger (2004 [1996]) busca iluminar o descasamento entre os propósitos proclamados por um direito e as regras e doutrinas que os concretizariam em detalhe; daí a sugestão de um mapeamento das *soluções dominantes e desviantes* em cada ramo do direito e de uma crítica imanente:

a proposta de reforma (política) do direito vigente à luz dos interesses e ideais que ele proclama e cultiva, mas apenas imperfeitamente realiza.

Em estudo crítico e comparativo entre as visões de Dworkin e Unger, Burke (1992) rejeitou o que considerou posições extremas de remissão dos desacordos jurídicos a controvérsias especulativas abrangentes sobre valores (Dworkin) e de redução do discurso de aplicação do direito (em oposição ao discurso de reforma política do direito) à deferência à analogia judicial de baixa abstração e aos compromissos legislativos positivados em norma – com eventual correção, pela intepretação, da dominância de grupos de interesse no processo legislativo (ver UNGER, 1987b, p. 147; 2004 [1996], p. 72-77; ver também *supra*, 8.4.2). Burke (1992, p. 303-306), inclusive referindo-se a MacCormick, nota que a impossibilidade de uma comensurabilidade e objetividade perfeita quanto a valores não conduz de maneira absoluta à irracionalidade, à subjetividade ou ao emotivismo completo da decisão judicial. É verdade que o pensamento racional não pode dirigir conclusivamente as escolhas de valor, mas apenas pode derivar as implicações que a implementação de determinado valor pode produzir. Selecionada uma premissa, é possível controlar logicamente o que dela decorre, mas quaisquer premissas exigem justificativas adicionais, razões que as sustentem. Os critérios de identificação das normas *válidas* e aplicáveis, os métodos aceitos de *interpretação* e argumentação, de solução de *antinomias* e colmatação de *lacunas*, certa base compartilhada de *valores* (positivados e generalizados pela constituição), a verossimilhança das *provas* e a *consistência* dos silogismos argumentativos dão padrões de *controle racional da qualidade da argumentação jurídica* e da justificação decisória.

Outra comparação entre os modelos de discurso jurídico de Unger e Dworkin (HARRIS, 1989) enfatiza o quanto não seria necessário, para interpretar e aplicar o direito, endossar uma aceitação moral ou uma crítica política abrangente das instituições atuais (como implicam, respectivamente, o interpretativismo de Dworkin e a doutrina desviacionista de Unger). Ainda que agnóstico sobre a justiça do direito atualmente vigente, um intérprete qualquer poderia usualmente considerar que o corpo de regras aplicáveis em geral fornece *razões suficientes* para a solução de boa parte dos casos, que essas regras retêm um *significado acontextual* importante e que, portanto, as fontes formais de direito delimitam a controvérsia jurídica, distanciando-a do discurso filosófico ou ideológico aberto e aceitando que o império do direito exige uma distinção, ainda que relativa e mutável, entre os Poderes, órgãos e funções estatais. A *discricionariedade* – a abertura a escolhas não totalmente delimitadas pelo direito aplicável – é uma possibilidade, e nesse caso as escolhas do aplicador carregam riscos políticos mais elevados, que não podem ser simplesmente eliminados pela referência a uma resposta substancialmente correta. Não seriam esses, afinais, os compromissos teóricos mínimos de um formalismo jurídico reduzido a seu núcleo racional?

Descendo da generalização tipológica à identificação de autores paradigmáticos, encontramos variedades importantes de traços formalistas em autores contemporâneos de diversas "escolas" de teoria do direito: por exemplo, quando Unger (ver *supra*, 8.4.2), um líder dos *critical legal studies* e crítico tanto do formalismo jurídico clássico quanto da "análise jurídica racionalizadora" (o interpretativismo), prega a deferência a *significados literais*, equilibrada por *juízos analógicos, finalísticos e equitativos*, de baixa abstração e sistematização; quando Schauer (ver *supra*, 8.4.2.1), um seguidor do formalismo moderado e do positivismo analítico hartianos, procura aferir em que medida o *constrangimento linguístico das regras* impõe-se sobre a interpretação jurídica, ainda que o direito possa abrir espaços para *juízos mais particularistas e contextuais* que corrijam a sub ou sobreinclusão das regras enquanto generalizações normativas; ou quando MacCormick (ver *supra*, 9.4), um autor primeiramente adepto do positivismo hartiano e depois, sob influência de Dworkin, Alexy e Perelman, autorreferido como "pós-positivista", busca fornecer padrões de correção para a arguição de *exceções a regras*, ou para a consideração de consequências, reforça pretensões sistemáticas de *consistência lógica e coerência substantiva* assentadas na ordem jurídica sob um Estado de direito e reabilita, em alguma medida, a *estrutura silogística* na argumentação jurídica, embora reconheça que esta tem caráter persuasivo, e não demonstrativo.

MacCormick (2008b [2005], p. 41) endossa a "visão de que as normas jurídicas constrangem os tomadores de decisão, porque são relativamente determinadas, e podem ser aplicadas dentro de uma moldura de argumentos justificadores que levam a uma razoável previsibilidade dos usos da coerção estatal". Esta é a posição que Lucy (1999) classifica como "ortodoxa" dentro da teoria da jurisdição, opondo-lhe "heresias" como as dos *critical legal studies*. Ao mesmo tempo, MacCormick (2008b [2005]) é muito mais herdeiro de Dewey (1924) do que ele mesmo admite. Se compararmos com Dewey (discutido *supra*, 2.6.1 e 2.6.2) o que MacCormick defende a respeito do silogismo no direito, a explicação não é tão contrastante quanto MacCormick (2008b [2005], p. 44-45, 51, 142) quer fazer parecer.[103]

A *estruturação – racionalização ou formalização –* dos valores e princípios expressos por meio de *conceitos indeterminados*, ou subjacentes às regras e desenvolvidos jurisprudencial ou doutrinariamente por analogia ou interpretação extensiva – projeto de MacCormick e outros, como Schauer – é um passo viabilizado apenas a partir da posição realista de que a decisão judicial não é produto puramente de lógica dedutiva e de provas demonstrativas e de que há sempre políticas ou propósitos que justificam as regras e orientam a interpretação do direito na falta de regras aplicáveis.

Nesse espectro pós-realista, Unger é o mais próximo do realismo, ao negar a racionalização substantiva dos argumentos jurídicos, pregando uma conjugação de racionalidade formal com *particularismo* ("irracionalidade", em termos weberianos) material nos processos de interpretação e aplicação do direito posto. No outro extremo, de uma plena racionalização material (ainda que como ideia regulativa de objetividade), autores como Dworkin evocam uma argumentação jurídica tendente a revelar a *unidade de valor* por trás do plano moral abrangente que daria sentido aos princípios de justiça de uma comunidade política. Entre essas posições, emergem variadas teorizações sobre a combinação de racionalidade formal com racionalidade material – caso da descrição

---

[103] Diz MacCormick (2008b [2005], p. 51): "Em qualquer hipótese, a relevância e aplicabilidade do silogismo me parecem ser bastante claras e, de fato, dificilmente questionáveis. Mas talvez esse seja, no fim das contas, um *nonsense* escandaloso. Mas não seria preocupante o fato de isso parecer uma revolta total contra a lógica das probabilidades defendida por Dewey e um retorno absurdo ao formalismo e à teoria mecanicista do direito? Poder-se-ia argumentar que essa defesa do silogismo, na melhor das hipóteses, teria algum significado em um sistema codificado de *civil law*, mas seria algo completamente fora de sintonia com o espírito do *common law*. E que dizer do fato de o direito ser um conceito que demanda interpretação e de que todo o argumento jurídico também a demanda, sendo ainda marcado por juízos de valor em cada um de seus aspectos?".

de Schauer sobre o formalismo e o positivismo presumidos, ou da combinação, em MacCormick, de requisitos de consistência lógica, estruturação silogística da aplicação do direito e universalizabilidade das tipificações e juízos com demandas de coerência substancial e balanceamento argumentativo entre valores e consequências explícitos ou subjacentes às normas textualizadas enquanto regras positivas de direito.

A título ilustrativo, cabe referir que parece próxima à posição de MacCormick (e mesmo de Dworkin) sobre o requisito da coerência a teoria do jurista alemão Klaus Günther (n. 1957). Para ele, a determinação da validade do direito depende de um discurso público de justificação que indique o que é devido em termos morais por referência a sua *universalidade e imparcialidade* (demanda do assentimento hipotético dos potenciais envolvidos, em uma reelaboração pragmática do imperativo categórico kantiano; ver *supra*, 1.1 e 3.2). Já o discurso de aplicação do direito (interpretação) especifica tal senso de imparcialidade apenas se considerar a situação sob julgamento em todas as suas particularidades, mas à luz de todas as normas direta ou indiretamente aplicáveis, o que demanda um juízo (sistemático) de coerência substantiva do direito. "Enquanto que o importante em discursos de fundamentação é exclusivamente a potencial generalização dos interesses articulados, independentemente de uma determinada situação, em discursos de aplicação se trata justamente dos interesses situacionalmente específicos (...)." (GÜNTHER, 2004 [1988], p. 189). Assim, "[u]ma norma será situacionalmente tanto mais adequada, quanto mais corresponder, em todos os seus sinais característicos, à respectiva situação", mas "é inteiramente admissível a ideia de que uma norma seja situacionalmente adequada, todavia impossível de ser generalizada", o que macula sua validade no âmbito da razão prática (GÜNTHER, 2004 [1988], p. 190). O requisito da *coerência* no discurso de aplicação do direito é responsável por procedimentalizar a demanda por imparcialidade universal.

> O princípio que considera, em cada uma das situações isoladas, todos os sinais característicos, e o princípio de se apreciar, independentemente de uma situação isolada, os interesses de todos os implicados, só podem ser unificados em um único princípio naquele ponto utópico, no qual todos os implicados tiverem conhecimento das constelações de sinais característicos de cada uma das situações isoladas a que a norma possa ser aplicada. A ideia da imparcialidade é procedimentalizada em três dimensões pela combinação de fundamentação e de aplicação: na dimensão *social* por discursos de fundamentação, dos quais todos os afetados possam tomar parte; na dimensão *objetiva* por discursos de aplicação, que possibilitam a apreciação de todos os sinais característicos em cada uma das situações isoladas; e na dimensão *temporal*, pela sequência de diferentes situações imprevisíveis de aplicação. (GÜNTHER, 2004 [1988], p. 190-191, destaques no original)

Comparativamente, o modelo de formalismo e positivismo presumidos, de Schauer (1988; 1991), reconhece a *regridade* como atributo distintivo do direito, como filtro e constrangimento ao tipo de argumento que pode contar como justificação de uma decisão jurídica; reconhece também os problemas de sub e sobreinclusão das regras, o que leva à possibilidade de que algumas ordens jurídicas reconheçam a *derrotabilidade das regras*, permitindo que a menção a propósitos subjacentes justifique tanto que se estenda a aplicação de tais padrões normativos formalizados (as regras) a casos não contidos na literalidade de seus enunciados, quanto que se evite a aplicação das regras em casos que seriam uma exemplificação de seus termos gerais ou universais, mas para os quais a solução regrada parece ser especialmente ruim. Schauer parece endossar a pretensão de *universalizabilidade ou generalização das justificativas* dadas às decisões jurídicas – na linha de MacCormick. Entretanto, parece menos exigente quanto à ideia de sistematicidade do direito: se para MacCormick (2008b [2005]) não se pode abrir mão do postulado clássico de sistematicidade – que implicaria demandas de consistência formal e coerência substantiva da ordem jurídica –, Schauer (1991) parece estar preocupado com uma ideia mais minimalista de "sistema" jurídico, em um sentido próximo a Hart e Wittgenstein. Schauer (1991; 2012a; 2012b; 2022 [2015], cap. 11) afirma que a existência do direito exige conceitualmente certa *diferenciação sistêmica* em relação a outros conjuntos normativos (como a ética ou a religião); para que continue a haver um sistema jurídico, é preciso que suas regras sejam suficientemente adotadas como padrões de orientação, avaliação e justificação de conduta e decisões. Dito de outra forma, deixa de haver um sistema de regras jurídicas minimamente delimitado e diferenciado se tais normas formalizadas e positivadas forem encaradas meramente como sugestões, e forem rotineira e facilmente derrotáveis por quaisquer outras razões (políticas, econômicas, éticas etc.). É essa mínima reiteração de seu uso que constitui ou ao menos ampara a existência das regras como *padrões institucionais*, como elementos de um sistema institucionalmente diferenciado. Daí que toda ordem jurídica precise em algum grau reforçar o peso argumentativo de suas regras contra outras razões concorrentes (SCHAUER, 1991, cap. 3-4).

Já MacCormick (1990) rejeita explicitamente as pretensões antissistemáticas dos Estudos Críticos do Direito; não apenas afasta a indeterminação radical do significado das normas (MACCORMICK, 2008b [2005], p. 163; ver a posição de Duncan Kennedy discutida *supra*, 8.2) como também não considera suficiente para a justificação judicial o particularismo (tal como pregado por Unger, por exemplo).[104] Ao contrário do *caráter particularista e antissistemático* da aplicação do direito finalística e analógica sugerida por Unger, o próprio argumento analógico só faz sentido para MacCormick (2008b [2005], p. 264, 268-276) dentro de uma concepção *sistematizante e universalizadora*, de coerência substantiva do direito, pois a analogia repousaria sobre princípios induzidos (isto é, generalizados) a partir de casos concretos e interpretados *como se* todas as disposições jurídicas de um ordenamento servissem a um conjunto coerente de valores.

Há, porém, quem negue caráter sistemático ao discurso de aplicação do direito, sem deixar de exigir racionalidade na argumentação jurídica.[105] De outra parte, será

---

[104] Unger não é referido por MacCormick, mas vejamos a seguinte argumentação: "Uma parte necessária da justificação dessas sentenças consiste em mostrar que elas não contradizem regras jurídicas validamente estabelecidas. Uma outra parte adicional consiste em mostrar que elas estão apoiadas em princípios jurídicos estabelecidos ou em analogias próximas e razoáveis feitas a partir de regras jurídicas estabelecidas, sempre que algum princípio defensável sustente a relevância da analogia. Mas esses fundamentos de justificação, ainda que sempre necessários, não são de forma alguma sempre suficientes ou conclusivos para favorecer ou afastar uma conclusão possível em um dado caso" (MACCORMICK, 2008b [2005], p. 139-140).

[105] É interessante observar que, para Aarnio (2011, p. 177), uma "ordem jurídica" é "uma totalidade normativa composta por regras e princípios", com a dupla função de orientar padrões de comportamento para os cidadãos e bases para a solução de disputas pelas autoridades. A ordem jurídica seria pré-sistemática – um conjunto das fontes formais do direito. Já o "sistema jurídico" seria uma unidade de "metanível" formulada apenas pela dogmática jurídica, não cabendo a juízes e administradores sistematizarem a ordem jurídica, mas apenas resolverem casos singulares sob sua autoridade. A função sistematizadora do estudo doutrinário do direito contribui, porém, para simplificar a pesquisa das normas válidas, economizar tempo e energia na aplicação do direito e contribuir para a precisão dos argumentos.

que a rejeição à sistematicidade da parte de Unger e a fórmula que o autor indica para a interpretação jurídica – combinação de deferência a significados literais das regras com sua correção *ad hoc* por juízos mais *particularistas, concretos, pontuais e situados* de valores, finalidades, contextos, papéis sociais e equidade – fugiria à exigência, posta por MacCormick, de universalizabilidade das razões justificadoras de decisões jurídicas? MacCormick (2008b [2005], cap. 5) define o *universalismo e o particularismo* como conceitos que não admitem graus. Regras e princípios seriam formulações universalistas, variando em grau quanto a sua *generalidade ou especificidade* (como entendia Hart; ver *supra*, 4.3 e 6.1). Dessa forma, defende o autor que, para fazerem jus à pretensão de tratamento igual sob um império do direito, seria preciso que as decisões jurídicas (judiciais) sempre remetessem as particularidades do caso concreto a uma formatação universalista, especificando em termos universais os "fatos operativos" de uma regra (uma hipótese de incidência mais ou menos estrita, com mais ou menos "condicionantes" aos quais se atribui, conjuntivamente, a consequência normativa).

Aparentemente, porém, a ferramenta de que dispõe o direito para definir hipóteses de incidência (que universalizem circunstâncias particulares) é a referência a *classes de pessoas* (com maior ou menor generalidade/individualização) e a *tipos de conduta* (com maior ou menor abstração/concretude) (ver *supra*, 3.3.1). Dessa forma, a distinção entre universais e particulares, embora logicamente não admita graus, passa a admiti-los quanto aos exemplos de sua utilização ou concretização (a questão da "exemplificação" ou "instanciação universal") – isto é, quanto à relação entre os termos universais da premissa maior (a regra aplicável) e os termos particulares da premissa menor (os fatos do caso) do silogismo hipotético em que se formaliza o juízo regrado.

Assim, a princípio, igualmente é possível que a baixa abstração ou o "particularismo" dos juízos finalísticos e analógicos sugeridos por Unger (*supra*, 8.4.2) não os impeça de serem formulados ou reconstruídos (no processo de aplicação do direito) enquanto termos *universalizados*, ainda que *superdetalhados e especificados* – regras muito precisas em suas hipóteses de incidência e derrotáveis por novas considerações particularistas que um caso suscite e que se precise universalizar, especificando ainda mais a formulação da regra enquanto razão justificadora da decisão.

Estaríamos afinal exigindo um *"particularismo universalizável"*? Como entender esse paradoxo? Poderíamos remeter à discussão de Hart (*supra*, 4.3) sobre as técnicas regulatórias do direito: em um extremo, a definição da regra completa pelo legislador, a tipificação universalista *a priori* de condutas e consequências bem delimitadas; em outro, o mero esboço de um padrão normativo finalístico ou valorativo, que demanda o juízo *a posteriori*, sensível ao contexto e às particularidades do caso concreto. Neste caso, a regra teria que ser formulada no caso concreto, mas sua formalização valeria para refinar a justificação tanto em relação a casos passados (nos quais tal regra poderia não estar plenamente articulada) quanto em relação a casos futuros semelhantes – que devem se guiar pela regra discernida, a não ser que haja em sentido contrário razões suficientemente fortes e também universalizáveis enquanto *regra/exceção* (o tema da derrotabilidade discutido *supra*, 9.4.2).[106]

---

[106] Lembremos que a teoria de princípios de Alexy (ver *supra*, 6.1.1) reconhece que princípios nunca são razões definitivas para uma decisão; se não houver regra aplicável, ou se esta for superada, derrotada por princípios, estes devem servir de base para a formulação de uma regra para o caso concreto.

Embora a *analogia* tenha, a princípio, um caráter particularista, também o argumento analógico pode ser universalizado (ver DUARTE D'ALMEIDA; MICHELON JR., 2017). Assim como a interpretação extensiva ou restritiva, esse tipo de argumento implica uma avaliação sobre os valores ou finalidades; no caso, um juízo sobre os valores ou finalidades subjacentes a uma regra disponível e sobre a similitude dessas justificações com relação a uma situação não regrada – a lacuna. A semelhança suficiente das situações, um argumento valorativo, justificará a aplicação da regra formulada para uma hipótese de incidência que, literalmente, não contempla como sua particularização a situação sob julgamento. Ou seja, pode-se exigir o convencimento de que a solução dada para o caso concreto poderia ser formulada como uma *regra particular, instância de uma regra universal* (inexistente, daí a lacuna) que compartilha com outra regra universal uma mesma justificação; ambas proveriam resposta a uma mesma questão jurídica. Daí a aplicação do consequente regrado (uma permissão, proibição ou obrigação) à situação não regrada.

O raciocínio analógico pode, inclusive, ser formalizado com um silogismo cuja premissa maior é determinada regra (hipótese de incidência à qual se imputa um consequente normativo) e a premissa menor é a afirmação da semelhança suficiente (argumentada a partir dos propósitos subjacentes à regra: *ratio legis*) entre a situação não regrada e aquela hipótese regrada, sendo a conclusão a imputação da consequência regrada à hipótese não regrada (H deve ser C → h é semelhante a H → h deve ser C). Essa formulação é imperfeita segundo a lógica formal, pois exprime juízo de semelhança, e não de identidade. O que aperfeiçoaria o raciocínio é um segundo silogismo, que apresentaria a inclusão das hipóteses (a regrada e a não regrada) em uma classe mais geral de condutas.

Podemos supor que a conduta H seja a compra de um bem (medicamento), enquanto h seja a compra de um serviço médico. A hipótese de incidência mais geral, que contemplaria ambos os fatos geradores, seria a ideia de compra de algum "produto" voltado a tratamento de saúde (gênero que teria "bem" e "serviço" como espécies). Assim, se a regra que existe determina que a compra de um "bem" voltado a tratamento de saúde (H) acarreta determinado desconto de impostos ao contribuinte, mas não existe regra sobre esse desconto na tributação no caso da compra de um "serviço" médico (h), a solução pode ser: ou (1) a não incidência do desconto (argumento *a contrario sensu*), ou (2) a analogia, isto é, a criação de uma nova regra (para a hipótese da compra de um serviço, imputando-lhe o mesmo desconto).

Essa regra criada por analogia pode ser vista como instância particular de uma regra universal, induzida pelo intérprete, de que a compra de qualquer "produto" voltado a tratamento de saúde deve ter sua tributação descontada (a compra de qualquer produto deve ter desconto na tributação → um serviço é um produto → o serviço deve ter desconto na tributação). Temos aqui o desdobramento de um raciocínio de universalização da solução interpretativa construída para o caso (note-se que o direito tributário proíbe a analogia em prejuízo do contribuinte, ou seja, que lhe aumente a carga tributária).

Ao discutirmos a questão da sobre ou subinclusividade das regras (ver *supra*, 8.4.2.1), vimos como a formulação de determinada hipótese de incidência pode tanto (1) incluir casos aos quais a regra não deveria se aplicar, à luz de seus propósitos, pois lhes confere uma solução ruim, quanto (2) excluir casos aos quais a regra deveria se aplicar, demandando então interpretação extensiva. No primeiro caso, demanda-se uma interpretação restritiva – lembremos da exceção do cão-guia quanto à regra que proibisse a entrada de cães. No segundo caso, fala-se de interpretação extensiva. Algumas situações de subinclusividade da regra parecem, porém, mais próximas da analogia propriamente dita (demandando a criação de nova regra) do que da mera interpretação extensiva de regra existente.

Vejamos a situação envolvendo a regra que veda a entrada de cães em estabelecimentos médicos; pode-se estender a proibição à entrada de gatos, identificando-se que o propósito da lei era manter a higiene e a segurança daqueles locais, pelo que se justifica a semelhança entre cães e gatos, neste caso. Os valores implícitos orientam a extensão denotativa da literalidade da hipótese de incidência. Ora, nesse caso, parece que pressupomos a inclusão de cães e gatos em uma classe mais geral (animais domésticos), de modo que a regra existente, que proíbe a entrada de cães, serve de modelo para o tratamento da situação não regrada (o que fazer quanto à entrada de gatos). Como a semelhança entre as hipóteses regrada e não regrada é relevante (à luz dos propósitos da regra, de manter a higiene e a segurança nos estabelecimentos, e à luz da inclusão lógica das espécies "cães" e "gatos" no gênero "animais domésticos"), tal semelhança parece ser suficiente para aplicar à hipótese não regrada (gatos) a mesma consequência normativa da situação regrada (cães). Claro que ainda temos aqui a possibilidade de invocar o princípio da legalidade ampla, aplicável ao direito privado (o que não está proibido expressamente está implicitamente permitido) e o argumento *a contrario sensu*: se a regra existente apenas proíbe a entrada de cães, ela implicitamente permite a entrada de todos os outros animais. A analogia implica, portanto, reconhecendo que a situação não está regrada, a criação de uma nova regra, pressupondo-se que a solução do caso concreto (dever vetar a entrada do gato Garfield) é instância particular desta nova regra universal (a proibição da entrada de gatos, não contemplada na regra que proibia apenas a entrada de cães).

Na distância entre a norma universal, formalizada como regra, e a avaliação particular de interesses, finalidades, políticas ou princípios, o termo universal nunca determina totalmente o particular (ver a discussão sobre universais e particulares em UNGER, 1978 [1975], p. 167-182). É possível, com base em um mesmo valor subjacente à regra, formalizá-lo em outro preceito normativo. Porém, a teoria liberal presume a universalização dos valores caiba ao processo decisório de formulação de uma "vontade coletiva" pelos Poderes políticos; a regra emanada do Legislativo e sancionada pelo Executivo seria impessoal e objetiva apenas teria que ser aplicada uniformemente às circunstâncias individuais pelo Judiciário. Trata-se de justiça formal, o que evitaria o subjetivismo dos juízos de valor no processo de interpretação-aplicação do direito.

Unger (1970) argumentava, entretanto, que a justiça formal, como tratamento igual de casos iguais, depende ela mesma de um juízo moral sobre o *valor* que permite agrupar pessoas e condutas em uma mesma categoria ou em grupos distintos. Desse modo, mesmo a operação de um sistema formalizado de direito (com seus atributos de generalidade e autonomia) implica considerar os propósitos e finalidades das regras. A *isonomia formal* aparece então como "um símbolo transformativo, mediando entre o conceito de uma ordem jurídica e a ideia de justiça material. É *o* lugar do sistema jurídico em que o raciocínio com base em regras e o raciocínio segundo valores são vinculados" (UNGER, 1970, p. 184, destaque no original).[107]

A ideia de justiça exige uma calibração entre os *valores subjacentes* às regras válidas aplicáveis. Mas essa calibração pode ser pontual, equitativa e analógica, uma correção dos resultados interpretativos do universalismo formalista quando estes forem inadmissíveis diante de particularidades das pessoas e situações sob julgamento. Nos termos mais abrangentes da discussão de Unger (1978 [1975], p. 180-181), "[o] universal não é nem abstrato nem formal", e não pode "ser identificado com um particular único, concreto e substantivo. É, em vez disso, uma entidade cuja universalidade consiste, precisamente, num conjunto aberto de determinações concretas e substantivas sob as quais pode se manifestar."

Poderíamos tomar as regras como equivalentes a termos universais do discurso jurídico, e apresentar argumentos finalísticos ou valorativos relativos à interpretação do direito como exemplos de termos particulares. Nesse sentido, como nota Schauer (1991; ver *supra*, 8.4.2.1), um sistema jurídico pode funcionar pela presunção reforçada (ainda que não absoluta) em favor da formalização previamente dada, pelas autoridades (fontes formais) às regras aplicáveis. Se esse padrão de deferência, na aplicação do direito, às regras já formalizadas e positivadas for seguido empiricamente, um dado sistema jurídico merece ser qualificado como positivista e formalista em um grau relevante.

Embora Unger permaneça um autor autorreferido como antiformalista ou antirracionalista (crítico das teorias de racionalização formal e substantiva do direito; ver *supra*, 8.3.1), deve-se lembrar que o discernimento da tarefa de *interpretação do direito posto* em relação à tarefa de imaginação institucional (para a reforma do direito) torna-se mais claro em Unger (ver *supra*, 8.4) em fase posterior àquela em que conceituava (e atacava) o formalismo como crença em um discurso de justificação estritamente jurídico, relativamente apolítico, diverso das controvérsias ideológicas abertas (UNGER, 2017b [1982], p. 101-107). Nesses termos, com sua proposta de "reconstrução racional" dos argumentos jurídicos, MacCormick seria facilmente enquadrado como um formalista.[108]

Seria possível, então, *universalizar juízos de valor e finalidade mais concretos e pontuais* (admitidos por UNGER, 2004 [1996], p. 141-147; 2017c [2014], p. 53-58), sem fazer a argumentação em dado caso concreto ascender a juízos avaliativos sistemáticos, aderentes às pretensões (advogadas por Dworkin) de coerência e integridade substantiva de todo o direito? É possível que sim.

---

[107] Há, neste texto de Unger (1970), influência explícita de Perelman, em uma fase na qual este autor polonês se inclinava a favor do entendimento de que juízos de valor seriam intrinsecamente irracionais e explicáveis apenas por remissão a emoções, desejos, impulsos e interesses do julgador. Assim, a demanda positivista e formalista por justiça formal – tratar de maneira igual os casos suficientemente semelhantes – envolveria avaliações pouco controláveis sobre os valores em comparação para se caracterizar uma situação como suficientemente semelhante ou dessemelhante, em seus aspectos relevantes, a outra situação, tomada como paradigma ou precedente (ver *e.g.* PERELMAN, 1963). Em fase posterior de seu pensamento, Perelman (ver *infra*, 9.3) desenvolveu uma "nova retórica", voltada a fornecer critérios mais objetivos para o controle racional da argumentação.

[108] "(...) algumas mudanças nas regras, assim como a adoção de interpretações particulares do direito legislado, já devem ser, num certo sentido, passíveis de serem derivadas dos documentos jurídicos existentes, utilizando-se de princípios e valores estabelecidos em novos contextos. Tal mudança ocorre dentro de uma continuidade genuína, e é diferente do tipo de mudança mais radical que é legítima somente por meio do processo legislativo e depois de todas as formas associadas de deliberação por meio de propostas de lei, consultas públicas, comissões de investigação e todos procedimentos que conduzem ao debate e à decisão no parlamento" (MACCORMICK, 2008b [2005], p. 343). Ver ainda MacCormick (2008b [2005], p. 356-357).

A racionalização do argumento jurídico em MacCormick parece dar mais ênfase à *dimensão formal* do que a visão racionalizadora-substantiva de Dworkin, indicativa de uma imersão da interpretação jurídica em avaliações de moralidade política. Ainda que admita influência de Dworkin (ver MACCORMICK, 2008b [2005], p. 8, 41-42), MacCormick aprofunda mais o papel dos *constrangimentos institucionais* que o a jurisdição apresenta, e não formula algo como a figura ideal – com referência indicativa ao papel da jurisprudência – de um juiz-filósofo que fosse capaz de racionalizar a unidade de valor de sua comunidade política de maneira tão abrangente e coerente quanto imaginava Dworkin (1975; 2004).[109] Ainda que sustente pretensões de coerência prática do sistema jurídico e de universalizabilidade das razões justificadoras das decisões jurídica, e assuma a "razoabilidade" como um parâmetro de ordem superior (a partir do qual poderiam ser avaliados e racionalizados interesses e valores substantivos), MacCormick parece assumir uma postura mais *pluralista* que a dworkiniana quanto aos *juízos de valor*[110] (ver *a discussão supra*, 8.3.1, sobre a crítica de Unger à "análise jurídica racionalizadora").

Outro ponto de divergência de MacCormick com relação a Dworkin (1986, p. 49-55) diz respeito ao conceito de *"interpretação construtiva"* elaborado pelo último. Para MacCormick (2008b [2005], p. 186), Dworkin indicaria com isso que toda "interpretação diz respeito a uma atividade completa dentro de um certo gênero, e procura entendê-la de modo a transformá-la no que melhor pode haver de seu tipo"; assim, implicaria que qualquer disputa jurídica "nos envolve na interpretação do 'direito' como um conceito, com relação, em qualquer grau, à concepção de 'direito' que prevalece na comunidade política em questão". Entretanto, essa abordagem correria o "risco da supersimplificação. Há diferentes objetos de interpretação no direito, e diferentes abordagens interpretativas e argumentos interpretativos adequados a diferentes objetos." Portanto, "[i]nterpretar uma prática inteira, o 'direito', digamos, não é o mesmo que interpretar qualquer de suas partes".

A atribuição de "sentido e valor" ao direito em geral ou a um ordenamento em particular seria tarefa distinta daquela de resolver controvérsias localizadas sobre a aplicação de uma lei ou precedente. Em suma, diz MacCormick (2008b [2005], p. 187), por mais que ambas as tarefas pressuponham certa busca por uma "reconstrução racional" que apresente a *coerência substantiva* do direito, os vários tipos de argumentos

---

[109] "Se alguém pudesse estabelecer uma teoria completa e inteiramente satisfatória da interpretação de todo um sistema jurídico – a tarefa que Ronald Dworkin imaginava ser exercida pelo juiz 'Hércules' – essa teoria seria sem dúvidas completamente autoconsistente e livre de contradições. Ela poderia então ser a base de dados, ou, na verdade, a base de conhecimento para um sistema dedutivo completo tal como aquele que Wellman sugere que tenho em mente. Mas, ainda que essa possa ser uma ideia justificável como um ideal para a argumentação e para a interpretação no Direito, não é possível justificar que essa ideia descreva sistemas jurídicos reais, como se eles tivessem ou pudessem alcançar esse ideal. Nada do que eu disse deve ser entendido como uma asserção nesse sentido" (MACCORMICK, 2008b [2005], p. 72).

[110] "Na verdade, os juízes frequentemente se referem à justiça, a uma política pública ou ao bem comum da comunidade, à conveniência e ao bom senso como critérios ostensivamente diferentes para avaliação, que eles aplicam às consequências jurídicas e aos possíveis resultados ulteriores das decisões que são cogitadas nos casos contenciosos. Observar isso é alertar sobre a probabilidade de a avaliação jurídica operar sobre uma pluralidade de valores, e não sobre um único parâmetro tal como o já referido 'prazer' ou a 'satisfação de preferências' ou a 'utilidade', e isso é importante para começar. Mais ainda, para tomar apenas um dos conceitos mencionados, a 'justiça' dificilmente parece ser o nome de um critério de avaliação simples e unitário. A justiça tem, ela mesma, muitos aspectos, o problema é sob qual desses aspectos ela se torna relevante em relação aos problemas em particular" (MACCORMICK, 2008b [2005], p. 150).

possivelmente adequados, em cada contexto, para sustentar persuasivamente a preferência por uma ou outra interpretação possível não podem ser "deduzidos" do conceito de "interpretação construtiva".

Schauer (2009b) ajuda a elucidar essa comparação entre MacCormick e Dworkin. Em sua conceitografia, Dworkin (2006b, p. 97-98) distingue os conceitos doutrinário e sociológico de direito (ver *supra*, 6.2) e então rejeita como questão prática ou filosoficamente relevante *distinguir o direito de outros sistemas normativos*, como a moralidade ou a religião, o que seria uma definição criterial vaga, mero objeto de interesse sociológico. Essa definição teria pouco a ver com as controvérsias práticas disputadas por advogados e juízes, as quais seriam cobertas por um conceito doutrinário de direito, voltado a reconhecer a verdade das proposições jurídicas usadas para justificar as decisões.

Ora, nessa medida, a configuração, as limitações e as potencialidades do direito enquanto *instituição social diferenciada* – ponto que MacCormick (2007) e Schauer (2004; 2022 [2015], cap. 11) enfatizam – são marginalizados na teoria interpretativista do direito, que levaria à irrelevância os constrangimentos organizacionais e procedimentais que caracterizam os agentes encarregados de identificar e aplicar o direito. Dworkin toma tal posição para afastar o convencionalismo positivista, a ideia de identificar como válidas as normas assim consideradas empiricamente por uma convenção entre as autoridades de dado sistema jurídico, que desse modo confeririam às normas jurídicas um *pedigree* institucional (ver *supra*, 6.2).

Entretanto, nota Schauer (2009b), ainda que derrotáveis por outras considerações morais relevantes (sobre derrotabilidade, ver *supra*, 9.4.2), as regras contam com uma presunção a favor de contarem como razões determinantes para a justificação decisória (formalismo), e essa presunção pode advir da razão de que a regra foi produzida por uma autoridade competente (positivismo). Isso comumente ocorre, de modo que a determinação do que deve ser o direito no caso concreto guarda relação importante com a definição mais geral das autoridades reconhecidas como produtoras de normas que contam como razões reforçadas para a argumentação jurídica. Em outros termos, a *diferenciação institucional do direito* não é irrelevante para as questões práticas e doutrinárias de avaliação das proposições jurídicas; pelo contrário, é essa diferenciação que explica a justificação no direito *não* como um *juízo "tudo considerado"* sobre os casos, mas como um juízo regrado que possa superar mesmo as melhores razões morais da autoridade ou do cidadão. Essas razões que possam a vir derrotar as regras entrincheiradas, diz MacCormick (2008b [2005], cap. 5 e 12), devem elas mesmas ser razões universalizáveis: isto é, novas regras, ou reformulações/reespecificações de determinada *regra/exceção*.

Mesmo quando MacCormick (2007, p. 252-261, 277-279) admite que a fonte institucional é condição necessária, mas não suficiente, da legalidade, resta ainda mais descritivamente acurada a tese positivista sobre a separabilidade entre direito e moral, dado o específico caráter institucional do direito, como uma ordem normativa construída e interpretada por autoridades. Igualmente o positivismo presumido abraçado por Schauer (ver *supra*, 8.4.2.1) busca reconhecer tal atributo. Isso significa que podem ser avaliadas como importantes e até preponderantes na solução de um caso normas e razões não dotadas de um *pedigree* institucional prévio, mas significa também explicar a prática jurídica usual, típica, de argumentos que partem de *regras válidas* como *razões a princípio* preponderantes, ainda que *derrotáveis* (tipicamente, a exceção implícita é excepcional ela mesma). O direito atual funciona vinculando a sua diferenciação institucional ao juízo prático das razões persuasivas que justificam a decisão em processos (eles mesmos diferenciados) de solução de controvérsias.

Os constrangimentos institucionais à argumentação judicial também ganham ênfase em uma teoria *positivista exclusivista* como a de Scott Shapiro (ver *supra*, 6.3), que busca reconstruir como os "desacordos teóricos" identificados e explicados pelo interpretativismo (DWORKIN, 1986) poderiam receber uma explicação que não ancorasse a objetividade do direito em um discurso judicial de avaliações morais abrangentes. Shapiro (2007) uma teoria que reitere, na explicação sobre a aplicação do direito, o papel das *convenções socialmente estabelecidas* sobre a validade das normas e sobre a divisão de competências e poderes entre os órgãos jurídicos. Shapiro (2007, p. 41-52) reconhece a demanda dworkiniana de explicar como juízes podem discordar sobre os fundamentos de direito de sua decisão, porém rejeita que tal discordância deva ocorrer em um plano de avaliações morais concorrentes sobre, no limite, todo o quadro institucional direta ou indiretamente incidente sobre um julgamento. Pelo contrário, um sistema que buscasse delimitar o direito a partir da indicação fática de convenções teria suas vantagens. O desacordo aqui não voltaria a ser um desacordo empírico sobre se determinada lei foi posta pela autoridade competente e segundo o procedimento devido. Seria um desacordo sobre valores e avaliações – mas não os valores imputados pelo intérprete-aplicador aos padrões normativos que ele deve aplicar, e sim os *propósitos histórica e empiricamente atribuídos a uma lei* pelo parlamento que a votou.

Há mesmo quem considere que os termos valorativos, quanto incorporados ao direito, ganham um sentido especificamente jurídico, afastando controvérsias morais – e jogando por terra o debate entre positivistas exclusivistas e inclusivistas (PRIEL, 2005). Em defesa de uma maior deferência àquilo que classicamente se chama de *"vontade do legislador"* (termo que Shapiro não evoca), Shapiro (2007, p. 48) diz que a teoria dworkiniana da interpretação autoriza e incentiva os juízes a reabrirem questões já resolvidas pelos legisladores – afinal, os padrões normativos autoritativos não pesam suficientemente eles mesmos como soluções de conflitos entre interesses e ideais; esses "fundamentos de direito" identificados pela remissão às *"fontes formais"* (para usar mais um termo clássico não adotado por Shapiro) só deveriam receber, segundo Dworkin (1986, cap. 1), o peso e a deferência que seus intérpretes considerarem moralmente adequados. Para determinar o peso das regras postas em relação a qualquer outra justificativa moral levantada pelo juiz, este teria que se voltar a uma reflexão filosófica abrangente e abstrata (substituindo e derrotando assim a escolha ideológica dos representantes políticos).

Entretanto, aqueles que desenham um sistema jurídico (ou partes desse sistema) fazem escolhas de fins e meios, e a partir delas é que os intérpretes-aplicadores deveriam circunscrever suas divergências. Também os *programadores do direito* definem a alocação de direitos e obrigações, competências e poderes – o que define uma distribuição de *confiança* conforme os *papéis institucionais* dentro do sistema jurídico. Se cada intérprete puder revisar tal planejamento, avaliando se ele é mesmo a melhor concretização dos valores justificadores daquela prática social, haveria um constante risco de desfazimento do *planejamento* feito pelas autoridades criadoras. Há, enfim, uma convenção, um entendimento compartilhado, sobre as próprias práticas interpretativas: conforme o grau de confiança atribuído à autoridade, dela se demanda uma definição de propósitos e meios, ou apenas uma aplicação segundo a literalidade dos textos normativos (que refletem escolhas de meios e fins já tomadas por outra autoridade). Como aponta Shapiro (2007, p. 50), os desacordos que podem emergir conforme o arranjo institucional adotado dizem respeito ao que é demandado por determinada metodologia interpretativa, a quais são os propósitos ideológicos daquele sistema jurídico, a qual sua distribuição de confiança e desconfiança e a qual metodologia, portanto, mais se afina com os propósitos e a divisão de trabalho desenhada pelos planejadores daquele sistema. O fato social no qual repousam os desacordos teóricos é, enfim, a definição da ideologia de determinado sistema jurídico. Mesmo concordando sobre qual é tal ideologia (sem criticá-la e reformá-la, como cabe à política) e sobre a divisão de papéis e procedimentos naquela ordem jurídica, seus intérpretes-implementadores poderiam ainda assim *discordar sobre os métodos de interpretação* mais adequados. E esta seria uma forma de *desacordo teórico* relevante.

Ora, porém a própria ideia de se definir qual é *a* ideologia de um determinado sistema jurídico recai nos problemas da racionalização arbitrária vislumbrado por Unger (2004 [1996], p. 72-84): como, de uma série de decisões legislativas (ou jurisprudenciais, ou administrativas) episódicas, em que ora uma posição ora outra prevaleceu, se poderia reconstruir um único *plano moral coerente* para aquela sociedade? Retornamos à questão da instabilidade dos juízos finalísticos e valorativos, que só se podem determinar por referência a textos delimitados, contextos concretos e interesses em disputa. O particularismo desses juízos, pregado por Unger (2004 [1996], p. 141-147; 2017c [2014], p. 53-58), seria um empecilho à justiça formal (tratar casos iguais de maneira igual) e dispensaria sua universalização enquanto regras (ainda que hiperespecificadas em suas hipóteses)? Jogaria por terra qualquer concepção de um sistema jurídico (ainda que não mais concebido em termos axiomáticos, como no formalismo clássico)? Conduziria ao arbítrio discricionário dos juízos de valor dos intérpretes, imputado às perspectivas realistas e céticas e do qual busca fugir a exigência interpretativista de coerência e integridade nas avaliações morais postas em ação na argumentação judicial? As respostas a essas questões parecem ligadas mais a variáveis contextuais de um sistema jurídico concreto do que a definições analíticas sobre os elementos necessários de todo e qualquer direito.

De todo o modo, para descrevermos a possibilidade de se exigir praticamente a universalização (formalização) de juízos particularistas (substantivos) na interpretação e argumentação jurídica, podemos fazer uma correlação final entre três concepções relevantes: a ideia de que a aplicação do direito comporta expectativas tanto de consistência formal quanto de coerência substantiva (MACCORMICK, cap. 4-5, 9-11); a concepção de sistematicidade do direito tanto em sentido formal quanto em sentido material (FERRAZ JR., 2008 [1988], p. 319-320; 1997 [1973], p. 78-88); a tese de que há uma transitividade ou circularidade entre as demandas por justiça formal e por justiça material no discurso jurídico (UNGER, 1970).

Entendendo o direito como um sistema em sentido retórico (e não no sentido da perfeição lógico-analítica) e a sistematicidade como uma demanda prática – da tomada de decisão jurídica e de sua justificação –, podemos relacionar o ideal regulador de *consistência* com a sistematicidade formal do direito. Aqui, a solução de antinomias se relaciona com o processo de concretização da ordem jurídica, de normas mais gerais e abstratas (*e.g.* leis) até aquelas mais individuais e concretas (*e.g.* sentenças), com uma definição escalonada das autoridades competentes e uma delimitação sucessiva da extensão normativa, controlando sua vagueza (sentido denotativo: quais ações e sujeitos são regulados pela norma).[111] Tal dimensão formal da sistematicidade – consistência – vincula-se à demanda por justiça formal: "tratar os casos iguais igualmente". A construção detalhada da hipótese de incidência normativa (premissa maior), a especificação precisa dos fatos que a exemplificam (premissa menor) e a decorrente formulação da norma de decisão aplicável ao caso (conclusão do silogismo) atendem a tal exigência. Consistência diz respeito, portanto, à relação entre o geral e o individual.

De outro lado, a demanda por *coerência* alude à relação entre universal e particular. Orienta-se à sistematicidade substantiva do direito, visto como meio de concretização de certos valores subjacentes ou imanentes; coerência refere-se prioritariamente à intensão conotativa das normas jurídicas e ao controle de sua ambiguidade (quais predicados abstratos são por elas indicados e privilegiados). Aqui a demanda por justiça material – atender à particularidade do caso concreto, "tratar os desiguais na medida de sua desigualdade" – submete-se a um princípio ou postulado (formal) de universalizabilidade, nos moldes do imperativo categórico: as particularidades do caso concreto (à qual dirigem a atenção considerações de princípio e política, valor e interesse, função e finalidade) precisam ser suscetíveis de reconhecimento como exceções para toda e qualquer situação semelhante, pois ancoradas em certa hierarquização de valores do sistema; isto é, a particularidade deve ser incorporável no esquema *regra/exceção* não apenas do ponto de vista do caso concreto, mas também do sistema jurídico em sua totalidade. Desse modo, o juízo de valor a princípio particularista, ao ser formalizado (como regra), se universaliza. A avaliação sobre o bom em si transforma-se em juízo sobre a correção para o sistema e sobre o dever institucional da autoridade decisória. A derrotabilidade de regras (juízos formalizados, universalizados) por valores subjacentes (substantivos, particulares mas universalizáveis), operacionalizada por interpretação restritiva (ver *supra*, 3.3.5 e 9.4.2), coloca em ação tal demanda pela universalizabilidade de juízos de valor particularistas. Do mesmo modo, a colmatação

---

[111] Esta é a dimensão focalizada por Kelsen (ver *supra*, 3.2) apenas do ponto de vista da validade das decisões, independentemente de sua correção justificativa. Após defender a necessidade de se traduzir normas (prescritivas) em proposições jurídicas (descritivas das normas – ver *supra*, 3.3.1), Kelsen (1991 [1979], cap. 58), em sua obra póstuma *Teoria Geral das Normas*, nega a possibilidade de uma lógica deôntica (baseada em operadores lógicos como obrigatório, proibido e permitido), o que é errado, segundo analisa MacCormick (2008b [2005], p. 74): "a relação entre a ação [decisão] e a razão justificadora não é de dedução ou inferência" – decisões são tomadas como atos de vontade, e não inferidas como atos de conhecimento – o que é correto; "mas isso não significa que a razão justificadora não possa ela mesma ser estabelecida por dedução ou inferência". O pressuposto é de que as normas (identificadas como válidas) sejam interpretadas, gerando proposições normativas, estas sim passíveis de serem verdadeiras ou falsas – e, assim, sujeitas à análise lógica. Essa possibilidade de controle racional do discurso é que nos autoriza a caracterizar a falibilidade das justificações decisórias, questão independente da sua validade. Kelsen define a validade das normas apenas por remissão às autoridades competentes e métodos decisórios prescritos para a positivação. A consistência da ordem jurídica é tratada como um dado acidental do ponto de vista analítico – depende de que determinado direito positivo exija a derrogação de normas logicamente incompatíveis e de que determinada autoridade decida eliminar uma das normas em conflito (ver KELSEN, 1991 [1979], p. 125). Assim, Kelsen não assume uma defesa moral do valor da sistematicidade formal no direito, e frontalmente rejeita sua necessidade conceitual – em posição diametralmente oposta à dos formalistas clássicos.

de lacunas (ver *supra*, 3.3.5) evoca juízos substantivos (demandados pelos meios de integração clássicos: analogia, costumes, princípios gerais de direito e equidade), cuja universalização cabe exigir.[112]

---

[112] A *Teoria pura do direito* tampouco impõe tal demanda de justiça e sistematicidade substantiva; lembremos que, em linha com seu ceticismo sobre a racionalidade dos juízos de valor (ver *supra*, 3.2), Kelsen negava a possibilidade de lacunas no direito, desde que houvesse autoridade competente, designada por norma (superior), para tomar uma decisão – isto é, com poder de ditar uma norma (inferior àquela que define a autoridade; ver *supra*, 3.3.5).

CAPÍTULO 10

DIREITO E JUSTIÇA:
TEORIA DO DIREITO E FILOSOFIA POLÍTICA

> *(...) Um governo, disse a mulher, Uma organização, o corpo também é um sistema organizado, está vivo enquanto se mantém organizado, e a morte não é mais do que o efeito de uma desorganização, E como poderá uma sociedade de cegos organizar-se para que viva, Organizando-se, organizar-se já é, de uma certa maneira, começar a ter olhos (...)*
>
> *Atravessaram uma praça onde havia grupos de cegos que se entretinham a escutar os discursos de outros cegos (...). Proclamavam-se ali os princípios fundamentais dos grandes sistemas organizados, a propriedade privada, o livre câmbio, o mercado, a bolsa, a taxação fiscal, o juro, a apropriação, a desapropriação, a produção, a distribuição, o consumo, o abastecimento e o desabastecimento, a riqueza e a pobreza, a comunicação, a repressão e a delinquência, as lotarias, os edifícios prisionais, o código penal, o código civil, o código de estradas, o dicionário, a lista de telefones, as redes de prostituição, as fábricas de material de guerra, as forças armadas, os cemitérios, a polícia, o contrabando, as drogas, os tráficos ilícitos permitidos, a investigação farmacêutica, o jogo, o preço das curas e dos funerais, a justiça, o empréstimo, os partidos políticos, as eleições, os parlamentos, os governos, o pensamento convexo, o côncavo, o plano, o vertical, o inclinado, o concentrado, o disperso, o fugidio, a ablação das cordas vocais, a morte da palavra.*
>
> (SARAMAGO, 2014b [1995], p. 334, 350-351)

O capítulo sobre análise econômica do direito (*supra*, capítulo 7) retratou a prevalência avassaladora na cultura intelectual anglo-saxã do pensamento *utilitarista*, aplicado e desdobrado desde fins do século XIX em uma concepção ("pós-marginalista", "neoclássica", "ortodoxa", "positiva") de ciência econômica.[113] Essa hegemonia veio a ser contestada pelo que foi identificado como um "renascimento" da *teoria política normativa*, com a filosofia neocontratualista de John Rawls (1921-2002), professor de Harvard que em 1971 publicou *Uma teoria da justiça*.

Se os realistas do início do século XX perceberam que o juízo jurídico dependia de escolhas valorativas, os teóricos do direito do final do século buscaram conceber critérios para a formulação dessas escolhas, de modo que o campo da *filosofia política e moral* se aproximou da teoria do direito. Assim, interpretativistas como Dworkin acolheram uma versão de liberalismo igualitário próxima àquela postulada por Rawls e teorizaram tal visão como a *moralidade política pressuposta pelo direito e pela constituição americana* – ainda que nem todo juiz chegue a rotineiramente formular uma teoria política abstrata e abrangente, os desacordos teóricos envolvidos nas disputas argumentativas sobre o direito fazem uso de conceitos e concepções cuja coerência remete, como caso-limite, a determinada construção filosófico-política. Desse modo, a familiaridade com o debate filosófico pode contribuir para o refinamento analítico da justificação das decisões jurídicas, sobretudo aquelas que digam respeito a *conceitos valorativos*, como "liberdade", "dignidade" ou "vida" (ver DWORKIN, 2010 [2000]). Já os críticos do interpretativismo ou da "idealização" do direito acolheram a visão de que a escolha entre valores ou princípios concorrentes é, afinal, sustentada por uma preferência ideológica. A seu modo, também contrastaram a "legalidade liberal" com visões de mundo concorrentes, como aquelas do comunitarismo.

Sem pretensões exaustivas, este capítulo tem a missão de introduzir esquematicamente o cenário da *filosofia política contemporânea* desenhado desde Rawls. Assim, do lado da interpretação do direito posto é necessário filtrar e formalizar o juízo, de forma a traduzir juridicamente considerações políticas, morais e econômicas – este é um alvo das teorias da argumentação jurídica. Do lado da filosofia política, sua importância para o pensamento jurídico voltado à aplicação do direito já foi descrita. Mas também se concebermos a análise jurídica em seu plano mais amplo de *crítica e reforma institucional* – do Estado e dos direitos fundamentais, do mercado, da propriedade e dos contratos, da tributação, das eleições e do acesso à Justiça –, a filosofia política torna-se campo fundamental de orientação sobre *como o direito deve ser* – recuperando, assim, (embora em uma chave não utilitarista) o impulso reformador pretendido pela "ciência da legislação" de Bentham e cerceado pela restrição, feita por Austin, do "campo da teoria do direito" ao direito positivo atualmente vigente.

10.1 Da teoria geral do direito às teorias da justiça política

Para o racionalismo antigo, a filosofia grega e a jurisprudência romana, o direito era imanente à sociedade. As associações humanas, como coleções de pessoas, são

---

[113] Vale notar que os economistas clássicos (assim como os filósofos contratualistas) não eram utilitaristas, e que o utilitarismo sequer estava configurado como tendência teórica até o século XIX (exceção será John Stuart Mill, já naquele século; afinal, Mill era seguidor de Bentham – ver *supra*, 2.4). Alinhado ao iluminismo escocês, Adam Smith (1723-1790), por exemplo, tinha uma filosofia moral similar em muitos aspectos à de Kant. O "espectador imparcial" de Smith (ver *supra*, 9.4.1) guarda semelhanças com o "imperativo categórico" kantiano (ver *supra*, 1.1 e 3.2). Ver Fleischacker (1999).

sociedades e constituem direito: a família, a amizade, a estrutura de dominação do espaço público. O direito não é um dever-ser puramente formal, com conteúdo arbitrário: tem um *conteúdo necessário*, inscrito na ordem da natureza, da qual as sociedades humanas são um subconjunto. Muitos institucionalismos jurídicos reprisaram essa ideia do *direito imanente à sociedade*, contrapondo o pluralismo das organizações civis ao monismo estatal. O costume, misto de expectativas cognitivas e normativas, é a expressão maior dessa visão de direito como *direito natural*.

Na semântica do racionalismo moderno, o sujeito ascende como criador do mundo por sua razão e vontade. A racionalização do direito o apresenta não mais como dado da ordem natural ou revelação da criação divina, mas na forma lógica do imperativo de autonomia moral e cognitiva; o conteúdo do direito então não é autoevidente, mas contingente – poderia ser diverso do que vem a ser em dado momento. O sentido do positivismo está nessa concepção. Na democracia, procedimentos dão uma legitimidade a essa ideia da qual ela não dispunha em teorias da soberania como a de Hobbes.

Na virada do século XVIII para o XIX, colapsa o direito natural antigo e moderno; surge a sociologia. Ela observa que de fato toda sociedade tem seu direito, mas não há um direito válido para todas as sociedades em todos os tempos. Em um longo aprendizado, chega à noção que a ordem do mundo não reprisa ponto por ponto a mente dos indivíduos, nem é resultante de pressupostos invariáveis da ação. Indivíduo e sociedade são mutuamente estranhos e indeterminados um para o outro. No atrito entre eles, as estruturas sociais conformam a razão individual e a razão individual dirige-se a conhecer a sociedade e agir sobre ela, modificando suas estruturas.

O positivismo jurídico analítico do século XX apresenta uma abordagem das estruturas semânticas do direito: *a norma e o ordenamento*. Com isso, evade-se de um lado da ancoragem filosófica jusnaturalista e, de outro, das indagações históricas e sociológicas sobre a estrutura institucional da sociedade. Embora os próprios autores positivistas, como Kelsen, Hart e Bobbio, pudessem produzir em paralelo reflexões nesses outros campos, os distinguiam claramente da província da *teoria geral do direito* – aquela modelização abstrata e universal, cientificamente válida para explicar qualquer ordenamento jurídico em particular. Alguns postulados básicos, como o monopólio estatal do direito (que redunda no pressuposto do monismo jurídico, daí a unidade do ordenamento), são estipulações pressupostas da teoria analítica.

O positivismo jurídico então se distingue, e apenas nesse paradigma é que faz sentido determinada divisão de trabalho entre os discursos da doutrina, da teoria, da filosofia e da sociologia do direito. À *doutrina* cabe sistematizar as decisões que põem o direito, velar pela coerência das leis e da jurisprudência, tomá-las como dogmas para refinar sua interpretação a partir de máximas da tradição ou da moralidade ("a ninguém se deve lesar"), de conceitos estruturantes ("direito das coisas") e de postulados metodológicos (tratados pela *teoria geral do direito*) de unidade, coerência e completude de um sistema de proposições normativas extraídas das fontes autoritativas. Os pressupostos desse trabalho doutrinário ou dogmático são a profissionalização da categoria dos intérpretes do direito (os doutrinadores), a institucionalização das disputas em uma arena burocrática específica (os tribunais) e, sobretudo, a diferenciação entre as normas jurídicas e outras normas – meras convenções sociais ou crenças religiosas, por exemplo (a *validade* então torna-se a expressão formal do órgão competente e do procedimento devido de imposição da norma jurídica). À teoria (geral) do direito caberia simplesmente assessorar o trabalho dogmático, não se concentrando na discussão substantiva de controvérsias jurídicas localizadas e disputas concretas, e sim na definição e nos critérios e categorias mais gerais de operacionalização do que ela racionaliza como sendo um "sistema jurídico": categorias como validade e vigência, modalidades de interpretação, meios de integração de lacunas e critérios de solução de antinomias aparentes (*e.g.* ENGISCH, 2008 [1956]).

A relação desse tipo de teoria do direito com a história, a filosofia e a sociologia é apenas de uma coexistência pacífica entre âmbitos discursivos que não se confundem quanto a seus métodos e escopos. À *filosofia do direito* caberia indagar sobre a questão da justiça: as possibilidades gerais de justiça de uma ordem jurídica e das instituições que ela organiza. A filosofia poderia tratar de maneira "zetética", na terminologia de Theodor Viehweg (ver FERRAZ JR., 2008 [1988], p. 21-28), da justiça substantiva (na distribuição das penas, bens e dividendos ou nos termos dos contratos bilaterais), enquanto a doutrina filtraria tais indagações ao trabalhar dogmaticamente sobre o direito posto e, nessa medida, concentrar-se na justiça formal: tratar casos iguais de maneira igual, abstraindo desigualdades concretas e atributos pessoais aos quais os tipos e regras jurídicos sob aplicação se mostrem indiferentes. A operacionalidade da *dogmática jurídica* dependeria de que se mantenham à sombra os pressupostos e aporias do direito positivo; essa sublimação dos fundamentos realizada na argumentação jurídica seria o atributo fundamental do discurso dogmático. À teoria e filosofia do direito caberia, porém, o papel "zetético" de observar a autodescrição dogmática do direito e revelar-lhes os limites e os pontos de partida arbitrários que a técnica dogmática jurídica – a "ciência do direito" propriamente dita, para Ferraz Jr. (1977) – não poderia pôr em questão.

A dogmática, auxiliada pelas categorias da teoria geral do direito (essa sim a verdadeira ciência do direito, para Kelsen), igualmente se descarrega da análise da eficácia das normas jurídicas – da observação empírica de seu cumprimento espontâneo ou da imposição da sanção pelo comportamento ilícito. Basta à doutrina e à teoria pressuporem a "eficácia global" do ordenamento (KELSEN, 2005 [1945], p. 178), e analisarem com as ferramentas da lógica e da argumentação as relações formais de validade entre as normas; à *sociologia* caberia observar o direito enquanto "fato social", enquanto eficácia daquelas normas. Um manual positivista de teoria do direito (*e.g.* BOBBIO, 2006 [1961]; 2010 [1960]; FERRAZ JR., 2008 [1988]) assim discerniria os setores. E até poderia conceder a importância de se estudar não apenas a "estrutura" do direito (a norma e o ordenamento jurídico) como também suas "funções", aproximando-se então à sociologia (BOBBIO, 2007 [1976]; ver AMATO, 2017a).

Dentro de tal *paradigma positivista*,[114] a pretensão de uma teoria do direito associada à filosofia, à história e à sociologia do direito seria um absurdo *ecletismo metodológico* e recairia em vícios epistemológicos graves. Uma primeira infração conceitual e analítica

---

[114] Poderíamos aqui aludir a paradigma tanto no sentido de "matriz disciplinar" compartilhada pelos membros de uma comunidade científica (KUHN, 2007 [1969], p. 221-239) quanto no sentido de "oposição de dois termos virtuais dos quais atualizo um, para falar, para produzir sentido" (BARTHES, 2003 [1978], p. 17). Assim, o positivismo não apenas se caracteriza pela contraposição entre direito natural e direito positivo, mas também entre teoria geral do direito e teorias particulares e específicas de um direito, entre teoria e dogmática, entre teoria geral e filosofia, teoria e sociologia, teoria e história etc.

seria a livre indagação *"filosofante"* sobre a justiça substantiva das normas válidas: não se tardaria a recair na alegação jusnaturalista de que "o direito injusto não é direito", o que confundiria a formalização de uma ordem de poder e decisões (direito válido) com o juízo axiológico e político sobre sua conveniência (justiça). Trocaríamos a dinâmica jurídica (de estatuir normas inferiores validadas por normas superiores) por um sistema estático, de prescrições permanentes (KELSEN, 2006 [1960], p. 217-221).

 Uma segunda infração é bem ilustrada pelo *historicismo jurídico*. O positivismo jurídico internalizou como ordenamento (pela via sobretudo da legislação, no *civil law*) o sistema abstrato de proposições pensado pelos filósofos morais do iluminismo e pelos comentadores do direito justinianeu – por vezes, à luz da certeza possível para as proposições lógicas e matemáticas ou "leis" da física, mas improvável para normas sociais, das quais as normas jurídicas seriam uma espécie. O positivismo desprendeu-se assim dos problemáticos pressupostos do historicismo culturalista, que procurava – para além das fontes formais – as fontes materiais do direito, localizando-as no espírito de cada povo e nação. Entretanto, à medida que essas fontes materiais são selecionadas e modificadas pela institucionalidade moderna de governos centralizados e que as tradições locais e nacionais são transformadas e combinadas, a imagem positivista do direito parece mais universalizável e plausível.

 A terceira heresia metodológica – uma espécie de *"sociologismo"* – nasce do historicismo e é bem indicada pela relação turbulenta entre teoria, doutrina e sociologia jurídica em uma série de expressões. Qual dessas três seria a verdadeira e digna "ciência" do direito? Para alguns (*e.g.* FERRAZ JR., 1977), a própria dogmática jurídica, praticada no espírito medieval que tomava como dado positivo os textos autoritativos, as opiniões das autoridades da tradição jurídica e as distinções argumentativas das artes da tópica, da retórica e da dialética. Para outros, como Kelsen, a dogmática seria impura, por misturar *juízos descritivos* sobre as normas com *juízos prescritivos* sobre a interpretação a favor da qual se deveria decidir; a ciência do direito seria sim a teoria, tendo por objeto o exame formal das proposições normativas. Para os sociólogos, à luz da ciência moderna, também a ciência do direito deveria ser *experimental e empírica*: baseada na observação do "direito vivo" (Ehrlich). Entretanto, uma parcela mais crucial da prática jurídica talvez fosse a própria decisão judicial, que discerne o lícito e o ilícito, a norma válida e a norma inválida. Paradoxalmente, ao se chegar aos tribunais o direito dos códigos e dos livros passava a ser o direito efetivamente praticado – se não para se chegar à decisão, ao menos para justificá-la, construindo logicamente a razão de decidir.

 Igualmente desconcertante parecia ser a solução do *pluralismo institucionalista* de Hauriou e Romano (ver AMATO, 2017c). Pretendendo descrever o direito por si mesmo, isto é, sem pressupostos jusnaturalistas e metafísicos (como era, em certo sentido, o próprio pressuposto epistemológico da norma fundamental em Kelsen), esses autores acabaram por identificar o direito com a própria ordem social, com a *estrutura interna de cada organização* ou grupo. O direito voltava a ser concebido em termos de uma moralidade imanente, de uma série de expectativas difusas sustentáveis inclusive por normas tácitas e sanções reputacionais. Contestando descritivamente o monopólio da força e do direito pelo Estado, o pluralismo jurídico revelava um lado do direito em ação, objeto da sociologia; mas encobria outros fatos sociais, como a prática da jurisdição estatal. Revelador foi o empenho de Schmitt (ver *supra*, 3.5) para combinar sua posição *decisionista* (uma extrapolação do positivismo enquanto ordem jurídica criada por decisão do soberano – ver NONET, 1990) com a visão da "ordem concreta", para combater o *"normativismo"* abstrato liberal. A ordem costumeira de valores, normas e posições sociais acaba se tornando uma massa moldável pelo líder autoritário que clame representá-la e preservá-la.

No contexto pós-Segunda Guerra Mundial, reafirmam-se as virtudes da legalidade liberal, de um lado, pelo *positivismo analítico*; de outro, por uma onda de idealização do direito ao redor dos direitos humanos e da jurisdição constitucional. Kelsen, com sua *Teoria geral do direito e do Estado* (1945) e com a segunda edição da *Teoria pura do direito* (1960), reafirma uma teoria do direito moldada a partir da razão pura teórica, neutra com relação a questões de fato (sociologia) e valor (filosofia). Amparado na filosofia analítica e na sociologia descritiva, H. L. A. Hart reafirma em *O conceito de direito* (1961) uma teoria fundada na redução metodológica do direito a um sistema de regras validadas em última instância por uma prática convencional das autoridades sobre os critérios e formas de reconhecimento do direito válido.

A influente corrente de teoria do direito estadunidense cercada ao redor do conceito de "processo jurídico" construiu a concepção de que as decisões jurídicas não são simplesmente um ato de autoridade singular, mas se produzem em uma teia autorreferente de órgãos e procedimentos jurídicos. A cada um deles, porém, de um lado, equivaleriam tipicamente diferentes bases de autoridade; de outro, variava a necessidade de mobilizar tais bases conforme o tipo de norma jurídica que se tivesse como fundamento decisório (HART JR.; SACKS, 1994 [1958]): alguns órgãos, políticos e administrativos, poderiam decidir discricionariamente, enquanto dos juízes se esperaria uma "elaboração racional" que apresentasse a coerência substantiva que unifica o sentido da série de decisões prévias que estes devem tomar como fonte. Regras com hipóteses e consequências bem definidas são facilmente aplicáveis. Já *standards* que dependem de aferições empíricas são mais difíceis, assim como declarações finalísticas (objetivos de bem-estar social, *policies*; ou prescrições deontológicas, princípios). Nesses casos, a burocracia pública teria uma legitimação técnica e política maior para decidir; já um juiz, carecendo de *expertise* tanto quanto de representatividade, apenas poderia justificar sua decisão com base em tais preceitos normativos se procedesse a um exercício de *"elaboração racional"* do direito, cumprindo um ônus argumentativo adensado.

Ronald Dworkin contestou a visão hartiana do direito e a discricionariedade que seria aberta pelo intérprete na "zona de penumbra" das regras, formuladas em linguagem com "textura" inevitavelmente "aberta" (nas palavras de Hart). Contestou também o ponto de vista moralmente desengajado da teoria do direito para descrever a disputa argumentativa sobre o que o direito demanda na solução de controvérsias. Dworkin, assim, promoveu um ataque ao positivismo analítico e seu trabalho presidiu uma reorientação do campo da teoria do direito. Não se tratava simplesmente de reconhecer que o direito seria não apenas um sistema de regras, mas também de princípios e políticas – como Dworkin (1967) argumentou inicialmente e como os positivistas inclusivos (como o próprio Hart) vieram em certa medida a acatar. Para os interpretativistas, o conceito de direito descrevia uma prática argumentativa em que os tomadores de decisão podem concordar sobre os fatos e normas aplicáveis, mas ainda assim discordarem e disputarem sobre o que o direito requer. A teoria do direito tanto quanto o discurso prático doutrinário ou judicial teria que adotar, com maior ou menor abstração, um *ponto de vista de moralidade política*, buscando a unidade de valor subjacente aos parâmetros formalmente validados e com eles coerente. Caía por terra a descrição do direito como um conjunto estruturado de normas. Caía por terra, por conseguinte, a possibilidade de um discurso jurídico neutro, desengajado das próprias controvérsias normativas-interpretativas da aplicação do direito. Embora rotineiramente bastassem interpretações finalísticas de regras, ou a referência de regras a princípios e doutrinas, era necessário – em "casos difíceis" (DWORKIN, 1975), paradigmáticos ou "pivotais" (DWORKIN, 1986, p. 41-43), mas não necessariamente excepcionais – pressupor ou construir uma visão própria do ajuste correto entre normas positivadas e seus princípios justificadores, da unidade de valor subjacente a dada ordem jurídica, da interpretação moralmente demandada sobre o que o direito requer: tal objetividade seria dada por uma interpretação fidedigna da própria tradição jurisprudencial dentro da qual se está julgando e por seu ajuste em relação a uma visão crítica que o juiz haveria de construir a respeito da moralidade política aderente à comunidade jurídica para a qual e dentro da qual também está interpretando e julgando (DWORKIN, 1982). A interpretação jurídica então não se resume à decomposição lógica de determinadas formulações normativas, reconhecidas como jurídicas e apartadas de outras normas, mas passa a cobrir todo o espectro das *práticas sociais valorativas*.

Ora, os realistas haviam plausivelmente demonstrado como eram arbitrárias as justificações decisórias no direito que se referiam explicitamente apenas a regras formais e pretendiam aplicar um raciocínio estritamente silogístico e lógico-dedutivo. Argumentaram que apenas essas técnicas eram incapazes de constranger racionalmente os tomadores de decisões segundo o direito. E reivindicaram que seria melhor – em termos dos próprios valores de *clareza, publicidade e controle* proclamados pelo positivismo – explicitar e articular os juízos de valor, finalidade e políticas públicas que levavam a interpretar o mesmo corpo de direito desta ou daquela forma.

A resposta dworkiniana representou uma *idealização interpretativa* do direito, no sentido de considerar que o papel institucional do juiz está em oferecer uma solução que não apenas satisfaça a aplicação dos "fundamentos de direito" incidentes sobre o caso, mas os modele (e eventualmente os revise e/ou rejeite) à luz de uma construção interpretativa que situe o conteúdo finalístico e valorativo subjacente aos padrões jurídicos já articulados em uma teia de coerência moral que se deve pressupor que o direito disponha, se ele é capaz de fornecer respostas objetivas. E tal pressuposto seria demandado para entendermos o papel da argumentação jurídica, os desacordos teóricos (sobre o que o direito requer) que emergem dessa prática e a responsabilidade política dos juízes.

Autores alinhados aos *critical legal studies* exploraram em diferentes graus a tese da *indeterminação do direito*. Não porque buscassem pesquisar empiricamente os conflitos sociais que de fato ocorrem na criação e na intepretação direito, mas porque encontravam, nos diferentes ramos jurídicos e posições doutrinárias, um sentido de *contradição fundamental*. Como explorou Duncan Kennedy, essa contradição torna possível justificar diferentes soluções (com implicações políticas e conteúdos ideológicos distintos) a partir da mobilização de princípios e contraprincípios igualmente amparados pelas soluções regradas pelo direito atual. Na proposta de Mangabeira Unger, tal mobilização do conteúdo ideal incorporado ao direito como critério de correção e interpretação das normas já mais delimitadas em suas hipóteses e consequentes leva ao risco de escalada da interpretação jurídica ao plano do livre *debate ideológico*. Por isso, a interpretação jurídica deveria apenas pontual e concretamente mobilizar juízos de equidade, finalidade e contexto para determinar o sentido dos textos normativos. O juízo mais amplo da relação entre ideais jurídicos e normas formalizadas revelaria não a possibilidade de arbitrar imparcial e objetivamente o ajuste e a adequação – mas justamente o descompasso – entre os ideais que o direito proclama e a imperfeição com que as formas institucionais sustentadas pelo direito atual os realizam. Daí que o *mapeamento das soluções jurídicas dominantes e desviantes* e a *crítica imanente* do direito sejam propostas de um método para informar a *reforma política do direito* – a revisão da moldura institucional mais abrangente, que os juízes não podem – segundo sua responsabilidade institucional, diante dos Poderes políticos – colocar em xeque para determinar o sentido das disputas que julgam.

Certo renascimento de visões – como as de Schauer e MacCormick – que enfatizam, por exemplo, o papel das regras (embora derrotáveis por considerações valorativas suficientemente "pesadas") e do silogismo (embora a construção de suas premissas demande de argumentação prática, e não demonstração axiomática) na interpretação do direito associa-se a uma apreciação do quanto e de como a diferenciação (institucional, funcional, sistêmica) do direito (em relação a outros âmbitos normativos, como a moralidade, a religião ou a política) e a diferenciação interna de seus órgãos e procedimentos de criação e interpretação (política, burocrática, jurisdicional etc.) restringe as razões que podem e devem ser consideradas na interpretação judicial do direito, nas disputas argumentativas que tomam lugar nos procedimentos de *solução de controvérsias* e na justificação decisória das sentenças.

Ora, assim se vê como as discussões apresentadas e debatidas ao longo dos últimos capítulos, especialmente, ilustram como as práticas de interpretação, argumentação e justificação na solução de disputas e nas decisões judiciais – tema privilegiado da teoria do direito – remetem a considerações filosóficas mais abrangentes sobre a linguagem, a moral e a política. O pluralismo metodológico a que chegou no início do século XXI a teoria do direito fez crescer a literatura sobre a "*metafilosofia do direito*" (ver *e.g.* BANÁS; DYRDA; GIZBERT-STUDNICKI, 2016), isto é, as indagações sobre quais questões, afinal, a teoria do direito deve responder e quais as delimitações metodológicas daí esperadas. Essa literatura cresceu por conta de um ceticismo, avançado desde Dworkin, quanto à possibilidade de uma "*teoria geral do direito*" nos moldes positivistas de uma enciclopédia de conceitos jurídicos diferenciados em relação à moral – embora compartilhem seu vocabulário (pensemos nos conceitos de direitos, dever e obrigação, responsabilidade ou poder) – e úteis à prática interpretativa e à construção dogmática do direito, embora distintos de suas controvérsias (como se estivessem em um plano "metadoutrinário"). Pelo contrário, a ideia – que interpretativistas compartilham com realistas e críticos – de que a teoria do direito é apenas um plano mais geral e abstrato de tratar das mesmas controvérsias substantivas que marcam a aplicação prática do direito e sua construção doutrinária colocou em xeque a concepção de uma teoria do direito "geral" a ponto de se reduzir a *conceitos formais* mais ou menos invariáveis qualquer que seja o conteúdo da ordem jurídica a que se refiram.

Nessa linha, observou-se como o problema "micro" da teoria do direito – a justificação do juízo de interpretação e aplicação do direito, o refinamento argumentativo na solução de conflitos – acabou por se aproximar (na prática, em discussões sobre princípios constitucionais, por exemplo) do âmbito da filosofia política, que se preocupa com os *critérios normativos* cabíveis à avaliação "macro" da *justiça das instituições* de uma sociedade. Conforme a escala das controvérsias jurídicas, portanto, a argumentação filosófica sobre a moralidade política reentra mais ou menos a argumentação jurídica (*e.g.* em casos de juízo abstrato de constitucionalidade das leis). Assim, a teoria do direito passa a aplicar-se diretamente a controvérsias jurídicas substantivas (sobretudo constitucionais, *e.g.* DWORKIN, 1996b; 2011a [2000]), aproximando-se definitivamente da teoria social (*e.g.* UNGER, 2001 [1987]; HABERMAS, 1996 [1992]) e da filosofia política e moral.

Como visto no percurso argumentativo deste livro, a tendência dominante na teoria jurídica contemporânea tem sido aproximar o argumento jurídico da argumentação moral mais ampla desenvolvida por teorias políticas normativas – embora o raciocínio jurídico seja talhado para controvérsias mais circunscritas, que, entretanto, podem se expandir em casos de controle judicial abstrato de constitucionalidade, tipicamente. A *teoria política normativa*, ou filosofia política, trata não de conflitos circunscritos por regras e propósitos subjacentes, mas sim da *estrutura institucional da sociedade*, definida o mais amplamente possível em seu cerne político e econômico. Rotineiramente, o direito só trata dessa estrutura microscopicamente: abordando as normas que estruturam algum de seus aspectos, e sobretudo enfocando essas normas à luz de uma controvérsia situada sobre direitos e deveres, poderes e responsabilidades.

O contexto intelectual que assistiu à aproximação entre o argumento jurídico e o argumento filosófico – ou entre a teoria do direito e a filosofia política – é justamente marcado pelo "renascimento" de grandes teorias filosóficas preocupadas em definir parâmetros racionais de avaliação da justiça social, da justiça das instituições sociais em uma abordagem "macro". Entre o plano detalhado das normas jurídicas positivadas e aquela "estratosfera" dos esquemas contrafáticos de uma estrutura social conforme a princípios de justiça estipulados por uma abstração racional encontram-se as *instituições*, que podem ser vistas, de um lado, como aglomerações de normas e, de outro, como especificações ou setores da macroestrutura social.

As teorias da justiça política servem, então, como orientações para a avaliação dessas instituições, projetando setorialmente seus princípios para direcionar um juízo crítico da tributação e da propriedade, da organização do Estado e dos direitos fundamentais etc. Como coloca Höffe (2006 [1987], p. 427-431), estaria então em ação a faculdade ético-política de *julgamento*. Entretanto, se o conteúdo de tal faculdade era evidente dentro da antiga tradição aristotélica (com protagonismo da virtude prudencial), o racionalismo kantiano moderno a teria esvaziado e neutralizado eticamente para o campo jurídico, apenas chegando à fundamentação de uma "metafísica dos costumes", mas não a sua elaboração sistemática. De outro lado, o utilitarismo moderno teria firmado um "paradigma de cálculo de vantagens" para justificar as decisões públicas sem maiores critérios de formulação do juízo. É nesse contexto que se forjam as discussões da teoria da justiça desde fins do século XX.

10.2 Neorrepublicanismo

O *republicanismo* tem origem em certa idealização das instituições políticas da República Romana (509 a 27 a.C.): um "governo misto" baseado na composição de camadas sociais, em uma sociedade estratificada: os cônsules (dois pretores com funções executivas, de *imperium*) eram o homólogo da monarquia (ou diarquia), mas eleitos anualmente; as assembleias (o "comício" geral e os "concílios", inclusive da plebe) vocalizavam a democracia dos homens livres; o senado respondia pelo freio conservador, aristocrático, dos patrícios (COLOGNESI, 2014 [2009], cap. 5). Essa organização evitaria a degeneração, identificada pela tradição aristotélica, típica das *formas de governo "puras"*: a monarquia se degeneraria em tirania quando o governante deixasse de buscar o bem comum; a aristocracia se degeneraria em oligarquia, quando a minoria governante se voltasse apenas a seus interesses; a república, "politeia" ou democracia se degeneraria em demagogia, em tirania da maioria contra a elite.

Variados autores foram influenciados por tal arquitetura de poder. Maquiavel, por exemplo, afirmou a distinção entre o despotismo, a monarquia e as *repúblicas* – governos de assembleias democráticas ou aristocráticas. O fundamental na ideia republicana de liberdade é o ideal de "não dominação", que pode ser esclarecido como alternativa à dualidade clássica de liberdade positiva e liberdade negativa (SKINNER, 1978; 2002; 2012; PETTIT, 1997).

A *liberdade positiva* foi enfatizada pela ontologia clássica (Aristóteles), pelo idealismo romântico (Hegel) e pelo comunitarismo (Alasdair MacIntyre, Charles Taylor). Aqui, a liberdade é vista como autorrealização da essência natural do homem, inserido em um contexto, em uma dada comunidade de valor, de cujas práticas e costumes retira o sentido de sua existência. Tipicamente, a manifestação dessa liberdade se dá pela suposição de que, como "animal social", o homem realizaria sua essência ao *participar* do governo da pólis.

A liberdade moderna, entendida como *liberdade negativa*, como *não interferência* – autonomia, liberdade de cada qual fazer o que quiser – foi primeiro sistematizada pela concepção de mundo fisicalista de Hobbes. A livre vontade do sujeito individual é o correspondente à vontade do soberano (absoluto, em sua teoria contratualista do governo civil). Só é possível a liberdade quando se tem capacidade, *i.e.* quando se está fora do domínio da necessidade. Se se está em um estado de necessidade ou de coação externa, não se tem vontade livre. Locke também enfatizava a liberdade da vontade. Do lado do utilitarismo, Bentham colocou a realização da felicidade como finalidade universal dos indivíduos, considerando que a vontade – e, portanto, a liberdade – apenas estariam tolhidas diante de ameaças críveis, imediatas e sérias de violência. Mill considerou que essa interferência externa poderia provir da ação de qualquer pessoa que extravasasse a produção de efeitos constrangedores para além de sua esfera de liberdade. Autores, tanto liberais quanto socialistas, consideraram que a liberdade poderia ser diminuída tanto por uma coerção exterior (a pressão da opinião pública e do costume, para Tocqueville; a ideologia como falsa consciência, para Marx) quanto por uma fonte interna (o domínio das paixões sobre a razão, para Kant).

Já a *liberdade republicana*, como *não dominação*, pode abranger a dimensão do autogoverno coletivo, manifestação da liberdade positiva enfatizada por Arendt. É mais ampla, porém, pois coloca sob suspeita toda *dependência*, inclusive na esfera privada.

Também é mais exigente que a liberdade negativa, que repele qualquer interferência. O contraconceito da liberdade republicana é a escravidão. O que retira a liberdade do escravo ou do servo não é nem estar atualmente restringido em sua vontade pelo despotismo do senhor, mas o próprio fato de poder estar sujeito a tal opressão. Estar na dependência da vontade arbitrária de outrem já produz uma autocensura que castra a liberdade. Daí que o republicanismo tenha se articulado como revolta contra toda posição de dominação: dos súditos em relação aos soberanos (James Harrington e John Milton) e dos cidadãos privados em relação ao despotismo e à tirania de um homem ou da maioria (Machiavelli, John Addams, James Madison), das colônias em relação à metrópole (Thomas Jefferson), das mulheres em relação aos homens (John Stuart Mill), dos patrões sobre os trabalhadores (socialismo, anarquismo, libertarismo de esquerda).

As variantes da tradição republicana, finalmente, tendem a convergir para Nick a tese de que toda concentração de poder tende ao arbítrio (seja o totalitarismo ou o Estado de exceção, seja o domínio das corporações transnacionais ou do capital financeiro) e se apresenta como um risco à independência individual e coletiva – base para a reafirmação do ideal republicano da não dominação.

10.3 Liberalismo igualitário

O "renascimento" contemporâneo da teoria política normativa tem como marco a publicação de *Uma teoria da justiça* (1971), de John Rawls (1921-2002), professor de filosofia em Harvard. Com este trabalho, Rawls não apenas rejeitou seu passado de teólogo protestante adepto de um corporativismo comunitarista e personalista (quando fora autor de uma tese sobre pecado e fé, como lembra MOYN, 2015, p. 17) como também desafiou a prevalência no pensamento filosófico e social anglófono das tendências utilitaristas (ilustradas, no campo jurídico, pela análise econômica do direito). O propósito deste tópico é apontar, esquemática e sumariamente, o cenário filosófico político desenhado a partir de então.[115]

Rawls não apenas retomou o *contratualismo* moderno, mas também atualizou, nos termos da socialdemocracia ou social-liberalismo contemporâneo, a antiga categoria da "justiça distributiva". Como explica Unger (1978 [1975], p. 106), no contratualismo de Locke e Rousseau há procedimentos para a confecção de leis e a solução de disputas aos quais teríamos subscrito por autointeresse. No utilitarismo clássico, há um método de agregação de interesses que define o conteúdo das leis, isto é, os interesses a serem protegidos pelo Estado. Já em Rawls há "um sistema ideal de procedimentos para a produção do direito que todos os homens devem aceitar em seu autointeresse e cuja operação, seria possível demonstrar, leva a certas conclusões específicas sobre a distribuição de riqueza e poder".

A partir de uma *situação hipotética de deliberação* dos princípios que deveriam reger as instituições de uma sociedade justa, Rawls (2008 [1971], p. 73) chega a duas definições. Pelo *princípio da igualdade*, "cada pessoa deve ter um direito igual ao mais amplo esquema de liberdades básicas iguais compatível com um esquema similar de

---

[115] Para maiores aprofundamentos, ver Amato (2017d; 2017b, p. 62-73, 130-156; 2018b).

liberdades para os outros". Segundo o *"princípio da diferença"*, a partir de uma situação igualitária, e desde que se mantendo oportunidades equitativas e posições abertas em cargos públicos e privados (sem discriminação com base em atributos inatos), estão autorizados incrementos de desigualdades na medida em que aumentem o bem-estar daqueles em pior posição distributiva.

Enfim, para Rawls (2011 [1993], p. 213), o que a "estrutura básica da sociedade" deve garantir são os *"bens sociais primários"*, que abrangem, no mínimo: os direitos e liberdades fundamentais; a liberdade de ocupação, com oportunidades de acesso a cargos no mercado e de ocupação de funções de responsabilidade em instituições políticas e econômicas da própria estrutura básica; renda e riqueza; e as "bases sociais do autorrespeito", fomentadas por instituições justas e pela respectiva cultura política pública. O *autorrespeito* (ver WERLE, 2014) seria um senso de autonomia produzido intersubjetivamente, baseado na capacidade de elaborar e perseguir planos de vida, realizando sua própria concepção de bem sem desconsiderar os princípios de justiça da coletividade em geral, os quais se apoiam sobre um *"consenso sobreposto"* (RAWLS, 2011 [1993], p. 214) entre as concepções abrangentes de bem (ideológicas, religiosas, morais) professadas por cada um – ou melhor, entre aquelas que sejam "razoáveis" (ver RAWLS, 2004 [1993]). Os sistemas sociais que Rawls (2003 [2001], p. 192-193) avalia comparativamente, com base nesses critérios, são a "democracia dos cidadãos-proprietários" (seu sistema idealmente preferido; ver AMATO, 2022, cap. 3), o Estado capitalista de bem-estar social, o socialismo de mercado, o capitalismo *laissez-faire* e o socialismo estatista.

Em suma, a teoria de Rawls tem como objeto a *distribuição de direitos, recursos e oportunidades* pelas instituições sociais, e não a moralidade das práticas privadas; o direito é visto como expressão pública de arranjos distributivos e como explicitação de critérios de tratamento igual (RAWLS, 2011 [1993], p. 213). Os princípios a que se chega especulando sobre a "posição original" dos participantes de uma sociedade livre (RAWLS, 2008 [1971], p. 166) servem como parâmetros para a avaliação das instituições existentes, conforme se aproximem ou se distanciem de tais critérios (RAWLS, 2008 [1971], p. 280, 305).

Tal forma de juízo moral revela a influência de Kant sobre Rawls: a crítica kantiana parte da própria experiência mundana, discernindo seus pressupostos e os mobilizando para o julgamento e a reformatação da experiência. Nessa linha, Rawls busca compor um quadro normativo sobre as *instituições justas*, diante do qual se poderia julgar a aproximação ou distanciamento das instituições e práticas reais. Esse é aqui o método do juízo normativo, de avaliação da justeza político-moral das instituições.

A teoria se identifica, finalmente, por três diferenças diretrizes:
- trata da *estrutura básica da sociedade*, distinguindo-a das práticas privadas individuais, às quais as exigências morais da teoria não se aplicam, tendo em vista evitar um excesso de "exigências de comprometimento" no dilema entre solidariedade e autointeresse (RAWLS, 2011 [1993], conferência 7);
- distingue entre uma *concepção inclusiva e impessoal do justo político*, que é seu produto e objeto, e *concepções particulares do bem*, diferentes doutrinas abrangentes religiosas, filosóficas, ideológicas subscritas por cada cidadão individual; aquela visão do justo é sustentada na prática por um equilíbrio dado

pelo "consenso sobreposto" entre concepções "razoáveis" do bem (RAWLS, 2005 [2000], p. 249-269; 2008 [1971], cap. 7; 2011 [1993], conferência 5);
- adota uma visão da justiça social como *"justiça procedimental pura"* independente das visões particulares de bem endossadas por cada cidadão e da qual resulta em uma *justa distribuição inicial* dos "bens sociais", independente de redistribuição corretiva (RAWLS, 2008 [1971], p. 101-108); os resultados da distribuição não são sempre iguais (diferentemente, portanto, de um procedimento "perfeito", maquinal), mas são definidos de antemão (logo, diferentemente também da incerteza de resultado do processo judicial – um procedimento "imperfeito").

10.4 Libertarismo

Em contraponto ao liberalismo igualitário de Rawls, duas grandes correntes filosóficas se desenvolveram nos Estados Unidos: o libertarismo de direita (filosofia de justificação do neoliberalismo) e o comunitarismo.

O *libertarismo, ou liberalismo radical*, preza pela redução ou, no limite, supressão do Estado: à esquerda é representado pelo anarquismo; à direita, por teorias afinadas ao *neoliberalismo*. Nessa última vertente, a teoria da justiça distributiva de Rawls foi criticada por Robert Nozick (1938-2002), igualmente professor de Harvard. Nozick (1974, p. 174-178) radicaliza a especulação lockeana de que a apropriação privada se justifica pela junção de algo que é próprio (o corpo, o trabalho) a algo comum – como se espalhar uma lata minha de suco de tomate sobre o mar me fizesse proprietário legítimo dos oceanos. Precisa, então, que só se justificaria sob aquele argumento a apropriação da *parcela de valor criado pelo seu trabalho* sobre a matéria alheia. E argumenta que quando alguém se apropria de algo, mesmo que não deixe o equivalente para os outros, pode com isso produzir um *benefício que transborde para a coletividade* ou os outros, compensando-os pelas "perdas". Ainda que os direitos sejam absolutos e a apropriação, desproporcional, tudo pode compensar afinal. A propriedade privada, ao proporcionar a dispersão da iniciativa econômica, favorece mais experimentação, tomada de riscos, busca por aumentar a produtividade para garantir sua competitividade. Com isso, vê-se também utilitariamente justificada. Mas esses benefícios que ela gera poderiam, além de se expandir naturalmente (pelo mercado) aos consumidores, ser objeto de uma redistribuição? Não propriamente.

Nozick (1974, p. 167-174) considera que a questão da justiça distributiva se vê prejudicada ao procurar determinar critérios sobre quem deve herdar, por exemplo, em vez de reconhecer a vontade do proprietário de doar ou transferir sua riqueza a quem desejar; ainda, o autor levanta a analogia entre a tributação sobre ganhos do trabalho e o *trabalho forçado* (já que se trabalha o equivalente a algumas horas para se pagar o imposto respectivo). A posição libertária parte, assim, de um direito natural exclusivo *erga omnes* e chega à justificação circular de sua teoria: propriedade legítima é aquela adquirida pelos meios legais; transferências livres de propriedades adquiridas pelos meios juridicamente válidos são justas.

Os três *princípios* da teoria de Nozick (*da aquisição inicial justa, da transferência e da retificação da injustiça*) acabam por pressupor a justiça da aquisição inicial da propriedade e a legalidade de suas transferências sucessivas (que o direito reconhece como uma "prova diabólica", isto é, praticamente impossível de ser produzida), reduzindo a margem para eventuais retificações de injustiça. Basta que a propriedade privada seja mais eficiente do que a propriedade comunitária primitiva (voltada à subsistência), e então serão atribuídos *direitos absolutos a quem chegar primeiro*. Em condições reais, não ideais, tudo acaba por se resumir a um grande metaprincípio: *"De cada um como escolher, a cada um como escolhido"* (NOZICK, 1974, p. 160, destaque no original).

10.5 Comunitarismo

Todavia, o liberalismo igualitário de Rawls foi enfrentado pelos comunitaristas, filósofos de inspiração aristotélica, hegeliana e corporativista como Alasdair MacIntyre (n. 1929), Robert Bellah (1927-2013), Michael Sandel (n. 1953), Charles Taylor (n. 1931) e Michael Walzer (n. 1935). Sem detalhar as divergências entre esses autores, é possível pincelar os traços gerais da posição comunitarista (para uma avaliação crítica, ver KYMLICKA, 2006 [1990], cap. 6).

Uma inspiração aristotélico-tomista da ordem social como naturalmente harmônica e passível de corrupção e regeneração é o antecedente filosófico mais denso invocado por essas correntes. Há também explícita influência de Hegel (contra o traço kantiano do liberalismo), cuja filosofia identifica uma sucessão de *formas de consciência e organização social*, bem como a passagem da moralidade subjetiva às esferas diferenciadas da *moralidade objetiva* (a família, a sociedade civil ou mercado e o Estado), e vê na história o único parâmetro para se julgar, em retrospecto, as instituições e culturas. Exclui-se apenas o "fim da história" imaginado por Hegel como a plena realização do espírito absoluto no Estado constitucional; entretanto, mantém-se o caráter do *juízo contextual e retrospectivo* sobre as formas de cultura e sociedade.

Três são as ideias-força compartilhadas ao longo do espectro de autores comunitaristas. Primeiro, a *comunidade* é o horizonte de uma vida autêntica, de valor imanente, e é na coletividade que se realiza a personalidade individual. Segundo: comunitaristas contrapõem o universalismo no juízo sobre instituições políticas, a busca de um padrão a-histórico ou trans-histórico independente, ao *particularismo*. Subscrevem este, e interpretam tradições e práticas em que já nos encontramos. Elas revelam uma concepção substantiva de vida boa, uma hierarquia pública de modos de vida, incentivando ou desincentivando escolhas pessoais. Finalmente, ao Estado pretensamente neutro, como agregação de interesses de indivíduos moralmente autônomos, os comunitaristas opõem a *política do bem comum*. Querem não apenas assegurar distribuição equânime de direitos e oportunidades. Os liberais o fazem pois creem que bons modos de vida deveriam sustentar a si mesmos, no mercado, na competição, sem o endosso estatal. Os comunitaristas, porém, defendem que o mercado, com neutralidade da ação estatal, pode minar o *pluralismo*. É preciso Estado para proteger certos tipos de estrutura social e formas de vida valiosas em si, que são condições da autonomia moral efetiva. Essa autonomia exige escolhas significativas – dentre uma pluralidade de opções, portanto. Exige fóruns compartilhados – não julgamentos atomizados, mas esferas públicas de deliberação. E exige legitimidade, pois a percepção compartilhada do bem comum depende de forma comum de vida.

É ilustrativa do comunitarismo a indicação de alguns elementos estruturantes dos *grupos orgânicos* arquitetados especulativamente por Unger (1978 [1975], cap. 6) – autor que antecipou a onda comunitarista dos anos 1980 e antes mesmo disso rejeitou sua própria teorização (ver *supra*, 8.1). Tais "grupos orgânicos" seriam definidos Hondt pela: 1) comunidade de vida (simpatia gerada por relações face a face e associação para propósitos múltiplos); 2) democracia de fins (sem o domínio de classe, vive-se sob valores compartilhados e decide-se, inclusive sobre o que e como produzir, não por hierarquia e meritocracia, mas pelo exercício coletivo da persuasão); 3) divisão de trabalho (sem hierarquia e especialização, mas sim segundo os talentos de cada um e a contribuição que podem dar à espécie). A experiência da vida comunitária providenciaria o sentido da associação harmônica com a ordem imanente natural ao mesmo tempo que daria ao indivíduo condições de desenvolver seus próprios talentos, aperfeiçoando a natureza humana em um reino de fins comuns que assegura espaço para a crítica, isto é, para a transcendência, tanto quanto para o reconhecimento concreto de cada personalidade. A comunidade universal é uma noção-limite, um ideal regulativo.

Podemos, então, comparar as diferentes visões de democracia dos autores liberais e comunitaristas. Para os liberais, o *consenso sobreposto* entre diferentes concepções de bem (RAWLS, 2011 [1993], conferência 4) – das quais o Estado liberal de direito seria o terceiro não incluído, a arquitetura do *justo imparcial* a possibilitar a própria emergência e expressão da pluralidade de orientações substantivas do bem – sustenta a democracia, delimitando o que está fora de questão e em que limites se podem expressar os dissensos e discordâncias. De seu lado, o comunitarismo rejeita que se possa diferenciar o justo do *bem*, erigindo uma institucionalidade *neutra* com relação a formas de vida e ideais. Por isso, cabe marcar a esfera pública segundo as *identidades coletivas* das diversas comunidades em disputa contra a visão hegemônica impressa no Estado, no mercado, na família e em tantos outros âmbitos da sociedade e da moralidade.

No plano do direito e dos direitos, há também notável contraste. Para Rawls (*supra*, 10.3), o que a "estrutura básica da sociedade" deve garantir são os "bens sociais primários", que abrangem sobretudo autorrespeito, *direitos e oportunidades individuais*. Já para os comunitaristas, direitos individuais tendem a não ter primazia sobre *deveres*, bem comum, virtude. Enfatizam-se os *direitos coletivos* reconhecidos a grupos ("minorias culturais") e as exceções aos direitos individuais universais (por exemplo, o uso de símbolos religiosos de minorias, de variantes gramaticais fora da norma culta, a negação de tratamento médico com fundamento em crenças religiosas etc.).

10.6 Teoria crítica

"Teoria crítica", em sentido estrito, refere-se à obra de autores ligados à *"Escola de Frankfurt"* (isto é, ao Instituto para Pesquisa Social situado naquela cidade); se inicialmente eram influenciados por Weber e, sobretudo, por Marx, desde fins do século XX os "frankfurtianos" aproximaram-se ora ao cânone liberal, ora às posições comunitaristas. Jürgen Habermas (n. 1929) é representativo da primeira posição; Axel Honneth (n. 1949), da segunda.

Uma das preocupações iniciais da obra de Habermas (1976 [1973]) estava em como superar a *crise de legitimação* que veio a marcar naquele período (nos países do Atlântico Norte) o *Estado social*, crescentemente burocratizado no provimento de benefícios e serviços públicos, mas pouco capaz de garantir a lealdade das massas; ao lado disso, havia ainda a crise econômica (e fiscal) e a crise de motivação (baixa integração sociocultural). Outra preocupação estava em como superar a tradição anterior da Escola de Frankfurt (de Adorno e Horkheimer), que considerava a modernidade como irremediavelmente marcada pelo domínio da *razão instrumental*, voltada ao emprego calculado de pessoas e coisas para fins utilitários de maximização do dinheiro e do poder – com isso, a razão abandonaria seus constrangimentos normativos, conduzindo ao progresso técnico tanto quanto ao esvaziamento da *liberdade* em um "mundo administrado". A saída habermasiana foi a indicação de espaços nos quais se desenvolve, em linguagem comum, no *"mundo da vida"*, o discurso voltado ao entendimento e aos valores, ao juízo estético e moral – enfim, à *"ação comunicativa"*. É a partir daí que o direito passará a ser vislumbrado como um campo ambíguo, de contenção normativa dos imperativos estratégicos sistêmicos, ou de legitimação da colonização do mundo da vida pela administração política e econômica.

Habermas desenvolveu uma teoria da *"democracia deliberativa"* a partir de seu conceito de ação comunicativa. Ao contrário da ação estratégica (dirigida pelos meios do poder e do dinheiro, na burocracia estatal e no mercado), que caracteriza o mundo moderno e prevalece sobre valores, tradição e afetividade, a ação comunicativa seria aquela voltada ao entendimento e ao consenso. O ideal passa a ser, então, a comunicação não enviesada pelos meios do poder e do dinheiro.

> Segundo Habermas, essa particularidade teórico-prática de *inter-relação entre os pressupostos ideais pragmáticos de comunicação e a experiência fática das interações ou dos debates deliberativos*, é a parte mais complicada de ser entendida (e aqui se pode acrescentar, a mais criticada) de sua teoria. Ele a denomina "transcendência desde dentro", pois sustenta, em função das condições de possível entendimento mútuo não-distorcido, inerentes à razão comunicativa, a manutenção de pressupostos "modestos" e formal-procedimentais de universalização das interações linguísticas, posto que encontrados *pragmaticamente na própria comunicação cotidiana*. Alguns desses pressupostos mais conhecidos são as *pretensões de validade* e os princípios do discurso (ou princípio "D", que vincula a *validade das normas de ação* à aceitação intersubjetiva e racional dos concernidos; o *moral* (ou princípio "U", que equipara a *universalizabilidade* dos juízos morais à sua *imparcialidade*, atingida pelo assentimento intersubjetivo dos participantes do discurso; e o *democrático* (que subordina a validade das normas jurídicas à aceitação não coagida dos afetados por elas, em processos institucionais de "normatização discursiva"). (BLOTTA, 2010, p. 34)

Em seu desenvolvimento moral, a sociedade passaria por diversos estágios: da moralidade pré-convencional de punição e obediência à moralidade convencional de respeito às expectativas postas socialmente pelas autoridades, chegando enfim à *moralidade pós-convencional*, à eticidade universal, fundada em *princípios de justiça* como o respeito pelos direitos humanos e pela dignidade da pessoa humana. Aqui não se aceita mais ingenuamente as pretensões de validade das normas postas, mas se torna possível revolver, reflexivamente, suas justificações.[116]

---

[116] Sobre a concepção habermasiana dos estágios da consciência moral nas sociedades (evolução "filogenética"), ver Neves (2008 [2000], p. 25-58). A maneira como esses estágios são extrapolados teoricamente por Habermas a partir de bases empíricas frágeis – pesquisas psicopedagógicas (de Piaget e Kohlberg) sobre o juízo moral nas crianças – foi criticada por Blankenburg (1984, p. 273-278).

Assim, o direito conseguiria restringir as demandas instrumentais dos "sistemas" político e econômico, impondo-lhes restrições normativas em nome do "mundo da vida", o lócus da vivência cotidiana e do senso comum onde se desenvolvem a arte, a moral, a ciência, a democracia. Como *medium* que vincula sistemas e mundo da vida, o direito bloquearia a colonização do mundo da vida por dinheiro e poder; mas também carregaria o risco de legitimar discursivamente – e assim favorecer a expansão – dos sistemas sobre o mundo da vida, da ação estratégica sobre a ação comunicativa (HABERMAS, 1987 [1981]; 1976 [1973]).

Na verdade, as esperanças de contenção da colonização sistêmica vinculam-se a um tipo específico de direito: aquele que caracteriza o Estado de direito, vinculando cooriginariamente direitos humanos e soberania popular. A questão de Habermas (1996 [1992]) é encontrar uma fundamentação da legitimidade do direito para sociedades pluralistas, nas quais se dissolveu a cosmovisão compartilhada que permitia fundar o direito na metafísica ou na religião. Habermas encontra no processo democrático "a única fonte pós-metafísica da legitimidade", já que este processo permite a livre circulação de opiniões, informações e argumentos, assegurando "um caráter discursivo à formação política da vontade" e sustentando "a suposição falibilista de que os resultados derivados do próprio procedimento são mais ou menos razoáveis" (HABERMAS, 1996 [1992], p. 448).

Tal fundamentação discursiva das autonomias pública e privada (esta garantindo ao sujeito espaço para perseguir sua própria concepção de bem, na linguagem rawlsiana) seria uma alternativa ao problema hobbesiano da formação da ordem social a partir da falta de coordenação de atores racionais que agem independentemente, bem como a Kant e Rawls, que atribuiriam uma capacidade moral aos sujeitos que se encontram no estado natural ou na posição original (HABERMAS, 1996 [1992], p. 449-451). O grau mais elevado em abstração no argumento habermasiano constitui o *"princípio do discurso"*, que condiciona a validade das normas ao assentimento hipotético dos potencialmente afetados (na linha da tradição kantiana; ver *supra*, 1.1 e 3.2); de outro lado, concretamente, a legitimidade do direito gerado depende da "'eticidade democrática' dos cidadãos e da cultura política liberal" (HABERMAS, 1996 [1992], p. 459-461). O *"princípio da democracia"* é, então, constituído na conjunção entre o "princípio do discurso" e a "forma jurídica" e aparece – o próprio princípio – como "núcleo de um *sistema* de direitos" (HABERMAS, 1996 [1992], p. 121, destaque no original). Uma esfera pública pluralista, política e jurídica, sustentada por demandas da "sociedade civil", ancoraria a democracia deliberativa na qual parlamentos e tribunais teriam uma legitimação discursiva ampliada para levarem adiante o reconhecimento de demandas do mundo da vida e da ação comunicativa: sobre compreensões culturalmente compartilhadas, solidariedade e integração social, socialização e identidade pessoal – dimensões da *ação comunicativa*, segundo Habermas (1987 [1981], p. 137-138).

Já Axel Honneth (n. 1949) representa a chamada "terceira geração" da "Escola de Frankfurt"; sua obra tem influência de Hegel e enfoca a *"luta por reconhecimento"* das minorias e grupos subalternos (HONNETH, 1995 [1992]; FRASER; HONNETH, 2003). Honneth (2014 [2011]) pretende realizar uma "reconstrução normativa" mais abrangente que a de Habermas, intentando ir além da "esfera de reconhecimento" do Estado democrático de direito, para cobrir também a moralidade imanente ao mercado, à família, à amizade e aos relacionamentos íntimos. O Estado teria uma capacidade e legitimidade insuficientes para conformar as relações de reconhecimento nessas esferas privadas, mas seria possível reconhecer nelas centros de poder e moralidade que trariam, em seu núcleo, os próprios princípios com os quais se poderia realizar uma *crítica imanente*, revisando racionalmente, reflexivamente, as práticas.

Seu método é calcado na autointerpretação dos grupos em "luta por reconhecimento" para desvelar o conteúdo moral subjacente às práticas. Honneth (2009) opõe essa visão *reconstrutiva* a uma abordagem da justiça como distribuição, como uma massa de bens a ser repartida entre indivíduos. Critica a visão kantiana da personalidade, de um "eu" anterior a seus papéis e condicionamentos sociais (que, por isso, poderia criticá-los, revisá-los e rejeitá-los). Em lugar desse individualismo moral, pensa em uma *personalidade inserida*, situada em relações sociais. Acredita que a liberdade é afirmada dentro das práticas comunais. Negar autoridade aos horizontes comunais, e vê-los como limites arbitrários à vontade, levaria ao niilismo. Não escolhemos "no vácuo" nossos fins e objetivos, mas os tomamos de contextos sociais compartilhados e neles exercemos nossa autonomia moral.

10.7 Experimentalismo democrático

A filosofia política de John Dewey (1935; 1946 [1927]; 1984 [1930]) se desenvolve como um *liberalismo progressista, democrático e social*, atento às transformações econômicas e políticas que se desenvolveram no século XX e que pressionaram por modificações no ideário liberal clássico. Que o governo possa ser, sob certas condições, uma condição habilitante da liberdade pessoal, e não uma restrição a ela; que a esfera pública seja um campo de afirmação dos indivíduos, e não de sua negação; que a evolução histórica seja em parte contingente e em parte resultante da ação e da experimentação voluntárias – são algumas das linhas de força da filosofia deweyana.

Sob inspiração dos autores pragmatistas e realistas americanos como John Dewey, tem sido desenvolvida na filosofia do direito, na economia política e na ciência política a noção de "experimentalismo democrático" (UNGER, 1999 [1998]; 2020 [2007]; SABEL, 2012). Enquanto alguns filósofos pragmatistas (RORTY, 1990) aproximam-se do juízo retrospectivo e contextual pregado pelo comunitarismo, sem entretanto abandonar a prioridade das instituições democráticas liberais (vistas também como realizações históricas particulares, e não como modelos universais), os advogados do *"experimentalismo democrático"* buscam estender o repertório institucional da modernidade liberal em nome de uma ampliação da capacidade de autossubversão e de expansão da liberdade sugerida por esse mesmo ideário. Nesses termos é que se pode falar de um *"superliberalismo"* (UNGER, 2017b [1982], p. 140) como diretriz para a reconstrução das *instituições liberais* da política e da economia por meio da radicalização do ideal de autonomia individual e coletiva.

Nessa linha, autores como Unger rejeitam os métodos clássicos da metaética: a deontologia (argumentos de princípio), o contratualismo (argumentos de consenso racional) e o utilitarismo (argumentos de maximização da utilidade, felicidade, bem-estar ou eficiência) (para uma comparação entre esses métodos, ver PARFIT, 2011).

Unger (2017b [1982], p. 199-202) critica o contratualismo e o utilitarismo por caírem em um "reformismo brando", ao restringirem a variabilidade institucional que poderia decorrer das conclusões na delimitação mesma das premissas do raciocínio. Assim, no *cálculo utilitarista*, os desejos e intuições que constituem a matéria-prima do método são circunscritos, de forma a excluir sua real ambivalência interna, e são considerados na formação do juízo sem que sejam avaliadas as estruturas nas quais se insere a gênese daqueles desejos e intuições. Ademais, os desejos de superação e transformação estrutural são excluídos do cálculo por serem demasiado fluidos em si, conflitantes entre os indivíduos (alguns desejando certa estrutura, outros outra, e assim por diante) e, afinal, pela desimportância do raciocínio utilitarista abstrato para a crítica histórica de contextos sociais reais.

De outro lado, o *contratualismo* é rejeitado igualmente por definir suas premissas de modo tão restritivo que suas conclusões não podem ter resultados muito radicais. A preocupação com a imparcialidade da eleição dos princípios de justiça em uma situação ideal de escolha filtra a reflexão das intuições morais às quais ao final se irá atribuir normatividade. Tal filtro garante enraizamento histórico e estabilidade às diretrizes morais; mais uma vez, os critérios podem ser comprometidos pela restrição imposta aos "dados de entrada" considerados em sua elaboração.

Vale considerar aqui o caso da elaboração teórica da *"posição original"* de Rawls (2008 [1971], p. 165-173), em que os princípios de justiça seriam escolhidos sob o "véu da ignorância" – cada pessoa desconhece sua futura inserção na sociedade (sua classe, sua ideologia, suas capacidades, perfil psicológico) e a própria situação política, econômica e cultural dessa sociedade. Há intérpretes (VITA, 2007 [1998], p. 179-184) que defendem que, mesmo no que concerne à *deliberação hipotética sobre os princípios de justiça*, o argumento mais importante não é o da posição original, mas sim o da "arbitrariedade moral" (RAWLS, 2008 [1971], p. 86-90, 113-119), termo referente a posições de poder, riqueza e acesso a oportunidades definidas pela "loteria" de onde e como se nasce (em qual cidade e país, família e classe, etnia e gênero). Por esse argumento, as formas de desigualdade arbitrárias de um ponto de vista moral deveriam ser mitigadas pela estrutura básica da sociedade (e não apenas retrospectiva e redistributivamente).

Voltando à corrente do *experimentalismo democrático*, podemos nela identificar contrastes fundamentais tanto com o liberalismo igualitário quanto com o comunitarismo (AMATO, 2017d). Em vez da ideia liberal de neutralidade da estrutura social – e de sua avaliação por critérios de justiça e sustentação pela sobreposição entre visões morais, políticas e religiosas abrangentes (visões de bem subordinadas àqueles critérios de justiça) –, os experimentalistas-democráticos sugerem que o ideal para julgar a estrutura social é seu *grau de abertura à inovação, de corrigibilidade, de revisabilidade*. Negam, portanto, que haja uma justiça acima das concepções substantivas do bem. Entretanto, partindo da ideia comunitarista de que toda forma de vida implica uma concepção de bem, os experimentalistas democráticos rejeitam julgar cada cultura e sociedade apenas segundo seus parâmetros e preconceitos, provavelmente opressivos. Chegam assim a uma diretriz normativa para julgar os vários arranjos históricos: essa diretriz é o grau de "desentrincheiramento" da ordem social e da respectiva "capacidade negativa" individual (UNGER, 2001 [1987], cap. 8). Em outros termos, se não há um critério neutro de justiça acima das visões parciais de bem, é certo que as sociedades variam na medida em que as diferenças sociais que reproduzem são mais ou menos sólidas e mais ou menos superáveis e oponíveis por seus membros. Comparemos uma sociedade de castas, na qual os privilégios ou privações são definidos por uma condição inata inafastável, com as sociedades de classe, em que as diferenças econômicas e culturais que vêm do berço desempenham um amplo papel na determinação das trajetórias individuais, mas podem (ainda que de modo improvável) ser superadas pelo acesso a diplomas e cargos de prestígio – e, sobretudo, podem ser abertamente desafiadas no discurso público e transformadas pela política democrática (mudando-se esquemas de herança, tributação e propriedade, de educação e acesso a serviços públicos etc.). O que os experimentalistas almejam é imaginar instituições que ultrapassem a sociedade de classes assim como esta superou as formas de castas e estamentos – e sem recair em um autoritarismo que congelaria as instituições sociais, ao invés de catalisar sua *autocorreção continuada*.

Nesse intento, o pensamento jurídico passa a ser um protagonista da crítica e construção da sociedade. Como vimos na abordagem da proposta metodológica ungeriana de "imaginação institucional" (*supra*, 8.4.2): 1) existe uma *indeterminação institucional* das ideias de economia de mercado e democracia política; 2) o direito é um repositório de ideais e práticas, permitindo *mapear em detalhe* as formas institucionais (esquadrinhadas em regras) e criticá-las à luz de *propósitos atribuídos* (recolhidos e explicitados no próprio direito vigente, mas por ele imperfeitamente realizados); 3) as instituições econômicas e políticas que se poderia imaginar para expandir o experimentalismo social deveriam estruturar *pluralismos alternativos*: por exemplo, aumentar poder dos entes federativos para experimentarem políticas e instituições divergentes (aumentando a experimentação dentro dos Estados nacionais), ou organizar diferentes regimes de contrato e propriedade (ampliando a variedade institucional da economia de mercado, seja no direito internacional, seja no direito nacional, ou mesmo em ordens privadas).

Ao vislumbrarmos, por experimentos teóricos e sociais, como o direito poderia ser, já temos um ganho: decifrar melhor a estrutura, o funcionamento e os limites em que opera o direito hoje posto. Imaginando *alternativas institucionais*, entendemos melhor como funcionam as instituições atuais, amparadas pelo direito positivo vigente, e podemos discernir mais claramente as suas trajetórias históricas e justificativas filosóficas.

> *Em nossas fronteiras se encontram o infinitamente pequeno e o infinitamente grande. Tentamos explicar o mundo, mas é o mundo que nos explica.*
>
> *Caminhamos e, se no fim do caminho não existir mais nada, inventaremos o horizonte.*
>
> (do muro da casa do poeta Paulo Bomfim, 1926-2019, São Paulo)

REFERÊNCIAS

AARNIO, Aulis. *The rational as reasonable*: a treatise on legal justification. Dordrecht: Reidel, 1987.

AARNIO, Aulis. *Essays on the doctrinal study of law*. Dordrecht: Springer, 2011.

AARNIO, Aulis. *A moral point of view*: remarks on the foundation of law and justice. Texto apresentado no seminario Alchourrón y Bulygin. Buenos Aires: Departamento de Filosofía del Derecho, Facultad de Derecho, Universidad de Buenos Aires, 2021.

ACKERMAN, Bruce. The new separation of powers. *Harvard Law Review*, Cambridge (MA), v. 113, n. 3, p. 633-725, 2000.

ADORNO, Sérgio. *Os aprendizes do poder*: o bacharelismo liberal na política brasileira. Rio de Janeiro: Paz e Terra, 1988.

ADORNO, Theodor W.; POPPER, Karl R.; DAHRENDORF, Ralf; HABERMAS, Jürgen; ALBERT, Hans; PILOT, Harald. *La disputa del positivismo en la sociologia alemana*. Trad. Jacobo Muñoz. Barcelona: Grijalbo, 1973. [1969]

AKERLOF, George A. The market for "lemons": quality uncertainty and the market mechanism. *The Quarterly Journal of Economics*, Cambridge (MA), v. 84, n. 3, p. 488-500, 1970.

ALCHOURRÓN, Carlos Eduardo; BULYGIN, Eugenio. *Análisis lógico y derecho*. Madrid: Centro de Estudios Constitucionales, 1991.

ALEXY, Robert. My philosophy of law: the institutionalisation of reason. *In:* WINTGENS, Luc J. (ed.). *The law in philosophical perspectives*. Dordrecht: Springer, 1999. p. 23-45.

ALEXY, Robert. *Teoria da argumentação jurídica*. Trad. Zilda Hutchinson Schild Silva. São Paulo: Landy, 2001. [1978]

ALEXY, Robert. *Teoria dos direitos fundamentais*. Trad. Virgílio Afonso da Silva. São Paulo: Malheiros, 2008. [1986]

ALEXY, Robert. *Direito, razão, discurso*: estudos para a filosofia do direito. Trad. Luís Afonso Heck. Porto Alegre: Livraria do Advogado, 2010. [1995]

ALIGHIERI, Dante. *A Divina Comédia*: Inferno. Trad. Italo Eugenio Mauro. São Paulo: Editora 34, 1998. [1321]

ALLAN, Seán. *The plays of Heinrich von Kleist*: ideals and illusions. Cambridge: Cambridge University Press, 1996.

ALTHUSIUS, Johannes. *Política*. Trad. Joubert de Oliveira Brizida. Rio de Janeiro: Topbooks, 2003. [1603]

AMATO, Lucas Fucci. *Constitucionalização corporativa*: direitos humanos fundamentais, economia e empresa. Curitiba: Juruá, 2014.

AMATO, Lucas Fucci. As formas da sociologia do direito: uma redescrição luhmanniana do debate centenário entre Kelsen e Ehrlich. *Nomos – Revista do Programa de Pós-Graduação em Direito da UFC*, Fortaleza, v. 35, n. 2, p. 227-254, 2015.

AMATO, Lucas Fucci. Função, estrutura e instituição na análise jurídica. *Revista da Faculdade de Direito da Universidade de São Paulo*, São Paulo, v. 112, p. 387-408, 2017a.

AMATO, Lucas Fucci. *Construtivismo jurídico*: teoria no direito. Curitiba: Juruá, 2017b.

AMATO, Lucas Fucci. Institucionalismo, pluralismo, corporativismo: 100 anos de *O ordenamento jurídico*, de Santi Romano. *Quaestio Iuris*, Rio de Janeiro, v. 10, n. 4, p. 2656-2677, 2017c.

AMATO, Lucas Fucci. Justiça social e instituições: a visão de Unger comparada ao liberalismo igualitário e à teoria crítica. *Revista Estudos Políticos (UFF)*, v. 8, n. 2, p. 90-114, 2017d.

AMATO, Lucas Fucci. *Inovações constitucionais*: direitos e poderes. Belo Horizonte: Casa do Direito, 2018a.

AMATO, Lucas Fucci. Cultura, justiça e instituições. In: AMATO, Lucas Fucci. *Direito, cultura e direitos*. São Carlos: J.A., 2018b.

AMATO, Lucas Fucci. Uma sociologia da interpretação judicial e da teoria do direito: Max Weber 100 anos depois. In: VILLAS BÔAS FILHO, Orlando (org.). *Os estudos sociojurídicos e os dilemas da administração da justiça: desafios atuais ao Poder Judiciário*. São Paulo: Eseni, 2020. p. 73-110.

AMATO, Lucas Fucci. Law and economy without "law and economics"? From new institutional economics to social systems theory. In: CAMPILONGO, Celso Fernandes; AMATO, Lucas Fucci; BARROS, Marco Antonio Loschiavo Leme de (eds.). *Luhmann and socio-legal research*: an empirical agenda for social systems theory. London: Routledge, 2021a. p. 110-138.

AMATO, Lucas Fucci. Derecho y desarrollo, pluralismo jurídico, derechos humanos y neoconstitucionalismo: recepción y mutación de semánticas jurídicas en Brasil. *Revista Latinoamericana de Sociología Jurídica*, v. 2, p. 61-87, 2021b.

AMATO, Lucas Fucci. *Propriedade desagregada e empreendedorismo democrático*: instituições da economia de mercado e formas jurídicas do capital. Porto Alegre: Fi, 2022.

ANSCOMBE, Gertrude Elizabeth Margaret. On brute facts. Analysis, v. 18, n. 3, p. 69-72, 1958.

ANTONI, Carlo. *From history to sociology*: the transition in German historical thinking. Trad. Hayden V. White. Detroit: Wayne State University Press, 1959. [1940]

ARAUJO, Cicero Romão Resende de. *A forma da república*: da constituição mista ao Estado. São Paulo: WMF Martins Fontes, 2013.

ARISTÓTELES. *Política*. 2. ed. Trad. Mário Gama Kury. Brasília: Editora UnB, 1988.

ARISTÓTELES. *Ética a Nicômaco*. Trad. Leonel Vallandro e Gerd Bornheim. São Paulo: Nova Cultural, 1991. p. 5-196.

ARNAUD, André-Jean. *Les origines doctrinales du Code Civil français*. Paris: Librairie Générales de Droit et de Jurisprudence, 1969.

ARNAUD, André-Jean. *Essai d'analyse structurale du Code Civil français*: la règle du jeu dans la paix bourgeoise. Paris: Librairie Générales de Droit et de Jurisprudence, 1973.

ATIENZA, Manuel. *Curso de argumentación jurídica*. Madrid: Trotta, 2013.

AUSTIN, John. *Lectures on Jurisprudence, or, the Philosophy of Positive Law II*. 4. ed. Ed. Robert Campbell. London: John Murray, 1873. [1863]

AUSTIN, John. *Lectures on Jurisprudence, or, the Philosophy of Positive Law*. Ed. Robert Campbell. New York: Henry Holt and Company, 1875. [1863]

AUSTIN, John. *The province of jurisprudence determined*. Ed. Wilfrid E. Rumble. Cambridge: Cambridge University Press, 1995. [1832]

AUSTIN, John Langshaw. *How to do things with words*. Oxford: Clarendon Press, 1962. [1955]

ÁVILA, Humberto. *Teoria dos princípios:* da definição à aplicação dos princípios jurídicos. 12. ed. São Paulo: Malheiros, 2011. [2003]

AZEVEDO, Antônio Junqueira de. *Negócio jurídico*: existência, validade e eficácia. 4. ed. São Paulo: Saraiva, 2008. [1974]

BALKIN, Jack M.; LEVINSON, Sanford. *Legal canons*. New York: New York University Press, 2000.

BAMZAI, Aditya. The origins of judicial deference to executive interpretation. *The Yale Law Journal*, v. 126, n. 4, p. 908-1241, 2017.

BANÁS, Pawel; DYRDA, Adam; GIZBERT-STUDNICKI, Tomasz (eds.). *Metaphilosophy of law*. Oxford: Hart, 2016.

BANDEIRA DE MELLO, Celso Antônio. *Conteúdo jurídico do princípio da igualdade*. 3. ed. São Paulo: Malheiros, 1993. [1978]

BARBOSA, Samuel Rodrigues. O conceito weberiano de direito. Estudo introdutório. *In:* PISSARA, Maria Constança Peres; FABBRINI, Ricardo Nascimento (coords.). *Direito e filosofia*: a noção de justiça na história da filosofia. São Paulo: Atlas, 2007. p. 109-127.

BARENDT, Eric. Is there a United Kingdom Constitution? *Oxford Journal of Legal Studies*, v. 17, n. 1, p. 137-146, 1997.

BARTHES, Roland. *O neutro*. Trad. Ivone Castilho Benedetti. São Paulo: Martins Fontes, 2003. [1978]

BARZEL, Yoram. *Economic analysis of property rights*. 2. ed. Cambridge: Cambridge University Press, 1997. [1989]

BASTIT, Michel. *Nascimento da lei moderna*: o pensamento da lei de Santo Tomás a Suarez. Trad. Maria Ermantina de Almeida Prado Galvão. São Paulo: WMF Martins Fontes, 2010. [1990]

BEALE, Joseph H. *A treatise on the conflict of laws 1*: Jurisdiction. New York: Baker, Boorhis & Co., 1935.

BECCARIA, Cesare. *On crimes and punishments and other writings*. Ed. Richard Bellamy. Trad. Richard Davies, Virginia Cox e Richard Bellamy. Cambridge: Cambridge University Press, 1995. [1764]

BENTHAM, Jeremy. *An introduction to the principles of morals and legislation*. Oxford: Clarendon Press, 1823. [1780]

BENTHAM, Jeremy. *Of laws in general*. Ed. H. L. A. Hart. London: Athlone, 1970. [1945]

BENTHAM, Jeremy. Anarchical Fallacies; being an examination of the Declaration of Rights issued during the French Revolution. *In:* WALDRON, Jeremy (ed.). *"Nonsense upon stilts"*: Bentham, Burke and Marx on the Rights of Man. London: Methuen, 1987. p. 46-69. [1796]

BERCOVICI, Gilberto. Tentativa de instituição da democracia de massas no Brasil: instabilidade constitucional e direitos sociais na Era Vargas (1930-1964). *In:* FONSECA, Ricardo Marcelo; SEELAENDER, Airton Cerqueira Leite (orgs.). *História do direito em perspectiva*: do antigo regime à modernidade. Curitiba: Juruá, 2009a. p. 375-414.

BERCOVICI, Gilberto. Estado intervencionista e constituição social no Brasil: o silêncio ensurdecedor de um diálogo entre ausentes. *In:* SOUZA NETO, Cláudio Pereira; SARMENTO, Daniel; BINENBOJM, Gustavo (orgs.). *Vinte anos da Constituição Federal de 1988*. Rio de Janeiro: Lumen Juris, 2009b. p. 725-738.

BERLE, Adolf Augustus, Jr.; MEANS, Gardiner. *The modern corporation and private property*. New York: Macmillan, 1932.

BERMAN, Harold J. *Law and revolution*: the formation of the Western legal tradition. Cambridge, MA: Harvard University Press, 1983.

BERMAN, Harold J. *Law and revolution II*: the impact of the Protestant reformations on the Western legal tradition. Cambridge, MA: Harvard University Press, 2003.

BETTI, Emilio. *Interpretação da lei e dos atos jurídicos*: teoria geral e dogmática. Trad. Karina Jannini. São Paulo: Martins Fontes, 2007. [1949]

BIGNOTTO, Newton (org.). *Matrizes do republicanismo*. Belo Horizonte: Editora UFMG, 2013.

BIX, Brian. John Austin. *In:* ZALTA, Edward N. (ed.). *Stanford Encyclopedia of Philosophy*. Stanford: Stanford University, 2019.

BJARUP, Jes. The philosophy of Scandinavian legal realism. *Ratio Juris*, v. 18, n. 1, p. 1-15, 2005.

BLACK, Henry Campbell. *Handbook on the construction and interpretation of the laws*. St. Paul, Minnesota: West Publishing, 1896.

BLACK, Max. *Models and metaphors*: studies in language and philosophy. Ithaca: Cornell University Press, 1962.

BLACKSTONE, William. *Commentaries on the Laws of England*: Book II, Of the Rights of Things. Oxford: Oxford University Press, 2016. [1766]

BLANKENBURG, Erhard. The poverty of evolutionism: a critique of Teubner's case for "reflexive law". *Law & Society Review*, v. 18, n. 2, p. 273-290, 1984.

BLOTTA, Vitor Souza Lima. *Habermas e o direito*: da normatividade da razão à normatividade jurídica. São Paulo: Quartier Latin, 2010.

BOBBIO, Norberto. O modelo jusnaturalista. *In*: BOBBIO, Norberto; BOVERO, Michelangelo. *Sociedade e Estado na filosofia política moderna*. Trad. Carlos Nelson Coutinho. 3. ed. São Paulo: Brasiliense, 1991. p. 11-100. [1979]

BOBBIO, Norberto. Pluralismo dos antigos e dos modernos. *In*: BOBBIO, Norberto. *Teoria Geral da Política*: a filosofia política e as lições dos clássicos. Org. Michelangelo Bovero. Trad. Daniela Beccaccia Versiani. Rio de Janeiro: Campus, 2000. p. 320-342. [1975]

BOBBIO, Norberto. *Direita e esquerda*: razões e significados de uma distinção política. Trad. Marco Aurélio Nogueira. 2. ed. São Paulo: Editora Unesp, 2001. [1994]

BOBBIO, Norberto. *O positivismo jurídico*: lições de filosofia do direito. Comp. Nello Morra. Trad. Márcio Pugliesi, Edson Bini e Carlos Rodrigues. São Paulo: Ícone, 2006. [1961]

BOBBIO, Norberto. *Da estrutura à função*: novos estudos de teoria do direito. Trad. Daniela Beccaccia Versiani. Barueri: Manole, 2007. [1976]

BOBBIO, Norberto. *Direito e poder*. Trad. Nilson Moulin. 2. ed. São Paulo: Editora Unesp, 2008. [1992]

BOBBIO, Norberto. *Teoria geral do direito*. Trad. Denise Agostinetti. 3. ed. São Paulo: Martins Fontes, 2010. [1960]

BOBBIO, Norberto. *Estudos por uma teoria geral do direito*. Trad. Daniela Beccaccia Versiani. Barueri: Manole, 2015. [1955]

BOITEUX, Elza Antonia Pereira Cunha. Imperativo. *In*: CAMPILONGO, Celso Fernandes; GONZAGA, Alvaro de Azevedo; FREIRE, André Luiz. *Enciclopédia Jurídica da PUC-SP*: Teoria Geral e Filosofia do Direito 1. São Paulo: Pontifícia Universidade Católica de São Paulo, 2017. p. 1-21.

BOLZANI FILHO, Roberto. Estoicismo e ceticismo. *In*: MACEDO JR., Ronaldo (coord.). *Curso de filosofia política*: do nascimento da filosofia a Kant. São Paulo: Atlas, 2008. p. 165-184.

BOMHOFF, Jacco. *Balancing constitutional rights*: the origins and meanings of postwar legal discourse. Cambridge: Cambridge University Press, 2013.

BONNECASE, Julien. *La pensée juridique française de 1804 à l'heure présente*: ses variations et ses traits essentiels I: considérations préliminaires, analyse descriptive des doctrines, leurs classificaitons et leurs représentants. Bordeaux: Delmas, 1933.

BOSI, Alfredo. O positivismo no Brasil: uma ideologia de longa duração. *In*: PERRONE-MOISÉS, Leyla (org.). *Do positivismo à desconstrução*: ideias francesas no Brasil. São Paulo: Edusp, 2004. p. 156-181.

BOURDIEU, Pierre. La force du droit: éléments pour une sociologie du champ juridique. *Actes de la recherche en sciences sociales*, Paris, v. 64, n. 1, p. 3-19, 1986.

BOURGET, Renaud. O controle de constitucionalidade a posteriori das leis pelo Conselho Constitucional francês. Trad. Fernanda Figueira Tonetto. *Revista de Direitos e Garantias Fundamentais*, v. 21, n. 2, p. 97-108, 2020.

BOVERO, Michelangelo. O modelo hegelo-marxiano. *In*: BOBBIO, Norberto; BOVERO, Michelangelo. *Sociedade e Estado na filosofia política moderna*. Trad. Carlos Nelson Coutinho. 3. ed. São Paulo: Brasiliense, 1991. p. 101-164. [1979]

BRETONE, Mario; TALAMANCA, Mario. *Il diritto in Grecia e a Roma*. 2. ed. Bari: Laterza, 1994. [1981]

BREWER, Scott. Exemplary reasoning: semantics, pragmatics, and the rational force of legal argument by analogy. *Harvard Law Review*, v. 109, n. 5, p. 923-1028, 1996.

BRYAN, Ian; LANGFORD, Peter; MCGARRY, John (eds.). *The reconstruction of the juridico-political*: affinity and divergence in Hans Kelsen and Max Weber. Abingdon: Routledge, 2016.

BULYGIN, Eugenio. *Lógica deóntica, normas y proposiciones normativas*. Ed.Pablo E. Navarro, Jorge L. Rodríguez e Giovanni Battista Ratti. Madrid: Marcial Pons, 2018.

BURDICK, Francis M. Is law the expression of class selfishness? *Harvard Law Review*, v. 25, n. 4, p. 349-371, 1912.

BURKE, John J. A. *The political foundation of law and the need for theory with practical value*: the theories of Ronald Dworkin and Roberto Unger. San Francisco: Austin & Winfield, 1992.

CADORE, Rodrigo. A teoria pura do direito como produto da escola jurídica de Viena: o período inaugural da *Reine Rechtslehre* (1911-1930). In: SOLON, Ari Marcelo; PERRONE-MOISÉS, Cláudia; BOITEUX, Elza Antonia Pereira Cunha; ALMEIDA, Fernando Menezes de; MONACO, Gustavo Ferraz de Campos; RANIERI, Nina (coords.). *Múltiplos olhares sobre o direito 1*: homenagem aos 80 anos do professor emérito Celso Lafer. São Paulo: Quartier Latin, 2022. p. 335-385.

CAENEGEM, Raoul Charles Van. *Judges, legislators and professors*: chapters in European legal history. Cambridge: Cambridge University Press, 1987.

CAENEGEM, Raoul Charles Van. *Uma introdução histórica ao direito privado*. Trad. Carlos Eduardo Lima Machado. 2. ed. São Paulo: Martins Fontes, 2000. [1988]

CALABRESI, Guido. Some thoughts on risk distribution and the law of torts. *Yale Law Journal*, New Haven, v. 70, n. 4, p. 499-553, 1961.

CALVO GARCÍA, Manuel. Positivismo jurídico y teoría sociológica del derecho. *Sortuz, Oñati Journal of Emergent Socio-legal Studies*, v. 6, n. 1, p. 46-66, 2014.

CAMPESI, Giuseppe; PANNARALE, Luigi; PUPOLIZIO, Ivan. *Sociologia del diritto*. Milano: Mondadori; Firenze: Le Monnier Università, 2017.

CAMPILONGO, Celso Fernandes. Kelsen, o positivismo e o ensino do direito nos anos 70. In: CAMPILONGO, Celso Fernandes. *Direito e diferenciação social*. São Paulo: Saraiva, 2011. p. 32-45.

CAMPILONGO, Celso Fernandes. *Interpretação do direito e movimentos sociais*: hermenêutica do sistema jurídico e da sociedade. Rio de Janeiro: Elsevier, 2012. [2011]

CANARIS, Claus-Wilhelm. *Pensamento sistemático e conceito de sistema na ciência do direito*. Trad. A. Menezes Cordeiro. 3. ed. Lisboa: Fundação Calouste Gulbenkian, 2002. [1969]

CANARIS, Claus-Wilhelm. *Direitos fundamentais e direito privado*. Trad. Ingo Wolfgang Sarlet e Paulo Mota Pinto. Coimbra: Almedina, 2009. [1999]

CANE, Peter (ed.). *The Hart-Fuller debate in the twenty-first century*. Oxford: Hart, 2010.

CANOTILHO, José Joaquim Gomes. *Constituição dirigente e vinculação do legislador*: contributo para a compreensão das normas constitucionais programáticas. 2. ed. Coimbra: Coimbra, 2001. [1982]

CANOTILHO, José Joaquim Gomes. *Direito constitucional e teoria da constituição*. 7. ed. Coimbra: Almedina, 2003. [1997]

CAPANI, Carolina; QUEIROZ, Rafael Mafei Rabelo. A objetividade dos juízos morais e a interpretação de cláusulas contratuais abusivas: um estudo de caso sobre o STJ e os contratos bancários. In: Simpósio

Internacional de Iniciação Científica e Tecnológica da Universidade de São Paulo (SIICUSP), 29., 2021, São Paulo. *Anais [...]* São Paulo: USP, 2021.

CAPELLER, Wanda. De que lugar falamos? Retomando um velho papo sobre o direito e a sociologia. *Revista de Estudos Empíricos em Direito*, v. 2, n. 2, p. 10-25, 2015.

CARDOZO, Benjamin N. *The nature of the judicial process*. New Haven: Yale University Press, 1921.

CARVALHO JR., Pedro Lino. *Direito e imaginação institucional em Roberto Mangabeira Unger*. Salvador: EDUFBA, 2020.

CARVALHO NETO, Pythagoras Lopes de. *Retórica e consistência no direito*: fundamentos para uma teoria do direito de inspiração luhmanniana. Curitiba: Juruá, 2016.

CARVALHO NETO, Pythagoras Lopes de. John Austin. *In*: CAMPILONGO, Celso Fernandes; GONZAGA, Alvaro de Azevedo; FREIRE, André Luiz. *Enciclopédia Jurídica da PUC-SP:* Teoria Geral e Filosofia do Direito 1. São Paulo: Pontifícia Universidade Católica de São Paulo, 2017. p. 1-37.

CASTRO, Marcus Faro de. *Formas jurídicas e mudança social*: interações entre o direito, a filosofia, a política e a economia. São Paulo: Saraiva, 2012.

CATTANEO, Mario A. *El concepto de revolución en la ciencia del derecho*. Buenos Aires: Depalma, 1968. [1960]

CHIASSONI, Pierluigi. Wiener Realism. *In*: DUARTE D'ALMEIDA, Luís; GARDNER, John; GREEN, Leslie (eds.). *Kelsen revisited*: new essays on the pure theory of law. Oxford: Hart, 2013. p. 131-162.

CHRISTIE, Nils. Conflicts as property. *The British Journal of Criminology*, v. 17, n. 1, p. 1-15, 1977.

CHRISTODOULIDIS, Emilios A. The inertia of institutional imagination: a reply to Roberto Unger. *The Modern Law Review*, v. 59, n. 3, p. 377-397, 1996.

CLARK, Robert Charles. The morphogenesis of subchapter C: an essay in statutory evolution and reform. *The Yale Law Journal*, v. 87, n. 1, p. 90-162, 1977.

COASE, Ronald. The nature of the firm. *Economica*, London, v. 4, n. 16, p. 386-405, 1937.

COASE, Ronald. The problem of the social cost. *Journal of Law and Economics*, Chicago, v. 3, p. 1-44, 1960.

COHEN, Felix S. The ethical basis of legal criticism. *Yale Law Journal*, New Haven, v. 41, n. 2, p. 201-220, 1931.

COHEN, Felix S. Transcendental nonsense and the functional approach. *Columbia Law Review*, New York, v. 35, n. 6, p. 809-849, 1935.

COING, Helmut. *Derecho privado europeo I*: derecho común más antiguo (1500-1800). Trad. Antonio Pérez Martín. Madrid: Fundación Cultural del Notariado, 1996a. [1985]

COING, Helmut. *Derecho privado europeo II*: el siglo XIX. Trad. Antonio Pérez Martín. Madrid: Fundación Cultural del Notariado, 1996b. [1989]

COLEMAN, Jules. *Markets, morals and the law*. Oxford: Oxford University Press, 1998.

COLOGNESI, Luigi Capogrossi. *Law and power in the making of the Roman commonwealth*. Trad. Laura Kopp. Cambridge: Cambridge University Press, 2014. [2009]

COOLEY, Thomas M. *A treatise on the constitutional limitations which rest upon the legislative power ot the States of the American Union*. 7. ed. Boston: Little Brown, 1903. [1896]

COOTER, Robert; ULEN, Thomas. *Law & economics*. 5. ed. Boston: Pearson, 2008.

CORBIN, Arthur Linton. Jural relations and their classification. *The Yale Law Journal*, v. 30, n. 3, p. 226-238, 1921.

COSTA, Pietro. *Civitas*: storia della cittadinanza in Europa 1: dalla civiltá comunale al settecento. Bari: Laterza, 1999.

COSTA, Pietro. *Iurisdictio*: semantica del potere politico nella pubblicistica medievale (1100-1433). Milano: Giuffrè, 2002. [1969]

COSTA, Pietro. *Cittadinanza*. Bari: Laterza, 2005.

COSTA, Pietro; ZOLO, Danilo (orgs.). *O Estado de Direito*: história, teoria, crítica. Trad. Carlo Alberto Dastoli. São Paulo: Martins Fontes, 2006. [2002]

COSTA, Pietro. *Soberania, representação, democracia*: ensaios de história do pensamento jurídico. Curitiba: Juruá, 2010.

COSTA, Pietro. Estado de direito e direitos do sujeito: o problema dessa relação na Europa moderna. *In*: FONSECA, Ricardo Marcelo; SEELAENDER, Airton Cerqueira Leite (orgs.). *História do direito em perspectiva*: do antigo regime à modernidade. Curitiba: Juruá, 2012. p. 57-78.

COSTA NETO, João. Rights as trumps and balancing: reconciling the irreconcilable? *Revista Direito GV*, v. 11, n. 1, p. 159-188, 2015.

COUTINHO, Diogo Rosenthal. *Direito econômico e desenvolvimento democrático*: uma abordagem institucional. 2014. Tese (Doutorado em Direito Econômico e Economia Política) – Faculdade de Direito, Universidade de São Paulo, São Paulo, 2014.

CRUZ, Márcio Fernandes da. *A perspectiva da virtude segundo a obra tomasiana* Quaestiones Disputatae de Virtutibus – Quaestio 1 e 5: aspectos históricos e conceituais. Porto Alegre: Fi, 2021.

CRUZ, Sebastião. *Direito romano (*ius romanum*) I*. 4. ed. Coimbra: Gráfica Coimbra, 1984. [1969]

CURTIS, Marcus J. Realism revisited: reaffirming the centrality of the New Deal in Realist jurisprudence. *Yale Journal of Law & the Humanities*, New Haven, v. 27, n. 1, p. 157-200, 2015.

DAGAN, Hanoch. The real legacy of American Legal Realism. *Oxford Journal of Legal Studies*, Oxford, v. 38, n. 1, p. 123-140, 2018.

DALTON, Clare. An essay in the deconstruction of contract doctrine. *In*: TREVIÑO, A. Javier (ed.). *The sociology of law*: classical and contemporary perspectives. 2. ed. London: Routledge, 2008. p. 425-438. [1985]

DE GIORGI, Raffaele. Sobre o direito. Kafka, Dürrenmatt e a ideia de Luhmann sobre o camelo. Trad. Virgílio de Mattos. *Veredas do Direito*, v. 4, n. 7, p. 29-43, 2007.

DE GIORGI, Raffaele. *Ciência do direito e legitimação*: crítica da epistemologia jurídica alemã de Kelsen a Luhmann. Trad. Pedro Jimenez Cantisano. Rev. téc. Lucas Fucci Amato. Curitiba: Juruá, 2017. [1979]

DEL MAR, Maksymilian; TWINING, William (eds.). *Legal fictions in theory and practice*. Cham: Springer, 2015.

DELMAS-MARTY, Meirelle. *Por um direito comum*. Trad. Maria Ermantina de Almeida Prado Galvão. São Paulo: Martins Fontes, 2004. [1994]

DEMSETZ, Harold. Toward a theory of property rights. *The American Economic Review*, Philadelphia, v. 57, n. 2, p. 347-359, 1967.

DENVIR, John. Ronnie and Roberto: a reply to Daniel Williams. *University of San Francisco Law Review*, v. 23, p. 409-413, 1989.

DEVLIN, Patrick. *The enforcement of morals*. London: Oxford University Press, 1965.

DEWEY, John. Logical method and law. *The Cornell Law Quarterly*, Ithaca, v. 10, n. 1, p. 17-27, 1924.

DEWEY, John. The future of liberalism. *The Journal of Philosophy*, v. 32, n. 9, p. 225-230, 1935.

DEWEY, John. *The public and its problems*: an essay in political inquiry. Chicago: Gateway, 1946. [1927]

DEWEY, John. Means and ends. *Partisan Review*, New York, v. 31, n. 3, p. 400-404, 1964. [1938]

DEWEY, John. *Individualism old and new*. New York: Prometheus, 1984. [1930]

DEWEY, John. My philosophy of law. *In*: BOYDSTON, Jo Ann (Ed.). *John Dewey*: the latter works, 1925-1953. Carbondale: Southern Illinois University, 1988. p. 115-122. v. 14. [1941]

DEZALAY, Yves; GARTH, Bryant G. *The internationalization of palace wars*: lawyers, economists, and the contest to transform Latin American States. Chicago: University of Chicago Press, 2002.

DIAS, Gabriel Nogueira. *Positivismo jurídico e a teoria geral do direito na obra de Hans Kelsen*. São Paulo: Revista dos Tribunais, 2010.

DICEY, Albert Venn. *Introduction to the study of the law of the constitution*. 10. ed. London: Macmillan, 1959. [1885]

DUARTE D'ALMEIDA, Luís; MICHELON JR., Cláudio. The structure of arguments by analogy in law. *Argumentation*, v. 31, n. 2, p. 359-393, 2017.

DUGUIT, Léon. The law and the state. *Harvard Law Review*, v. 31, n. 1, p. 1-185, 1917.

DUGUIT, Léon. Objective law. Trad. Margaret Grandgent. *Columbia Law Review*, v. 20, n. 8, p. 817-831, 1920.

DUMÉZIL, Georges. *Mito y epopeya I*: la ideología de las tres funciones en las epopeyas de los pueblos indoeuropeos. Trad. Eugenio Trías. México: Fondo de Cultura Económica, 2016. [1968]

DURKHEIM, Émile. *Lições de sociologia*. Trad. Monica Stahel. 2. ed. São Paulo: Martins Fontes, 2013. [1890-1900]

DÜRRENMATT, Friedrich. *The assignment*: or, on the observing of the observer of the observers. Trad. Joel Agee. Chicago: University of Chicago Press, 2008a. [1986]

DÜRRENMATT, Friedrich. *O juiz e seu carrasco*. Trad: Kurt Jahn. Porto Alegre: L&PM, 2008b. [1950]

DÜRRENMATT, Friedrich. A promessa: réquiem para um romance policial. Trad. Petê Rissatti. *In*: DÜRRENMATT, Friedrich. *A promessa; A pane*. São Paulo: Estação Liberdade, 2019a. p. 11-153. [1958]

DÜRRENMATT, Friedrich. A pane: uma história ainda possível. Trad. Marcelo Rondinelli. *In*: DÜRRENMATT, Friedrich. *A promessa; A pane*. São Paulo: Estação Liberdade, 2019b. p. 154-221. [1955]

DUXBURY, Neil T. Look back in Unger: a retrospective appraisal of Law in Modern Society. *The Modern Law Review*, v. 49, p. 658-679, 1986.

DWORKIN, Ronald. Philosophy, morality, and law: observations prompted by professor Fuller's novel claim. *University of Pennsylvania Law Review*, v. 113, p. 668-690, 1965.

DWORKIN, Ronald. Lord Devlin and the enforcement of morals. *Yale Law Journal*, New Haven, v. 75, n. 6, p. 986-1005, 1966.

DWORKIN, Ronald. The model of rules. *University of Chicago Law Review*, Chicago, v. 35, n. 1, p. 14-46, 1967.

DWORKIN, Ronald. Social rules and legal theory. *The Yale Law Journal*, New Haven, v. 81, n. 5, p. 855-890, 1972.

DWORKIN, Ronald. Hard cases. *Harvard Law Review*, Cambridge (MA), v. 88, n. 6, p. 1057-1109, 1975.

DWORKIN, Ronald. Taking rights seriously. *In*: DWORKIN, Ronald. *Taking rights seriously*. Cambridge, MA: Harvard University Press, 1977. p. 184-205.

DWORKIN, Ronald. Is wealth a value? *The Journal of Legal Studies*, v. 9, n. 2, p. 191-226, 1980.

DWORKIN, Ronald. Law as interpretation. *Critical Inquiry*, Chicago, v. 9, n. 1, p. 179-200, 1982.

DWORKIN, Ronald. Rights as trumps. *In*: WALDRON, Jeremy (ed.). *Theories of rights*. Oxford: Oxford University Press, 1984. p. 153-167. [1981]

DWORKIN, Ronald. Is there really no right answer in hard cases? *In*: DWORKIN, Ronald. *A matter of principle*. Cambridge, MA: Harvard University Press, 1985. p. 119-145. [1978]

DWORKIN, Ronald. *Law's empire*. Cambridge, MA: Harvard University Press, 1986.

DWORKIN, Ronald. Objectivity and truth: you'd better believe it. *Philosophy and Public Affairs*, v. 25, n. 2, p. 87-139, 1996a.

DWORKIN, Ronald. *Freedom's law*: the moral reading of the American Constitution. Oxford; Oxford University Press, 1996b.

DWORKIN, Ronald. Hart's Postscript and the character of Political Philosophy. *Oxford Journal of Legal Studies*, v. 24, n. 1, p. 1-37, 2004.

DWORKIN, Ronald. *Justice in robes*. Cambridge, MA: Harvard University Press, 2006a.

DWORKIN, Ronald. Hart and the Concepts of Law. *Harvard Law Review Forum*, v. 119, p. 95-104, 2006b.

DWORKIN, Ronald. ¿Deben nuestros jueces ser filósofos? ¿Pueden ser filósofos? Trad. Leonardo García Jaramillo. *Isonomía*, México, n. 32, p. 7-29, 2010. [2000]

DWORKIN, Ronald. *A virtude soberana*: a teoria e a prática da igualdade. Trad. Jussara Simões. 2. ed. São Paulo: WMF Martins Fontes, 2011a. [2000]

DWORKIN, Ronald. *Justice for hedgehogs*. Cambridge, MA: Harvard University Press, 2011b.

DYZENHAUS, David. Fuller's novelty. In: WITTEVEEN, Willem J.; VAN DER BURG, Wibren (eds.). *Rediscovering Fuller*: essays on implicit law and institutional design. Amsterdam: Amsterdam University Press, 1999. p. 78-99.

EHRLICH, Eugen. Judicial freedom of decision: its principles and objects. In: *Science of legal method*: selected essays by various authors. Trad. Ernest Bruncken e Layton B. Register. Boston: Boston Book Company, 1917. p. 47-84. [1903]

EHRLICH, Eugen. *Fundamental principles of the sociology of law*. Trad. Walter L. Moll. Cambridge, MA: Harvard University Press, 1936. [1913]

EHRLICH, Eugen. Rettifica. In: EHRLICH, Eugen; KELSEN, Hans; WEBER, Max. *Verso un concetto sociologico di diritto*. Trad. Alberto Febbrajo. Milano: Giuffrè, 2010. p. 51-58. [1916]

ELY, John Hart. *Democracy and distrust*: a theory of judicial review. Cambridge, MA: Harvard University Press, 1980.

EMERSON, Blake. *The public's law*: origins and architecture of progressive democracy. Oxford: Oxford University Press, 2019.

ENDERLE, Rubens. O jovem Marx e o "Manifesto filosófico da escola histórica do direito". *Crítica Marxista*, n. 20, p. 111-122, 2005.

ENGISCH, Karl. *Introdução ao pensamento jurídico moderno*. Trad. J. Baptista Machado. 10 ed. Lisboa: Fundação Calouste Gulbenkian, 2008. [1956]

ESKRIDGE JR., William N.; FRICKEY, Philip P. The making of *The legal process*. *Harvard Law Review*, Cambridge (MA), v. 107, n. 8, p. 2031-2055, 1994.

ESSER, Josef. *Principio y norma en la elaboración jurisprudencial del derecho privado*. Trad. Eduardo Valentí Fiol. Barcelona: Bosch, 1961. [1956]

ESSER, Josef. *Precomprensione e scelta del método nel processo di individuazione del diritto*. Camerino: Edizioni Scientifiche Italiane, 1983. [1970]

FARALLI, Carla. *John Dewey*: una filosofia del diritto per la democrazia. 2. ed. Bologna: Clueb, 1990. [1988]

FARIA, José Eduardo. *O direito na economia globalizada*. São Paulo: Malheiros, 1999.

FASSÒ, Guido. *La legge della ragione*. Milano: Giuffrè, 1999.

FERRAJOLI, Luigi. *Direito e razão*: teoria do garantismo penal. Trad. Ana Paula Zomer Sica, Fauzi Hassan Choukr, Juarez Tavares e Luiz Flávio Gomes. 3. ed. São Paulo: Revista dos Tribunais, 2002. [1990]

FERRAZ JR., Tércio Sampaio. *Conceito de sistema no direito*: uma investigação histórica a partir da obra jusfilosófica de Emil Lask. São Paulo: Editora da Universidade de São Paulo, 1976.

FERRAZ JR., Tércio Sampaio. *A ciência do direito*. São Paulo: Atlas, 1977.

FERRAZ JR., Tércio Sampaio. *Direito, retórica e comunicação*: subsídios para uma pragmática do discurso jurídico. 2. ed. São Paulo: Saraiva, 1997. [1973]

FERRAZ JR., Tércio Sampaio. *Função social da dogmática jurídica*. São Paulo: Max Limonad, 1998. [1980]

FERRAZ JR., Tércio Sampaio. *Introdução ao estudo do direito*: técnica, decisão, dominação. 6. ed. São Paulo: Atlas, 2008. [1988]

FERRAZ JR., Tércio Sampaio. Michael Kohlhaas. In: CASTRO NEVES, José Roberto de (org.). *O que os grandes livros ensinam sobre justiça*. Rio de Janeiro: Nova Fronteira, 2019.

FERREIRA, Daniel Brantes. *Ensino jurídico e teoria do direito nos EUA*: a dupla faceta do realismo jurídico norte-americano. Curitiba: Juruá, 2012.

FINNIS, John. On "The Critical Legal Studies Movement". *The American Journal of Jurisprudence*, v. 30, n. 1, p. 21-42, 1985.

FINNIS, John. *Natural law and natural rights*. 2. ed. Oxford: Oxford University Press, 2011. [1980]

FISS, Owen M. Objectivity and interpretation. *Stanford Law Review*, v. 34, n. 4, p. 739-763, 1982.

FISS, Owen M. The death of the law. *Cornell Law Review*, Ithaca, v. 72, n. 1, p. 1-16, 1986.

FLEINER-GERSTER, Thomas. *Teoria geral do Estado*. Trad. Peter Hanni. São Paulo: Martins Fontes, 2006. [1980]

FLEISCHACKER, Samuel. *A third concept of liberty*: judgment and freedom in Kant and Adam Smith. Princeton: Princeton University Press, 1999.

FRAILE, Guillermo. *História de la filosofia I*: Grecia y Roma. 7. ed. Madrid: Biblioteca de Autores Cristianos, 1997. [1956]

FRANK, Jerome. What courts do in fact. *Illinois Law Review*, Springfield, v. 26, p. 645-656, 1931.

FRANK, Jerome. *Law and the modern mind*. 2. ed. London: Routledge, 2017. [1930]

FRASER, Nancy; HONNETH, Axel. *Redistribution or recognition?* A political-philosophical exchange. London: Verso, 2003.

FRATE, Paolo Alvazzi del. Aux origines du référé législatif: interprétation et jurisprudence dans les cahiers de doléances de 1789. *Revue historique de droit français et étranger*, v. 86, n. 2, p. 253-262, 2008.

FRIED, Barbara H. *The progressive assault on laissez faire*: Robert Hale and the first law and economics movement. Cambridge, MA: Harvard University Press, 1998.

FRIED, Charles. The laws of change: the cunning of reason in moral and legal history. *The Journal of Legal Studies*, v. 9, n. 2, p. 335-353, 1980.

FRIED, Charles. *Contract as promise*: a theory of contractual obligation. Cambridge, MA: Harvard University Press, 1981.

FRIED, Charles. Contract as promise: lessons learned. *Theoretical Inquiries in Law*, v. 20, n. 2, p. 367-379, 2019.

FRIEDMAN, Lawrence M. The law and society movement. *Stanford Law Review*, v. 38, n. 3, p. 763-780, 1986.

FRIEDRICH, Carl Joachim. Law and history. In: FRIEDRICH, Carl Joachim. *The philosophy of law in historical perspective*. 2. ed. Chicago: University of Chicago Press, 1963. p. 233-260. [1961]

FULLER, Lon Luvois. American Legal Realism. *University of Pennsylvania Law Review*, v. 82, n. 5, p. 429-462, 1934.

FULLER, Lon Luvois. *The law in quest of itself*. Chicago: Foundation, 1940.

FULLER, Lon Luvois. Consideration and form. *Columbia Law Review*, v. 41, n. 5, p. 799-824, 1941.

FULLER, Lon Luvois. Positivism and fidelity to law: a reply to professor Hart. *Harvard Law Review*, v. 71, n. 4, p. 630-672, 1958.

FULLER, Lon Luvois. *Legal fictions*. Stanford: Stanford University Press, 1967. [1930]

FULLER, Lon Luvois. Human interaction and the law. *The American Journal of Jurisprudence*, v. 14, n. 1, p. 1-36, 1969a.

FULLER, Lon Luvois. *The morality of law*. 2. ed. New Haven; London: Yale University Press, 1969b. [1964]

FULLER, Lon Luvois. A reply to critics. In: FULLER, Lon Luvois. *The morality of law*. 2. ed. New Haven; London: Yale University Press, 1969c. p. 187-242.

FULLER, Lon Luvois. *Anatomy of the law*. Middlesex: Penguim, 1971. [1968]

FULLER, Lon Luvois. Law as an instrument of social control and law as a facilitation of human interaction. *Brigham Young University Law Review*, v. 1975, n. 1, p. 89-96, 1975.

FULLER, Lon Luvois. The forms and limits of adjudication. *Harvard Law Review*, v. 92, n. 2, p. 353-409, 1978. [1957]

FULLER, Lon Luvois. *The principles of social order*: selected essays of Lon L. Fuller. Ed. Kenneth I. Winston. 2. ed. Oxford: Hart, 2001. [1981]

FULLER, Lon Luvois. *O caso dos exploradores de cavernas*. Trad. Ari Marcelo Solon. São Paulo: Edipro, 2015. [1949]

FURNER, James. *Marx on capitalism*: the interaction-recognition-antinomy thesis. Leiden; Boston: Brill, 2018.

GADAMER, Hans-Georg. *Verdade e método*: traços fundamentais de uma hermenêutica filosófica. Trad. Flávio Paulo Meurer. 3. ed. Petrópolis: Vozes, 1999. [1960]

GALIANI, Sebastian; SCHARGRODSKY, Ernesto. Land property rights. In: GALIANI, Sebastian; SENED, Itai (eds.). *Institutions, property rights, and economic growth*: the legacy of Douglass North. Cambridge: Cambridge University Press, 2014. p. 107-120.

GALLIE, Walter Bryce. Essentially contested concepts. *Proceedings of the Aristotelian Society*, New Series, v. 56, p. 167-198, 1956.

GARTH, Bryant; STERLING, Joyce. From legal realism to law and society: reshaping law for the last stages of the social activist state. *Law & Society Review*, v. 32, n. 2, p. 409-472, 1998.

GAUTHIER, Florence. *Triomphe et mort du droit naturel on Révolution, 1789-1795-1802*. Paris: Presses Universitaires de France, 1992.

GEERTZ, Clifford. *The interpretation of cultures*. New York: Basic Books, 1973.

GEERTZ, Clifford. *O saber local*: novos ensaios em antropologia interpretativa. Trad. Vera Mello Joscelyne. Petrópolis: Vozes, 1997. [1983]

GÉNY, François. *Science et technique en droit privé positif*: nouvelle contribution à la critique de la méthode juridique: 2. Élaboration scientifique du droit positif (l'irréductible «droit naturel») Paris: Recueil Sirey, 1915.

GÉNY, François. Judicial freedom of decision: its necessity and method. In: *Science of legal method*: selected essays by various authors. Trad. Ernest Bruncken e Layton B. Register. Boston: Boston Book Company, 1917. p. 1-46. [1899]

GÉNY, François. *Méthode d'interprétation et sources en droit privé positif*: essai critique I. 2. ed. Paris: Librairie Générale du Droit & de Jurisprudence, 1919a. [1899]

GÉNY, François. *Méthode d'interprétation et sources en droit privé positif*: essai critique II. 2. ed. Paris: Librairie Générale du Droit & de Jurisprudence, 1919b. [1899]

GÉNY, François. *Science et technique en droit privé positif*: nouvelle contribution à la critique de la méthode juridique: 3. Élaboration technique du droit positif. Paris: Recueil Sirey, 1921.

GÉNY, François. *Science et technique en droit privé positif*: nouvelle contribution à la critique de la méthode juridique: 1. Introduction, Position actuelle du problème du droit positif et éléments de sa solution. 2. ed. Paris: Recueil Sirey, 1922. [1914]

GIERKE, Otto Friedrich von. The social role of private law. Trad. Ewan McGaughey. *German Law Journal*, v. 19, n. 4, p. 1017-1116, 2018. [1889]

GINSBURG, Tom. The global spread of constitutional review. In: WHITTINGTON, Keith E.; KELEMEN, R. Daniel; CALDEIRA, Gregory A. (eds.). *The Oxford handbook of law and politics*. Oxford: Oxford University Press, 2008. p. 81-98.

GLUCKMAN, Max. Natural justice in Africa. *Natural Law Forum*, v. 9, p. 25-44, 1964.

GLUCKMAN, Max. Property rights and status in African traditional law. In: GLUCKMAN, Max. (ed.). *Ideas and procedures in African customary law*. Oxford: Oxford University Press, 1969. p. 252-265.

GOLDSTEIN, Daniel G.; JOHNSON, Eric J.; HERRMANN, Andreas; HEITMANN, Mark. Nudge your customers toward better choices. *Harvard Business Review*, v. 86, n. 12, p. 99-105, 2008.

GONÇALVES, Guilherme Leite. *Direito entre certeza e incerteza*: horizontes críticos para a teoria dos sistemas. São Paulo: Saraiva, 2013.

GORDLEY, James. Myths of the French civil code. *The American Journal of Comparative Law*, v. 42, n. 3, p. 459-505, 1994.

GORDON, Robert W. Macaulay, Macneil, and the discovery of solidarity and power in contract law. *Wisconsin Law Review*, v. 1985, n. 3, p. 565-579, 1985.

GOYARD-FABRE, Simone. *Kelsen e Kant*: saggi sulla dottrina pura del diritto. Trad. Mauro Pennasilico. Napoli: Edizioni Scientifiche Italiane, 1993.

GOYARD-FABRE, Simone. *Os fundamentos da ordem jurídica*. Trad. Cláudia Berliner. São Paulo: Martins Fontes, 2002. [1992]

GOYARD-FABRE, Simone. *Filosofia crítica e razão jurídica*. Trad. Maria Ermantina de Almeida Prado Galvão. São Paulo: Martins Fontes, 2006. [2004]

GREEN, Leslie. The forces of law: duty, coercion, and power. *Ratio Juris*, v. 29, n. 2, p. 164-181, 2016.

GREENAWALT, Kent. The rule of recognition and the constitution. *Michigan Law Review*, v. 85, n. 4, p. 621-671, 1987.

GRICE, Paul. *Studies in the way of words*. Cambridge, MA: Harvard University Press, 1989.

GRIMM, Dieter. Multiculturalidad y derechos fundamentales. In: GUTIÉRREZ GUTIÉRREZ, Ignacio (ed.). *Derecho constitucional para la sociedad multicultural*. Madrid: Trotta, 2007. p. 51-69. [2002]

GROSSI, Paolo. Para além do subjetivismo jurídico moderno. Trad. Ricardo Marcelo Fonseca. In: FONSECA, Ricardo Marcelo; SEELAENDER, Airton Cerqueira Leite (orgs.). *História do direito em perspectiva*: do antigo regime à modernidade. Curitiba: Juruá, 2012. p. 19-29.

GROSSI, Paolo. *A ordem jurídica medieval*. Trad. Denise Rossato Agostinetti. São Paulo: WMF Martins Fontes, 2014. [1995]

GUERRA FILHO, Willis Santiago. A contribuição de Karl Marx para o desenvolvimento da ciência do direito. *Revista da Faculdade de Direito da Universidade Federal do Paraná*, ano 28, n. 28, p. 69-74, 1994-5.

GUEST, Stephen. *Ronald Dworkin*. 3. ed. Stanford: Stanford University Press, 2013. [1992]

GÜNTHER, Klaus. *Teoria da argumentação no direito e na moral*: justificação e aplicação. Trad. Claudio Molz. São Paulo: Landy, 2004. [1988]

GURVITCH, Georges. *L'idée du droit social*: notion et système du droit social; histoire doctrinale depois le XVIIe siècle jusq'à la fin du XIXe siècle. Paris: Recueil Sirey, 1932.

HABERMAS, Jürgen. *Legitimation crisis*. Trad. Thomas McCarthy. London: Heinemann, 1976. [1973]

HABERMAS, Jürgen. *The theory of communicative action 2*: lifeword and system: a critique of functionalist reason. Trad. Thomas McCarthy. Boston: Beacon, 1987. [1981]

HABERMAS, Jürgen. *Between facts and norms*: contributions to a discourse theory of law and democracy. Trad. William Rehg. Cambridge, MA: MIT Press, 1996. [1992]

HABERMAS, Jürgen. Ronald Dworkin: a Maverick among legal scholars. *In*: HABERMAS, Jürgen. *Europe*: the faltering project. Trad. Ciaran Cronin. Cambridge: Polity, 2009. p. 37-46. [2006]

HALE, Robert Lee. Force and the state: a comparison of "political" and "economic" compulsion. *Columbia Law Review*, New York, v. 35, n. 2, p. 149-201, 1935.

HALE, Robert Lee. *Freedom through law*: public control of private governing power. New York: Columbia University Press, 1952.

HALPÉRIN, Jean-Louis. Exégesis (escuela). Trad. Andrés Botero. *Revista de Derecho Universidad del Norte*, n. 48, p. 263-277, 2017. [2003]

HARRIS, James W. Unger's critique of formalism in legal reasoning: Hero, Hercules, and Humdrum. *The Modern Law Review*, v. 52, n. 1, p. 42-63, 1989.

HART, Herbert Lionel Adolphus. *Law, liberty and morality*. Oxford: Oxford University Press, 1963.

HART, Herbert Lionel Adolphus. Bentham and the demystification of the law. *Modern Law Review*, v. 36, n. 1, p. 2-17, 1973.

HART, Herbert Lionel Adolphus. American jurisprudence through English eyes: the nightmare and the noble dream. *Georgia Law Review*, v. 11, n. 5, p. 969-989, 1977.

HART, Herbert Lionel Adolphus. *Essays on Bentham*: studies in jurisprudence and political theory. Oxford: Clarendon Press, 1982.

HART, Herbert Lionel Adolphus. Scandinavian Realism. *In*: HART, Herbert Lionel Adolphus. *Essays in jurisprudence and philosophy*. Oxford: Clarendon, 1983a. p. 161-169. [1959]

HART, Herbert Lionel Adolphus. Lon L. Fuller: The morality of law. *In*: HART, Herbert Lionel Adolphus. *Essays in jurisprudence and philosophy*. Oxford: Clarendon, 1983b. p. 343-364. [1965]

HART, Herbert Lionel Adolphus. Kelsen visited. *In*: PAULSON, Stanley L.; PAULSON, Bonnie Lischewski (eds.). *Normativity and norms*: critical perspectives on Kelsenian themes. Oxford: Clarendon, 1998. p. 69-87. [1962]

HART, Herbert Lionel Adolphus. *O conceito de direito*. Trad. A. Ribeiro Mendes. 5. ed. Lisboa: Fundação Calouste Gulbenkian, 2007a. [1961]

HART, Herbert Lionel Adolphus. Pós-escrito. *In*: HART, Herbert Lionel Adolphus. O conceito de direito. Trad. A. Ribeiro Mendes. 5. ed. Lisboa: Fundação Calouste Gulbenkian, 2007b. p. 299-339. [1994]

HART, JR., Henry M.; SACKS, Albert M. *The legal process*: basic problems in the making and application of law. Ed. William N. Eskridge, Jr. e Philip P. Frickey. Westbury: Foundation, 1994. [1958]

HAURIOU, Maurice. *La teoría de la institución y de la fundación*: ensayo de vitalismo social. Trad. Arturo Enrique Sampay. Buenos Aires: Abeledo-Perrot, 1968. [1925]

HECK, Phillip. The jurisprudence of interests. *In:* SCHOCH, M. Magdalena (ed.). *The jurisprudence of interests*: selected writings of Max Rümelin, Philipp Heck, Paul Oertmann, Heinrich Stoll, Julius Binder and Hermann Isay. Cambridge, MA: Harvard University Press, 1948a. p. 29-48. [1932]

HECK, Phillip. The formation of concepts and the jurisprudence of interests. *In:* SCHOCH, M. Magdalena (ed.). *The jurisprudence of interests*: selected writings of Max Rümelin, Philipp Heck, Paul Oertmann, Heinrich Stoll, Julius Binder and Hermann Isay. Cambridge, MA: Harvard University Press, 1948b. p. 99-256. [1932]

HEGEL, Georg Wilhelm Friedrich. *Princípios da filosofia do direito*. Trad. Orlando Vitorino. São Paulo: Martins Fontes, 1997. [1820]

HELLER, Hermann. *Teoría del Estado*. Trad. Luis Tobío. México: Fondo de Cultura Económica, 1998. [1934]

HERSHOVITZ, Scott. Wittgenstein on rules: the phantom menace. *Oxford Journal of Legal Studies*, v. 22, n. 4, p. 619-640, 2002.

HESPANHA, António Manuel. Tomando la historia en serio. Los exégetas según ellos mismos. Trad. Andrés Botero-Bernal. *FORUM, Revista del Departamento de Ciencia Política*, Universidad Nacional, Sede Medellín, n. 3, p. 13-51, 2012.

HESSE, Konrad. *Elementos de direito constitucional da República Federal da Alemanha*. Trad. Luís Afonso Heck. Porto Alegre: Fabris, 1998. [1972]

HIMMA, Kenneth Einar. Inclusive legal positivism: *In:* COLEMAN, Jules; SHAPIRO, Scott (eds.). *The Oxford handbook of Jurisprudence and Philosophy of Law*. Oxford: Oxford University Press, 2002. p. 125-165.

HIMMA, Kenneth Einar. The logic of showing possibility claims: a positive argument for inclusive legal positivism and moral grounds of law. *Revus, Journal for Constitutional Theory and Philosophy of Law*, v. 23, p. 77-104, 2014.

HOBBES, Thomas. *A dialogue between a Philosopher and a Student of the Common Laws of England*. Ed. Joseph Cropsey. Chicago: University of Chicago Press, 1971. [1681]

HOBBES, Thomas. *Leviathan*. Ed. Richard Tuck. Cambridge: Cambridge University Press, 1996. [1651]

HÖFFE, Otfried. *Justiça política*: fundamentação de uma filosofia crítica do direito e do Estado. Trad. Ernildo Stein. São Paulo: Martins Fontes, 2006. [1987]

HOFMANN, Hasso. *Filosofia jurídica pós-1945*: sobre a história do pensamento jurídico na República Federal da Alemanha. Trad. Ítalo Roberto Fuhrmann. Porto Alegre: Fundação Fênix, 2020. [2012]

HOFSTADTER, Douglas. *Gödel, Escher, Bach*: an eternal golden braid. 2. ed. New York: Basic Books, 1999. [1979]

HOHFELD, Wesley Newcomb. Some fundamental legal conceptions as applied in judicial reasoning. *Yale Law Journal*, New Haven, v. 23, n. 1, p. 16-59, 1913.

HOHFELD, Wesley Newcomb. Fundamental legal conceptions as applied in judicial reasoning. *Yale Law Journal*, New Haven, v. 26, n. 8, p. 710-770, 1917.

HOLMES JR., Oliver Wendell. The path of the law. *Harvard Law Review*, Cambridge (MA), v. 10, n. 8, p. 457-478, 1897.

HOLMES JR., Oliver Wendell. Natural law. *In:* HOLMES JR., Oliver Wendell. *Collected legal papers*. New York: Harcourt, Brace and Howe, 1920. p. 310-316. [1918]

HOLMES JR., Oliver Wendell. *The common law*. Cambridge, MA: Harvard University Press, 2009. [1881]

HONNETH, Axel. *The struggle for recognition*: the moral grammar of social conflicts. Trad. Joel Anderson. Cambridge, MA: MIT Press, 1995. [1992]

HONNETH, Axel. A textura da justiça: sobre os limites do procedimentalismo contemporâneo. Trad. Emil A. Sobottka e Joana Cavedon Ripoll. *Civitas*, v. 9, n. 3, p. 345-368, 2009.

HONNETH, Axel. *Freedom's right*: the social foundations of democratic life. Trad. Joseph Ganahl. Cambridge, MA: Polity, 2014. [2011]

HORWITZ, Morton J. *The transformation of American Law, 1780-1860*. Cambridge, MA: Harvard University Press, 1977.

HORWITZ, Morton J. *The Warren Court and the pursuit of justice*. New York: Farrar, Straus and Giroux, 1999.

HOUSE OF LORDS (Science and Technology Select Committee). *Behaviour change*. London: The Stationery Office Limited, 2011. Disponível em: www.publications.parliament.uk/pa/ld201012/ldselect/ldsctech/179/179.pdf. Acesso em: 24 set. 2016.

HUGO, Gustav. *Historia del derecho romano*. Trad. D. M P. Jourdan e Manuel Casado Tello. Madrid: Rivera, 1850. [1789]

ISRAËL, Nicolas; GRYN, Laurent. *Genealogia do direito moderno*: o estado de necessidade. Trad. Maria Ermantina de Almeida Prado Galvão. São Paulo: WMF Martins Fontes, 2009. [2006]

JABLONER, Clemens. Kelsen and his circle: the Viennese years. *European Journal of International Law*, v. 9, n. 2, p. 368-385, 1998.

JACOBSON, Arthur J.; SCHLINK, Bernhard. *Weimar*: a jurisprudence of crisis. Trad. Belinda Cooper. Berkeley: University of California Press, 2000.

JAMES, William. *Pragmatism*: a new name for some old ways of thinking. New York: Longmans, Green, and Co., 1916. [1907]

JELLINEK, Georg. *The Declaration of the Rights of Man and of Citizens*: a contribution to modern constitutional history. Trad. Max Farrand. New York: Henry Holt and Company, 1901. [1895]

JELLINEK, Georg. *Sistema dei diritti pubblici subbiettivi*. Trad. Gaetano Vitagliano. Milano: Società Editrice Libraria, 1912. [1892]

JELLINEK, Georg. *Teoría general del Estado*. Trad. Fernando de los Ríos. México: Fondo de Cultura Económica, 2000. [1899]

JESTAEDT, Matthias. Teoria da ponderação: altos e baixos. Trad. Rodrigo Garcia Cadore. *Revista Culturas Jurídicas*, v. 8, n. 19, p. 173-208, 2021. [2007]

JHERING, Rudolf von. *Lo spirito del diritto romano nei diversi gradi del suo sviluppo*. Trad. Luigi Bellavite. Milano: Pirotta, 1855. [1852]

JHERING, Rudolf von. *Law as a means to an end*. Trad. Isaac Husik. Boston: Boston Book Company, 1913. [1877]

JHERING, Rudolf von. En el cielo de los conceptos jurídicos: una fantasía. In: JHERING, Rudolf von. *Bromas y veras en la jurisprudencia*. Trad. Thomás A. Banzhaf. Buenos Aires: Ediciones Jurídicas Europa-América, 1974. p. 281-355. [1896]

JOAS, Hans. *A sacralidade da pessoa*: nova genealogia dos direitos humanos. Trad. Nélio Schneider. São Paulo: Editora Unesp, 2012. [2011]

JUNQUEIRA, Eliane Botelho; RODRIGUES, José Augusto de Souza. Pasárgada revisitada. *Sociologia, problemas e práticas*, n. 12, p. 9-17, 1992.

KAGAN, Robert A. Introduction to the transaction edition. In: NONET, Philippe; SELZNICK, Philip. *Law and society in transition*: toward responsive law. New Brunswick: Transaction, 2001.

KANT, Immanuel. *The metaphysics of morals*. Trad. Mary Gregor. Cambridge: Cambridge University Press, 1991. [1797]

KANT, Immanuel. *Groundwork of the metaphysics of morals*. Trad. Mary Gregor. Cambridge: Cambridge University Press, 1998. [1785]

KANTOROWICZ, Hermann. The battle for legal science. Trad. Cory Merrill. *German Law Journal*, v. 12, n. 11, p. 2005-2030, 2011. [1906]

KELLEY, Donald R. The metaphysics of law: an essay on the very young Marx. *The American Historical Review*, v. 83, n. 2, p. 350-367, 1978.

KELLY, John M. *Uma breve história da teoria do direito ocidental*. Trad. Marylene Pinto Michael. São Paulo: WMF Martins Fontes, 2010. [1992]

KELMAN, Mark. *A guide to Critical Legal Studies*. Cambridge, MA: Harvard University Press, 1987.

KELSEN, Hans. La politique gréco-macédonienne et la Politique d'Aristote. *Archives de Philosophie du droit et de sociologie juridique*, v. 4, n. 1-2, p. 25-79, 1934.

KELSEN, Hans. The law as a specific social technique. *The University of Chicago Law Review*, v. 9, n. 1, p. 75-97, 1941.

KELSEN, Hans. *Peace through law*. Chapel Hill: University of North Carolina Press, 1944.

KELSEN, Hans. *The law of the United Nations*: a critical analysis of its fundamental problems. London: Stevens & Sons, 1951.

KELSEN, Hans. Law, state, and justice in the pure theory of law. In: KELSEN, Hans. *What is justice?* Justice, law, and politics in the mirror of science. Berkeley: University of California Press, 1957. p. 288-302. [1948]

KELSEN, Hans. Causality and accounting. In: KELSEN, Hans. *Essays in legal and moral philosophy*. Sel. Ota Weinberger. Trad. Peter Heath. Dordrecht: Reidel, 1973. p. 154-164. [1960]

KELSEN, Hans. *General theory of norms*. Trad. Michael Hartney. Oxford: Clarendon, 1991. [1979]

KELSEN, Hans. *Introduction to the problems of legal theory*: a translation of the first edition of the *Reine Rechtslehre* or Pure Theory of Law. Trad. Bonnie Litschewski Paulson e Stanley L. Paulson. Oxford: Clarendon, 1992. [1934]

KELSEN, Hans. *O problema da justiça*. Trad. João Baptista Machado. 3. ed. São Paulo: Martins Fontes, 1998. [1960]

KELSEN, Hans. Legal formalism and the pure theory of law. In: JACOBSON, Arthur J.; SCHLINK, Bernhard (eds.). *Weimar*: a jurisprudence of crisis. Berkeley: University of California Press, 2000a. p. 76-83. [1929]

KELSEN, Hans. On the borders between legal and sociological method. In: JACOBSON, Arthur J.; SCHLINK, Bernhard (eds.). *Weimar*: a jurisprudence of crisis. Berkeley: University of California Press, 2000b. p. 57-63. [1911]

KELSEN, Hans. Essência e valor da democracia. Trad. Vera Barkow. In: KELSEN, Hans. *A democracia*. 2. ed. São Paulo: Martins Fontes, 2000c. p. 23-107. [1929]

KELSEN, Hans. *Teoria geral do direito e do Estado*. Trad. Luís Carlos Borges. 4. ed. São Paulo: Martins Fontes, 2005. [1945]

KELSEN, Hans. *Teoria pura do direito*. 7. ed. Trad. João Baptista Machado. São Paulo: Martins Fontes, 2006. [1960]

KELSEN, Hans. *A ilusão da justiça*. Trad. Sérgio Tellaroli. 4. ed. São Paulo: Martins Fontes, 2008. [1985]

KELSEN, Hans. Una "fondazione" della sociologia del diritto. In: EHRLICH, Eugen; KELSEN, Hans; WEBER, Max. *Verso un concetto sociologico di diritto*. A cura di Alberto Febbrajo. Milano: Giuffrè, 2010a. p. 3-63. [1915]

KELSEN, Hans. Replica. In: EHRLICH, Eugen; KELSEN, Hans; WEBER, Max. *Verso un concetto sociologico di diritto*. Trad. Alberto Febbrajo. Milano: Giuffrè, 2010b. p. 59-63. [1916]

KELSEN, Hans. A garantia jurisdicional da Constituição. Trad. Maria Ermantina de Almeida Prado Galvão. In: KELSEN, Hans. *Jurisdição constitucional*. São Paulo: WMF Martins Fontes 2013a. p. 119-186. [1928]

KELSEN, Hans. A 'realistic' theory of law and the pure theory of law: remarks on Alf Ross's *On Law and Justice*. Trad. Luís Duarte D'Almeida. *In:* DUARTE D'ALMEIDA, Luís; GARDNER, John; GREEN, Leslie (eds.). *Kelsen revisited*: new essays on the pure theory of law. Oxford: Hart, 2013b. p. 195-221. [1959]

KELSEN, Hans. Quem deve ser o guardião da Constituição? Trad. Alexandre Krug. *In:* KELSEN, Hans. *Jurisdição constitucional*. São Paulo: WMF Martins Fontes 2013c. p. 237-298. [1930]

KELSEN, Hans; TREVES, Renato. *Formalismo giuridico e realtà sociale*. Trad. Agostino Carrino. Ed. Stanley L. Paulson. Napoli: Edizioni Scientifiche Italiane, 1992.

KENNEDY, Duncan. Form and substance in private law adjudication. *Harvard Law Review*, Cambridge (MA), v. 89, n. 8, p. 1685-1778, 1976.

KENNEDY, Duncan. The structure of Blackstone's Commentaries. *Buffalo Law Review*, Buffalo, v. 28, n. 2, p. 209-382, 1979.

KENNEDY, Duncan. *A critique of adjudication (fin de siècle)*. Cambridge, MA: Harvard University Press, 1997.

KENNEDY, Duncan. *The rise and fall of classical legal thought*. Cambridge, MA: AFAR, 1998. [1980]

KENNEDY, Duncan. From the will theory to the principle of private autonomy: Lon Fuller's 'Consideration and form'. *Columbia Law Review*, v. 100, n. 1, p. 94-175, 2000.

KENNEDY, Duncan. The disenchantment of logically formal legal rationality, or Max Weber's sociology in the genealogy of the contemporary mode of Western legal thought. *Hastings Law Review*, v. 55, p. 1031-1076, 2004.

KENNEDY, Duncan. Three globalizations of law and legal thought: 1850-2000. *In:* TRUBEK, David M.; SANTOS, Álvaro (eds.). *The new law and economic development*: a critical appraisal. Cambridge: Cambridge University Press, 2006. p. 19-73.

KHALED JR., Salah Hassan. Windscheid & Muther: a polêmica sobre a *actio* e a invenção da ideia de autonomia do direito processual. *Sistema Penal & Violência (PUC-RS)*, v. 2, n. 1, p. 97-109, 2010.

KING, Jeff. Two ironies about American exceptionalism over social rights. *International Journal of Constitutional Law*, v. 12, n. 3, p. 572-602, 2014.

KLARE, Karl E. The law-school curriculum in the 1980s: what's left? *Journal of Legal Education*, v. 32, n. 3, p. 336-343, 1982.

KOMESAR, Neil K. *Imperfect alternatives*: choosing institutions in law, economics, and public policy. Chicago: Chicago University Press, 1996.

KÖPCKE, Maris. *Legal validity*: the fabric of justice. Oxford: Hart, 2019a.

KÖPCKE, Maris. *A short history of legal validity and invalidity*: foundations of private and public law. Cambridge: Intersentia, 2019b.

KOSELLECK, Reinhart. Three *bürgerliche* worlds? Preliminary theoretical-historical remarks on the comparative semantics of civil society in Germany, England, and France. Trad. Todd Presner. *In:* KOSELLECK, Reinhart. *The practice of conceptual history*: timing history, spacing concepts. Stanford: Stanford University Press, 2002. p. 208-217. [1991]

KOSKENNIEMI, Martti. *From apology to utopia*: the structure of international legal argument. Cambridge: Cambridge University Press, 2005. [1989]

KOSKENNIEMI, Martti. Constitutionalism as mindset: reflections on Kantian themes about international law and globalization. *Theoretical inquiries in law*, v. 8, n. 9, p. 9-36, 2007.

KOSKENNIEMI, Martti. *The politics of international law*. Cambridge: Hart, 2011.

KRELL, Andreas J. Entre desdém teórico e aprovação na prática: os métodos clássicos de interpretação jurídica. *Revista Direito GV*, v. 10, n. 1, p. 295-320, 2014.

KUHN, Thomas Samuel. Posfácio. *In:* KUHN, Thomas Samuel. *A estrutura das revoluções científicas.* Trad. Beatriz Vianna Boeira e Nelson Boeira. 9. ed. São Paulo: Perspectiva, 2007. [1969]

KYMLICKA, Will. *Filosofia política contemporânea:* uma introdução. Trad. Luís Carlos Borges. São Paulo: Martins Fontes, 2006. [1990]

LAFER, Celso. *A reconstrução dos direitos humanos:* um diálogo com o pensamento de Hannah Arendt. São Paulo: Companhia das Letras, 1988.

LANGDELL, Christopher Columbus. *A selection of cases on the law of contracts with references and citations.* Boston: Little, Brown, and Company, 1871.

LARENZ, Karl. *Metodologia da ciência do direito.* Trad. José Lamego. 3. ed. Lisboa: Fundação Calouste Gulbenkian, 1997. [1960]

LASKI, Harold Joseph. A note on M. Duguit. *Harvard Law Review*, v. 31, n. 1, p. 186-192, 1917.

LEAL, Fernando. O formalista expiatório: leituras impuras de Kelsen no Brasil. *Revista Direito GV*, v. 10, n. 1, p. 245-268, 2014.

LEAL, Fernando. "A Constituição diz o que eu digo que ela diz": formalismo inconsistente e textualismo oscilante no direito constitucional brasileiro. *Direitos Fundamentais & Justiça*, v. 12, n. 39, p. 99-143, 2018.

LEAL, Fernando. Força autoritativa, influência persuasiva ou qualquer coisa: o que é um precedente para o Supremo Tribunal Federal? *Revista de Investigações Constitucionais*, v. 7, n. 1, p. 205-236, 2020.

LEGENDRE, Pierre. *God in the mirror:* a study of the institution of images: lessons III. Trad. P. G. Young. New York, Routledge, 2019. [1994]

LEITÃO, Macell Cunha. Ceticismo ao valor e valor do ceticismo na interpretação do direito. *Revista de Estudos Constitucionais, Hermenêutica e Teoria do Direito (RECHTD)*, v. 8, n. 1, p. 74-84, 2016.

LEITER, Brian. Rethinking legal realism: toward a naturalized jurisprudence. *Texas Law Review*, Austin, v. 76, n. 2, p. 267-315, 1997.

LEITER, Brian. *Naturalizing jurisprudence:* essays on American legal realism and naturalism in legal philosophy. Oxford: Oxford University Press, 2007.

LEVINE, Norman. The German historical school of law and the origins of historical materialism. *Journal of the History of Ideas*, v. 48, n. 3, p. 431-451, 1987.

LIEBERMAN, David. *The province of legislation determined:* legal theory in eighteenth-century Britain. Cambridge: Cambridge University Press, 1989.

LLEWELLYN, Karl N. *The bramble bush:* some lectures on law and its study. New York: Columbia University School of Law, 1930.

LLEWELLYN, Karl N. Some realism about realism: responding to Dean Pound. *Harvard Law Review*, Cambridge (MA), v. 44, n. 8, p. 1222-1264, 1931.

LOCKE, John. An essay on toleration. *In:* LOCKE, John. *Political essays.* Ed. Mark Goldie. Cambridge: Cambridge University Press, 1997. p. 134-159. [1667]

LOCKE, John. *Segundo tratado sobre o governo civil e outros escritos:* ensaio sobre a origem, os limites e os fins verdadeiros do governo civil. Trad. Magda Lopes e Marisa Lobo da Costa. 2. ed. Petrópolis: Vozes, 1999. [1689]

LOPES, José Reinaldo de Lima. *O direito na história.* 4. ed. São Paulo: Atlas, 2012. [2000]

LOPES, José Reinaldo de Lima. *Naturalismo jurídico no pensamento brasileiro.* São Paulo: Saraiva, 2014.

LOPES, José Reinaldo de Lima. Código Civil e ciência do direito entre sociologismo e conceitualismo. *Revista do Instituto Histórico e Geográfico Brasileiro*, ano 178, n. 473, p. 77-96, 2017.

LOPES, José Reinaldo de Lima. *Curso de filosofia do direito*: o direito como prática. São Paulo: Atlas, 2021.

LÓPEZ MEDINA, Diego. Por que falar de uma "Teoria Impura do Direito" para a América Latina? *Cadernos do Programa de Pós-Graduação Direito/UFRGS*, v. 11, n. 1, p. 3-49, 2016. [2009]

LOSANO, Mario G. Introdução. *In:* KELSEN, Hans. *O problema da justiça*. Trad. Ivone Castilho Benedetti. 3. ed. São Paulo: Martins Fontes, 1998. p. VII-XXXIII.

LOSANO, Mario G. *Os grandes sistemas jurídicos*: introdução aos sistemas jurídicos europeus e extra-europeus. Trad. Marcela Varejão. São Paulo: Martins Fontes, 2007. [1978]

LOSANO, Mario G. *Sistema e estrutura no direito I*: das origens à escola histórica. Trad. Carlo Alberto Dastoli. São Paulo: WMF Martins Fontes, 2008. [1968]

LOSANO, Mario G. *Sistema e estrutura no direito II*: o século XX. Trad. Luca Lamberti. São Paulo: WMF Martins Fontes, 2010. [2002]

LUCY, William. *Undestanding and explaining adjudication*. Oxford: Oxford University Press, 1999.

LUHMANN, Niklas. Conflitto e diritto. *Laboratorio Politico*, n. 1, p. 5-25, 1982.

LUHMANN, Niklas. *Fin y racionalidad en los sistemas*: sobre la función de los fines em los sistemas sociales. Trad. Jaime Nicolás Muñiz. Madrid: Nacional, 1983. [1968]

LUHMANN, Niklas. The unity of the legal system. *In:* TEUBNER, Gunther (ed.). *Autopoietic law*: a new approach to law and society. Berlin: de Gruyter, 1988. p. 12-35.

LUHMANN, Niklas. Politicians, honesty and the higher amorality of politics. Trad. Josef Bleicher. *Theory, Culture & Society*, London, v. 11, p. 25-36, 1994.

LUHMANN, Niklas. Legal argumentation: an analysis of its form. Trad. Iain Fraser. *The Modern Law Review*, v. 58, n. 3, p. 285-298, 1995.

LUHMANN, Niklas. *Observations on modernity*. Trad. William Whobrey. Stanford: Stanford University Press, 1998. [1992]

LUHMANN, Niklas. *Law as a social system*. Trad. Klaus A. Ziegert. Oxford: Oxford University Press, 2004. [1993]

LUHMANN, Niklas. *A sociological theory of law*. Trad. Elizabeth King-Utz e Martin Albrow. 2. ed. New York: Routledge, 2014. [1972]

MACCORMICK, Neil. Reconstruction after deconstruction: a response to CLS. *Oxford Journal of Legal Studies*, v. 10, n. 4, p. 539-558, 1990.

MACCORMICK, Neil. *Argumentação jurídica e teoria do direito*. Trad. Waldéa Barcellos. São Paulo: Martins Fontes, 2006. [1978]

MACCORMICK, Neil. *Institutions of law*: an essay in legal theory. Oxford: Oxford University Press, 2007.

MACCORMICK, Neil. *H.L.A. Hart*. 2. ed. Stanford: Stanford University Press, 2008a. [1981]

MACCORMICK, Neil. *Retórica e o estado de direito*: uma teoria da argumentação jurídica. Trad. Conrado Hubner Mendes e Marcos Paulo Veríssimo. Rio de Janeiro: Elsevier, Campus, 2008b. [2005]

MACCORMICK, Neil. *Practical reason in law and morality*. Oxford: Oxford University Press, 2008c.

MACEDO JR., Ronaldo. *Do xadrez à cortesia*: Dworkin e a teoria do direito contemporânea. São Paulo: Saraiva, 2013.

MAGALHÃES, Juliana Neuenschwander. *Formação do conceito de soberania:* história de um paradoxo. São Paulo: Saraiva, 2016. [2000]

MARMOR, Andrei. Exclusive legal positivism. *In:* COLEMAN, Jules; SHAPIRO, Scott (eds.). *The Oxford handbook of Jurisprudence and Philosophy of Law*. Oxford: Oxford University Press, 2002. p. 104-124.

MARMOR, Andrei. *Interpretation and legal theory*. 2. ed. Oxford: Hart, 2005. [1992]

MARTINS, Ricardo Evandro Santos. *A ciência do direito como uma ciência humana*: Hans Kelsen e a influência do neokantismo. Porto Alegre: Fi, 2016.

MARX, Karl Heinrich. Prefácio para a crítica da economia política. In: *Os pensadores*: Marx. Trad. Edgard Malagodi. São Paulo: Nova Cultural, 1999. p. 49-54. [1859]

MARX, Karl Heinrich. O Manifesto filosófico da Escola Histórica do Direito. Trad. Pádua Fernandes. *Prisma Jurídico*, n. 6, p. 265-273, 2007. [1842]

MASSON, Nathalia Ferreira. *O conceito de sanção na teoria analítica do direito*. 2007. Dissertação (Mestrado em Direito) – Pontifícia Universidade Católica do Rio de Janeiro, Rio de Janeiro, 2007.

MÉNARD, Claude; SHIRLEY, Mary M. The contribution of Douglass North to new institutional economics. In: GALIANI, Sebastian; SENED, Itai (eds.). *Institutions, property rights, and economic growth*: the legacy of Douglass North. Cambridge: Cambridge University Press, 2014. p. 11-29.

MEREU, Italo. *A morte como pena*: ensaio sobre a violência legal. Trad. Cristina Sarteschi. São Paulo: Martins Fontes, 2005. [1982]

MICHELMAN, Frank. Law's republic. *The Yale Law Journal*, New Haven, v. 97, n. 8, p. 1493-1537, 1988.

MICHELON JR., Cláudio Fortunato. *Aceitação e objetividade*: uma comparação entre as teses de Hart e do positivismo precedente sobre a linguagem e o conhecimento do direito. São Paulo: Revista dos Tribunais, 2004.

MILGROM, Paul; ROBERTS, John. *Economics, organization and management*. Englewood Cliffs: Prentice Hall, 1992.

MILL, John Stuart. On liberty. In: MILL, John Stuart. *Utilitarianism and On liberty*. 2. ed. Malden: Blackwell, 2003. p. 88-180. [1859]

MORIN, Gaston. L'individualisme de la Révolution française et du code civil et la structure nouvelle de la vie économique. *Historia et ius, rivista di storia giuridica dell'età medievale e moderna*, v. 14, n. 13, p. 1-40, 2018. [1917]

MORRISON, Wayne. *Filosofia do direito*: dos gregos ao pós-modernismo. Trad. Jefferson Luiz Camargo. 2. ed. São Paulo: WMF Martins Fontes, 2012. [1997]

MOYN, Samuel. *The last utopia*: human rights in history. Cambridge, MA: Harvard University Press, 2010.

MOYN, Samuel. *Christian human rights*. Philadelphia: University of Pennsylvania Press, 2015.

MÜLLER, Friedrich. *Teoria estruturante do direito I*. Trad. Peter Naumann e Eurides Avance de Souza. 2. ed. São Paulo: Revista dos Tribunais, 2009.

MÜLLER, Friedrich. *O novo paradigma do direito*: introdução à teoria e metódica estruturantes. 3. ed. São Paulo: Revista dos Tribunais, 2013.

NAGEL, Thomas. *A última palavra*. Trad. Carlos Felipe Moisés. São Paulo: Editora Unesp, 2001. [1997]

NEUMANN, Franz. *Behemoth*: the structure and practice of national socialism, 1933-1944. Chicago: Ivan R. Dee, 2009. [1942]

NEUMANN, Franz. *O império do direito*: teoria política e sistema jurídico na sociedade moderna. Trad. Rúrion Soares Melo. São Paulo: Quartier Latin, 2013. [1936]

NEVES, Marcelo. Do pluralismo jurídico à miscelânea social: o problema da falta de identidade da(s) esfera(s) de juridicidade na modernidade periférica e suas implicações para a América Latina. *Revista Direito em Debate*, v. 4, n. 5, p. 7-37, 1995. [1993]

NEVES, Marcelo. *Entre Têmis e Leviatã*: uma relação difícil: o Estado democrático de direito a partir e além de Luhmann e Habermas. São Paulo: Martins Fontes, 2008. [2000]

NEVES, Marcelo. *Transconstitucionalismo*. São Paulo: WMF Martins Fontes, 2009.

NEVES, Marcelo. *Entre Hidra e Hércules*: princípios e regras constitucionais como diferença paradoxal do sistema jurídico. São Paulo: WMF Martins Fontes, 2013. [2011]

NEWTON, Scott. The dialectics of law and development. *In:* TRUBEK, David M.; SANTOS, Álvaro (eds.). *The new law and economic development*: a critical appraisal. Cambridge: Cambridge University Press, 2006. p. 174-202.

NONET, Philippe. Taking purpose seriously. *In:* DORSEY, Gray (ed.). *Equality & freedom III*: international and comparative jurisprudence. New York: Oceana, 1977. p. 905-923.

NONET, Philippe. What is positive law? *The Yale Law Journal*, v. 100, n. 3, p. 667-699, 1990.

NONET, Philippe; SELZNICK, Philip. *Direito e sociedade*: a transição ao sistema jurídico responsivo. Trad. Vera Pereira. Rio de Janeiro: Revan, 2010. [1978]

NORTH, Douglass C. *Institutions, institutional change and economic performance*. Cambridge: Cambridge University Press, 1990.

NORTH, Douglass C. Institutions and economic theory. *The American Economist*, Fairhope, v. 36, n. 1, p. 3-6, 1992.

NORTH, Douglass C. Economic performance through time. *The American Economic Review*, Philadelphia, v. 84, n. 3, p. 359-368, 1994.

NORTH, Douglass C.; WALLIS, John Joseph; WEINGAST, Barry R. *Violence and social orders*: a conceptual framework for interpreting recorded human history. Cambridge: Cambridge University Press, 2009.

NOZICK, Robert. *Anarchy, state, and utopia*. Oxford: Blackwell, 1974.

OLIVEIRA, Luciano. Pluralismo jurídico y derecho alternativo en Brasil: notas para un balance. Trad. Libardo Ariza. *In:* GARCÍA VILLEGAS, Mauricio; RODRÍGUEZ GARAVITO, César (eds.). *Derecho y sociedad en América Latina*: un debate sobre los estudios jurídicos críticos. Bogotá: ILSA, 2003. p. 199-221.

OLIVEIRA, Luciano. *Manual de sociologia jurídica*. Petrópolis: Vozes, 2015.

PAINE, Thomas. Os direitos do homem (1792). Trad. Fábio Duarte Joly. *In:* ISHAY, Michelini R. (org.). *Direitos humanos*: uma antologia. São Paulo: Edusp; Nev, 2006. p. 237-242. [1792]

PALOMBELLA, Gianluigi. *Filosofia do direito*. Trad. Ivone C. Benedetti. São Paulo: Martins Fontes, 2005. [1996]

PARFIT, Derek. *On what matters I*. Oxford: Oxford University Press, 2011.

PARKER, Richard D. The past of constitutional theory: and its future. *Ohio State Law Journal*, Columbus, v. 42, n. 1, p. 223-259, 1981.

PAUL, Julius. *The legal realism of Jerome N. Frank*: a study of fact-skepticism and the judicial process. Hague: Martinus Nijhoff, 1959.

PAULSON, Stanley L. The neo-Kantian dimension of Kelsen's Pure Theory of Law. *Oxford Journal of Legal Studies*, Oxford, v. 12, n. 3, p. 311-332, 1992.

PAULSON, Stanley L. How Merkl's Stufenbaulehre informs Kelsen's concept of law. *Revus, Journal for Constitutional Theory and Philosophy of Law*, v. 21, p. 29-45, 2013.

PAULSON, Stanley L.; PAULSON, Bonnie Lischewski (eds.). *Normativity and norms*: critical perspectives on Kelsenian themes. Oxford: Clarendon, 1998.

PEIRCE, Charles Sanders. Lecture VI: Three types of reasoning. *In:* PEIRCE, Charles Sanders. *Collected Papers of Charles Sanders Peirce V*: Pragmatism and Pramaticism. Ed. Charles Hartshorne e Paul Weiss. Cambridge: Belknap Press of Harvard University Press, 1934. p. 94-111. [1903]

PEREIRA, João Márcio Mendes. *O Banco Mundial como ator político, intelectual e financeiro (1944-2008)*. 2009. Tese (Doutorado em História) – Universidade Federal Fluminense, Niterói, 2009.

PERELMAN, Chaïm. *The idea of justice and the problem of argument*. Trad. John Petrie. London: Routledge & Kegan Paul, 1963.

PERELMAN, Chaïm. Lógica, linguagem e comunicação. In: PERELMAN, Chaïm. *Retóricas*. Trad. Maria Ermantina Galvão Pereira. São Paulo: Martins Fontes, 1999. p. 93-103. [1958]

PERELMAN, Chaïm; OLBRECHTS-TYTECA, Lucie. *Tratado da argumentação*: a nova retórica. Trad. Maria Ermantina de Almeida Prado Galvão. 2. ed. São Paulo: Martins Fontes, 2005. [1958]

PETTIT, Philip. *Republicanism*: a theory of freedom and government. Oxford: Clarendon Press, 1997.

PIETROPAOLO, João Carlos. *Limites de critérios econômicos na aplicação do direito*: hermenêutica e análise econômica do direito. 2010. Tese (Doutorado em Direito) – Faculdade de Direito, Universidade de São Paulo, São Paulo, 2010.

PIRES, Manoel da Nave. *Tensões no liberalismo de Kelsen*. 2015. Dissertação (Mestrado em Direito) – Universidade Presbiteriana Mackenzie, São Paulo, 2015.

PITOMBA, André Gustavo Martins. *Racionalismo e contratualismo na obra "Dos delitos e das penas" de Cesare Beccaria*. São Paulo: Faculdade de Direito, Universidade de São Paulo, 2020.

PLATÃO. *A República*. Trad. J. Guinsburg. 2. ed. São Paulo: Difusão Europeia do Livro, 1973. v. 1 e 2. [c. 370 a.C.]

PLATÃO. *As leis*. Trad. Edson Bini. São Paulo: Edipro, 2010. [c. 347 a.C.]

POLANYI, Michael. Profits and polycentricity. In: POLANYI, Michael. *The logic of liberty*: reflections and rejoinders. Indianapolis: Liberty Fund, 1951. p. 170-188. [1946]

POPPER, Karl Raimund. *The open society and its enemies*. 2. ed. Princeton: Princeton University Press, 1966. [1962]

POPPER, Karl Raimund. *A lógica da pesquisa científica*. Trad. Leônidas Hegenberg & Octanny Silveira da Mota. São Paulo: Cultrix, 1974. [1934]

PORTALIS, Jean-Étienne-Marie. Discurso preliminar ao primeiro projeto de Código Civil. Trad. Gabriela Nunes Ferreira. In: LOPES, José Reinaldo de Lima; QUEIROZ, Rafael Mafei Rabelo; ACCA, Thiago Santos. *Curso de história do direito*. São Paulo: Método, 2006. [1801]

POSNER, Richard A. *Economic analysis of law*. 3. ed. Boston: Little, Brown and Company, 1986. [1973]

POSNER, Richard A. *The problems of jurisprudence*. Cambridge, MA: Harvard University Press, 1990.

POSNER, Richard A. Prefácio à edição brasileira. In: POSNER, Richard A. *A economia da justiça*. Trad. Evandro Ferreira e Silva. São Paulo: Martins Fontes, 2010a. p. xi-xviii.

POSNER, Richard A. *A economia da justiça*. Trad. Evandro Ferreira e Silva. São Paulo: Martins Fontes, 2010b. [1981]

POSTEMA, Gerald J. Implicit law. In: WITTEVEEN, Willem J.; VAN DER BURG, Wibren (eds.). *Rediscovering Fuller*: essays on implicit law and institutional design. Amsterdam: Amsterdam University Press, 1999. p. 255-275.

POSTEMA, Gerald J. *Legal philosophy in the twentieth century*: the common law world. Dordrecht: Springer, 2011.

POSTEMA, Gerald J. *Bentham and the common law tradition*. 2. ed. Oxford: Oxford University Press, 2019. [1986]

POUND, Roscoe. The need of a sociological jurisprudence. *Green bag*, Boston, v. 19, n. 10, p. 607-615, 1907.

POUND, Roscoe. Mechanical jurisprudence. *Columbia Law Review*, New York, v. 8, n. 8, p. 605-623, 1908.

POUND, Roscoe. Law in books and law in action. *The American Law Review*, Washington, v. 44, p. 12-36, 1910.

POUND, Roscoe. The theory of judicial decision I. *Harvard Law Review*, Cambridge (MA), v. 36, n. 6, p. 641-662, 1923.

POUND, Roscoe. *Social control through law*. New Haven: Yale University Press, 1942.

POUND, Roscoe. A survey of social interests. *Harvard Law Review*, Cambridge (MA), v. 57, n. 1, p. 1-39, 1943.

PRIEL, Danny. Farewell to the exclusive-inclusive debate. *Oxford Journal of Legal Studies*, v. 25, n. 4, p. 675-696, 2005.

PRODI, Paolo. *Uma história da justiça*: do pluralismo dos foros ao dualismo moderno entre consciência e direito. Trad. Karina Jannini. São Paulo: Martins Fontes, 2005. [2000]

PUCHTA, Georg Friedrich. *Corso delle istituzioni*. Trad. A. Turchiarulo. Napoli: Insegna del Diogene, 1854a. v. 1. [1841]

PUCHTA, Georg Friedrich. *Corso delle istituzioni*. 2. ed. Trad. A. Turchiarulo. Napoli: Insegna del Diogene, 1854b. v. 2. [1847]

PUFENDORF, Samuel. *On the duty of man and citizen according to natural law*. Trad. Michael Silverthorne. Ed. James Tully. Cambridge: Cambridge University Press, 1991. [1673]

RADBRUCH, Gustav. La theorie anglo-americaine du droit vue par un juriste du continent. *Archives de Philosophie du droit et de sociologie juridique*, v. 6, n. 1-2, p. 29-45, 1936.

RADBRUCH, Gustav. Five minutes of legal philosophy. *Oxford Journal of Legal Studies*, v. 26, n. 1, p. 13-15, 2006. [1945]

RAMOS, Luiz Felipe Rosa. *Por trás dos casos difíceis*: dogmática jurídica e a proibição da denegação de justiça. Curitiba: Juruá, 2017.

RAWLS, John. *Justiça como equidade*: uma reformulação. Trad. Cláudia Berliner. São Paulo: Martins Fontes, 2003. [2001]

RAWLS, John. *O direito dos povos*. Trad. Luís Carlos Borges. São Paulo: Martins Fontes, 2004. [1993]

RAWLS, John. *História da filosofia moral*. Org. Barbara Herman. Trad. Ana Aguiar Cotrim. São Paulo: Martins Fontes, 2005. [2000]

RAWLS, John. *Lectures on the history of political philosophy*. Ed. Samuel Freeman. Cambridge, MA: Harvard University Press, 2007.

RAWLS, John. *Uma teoria da justiça*. Trad. Jussara Simões. 3. ed. São Paulo: Martins Fontes, 2008. [1971]

RAWLS, John. *O liberalismo político*. Trad. Álvaro de Vita. São Paulo: WMF Martins Fontes, 2011. [1993]

RAZ, Joseph. Legal principles and the limits of law. *The Yale Law Journal*, v. 81, n. 5, p. 823-854, 1972.

RAZ, Joseph. *The concept of a legal system*: an introduction to the theory of legal system. 2. ed. Oxford: Oxford University Press, 1980. [1970]

RAZ, Joseph. Authority, law and morality. *The Monist*, Oxford, v. 68, n. 3, p. 295-324, 1985.

RAZ, Joseph. The problem about the nature of law. In: RAZ, Joseph. *Ethics in the public domain*: essays in the morality of law and politics. 2. ed. Oxford: Clarendon, 1995. p. 195-209. [1983]

RAZ, Joseph. *Practical reason and norms*. 3. ed. Oxford: Oxford University Press, 1999. [1975]

REALE, Miguel. Dos planos e âmbitos do conhecimento do direito: tentativa de discriminação sistemática das ciências do direito. *Revista da Faculdade de Direito da Universidade de São Paulo*, v. 51, p. 226-233, 1956.

REALE, Miguel. Linha evolutiva da Teoria tridimensional do Direito. *Revista da Faculdade de Direito, Universidade de São Paulo*, v. 88, p. 301-312, 1993. [1992]

REALE, Miguel. *Lições preliminares de direito*. 27. ed. São Paulo: Saraiva, 2009. [1973]

RODRIGUEZ-BLANCO, Veronica. Peter Winch and H.L.A. Hart: two concepts of the internal point of view. *Canadian Journal of Law & Jurisprudence*, v. 20, n. 2, p. 453-473, 2007.

RODRIGUEZ, Caio Farah. *Disaggregation with a purpose*: Roberto Unger's rotating capital fund. 1998. Dissertação (Mestrado em Direito) – Harvard University, Cambridge, MA, 1998.

RODRIGUEZ, Caio Farah. *Juízo e imaginação*: da indeterminação jurídica à inovação institucional. São Paulo: Malheiros, 2016.

RODRIGUEZ, José Rodrigo (org.). *A justificação do formalismo jurídico*: textos em debate. São Paulo: Saraiva, 2011.

RODRÍGUEZ, Víctor Gabriel. *Argumentação jurídica*: técnicas de persuasão e lógica informal. 5. ed. São Paulo: WMF Martins Fontes, 2005. [2002]

ROEMER, Andrés. *Introducción al análisis económico del derecho*. México: Fondo de Cultura Éconónica, 1998.

ROMANO, Santi. *O ordenamento jurídico*. Trad. Arno Dal Ri Júnior. Florianópolis: Fundação Boiteux, 2008. [1917]

RORTY, Richard. The priority of democracy to philosophy. *In:* RORTY, Richard. *Objectivity, relativism, and truth*: philosophical papers volume 1. Cambridge: Cambridge University Press, 1990. p. 175-196.

ROSS, Alf. Tû-Tû. *Harvard Law Review*, Cambridge (MA), v. 70, n. 5, p. 812-825, 1957. [1951]

ROSS, Alf. *Direito e justiça*. Trad. Edson Bini. Bauru: Edipro, 2000. [1953]

ROSS, Hamish. The *Pure Theory of Law* and interpretive sociology: a basis for interdisciplinarity? *In:* FREEMAN, Michael (ed.). *Law and sociology*: current legal issues volume 8. Oxford: Oxford University Press, 2006. p. 69-89.

ROUSSEAU, Jean-Jacques. Do contrato social ou princípios do direito político. *In:* ROUSSEAU, Jean-Jacques. *Rousseau*. Trad. Lourdes Santos Machado. São Paulo: Nova Cultural, 1999. v. 1. p. 45-242. [1762]

SABEL, Charles F. Dewey, democracy, and democratic experimentalism. *Contemporary Pragmatism*, v. 9, n. 2, p. 35-55, 2012.

SALAMA, Bruno Meyerhof. A história do declínio e queda do eficientismo na obra de Richard Posner. *Revista do Instituto do Direito Brasileiro*, Lisboa, v. 1, n. 1, p. 435-483, 2012.

SALOMÃO FILHO, Calixto. Novo estruturalismo jurídico: uma alternativa para o direito? *Revista dos Tribunais*, v. 926, p. 533-547, 2012.

SANTIAGO NINO, Carlos. *Introdução à análise do direito*. Trad. Elza Maria Gasparotto. São Paulo: WMF Martins Fontes, 2010. [1973]

SANTOS, Boaventura de Sousa. *O direito dos oprimidos*. São Paulo: Cortez, 2014. [1973]

SANTOS, Boaventura de Sousa. *A justiça popular em Cabo Verde*. São Paulo: Cortez, 2015.

SANTOS, Boaventura de Sousa. *As bifurcações da ordem*: revolução, cidade, campo e indignação. São Paulo: Cortez, 2016.

SARAMAGO, José. *O evangelho segundo Jesus Cristo*. São Paulo: Companhia das Letras, 2005. [1991]

SARAMAGO, José. Ensaio sobre a lucidez. *In:* SARAMAGO, José. *Obras completas 2*. São Paulo: Companhia das Letras, 2014a. p. 371-739. [2004]

SARAMAGO, José. Ensaio sobre a cegueira. *In:* SARAMAGO, José. *Obras completas 2*. São Paulo: Companhia das Letras, 2014b. p. 9-369. [1995]

SARGENTICH, Lewis D. Dispute-settlement and enforcement. *In:* SARGENTICH, Lewis D. *Advanced civil procedure*: class actions and injunctions. Course materials (mimeo). Cambridge, MA: Harvard Law School, 1981.

SARGENTICH, Lewis D. *Complex enforcement*. Cambridge, MA: Harvard Law School, 1978. Mimeo.

SARGENTICH, Lewis D. *Liberal legality*: a unified theory of our law. Cambridge: Cambridge University Press, 2018.

SAVIGNY, Friedrich Carl von. *Of the vocation of our age for legislation and jurisprudence*. Trad. Abraham Hayward. London: Littlewood & Co., 1831. [1814]

SAVIGNY, Friedrich Carl von. *System of the modern Roman law*. Trad. William Holloway. Madras: J. Higginbotham, 1867. v. 1. [1840]

SCHAUER, Frederick. Formalism. *Yale Law Journal*, v. 97, n. 4, p. 509-548, 1988.

SCHAUER, Frederick. *Playing by the rules*: a philosophical examination of rule-based decision-making in law and in life. Oxford: Clarendon, 1991.

SCHAUER, Frederick. Fuller's internal point of view. *Law and Philosophy*, v. 13, n. 3, p. 285-312, 1994.

SCHAUER, Frederick. Fuller on the ontological status of law. *In*: WITTEVEEN, Willem J.; VAN DER BURG, Wibren (eds.). *Rediscovering Fuller*: essays on implicit law and institutional design. Amsterdam: Amsterdam University Press, 1999. p. 124-142.

SCHAUER, Frederick. The limited domain of law. *Virginia Law Review*, v. 90, n. 7, p. 1909-1956, 2004.

SCHAUER, Frederick. *Thinking like a lawyer*: a new introduction to legal reasoning. Cambridge, MA: Harvard University Press, 2009a.

SCHAUER, Frederick. Institutions and the concept of law: a reply to Ronald Dworkin (with some help from Neil MacCormick). *In*: DEL MAR, Maksymilian; BANKOWSKI, Zenon (eds.). *Law as institutional normative order*. Farnham: Ashgate, 2009b. p. 35-44.

SCHAUER, Frederick. Positivism before Hart. *In*: FREEMAN, Michael; MINDUS, Patricia (eds.). *The legacy of John Austin's jurisprudence*. Dordrecht: Springer, 2012a. p. 271-290.

SCHAUER, Frederick. Is defeasibility and essential property of law? *In*: BELTRÁN, Jordi Ferrer; RATTI, Giovanni Battista (eds.). *The logic of legal requirements*: essays on defeasibility. Oxford: Oxford University Press, 2012b. p. 77-88.

SCHAUER, Frederick. *A força do direito*. Trad. André Luiz Freire. São Paulo: WMF Martins Fontes, 2022. [2015]

SCHIAVONE, Aldo. *Nascita della giurisprudenza:* cultura aristocratica e pensiero giuridico nella Roma tardo-repubblicana. Bari: Laterza, 1976.

SCHMITT, Carl. *O guardião da constituição*. Trad. Geraldo de Carvalho. Belo Horizonte: Del Rey, 2007. [1931]

SCHMITT, Carl. *Constitutional theory*. Trad. Jeffrey Seitzer. Durham: Duke University Press, 2008. [1928]

SCHMITT, Carl. Sobre os três tipos de pensamento jurídico. Trad. Peter Naumann. *In:* MACEDO JR., Ronaldo. *Carl Schmitt e a fundamentação do direito*. 2. ed. São Paulo: Saraiva, 2011a. p. 131-176. [1934]

SCHMITT, Carl. O *Führer* protege o direito: sobre o discurso de Adolf Hitler no *Reichstag* em 13 de julho de 1934. Trad. Peter Naumann. *In:* MACEDO JR., Ronaldo. *Carl Schmitt e a fundamentação do direito*. 2. ed. São Paulo: Saraiva, 2011b. p. 177-182. [1934]

SCHOFIELD, Philip. "The first steps rightly directed in the track of legislation": Jeremy Bentham on Cesare Beccaria's *Essay on Crimes and Punishments*. *Diciottesimo Secolo*, v. 4, p. 65-74, 2019.

SCHOPENHAUER, Arthur. *A arte de ter razão*: 38 estratégias para vencer qualquer debate. Trad. Camila Werner. Barueri: Faro, 2014. [1864]

SCHRITZMEYER, Ana Lúcia Pastore. Etnografia dissonante dos tribunais do júri. *Tempo Social*, v. 19, n. 2, p. 111-129, 2007.

SCHRITZMEYER, Ana Lúcia Pastore. *Jogo, ritual e teatro*: um estudo antropológico do Tribunal do Júri. São Paulo: Terceiro Nome, 2012.

SCHUARTZ, Luis Fernando. *Norma, contingência e racionalidade*: estudos preparatórios para uma teoria da decisão jurídica. Rio de Janeiro: Renovar, 2005.

SCHULZ, Fritz. *History of Roman legal science*. Oxford: Clarendon, 1946.

SCHWARCZ, Lilia Moritz. *O espetáculo das raças*: cientistas, instituições e questão racial no Brasil, 1870-1930. São Paulo: Companhia das Letras, 1993.

SCIULLI, David. *Theory of societal constitutionalism*: foundations of a non-Marxist critical theory. Cambridge: Cambridge University Press, 1992.

SEARLE, John R. *The construction of social reality*. New York: Free Press, 1995.

SHAPIRO, Scott J. The "Hart-Dworkin" debate: a short guide for the perplexed. *University of Michigan Law School Public Law and Legal Theory Working Paper Series*, n. 77, p. 1-54, 2007.

SHAPIRO, Scott J. *Legality*. Cambridge, MA: Harvard University Press, 2011.

SHIVAKUMAR, Dhananjai. The pure theory as ideal type: defending Kelsen on the basis of Weberian methodology. *Yale Law Journal*, New Haven, v. 105, n. 5, p. 1383-1414, 1996.

SILVA, Deonísio da. *Mil e uma palavras de direito*. São Paulo: Almedina, 2020.

SILVA, José Afonso da. *Aplicabilidade das normas constitucionais*. 7. ed. São Paulo: Malheiros, 2007. [1967]

SILVA, Matheus Pelegrino. Conexões entre Kelsen e o Círculo de Viena. *Ágora Filosófica*, v. 19, n. 2, p. 117-151, 2019a.

SILVA, Matheus Pelegrino. Contribuições de Merkl à Teoria Pura do Direito. *Direito e Práxis*, v. 10, n. 4, p. 2567-2595, 2019b.

SILVA, Márcia Pereira. História e culturas políticas: as concepções jurídicas equivocadas pelos governos militares enquanto instrumentos de obtenção de legitimidade. *História*, v. 28, n. 2, p. 17-42, 2009.

SILVA, Virgílio Afonso da. O proporcional e o razoável. *Revista dos Tribunais*, São Paulo, v. 798, p. 23-50, 2002.

SILVA, Virgílio Afonso da. Princípios e regras: mitos e equívocos acerca de uma distinção. *Revista Latino-Americana de Estudos Constitucionais*, v. 1, p. 607-630, 2003.

SILVA, Virgílio Afonso da. Interpretação constitucional e sincretismo metodológico. In: SILVA, Virgílio Afonso da (org.). *Interpretação constitucional*. São Paulo: Malheiros, 2005. p. 115-143.

SILVA, Virgílio Afonso da. O conteúdo essencial dos direitos fundamentais e a eficácia das normas constitucionais. *Revista de Direito do Estado*, v. 4, p. 23-51, 2006.

SILVA, Virgílio Afonso da. O STF e o controle de constitucionalidade: deliberação, diálogo e razão pública. *Revista de Direito Administrativo*, v. 250, p. 197-227, 2009.

SILVA, Virgílio Afonso da. *Direitos fundamentais*: conteúdo essencial, restrições e eficácia. 2. ed. São Paulo: Malheiros, 2010. [2005]

SILVA, Virgílio Afonso da. Comparing the incommensurable: constitutional principles, balancing and rational decision. *Oxford Journal of Legal Studies*, v. 31, p. 273-301, 2011.

SINGER, Joseph William. The legal rights debate in analytical jurisprudence: from Bentham to Hohfeld. *Wisconsin Law Review*, v. 0, n. 6, p. 975-1059, 1982.

SKINNER, Quentin. *The foundations of modern political thought I*: the renaissance. Cambridge: Cambridge University Press, 1978.

SKINNER, Quentin. A third concept of liberty. *Proceedings of the British Academy*, v. 117, p. 237-268, 2002.

SKINNER, Quentin. On the liberty of the ancients and the moderns: a reply to my critics. *Journal of the History of Ideas*, v. 73, n. 1, p. 127-146, 2012.

SOLAR CAYÓN, Jose Ignacio. *Política y derecho en la era del New Deal*: del formalismo al pragmatismo jurídico. Madrid: Dykinson, 2002.

SOLON, Ari Marcelo. *Teoria da soberania como problema da norma jurídica e da decisão*. Porto Alegre: Fabris, 1997. [1991]

SOLON, Ari Marcelo. *Os caminhos da filosofia e da ciência do direito:* conexão alemã no devir da justiça. Curitiba: Prismas, 2016.

STAMMLER, Rudolf. *The theory of justice*. Trad. Isaac Husik. New York: Macmillan, 1925. [1902]

STEINER, Hillel. Kant's Kelsenianism. *In:* TUR, Richard; TWINING, William (eds.). *Essays on Kelsen*. Oxford: Clarendon, 1986. p. 65-75.

STEWART, Richard B.; SUNSTEIN, Cass R. Public programs and private rights. *Harvard Law Review*, v. 95, p. 1193-1322, 1981.

STOLL, Heinrich. The role of concepts and construction in the theory of the jurisprudence of interests. *In:* SCHOCH, M. Magdalena (ed.). *The jurisprudence of interests*: selected writings of Max Rümelin, Philipp Heck, Paul Oertmann, Heinrich Stoll, Julius Binder and Hermann Isay. Cambridge, MA: Harvard University Press, 1948. p. 257-276. [1931]

STRAUSS, Leo. *Natural right and history*. Chicago: University of Chicago Press, 1953. [1949]

STRUCHINER, Noel. O direito como um campo de escolhas: por uma leitura das regras prescritivas como relações. *In:* RODRIGUEZ, José Rodrigo; COSTA, Carlos Eduardo Batalha da Silva e; BARBOSA, Samuel Rodrigues (orgs.). *Nas fronteiras do formalismo*: a função social da dogmática jurídica hoje. São Paulo: Saraiva, 2010. p. 103-127.

SUNSTEIN, Cass R. O mundo real da análise de custo-benefício: 36 questões (e quase tantas respostas quanto). Trad. Tatiana Mesquita. *Revista de Direito Administrativo*, v. 266, p. 13-47, 2014. [2013]

TAMANAHA, Brian Z. *On the rule of law*: history, politics, theory. Cambridge: Cambridge University Press, 2004.

TAMANAHA, Brian Z. *Law as a mean to an end*: threat to the rule of law. Cambridge: Cambridge University Press, 2006.

TEUBNER, Gunther. *O direito como sistema autopoiético*. Trad. José Engrácia Antunes. Lisboa: Fundação Calouste Gulbenkian, 1993. [1989]

TEUBNER, Gunther. A Bucowina global sobre a emergência de um pluralismo jurídico transnacional. Trad. Peter Naumann. *Impulso*, v. 14, n. 33, p. 9-31, 2003. [1996]

THALER, Richard H.; SUNSTEIN, Cass R. *Nudge*: improving decisions about health, wealth, and happiness. New Haven; London: Yale University Press, 2008.

THAYER, James B. The origin and scope of the American doctrine of constitutional law. *Harvard Law Review*, v. 7, n. 3, p. 129-156, 1893.

THIBAUT, Anton. Sobre la necesidad de un derecho civil general para Alemania. *In:* STERN, Jacques (ed.). *La Codificacion*: una controversia programatica basada en sus obras. Trad. Jose Diaz Garcia. Madrid: Aguilar, 1970. p. 3-45. [1814]

THON, August. *Norma giuridica e diritto soggettivo*. Trad. Alessandro Levi. Padova: Cedam, 1939. [1878]

THORNHILL, Chris. *A sociology of constitutions*: constitutions and state legitimacy in historical-sociological perspective. Cambridge: Cambridge University Press, 2011.

TREVES, Renato. Sociologia del diritto e sociologia dell'idea di giustizia nel pensiero di Kelsen. *In:* PAULSON, Stanley L. (erg.). *Formalismo giuridico e realtà sociale*. Napoli: Edizioni Scientifiche Italiane, 1992. p. 161-177. [1981]

TRUBEK, David M. Where the action is: critical legal studies and empiricism. *Stanford Law Review*, v. 36, n. 1-2, p. 575-622, 1984.

TRUBEK, David M. Back to the future: the short, happy life of the Law and Society movement. *Florida State University Law Review*, v. 18, n. 1, p. 1-55, 1990.

TRUBEK, David M.; ESSER, John. Empirismo crítico e os estudos jurídicos críticos norte-americanos: paradoxo, programa ou caixa de pandora? Trad. Rafael Zanatta. *Revista de Estudos Empíricos em Direito*, v. 1, n. 1, p. 210-244, 2013. [1989]

TUSHNET, Mark. Legal scholarship: its causes and cure. *The Yale Law Journal*, v. 90, n. 5, p. 1205-1223, 1981.

TWINING, William. *Globalisation and legal theory*. London: Butterworths, 2000.

TWINING, William. *General Jurisprudence*: understanding law from a global perspective. Cambridge: Cambridge University Press, 2009.

TWINING, William. *Karl Llewellyn and the realist movement*. 2. ed. Cambridge: Cambridge University Press, 2012. [1973]

UNGER, Roberto Mangabeira. Isonomy and justice. *ARSP: Archiv für Rechts- und Sozialphilosophie / Archives for Philosophy of Law and Social Philosophy*, v. 56, n. 2, p. 181-187, 1970.

UNGER, Roberto Mangabeira. *Social theory*: lectures delivered in Harvard College. Cambridge, MA: Harvard University, 1976.

UNGER, Roberto Mangabeira. *Conhecimento e política*. Trad. Edyla Mangabeira Unger. Rio de Janeiro: Forense, 1978. [1975]

UNGER, Roberto Mangabeira. *O direito na sociedade moderna*: contribuição à crítica da teoria social. Trad. Roberto Raposo. Rio de Janeiro: Civilização Brasileira, 1979. [1976]

UNGER, Roberto Mangabeira. Postscript. *In:* UNGER, Roberto Mangabeira. *Knowledge & Politics*. 2. ed. New York: Free Press, 1984. p. 337-341. [1983]

UNGER, Roberto Mangabeira. El concepto de derecho en Santo Tomas de Aquino. *In:* TRAZEGNIES GRANDA, Fernando de. *Introducción a la filosofia del derecho y a la teoría general del derecho*. Lima: Pontificia Universidad Católica del Perú, 1987a. p. 87-88.

UNGER, Roberto Mangabeira. *Social theory*: its situation and its task. Cambridge: Cambridge University Press, 1987b.

UNGER, Roberto Mangabeira. O pensamento jurídico como imaginação institucional: direito, instituições, juízes. *Nomos – Revista do Programa de Pós-Graduação em Direito da Universidade Federal do Ceará*, v. 15, n. 1-2, p. 38-43, 1996.

UNGER, Roberto Mangabeira. *Paixão*: um ensaio sobre a personalidade. Trad. Renato Schaeffer e Luis Carlos Borges. São Paulo: Boitempo, 1998. [1984]

UNGER, Roberto Mangabeira. *Democracia realizada*: a alternativa progressista. Trad. Carlos Graieb, Marcio Grandchamp e Caio Farah Rodriguez. São Paulo: Boitempo, 1999. [1998]

UNGER, Roberto Mangabeira. *Política*: os textos centrais. Edição de Zhiyuah Cui. Trad. Paulo César Castanheira. São Paulo: Boitempo; Chapecó: Argos, 2001. [1987]

UNGER, Roberto Mangabeira. *O direito e o futuro da democracia*. Trad. Caio Farah Rodriguez e Marcio Soares Grandchamp. São Paulo: Boitempo, 2004. [1996]

UNGER, Roberto Mangabeira. *Necessidades falsas*. Trad. Arnaldo Sampaio de Moraes Godoy. São Paulo: Boitempo, 2005. [2001]

UNGER, Roberto Mangabeira. A história universal do pensamento jurídico. Trad. Thalia Cerqueira. *In:* UNGER, Roberto Mangabeira. *O Movimento de Estudos Críticos do Direito*: outro tempo, tarefa maior. Belo Horizonte: Casa do Direito, 2017a. p. 221-282. [2013]

UNGER, Roberto Mangabeira. Parte II: O Movimento de Estudos Críticos do Direito. *In:* UNGER, Roberto Mangabeira. *O Movimento de Estudos Críticos do Direito*: outro tempo, tarefa maior. Trad. Lucas Fucci Amato. Belo Horizonte: Casa do Direito, 2017b. p. 95-219. [1982]

UNGER, Roberto Mangabeira. Parte I: Outro tempo, tarefa maior. *In:* UNGER, Roberto Mangabeira. *O Movimento de Estudos Críticos do Direito*: outro tempo, tarefa maior. Trad. Lucas Fucci Amato. Belo Horizonte: Casa do Direito, 2017c. p. 25-94. [2014]

UNGER, Roberto Mangabeira. *O homem despertado*: imaginação e esperança. Trad. Roberto Muggiati. Rio de Janeiro: Civilização Brasileira, 2020. [2007]

VAN DER BURG, Wibren. The morality of aspiration: a neglected dimension of law and morality. *In:* WITTEVEEN, Willem J.; VAN DER BURG, Wibren (eds.). *Rediscovering Fuller*: essays on implicit law and institutional design. Amsterdam: Amsterdam University Press, 1999. p. 169-192.

VANDEVELDE, Kenneth J. *Pensando como um advogado*. Trad. Gilson Cesar Cardoso de Souza. São Paulo: Martins Fontes, 2000. [1998]

VARGAS, Daniel Barcelos. *O renascimento republicano no constitucionalismo contemporâneo e os limites da comunidade*: uma análise das teorias constitucionais de Bruce Ackerman, Frank Michelman e Cass Sunstein. 2005. Dissertação (Mestrado em Direito) – Universidade de Brasília, Brasília, 2005.

VELLOSO, Paula Campos Pimenta. Edição e recepção de Kelsen no Brasil. *Escritos*, ano 8, n. 8, p. 199-230, 2014.

VENÂNCIO FILHO, Alberto. *Das arcadas ao bacharelismo*: 150 anos de ensino jurídico no Brasil. 2. ed. São Paulo: Perspectiva, 1982. [1977]

VERMEULE, Adrian. *Mechanisms of democracy*: institutional design writ small. Oxford: Oxford University Press, 2007.

VESTING, Thomas. *Legal theory and the media of law*. Trad. James C. Wagner. Cheltenham: Edward Elgar, 2018.

VIEHWEG, Theodor. *Tópica e Jurisprudência*. Trad. Tércio Sampaio Ferraz Junior. Brasília: Editora Universidade de Brasília, 1979. [1953]

VILANOVA, Lourival. Teoria jurídica da revolução: anotações à margem de Kelsen. *Revista Brasileira de Estudos Políticos*, v. 52, p. 59-103, 1981.

VILLEY, Michel. *A formação do pensamento jurídico moderno*. Trad. Claudia Berliner. São Paulo: Martins Fontes, 2005. [1968]

VILLEY, Michel. *Filosofia do direito*: definições e fins do direito. Os meios do direito. Trad. Márcia Valéria Martinez de Aguiar. São Paulo: Martins Fontes, 2008. [1975]

VINX, Lars. *The guardian of the constitution*: Hans Kelsen and Carl Schmitt on the limits of constitutional law. Cambridge: Cambridge University Press, 2015.

VITA, Álvaro de. *A justiça igualitária e seus críticos*. 2. ed. São Paulo: WMF Martins Fontes, 2007. [1998]

VON WRIGHT, Georg Henrik. *Norm and action*: a logical enquiry. London: Routledge & Kegan Paul, 1963.

WALDRON, Jeremy. Kant's legal positivism. *Harvard Law Review*, v. 109, n. 7, p. 1535-1566, 1996.

WALDRON, Jeremy. Dirty little secret. *Columbia Law Review*, New York, v. 98, n. 2, p. 510-530, 1998.

WALDRON, Jeremy. *Law and disagreement*. Oxford: Clarendon, 1999a.

WALDRON, Jeremy. *The dignity of legislation*. Cambridge: Cambridge University Press, 1999b.

WALDRON, Jeremy. The core of the case against judicial review. *The Yale Law Journal*, New Haven, v. 115, n. 6, p. 1346-1406, 2006a.

WALDRON, Jeremy. Did Dworkin ever answer the Crits? *In:* HERSHOWITZ, Scott (ed.). *Exploring Law's Empire*: the jurisprudence of Ronald Dworkin. Oxford: Oxford University Press, 2006b. p. 155-182.

WALDRON, Jeremy. Positivism and legality: Hart's equivocal response to Fuller. *New York University Law Review*, New York, v. 83, n. 4, p. 1135-1169, 2008.

WALDRON, Jeremy. Legal pluralism and the contrast between Hart's jurisprudence and Fuller's. *In:* CANE, Peter (ed.). *The Hart-Fuller debate in the twenty-first century*. Oxford: Hart, 2010. p. 135-155.

WALDRON, Jeremy. The decline of natural right. *In:* WOOD, Allen W.; HAHN, Songsuk Susan (eds.). *The Cambridge history of philosophy in the nineteenth century (1790-1870)*. Cambridge: Cambridge University Press, 2012. p. 623-650.

WALDRON, Jeremy. The rise and decline of integrity. *NYU School of Law, Public Law Research Paper*, n. 19-49, p. 1-17, 2019.

WALPOLE, Hugh *et al. Um cadáver atrás do biombo*. Trad. Heitor A. Herrera. 7. ed. Rio de Janeiro: Record, 2001. [1983]

WALUCHOW, Wilfrid J. *Inclusive legal positivism*. Oxford: Clarendon, 1994.

WALTON, Kevin. A realistic vision? Roberto Unger on law and politics. *Res Publica*, v. 5, p. 139-159, 1999.

WAPNER, Joseph A. *A view from the bench*. New York: Simon and Schuster, 1987.

WARREN, Samuel D.; BRANDEIS, Louis D. The right to privacy. *Harvard Law Review*, v. 4, n. 5, p. 193-220, 1890.

WATSON, Alan. Law and society. *In:* CAIRNS, John W.; DU PLESSIS, Paul (eds.). *Beyond dogmatics*: law and society in the Roman world. Edinburgh: Edinburgh University Press, 2007. p. 9-35.

WEBER, Max. Politics as a vocation. *In:* WEBER, Max. *From Max Weber*: Essays in sociology. Ed. H. H. Gerth e C. Wright Mills. New York: Oxford University Press, 1946. p. 77-128. [1918]

WEBER, Max. The meaning of "ethical neutrality" in sociology and economics. *In:* WEBER, Max. *The methodology of the social sciences*. Trad. Edward A. Shils e Henry A. Finch. Glencoe: Free Press, 1949a. p. 1-47. [1917]

WEBER, Max. "Objectivity" in social science and social policy. *In:* WEBER, Max. *The methodology of the social sciences*. Trad. Edward A. Shils e Henry A. Finch. Glencoe: Free Press, 1949b. p. 49-112. [1904]

WEBER, Max. R. Stammler's 'surmounting' of the materialist conception of history, part 1. Trad. Martin Albrow. *British Journal of Law and Society*, v. 2, n. 2, p. 129-152, 1975. [1907]

WEBER, Max. R. Stammler's 'surmounting' of the materialist conception of history, part 2. Trad. Martin Albrow. *British Journal of Law and Society*, v. 3, n. 1, p. 17-43, 1976. [1907]

WEBER, Max. *Economy and society*: an outline of interpretive sociology. Ed. Guenther Roth e Claus Wittich. Berkeley: University of California Press, 1978. [1922]

WEINREB, Lloyd L. *Legal reason:* the use of analogy in the legal argument. Cambridge: Cambridge University Press, 2005.

WEINRIB, Ernest J. Law as a Kantian idea of reason. *Columbia Law Review*, New York, vol. 87, n. 3, p. 472-508, 1987.

WEINRIB, Ernest J. Legal formalism: on the immanent rationality of law. *Yale Law Journal*, New Haven, v. 97, n. 6, p. 949-1016, 1988.

WEINRIB, Ernest J. *The idea of private law*. 2. ed. Oxford: Oxford University Press, 2012. [1995]

WELZEL, Hans. *Diritto naturale e giustizia materiale*. Trad. Giuseppe de Stefano. Milano: Giuffrè, 1965. [1951]

WERLE, Denílson Luís. Justiça, liberdades básicas e as bases sociais do autorrespeito. *Ethic@*, v. 13, n. 1, p. 74-90, 2014.

WESTERMAN, Pauline. Means and ends. *In*: WITTEVEEN, Willem J.; VAN DER BURG, Wibren (eds.). *Rediscovering Fuller*: essays on implicit law and institutional design. Amsterdam: Amsterdam University Press, 1999. p. 145-168.

WHELAN, Frederick G. Property as artifice: Hume and Blackstone. *Nomos*, v. 22, p. 101-129, 1980.

WHITE, G. Edward. From realism to critical legal studies: a truncated intellectual history. *Southwestern Law Journal*, v. 40, n. 2, p. 819-843, 1986.

WHITE, Hayden V. On history and historicisms. *In*: ANTONI, Carlo. *From history to sociology*: the transition in German historical thinking. Trad. Hayden V. White. Detroit: Wayne State University Press, 1959. p. xv-xviii.

WHITE, Morton Gabriel. The revolt against formalism in American social thought of the twentieth century. *Journal of the History of Ideas*, v. 8, n. 2, p. 131-152, 1947.

WHITE, Morton Gabriel. *Social thought in America*: the revolt against formalism. 2. ed. Oxford: Oxford University Press, 1976. [1949]

WHITEHEAD, Alfred North. *Adventures of ideas*. New York: MacMillan, 1933.

WHITMAN, James Q. *The legacy of Roman law in the German romantic era*: historical vision and legal change. Princeton: Princeton University Press, 1990.

WIEACKER, Franz. *História do direito privado moderno*. Trad. A. M. Botelho Hespanha. 3. ed. Lisboa: Fundação Calouste Gulbenkian, 2004. [1952]

WIETHÖLTER, Rudolf. *Las fórmulas mágicas de la ciencia jurídica*. Trad. Miguel Angel Extremoz. Madrid: Editorial Revista de Derecho Privado, 1991. [1968]

WILLIAMSON, Oliver E. *The economic institutions of capitalism*: firms, markets, relational contracting. New York: Free Press, 1985.

WILLIAMSON, Oliver E. Markets, hierarchies, and the modern corporation: an unfolding perspective. *Journal of Economic Behavior and Organization*, North Holland, v. 17, n. 3, p. 335-352, 1992.

WILSON, Alida. Is Kelsen really a Kantian? *In*: TUR, Richard; TWINING, William (eds.). *Essays on Kelsen*. Oxford: Clarendon, 1986. p. 37-64.

WINCH, Peter. *A ideia de uma ciência social e sua relação com a filosofia*. Trad. Anísio Teixeira e Vera Freitas de Castro. São Paulo: Companhia Editora Nacional, 1970. [1958]

WINSTON, Kenneth. Three models for the study of law. *In*: WITTEVEEN, Willem J.; VAN DER BURG, Wibren (eds.). *Rediscovering Fuller*: essays on implicit law and institutional design. Amsterdam: Amsterdam University Press, 1999. p. 51-77.

WINSTON, Kenneth. Introduction. *In*: FULLER, Lon L. *The principles of social order*: selected essays of Lon L. Fuller. 2. ed. Oxford: Hart, 2001. p. 25-58. [1981]

WITTGENSTEIN, Ludwig. *Investigações filosóficas*. Trad. José Carlos Bruni. São Paulo: Nova Cultural, 1999. [1953]

XIFARAS, Mikhaïl. L'École de l'Exégèse était-elle historique? Le cas de Raymond-Théodore Troplong (1796-1869), lecteur de Friedrich Carl von Savigny. *In*: KERVÉGAN Jean-François; MOHNHAUPT, Heinz (orgs.). *Influences et réceptions mutuelles du droit et de la philosophie en France et en Allemagne*. Frankfurt: Klostermann, 2001. p. 177-209.

ZULETA PUCEIRO, Enrique. *Paradigma dogmático y ciencia del derecho*. Buenos Aires: Editoriales de Derecho Reunidas, 1981.

ÍNDICE ALFABÉTICO: TEMAS E CONCEITOS FUNDAMENTAIS

1. **Ação judicial**: 2.6
2. **Ambiguidade**: 2.2; 3.3.5
3. **Analogia jurídica**: 2.2; 2.3; 2.6.1; 3.3.5; 4.3; 6.1; 8.3.1; 8.4.2; 9.2; 9.4; 9.5
4. **Antinomia jurídica (conflito de regras e conciliação)**: 2.3; 3.3.5; 6.1.1; 9.5
5. **Argumentação jurídica**: capítulo 6; 8.2; 8.3.1; capítulo 9
6. **Ativismo judicial**: capítulo 2; 8.3.1; 8.4.2; 8.4.2.1
7. **Autodefesa**: introdução; 3.3; 3.3.2; 3.3.5
8. **Autonomia privada**: capítulo 2; 4.5; 5.4; 8.4.1.1
9. **Brocardo jurídico**: 2.1; 2.2; 3.3.5; 9.1
10. **Caducidade**: 3.3.4
11. **Capacidade jurídica**: 3.3.3
12. **Caso difícil**: 2.6.2; 4.3; 6.1; 6.2; 6.3; 6.4.1; 6.4.3; 8.3.1; 9.4.1; 10.1
13. *Civil law (ius commune)*: capítulos 1 e 2
14. **Coação ou coerção**: introdução; 1.1; 2.3; 2.5; 2.6; 3.3.2; 3.4; 4.1; 4.4; 4.5; 5.3.2; 6.3; 8.4.2.1; 9.5; 10.2
15. *Common law*: capítulos 1 e 2
16. **Competência jurídica**: 3.3.2; 3.3.3; 4.5
17. **Consequência**: 1.1; 2.4; 2.6.1; 3.3.1; 6.1.1; 7.4; 9.4.1; 9.4.2
18. **Constituição**: introdução; 1.1; capítulo 2; 3.3; 4.2; 5.3.2;
19. **Costume**: introdução; capítulos 1 e 2; 3.3.4; 3.3.5; 3.4; 4.2; 5.3.1; 6.3; 8.3; 10.1
20. **Dedução**: 2.6.1; 9.2; 9.3; 9.4.1
21. **Democracia**: introdução; capítulo 2; 3.2; 3.5; 3.6; 5.1; 8.3; 8.3.1; 8.4.1.2; capítulo 10
22. **Derrotabilidade das regras jurídicas**: 9.4.2; 9.5
23. **Desuso**: 3.3.4
24. **Dever jurídico**: introdução; 1.1; 2.5; 2.6; 3.3.3
25. **Devido processo legal**: 1.1; 2.1; 2.6.2; 6.3; 7.5; 8.3.1; 9.4
26. **Direito**: introdução; capítulo 1; 3.3.2 (Kelsen); 4.1 (Hart); 5.2 (Fuller); 6.2 (Dworkin); 8.3 e 8.4.1.2 (Unger); 8.4.1.1 (Finnis); 8.4.2.1 (Schauer); 9.4 (MacCormick)
27. **Direito positivo**: introdução; capítulo 1
28. **Direito natural**: introdução; capítulo 1; 2.2; 2.4; 3.6; 4.4; 5.1; 5.3.1; 8.3; 8.4.1.1; 10.1
29. **Direito público e direito privado**: 1.2; capítulo 2; 3.3.3; 3.3.5; 8.3.1

30. **Direito subjetivo**: introdução, capítulos 1 e 2; 3.3.3; 6.1; 6.1.1; 6.2
31. **Discricionariedade na aplicação do direito**: 2.1; 2.2; 2.6; 2.6.2; 3.3.5; 4.3; 4.5; 5.3.3; capítulo 6; 9.4
32. *Distinguishing* e *overruling* **(precedentes judiciais)**: 9.1; 9.4.1
33. **Dogmática ou doutrina jurídica**: introdução; 2.3; 2.5; 3.1; 3.2; 4.5; 8.2; 8.3; 8.3.1; 8.4.1.2; 10.1
34. **Eficácia jurídica**: introdução; 3.3.4
35. **Eficiência econômica como ideal jurídico**: 7.4
36. **Equidade**: capítulo 1; 2.2; 2.6.2; 3.3.5; 3.5; 4.3; 5.2; 5.3.1; 6.1; 6.1.1; 6.4.1; 8.4.1.1; 8.4.2; 9.5
37. **Estado**: capítulos 1, 2 e 3; 5.3.2; capítulos 7 e 10
38. **Estado de direito**: 2.1; 9.4
39. **Estado de exceção**: 2.1; 3.5; 10.2
40. **Ficção jurídica**: 1.2; 3.3; 3.3.5; 4.5; 5.1; 5.3.2; 8.3.1
41. **Fontes do direito**: introdução; capítulos 1 e 2; 3.3.1; 3.3.5; 4.5; 5.3.2;
42. **Formalismo jurídico**: introdução; 1.2; capítulo 2; 3.2; 4.3; 8.3.1; 8.4.2.1; 9.5
43. **Garantismo jurídico**: 2.1
44. **Igualdade jurídica**: introdução; capítulo 1; 2.1; 2.3; 3.3.1; 5.2; 6.1; 6.1.1; 7.4; 8.3.1; 8.4.1.1; 9.5; capítulo 10
45. **Imperativo categórico**: 1.1; 3.2; 9.4.1; 9.5
46. **Imputação**: 3.3.1.
47. **Indeterminação do direito**: 2.1; 2.2; 2.6; 2.6.2; 4.3; 8.2; 8.3.1; 8.4.1.2; 8.4.2.1; 9.4; 9.5
48. **Instituição**: introdução; 1.2; 2.2; 2.3; 3.4; 3.5; 3.7; 4.2; 5.2; 5.3.3; 5.4; 6.1; capítulo 7; 8.3; 8.3.1; 8.4.1.2; 8.4.2.1; 9.4; capítulo 10
49. **Interpretação extensiva, restritiva e especificadora**: 2.2; 3.3.5; 8.4.2.1; 9.4.2; 9.5
50. **Interpretação jurídica**: introdução; capítulo 2; 3.2; 3.3.1; 4.3; 5.3.3; 5.5; 6.2; 6.4.2; 6.4.2.1; 7.4; 8.4.2; 8.4.2.1; 9.4
51. **Irretroatividade**: 2.1; 3.3.4; 5.2; 6.1.1
52. **Jurisprudência**: introdução; capítulos 1 e 2; 4.3; 5.5; 6.1; 6.2; 6.4.2.1; 9.1
53. **Justiça**: introdução; capítulo 1; 2.1; 2.5; 2.6.3; 3.1; 3.6; 4.4; 5.2; 5.3.1; 6.1; 6.2; 6.3; 7.4; 8.2; 8.3.1; 8.4.2.1; capítulos 9 e 10
54. **Lacuna jurídica e meios de integração**: introdução; 2.2; 2.3; 3.3.5; 9.5
55. **Legalidade**: 2.1; 2.5; 2.6; 3.3.1; 3.3.5; 5.2; 5.3.1; 6.2; 6.4.2.1
56. **Legislador racional**: 1.2; 5.1
57. **Lei**: 2.1; 2.6; 3.3.1
58. **Liberdade**: 1.1; 1.2; 2.1; 2.3; 2.6; 2.6.1; 3.2; 3.3.3; 3.3.5; 6.1.1; 7.6; 8.4.1.1; capítulo 10
59. **Lógica jurídica**: 2.6.1; 2.6.2; 3.3.1; 3.3.5; 9.1; 9.2; 9.4.1; 9.4.2
60. **Método do caso (ensino jurídico)**: 2.6.1; 2.6.3

61. **Monismo e pluralismo jurídico**: 2.5; 2.6; 3.3.5; 3.4; 3.5
62. **Moral**: introdução; capítulos 1 e 2; 3.1; 3.2; 3.3.2; 3.4; 3.6; 3.7; 4.4; 5.2; 5.3; 5.5; capítulo 6; 7.4; 8.2; 8.3; 8.3.1; 8.4.1.1; 9.4; 9.5; capítulo 10
63. **Norma de conduta e norma de organização**: 4.2
64. **Norma fundamental**: 3.3
65. **Norma jurídica**: introdução; 3.3; 3.4; 4.5; 5.5; 9.4
66. **Nulidade jurídica**: 3.3.4; 4.1; 4.5
67. *Obiter dictum* (na motivação da sentença judicial): 2.6.1; 9.1; 9.4.1
68. **Ordem, sistema ou ordenamento jurídico**: introdução; capítulo 1; 2.3; 2.5; 3.2; 3.3; 4.2; 4.5; 5.3.2; 6.1; 6.3; 9.4
69. **Personalidade jurídica**: 3.3.3
70. **Pluralismo jurídico**: capítulos 1 e 2; 3.3.5; 3.4; 3.5; 5.3.1; 5.4; 10.1
71. **Poder jurídico**: 3.3.3; 3.3.5
72. **Posição jurídica**: 2.6
73. **Positivismo jurídico**: introdução; capítulos 1 e 2; 3.1; 3.5; 3.6; 4.1; 4.4; 4.5; 5.1; 5.2; 6.1; 6.3; 8.3; 8.4.2.1; 9.5; 10.1
74. **Precedente judicial**: introdução; capítulos 1 e 2; 4.3; 6.1; 6.3; capítulo 9
75. **Princípio jurídico**: capítulo 1; 2.1; 3.3.1; 3.3.5; 3.5; 3.6; 5.1; 5.2; 5.3.1; 5.5; 6.1; 6.1.1; 6.3; 8.2; 8.3.1; 8.4.1.1; 8.4.2.1; capítulo 9; 10.3; 10.4
76. **Procedimentos ou processos jurídicos**: introdução; 2.3; 2.6.3; 3.3.2; 3.7; 4.2; 4.5; capítulo 5; 6.3; 8.3.1; 9.4.1
77. **Proibição da denegação de justiça** (*non liquet*): 2.2; 3.3.5; 3.7; 6.1
78. **Proporcionalidade, sopesamento e ponderação na colisão de princípios**: 3.6; 6.1.1
79. **Proporcionalidade entre ilícito e sanção**: 1.2
80. **Proposição jurídica**: 3.3.1; 3.4
81. **Provas judiciais**: 9.4.1
82. **Política** (*policy*) **pública**: 2.1; 2.6; 2.6.2; 2.6.3; 5.5; 6.1; 6.1.1; 7.5; 8.2; 8.3.1
83. *Ratio decidendi* ou *holding* (dispositivo da sentença judicial): 2.6.1; 2.6.2; 4.3; 6.3; 9.1; 9.4.1
84. **Razão prática**: capítulo 1; 3.2; 4.5; 8.3.1; capítulo 9
85. **Regra jurídica**: introdução; 3.3.1; 4.1; 4.2; 4.5; 5.1; 5.5; 6.1; 6.1.1; 8.4.2.1; capítulo 9
86. **Regra social de reconhecimento**: 4.2; 4.5; 5.3.2; 6.1; 6.3
87. **Relação jurídica**: 2.3; 2.6; 3.3.3
88. **Responsabilidade jurídica**: 3.3.3
89. **Retroatividade**: 3.3.1
90. **Revolução**: introdução; 3.3.5; 4.2; 4.5; 5.3.2
91. **Sanção jurídica**: introdução; capítulo 1; 2.4; 2.5; 2.6; 3.3; 3.3.1; 3.3.2; 3.3.4; 4.1; 4.4; 4.5; 5.3.1; 8.4.2.1

92. **Silogismo jurídico:** 2.6.1; 3.3.1; 9.1; 9.4.1
93. **Situação jurídica:** 2.2; 2.6; 3.3.4; 3.3.4
94. **Soberania:** introdução; capítulos 1 e 2; 3.3.1; 3.3.5; 3.5; 4.1; 5.1; 5.3.1; 6.3; 8.3; 10.2
95. **Sujeito de direito:** 1.1; 1.2; 2.3; 2.6; 3.3.3
96. **Teoria do direito:** introdução; 2.3; 2.4; 2.5; capítulo 3; 4.1; 5.3.2; 6.2; 6.4; 8.3.1; 10.1
97. **Ultratividade:** 3.3.4
98. **Vagueza:** 2.2; 3.3.5
99. **Validade jurídica:** introdução; 1.2; 2.1; 2.5; 2.6; 3.1; 3.2; 3.3; 3.3.2; 3.3.4; 3.3.5; 4.1; 4.2; 4.4; 4.5; 5.3.2; 6.1; 6.2.; 6.3
100. **Vigência da norma jurídica:** 3.3.4

Esta obra foi composta em fonte Palatino Linotype, corpo 10
e impressa em papel Offset 75g (miolo) e Supremo 250g (capa)
pela Gráfica Forma Certa.